UNESCO

世界记忆名录

国家重点档案专题保护开发项目

民国时期广东邮政管理局侨批档案选编（1929—1949）

第三册

广东省档案馆 编

SPM 南方传媒

广东人民出版社

·广州·

图书在版编目（CIP）数据

民国时期广东邮政管理局侨批档案选编（1929—1949）/ 广东省档案馆编. —广州：广东人民出版社，2024.2
ISBN 978-7-218-17296-5

Ⅰ. ①民… Ⅱ. ①广… Ⅲ. ①华侨—档案资料—汇编—广东 Ⅳ. ①D634.3

中国国家版本馆 CIP 数据核字（2023）第 250584 号

MINGUO SHIQI GUANGDONG YOUZHENG GUANLIJU QIAOPI DANG'AN XUANBIAN（1929-1949）
民国时期广东邮政管理局侨批档案选编（1929—1949）
广东省档案馆 编

出 版 人：肖风华

项目统筹：柏 峰
责任编辑：周惊涛 陈其伟
装帧设计：书窗设计
责任技编：周星奎

出版发行：广东人民出版社
地 址：广州市越秀区大沙头四马路 10 号（邮政编码：510199）
电 话：（020）85716809（总编室）
传 真：（020）83289585
网 址：http://www.gdpph.com
印 刷：广东信源文化科技有限公司
开 本：889mm×1194mm 1/16
印 张：147.25 字 数：800 千
版 次：2024 年 2 月第 1 版
印 次：2024 年 2 月第 1 次印刷
定 价：4980.00 元（全五册）

如发现印装质量问题，影响阅读，请与出版社（020-85716849）联系调换。
售书热线：020-87716172

目录

调查统计（一）

邮政司关于汕头一等邮局被控不准荷属银信总包付邮一案迅饬查明给交通部邮政总局的公函及附件（一九二九年一月十一日）

第　頁

照録郵政司公函

逕啟者汕頭郵局被控不准荷屬銀信總包付郵一案案經本部於歇日電令貴局迅飭查明妥籌解決辦法詳細具報在案茲閱國民政府各部首腦於此案均宜文件及各局首信案分由各主管各件其最大誤會之點爲此次停止荷屬總包郵件交換乃係汕頭郵局根據新章殊不知此事係因荷屬東印度郵政當局不許並未經正式通告我國郵政停止交換在案按照郵政公約在我國未與該國商訂特別協定以前者仍照總包舊章辦理即有違約之嫌此理甚爲明顯至各來呈所未之點則有二端（一）由汕頭寄往荷屬信件向准各夾屬信件總包付郵由汕頭轉付郵政信件前免予逕到加費及取消荷屬信件須由接寄□不得由新加坡轉遞到寄之規定（二）前逕飭局粵各局仍

本總包辦限展期辦法照舊郵資總額以上兩點該局民來信局員因何局郵政調於總包合止交收款凡何局與我國內地往來總包不由何局直接首以與局新加坡為收致地點而以民來信局往收寄該遞之責何局應以既未加以干涉但本汕頭郵局不予直允則無形之中總包舊章仍可維持然此種通融辦法如來函准施行先見歸於郵章是否有所抵觸何局郵政是否紛不適間均宜詳加研究至於迅飭令郵局仍本總包辦限展期辦法一節須知此事非與何局郵政正式協定斷無由我國片面主張之理此案往來文電為時已逾兩月似應迅籌解決辦法以免外務嘖有煩言茲特函達貴局希即電令汕頭郵局長業患一面詳細調查閩粵兩郵區實在情形一面召來信業分會等代表切實討論並令其盡量陳述意見由該局長詳細報告

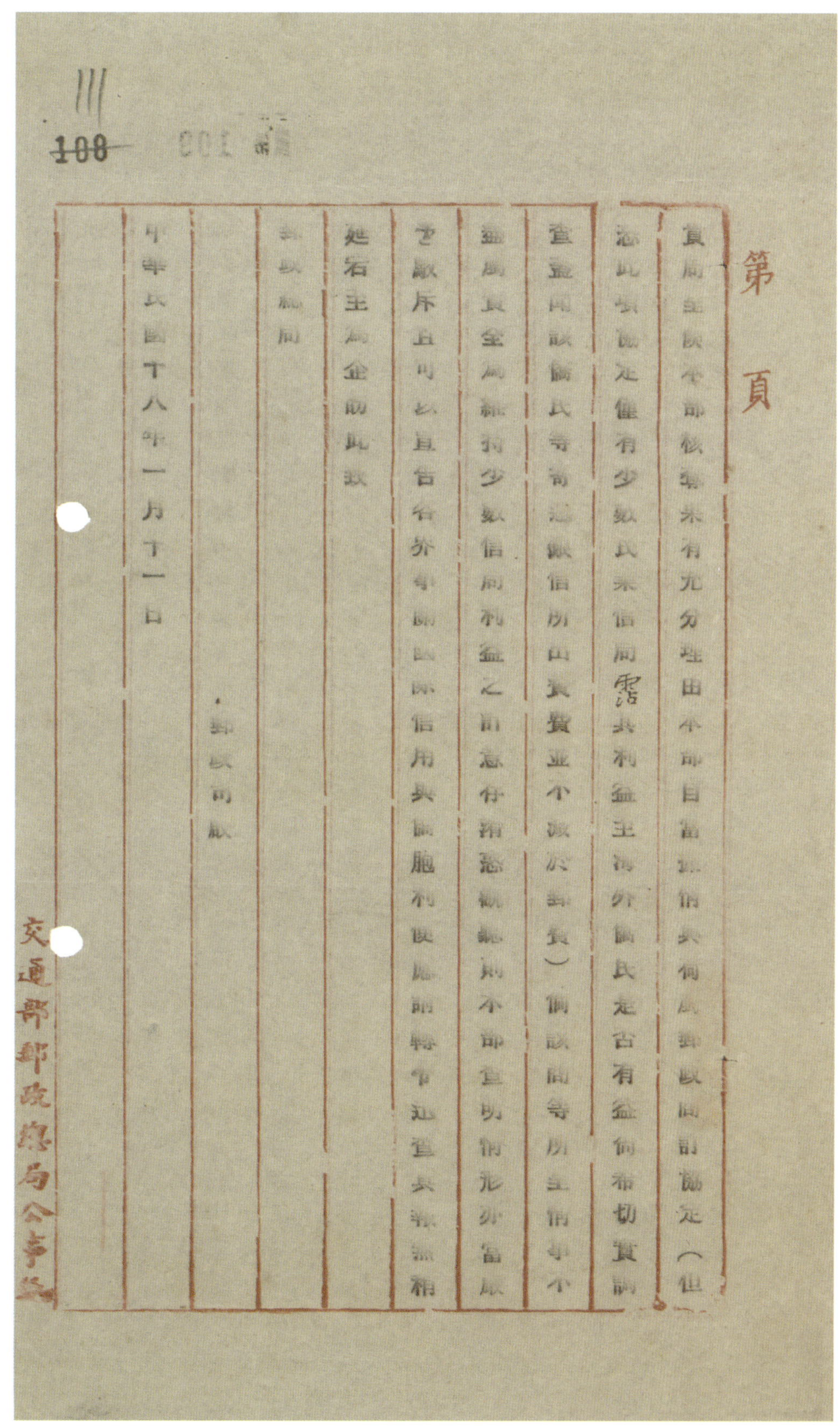

111

108 109

第 頁

貴局呈候本部核奪未有充分理由本部自當拒絕與何國郵政簽訂協定（但

恐此項協定僅有少數民衆信局需其利益至爲外國民是否有益何者切實調

查並同該國民等前述郵信所由負責並不涉及郵費）倘該國等所主情事不

益局負全爲維持少數信局利益之計意存消極態度則本部宜明白形勢告知

予嚴斥且可以直告各外等國國際信用與國脈利便應即轉令迅查具報爲荷

並希主局查照此致

郵政總局

郵政司啟

中華民國十八年一月十一日

交通部郵政總局公事紙

MINISTRY OF COMMUNICATIONS.　　M. 12.- Min-chü, etc.

Postal Memo. No. 3870.

No. 205.

Kwangtung.

DIRECTORATE GENERAL OF POSTS,
(Pan Shih Ch'u, Shanghai)
Nanking, ~~PEKING,~~ 18th January 1929.

To The Commissioner,
Canton.

Dem. No. 22587
JAN 24 1929

Pi-chü and Min-chü, concerning.

With reference to Directorate telegrams of 16th and 17th instant to Swatow, copies of which have been supplied to the Kwangtung Commissioner, a copy of the Yu-cheng-ssu's letter dated the 11th January, 1929, is forwarded herewith for information and guidance.

A copy of this memo., with enclosure, is being sent to Swatow.

B/O Directors General,

Hwang Tsan-Chen,
First Secretary.

108

办理汇兑局所表（一九三〇年至一九四三年）

20

辦理匯兌局所表（十九年至三十二年）

年度	匯兌局	代辦所	共計
1930 A	2,464	4,427	6,891
1931 A	2,490	5,025	7,515
1932 A	2,508	5,268	7,776
1933 A	2,541	5,436	7,977
1934 A	2,663	6,773	9,436
1935 A	2,762	7,383	10,145
1936 A	2,832	11,201	14,033
1937	2,867	12,624	15,491
1938 B	2,840	12,570	15,410
1939 B	2,944	13,135	16,079
1940 B	2,894	13,894	16,788
1941 B	2,868	13,514	16,382
1942 B	2,834	14,055	16,889
1943 B	2,943	14,508	17,451

民局详情表（一九三一年六月）

民局詳情表

(一)局名稱	昌盛莊
(二)何日開設	民國十三年
(三)設在何處	汕頭永泰街
(四)業主姓名及籍貫	陳建合 潮陽
(五)支局若干及設在何處	安南 東興 梧昌 泰昌 人德 裕記 庚德 德祥 日里 昌興

(六)代辦人姓名	各該代辦人籍在何處	用何信局名義
協成	饒平	協成
丘發利	潮安	發利
陳宏興	普寧	宏興
啟峰	揭陽	啟峰
劉喜合	潮陽	喜合
連茂興	潮陽	泰朴
陳石泉	潮陽	興記

(七)收寄信件		
(八)在何日期	逢安南日里船期即寄	
(九)至何地方	安南日里	
(十)按何種資例收費	一 預付若干	無
	二 投遞時應付若干	無

中華民國二十年六月十九日

民局業主 陳建合 簽押

民局詳情表

(一)民局名稱	美豐號
(二)何日開設	民國十六年
(三)設在何處	汕頭鎮邦路[illegible]號
(四)業主姓名及籍貫	黄業順潮陽人
(五)支局若干及設在何處	無

(六)代辦人姓名	各該代辦人係在何處	用何信局名義
無	無	無

(七)收寄信件		
(子)在何日期	由暹[illegible]船寄無定期	
(丑)至何地方	暹[illegible][illegible]	
(寅)按何項資例收費	一 預付若干	回批無收費
	二 投遞時應付若干	又又又又

中華民國廿年六月五日

民局業主 黄業順（印） 美豐 簽押蓋章

民局詳情表

(一)民局名稱	榮成莊
(二)何日開設	民國十六年
(三)設在何處	汕頭鎮邦街
(四)業主姓名及籍貫	葉可楨 梅縣
(五)支局若干及設在何處	梅縣 大埔 松口 丙村 雁洋 新鋪圩 興寧 畬坑

(六)代辦人姓名	各該代辦人係在何處	用何信局名義
古玉波	松口	德記
張治興	大埔	榮成
丘協庸	松口	慶字
葉義根	丙村	義字
葉君亮	雁洋	裕成
陳祝之	新鋪	鵬記
葉少田	興寧	協成
羅雅英	畬坑	榮記

(七)收寄信件			
(子)在何日期	按二	按三	按五
(丑)至何地方	吧城	暹羅	星洲
(寅)按何項資例收費	一 預付若干	[illegible]	
	二 投遞時應付若干	[illegible]	

中華民國廿年六月八日

民局業主 葉可楨 簽押蓋章

民局詳情表

(一)民局名稱	嘉德批局
(二)何日開設	十九年九月十六日
(三)設在何處	外平馬路
(四)業主姓名及籍貫	陳錦堂 三十六歲 澄海
(五)設支局若干及在何處	二家 安南

(六)代辦人姓名	各該代辦人係在何處	用何信局名義
翁秀岩	在安南定郡義秋街	集益批局
陳澄初	在安南定郡加隆街	陶興隆批局

(七)收寄信件		
(子)在何日期	逢有安南船期即寄	
(丑)至何地方	寄至安南	
(寅)按何項資例收費	一 預付若干	无
	二 按遲時應付若干	无

中華民國廿年六月十五日

民局業主 陳錦堂 簽押蓋章

汕頭嘉德莊書柬

76

民局詳情表

(一)民局名稱	長江莊
(二)何日開設	十九年九月一日
(三)設在何處	汕頭至平路
(四)業主姓名及籍貫	徐柏權 梅縣
(五)支局若干及設在何處	該內外共十八處 梅縣、興寧、松口、丙村、蓬嶺、新鋪、大埔、潮安、吉冧丹、日里、庇能、暹羅、八打威、星洲、泗水、神户、三吧冷、香港
(六)代辦人姓名	余濟民 李少斌 李畫南 温璉伯 徐樸廷 陳祝三 饒霖初 林俊廷
各該代辦人係在何處	梅縣 興寧 松口 丙村 蓬嶺 新鋪 大埔 潮安
用何信局名義	滙興、廣 泗隆 和隆 恒吉 大華 鵬記 裕和盛 振和興

(七)收寄信件		
(子)在何日期		如遇有輪出口即行寄發
(丑)至何地方		上列各處
(寅)按何項費例收費	一 預付若干	無
	二 按遲時應付若干	無

中華民國廿年六月十五日

民局業主徐柏權 簽押蓋章

77

民局詳情表

(一)民局名稱	李泗隆
(二)何日開設	光緒卅一年七月廿弍日
(三)設在何處	興寧縣西門街
(四)業主姓名及籍貫	李少斌 廣東梅縣松口人
(五)支局若干及設在何處	計開 日里棉蘭埠弍間 吻里洞武陵新路 吉蘭丹瓜拿 怡保埠三間 吻里洞龐屹埠 泗水埠 吉隆城 等共拾間

(六)代辦人姓名	各該代辦人係在何處	用何信局名義
李增良	怡保埠	李三茂
王俊	怡保埠	廣福隆
王劍波	怡保埠	王泗記
王偉鈞	吉隆城	王泗記
王泗彬	泗水埠	廣同昌
梁左祥	日里棉蘭埠	梁仟盛
饒裴野	日里棉蘭埠	中華公司
許慕良	吻里洞龐屹埠	許長興
陳綉章	吻里洞武陵新路	許長興
徐旺喜	吉蘭丹瓜拿	公昌

(七)收寄信件		
(子)在何日期	無定期	
(丑)至何地方	吉蘭丹瓜拿 吻里洞武陵新路 吻里洞龐屹埠 日里棉蘭埠 吉隆城 泗水埠 怡保埠	
(寅)按何項資例收費	一 預付若干	無
	二 投遞時應付若干	查敝号所收信件均係免費

中華民國廿年六月一日

民局業主李少斌（印）簽押蓋章

民局詳情表

(一)民局名稱	建豐昌號
(二)何日開設	民國七年
(三)設在何處	松口
(四)東主姓名及籍貫	梁東初 梅縣松口
(五)支局若干及設在何處	無

(六)代辦人姓名	各該代辦人係在何處	用何信局名義
無		無

(七)收寄信件		
(甲)在何日期	無定期	
(乙)寄何地方		
(丙)按何項資例收費	一 寄信若干	無
	二 按遞時應付若干	無回批

中華民國廿年六月六日

民局東主 梁東初 簽押 建豐昌

松口建豐昌號

78

79

民局詳情表

(一)民局名稱	裕通莊
(二)何日開設	民國十七年
(三)設在何處	梅縣松口市
(四)業主姓名及籍貫	饒伯龍　梅縣松口人
(五)支局若干及設在何處	吧城　日里　孟加錫　汕头　潮州　興寧　現計六處支局

(六)代辦人姓名	各該代辦人係在何處	用何信局名義
吧城　饒竹廷	吧城饒竹廷係梅縣松口人	吧城　裕通莊
日里　饒斐野	日里饒斐野仝上	日里　中華公司
孟加錫　曾霓煊	孟加錫曾霓煊仝上	孟加錫　中國旅館
汕头　張公垣	汕頭張公垣仝上	汕头　利通莊
潮州　饒純鈞	潮州饒純鈞潮州人	潮州　潮安莊
興寧　李少斌	興寧李少斌梅縣松口人	興寧　泗隆號

(七)收寄信件		
(子)在何日期		收信寄信無定期
(丑)至何地方		吧城　日里　孟加錫　汕頭　潮州　興寧
(寅)按何項資例收費	一　預付若干	無收信資
	二　按遞時應付若干	依照郵政規章貼足郵票

中華民國貳拾年陸月拾日

民局業主　饒伯龍　簽押　蓋章

80

民局詳情表

(一)民局名稱	謝均和	
(二)何日開設	民國十三年	
(三)設在何處	松口	
(四)業主姓名及籍貫	松口 謝雨均	
(五)支局若干及設在何處	吧城 三寶隴 司馬委 汕頭 香港 共五间	
(六)代辦人姓名	各該代辦人係在何處	用何信局名義
曾昆甫	吧城	英華公司
曾孔坡	三寶隴	華豐泰
謝禎生	司馬委	謝幹成
李柏想	汕頭	志成莊
曾耀吾	香港	華豐源
(七)收寄信件 (子)在何日期	每星期	
(七)收寄信件 (丑)至何地方	吧城 三寶隴 司馬委 汕頭 香港	
(七)收寄信件 (寅)按何項資例收費 一 預付若干	不收資	
(七)收寄信件 (寅)按何項資例收費 二 投遞時應付若干	不收資	

中華民國廿年六月七日

民局業主謝雨均簽押蓋章

松口謝均和

謝雨均印

民局詳情表

(一) 民局名稱	廣通莊
(二) 何日開設	民國十年
(三) 設在何處	松口
(四) 業主姓名及籍貫	梅縣松源溫幹廷
(五) 支局若干及設在何處	汕頭廣通莊 怡保廣福隆 汕頭商業莊 怡保李三茂 牙律金玉生

(六) 代辦人姓名	各該代辦人係在何處	用何信局名義
汕頭廣通莊（王華巖）	（梅縣松源）汕頭	汕頭廣通莊
汕頭商業莊（朱源吾）	（梅縣）汕頭	汕頭商業莊
怡保廣福隆（王碧光）	（梅縣隆文）怡保	怡保廣福隆
怡保李三茂（李棠三）	（梅縣隆文）怡保	怡保李三茂
牙律金玉生（陳[illegible]生）	（梅縣松口）牙律	牙律金玉生

(七) 收寄信件		
(子) 在何日期		每逢星期日 有時無定期
(丑) 至何地方		汕頭 怡保 牙律
(寅) 按何項資例收費	一 預付若干	不收資
	二 投遞時應付若干	（每[illegible]收[illegible]角）云

中華民國廿年六月一日

民局業主 溫幹廷 簽押蓋章

81

民局詳情表

(一)民局名稱	[illegible]
(二)何日開設	民國十[illegible]年
(三)設在何處	松口
(四)業主姓名及經理人姓名	松口[illegible]
(五)支局若干及設在何處	[illegible]

(六)代辦人姓名	各該代辦人係在何處	用何信局名義
[illegible]	[illegible]	[illegible]

(七)收寄信件	(甲)在何日期	無定期	
	(乙)至何地方	[illegible]	
	(丙)按何項資例收費	一 每件若干	不收資
		二 按遞時應付若干	不收資

中華民國廿年十二月七日　民局業主 [illegible] 簽名蓋章

82

83

民局詳情表

(一)民局名稱	泗源莊	
(二)何日開設	民國五年	
(三)設在何處	松口	
(四)業主姓名及籍貫	梅縣松口李靜帆	
(五)支局若干及設在何處	暹羅 吧城 汕頭	
(六)代辦人姓名	各該代辦人係在何處	用何信局名義
廖幼臣	(梅縣松口)暹羅	暹羅廖美和
謝信初	(梅縣)吧城	吧城永德莊
李亞晃	(梅縣)汕頭	汕頭泗源莊
(七)收寄信件 (子)在何日期	逢星期日有時無定期	
(丑)至何地方	暹羅 吧城 汕頭	
(寅)按何項資費例收費 一 頭付若干	不收資	
二 投遞時應付若干	每封收甫不收資	

中華民國　年　月　日

民局業主　李靜帆　簽押　蓋章

汕头一等邮局关于呈缴利东庄声请书及民局详情表致广东邮务长的呈（一九三一年十一月二十一日）

144

Application from Li Tung Chong for registration as Minchu, forwarding.

汕頭一等郵局呈第七五二/一一八八五號 戊 十二

爲 呈繳利東莊聲請書及民局詳情表敬祈 核辦 由

爲呈繳事案奉

鈞局指令第三一七/一六五〇二號略以利東莊所具聲請書及民局詳情表對於呈報事項殊欠清晰令仰轉飭再行填註清楚呈繳核辦等因奉此遵經轉飭該利東莊遵照辦理除將該項聲請書及詳情表各一紙隨文呈繳外理合備文呈覆敬祈

察核辦理謹呈

廣東郵務長

附聲請書及民局詳情表各一紙

管理汕頭一等郵局署副郵務長 湛恩

民國廿年十一月廿壹日

（一十甲）

附：民局详情表（一九三一年十月二十八日）

民局详情表

（一）民局名称	[illegible]
（二）何日开设	民国十七年三月一日
（三）设在何处	[illegible]
（四）东主姓名及籍贯	[illegible]
（五）设支局若干及在何处	[illegible]

（六）代办人姓名	各该代办人系在何处	用何信局名义
[illegible]	[illegible]	[illegible]

（七）收寄信件		
（八）在何日期	[illegible]	
（九）经何地方	[illegible]	
（十）每次付费若干	一、经付若干	[illegible]
	二、投递所需付若干	[illegible]

中华民国廿年十月廿八日　民局东主 [illegible] 谨填

交通部邮政总局关于奉部令发各地民信局调查表式仰迅分别查明填送以凭转呈给各邮政管理局的通饬（一九三三年二月二十五日）

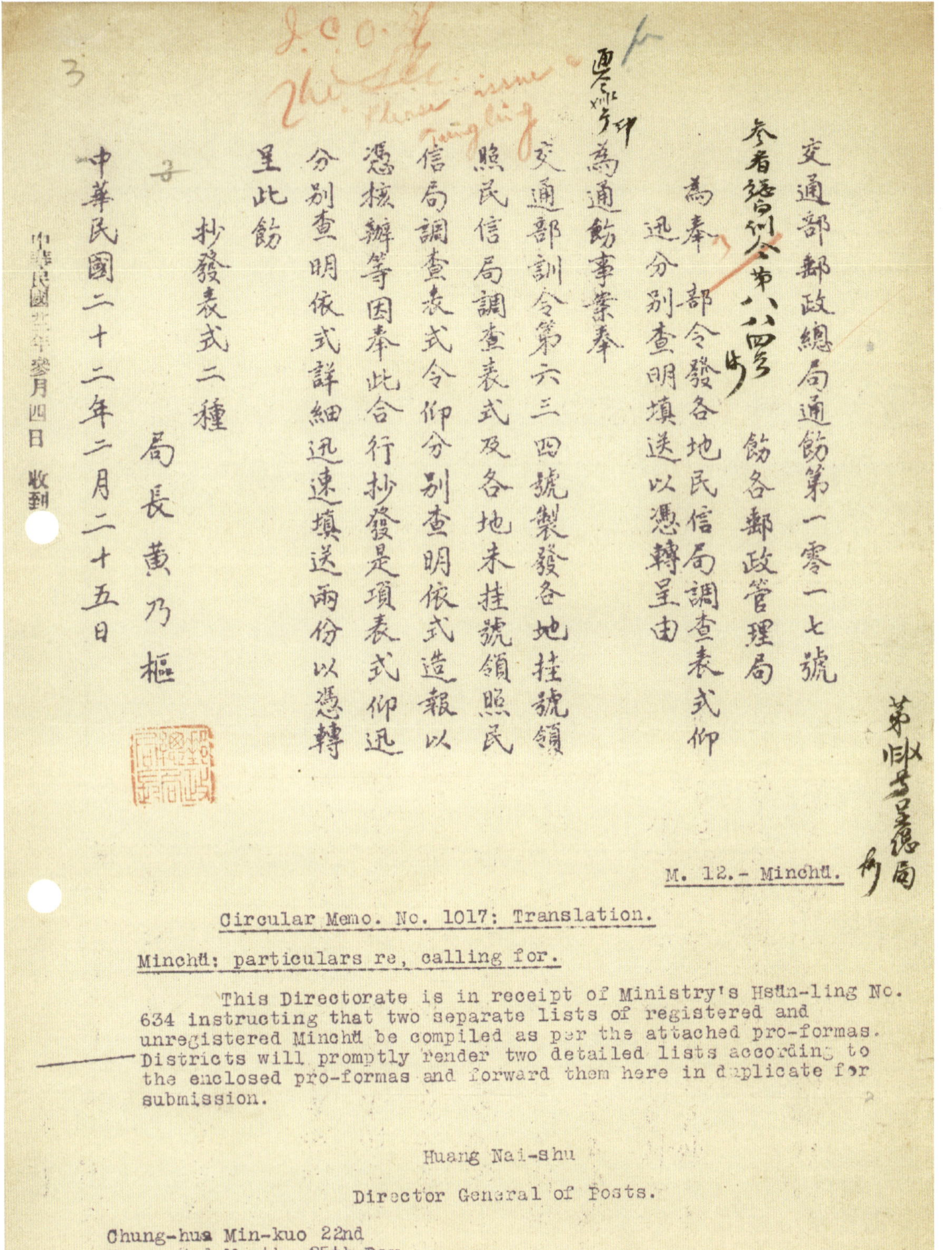

交通部郵政總局通飭第一零一七號

飭各郵政管理局

為奉部令發各地民信局調查表式仰迅分別查明填送以憑轉呈由

為通飭事案奉

交通部訓令第六三四號製發各地挂號領照民信局調查表式及各地未挂號領照民信局調查表式令仰分別查明依式造報以憑核辦等因奉此合行抄發是項表式仰迅分別查明依式詳細迅速填送兩份以憑轉呈此飭

抄發表式二種

局長黃乃樞

中華民國二十二年二月二十五日

中華民國廿二年參月四日收到

M. 12.- Minchü.

Circular Memo. No. 1017: Translation.

Minchü; particulars re, calling for.

This Directorate is in receipt of Ministry's Hsün-ling No. 634 instructing that two separate lists of registered and unregistered Minchü be compiled as per the attached pro-formas. Districts will promptly render two detailed lists according to the enclosed pro-formas and forward them here in duplicate for submission.

Huang Nai-shu

Director General of Posts.

Chung-hua Min-kuo 22nd Year, 2nd Month, 25th Day.

4

通飭第一零一七號附件

各地掛號領照民信局調查表（式樣）

民信局名稱	開設年月	地點	掛號領照年月	分局數	分局地點	分局掛號領照年月	備攷

附二：各地未挂号领照民信局调查表（式样）

各地未掛號領照民信局調查表（式樣）

民信局名稱	開設年月	地點	是否照舊營業	郵局取締經過	備

各地掛號領照民信局調查表

民信局名稱	開設年月	地點	掛號領照年月	分局數	分局地點	分局掛號領照年月	備攷
鴻雁寄	光緒元年	番禺	光緒廿四年	一	香港	未詳	
友信	光緒十一年	番禺	光緒廿四年	三	香港	未詳	
祥利	光緒六年	番禺	光緒廿四年	一	香港	未詳	
福昌	光緒十二年	番禺	光緒廿四年	一	香港	未詳	
朋信	光緒四年	番禺	光緒廿四年	三	香港	未詳	
榮記	光緒四年	番禺	光緒廿四年	一	香港	未詳	

附註　掛號領照年月一欄均係據各民信局報告填寫

汕头一等邮局关于遵令造具各地民局调查表呈缴察核致广东邮务长的呈（一九三三年四月八日）

1
List showing particulars of registered Minchü's in the Swatow Section, submitting.

Zho. Secr

汕頭一等郵局呈第一五六九/二六九九號 戊 十二

為 遵令造具各地民局調查表呈繳 察核 由

為呈繳事茲遵照

鈞局通令第四三六號附發表式造具汕頭段各地已掛號領照及未掛號領照民局調查表各二份隨文呈繳敬祈

察核轉呈再上項調查表凡屬汕頭段內各地已掛號領照之民局業經一概查明填於表內具報各民局所有分號雖未經掛號領照但關於分號詳情前已詳載於各民局聲請書內分別申報在卷至未掛號領照之民局除將曾經聲請掛號尚未照准者五家填入該表外其他因未有懸掛營業招牌及未有向郵局交寄民信包封故無從查悉合併陳明

謹呈

廣東郵務長

收文 總號 二二一二八 日期 廿二年四月十二日
復文 總號 八〇二 日期 廿二年五月二日

呈局

廿二、五、廿六

（一十甲）

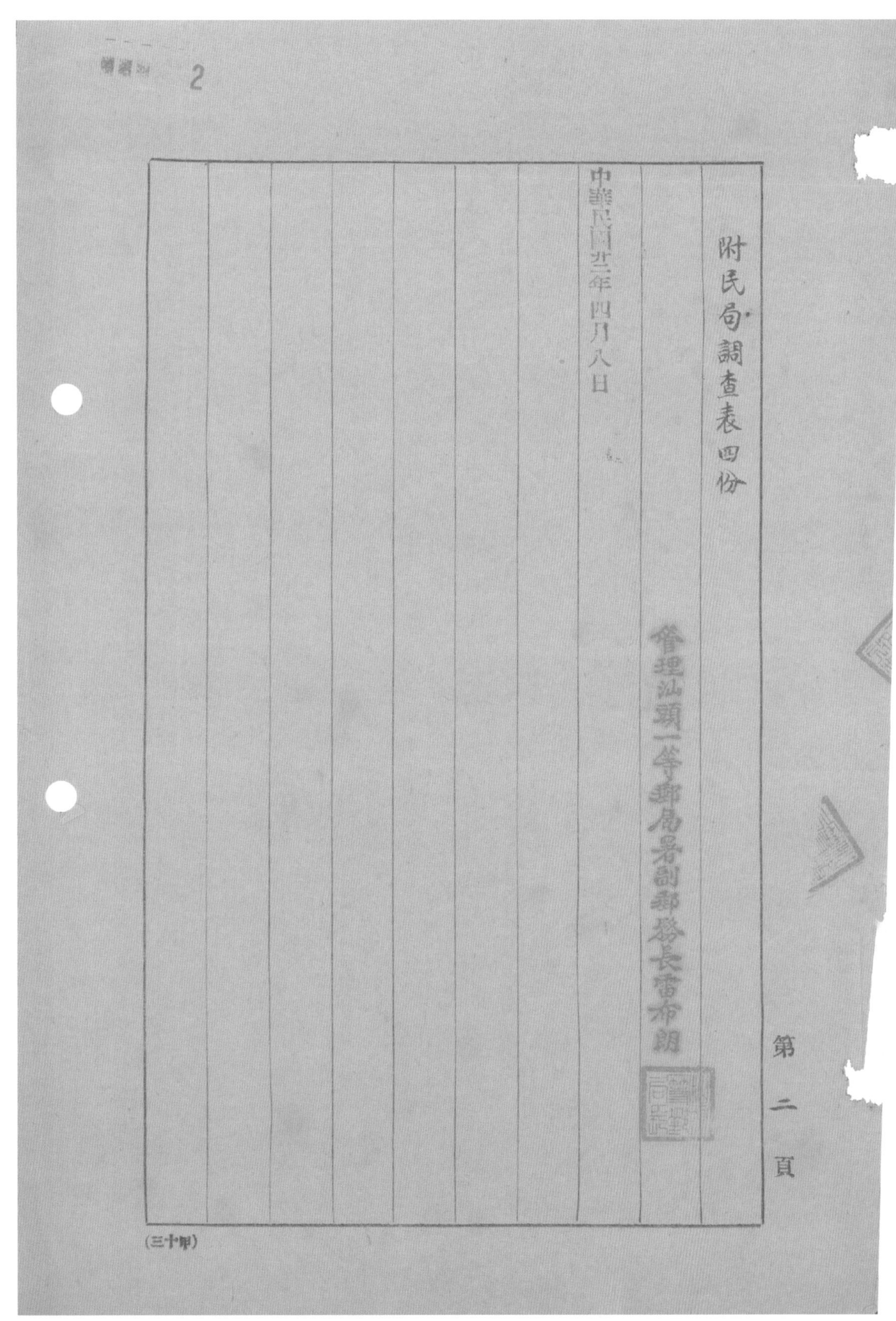

2

附民局调查表四份

中华民国廿三年四月八日

管理汕头一等邮局署副邮务长雷布朗

第二页

（三十甲）

巡员劳柏秋关于未挂号领照民信局调查表未便照填给华文牍处的函（一九三三年四月二十日）

關于填造未領掛號領照民信局調查表一節
本市雖尚有類似民信局之商號約十家惟因
該商號等所寄外洋包封均按寄外洋郵費
照信件總數每件貼足郵票前經呈奉
總局指令第六九五一/一五九二零號以該等商號與民
信局性質有異對勸令掛號領照一節飭暫緩
執行在案故對於表未便照填是否有當伏祈卓裁

此致
華文牘處

巡員
廿二、四、廿

广东邮务管理局关于遵饬填具各地民信局调查表呈送察核致交通部邮政总局的呈（一九三三年五月十一日）

Ch'eng to D.G.

Lists of registered and unregistered Minchü, forwarding.

廣東郵務管理局 呈文 公函 訓令 指令 第108號 檔案戊第字十二號

爲遵飭塡具各地民信局調查表呈送察核由

爲呈送事案奉

鈞局通飭第一〇一七號附發各地民信局調查表式飭分別查明塡送兩份以憑轉呈等因奉此當經飭區調查塡報去後其瓊崖各局業已塡報妥當惟汕頭段內各局塡報各節內容多有未符經飭令再行詳查送今尚未據催到局案關重要未便再行延擱除令催外茲謹依式分別塡具廣州暨瓊崖各地已掛號領照及未掛號領照之民信局調查表兩種計正副本各一份備文呈送

鈞局察核至表內各民局分號雖未有掛號領照但各該分號名稱開設

第二頁

地點及負責代理人姓名年齡籍貫等項經於領照時由各該民局一併具書聲報並於奉發之執照分號欄內填註又關於填造未掛號領照民信局調查表一節查廣州市雖尚有類似民信局之商號約十家惟其所寄外洋包封均按寄外洋函費照信件總數每件貼足郵票前經呈奉鈞局指令第六九五一／一五九二〇號以此種商號與民信局性質有異對飭令掛號一節飭暫緩執行有案故此次未有填入表內合併聲明謹呈

郵政總局局長

中華民國廿二年五月拾壹日

附呈各地已掛號領照及未掛號領照之民信局調查表兩種計正副本各一份

廣東郵區郵務長納自敎

Office Copy.

各地未掛號領照民信局調查表

第一頁

民信局名稱	開設年月	地點	是否照舊營業	郵局取締經過	備攷
李益泰	民國廿一年八月	嘉積	因無照暫停營業	自經郵局取締後該民局請求給照不准故改向有照民局共同營業	查該民局因南洋方面生意不前將來勢必停業
新瓊興	民國廿二年一月	嘉積	同上	同上	同上
恒發昌	民國廿一年八月	中原	同上	同上	同上
華通	民國廿二年一月	嘉積	停業	無	
瓊源通		文教市	同上	業經函准文昌縣政府制止營業	開設年月因該號現已停業無法查考

(三十甲)

附二：各地挂号领照民信局调查表

Office Copy.

各地掛號領照民信局調查表

第一頁

民信局名稱	開設年月	地點	掛號領照年月	分局數	分局地點	分局掛號領照年月	備攷
鴻雁寄	光緒元年	廣州	光緒廿四年	一	香港	分局未有掛號領照	
友信	光緒十一年	廣州	同上	三	香港	同上	
祥利	光緒六年	廣州	同上	一	香港	同上	
福昌	光緒十八年	廣州	同上	一	香港	同上	
朋信	光緒四年	廣州	同上	三	香港	同上	
榮記	光緒八年	廣州	同上	一	香港	同上	
德興	民國十九年五月	定安	民國二十年	無			
鴻安泰益記	未詳	瓊山	民國廿一年三月	四	抱羅 文城 鋪前 演豐	同上	
泰源豐	民國六年六月	瓊山	民國七年五月廿三日	四	文昌	同上	

掛號領照年月一欄均係據各民信局報告填寫

(三十甲)

永吉安本記	民國元年三月	琼山	民國七年五月廿三日	一	文城	同上
永源豐	民國二年十二月	琼山	同上	四	文城 演豐 塔市 錦山 豐市 蛟塘 抱羅市	同上
富源莊	民國八年	琼山	民國十九年五月旨	無		
美興	民國十八年四月	琼山	同上	一	文昌	同上
和記	民國十一年一月	琼山	同上	二	白延市 文昌	同上
永茂祥	民國十七年一月	琼山	同上	五	三江 演豐 舖前 潭牛 羅豆	同上
華安	民國十八年十月	琼山	同上	一	文昌	同上
泰興隆	民國十一年二月	琼山	同上	四	文城 三江 羅豆 抱羅	同上
三盛	民國九年二月	琼山	同上	五	文城 湖山 抱羅 羅豆 三江	同上
和隆	民國十年一月	琼山	同上	四	抱羅 羅豆 三江 湖山	同上

第二頁

(三十甲)

廣源	民國十一年一月	瓊山	民國十九年五月十日	三	錦山羅豆市 鋪前演豐市 抱羅	同上
廣發利棧	民國十一年一月	瓊山	同上	四	抱羅 演豐鋪前市 文城 錦山羅豆市	同上
瑞昌	民國十年一月	瓊山	同上	三	羅豆錦山市 鋪前演豐市 抱羅	同上
匯通莊	民國十年十月	瓊山	同上	五	嘉積 中原 石吻	同上
阜成豐	民國十六年一月	瓊山	同上	五	文城 抱羅 三江 湖山 羅豆	同上
廣豐利	民國十九年二月	瓊山	同上	四	文城 錦山羅豆市 三江蛟塘市 抱羅	同上
裕安泰	民國十六年三月	瓊山	同上	四	抱羅 文城 湖山 錦山	同上
錦泰隆	民國十八年二月	瓊山	同上	二	星嘉坡 大昌市	同上
泰南隆公司	民國十六年五月	瓊山	同上	六	星嘉坡 暹羅	同上
源豐盛	民國十四年二月	瓊山	民國十九年六月四日	一	嶺腳市	同上

第三頁

(三十甲)

源昌盛	民國十一年十一月	瓊山	民國十九年六月四日	四	文昌 三江 錦山 演丰	同上	
福昌	民國九年一月	瓊山	同上	六	暹羅 星洲	同上	
瓊匯通	民國九年二月	瓊山	同上	三	中原 嘉積 星嘉坡	同上	
曾順發	民國十五年十月	瓊山	同上	二	三江 羅豆	同上	
瓊源豐	民國十二年二月	瓊山	民國二十年十月	無			
南洋汽車公司	民國十九年一月	瓊山	民國二十年	無			
泰昌隆	民國十五年五月	瓊山	民國十九年六月四日	八	會文 邁號 冠南 南陽 昌洒 文昌	同上	
大亞酒店	民國十四年四月	瓊山	民國十九年五月七日	六	石叻	同上	
瓊盛	民國十五年八月	瓊山	同上	三	金江市 定安 舖前	同上	
東南公司	民國十八年六月	瓊山	同上	二	文昌	同上	現已停業

第四頁

(三十甲)

1.8

光東公司	民國十一年三月	瓊山	民國十九年五月七日	九	新嘉坡 吉隆坡 檳城埠 怡保埠 馬六甲 文昌 番禺 香港 暹京	同上	現已停業
廣合豐	民國七年一月	嘉積	民國七年七月廿二日	二	檳城	同上	
益泰	民國六年十二月	嘉積	同上	一	星加坡	同上	
美泰昌	民國七年十二月	嘉積	民國七年八月十四日	一	星加坡	同上	
南通	民國七年四月	嘉積	同上	五	石叻	同上	
聚合昌	民國元年五月	嘉積	同上	六	叻坡 馬六甲 吉隆坡 檳榔嶼	同上	
合泰	民國十八年三月	嘉積	民國十九年六月四日	一	馬六甲	同上	
源裕盛	民國十八年	嘉積	同上	一	檳城	同上	
美隆昌	民國十三年九月	嘉積	同上	二	石叻 檳城	同上	
新富南	民國十六年六月	嘉積	同上	一	怡保	同上	

第五頁

（三十甲）

恒裕興	民國十八年五月	嘉積	民國十九年六月四日	三	石叻 蔴坡 馬六甲	同上	
大安	民國十六年十一月	嘉積	同上	一	檳城	同上	
和興莊	民國十五年十月	嘉積	民國二十年一月	三	星洲 吧生 英浔其利	同上	
華興商	民國十五年五月	嘉積	同上	一	星洲	同上	
東源隆	民國十七年九月	長坡市	民國十九年六月四日	一	叻坡	同上	
黃泰豐	民國二年	中原市	同上	二	石叻	同上	
匯安	民國元年二月	中原市	同上	四	嘉積 海口 石叻 檳城	同上	
華興	民國十五年二月	嘉積	民國二十年一月	一	星加坡	同上	
光東公司	民國十八年十月	嘉積	民國十九年六月四日	五	星加坡 吉隆坡 檳城 怡保 馬六甲	同上	現已停業
寶通	民國三年六月	文昌	民國七年八月十四日	無			

第六頁

(三十甲)

10

錦和	民國十二年五月	文昌	民國十九年三月廿六日	無			
美興	民國十年十二月	文昌	同上	無			
聯合	民國九年二月	文昌	同上	無			
瓊寶通	民國八年二月	文昌	同上	無			
東南	民國十三年一月	文昌	同上	無			
瓊源昌	民國八年六月	文昌	同上	無			
貝源公司	民國十六年三月	文昌	同上	無			
萬山	民國十二年一月	冠南市	民國二十年一月	無			
光亞	民國十六年六月	會文	同上	無			
光東公司	民國十一年二月	文昌	民國十九年三月廿六日	三	海口 廣州 香港	分局未有挂號領照	現已停業

第七頁

(三十甲)

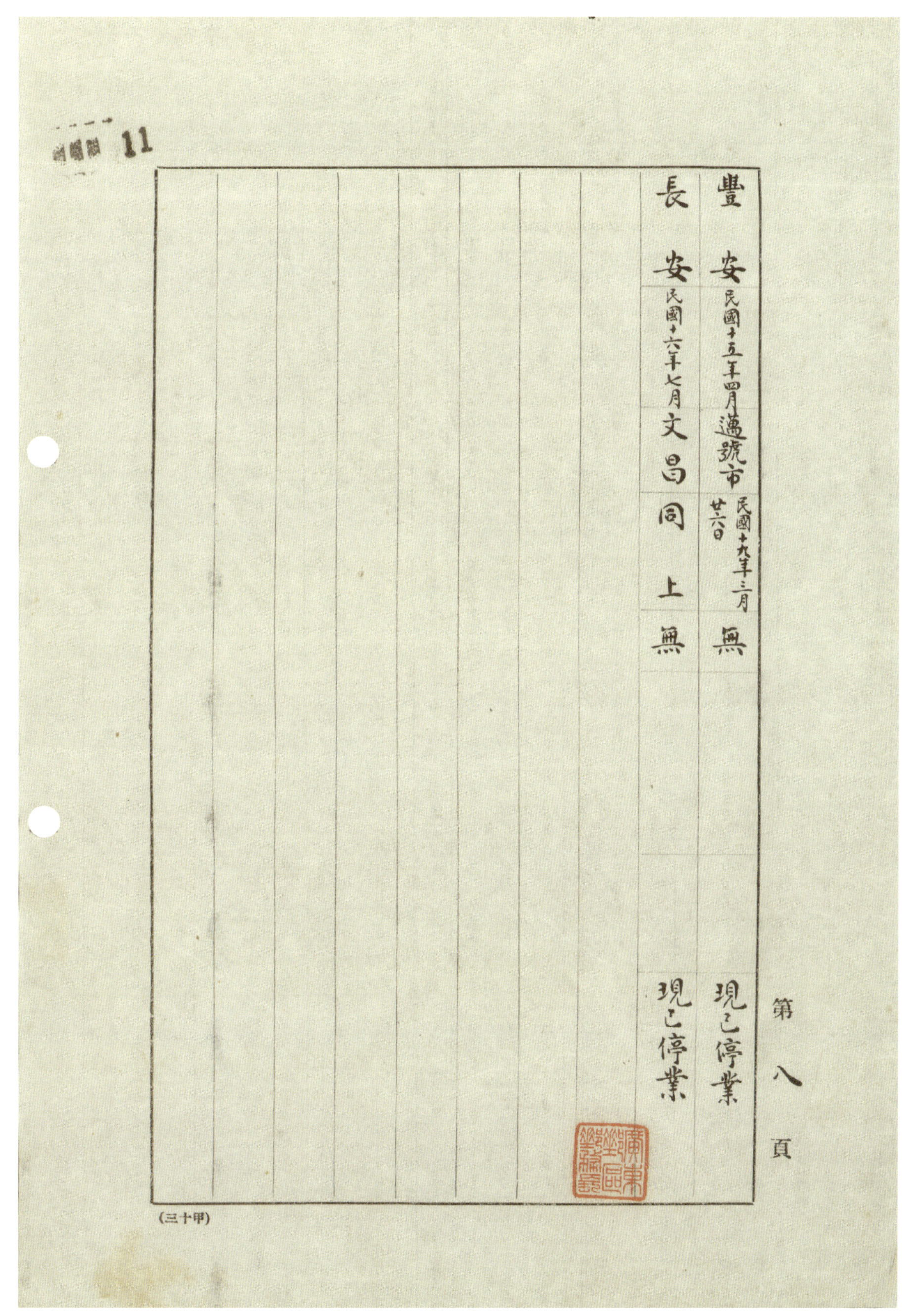

11

豐安	民國十五年四月	邁號市	民國十九年三月廿六日	無	現已停業
長安	民國十六年七月	文昌同	上	無	現已停業

第八頁

（三十甲）

汕头一等邮局秘书处关于将福兴康等民局十五家从前在汕头区挂号领照日期另行查明列表随函检送给广东邮政管理局秘书处的笺函（一九三三年五月十五日）

收文　總號
復文

郵政公事用箋

逕復者現准
大函以敝局第一五六九號呈文附表內掛號領照年月日一欄所填
係民十九以後掛號領照日期不無誤會應依照原日在本區掛號
領照日期填寫囑爲更正等由自應照辦茲將福興康等民局十
五家從前在本區掛號領照日期另行查明列表一份隨函檢送希
查照更正爲荷再其他各民局悉係民十九以後掛號領照合併敘明此致
廣東郵政管理局秘書處

附表一份

汕頭一等郵局秘書處啟

中華民國廿二年五月十五日

附一：福兴康等民局十五家挂号领照日期表

45

民局名稱	開設地點	原日在本區掛號領照日期
福興康	汕頭	光緒三十二年九月廿六日
老福興	汕頭	同上
協興昌	汕頭	同上
松興公	汕頭	同上
茂昌	汕頭	同上
全昌仁	汕頭	同上
森昌盛	汕頭	同上
全泰洽	汕頭	同上
鐘記	汕頭	同上

（三十甲）

56

太古昌	汕頭	同上
裕興福	汕頭	同上
陳源記	汕頭	同上
德利	汕頭	原照失去 副照係民國一年七月十日補發
德利	潮安	同上
太古盛	汕頭	光緒三十四年六月十八日

第二頁

（三十甲）

各地掛號領照民信局調查表

第一頁

民信局名稱	開設年月	地點	掛號領照年月	分局數	分局地點	分局掛號領照年月	備攷
彭嘉盛	民國十七年	五雲洞	民國二十年十二月	無			
宗順	民國六年六月	五雲洞	同右	無			
祺昌	民國十六年	五雲洞	同右	無			
茂昌	光緒十三年	汕頭	光緒三十二年九月廿六日 民國二十年四月	四	香港上海思明(二處)	所有各分局概未掛號領照	
德利	咸豐八年	汕頭	民國元年七月十日 同右	一	潮安	同右	
陳源記	光緒十三年	汕頭	光緒三十二年九月廿六日 同右	二	香港潮安	同右	
協興昌	光緒十二年	汕頭	同右	五	香港上海閩侯漢口永嘉	同右	
裕興福	前清年間	汕頭	同右	二	上海香港	同右	
太古盛	光緒十年	汕頭	光緒三十四年六月十[illegible]日 同右	三	香港上海思明	同右	

(三十甲)

7

福興康	光緒十一年	汕頭	同右 光緒三十二年九月廿六日	六	上海漢口蕪湖闘侯思明永嘉	同右
鐘記	光緒二年	汕頭	同右	一	香港	同右
全昌仁	光緒十二年	汕頭	同右	二	上海蕪湖	同右
老福興	光緒十二年	汕頭	同右	六	香港漢口上海烟台蕪湖思明	同右
森昌盛	前清年間	汕頭	同右	二	香港上海	同右
全泰洽	光緒十三年	汕頭	同右	四	上海漢口蕪湖烟台	同右
太古昌	光緒十四年	汕頭	同右	四	香港思明闘侯(二處)	同右
永安	民國十一年	汕頭	同右 民國二十年四月	八	潮陽普寧詔安潮安蓮陽炮台揭陽黄岡	同右
振盛興	民國前三年	汕頭	同右	一	澄海	同右
光益裕	民國元年	汕頭	同右	十三	潮陽揭陽黄岡内浮山北灣東隴潮安棉湖炮台詔安達濠樟林蓮陽	同右

第二頁

(三十甲)

8

光德	民國十六年	汕頭	同右	八	揭陽棉湖潮安潮陽澄海達[illegible]陽下林黃岡	同右
馬合豐	民國十一年一月	汕頭	同右	十	成田(三處)揭陽潮陽(二處)潮安澄海留隍饒平	同右
光益	民國元年	汕頭	同右	七	潮安揭陽達濠潮陽(三處)棉湖	同右
謙和祥興	民國二年	汕頭	同右	無		
新合順	光緒十三年	汕頭	同右	五	普寧潮陽饒平揭陽棉湖	同右
同發利	民國一年二月	汕頭	同右	五	揭陽潮陽湯坑留隍棉湖	同右
莊東茂	民國十五年	汕頭	同右	八	潮安揭陽潮陽惠來陸豐(二處)普寧甲子	同右
和合祥	民國前三年	汕頭	同右	六	普寧澄海揭陽潮陽潮安饒平	同右
楊源成利	民國元年	汕頭	同右	四	棉湖揭陽潮安潮陽	同右
廣順利	民國元年	汕頭	同右	六	澄海(三處)揭陽潮陽潮安饒平	同右

第三頁

(三十甲)

普通	民國元年	汕頭	同右	九	潮安潮陽揭陽炮台蓮陽黃岡隮隍棉湖蓮州	同右
廣匯	民國十年四月	汕頭	同右	五	興寧梅縣(二處)丙村松口	同右
廣泰祥	光緒二十年	汕頭	同右	五	潮安高陂大麻三河大埔	同右
廣合興	光緒二十年	汕頭	同右	六	潮陽(三處)揭陽惠來潮安	同右
益昌	民國廿一年	汕頭	同右	十九	澄海詔安黃岡汫州內浮山小東潮安店市程洋岡鐵鋪東里關埔海山南灣普寧揭陽炮台烏丁隮隍	同右
鴻發祥	民國十六年	汕頭	同右	八	揭陽(三處)潮陽蓮陽饒平潮安普寧	同右
萬興昌	民國十三年	汕頭	同右	八	汫洲錢東黃岡澄海揭陽潮陽潮安豐順	同右
恒記	民國六年	汕頭	同右	五	潮陽(二處)揭陽饒平梅縣	同右
協成昌	民國十一年	汕頭	同右	九	黃岡揭陽隮隍潮陽蓮陽潮安店仔頭詔安東隴	同右
鍾榮順	民國十六年	汕頭	同右	七	潮安饒平揭陽意溪潮陽揭棉店市	同右

第四頁

(三十甲)

10

第五頁

勝裕興	民國四年	汕頭	同右	五	普寧(二處)揭陽甲子潮陽	同右
順成利	民國四年	汕頭	同右	七	海邑揭陽饒平潮陽(二處)樟東澄海	同右
智發	民國十六年	汕頭	同右	九	炮台揭陽(二處)黃岡留隍潮安潮陽普寧澄海	同右
協興盛	民國元年	汕頭	同右	四	黃岡留隍澄海(二處)	同右
戊茂合記	民國十三年	汕頭	同右	三	兩圩揭陽潮陽	同右
有信	民國十二年	汕頭	同右	八	潮陽(二處)揭陽(二處)饒平潮安澄海普寧	同右
廣源和記	民國三年	汕頭	同右	八	潮安潮陽黃岡汫洲柘林鳳凰饒平南澳	同右
宏祥	民國十九年	汕頭	同右	七	潮陽(二處)潮安揭陽詔安澄海饒平	同右
泰怡昌	民國四年	汕頭	同右	四	澄海黃岡揭陽饒平	同右
理元	民國十一年五月	汕頭	同右	三	潮陽(二處)揭陽	同右

(三十甲)

潮利亨	民國十九年	汕頭	同右	六	揭陽棉湖潮陽(二處)惠來普寧	同右
祥生泰	民國十七年	汕頭	同右	六	普寧澄海(二處)潮陽揭陽(三處)	同右
萬豐發	民國十三年	汕頭	同右	六	揭陽棉湖湯坑潮安澄海潮陽	同右
陳炳春	民國前二年	汕頭	同右	六	澄海潮安揭陽黄岡𩓐隍潮陽	同右
得合興	民國十年	汕頭	同右	六	隆都錢東店市蓮陽揭陽潮陽	同右
源順	民國六年	汕頭	同右	二	梅縣松口	同右
益達	民國十七年十月	汕頭	同右	五	嵉叻山口洋砂勝越梹城河婆	同右
裕益	民國十八年	汕頭	同右	十三	潮陽揭陽黄岡內洋山北灣東里潮安棉湖砲台詔安達濠蓮陽樟林	同右
添興利	宣統元年	汕頭	同右	八	揭陽棉湖湯坑潮安潮陽黄岡澄海𩓐隍	同右
泉利	民國十年一月	汕頭	同右	七	松口峯市虎市大埔大麻茶洲高陂	同右

第六頁

(三十甲)

12

捷成	民國十八年五月	汕頭	同右	七	峯市虎市松口大埔大[illegible]恭洲[illegible]陂	同右
永德	民國十年	汕頭	同右	五	梅縣香港吧城興寧松口	同右
萬茂祥	民國二年	汕頭	同右	一	潮安	同右
福茂	民國十四年	汕頭	同右	五	香港安南新加坡八打威上海	同右
再裕	民國十七年	汕頭	同右	無		
公泰	民國十四年	汕頭	同右	四	大埔三河壩大麻高陂	同右
洪廣豐三記	民國十九年	汕頭	同右	二	湯坑揭陽	同右
福利	民國十一年	汕頭	同右	三	香港噴叻暹羅	同右
友盛	民國十年	汕頭	同右	五	香港（二處）上海閩僑漢口	同右
恒生	民國十八年	汕頭	同右	十一	吉隆坡芙蓉坡麻六呷新加坡（二處）香港廣州思明潮安高陂大麻	同右

第七頁

(三十甲)

賴福記	民國十九年九月	汕頭	同右	二	梅縣松口	同右
嘉隆	民國十六年	汕頭	同右	一	香港	同右
福成	民國十三年	汕頭	同右	三	新加坡暹羅上海	同右
萬發祥	民國六年	汕頭	同右	四	新加坡吉隆坡八打威日里	同右
源利啟泰	民國十九年	汕頭	同右	三	潮安菴埠浮洋	同右
黄通興	宣統二年	汕頭	同右	五	潮陽沙隴峡山海門達濠	同右
黄泰發	宣統元年	汕頭	同右	一	揭陽	同右
鄧福合	民國元年	汕頭	同右	四	澄海黄岡東里蓮陽	同右
嘉發	民國十六年十二月	汕頭	同右	無		
松興公	光緒十五年	汕頭	同右（光緒三十二年九月廿六日）	無		

第八頁

(三十甲)

14

泰成昌	民國十六年四月	汕頭	民國二十年五月	六	潮陽潮安澄海饒平揭陽溜隍	同右
嘉德	民國十九年	汕頭	民國二十年十一月	七	揭陽(二處)潮安潮陽黃岡澄海店市	同右
長江銀莊	民國十九年九月	汕頭	同右	八	梅縣興寧松口丙村蕉嶺新舖大埔潮安	同右
鄭致成	民國十九年八月	汕頭	同右	二	香港思明	同右
榮成莊	民國十六年	汕頭	同右	七	梅縣大埔丙市雁洋新舖興寧畬坑	同右
美豐	民國十八年	汕頭	同右	無		
昌盛莊	民國十三年	汕頭	同右	五	潮陽(三處)揭陽潮安	同右
南大莊	民國十七年	汕頭	同右	八	河婆陸豐葵潭梅林潮安澄海揭陽灰寨	同右
成昌利	民國二十年	汕頭	同右	無		
利東莊	民國十七年三月	汕頭	民國二十年十二月	十二	金寶怡保新加坡暹)羅仰光怡保香港上海梅縣潮安興寧松口	同右

第九頁

(三十甲)

德利	前清至今七十餘年	潮安	民國二十年四月（民國元年七月十日）	一	汕頭	同右
陳協盛	民國十二年	潮安	同右	二	安南暹羅	同右
桂蘭	民國十一年	潮安	同右	九	汕頭大埔湖寮高陂三河梅縣黃金市留隍潭口	同右
泗源莊	民國五年	松口	民國二十年十一月	三	汕頭暹羅吧城	同右
李昌源	民國十三年	松口	同右	六	孟加錫暹羅爪哇怡保吉隆坡汕頭	同右
廣通莊	民國十年	松口	同右	四	汕頭(二處)怡保芽律	同右
謝均和	民國十五年	松口	同右	五	吧城三寶壠司馬妾汕頭香港	同右
裕通莊	民國十七年	松口	同右	三	吧城潮安興寧	同右
豐昌	民國七年	松口	同右	一	泗水	同右
廣裕隆	宣統二年	興寧	民國二十年四月	三	汕頭香港番禺	同右

16

李泗隆	光緒卅一年七月	興寧	民國二十年十一月	七	怡保(三處)吉隆坡泗[illegible]馬屿吻[illegible]洞	同右
曾錦記	民國前十九年	澄海	民國二十年四月	一	汕頭	同右
饒興記	民國十三年一月	大埔	同右	一	吉隆坡	同右
蔡南成	民國十六年	河婆	民國二十年十二月	無		
張裕昌	民國十九年	河婆	同右	無		
張南昌	民國十一年	河婆	同右	無		
蔡益通	民國十六年	河婆	民國二十年十一月	無		
振大興	光緒六年	梅縣	民國二十年四月	三	香港汕頭番禺	同右
崇信公司	民國十六年八月	梅縣	同右	一	仰光	同右
鄭成順利記振	民國元年	汕頭	民國廿一年六月	五	樟林隆都潮安揭邑潮邑	同右

第十一頁

(三十甲)

17

陳富通	民國前七年	汕頭	民國廿一年九月	三	梅縣興寧香港	同右
宏信	民國十八年	汕頭	同右	七	潮陽揭陽(二處)澄海潮安饒平陸豐	同右

第十二頁

(三十甲)

18

各地未掛號領照民信局調查表

第　頁

民信局名稱	開設年月	地點	是否照舊營業	郵局取締經過	備考
張聯盛	據報民國十九年開設	河婆	照舊營業	該號曾于廿一年二月間聲請掛號奉令以逾期限未予照准	
李華利	據報開設已有多年	汕頭	照舊營業	該號廿一年八月間曾聲請掛號因派員查明向無經營民局業務奉令未予照准	
洪萬豐	民國二十年七月	汕頭	照舊營業	該號前曾迭次聲請掛號奉令以逾期限未予照准	
吳順興	據報民國十年開始營業	汕頭	照舊營業	現已呈請掛號尚未奉核准	
陳悅記	據報開設已有多年	汕頭	照舊營業	同右	

（三十甲）

一九三四年份各批信局表（一九三四年）

42-F1

3	22	29	30	88	117	114	115
合興利	宏祥	鴻发祥	廣合興新記	[illegible]昌	榮茂莊	洪廣豐記	再[illegible]
永興街	如安街	升平路	仁和街	五雲同	至平路	永安街口	永安街

廿三年份各批信局表

[illegible] 興新街	[illegible] 海平路	[illegible] 亍永和	[illegible] 亍潮安	[illegible] 亍如安	[illegible] 亍仁和	[illegible] 亍鎮邦	[illegible] 亍永和	[illegible] 亍鎮邦	[illegible] 亍永和
3 合興利 亍[illegible]興	8 森春 海平路	13 泉利 亍永和	18 萬豐發 亍永興	23 有信 亍永和	28 萬興昌 亍永安	33 普通 亍永和	38 謙永祥興（停業） 亍[illegible]里	43 泰茂昌 安平路	48 馬合豐 亍永和
4 洪萬豐 海平路	9 振豐盛 仁和街	14 添興利 亍永興	19 [illegible]利亨 三夾口	24 智發（停業） 亍永和	29 鴻发祥 升平路	34 慶順利 亍[illegible]隆	39 [illegible]茂合記（停業） 亍永興	44 宏信 亍永和	49 同發利 至平路
5 義發 安平路	10 勝發 吉安街	15 裕益 亍永泰	20 理元 亍永和	25 鍾榮順 亍福安	30 廣合興新記 亍仁和	35 和合祥 亍打索	40 益昌 亍永安	45 永安 亍永和	86 彭嘉盛 五雲同

42

廿三年份各地批信局表

編號	信局	地址
1	悦記	升平路
2	吳順興	新潮興街
3	合興利	永興街
4	洪萬豐	海平路
5	義發	安平路
6	廣匯通	永興街
7	福興	海平路
8	森春	海平路
9	振豐盛	仁和街
10	勝發	吉安街
11	福成	德里街
12	捷成	永和街
13	泉利	永和街
14	添興利	永興街
15	裕益	永泰街
16	源順	鎮平路
17	陳炳春	潮安街
18	萬豐發	永興街
19	潮利亨	三太市口
20	理元	永和街
21	泰怡昌	永和街
22	宏祥	萬安街
23	有信	永和街
24	智發（停業）	永和街
25	鍾榮順	福安街
26	協成昌（停業）	永安街
27	恒記	仁和街
28	萬興昌	永安街
29	鴻發祥	升平路
30	廣合興新記	仁和街
31	廣泰祥	育善街
32	廣匯	鎮邦街
33	普通	永和街
34	廣順利	崇隆街
35	和合祥	打索街
36	光益裕	永泰街
37	光益	永和街
38	謙和祥興（停業）	德里街
39	成發合記（停業）	永興街
40	益昌	永安街
41	成順利振記	永和街
42	賴福記	鎮邦街
43	泰成昌	安平路
44	宏信	永和街
45	永安	永和街
46	振盛興	永和街
47	光德	永和街
48	馬合豐	永和街
49	同發利	至平路
86	彭嘉盛	五雲同

3

43

编号	商号	地址	备注
87	宗順	五雲閭	
88	祺昌	五雲洞	
101	豐昌	松口	
104	崇信公司	梅縣	停業
105	振大興	梅縣	
106	張南昌	河婆	
107	蔡南成	河婆	
108	陳協盛	潮安	
109	成昌利	永和亍	
110	昌盛莊	永太亍	
111	榮成莊	至平路	
112	嘉德	升平路	停業
113	錢興記	大埔	
114	洪廣豐三記	永安亍口	
115	再裕	永安亍	
116	順成利	永和亍	
117	得合興	福安四橫亍	
118	協興盛	永和亍	停業
119	廣源和記	升平路	
120	莊東茂	安平路	停業
121	新合順	宝里亍	
122	利源通	安平路	
123	合成	榮隆亍	
124	周生利	增太亍	
125	志成莊	安平路	
126	張聯發	鎮都路	
127	合盛利	永興六橫街	
128	協成興	永平路	
129	玉合	五福路	
130	祥益	永和亍	
131	信大	永太路	
132	桂蘭	潮安	
133	李昌源	松口	
134	廣通莊	松口	
135	曾錦記	澄海	
136	商業	至平路	停業
249	利東	安平路	
250	福利	至平路	
251	福茂	至平路	
252	永德	至平路	
253	恒生	萬安亍	
254	陳富通	至平路	
255	謝均和	松口	
283	李華利	幸市	
284	長發	宝里亍	
285	致盛	新興二橫亍	
286	馬德發	永安亍	
287	鍾天華	松口	
288	嘉隆	至平路	
296	安順	海平路	

44

繳換執照108家

編號	商號	地址
297	利昌莊	五福路
298	老德豐	福安三横街
299	獲安	合德亍
311	廣源興	枚县
312	利通	萬安亍
313	陳萬合	南平路
314	億興	永興八横街
315	廣成	松口
316	四興	新蘭興亍
323	永豐	安平路
324	馬源豐	永和亍
325	匯興廣記	梅縣
336	蘭裕興	德里亍
337	和興盛	新蘭興亍
345	啟峰棧	永興亍
346	黃蘭興	永和亍
347	榮豐利	三太汝亍
348	佳興	新蘭興亍
349	源合興	安平路
353	榮大	国平路
354	裕大	永和七横亍
355	張廣泉	楊安亍
356	榮成利	升平路
357	許福成	永平路
358	永裕莊	安平路

該號於卅四年四月二日來函報告停業

汕头一等邮局关于遵令填缴批信局国内外分号开设地点名称一览表致广东邮务长的呈（一九三五年八月十日）

M.12.- List of P'i-hsin-chu, insertion of particulars, submitting.

19 [甲—11]

收文　總號 二八四七四　日期 廿四 八月 十三
復文　總號 一九二六　日期 廿四 八月 廿三

汕頭一等郵局呈第三五九八三/五九五五號　戊　十二

由：爲遵令填繳批信局國內外分號開設地點名稱一覽表

案奉

鈞局訓令第二一八零/二五七三一號略開："檢發批信局國內外分號開設地點名稱一覽表，令仰分別補填中英譯文列單呈報"等因，附表一份；奉此，自應遵照辦理。茲遵將該表內所列各批信局分號開設地點，其中未列譯名者，分別補填中英譯名及所在省名，另列表正副張二份隨文呈繳，敬祈

察核。二

查該原表內所列光德批信局分號德良，其開設地點所填林下地方，因該光德號業已停業，無從查詢。新合順及榮成利兩批局之分號同是一號，而開設地點，竟有數處之多一節，查該新合順批局經已停業，亦無從查詢，至該榮成利

中華民國　年　月　日

6,000/S. iii. 24.

甲—131

中華郵政

20

批局之分號萬興，其開設地點係在棉湖，核其聲請書所填之揭陽棉湖，係指揭陽縣屬之棉湖而言。再查陳富通批局之分號陳富源，原表內所列之開設地點爲巴達維亞，實係新架坡之誤，其分號陳富通之開設地點原表內所列掌更岸，實係吧城掌更岸，又其分號陳華興之開設地點原表內所列越三飯，實係暹羅越三飯（掌更岸越三飯均屬街名），合併呈明，並懇分別予以更正。」

茲據職局本地巡員張繼錫報稱：「查利昌、新合順、添興利、益昌、光德等五家，業已歇業，各該號負責店員均已星散，無法將其執照吊回，擬請將其執照明令註銷。又查錦發、雲信、永德、成昌利、祥益、信大、長發、利昌莊、陳四興、和興盛、源合興、永裕、合盛利等十三家，自郵局發給執照以後，經包封處查報，各該批局迄今並無收寄出入口包封郵件，並經巡員查明各該批局之批信，均

中華民國　年　月　日

第二十頁

6,000/5. III. 24.

申—131

21

中華郵政

由别家批局代爲收寄，據各批局聲稱：「在未領得執照以前，因接洽代理事宜，現非俟本年底各代理滿期後，不能直接收寄批信」等語。查各批信局於領得執照期内，而不經營批業，應否許可，似屬問題，報請核辦。」等情，據此，理合據情備文呈報

鈞局察核，應如何辦理之處，敬乞

批示祇遵。

謹呈

廣東郵務長

附表二紙。

中華民國卅四年八月十日

管理汕頭一等郵局副郵務長駱朗

第 三十 頁

6,000/5. iii. 24.

22

批信局國內外分號開設地點名稱一覽表

汕頭段

批信局名稱	開設地點	分號數目	分號名稱	分號設點名稱	分號開設地點譯名	廿四年份執照號數
利昌	汕頭	四	國達銀莊	梅縣	Meihsien, Kwangtung	123
			陳華興	暹羅	Siam	
			陳球茂	巴達維亞	Batavia, Java	
			陳亞木	加里吉打	Calcutta, India	
錦發	〃	三	錦發	新嘉坡	Singapore, Strait Settlements	124
			東亞	吉隆坡	Kuala Lumper, Selangor, F.M.S.	
			錦元	馬六甲	Malacca, Strait Settlements	
金生	〃	八	金生	香港	Hongkong	125
			〃	梅縣	Meihsien, Kwangtung	
			〃	興寧	Hingning, 〃	
			〃	巴達維亞	Batavia, Java	
			常興	暹羅	Siam	
			大華公司	〃	〃	
			恒益	檳榔嶼	Penang, Strait Settlements	
			嘉興隆	新嘉坡	Singapore, 〃 〃	
陳悅記	〃	十四	陳合盛記	潮安	Chaoan, Kwangtung	238
			陳悅記	鳳凰	Fungwang, 〃	
			洪萬興	棉湖	Mienfu, 〃	
			源利	湯坑	Tonghang, 〃	
			劉嘉合	潮陽	Chaoyang, 〃	
			林協和	詔安	Chaoan, Fukien	
			萬興昌	店仔头	Tiemkiatow, Kwangtung	
			首信	澄海	Tenghai, Kwangtung	
			陳悅記	暹羅	Siam	
			陳美盛	安南	Annam	
			許裕發	新嘉坡	Singapore, Strait Settlements	
			信法昌	饒平	Jaoping, Kwangtung	
			光恒成	揭陽	Kityang, 〃	
			廖四益	溜隍	Liuwong, 〃	
吳順興	〃	十五	陳喜合	潮陽	Chaoyang, 〃	239
			劉恒合	〃	〃 〃	
			廖亨	溜隍	Liuwong, 〃	
			德記	高陂	Kopi, 〃	
			有信	澄海	Tenghai, 〃	
			信成	蓮陽	Linyeung, 〃	
			啟萃	揭陽	Kityang, 〃	
			政記	棉湖	Mienfu, 〃	
			陶安	潮安	Chaoan, 〃	
			合利	饒平	Jaoping, 〃	
			源合	達濠	Tathow, 〃	
			佳興	安南	Annam	
			永裕盛	日里	Deli, Sumatra, D.E.I.	
			義利	暹羅	Siam	
			駿裕	新嘉坡	Singapore, Strait Settlements	
洪萬豐	〃	十三	洪萬興	棉湖	Mienfu, Kwangtung	240
			光法成	揭陽	Kityang, 〃	
			劉喜合	潮安	Chaoan, 〃	
			如潮	〃	〃 〃	
			意通	〃	〃 〃	
			揭豐	溜隍	Liuwong, 〃	
			鴻茂盛	黃岡	Ungkung, 〃	
			發利	意溪	Ikoi, 〃	
			萬興昌	店仔头	Tiemkiatow 〃	
			中興發	暹羅	Siam	
			洪萬成	新嘉坡	Singapore, Strait Settlements	
			洪萬祥	檳榔嶼	Penang, 〃 〃	
			萬成興	安南	Annam	
義發	〃	十	如潮	潮安	Chaoan, Kwangtung	241
			協成昌	澄海	Tenghai, 〃	
			瑞發	揭陽	Kityang, 〃	
			啟峯	〃	〃	

1.

23

			棉湖	Mienfu, Kwangtung	
			潮陽	Chaoyang, 〃	
			鳳凰	Fungwang, 〃	
			汕尾	Swabue, 〃	
			暹罗	Siam	
			潮安	Chaoan, Kwangtung	
廣匯通	汕頭	十	暹罗	Siam	242
			日里	Deli, Sumatra, D.E.I.	
			安南	Annam	
			新嘉坡	Singapore, Strait Settlements	
			連陽	Linyeung, Kwangtung	
			揭陽	Kityang, Kwangtung	
			河婆	Hopo, 〃	
			棉湖	Mienfu, 〃	
			湯坑	Tonghang, 〃	
			潮陽	Chaoyang, 〃	
福興	〃	十二	流沙圩	Laushahu, 〃	243
			陸丰	Lukfung, 〃	
			潮陽	Chaoyang, Kwangtung	
			揭陽	Kityang, 〃	
			鯉湖	Liwu, 〃	
			隆江	Lengkang, 〃	
			甲子	Kapchi, 〃	
			金甌	Chinou, 〃	
			檳榔嶼	Penang, Strait Settlements	
			新嘉坡	Singapore, 〃 〃	
			日里	Deli, Sumatra, D.E.I.	
			暹罗	Siam	
			安南	Annam	
森春莊	〃	十三	梅林	Moilim, Kwangtung	244
			陸丰	Lukfung, 〃	
			潮陽	Chaoyang, Kwangtung	
			流沙圩	Laushahu, 〃	
			大坪圩	Taipinghu, 〃	
			葵潭	Kweitam, 〃	
			河婆	Hopo, 〃	
			揭陽	Kityang, 〃	
			潮安	Chaoan, 〃	
			澄海	Tenghai, 〃	
			柔佛	Johore	
			〃	〃	
			新嘉坡	Singapore, Strait Settlements	
振豐盛	〃	十一	普甯	Puning, Kwangtung	245
			潮陽	Chaoyang, 〃	
			惠來	Hweilai, 〃	
			陸丰	Lukfung, 〃	
			潮陽	Chaoyang, 〃	
			陸丰	Lukfung, 〃	
			〃	〃	
			日里棉蘭	Medan, Deli, Sumatra, D.E.I.	
			〃 〃 〃	〃 〃 〃 〃	
勝發	〃	十一	檳榔嶼	Penang, Strait Settlements	246
			揭陽	Kityang, Kwangtung	
			陸丰	Lukfung, 〃	
			潮陽	Chaoyang, Kwangtung	
			流沙圩	Laushahu, 〃	
			梅林	Moilim, 〃	
			揭陽	Kityang, 〃	
			潮安	Chaoan, 〃	
			日里棉蘭	Medan, Deli, Sumatra, D.E.I.	
			日里吠呀	Bindjei, Deli, Sumatra, D.E.I.	
			日里奇砂蘭	Kisaran, Deli, Sumatra, D.E.I.	
			日里先達	Siantar, Deli, Sumatra, D.E.I.	

沈合記莊興通利民利興源源昌丰盛合丰成合丰發隆泰合發大新合記記成合丰大成昌丰信信昌利基丰合成成合泰興勝利盛興丰成合丰記莊莊發棧發發

政喜悅茂端 盛 盛復匯利合萬丰 聯科喜 滋益福四 庆 平 合和 科喜聯 可合啟 成 聯四可科喜福 源怡 啟科喜聯和合 源信兩發盛和

楊劉陳長義晉榮福廣廣廣榮洪合喜陳陳劉啟謝陳盧陳萬振永劉源福陳劉陳光陳榮魏有有忠新益陳陳陳劉盧鴻興陳陳有魏陳劉陳福裕有倪兩黃李

2.

稿 24

福成 汕頭 十一 / 捷成 〃 七 / 泉利 〃 七 / 添興利 〃 十二 / 裕益 〃 十三 / 源順 〃 一 / 陳炳春 〃 六 / 萬豐發 〃 十二

合茂合隆成豐記記與與與利利利隆記記記利利利隆記記記與利合利昌益利記記昌與合成利合源泰安與良盛合成利司春成發峯益合峯記豐合利盛

法 茂利豐 仁 豐 仁

四裕喜益隆萬昌 泰 昌 昌 泰萬 成恒與述悅與盛喜法茂廣榮 萬法順源 合公 安 義 茂順

陳陳劉陳光洪、榮和怡南四協泉與益隆勳耀與協泉益隆勳耀林洪源喜協協廖合陳陳萬振劉光黃王裕同陶洪黃源李信潘德廣裕廣啟恒喜啟啟聚喜黃源

號	商號	地	數	地名	Place	
247	福成	汕頭	十一	歐坑	Oukeng, Kwangtung	247
				〃	"	
				潮陽	Chaoyang, Kwangtung	
				隆江	Lengkang, "	
				揭陽	Kityang, "	
				棉湖	Mienfu, "	
				檳榔嶼	Penang, Strait Settlements	
				霹靂	Perak, F.M.S.	
				〃	"	
				古樓	K.Kurau, "	
				〃	" "	
248	捷成	〃	七	峯市	Fengshih, Fukien	248
				虎市	Fushi, Kwangtung	
				松口	Tsungkow, Kwangtung	
				大浦	Taipu, "	
				大麻	Taima, "	
				恭洲	Kungchow, "	
				高陂	Kopi, "	
249	泉利	〃	七	松口	Tsungkow, "	249
				峯市	Fengshih, Fukien	
				虎市	Fushi, Kwangtung	
				大浦	Taipu, "	
				大麻	Taima, "	
				恭洲	Kungchow, "	
				高陂	Kopi, "	
250	添興利	〃	十二	揭陽	Kityang, "	250
				棉湖	Mienfu, "	
				湯坑	Tonghang, "	
				潮陽	Chaoyang, "	
				黃岡	Ungkung, "	
				澄海	Tenghai, "	
				溜隍	Liuwong, "	
				揭陽	Kityang, "	
				潮安	Chaoan, "	
				饒平	Jaoping, "	
				〃	"	
251	裕益	〃	十三	澄海	Tenghai, "	251
				潮陽	Chaoyang, "	
				揭陽	Kityang, "	
				黃岡	Ungkung, "	
				內浮山	Nuifoushan, "	
				北灣	Peiwan, "	
				東瀧	Tunglung, "	
				潮安	Chaoan, Kwangtung	
				棉湖	Mienfu, "	
				砲台	Paotai, "	
				詔安	Chaoan, Fukien	
				達濠	Tathow, Kwangtung	
				蓮陽	Lingeung, "	
				店仔頭	Tiemkiatow, "	
252	源順	〃	一	梅縣	Meihsien, Kwangtung	252
253	陳炳春	〃	六	澄海	Tenghai, "	253
				潮安	Chaoan, "	
				黃岡	Ungkung, "	
				揭陽	Kityang, "	
				溜隍	Liuwong, "	
				潮陽	Chaoyang, "	
254	萬豐發	〃	十二	揭陽	Kityang, "	254
				棉湖	Mienfu, "	
				潮安	Chaoan, "	
				潮陽	Chaoyang, "	
				黃岡	Ungkung, "	
				詔安	Chaoan, Fukien	

25

			橋桂	Kiuchi,	Kwangtung	
			湯坑	Tonghang,	〃	
			蓮陽	Linyeung,	〃	
			澄海	Tenghai,	〃	
			湯坑	Tonghang,	〃	
			溜湟	Liuwong,	〃	
			揭陽	Kityang,	〃	
潮利亨	汕頭	七	潮陽	Chaoyang,	〃	255
			普甯	Puning,	〃	
			陸丰	Lukfung,	〃	
			惠来	Hweilai,	〃	
理元	〃	七	潮安	Chaoan,	〃	256
			潮陽	Chaoyang,	Kwangtung	
			揭陽	Kityang,	〃	
			隆江	Longkang,	〃	
			成田	Shingtin,	〃	
			黃岡	Ungkung,	〃	
泰怡昌	〃	六	澄海	Tenghai,	〃	257
			黃岡	Ungkung,	〃	
			揭陽	Kityang,	〃	
			饒平	Jaoping,	〃	
			店仔头	Tiemkiatow,	〃	
有信	〃	廿	潮陽	Chaoyang,	Kwangtung	258
			揭陽	Kityang,	〃	
			澄海	Tenghai,	〃	
			饒平	Jaoping,	〃	
			普甯	Puning,	〃	
			潮安	Chaoan,	〃	
			棉湖	Mienfu,	〃	
			河婆	Hopo,	〃	
			湯坑	Tonghang,	〃	
			柘林	Chelin,	〃	
			靖海	Tsinghai,	〃	
			梅林	Moilin,	〃	
			葵潭	Kweitam,	〃	
			碣石	Kitchiok,	〃	
			鯉湖	Liwu,	〃	
			流沙圩	Laushahu,	〃	
			陸丰	Lukfung,	〃	
			甲子	Kapchi,	Kwangtung	
			大坪	Taiping,	〃	
			博尾	Pomei,	〃	
			浮山	Pasua,	〃	
			小东	Siaotung,	〃	
			詔安	Chaoan,	Fukien	
			雲霄	Yunsiao,	〃	
			詔安	Chaoan,	〃	
			詔安	Chaoan,	Fukien	
鍾榮順	〃	八	潮安	Chaoan,	Kwangtung	259
			饒平	Jaoping,	〃	
			揭陽	Kityang,	〃	
			潮陽	Chaoyang,	〃	
			棉湖	Mienfu,	〃	
			店仔头	Tiemkiatow,	〃	
			意溪	Ikoi,	〃	
			澄海	Tenghai,	〃	
恒記	〃	五	潮陽	Chaoyang,	〃	260
			揭陽	Kityang,	〃	
			饒平	Jaoping,	〃	

興盛成信法东峰合合丰成源通茂合峰發利利茂發峰昌順利合合峰良成發興安記昌丰成大記丰昌昌丰成大大記昌成隆通安源和安發峰合丰利利茂合成發

裕丰　啟四喜　騤科裕　振　昌　義　盛　義萬　政合廣　玉和　德盛联科德　宝　振　廣　義　法義

榮合信有廣震魏陳劉榮陳陳陳普和喜啟裕成茂信廣啟泰廣合喜源啟法信廣洪陶楊葉洪孚鴻福富廣義陳陳盧元林信東胡谈泰許萬陶廣啟喜萬合發益四光廣

26

字号	地点	数	分号所在地	Place	No.
			潮陽	Chaoyang, Kwangtung	
			梅縣	Meihsien, 〃	
萬興昌	汕头	十	汫洲	Tsingchow, 〃	261
			小東	Siaotung, 〃	
			黄岡	Ungkung, Kwangtung	
			棉湖	Mienfu, 〃	
			澄海	Tenghai, 〃	
			揭陽	Kityang, 〃	
			潮陽	Chaoyang, 〃	
			潮安	Chaoan, 〃	
			溜湟	Liuwong, 〃	
廣泰祥	〃	七	潮安	Chaoan, 〃	262
			高陂	Kopi, 〃	
			大麻	Taima, 〃	
			三河 〃	Samhopa 〃	
			大埔	Taipu, Kwangtung	
			百候	Pakhow, 〃	
			湖寮	Huliao, 〃	
廣匯	〃	七	梅縣	Meihsien, 〃	263
			松口	Tsungkow, 〃	
			興甯	Hingning, 〃	
			丙村	Pingtsun, 〃	
			新鋪	Sinpu, 〃	
普通	〃	十一	潮安	Chaoan, 〃	264
			潮陽	Chaoyang, 〃	
			揭陽	Kityang, 〃	
			砲台	Paotai, 〃	
			蓮陽	Linyeung, 〃	
			黄岡	Ungkung, 〃	
			溜湟	Liuwong, 〃	
			蓬洲	Pengchow, 〃	
			棉湖	Mienfu, 〃	
			黄岡	Ungkung, 〃	
廣順利	〃	六	澄海 〃	Tenghai, 〃	265
			潮陽	Chaoyang, 〃	
			揭陽	Kityang, 〃	
			潮安	Chaoan, 〃	
			饒平	Jaoping, 〃	
和合祥	〃	六	普甯	Puning, 〃	266
			澄海	Tenghai, 〃	
			揭陽	Kityang, 〃	
			潮陽	Chaoyang, 〃	
			潮安	Chaoan, 〃	
			饒平	Jaoping, 〃	
光益裕	〃	十二	潮陽	Chaoyang, 〃	267
			揭陽	Kityang, 〃	
			黄岡	Ungkung, 〃	
			內浮山	Nuifoushan, 〃	
			東瀧	Tunglung, 〃	
			北灣	Peiwan, 〃	
			潮安	Chaoan, 〃	
			棉湖	Mienfu, 〃	
			砲台	Paotai, 〃	
			詔安	Chaoan, Fukien	
			達濠	Tathow, Kwangtung	
			蓮陽	Linyeung, 〃	
			店仔头	Tiemkiatow, 〃	
光益	〃	十二	潮安 〃	Chaoan, Kwangtung	268
			揭陽 〃	Kityang, 〃	

（分号字号及经理姓名，手写竖列）

泰昌隆興盛合興興峯合源益祥裕記堂茂成興興生成源昌吉益淘合峰良昌發記利記孚利昌合峯丰發祥昌峰合丰合合成利合泰源安興良盛合成利淘利成興

茂淘萬盛 泰同昆安源萬合 公恒 喜啟法順榮 義瑞茂啟 順 義合 喜法茂廣 發萬德順源 合 發法

恒元永振鴻許洪振啟喜廣恒廣余罗仁饒楊吴匯金廣匯伍温南如劉魏苗潘廣郑陈楊瑞廣榮喜啟聚廣和榮啟喜聚淘劉光黄王同浴淘洪黄源李信潘如郭光萬

27

			喜合	潮陽	Chaoyang, Kwangtung	
			源合	〃	〃 〃	
			黃德良	〃	〃 〃	
			匯通盛	饒平	Jaoping, 〃	
			端亨	〃	〃 〃	
			廣順	〃	〃 〃	
			增順崇昌	澄海	Tenghai, 〃	
			同泰	〃	〃 〃	
益昌	汕头		郘諮記	豐順	Fungshun, 〃	269
成順利振記	〃	八	和記	澄海	Tenghai, 〃	270
			信成	〃	〃 〃	
			廣順	饒平	Jaoping, 〃	
			瀚安	潮安	Chaoan, 〃	
			發利	〃	〃 〃	
			啟峰	揭陽	Kityang, 〃	
			喜合	潮陽	Chaoyang,	
			源順盛	詔安	Chaoan, Fukien	
賴福記	〃	二	賴福記	梅縣	Meihsien, Kwangtung	271
			賴隆泰	松口	Tsungkow, 〃	
泰成昌	〃	九	劉喜合	潮陽	Chaoyang, 〃	272
			黃崇昌	〃	〃 〃	
			普通	潮安	Chaoan, 〃	
			啟峰	揭陽	Kityang, 〃	
			萬興	〃	〃 〃	
			廣義發	黃岡	Ungkung, 〃	
			信成	蓮陽	Linyeung, 〃	
			恒亨	溜隍	Liuwong, 〃	
			添裕源	惠來	Hweilai, 〃	
宏信	〃	八	喜合	潮陽	Chaoyang, 〃	273
			啟峰	揭陽	Kityang, 〃	
			德東	〃	〃 〃	
			信成	澄海	Tenghai, 〃	
			淘安	潮安	Chaoan, 〃	
			學成	饒平	Jaoping, 〃	
			森春	陸豐	Lukfung, 〃	
			揚記	棉湖	Mienfu, 〃	
永安	〃	十四	劉啟合	潮陽	Chaoyang, 〃	274
			洪萬興	揭陽	Kityang, 〃	
			啟峯	〃	〃 〃	
			光法成	〃	〃 〃	
			許廣源	詔安	Chaoan, Fukien	
			淘安	潮安	Chaoan, Kwangtung	
			榮利	〃	〃 〃	
			協順	澄海	Tenghai, 〃	
			法良	潮陽	Chaoyang, 〃	
			匯通	饒平	Jaoping, 〃	
			廣義發	黃岡	Ungkung, 〃	
			榮利	店仔头	Tiemkiatow, 〃	
			鄭瑞記	溜隍	Liuwong, 〃	
			同崇泰	東瀧	Tunglung, 〃	
			增順盛昌	蓮陽	Linyeung, 〃	
振盛興	〃	六	振興	圖濠鄉	T'uhaohsiang, 〃	275
			普通	潮安	Chaoan, 〃	
			劉喜合	潮陽	Chaoyang, 〃	
			義發	黃岡	Ungkung, 〃	
			瑞記	溜隍	Liuwong, 〃	
			魏啟峰	揭陽	Kityang, 〃	
光法	〃	七	萬興	棉湖	Mienfu, 〃	276
			淘安	潮安	Chaoan, 〃	
			恒記	潮陽	Chaoyang, 〃	
			信成	蓮陽	Linyeung, 〃	
			法良	下林	〃 〃	
			廣義發	黃岡	Ungkung, 〃	

6.

28

商号	地点	人数	股东	籍贯	Native place	No.
			光陽法永喜榮啟聚信茂同合恒喜法洪如 / 法成順順 發 萬 / 成豐盛利合昌峰豐成元利泉亭合良與閩	揭陽	Kityang, Kwangtung	
馬合豐	汕头	九		潮陽	Chaoyang, "	277
				"	" "	
				"	" "	
				"	" "	
				"	" "	
				揭陽	Kityang, "	
				潮安	Chaoan, "	
				澄海	Tenghai, "	
				饒平	Jaoping, "	
同發利	"	七		揭陽	Kityang, "	278
				湯坑	Tonghang, "	
				畄隍	Liuwong, "	
				潮陽	Chaoyang, "	
				冈阜	Kwangfu, "	
				棉湖	Mienfu, "	
				潮安	Chaoan, "	
成昌利	"					280
昌成莊	"	五	陈连劉魏鄧有闽啟聚喜協信吳黃廣信魏劉廣 / 與泰喜啟發 藏錦順 啟喜義 / 記利合峰利信安峰豐合和成盛茂茂成峯合發	潮陽	Chaoyang, "	281
				"	" "	
				揭陽	Kityang, "	
				潮安	Chaoan, "	
順成利	"	七		澄海	Tenghai, "	282
				潮安	Chaoan "	
				揭陽	Kityang, "	
				東隴	Tunglung, "	
				潮陽	Chaoyang, "	
				饒平	Jaoping, "	
				蓮陽	Linyeung, "	
浔合興	"	七		店仔頭	Tiemkiatow, "	283
				小東	Siaotung, "	
				店仔头	Tiemkiatow, "	
				蓮陽	Linyeung, "	
				揭陽	Kityang, "	
				潮陽	Chaoyang, "	
				黃冈	Ungkung, "	
廣源合記	"	八	述喜祥協有啟萬廣新劉普啟改合坤廣[illegible]藻合裕泉成義周劉普源 / 與和合喜 崇喜通協 / 記合盛與信峰昌盛順合通峯記記源利記利與成業利與合莊順	潮安	Chaoan, "	284
				潮陽	Chaoyang, "	
				黃冈	Ungkung, "	
				汫洲	Tsingchow, "	
				澄海	Tenghai, "	
				揭陽	Kityang, "	
				店仔头	Tiemkiatow, "	
				鳳凰	Fungwang,	
新合順	"	五		普甯 揭陽	Puning, Kityang	285
				潮陽	Chaoyang, Kwangtung	
				饒平 黃冈 潮安 澄海	Jaoping, Ungkung, Chaoan, Tenghai	
				揭陽	Kityang, Kwangtung	
				棉湖	Mienfu,	
合成	"	七		潮安	Chaoan, "	287
				澄海	Tenghai,	
				詔安	Chaoan, Fukien	
				潮陽	Chaoyang, Kwangtung	
				安南	Annam	
				暹罗	Siam	
				新嘉坡	Singapore, Strait Settlements	
周生利	"	十四		檳榔屿	Penang, " "	288
				"	" "	
				霹靂	Perak, F.M.S.	
				潮陽	Chaoyang, Kwangtung	
				潮安	Chaoan, "	
				澄海	Tenghai, "	

7.

29

			洪萬興	普寗	Puning, Kwangtung	
			魏敬峯	揭陽	Kityang, "	
			魏桂興	溜隍	Liuwong, "	
			廣義發	饒平	Jaoping, "	
			涂裕源	惠來	Hweilai, "	
志成	汕头	七	普通	潮安	Chaoan, "	289
			劉喜合	潮陽	Chaoyang, "	
			魏敬峯	揭陽	Kityang, "	
			洪萬丰	普寗	Puning, "	
			四法記	巨港	Palembang,Sumatra, D.E.I.	
			光興	暹羅	Siam	
			光丰	新嘉坡	Singapore,Strait Settlements	
張联發	〃	八	黃法茂	〃	" " "	290
			〃	士乃	Senai, Johore	
			張法豐	山口羊	Singkawang, Dutch Borneo	
			南記公司	〃	" " "	
			廣濟土	居鑾	Kluang, Johore	
			劉義發	霹靂	Perak, F.M.S.	
			張联盛	河婆	Hopo, Kwangtung	
			洪萬丰	揭陽	Kityahg, "	
合盛利	〃	十	敬峯	〃	" "	291
			政記	棉湖	Mienfu, "	
			合丰盛	湯坑	Tonghang, "	
			聚丰	潮安	Chaoan, "	
			喜合	潮陽	Chaoyang, "	
			協成昌	澄海	Tenghai, "	
			黃茂利	黃岡	Ungkung, "	
			信成	蓮陽	Linyeung, "	
			恒亨	溜隍	Liuwong, "	
			榮盛利	暹羅	Siam	
協成興	〃	九	陶安	黃岡	Ungkung, Kwangtung	292
			魏敬峯	揭陽	Kityang, "	
			劉喜合	潮陽	Chaoyang, "	
			信成莊	蓮陽	Linyeung, "	
			聚丰莊	潮安	Chaoan, "	
			廣順莊	店仔頭	Tiemkiatow, "	
			廣源莊	詔安	Chaoan, Fukien	
			聚丰莊	東隴	Tunglung, Kwangtung	
			協成興	曼谷	Bangkok, Siam	
玉合	〃	六	育信	潮安	Chaoan, Kwangtung	293
			喜合	潮陽	Chaoyang, "	
			啟峯	揭陽	Kityang, "	
			桂昌	詔安	Chaoan, Fukien	
			志合	饒平	Jaoping, Kwangtung	
			玉合	安南	Annam	
祥益	〃	十五	如閩	潮安	Chaoan, Kwangtung	294
			喜合	潮陽	Chaoyang, "	
			光法成	揭陽	Kityang, "	
			黃法良	關埠	Kwanfu, "	
			匯通盛	浮山	Fuswa, "	
			萬興	棉湖	Mienfu, "	
			增順榮昌	蓮陽	Linyeung, "	
			邹發利	意溪	Ikoi, "	
			鄭瑞記	溜隍	Liuwong, "	
			同泰	東隴	Tunglung, "	
			源合	達濠	Tathow, "	
			瑞孚	饒平	Jaoping, "	
			廣順	〃	" "	
			孔昕斎	新嘉坡	Singapore,Strait Settlements	
			恒丰	堤岸	Cholon, Cochinchine	
信大	〃	七	合成	普寗	Puning, Kwangtung	295
			光法成	揭陽	Kityang, "	
			洪萬興	棉湖	Mienfu, "	

30

字號	地點	分號數	分號地點		號數
利來莊	汕头	十五	潮陽	Chaoyang, Kwangtung	296
			後坑	Houkeng, "	
			新嘉坡	Singapore, Strait Settlements	
			堤岸	Cholon, Cochinchina	
			金寶	Kampar, Perak, F.M.S.	
			怡保	Ipoh, Perak, F.M.S.	
			新嘉坡	Singapore, Strait Settlements	
			暹羅	Siam	
			仰光	Rangoon, Burma	
			怡保	Ipoh, Perak, F.M.S.	
			梅縣	Meihsien, Kwangtung	
			潮安	Chaoan, "	
			興甯	Hingning, "	
			松口	Tsungkow, "	
			香港	Hongkong	
福利	"	三	新嘉坡	Singapore, Strait Settlements	297
			暹羅	Siam	
			香港	Hongkong	
福茂	"	四	安南	Annam	298
			新嘉坡	Singapore, Strait Settlements	
			巴達維亞	Batavia, Java, D.E.I.	
			香港	Hongkong	
永法莊	"	五	梅縣	Meihsien, Kwangtung	299
			興甯	Hingning, "	
			松口	Tsungkow, "	
			香港	Hongkong	
			巴達維亞	Batavia, Java, D.E.I.	
恒生	"	七	新嘉坡	Singapore, Strait Settlements	300
			吉隆坡	Kuala Lumpur, Selangor, F.M.S.	
			芙蓉	Seremban, F.M.S.	
			馬六甲	Malacca, Strait Settlements	
			潮安	Chaoan, Kwangtung	
			高陂	Kopi, "	
			香港	Hongkong	
陳富通	"	六	梅縣	Meihsien, Kwangtung	301
			興甯	Hingning, "	
			香港	Hongkong	
			新嘉坡	Singapore, Strait Settlements	
			巴達維亞	Batavia, Java, D.E.I.	
			曼谷	Bangkok, Siam	
李[illegible]利	"	十二	成田	Shingtin, Kwangtung	302
			達濠	Tathow, "	
			惠來	Hweilai, "	
			揭陽	Kityang, "	
			"	" "	
			棉湖	Mienfu, "	
			湯坑	Tonghang, "	
			河婆	Hopo, "	
			日里	Deli, Sumatra, D.E.I.	
			砂朥越	Sarawak	
			邦戛	Pemangkat, D.E.I.	
			新嘉坡	Singapore, Strait Settlements	
長發	"	十	鷗坑	Oukeng, Kwangtung	303
			"	"	
			潮陽	Chaoyang, Kwangtung	
			隆江	Longkong, "	
			揭陽	Kityang, "	
			棉湖	Mienfu, "	
			檳榔嶼	Penang, Strait Settlements	
			新嘉坡	Singapore, " "	
			安南	Annam	
			暹羅	Siam	
致盛	"	三	香港	Hongkong	304
			暹羅	Siam	
			安南	Annam	

分號字號（手書，原三欄直書）：
合合通裕昌昌南興光記莊興興豐莊成利利興泰 記莊 堂記和 庄泉莊源 通興泰源隆李良記豐昌興昌和利合發合隆成豐和發發成興齋
喜四普信 炳裕 瑞東 盛 東 " 法 " " " " 生生生 隆 成富 " " " 富華順 益啟法 合南和 福四裕喜益德萬 昭
劉陳陳陳展信合利振利利合嘉華利福茂福集法 福永 萬郭萬 洪金志陳 陳陳永奎陳魏黃啟廣棠永陳昌李陳陳劉陳光洪 旭恒庆順致聯亂

9.

31

批局	地点	件数	English	号
發法馬	汕头	十	Siam Shingtin, Kwangtung Chaoyang, 〃 Ungkung, 〃 Meitou, 〃 Mienfu, 〃 Chaoan, 〃 〃 〃 Linyeung, 〃 Liuwong, 〃 Hongkong	305
嘉安 隆順	〃	一八	Kityang, Kwangtung Chaoyang, 〃 〃 〃 Hweilai, 〃 Puning, 〃 Liwu, 〃 Penang, Strait Settlements Siam	306 307
利昌莊	〃	七	Chaoan, Kwangtung 〃 〃 Chaoyang, 〃 Kityang, 〃 Linyeung, 〃 Chaoan, Fukien Annam	308
老億豐	〃	六	Chaoyang, Kwangtung Chaoan, 〃 Tenghai, 〃 Hongkong Singapore, Strait Settlements Annam	309
復安	〃	六	Chaoan, Kwangtung Chaoyang, 〃 Kityang, 〃 Hongkong Singapore, Strait Settlements Siam	310
利通	〃	六	Meihsien, Kwangtung 〃 〃 Tsungkow, 〃 Hingning, 〃 Deli, Sumatra, D.E.I. Siam	311
陳萬合	〃	十	Chaoyang, Kwangtung 〃 〃 Kityang, 〃 Tathow, 〃 Hweilai, 〃 Hongkong, Annam Siam Deli, Sumatra, D.E.I.	312
億興	〃	十	Chaoyang, Kwangtung 〃 〃 Puning, 〃 Kityang, 〃 〃 Lengkang, 〃 Singapore, Strait Settlements Penang, 〃 Deli, Sumatra, D.E.I.	313

罗田陽岡兜湖安 〃 陽湟港陽陽 来甯湖屿罗安 陽陽陽安南陽安海港坡南安陽陽港坡罗梟 日甯里罗陽 陽濠来港 南罗里陽 甯陽 江坡屿里

〃 〃 榔 〃 嘉 嘉 〃 〃 〃 〃 〃 〃 嘉榔

暹成湖黄梅棉湖 連潘香揭湖 惠普鯉梹暹湖 湖揭蓮詔安湖湖澄香新安湖湖揭香新暹梅 松興日暹湖 揭達惠香 安暹日湖 普揭 隆新梹日

盛合利峯記通陶昌記隆峯合合記發記安信豐合峰成昌昌發興祥豐隆祥和成興安茂成記生豐生通興合合峯春興發園盛順興合合興盛記峰隆裕興興

順〃喜茂啟 崇順潞 合亨利 裕裕裕億合合 常萬喜啟嘉順昭春春成源四喜玉見新 益

法 劉黄魏啟普如增鄭嘉啟四喜榮安滋湖公有聚喜啟信桂利順福順老順順益益益復復復春金同金南熊陳劉魏蔡合陳四陳陳陳陳劉馬馬馬啟益和湖錦

10.

 32

陈四興	汕头	五	裕興	梹榔屿	Penang, Strait Settlements	314
			錦昌	日里	Deli, Sumatra, D.E.I.	
			和裕	新嘉坡	Singapore,Strait Settlements	
			四合	潮陽	Chaoyang, Kwangtung	
			茂記	惠來	Hweilai, 〃	
永豐莊	〃	二	永丰莊	毛里求思	Mauritius	315
			〃	梅縣	Meihsien, Kwangtung	
馬源豐	〃	十一	汶記	棉湖	Mienfu, 〃	316
			啟峰	揭陽	Kityang, 〃	
			嘉合	潮陽	Chaoyang, 〃	
			普通	潮安	Chaoan, 〃	
			茂利	黃岡	Ungkung, 〃	
			永順利	成田	Shingtin, 〃	
			成昌利	〃	〃 〃	
			協成丰	〃	〃 〃	
			〃	曼谷	Bangkok, Siam	
			永順利	〃	〃 〃	
			成昌利	〃	〃 〃	
潮裕興	〃	四	成丰	安南	Annam	317
			潮和興	日里	Deli, Sumatra, D.E.I.	
			天興	暹罗	Siam	
			玉成	普甯	Puning, Kwangtung	
和[illegible]盛	〃	二	永南興	日里	Deli, Sumatra, D.E.I.	318
			李和丰	梹榔屿	Penang, Strait Settlements	
啟峯棧	〃	十二	啟峯	揭陽	Kityang, Kwangtung	319
			政記	棉湖	Mienfu, 〃	
			聚丰	潮安	Chaoan, 〃	
			喜合	潮陽	Chaoyang, 〃	
			茂利	黃岡	Ungkung, 〃	
			信成	蓮陽	Linyeung, 〃	
			有信	澄海	Tenghai, 〃	
			永豐發	安南	Annam	
			陳達義	暹罗	Siam	
			新峰棧	新嘉坡	Singapore,Strait Settlements	
黃潮興	〃	九	廣順莊	饒平	Jaoping, Kwangtung	320
			刘喜合	潮陽	Chaoyang, 〃	
			魏啟峯	揭陽	Kityang, 〃	
			信成	澄海	Tenghai, 〃	
			陶安	潮安	Chaoan, 〃	
			茂利	〃	〃 〃	
			源順盛	詔安	Chaoan, Fukien	
			鄭和記	澄海	Tenghai, Kwangtung	
			黃湖興	暹罗	Siam	
榮丰利	〃	六	葉丰利	〃	〃	321
			同益利	日里	Deli, Sumatra, D.E.I.	
			廣万源	揭陽	Kityang, Kwangtung	
			洪丰	棉湖	Mienfu, 〃	
			協記	湯坑	Tonghang, 〃	
			喜合	潮陽	Chaoyang, 〃	
佳興	〃	十	劉喜合	〃	〃 〃	322
			陳四亨	〃	〃 〃	
			詹恒信	溜隍	Liuwong, 〃	
			有峯	澄海	Tenghai, 〃	
			魏啟利	揭陽	Kityang, 〃	
			合記	饒平	Jaoping, 〃	
			德合	高陂	Kopi, 〃	
			源隆	達濠	Tathow, 〃	
			法来	金塔	Prompenh, Annam	
			源合	擺孚	Baixan, 〃	
源合興	〃	十五	劉喜合	潮陽	Chaoyang, Kwangtung	323
			陳四亨	〃	〃 〃	
			詹恒信	溜隍	Liuwong, 〃	
			有峯	澄海	Tenghai, 〃	
			魏啟	揭陽	Kityang, 〃	

11.

33

			合利	饒平	Jaoping, Kwangtung	
			法記	高陂	Kopi, "	
			源合	達濠	Tathow, "	
			乾元	陳店	Chentien, "	
			榮成	香港	Hongkong	
			大元	暹羅	Siam	
			美光	安南	Annam	
			興發	新嘉坡	Singapore, Strait Settlements	
			恒發	日里	Deli, Sumatra, D.E.I.	
榮大	汕头	四	乃裕	安南	Annam	324
			光裕興	新嘉坡	Singapore, Strait Settlements	
			福利	香港	Hongkong	
			宝裕隆	山打根	Sandakan, British North Borneo	
裕大	〃	八	享信	潮安	Chaoan, Kwangtung	325
			喜合	潮陽	Chaoyang, "	
			光法成	揭陽	Kityang, "	
			益昌	惠來	Hweilai, "	
			元盛	日里	Deli, Sumatra, D.E.I.	
			集隆	山打根	Sandakan, British North Borneo	
			永集隆	香港	Hongkong	
			恂隆	新嘉坡	Singapore, Strait Settlements	
張[illegible]泉	〃	八	裕隆昌	畲坑	Tsiahang, Kwangtung	326
			〃	梅縣	Meihsien, "	
			張源隆	興寧	Hingning, "	
			罗進記	暹羅	Siam	
			公益	馬六甲	Malacca, Strait Settlements	
			嘉興昌	〃	" " "	
			萬和堂	芙蓉	Seremban, F.M.S.	
			天生堂	新嘉坡	Singapore, Strait Settlements	
榮成利	〃	八	馨盛利	〃	" " "	327
			榮成發	安南	Annam	
			榮成興	暹羅	Siam	
			信昌	饒平	Jaoping, Kwangtung	
			悅記	潮安	Chaoan, "	
			萬興	棉湖	Mienfu, "	
			春記	潮陽	Chaoyang "	
許福成	〃	八	張協利	黃岡	Ungkung "	328
			魏啟峯	揭陽	Kityang, "	
			劉喜合	潮陽	Chaoyang, "	
			信盛壯	蓮陽	Linyeung, "	
			聚豐莊	潮安	Chaoan, "	
			林春生	店仔頭	Tiemkiatow, "	
			聚豐庄	東瀧	Tunglung, "	
			許明發	曼谷	Bangkok, Siam	
永裕莊	〃	四	陳四合	潮陽	Chaoyang, Kwangtung	329
			陳茂記	惠來	Hweilai, "	
			顧盛茂	潮陽	Chaoyang, "	
			李和發	日里	Deli, Sumatra, D.E.I.	
裕隆昌	畲坑	六	張廣記	汕頭	Swatow, Kwangtung	126
			罗進記	暹羅	Siam	
			公益	馬六甲	Malacca, Strait Settlements	
			嘉興昌	〃	" " "	
			萬和堂	芙蓉	Seremban, F.M.S.	
			天生堂	新嘉坡	Singapore, Strait Settlements	
昌	松口					279
李昌源	〃	四	天源公司	孟加錫	Macassar, Celebes, D.E.I.	341
			先声	爪哇	Java, D.E.I.	
			主泗記	怡保	Ipoh, Perak, F.M.S.	
			志成莊	汕头	Swatow, Kwangtung	
廣通庄	〃	二	廣通莊	〃	" "	342
			李三茂	怡保	Ipoh, Perak, F.M.S.	
謝昀和	〃	五	吳葉公司	巴達維亞	Batavia, Java, D.E.I.	343
			吳豐泰	三寶瓏	Samarang. " "	
			謝幹生	司馬委	Lho-Sumawe, Sumatra, D.E.I.	
			蔡豐源	香港	Hongkong	
			志成莊	汕头	Swatow, Kwangtung	12.

34

鍾天華	松口	五	兆安莊	汕头	Swatow, Kwangtung	344
			恒裕莊	〃	〃 〃	
			協興隆	〃	〃 〃	
			廣源順	暹罗	Siam	
			協興源	芙蓉	Seremban, F.M.S.	
廣成莊	〃	四	廣高隆	暹罗	Siam	345
			廣金隆	巴達維亞	Batavia, Java, D.E.I.	
			〃	新嘉坡	Singapore, Strait Settlements	
			廣匯莊	汕头	Swatow, " Kwangtung	
彭嘉盛	五雲洞					330
宗順	〃					331
廣源興	梅縣	四	順[illegible]盛	暹罗	Siam	332
			王泗記	怡保	Ipoh, Perak, F.M.S.	
			崇信公司	仰光	Rangoon, Burma	
			新長興	勿里洞	Billiton, Sumatra, D.E.I.	
匯興廣記	〃	四	廣高隆	暹羅	Siam	333
			永合興	〃	〃	
			廣金隆	巴達維亞	Batavia, Java, D.E.I.	
			廣金隆棧	新嘉坡	Singapore, Strait Settlements	
振大興	〃	一	遠东公司	檳榔嶼	Penang, " "	334
張南昌	河婆					335
秦[illegible]成	〃					336
曹錦記	澄海	一	陳炳春	汕头	Swatow, Kwangtung	337
陳協盛	潮安	三	賓記	安南	Annam	338
			美珍	暹罗	Siam	
			泰順	鳳凰	Fungwang, Kwangtung	
鏡興記	大埔	一	萬生棧	吉隆坡	Kuala Lumper, Selangor, F.M.S.	340

批信局國內外分號開設地點名稱一覽表

汕頭段

批信局名稱	開設地點	分號數目	分號名稱	分號開設地點名稱	分號開設地點譯名	廿四年份執照號數
	汕頭				Tiemkiatow, Kwangtung (即店仔頭)	238
					Tiemkiatow, Kwangtung (")	240
					Linyeung, Kwangtung (即連陽)	242
					Lukfung " (即陸豐)	243
					屬潮陽 不通郵路	"
					Lukfung, Kwangtung (")	244
					" " "	246
					Bindjei, Deli, Sumatra D.E.I.	"
					Kisaran, " " "	"
					屬潮陽 不通郵路	247
					" "	"
					K. Kurau, F.M.S.	"
					" "	"
					屬黃岡 不通郵路	251
					屬澄海 不通郵路	"
					Tunglung, Kwangtung (即東隴)	"
					Tiemkiatow, " (即店仔頭)	"
					Chaoan Tung, " (即潮安)	256
					Tiemkiatow, " (即店仔頭)	257
					" " "	"
					Lukfung, " (即陸豐)	258
					Siaotung, " (即小東)	"
					Chaoan, Fukien (即詔安)	"
					Yünsiao, " ( )	"
					Chaoan, " (即詔安)	"
					Mienfu, Kwangtung (即棉湖)	259
					Tiemkiatow, " (即店仔頭)	"
					Siaotung, " (即小東)	261
					Samhopa, " (即三河壩)	262
					Sinpu, " (即新舖)	263
					屬黃岡 不通郵路	267
					屬澄海 不通郵路	"
					Tiemkiatow, " (即店仔頭)	"
					Chaoyang, " (即潮陽)	274
					Tiemkiatow, " (即店仔頭)	"
					Liuwong, " (即留隍)	"
					Tunglung, " (即東隴)	"
					屬澄海 不通郵路	275
						276
					Tunglung, " (即東隴)	282
					Tiemkiatow, " (即店仔頭)	283
					Siaotung, " (即小東)	"
					Tiemkiatow, " (即店仔頭)	"
					" " "	284
					Puning, Kityang "	285
					Jaoping, Ungkung, Chaoan, Tenghai (Tung)	"
					Tiemkiatow, Kwangtung (即店仔頭)	292
					Tunglung, " (即東隴)	294
					屬潮陽 不通郵路	295
					Batavia, Java.	301
					Bangkok, Siam	"
					Tathowfow, Kwangtung (即達濠埠)	302
					Pemangkat, D.E.I.	"
					屬潮陽 不通郵路	303
					"	"
					屬揭陽 不通郵路	305
					Prompenh, Annam, F.C.	322
					Baixan, " "	"
					Mienfu, Kwangtung	327
					Tiemkiatow, " (即店仔頭)	328
					Lho-Sumawe, Sumatra	343

40

內外分號開設地點名稱一覽表

汕頭段

批信局名稱	開設地點	分號數目	分號名稱	分號開設地點名稱	分號開設地點詳名	廿四年分執照號數
	汕頭				Tiemkiatow, Kwangtung（即店仔頭）	238
					Tiemkiatow, Kwangtung（〃）	240
					Linyeung, Kwangtung（即蓮陽）	242
					Lukfung 〃（即陸豐）	243
					屬潮陽 不通郵路	〃
					Lukfung, Kwangtung（〃）	244
					〃 〃 〃	246
					Bindjei, Deli, Sumatra D.E.I.	〃
					Kisaran, 〃 〃 〃	〃
					屬潮陽，不通郵路（即金甌）	247
					〃 〃 〃	〃
					K. Kurau, F.M.S.	〃
					〃 〃	〃
					屬黃岡，不通郵路	251
					Tunglung, Kwangtung（即東隴）	〃
					Tiemkiatow, 〃（即店仔頭）	〃
					Chaoan Tung, 〃（即潮安）	256
					Tiemkiatow, 〃（即店仔頭）	257
					〃 〃 〃	〃
					Lukfung, 〃（即陸豐）	258
					Siaotung, 〃（即小東）	〃
					Chaoan, Fukien（即詔安）	〃
					Yünsiao, 〃	〃
					Chaoan, 〃（即詔安）	〃
					Mienfu, Kwangtung（即棉湖）	259
					Tiemkiatow, 〃（即店仔頭）	〃
					Siaotung, 〃（即小東）	261
					Samhopa, 〃（即三河壩）	262
					Sinpu, 〃（即新鋪）	263
					屬黃岡，不通郵路	267
					屬澄海，不通郵路	〃
					Tiemkiatow, 〃（即店仔頭）	〃
					Chaoyang, 〃（即潮陽）	274
					Tiemkiatow, 〃（即店仔頭）	〃
					Liuwong, 〃（即留隍）	〃
					Tunglung, 〃（即東隴）	〃
					屬澄海 不通郵路	275
						276
					Tunglung, 〃（即東隴）	282
					Tiemkiatow, 〃（即店仔頭）	283
					Siaotung, 〃（即小東）	〃
					Tiemkiatow, 〃（即店仔頭）	〃
					〃 〃 〃	284
					Puning, Kityang 〃	285
					Jaoping, Ungkung, Chaoan, Tenghai	〃
					Tiemkiatow, Kwangtung（即店仔頭）	292
					Tunglung, 〃（即東隴）	294
					屬潮陽 不通郵路	295
					Batavia, Java.	301
					Bangkok, Siam	〃
					Tathowfow, Kwangtung（即達濠埠）	302
					Pemangkat, D.E.I.	〃
					屬潮陽 不通郵路	303
					〃	〃
					屬揭陽 不通郵路	305
					Prompenh, Annam, F.C.	322
					Baixan, 〃 〃	〃
					Mienfu, Kwangtung	327
					Tiemkiatow, 〃（即店仔頭）	328
					Lho-Sumawe, Sumatra	343

41

35

批信局國內外分號開設地點名稱一覽表

瓊山段

批信局名称	開設地點	分號數目	分號名称	分號開設地點名称	分號開設地點譯名	廿四年執照號數
泰昌隆	瓊山(海口)	二	東南	南陽市	Namyeungshi, Kwangtung	193
			三盛	昌洒市	Chongsaashi, 〃	
永吉安	〃	一	永吉安	文昌	Mencheong, 〃	194
永茂祥	〃	四	永茂祥	三江	Samkiang, 〃	195
			〃	演豐	Yinfung, 〃	
			〃	羅豆	Lotow, 〃	
			〃	錦山	Kumshan, 〃	
三盛	〃	六	三盛	菠羅	Polo, 〃	196
			〃	文昌	Mencheong, 〃	
			〃	三江	Samkiang, 〃	
			〃	錦山	Kumshan, 〃	
			〃	錦山	Kumshan, 〃	
			〃	田梅	Tienmei, 〃	
廣源	〃	五	廣發	羅豆	Lotow, 〃	197
			〃	錦山	Kumshan, 〃	
			三盛	菠羅	Polo, 〃	
			美與	文昌	Mencheong, 〃	
			三合	三江	Samkiang, 〃	
[illegible]利	〃	五	廣發	羅豆	Lotow, 〃	198
			〃	錦山	Kumshan, 〃	
			三盛	菠羅	Polo, 〃	
			美與	文昌	Mencheong, 〃	
			三合	三江	Samkiang, 〃	
匯通莊	〃	六	泰和豐	新嘉坡	Singapore, Strait Settlements	199
			南同利	〃	〃 〃 〃	
			南安公司	〃	〃 〃 〃	
			四宝文	〃	〃 〃 〃	
			南通	嘉積	Kachek, Kwangtung	
			崇泰豐	中原	Chungyuen, 〃	
阜成壹	〃	六	阜盛豐	菠羅	Polo, 〃	200
			〃	文昌	Mencheong, 〃	
			〃	三江	Samkiang, 〃	
			〃	錦山	Kumshan, 〃	
			〃	羅豆	Lotow, 〃	
			〃	榮田	Yungtin, 〃	
裕安泰	〃	四	裕安泰	菠羅	Polo, 〃	201
			〃	文昌	Mencheong, 〃	
			〃	錦山	Kumshan, 〃	
			〃	錦山	Kumshan,	
泰南隆	〃	五	泰南隆	新嘉坡	Singapore, Strait Settlements	202
			萬合豐	〃	〃 〃 〃	
			協隆	暹羅	Siam	
			永合利	〃	〃	
			韓元利	〃	〃	
源豐盛	〃	一	源豐盛	大坡市嶺腳市	Tapêshi, Lingchiêshi, Kwangtung	203
福豐昌	〃	五	光安公司	曼谷	Bangkok, Siam	204
			義南公司	新嘉坡	Singapore, Strait Settlements	
			普通公司	〃	〃 〃 〃	
			公昌	曼谷	Bangkok, Siam	
			源利	〃	〃 〃	
瓊匯通	〃	七	提安	中原	Chungyuen, Kwangtung	205
			通安	嘉積	Kachek, 〃	
			阜安	新嘉坡	Singapore, Strait Settlements	
			崇記	梹榔嶼	Penang, 〃 〃	
			綸昌	新嘉坡	Singapore, 〃 〃	
			錦和	馬六甲	Malacca, 〃 〃	
			南與昌	新嘉坡	Singapore, 〃	
鴻安泰益記	〃	四	鴻安泰	鋪前	Putsin, Kwangtung	206
			〃	演豐	Yingfung, Kwangtung	
			〃	菠羅	Polo, 〃	
			〃	文昌	Mencheong, 〃	

36

泰源壹	琼山	四	泰源壹 〃 〃 〃	文昌 〃 〃 〃	Mencheong, Kwangtung 〃 〃 〃 〃 〃 〃	207
永源壹	〃	四	永源壹 〃 〃 〃	文昌 羅豆 菠羅 洛市	〃 〃 Lotow, 〃 Polo, 〃 Tashi, 〃	208
富源莊	〃					209
美興	〃					210
和記	〃	二	和記	白延	Payen, 〃	211
泰興隆	〃	四	泰興隆 〃 〃 〃	文昌 文昌 羅豆 菠羅	Mencheong, 〃 〃 Lotow, 〃 Polo, 〃	212
琼盛	〃	三	琼福昌 達盛 裕興	三江 金江 定安 鋪前	Samkiang, 〃 Kimkang, 〃 Tingan, 〃 Putsin, 〃	213
錦泰隆	〃	一	錦泰隆	新嘉坡	Singapore, Strait Settlements	214
源昌盛	〃	四	源昌盛 〃 〃 〃	文昌 三江 錦山 演丰	Mencheong, Kwangtung Samkiang, 〃 Kunshan, 〃 Yinfung, 〃	215
大亜酒店	〃	七	錦綸 東源隆 恒裕興 園安公司 萬益泰 李亜泰 大港庄	新嘉坡 〃 〃 嘉積 馬六甲 香港	Singapore, Strait Settlements 〃 〃 〃 〃 〃 〃 Kachek, Kwangtung Malacca, Strait Settlements Hongkong	216
廣壹利	〃	四	廣壹利 〃 〃 〃	文昌 錦山 蛟塘 菠羅	Mencheong, Kwangtung Kunshan, 〃 Kaotong, 〃 Polo, 〃	217

2.

37

批信局國內外分號開設地點名稱一覽表

嘉積段

批信局名称	開設地点	分号数目	分號名称	分号開設地点名称	分號開設地點譯名	卅四年份执照号数
匯通	嘉積	五	琼源利	麻坡	Muar, Johore	16
			源裕昌	怡保	Ipoh, Perak, F.M.S.	
			興和公司	芙蓉	Seremban, F.M.S.	
			群興商	居鑾	Kluang, Johore	
			同泰	馬六甲	Malacca, Strait Settlements	
益泰	〃	一	益和堂	新嘉坡	Singapore, " "	219
美泰昌	〃	一	新泰興	〃	" " "	220
南通	〃	五	南同利	〃	" " "	221
			南安	〃	" " "	
			源昌利	〃	" " "	
			四宝文	〃	" " "	
			宝合記	〃	" " "	
聚合昌	〃	六	新盛泰	〃	" " "	222
			源大盛	馬六甲	Malacca, " "	
			可可	〃	" " "	
			永宝公司	〃	" " "	
			啟明	檳榔嶼	Penang, " "	
			源裕昌	吉隆坡	Kuala Lumper, Selangor, F.M.S.	
源裕盛	〃	一	德兵園	檳榔嶼	Penang, Strait Settlements	223
新富南	〃	一	恒裕興	怡保	Ipoh, Perak, F.M.S.	224
恒裕興	〃	六	〃	新嘉坡	Singapore, Strait Settlements	225
			〃	馬六甲	Malacca, "	
				麻坡	Muar, Johore	
			永裕興	檳榔嶼	Penang, Strait Settlements	
			群興商	居鑾	Kluang, Johore	
			琼同興	吉隆坡	Kuala Lumper, Selangor, F.M.S.	
大安	〃	一	大安	檳榔嶼	Penang, Strait Settlements	226
華興商	〃	一	富興隆	新嘉坡	Singapore, " "	227
和興莊	〃	三	協和公司	〃	" " "	228
			珍茂	英得其利	Indragiri, Sumatra, D.E.I.	
			芳園	巴生	Klang, Selangor, F.M.S.	
華興	〃	一	益集合記	新嘉坡	Singapore, Strait Settlements	229
萬安	〃	一	匯安	〃	" " "	230
謙和隆	〃	一	啟明	吉隆坡	Kuala Lumper, Selangor, F.M.S.	231
新琼興	〃	一	新琼興合記	新嘉坡	Singapore, Strait Settlements	232
亨益泰	〃	二	益泰	馬六甲	Malacca, " "	233
			〃	新嘉坡	Singapore, " "	
富興隆	乐会	一	富興隆	〃	" " "	122
東源隆	長坡	一	会源壹	〃	" " "	218
大昌	中原	二	吉昌	〃	" " "	235
黃泰壹	〃	三	大昌	嘉積	Kachek, Kwangtung	236
			泰和壹	新嘉坡	Singapore, Strait Settlements	↙
			四宝盛	〃	" " "	
匯安	〃	五	恒安	嘉積	Kachek, Kwangtung "	237
			匯通	海口	Hoihow, "	
			琼匯安	新嘉坡	Singapore, Strait Settlements	
			阜記	檳榔嶼	Penang, " "	
			崇錦和	馬六甲	Malacca, " "	

38

批信局國內外分號開設地點名稱一覽表

文昌段

批信局名称	開設地点	分號數目	分號名称	分號開設地点名称	分號開設地點譯名	卅四年份執照號數
寶通	文昌	一	寶通	新嘉坡	Singapore, Strait Settlements	180
錦和	〃	二	錦和	〃	〃 〃 〃	181
			泰盛	登嘉楼	Trengganu	
美興	〃	二	美興	吉隆坡	Kuala Lumper, Selangor, F.M.S.	182
			〃	新嘉坡	Singapore, Strait Settlements	
联合	〃	一	联合	〃	〃 〃 〃	183
琼宝通	〃	一	琼宝通	〃	〃 〃 〃	184
貝源公司	〃	一	貝源公司	〃	〃 〃 〃	186
光亚	〃	一	光亚	〃	〃 〃 〃	187
恒裕興	〃	三	恒裕興	〃	〃 〃 〃	188
			〃	麻坡	Muar, Johore	
			〃	馬六甲	Malacca, Strait Settlements	
順成隆	〃	一	順成隆	新嘉坡	Singapore, 〃 〃	189
綸昌	〃	一	綸昌	〃	〃 〃 〃	190
东南	南陽	一	东南	馬六甲	Malacca, 〃 〃	185
萬山	冠南市	一	源隆	新嘉坡	Singapore, 〃 〃	191

附五：批信局国内外分号开设地点名称一览表（定安段）

編號：39

批信局國内外分號開設地点名称一覽表

定安段

批信局名称	開設地点	分号数目	分號名称	分号開設地点名称	分號開設地点譯名	廿四年份執照号數
法興	定安	一	廣益盛	馬六甲	Malacca, Strait Settlements	192

汕头一等邮局关于汕头裕益等批信局函报国外分号开设日期及其代理人姓名年龄报请核转致广东邮政管理局局长的呈（一九三七年四月六日）

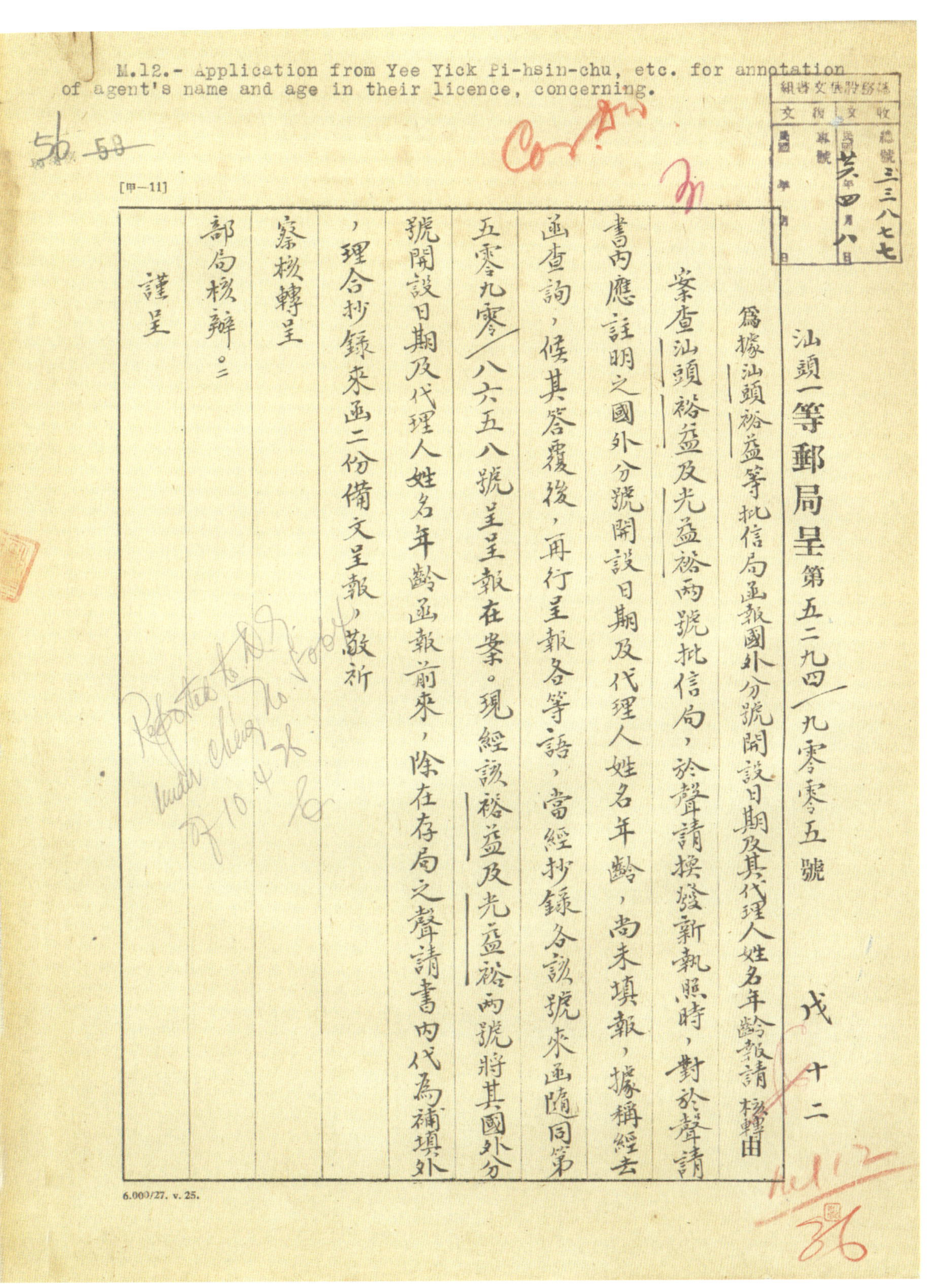
M.12.- Application from Yee Yick Pi-hsin-chu, etc. for annotation of agent's name and age in their licence, concerning.

[甲—11]

汕頭一等郵局呈第五二九四／九零零五號　戊十二

爲據汕頭裕益等批信局函報國外分號開設日期及其代理人姓名年齡報請核轉由

案查汕頭裕益及光益裕兩號批信局，於聲請换發新執照時，對於聲請書内應註明之國外分號開設日期及代理人姓名年齡，尚未填報，據稱經去函查詢，俟其答覆後，再行呈報各等語，當經抄録各該號來函隨同第五零九零／八六五八號呈呈報在案。現經該裕益及光益裕兩號將其國外分號開設日期及代理人姓名年齡函報前來，除在存局之聲請書内代爲補填外，理合抄録來函二份備文呈報，敬祈

察核轉呈

鄙局核辦。

謹呈

6.000/27. v. 25.

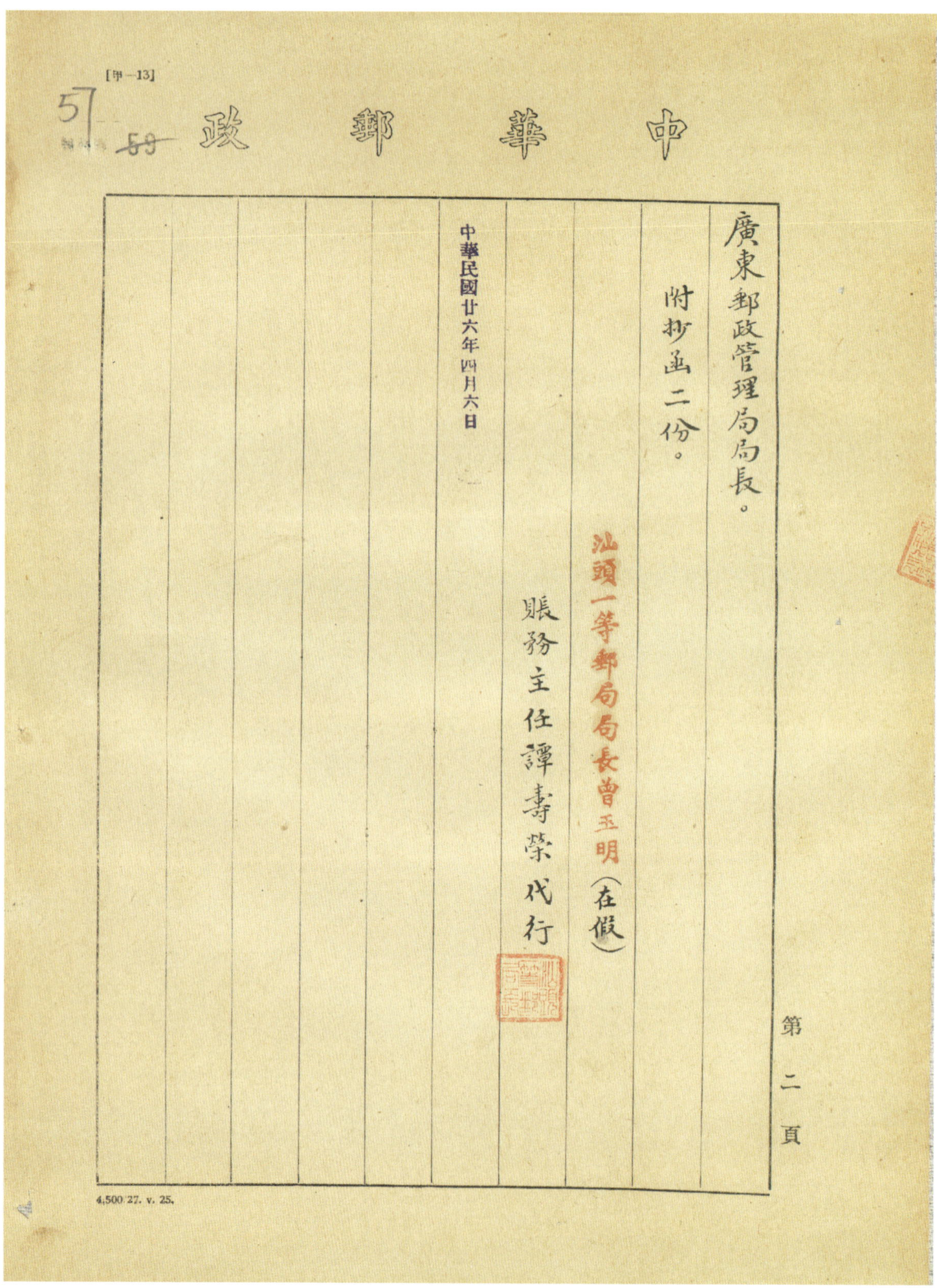
[甲—13]
57
59
中華郵政
廣東郵政管理局局長。
附抄函二份。
汕頭一等郵局局長曾玉明（在假）
賬務主任譚壽榮代行
中華民國廿六年四月六日
第二頁
4,500/27. v. 25.

[甲-13]

58

~~60~~

中華郵政

照抄汕頭裕益批局來函

逕啟者查敝號前於换領執照時對於國外客號一欄因未明詳細填入者固多而未填入亦復不少當時除函達貴局陳述未能完全填入理由在案外即行函詢國外客號刻承其詳細答覆敝號為符貴局定章起見特將後開國外客號開設日期開設地點及營業人姓名年齡籍貫詳細抄錄呈上伏乞代為核對填入同時並希轉函交通部存案實叨公便此致

汕頭一等郵局

汕頭裕益書柬（印）

廿六、三、卅。

計開：

（乙）國外

客號名稱	開設日期	開設地點	營業人姓名年齡籍貫
永德盛	民國九年	新嘉坡新吧咪	許茂泉五十歲潮安人

三等三級郵務佐（印）照抄

第 頁

4,500/27. v. 25.

附二：照抄汕头光益裕批局来函（一九三七年三月三十日）

59　[甲-13]

中華郵政　61

照抄汕頭光益裕批局來函

逕啟者查敝號前於換領執照時對於國外客號一欄因未明詳細填入者固多而未填入者亦復不少當時除函達貴局陳述未能完全填入理由在案外即行函詢國外各該號經承其詳細答覆敝號為符貴局定章起見特將後開國外各該號開設日期開設地點及營業人姓名年齡籍貫詳細抄錄呈上伏乞代為核對填入同時並希轉函交通部存案實叨公便此致

汕頭一等郵局

汕頭光益裕批局緘（印）

廿六、三、三十。

計開：

（乙）國外

客號名稱	開設日期	開設地點	營業人姓名年齡籍貫
再和成	癸亥年（民國十二年）	新嘉坡馬車街	周賢得　卌歲　澄海人
萬益成	辛亥年（民國前一年）	新嘉坡戲館街	陳大源　卅歲　澄海人

第　頁

4,500.27. v. 25.

[甲一13]

60
~~62~~

中華郵政

泰興　民國前廿年　安南新洲大馬路　杜之漢　卅歲　澄海人

炳豐棧美茂　民國前十年　北婆羅洲島湖　沈楚寬　卅歲　潮安人

第二頁

三等三級郵務佐　照抄

4,500 27. v. 25.

邮政储汇局一九三九年至一九四三年华侨汇款汇总登记表（组件）

一九三九年至一九四三年广东各银行华侨汇款逐月登记表

39

~~118~~

國幣 廿八年一月份 January

Bank	D.C.	No.	Amt. of Rem.	Rem. Fee	Postage	A/P Fee
華僑銀行	Canton	93	4,159 36	20 35		9 90
	Swatow	6378	+ ~~492,972 08~~ 492,967 82 (*)	1,716 58		1,583 44
	Hoihow	1112	79,313 88	358 11		276 64
	Kongmoon	-	- - -	- - -		- - -
	Tsinshan	-	- - -	- - -		- - -
	Suikai	-	- - -	- - -		- - -
		7583	~~576,445 32~~ 576,441 06	2,095 04		1,869 98
信行公司	Canton	505	22,538 30	22 61		40 40
	Swatow	-	- - -	- - -		- - -
	Hoihow	-	- - -	- - -		- - -
	Kongmoon	-	- - -	- - -		- - -
	Tsinshan	-	- - -	- - -		- - -
	Suikai	-	- - -	- - -		- - -
		505	22,538 30	22 61		40 40
東亞銀行	Canton	89	29,336 44	61 34	11 57	7 12
	Swatow	-	- - -	- - -	- - -	- - -
	Hoihow	-	- - -	- - -	- - -	- - -
	Kongmoon	-	- - -	- - -	- - -	- - -
	Tsinshan	-	- - -	- - -	- - -	- - -
	Suikai	-	- - -	- - -	- - -	- - -
		89	29,336 44	61 34	11 57	7 12

(*) vide R.S.-K.T. memo no. 8651/503 of 14/5/40 & 汕头 423 no. 15403 of 29/1/41.

(+ Including figures for Oct., Nov., Dec., 1938 and Jan., 1939.)

J. 1939

廿八年一月份　　毫券

117

Bank	D. C.	No.	Amt. of Rem. S. C.	Amt. of Rem. N. $	Rem. Fee S. C.	Rem. Fee N. $	A. P. Fee N. $
華僑銀行	Canton	1	500 00	377 36	1 30	98	08
	Swatow	54	* 5,765 70	4,057 35	22 49	15 86	12 31
	Hoihow	1606	150,780 85	105,207 37	655 64	457 53	400 48
	Kongmoon	-	- --	- --	- --	- --	- --
	Tsinshan	-	- --	- --	- --	- --	- --
	Suikai	-	- --	- --	- --	- --	- --
		1661	157,046 55	109,642 08	679 43	474 37	412 87

(* Figures including transactions for Dec. 1938 and Jan. 1939.)

内有一柱 BA234 (N# 14.26) 至廿九年十月份内登入，已注销 (vide DG KT 3/R of 20/12/40)

Bank	D. C.	
信行公司	Canton	
	Swatow	
	Hoihow	
	Kongmoon	nil
	Tsinshan	
	Suikai	
		nil

Bank	D. C.	
東亞銀行	Canton	
	Swatow	
	Hoihow	
	Kongmoon	nil
	Tsinshan	
	Suikai	
		nil

40

~~116~~

國幣　廿八年二月份　Februa

Bank	D.C.	No.	Amt. of Rem. N.$	Rem. Fee N.$	Postage N.$	A.P. Fee N.$
華僑銀行	Canton	452	24,828 18	107 46	- - -	71 85
	Swatow	4881	301,845 88	1,052 29	- - -	1,212 78
	Hoihow	2626	154,744 20	684 99	- - -	655 14
	Kongmoon	218	22,144 36	79 58	- - -	54 50
	Tsinshan	64	4,283 00	19 45	- - -	16 00
	Suikai	189	11,344 39	51 25	- - -	47 25
		8430	519,190 01	1,995 02	- - -	2,057 52
信行公司	Canton	951	38,258 08	38 36	- - -	76 08
	Swatow	-	- - -	- - -	- - -	- - -
	Hoihow	1	50 00	50	- - -	08
	Kongmoon	-	- - -	- - -	- - -	- - -
	Tsinshan	-	- - -	- - -	- - -	- - -
	Suikai	-	- - -	- - -	- - -	- - -
		952	38,308 08	38 86	- - -	76 16

國幣　廿八年三月份　MARC

Bank	D.C.	No.	Amt. of Rem. N.$	Rem. Fee N.$	Postage N.$	A.P. Fee N.$
華僑銀行	Canton	200	13,579 56	57 84	- - -	26 37
	Hoihow	1305	95,866 05	343 22	- - -	323 02
	Swatow	363	14,693 00	68 67	- - -	90 75
	Kongmoon	215	16,560 46	68 61	- - -	53 41
	Tsinshan	90	7,340 31	29 50	- - -	22 50
	Suikai	373	32,180 00	137 07	- - -	93 08
		2546	180,219 38	704 91	- - -	609 13
信行公司	Canton	1115	66,466 44	178 83	- - -	89 20
	Swatow	4	140 00	14	- - -	32
	Hoihow	-	- - -	- - -	- - -	- - -
	Kongmoon	-	- - -	- - -	- - -	- - -
	Tsinshan	-	- - -	- - -	- - -	- - -
	[illegible]					

~~115~~

ry, 1939. 廿八年二月份 毫券

Bank	D. C.	No.	Amt. of Rem. S.C.	Amt. of Rem. N.$	Rem. Fee S.C.	Rem. Fee N.$	AP. Fee N.$
華僑銀行	Canton	384	20,956.22	15,849.48	98.77	74.88	95.32
	Swatow	61	6,398.92	4,749.61	25.88	19.19	15.25
	Hoihow	3506	336,620.38	239,362.89	1,450.63	1,029.93	876.50
	Kongmoon	2199	183,060.44	138,158.87	806.70	608.98	549.75
	Tsinshan	316	19,795.00	14,939.72	82.81	62.69	79.00
	Sunkai	395	30,940.00	23,350.96	130.39	98.46	98.75
		6861	597,770.96	436,411.53	2,595.18	1,894.13	1,714.57
信行公司	Canton	nil					
	Swatow						
	Hoihow						
	Kongmoon						
	Tsinshan						
	Sunkai						
		nil					

H, 1939. 廿八年三月份 毫券

Bank	D. C.	No.	Amt. of Rem. S.C.	Amt. of Rem. N.$	Rem. Fee S.C.	Rem. Fee N.$	AP. Fee N.$
華僑銀行	Canton	124	8,094.00	6,100.24	38.50	29.29	27.94
	Swatow	20	3,563.00	2,626.09	10.31	7.70	5.00
	Hoihow	-	-	-	-	-	-
	Kongmoon	1108	102,510.11	77,783.64	425.29	322.78	277.00
	Tsinshan	363	25,121.50	19,038.88	115.40	87.49	90.75
	Sunkai	705	72,871.00	55,222.55	309.72	234.82	176.25
		2320	212,159.61	160,771.40	899.22	682.08	576.94
信行公司	Canton	nil					
	Swatow						
	Hoihow						
	Kongmoon						
	Tsinshan						
	Sunkai						

41

114 國幣　　廿八年四月份　　APRIL,

Bank	D.C.	No.	Amt. of Rem. N.$	Rem. Fee N.$	Postage N.$	A.P. Fee N.$
華僑銀行	Canton	1348	63,103 37	283 92	- - -	254 72
	Swatow	1656	209,667 83	534 21	- - -	410 09
	Hoihow	380	19,906 30	86 33	- - -	94 83
	Kongmoon	76	6,632 26	29 64	- - -	17 30
	Tsinshan	129	14,298 95	53 13	- - -	29 87
	Suikai	368	32,427 34	134 38	- - -	91 66
		3957	346,036 05	1,121 61	- - -	898 47
信行公司	Canton	1413	56,233 11	281 70	- - -	113 04
	Swatow	14	1,747 82	2 87	- - -	1 12
	Hoihow	1	5,263 50	5 26	- - -	08
	Kongmoon	-	- - -	- - -	- - -	- - -
	Tsinshan	14	371 00	1 92	- - -	1 12
	Suikai	19	1,010 00	5 06	- - -	1 52
		1461	64,625 43	296 81	- - -	116 88
廣東銀行	Canton	27	2,560 00	69 42	3 51	[illegible] 16
	Swatow	-	- - -	- - -	- - -	- - -
	Hoihow	-	- - -	- - -	- - -	- - -
	Kongmoon	-	- - -	- - -	- - -	- - -
	Tsinshan	-	- - -	- - -	- - -	- - -
	Suikai	-	- - -	- - -	- - -	- - -
		27	2,560 00	69 42	3 51	2 16

1939. 廿八年四月份 毫劵 42

113

Bank	D.C.	No.	Amt. of Rem. S.C.	Amt. of Rem. N.$	Rem. Fee S.C.	Rem. Fee N.$	A.P. Fee N.$
華僑銀行	Canton	1628	114,973 59	85,776 82	525 49	392 13	391 36
	Swatow	25	1,518 80	1,124 21	7 55	5 60	6 25
	Hoihow	-	- --	- --	- --	--	- --
	Kongmoon	572	64,097 29	48,344 93	254 49	192 08	143 00
	Tsinshan	655	48,955 00	36,613 10	212 51	159 08	163 41
	Suikai	701	66,575 00	50,011 92	274 22	205 37	175 25
		3581	296,119 68	221,870 98	1,274 26	954 26	879 27
信行公司	Canton	78	8,433 20		30 00		6 24
	Swatow	-	- --		- --		- --
	Hoihow	-	- --		- --		- --
	Kongmoon	-	- --		- --		- --
	Tsinshan	2	60 00		30		16
	Suikai	-	- --		- --		- --
		80	8,493 20		30 30		6 40
廣東銀行	Canton	nil					
	Swatow						
	Hoihow						
	Kongmoon						
	Tsinshan						
	Suikai						
		nil					

（桂幣）

Bank	D.C.	No.	桂幣	N.$	桂幣	N.$	
華僑銀行	Suikai	1	190 00	95 00	95	48	25

43

112 國幣　　廿八年伍月份　　MAY,

Bank	D. C.	No.	Amt. of Rem. N. $	Rem. Fee N. $	Postage N. $	A.P. Fee N. $
華僑銀行	Canton	952	45,909 82	196 81	- - -	170 85
	Swatow	2298	193,538 20	615 94	- - -	572 46
	Hoihow	-	- - -	- - -	- - -	- - -
	Kongmoon	140	11,266 41	48 39	- - -	28 37
	Tsinshan	85	6,723 83	30 26	- - -	19 55
	Sunkai	651	70,623 93	244 71	- - -	161 39
		4126	328,062 19	1,135 91	- - -	952 62
信行公司	Canton	1082	54,954 50	278 80	- - -	86 56
	Swatow	-	- - -	- - -	- - -	- - -
	Hoihow	1	30 00	15	- - -	08
	Kongmoon	24	2,962 00	11 13	- - -	1 92
	Tsinshan	22	611 00	3 08	- - -	1 76
	Sunkai	14	872 50	3 58	- - -	1 12
		1143	59,430 00	296 74	- - -	91 44

1939. 廿八年伍月份 毫券 ~~111~~ 44

Bank	D.C.	No.	Amt. of Rem. S.C.	Amt. of Rem. N.$	Rem. Fee S.C.	Rem. Fee N.$	A.P. Fee N.$
華僑銀行	Canton	1025	87,254 90	64,222 97	313 97	246 28	230 75
	Swatow	32	1,898 00	1,390 25	9 12	6 71	8 00
	Haihow	-	- -	- -	- -	- -	- -
	Kongmoon	809	80,587 28	59,495 42	335 63	247 81	200 38
	Tsinshan	519	32,165 00	23,718 98	146 84	108 46	129 41
	Suikai	1074	91,820 00	67,799 65	384 39	284 11	268 50
		3459	293,725 18	216,627 27	1,189 95	893 37	837 04
信行公司	Canton	424	56,827 50		165 62		33 92
	Swatow	-	- -		- -		- -
	Haihow	-					- -
	Kongmoon	2	22 00		12		16
	Tsinshan	7	375 00		1 88		56
	Suikai	1	145 00		73		08
		434	57,369 50		168 35		34 72

（桂幣）

Bank	D.C.	No.	桂幣	N.$	桂幣	N.$	A.P. Fee N.$
華僑銀行	Suikai	85	10,365 00	5,182 50	35 29	17 75	21 25

45

118

國幣　廿八年六月份　JUNE

Bank	D. C.	No.	Amt. of Rem. N.$	Rem. Fee N.$	Postage N.$	A.P. Fee N.$
華僑銀行	Canton	1169	54,313 73	344 11	- -	250 09
	Swatow	2356	166,466 04	574 20	- -	586 96
	Hoihow	5	100 00	50	- -	1 25
	Kongmoon	260	19,580 98	87 96	- -	49 02
	Tsinshan	127	12,006 70	49 12	- -	30 05
	Sunkai	559 +) 1	56,121 88 +) 100 00	212 30 +) 50	- -	138 56 +) 25
		~~4476~~ 4477	~~308,589 33~~ 308,689 33	~~1168 19~~ 1168 69	- -	~~1055 93~~ 1,056 18
信行公司	Canton	680	30,767 20	160 15	- -	54 40
	Swatow	20	4,086 68	9 91	- -	1 60
	Hoihow	-	- -	- -	- -	- -
	Kongmoon	16	1,104 00	5 14	- -	1 28
	Sunkai	26	879 00	4 42	- -	2 08
	Tsinshan	15	10,619 00	13 90	- -	1 20
		757	47,455 88	193 52	- -	60 56
東亞銀行	Canton	1	300 00	30	- -	25
	Swatow	-	- -	- -	- -	- -
	Hoihow	-	- -	- -	- -	- -
	Kongmoon	-	- -	- -	- -	- -
	Tsinshan	-	- -	- -	- -	- -
	Sunkai	-	- -	- -	- -	- -
		1	300 00	30	- - -	25
廣東銀行	Canton	1	34 00	1 02	13	08
	Swatow	-	- -	- -	- -	- -
	Hoihow	-	- -	- -	- -	- -
	Kongmoon	-	- -	- -	- -	- -
	Tsinshan	-	- -	- -	- -	- -
	Sunkai	-	- -	- -	- -	- -
		1	34 00	1 02	13	08

1939.　　廿八年六月份　　毫券 46

109

Bank	D. C.	No.	Amt. of Rem. S. C.	Amt. of Rem. N. $	Rem. Fee S. C.	Rem. Fee N. $	A.P. Fee N. $
華僑銀行	Canton	2660	183,726 74	136,876 87	777 70	578 83	612 47
	Swatow	70	4,529 00	3,336 89	20 22	14 94	17 33
	Hoihow	-	- -	- -	- -	- -	- -
	Kongmoon	1921	166,742 55	123,574 14	735 72	545 36	461 55
	Tsinshan	785	46,211 00	34,144 86	210 56	155 66	195 40
	Suikai	1181	109,057 00	80,513 41	453 80	335 26	294 91
		~~6657~~ 6656	~~510,266 29~~ 510,166 29	~~378,446 17~~ 378,372 10	~~2198 00~~ 2197 50	~~1630 05~~ 1629 68	~~1581 66~~ 1581 41
信行公司	Canton	898	130,174 00	98,754 94	350 08	266 62	71 84
	Swatow	-	- -	- -	- -	- -	- -
	Hoihow	-	- -	- -	- -	- -	- -
	Kongmoon	31	1,706 00	1,263 70	8 43	6 24	2 48
	Tsinshan	16	296 00	229 46	1 49	1 17	1 28
	Suikai	2	40 00	29 63	20	15	16
		947	132,216 00	100,277 73	360 20	274 18	75 76
東亞銀行	Canton	nil					
	Swatow						
	Hoihow						
	Kongmoon						
	Tsinshan						
	Suikai						
		nil					
廣東銀行	Canton	nil					
	Swatow						
	Hoihow						
	Kongmoon						
	Tsinshan						
	Suikai						
		nil					

（桂幣）

			桂幣	N.幣	桂幣	N. $	
華僑銀行	Suikai	118	26,083 00	13,041 50	68 09	34 16	29 50

47

108

國幣　　廿八年七月份　　JULY

Bank	D.C.	No.	Amt. of Rem. N.$	Rem. Fee N.$	Postage N.$	A.P. Fee N.$
華僑銀行	Canton	2112	108,309 24	474 72	- - -	482 95
	Swatow	1967	236,406 00	718 21	- - -	485 85
	Hoihow	26	772 40	3 88	- - -	6 50
	Toishan (Kongmoon)	340	56,980 62	231 97	- - -	124 97
	Tsinshan	162	17,946 58	67 28	- - -	38 63
	Suikai	994	206,514 23	589 08	- - -	247 99
		5801	626,929 07	2085 14	- - -	1386 89
信行公司	Canton	931	86,016 70	355 31	- - -	74 32
	Swatow	1	250 31	1 05	- - -	08
	Hoihow	2	60 00	30	- - -	16
	Toishan (Kongmoon)	60	5,114 00	22 78	- - -	4 80
	Tsinshan	17	1,092 00	4 99	- - -	1 36
	Suikai	19	1,073 00	4 98	- - -	1 52
		1030	93,606 01	389 41	- - -	82 24
民信銀號	Canton	1	50 00	25	- - -	08
	Swatow	-	- - -	- -	- - -	- - -
	Hoihow	-	- - -	- -	- - -	- - -
	Toishan (Kongmoon)	-	- - -	- -	- - -	- - -
	Tsinshan	-	- - -	- -	- - -	- - -
	Suikai	-	- - -	- -	- - -	- - -
		1	50 00	25	- - -	08
廣東銀行	Canton	15	1,630 00	48 90	1 95	1 20
	Swatow	-	- - -	- -	- - -	- - -
	Hoihow	-	- - -	- -	- - -	- - -
	Toishan (Kongmoon)	-	- - -	- -	- - -	- - -
	Tsinshan	-	- - -	- -	- - -	- - -
	Suikai	-	- - -	- -	- - -	- - -
		15	1630 00	48 90	1 95	1 20

1939. 廿八年七月份 毫券 48

107

Bank	D.C.	No.	Amt. of Rem. S.C.	Amt. of Rem. N.$	Rem. Fee S.C.	Rem. Fee N.$	Ap. Fee N.$
華僑銀行	Canton	3588	241,117 58	201,634 24	1,101 87	920 54	847 02
	Swatow	9	862 00	652 28	3 00	2 31	2 25
	Hoihow	-	- --	- --	- --	- --	- --
	Toishan (Kongmoon)	2582	253,927 83	208,349 01	1,075 15	881 46	636 15
	Tsinshan	811	71,378 00	56,631 63	300 77	237 92	202 07
	Suikai	1372	162,848 99	127,884 93	632 55	497 83	342 66
		8362	730,134 40	595,152 09	3,113 34	2,540 06	2,030 15
信行公司	Canton	1173	108,551 72	92,021 86	374 20	316 96	93 84
	Swatow	-	- --	- --	- --	- --	- --
	Hoihow	-	- --	- --	- --	- --	- --
	Toishan (Kongmoon)	130	7,316 00	6,178 59	35 17	29 66	10 40
	Tsinshan	22	611 00	519 78	3 07	2 59	1 76
	Suikai	6	475 00	402 67	1 84	1 56	48
		1331	116,953 72	99,122 90	414 28	350 77	106 48
民信銀號	Canton	12	22,653 50	19,929 54	31 50	27 72	96
	Swatow	-	- --	- --	- --	- --	- --
	Hoihow	-	- --	- --	- --	- --	- --
	Toishan (Kongmoon)	-	- --	- --	- --	- --	- --
	Tsinshan	-	- --	- --	- --	- --	- --
	Suikai	-	- --	- --	- --	- --	- --
		12	22,653 50	19,929 54	31 50	27 72	96
廣東銀行	Canton	-	- --	- --	- --	- --	- --
	Swatow	-	- --	- --	- --	- --	- --
	Hoihow	-	- --	- --	- --	- --	- --
	Toishan (Kongmoon)	-	- --	- --	- --	- --	- --
	Tsinshan	-	- --	- --	- --	- --	- --
	Suikai	-	- --	- --	- --	- --	- --
		-	- --	- --	- --	- --	- --
			桂幣	N.B	桂幣	N.B	N.B
（桂幣匯）華僑銀行	Suikai	249	39,720 00	19,860 00	132 27	66 33	62 25

41 國幣 廿八年八月份 AUG

Banks	D.C.	No.	Amt. of Rize N.$	Rize Fee N.$	Postage N.$	A.P. Fee N.$
華僑銀行	Canton	3409	321,239 24	1,297 11	- - -	778 98
	Swatow	1231	√ 113,114 52	357 37	- - -	269 84
	Hoihow	1	√ 100 00	50	- - -	25
	Toishan	2074	√ 313,963 27	1,125 64	- - -	505 07
	Tsinshan	177	√ 21,718 59	78 81	- - -	42 04
	Suikai	1784	√ 398,387 71	1,155 20	- - -	437 48
	Sumchun	2020	√ 162,220 72	559 13	- - -	505 96
		10666	1,330,744 05	4,573 76	- - -	2,539 62
信行公司	Canton	1169	130,201 30	553 02	- - -	93 52
	Swatow	23	2,006 00	6 03	- - -	1 84
	Hoihow	1	30 00	15	- - -	08
	Toishan	88	11,760 50	39 10	- - -	7 04
	Tsinshan	29	1,558 00	6 62	- - -	2 32
	Suikai	20	2,819 00	6 13	- - -	1 60
	Sumchun	-	- - -	- - -	- - -	- -
		1330	148,374 80	611 05	- - -	106 40
民信銀號	Canton	143	25,917 94	70 73	- - -	10 44
	Swatow	-	- - -	- - -	- - -	- -
	Hoihow	1	√ 200 00	1 00	- - -	08
	Toishan	21	√ 2,164 91	8 46	- - -	1 68
	Tsinshan	6	√ 249 00	1 25	- - -	48
	Suikai	-	- - -	- - -	- - -	- -
	Sumchun	-	- - -	- - -	- - -	- -
		171	28,531 85	81 44	- - -	13 68
廣東銀行	Canton	483	19,192 00	~~575 76~~ 517 89	62 79	38 64
	Swatow	-	- - -	- - -	- - -	- -
	Hoihow	-	- - -	- - -	- - -	- -
	Toishan	-	- - -	- - -	- - -	- -
	Tsinshan	-	- - -	- - -	- - -	- -
	Suikai	-	- - -	- - -	- - -	- -
	Sumchun	-	- - -	- - -	- - -	- -
		483	19,192 00	517 89	62 79	38 64

1939. 廿八年八月份 毫券 50

~~105~~

Bank	D.C.	No.	Amt. of Rice S.C.	Amt. of Rice N.$	Rice Fee S.C.	Rice Fee N.$	AP. Fee N.$
華僑銀行	Canton	3239	246,781 28	253,038 61	1,095 24	1122 18	779 49
	Swatow	1	30 00	21 90	15	11	25
	Hoihow	-	- --	- --	- --	- --	- --
	Toishan	3256	334,016 37	327,773 76	1,404 46	1,381 12	807 54
	Tsinchan	108	16,544 55	16,340 18	53 86	52 92	26 66
	Sunkai	762	80,933 00	76,602 05	327 43	306 75	190 50
	SumChun	5	715 00	587 91	2 38	2 00	1 25
		7371	679,020 20	674,364 41	2,883 52	2,865 08	1,805 69
信行公司	Canton	1110	96,094 00	104,510 19	579 92	414 11	88 80
	Swatow	0	- --	- --	- --	- --	- --
	Hoihow	-	- --	- --	- --	- --	- --
	Toishan	82	6,483 00	7,407 51	28 96	30 30	6 56
	Tsinshan	17	763 00	840 04	3 83	4 20	1 36
	Sunkai	-	- --	- --	- --	- --	- --
	SumChun	-	- --	- --	- --	- --	- --
		1209	103,840 00	112,757 74	412 71	448 61	96 72
民信銀號	Canton	251	139,480 27	154,106 ~~27~~ 95	283 37	313 79	20 08
	Swatow	1	30 00	31 09	15	15	08
	Hoihow	-	- --	- --	- --	- --	- --
	Toishan	202	15,349 84	15,725 63	67 92	69 29	16 16
	Tsinshan	1	90 00	85 71	45	43	08
	Sunkai	1	10 00	9 52	05	05	08
	SumChun	-	- --	- --	- --	- --	- --
		456	154,960 11	169,958 ~~22~~ 90	351 94	383 71	36 48
廣東銀行	Canton	-	- --	- --	- --	- --	- --
	Swatow	-	- --	- --	- --	- --	- --
	Hoihow	-	- --	- --	- --	- --	- --
	Toishan	-	- --	- --	- --	- --	- --
	Tsinshan	-	- --	- --	- --	- --	- --
	Sunkai	-	- --	- --	- --	- --	- --
	Sumchun	-	- --	- --	- --	- --	- --
		-	- --	- --	- --	- --	- --
華僑銀行 ([illegible])	Sunkai	309	([illegible]) 60,990 00	N.B 30,495 00 ✓	([illegible]) 184 85	N.B 92 61	N.B 77 25

國幣 51　　廿八年九月份　　SEP.

104

Bank	D.C.	No.	Amt. of Rem. N.$	Rem. Fee N.$	Postage N.$	A.P. Fee N.$
華僑銀行	Canton	2731 / 41	312,565 61 / 1,996 46	1,225 61 / 10 02	---	792 04 / 3 28
	Swatow	7365	817,704 66	2,732 05	---	1,729 00
	Hoihow	279	12,351 00	54 30	---	69 75
	Toishan	2771	415,393 79	1,517 97	---	699 98
	Tsinshan	191	27,715 50	102 16	---	520 29
	Suikai	3534	783,108 50	2,437 40	---	886 75
		16912	2,370,835 46	8,079 51	---	4,231 09
信行公司	Canton	1330	197,838 20	695 55	---	106 40
	Swatow	1949	179,277 00	647 17	---	155 92
	Hoihow	2	450 00	1 85	---	16
	Toishan	198	48,631 00	128 63	---	15 84
	Tsinshan	44	2,807 00	13 98	---	3 52
	Suikai	50	2,603 00	13 04	---	4 00
		3573	431,606 20	1500 22	---	285 84
民信銀號	Canton	162	97,008 42	175 39	---	15 96
	Swatow	4	600 00	2 60	---	0 32
	Hoihow	-	---	---	---	---
	Toishan	34	4,190 34	13 01	---	2 72
	Tsinshan	5	355 00	1 78	---	40
	Suikai	-	---	---	---	---
		205	102,153 76	192 78	---	16 40
東亞銀行	Canton	2	400 00	1 30	13	33
	Swatow	-	---	---	---	---
	Hoihow	-	---	---	---	---
	Toishan	-	---	---	---	---
	Tsinshan	-	---	---	---	---
	Suikai	-	---	---	---	---
		2	400 00	1 30	13	33
廣東銀行	Canton	908	45,202 00	1,183 13	118 04	72 64
	Swatow	-	---	---	---	---
	Hoihow	-	---	---	---	---
	Toishan	-	---	---	---	---
	Tsinshan	-	---	---	---	---
	Suikai	-	---	---	---	---
		908	45,202 00	1183 13	118 04	72 64

1939. 廿八年九月份 毫券 ~~103~~ 52

Bank	D.C.	No.	Amt. of Rtce. S.C.	Amt. of Rtce. N.$	Rtce. Fee S.C.	Rtce. Fee N.$	A.P. Fee N.$
華僑銀行	Canton	2997 10	277,616 19 384 23	337,964 56 286 74	1,200 60 1 94	1,461 67 1 46	893 54 80
	Swatow	9	461 00	661 74	2 81	3 32	2 50
	Hoihow	–	–	–	–	–	–
	Toishan	2206	260,770 73	312,057 85	1,038 72	1,241 18	552 24
	Tsinshan	131	13,472 00	16,185 64	57 02	68 50	34 66
	Suikai	696	105,297 00	122,286 70	396 95	460 79	174 25
		6049	658,001 15	789,443 23	2,697 54	3,236 92	1,657 99
信行公司	Canton	1620	169,205 06	203,783 04	570 49	688 38	129 60
	Swatow	1	100 00	112 36	57	56	08
	Hoihow	1	50 00	60 24	25	30	08
	Toishan	65	5,826 82	6,883 19	23 68	28 12	5 20
	Tsinshan	19	496 00	613 83	2 49	3 07	1 52
	~~Suikai~~	–	–	–	–	–	–
		1706	175,677 88	211,452 66	597 41	720 43	136 48
民信銀號	Canton	271	181,789 24	201,296 14	356 21	394 91	21 68
	Swatow	–	–	–	–	–	–
	Hoihow	–	–	–	–	–	–
	Toishan	58	6,345 00	7,079 06	25 50	28 49	4 64
	Tsinshan	1	400 00	439 56	1 20	1 32	08
	Suikai	–	–	–	–	–	–
		330	188,534 24	208,814 76	382 91	424 72	26 40
東亞銀行	Canton	–	–	–	–	–	–
	Swatow	–	–	–	–	–	–
	Hoihow	–	–	–	–	–	–
	Toishan	–	–	–	–	–	–
	Tsinshan	–	–	–	–	–	–
	Suikai				–		
		–	–	–	–	–	–
			桂券	N.$	桂券	N.$	N.$
（桂幣賬）華僑銀行	Suikai	573	133,743 00	66,871 50	404 17	202 32	143 25
		573	133,743 00	66,871 50	404 17	202 32	143 25

國幣 53　　廿八年十月份　　△ ↗ May, 1940 [illegible]　　OCT.,

102

Bank	D. C.	No.	Amt. of Rlce. N.$	Rlce. fee N.$	postage N.$	A. P. fee N.$
華僑銀行	Canton	1722	223,863 15	848 77	-	817 74
△ Nov. 39	Swatow	8388	873,424 86	2,997 17	-	3,519 23
	Hoihow	1521	54,928 00	254 06	-	634 75
	Toishan	2499	469,876 25	1,566 42	-	987 34
	Tsinshan	105	12,906 11	52 33	-	44 13
	Suikai	1865	431,181 14	1,332 11	-	893 49
		16,100	2,066,179 51	7,050 86	-	6,899 68
信行公司	Canton	862	90,864 20	370 01	-	68 96
	Swatow	1177	214,229 00	602 16	-	94 16
	Hoihow	8	860 00	3 31	-	64
	Toishan	157	24,006 00	85 96	-	12 56
	Tsinshan	21	1,159 00	5 81	-	1 68
	Suikai	46	5,453 00	18 87	-	3 68
		2271	336,571 20	1,086 12	-	181 68
民信銀號	Canton	117	51,203 85	99 12	-	9 36
	Swatow	10	1,000 00	5 00	-	80
	Hoihow	-				
	Toishan	53	8,652 88	23 67	-	4 24
	Tsinshan	5	334 00	1 47	-	40
	Suikai	3	436 82	2 19	-	24
		188	61,627 55	131 45	-	15 04
廣東銀行	Canton	48	25,015 00	544 80	6 24	3 84
	Swatow	-	-	-	-	-
	Hoihow	-	-	-	-	-
	Toishan	-	-	-	-	-
	Tsinshan	-	-	-	-	-
	Suikai	-	-	-	-	-
		48	25,015 00	544 80	6 24	3 84

1939.　　廿八年十月份　　~~101~~ 54

Bank	D. C.	No.	Amt. of Rice S.C.	Amt. of Rice N.$	Rice. fee S.C.	Rice. fee N.$	A.P fee N.$
華僑銀行	Canton	2216	187,323.83	231,959.26	830.69	1,028.67	1,063.08
	Swatow	-	-	-	-	-	-
	~~Hoihow~~	~~1~~	~~150.00~~	~~104.53~~	~~.50~~	~~.35~~	-
	Toishan	1575	177,006.47	218,800.78	741.94	916.68	635.81
	Tsimshan	46	6,767.00	8,418.09	24.23	30.28	23.00
	Suikai	177	24,447.00	31,006.02	93.02	118.01	83.50
		4009	395,544.30	490,184.15	1,689.88	2,093.64	1,805.39
信行公司	Canton	923	80,197.30	90,810.05	301.14	339.37	73.84
	Swatow	-	-	-	-	-	-
	Hoihow	-	-	-	-	-	-
	Toishan	64	13,768.00	16,576.43	34.76	41.83	5.12
	Tsimshan	9	400.00	465.37	2.00	2.31	.72
	Suikai	1	20.00	24.39	.10	.12	.08
		997	94,385.30	107,876.24	338.00	383.63	79.76
民信銀號	Canton	456	261,787.68	236,277.95	531.13	481.55	36.48
	Swatow	-	-	-	-	-	-
	Hoihow	-	-	-	-	-	-
	Toishan	49	7,778.60	8,757.57	22.97	25.82	3.92
	Tsimshan	5	410.00	374.23	2.05	1.88	.40
	Suikai	1	50.00	54.94	.25	.27	.08
		511	270,026.28	245,464.69	556.40	509.52	40.88
廣東銀行	Canton	-	-	-	-	-	-
	Swatow	-	-	-	-	-	-
	Hoihow	-	-	-	-	-	-
	Toishan	-	-	-	-	-	-
	Tsimshan	-	-	-	-	-	-
	Suikai	-	-	-	-	-	-
		-	-	-	-	-	-
			桂券		桂券		
(桂幣賬) 華僑銀行	Suikai	340	67,625.00	33,812.50	227.21	113.81	160.25
		340	67,625.00	33,812.50	227.21	113.81	160.25

55 國幣 ~~100~~

廿八年十一月份

NOV.

△入 May, 1940 [illegible]

Bank	D. C.	No.	Amt. of Rem.		Rem. Fee		A.P. Fee		Postage	
華僑銀行	Canton	1879	219,033	19	866	56	887	51	-	--
	Swatow	11,982	7 1,144,031	68	4,054	44	5,667	01	-	--
	Hoihow	5425	△ 203,450	90	951	75	2,712	50	-	--
	Toishan	3008	△ 428,756	08	1,611	64	1,461	80	-	--
	Tsinshan	133	△ 13,276	50	53	20	66	08	-	--
	Suikai	1481	△ 292,743	33	947	95	740	50	-	--
		23,908	2,301,291	68	8,485	54	11,535	40	-	--
信行公司	Canton	483	103,945	00	474	52	78	64	-	--
	Swatow	1270	7 285,732	00	751	31	101	60	-	--
	Hoihow	25	△ 1,575	00	5	90	2	00	-	--
	Toishan	174	△ 32,966	00	107	90	13	92	-	--
	Tsinshan	28	△ 3,049	00	13	05	2	24	-	--
	Suikai	33	△ 1,968	00	8	66	2	64	-	--
		2513	429,235	00	1361	34	201	04	-	--
民信銀號	Canton	94	25,094	47	59	31	7	52	-	--
	Swatow	6	7 840	00	3	40	-	48	-	--
	Hoihow	-	-	--	-	--	-	--	-	--
	Toishan	109	△ 8,058	00	36	66	8	72	-	--
	Tsinshan	3	△ 120	00		60		24	-	--
	Suikai	3	△ 170	00		85		24	-	--
		215	34,282	47	100	82	17	20	-	--
廣東銀行	Canton	13	1,650	00	42	75	1	04	1	69
	Swatow	-	-	--	-	--	-	--	-	--
	Hoihow	-	-	--	-	--	-	--	-	--
	Toishan	-	-	--	-	--	-	--	-	--
	Tsinshan	-	-	--	-	--	-	--	-	--
	Suikai	-	-	--	-	--	-	--	-	--
		13	1,650	00	42	75	1	04	1	69
Yam Hong & Co., Hong Kong 炎豐公司	Swatows	19,815	7 783,639	00	3,507	25	9,907	50	-	--
		19,815	783,639	00	3,507	25	9,907	50	-	--

1939　　廿八年十一月份　　56　毫券

~~99~~

Bank	D.C.	No.	Amt. of Rem. S.C.	Amt. of Rem. H.$	Rem. Fee S.C.	Rem. Fee H.$	Ap. Fee
華僑銀行	Canton	2629	209,774 17	226,804 54	933 08	1,009 20	1,264 27
	Swatow	2	320 00	376 47	1 60	1 89	1 00
	Hoihow	1	150 00	104 53	50	35	- - -
	Toishan	1658	161,263 87	189,040 47	696 23	815 26	817 87
	Tsinshan	84	10,211 00	11,398 53	41 24	46 19	40 32
	Suikai	103	14,733 00	17,248 84	59 27	69 92	51 50
		4,477	396,4[illegible] 04	445,013 38	1,731 92	1,942 81	2,174 96
信行公司	Canton	1595	117,848 80	117,749 77	477 20	474 79	127 60
	Swatow		- - -	- - -	- - -	- - -	- - -
	Hoihow	-	- - -	- - -	- - -	- - -	- - -
	Toishan	62	6,760 00	6,749 62	26 68	26 75	4 96
	Tsinshan	19	2,162 00	1,994 18	7 42	6 83	1 52
	Suikai	3	109 00	99 08	55	49	24
		1679	126,929 80	126,592 65	511 85	508 86	134 32
民信銀號	Canton	352	133,573 32	110,706 60	293 12	242 47	28 16
	Swatow	-	- - -	- - -	- - -	- - -	- - -
	Hoihow	-	- - -	- - -	- - -	- - -	- - -
	Toishan	448	35,269 40	29,391 16	159 11	132 61	35 84
	Tsinshan	3	130 00	108 33	65	54	24
	Suikai	-	- - -	- - -	- - -	- - -	- - -
		803	168,972 72	140,206 09	452 88	375 62	64 24
廣東銀行	Canton	-	- - -	- - -	- - -	- - -	- - -
	Swatow	-	- - -	- - -	- - -	- - -	- - -
	Hoihow	-	- - -	- - -	- - -	- - -	- - -
	Toishan	-	- - -	- - -	- - -	- - -	- - -
	Tsinshan	-	- - -	- - -	- - -	- - -	- - -
	Suikai	-	- - -	- - -	- - -	- - -	- - -
		-	- - -	- - -	- - -	- - -	- - -
			桂券	H.券	桂券	H.券	H.券
華僑銀行 (桂幣銀)	Suikai	100	13,493 00	6,746 50	53 25	26 67	50 00
		100	13,493 00	6,746 50	53 25	26 67	50 00

57 國幣 廿八年十二月份 DEC

98

+ 补入汕头 AP fee (vide 144. S.2, 4049/14048 + 325-09 R/S no. 3/7 of 1940).

Bank	D.C.	No.	Amt. of RLce. N.$	Rlce. Fee N.$	A.P. Fee N.$	Postage N.$
華僑銀行	Canton	3614	392,390 45	1,600 24	1,706 20	- --
	Swatow	11473	1,356,936 28	4,637 12	+5,463 71 / 7 75	- --
	Hoihow	5576	> 218,338 48	1,052 75	2,758 00	- --
	Toishan	2923	> 388,253 47	1,496 99	1,441 34	- --
	Tsinshan	199	> 18,775 55	80 53	95 56	- --
	Suikai	1698	> 247,330 64	917 06	848 16	- —
		25,423	2,622,024 87	9,784 69	12,312 97	- --
信行公司	Canton	1040	102,057 50	484 67	83 20	- --
	Swatow	608	132,260 00	341 81	48 64	- --
	Hoihow	7	> 650 00	2 85	56	- --
	Toishan	148	> 24,009 56	86 06	11 84	- --
	Tsinshan	22	> 1,317 00	6 21	1 76	- --
	Suikai	42	> 6,133 00	20 48	3 36	- --
		1,867	266,427 06	942 08	149 36	- --
民信銀號	Canton	231	96,083 60	214 80	20 08	- --
	Swatow	4	900 00	3 30	32	- --
	Hoihow	-	- --	- --	- --	- --
	Toishan	82	> 16,117 00	53 35	6 56	- --
	Tsinshan	9	> 930 00	4 65	0 72	- --
	Suikai	1	> 100 00	50	08	- --
		347	114,130 60	276 60	27 76	- --
廣東銀行	Canton	21	14,910 00	323 10	1 68	2 73
	Swatow	-	- --	- --	- --	- --
	Hoihow	-	- --	- --	- --	- --
	Toishan	-	- --	- --	- --	- --
	Tsinshan	-	- --	- --	- --	- --
	Suikai	-	- --	- --	- --	- --
		21	14,910 00	323 10	1 68	2 73
Yam Hong & Co. 炎興公司	Swatow	15,040	813,560 92	3,243 66	7,520 00	- --
		15,040	813,560 92	3,243 66	7,520 00	- --

1939.

廿八年十二月份 58

37

Bank	D.C.	No.	Amt. of Rmce. S.C.	Amt. of Rmce. N.B.	Rmce. Fee S.C.	Rmce. Fee N.B.	AP. Fee N.B.
華僑銀行	Canton	3419	306,747 36	301,170 54	1353 58	1329 44	1659 70
	Swatow	3	181 45	178 20	92	90	1 25
	Hoihow	-	- -	- -	- -	- -	- -
	Toishan	1745	180,026 43	177,311 89	762 59	750 92	872 40
	Tsinshan	67	8,455 00	8,289 25	33 00	32 39	33 50
	Suikai	79	6,564 00	6,445 33	29 58	29 14	39 50
		5313	501,974 24	493,395 21	2,179 67	2,142 79	2606 35
信行公司	Canton	649	63,971 46	41,163 24	178 41	166 39	51 92
	Swatow	-	- -	- -	- -	- -	- -
	Hoihow	-	- -	- -	- -	- -	- -
	Toishan	108	> 9,137 00	8,736 87	43 83	41 85	8 64
	Tsinshan	14	> 1,021 00	979 34	4 95	4 72	1 12
	Suikai	1	> 30 00	28 57	15	14	08
		772	54,159 46	50,908 02	227 34	213 10	61 76
民信銀號	Canton	160	52,772 01	40,423 83	115 47	87 69	12 80
	Swatow	-	- -	- -	- -	- -	- -
	Hoihow	-	- -	- -	- -	- -	- -
	Toishan	126	13,010 00	10,156 66	48 79	38 57	10 08
	Tsinshan	11	800 00	555 55	3 96	2 75	88
	Suikai	-	- -	- -	- -	- -	- -
		297	66,582 01	51,136 04	168 22	129 01	23 76
廣東銀行	Canton	-	- -	- -	- -	- -	- -
	Swatow	-	- -	- -	- -	- -	- -
	Hoihow	-	- -	- -	- -	- -	- -
	Toishan	-	- -	- -	- -	- -	- -
	Tsinshan	-	- -	- -	- -	- -	- -
	Suikai	-	- -	- -	- -	- -	- -
			- -	- -	- -	- -	- -
			(K.$)	(N.$)	(K.$)	(N.$)	(N.$)
華僑銀行（港幣派）	Suikai	125	18,059 00	> 9029 50	71 20	35 67	62 50
		125	18,059 00	9029 50	71 20	35 67	62 50

59

{藍色1939年份 紅色1940年份}

國幣 96

廿九年一月份 JAN.

Bank	D.C.	No.	Amt. of Rtce. N.$	Rtce. fee N.$	A.P. fee N.$	Postage N.$
華僑銀行	× Canton	4173 3339 7512	359,042 15 305,467 85 664,510 00	1,546 48 1,320 15 2,866 63	1,957 82 1,652 28 3,610 10	- -
	× Swatow	2372 14,393 16,765	167,265 29 1,597,622 41 1,764,887 70	677 09 5,565 29 6,742 38	1,070 08 7,113 18 8,183 26	- -
	× Hoihow	7,522	293,782 32	1,429 16	3,761 00	- -
	× Toishan	470 5168 5638	57,036 58 621,496 47 678,533 05	242 70 2,542 44 2,785 14	229 12 2,552 92 2,782 04	- -
	× Tsinshan	37 349 386	4,737 98 36,139 19 40,877 17	18 27 156 04 174 31	14 30 173 66 187 96	- -
	× Suikai	2,588 74 2662	351,908 00 6,961 62 358,869 62	1,304 70 28 07 1332 77	1,292 74 34 90 1327 64	- -
		40,485	3,801,459 86	14,830 39	19,852 00	- -
信行公司	× Canton	1,714	142,196 30	755 14	137 12	- -
	× Swatow	184 310 494	34,326 00 41,248 30 75,574 30	83 69 127 87 211 56	14 72 24 80 39 52	- -
	× Hoihow	60	3,974 00	19 78	4 80	- -
	× Toishan	59 169 228	5,099 00 17,790 00 22,889 00	22 62 74 90 97 52	4 72 13 52 18 24	- -
	× Tsinshan	27 35 62	2,188 40 4,188 84 6,377 24	9 75 12 98 22 73	2 16 2 80 4 96	- -
	× Suikai	28 24 52	2,503 00 1,520 00 4,023 00	1 72 7 62 9 34	2 24 1 92 4 16	- -
		2,610	255,033 84	1,116 07	208 80	- -
民信銀號	× Canton	541	103,215 24	300 27	43 28	- -
	× Swatow	3 1 4	670 00 300 00 970 00	1 75 1 10 2 85	24 08 32	- -
	× Hoihow	-	- - -	- - -	- -	- -
	× Toishan	36 47 83	14,568 00 6,859 00 21,427 00	33 73 21 98 55 71	2 88 3 76	- -
	× Tsinshan	13 4 17	720 00 125 00 845 00	3 60 63 4 23	1 04 32 1 36	- -
	× Suikai	34	22,520 55	33 79	2 72	- -
		679	148,977 79	396 85	54 32	- -
東方匯理銀行	× Canton	211 578 789	10,095 00 25,274 00 35,369 00	50 70 127 34 178 04	105 50 289 00 394 50	- -
	× Swatow	2897 3286 6183	115,714 00 133,263 00 248,977 00	580 47 668 20 1248 67	1448 50 1639 00 3087 50	- -
	× Hoihow	1	56 00	28	50	- -
	× Toishan	170	9,138 00	45 82	85 00	- -
	× Tsinshan	13	667 00	3 34	6 50	- -
	× Suikai	65	4,765 00	23 88	32 50	- -
		~~6401~~ 7201	298,974 00	1,500 03	3,600 50	- -
廣東銀行	× Canton	56	8,920 00	218 01	4 48	7 28
東亞銀行	× Canton	1	300 00	1 10	08	13
炎豐公司	× Swatow	332 3679 4011	19,962 00 197,887 00 217,849 00	72 18 827 98 900 16	166 00 1839 50 2005 50	

1940.　　× {蓝色1939年字 / 红色1940年字}　　廿九年一月份　　60 证券 ~~95~~

Bank	D.C.	No.	Amt. of Rlce S.C.	Amt. of Rlce N.$	Rlce fee S.C.	Rlce fee N.$	AP fee N.$
華僑銀行	× Canton	923 1763 2686	71,578 41 145,528 68 217,107 09	59,574 85 126,673 56 186,248 41	330 02 167 75 497 77	274 82 581 66 856 48	461 50 881 08 1342 58
	× Swatow	001 16 17	10 80 1,305 00 1,315 80	8 33 1,114 47 1,122 80	05 6 45 6 50	04 5 52 5 56	50 8 00 8 50
	× Hoihow	–	– –	– –	– –	– –	– –
	× Toishan	161 1832 1993	14,455 00 182,543 92 196,998 92	12,045 84 168,488 75 180,534 59	68 61 804 29 872 90	57 21 743 20 800 41	80 50 916 00 996 50
	× Tsinshan	2 93 95	180 00 8,622 00 8,802 00	150 00 7,577 03 7,727 03	90 37 55 38 45	75 33 83 34 58	1 00 46 50 47 50
	× Suikai	109 2 111	11,455 00 250 00 11,705 00	10,496 56 208 33 10,704 89	43 27 1 25 44 52	39 55 1 05 40 60	54 50 1 00 55 50
		4,902	435,728 01	386,337 72	1,960 14	1,737 63	2,450 58
信行公司	× Canton	160	9681 00	7463 04	46 55	35 86	12 80
	× Swatow	–	– –	– –	– –	– –	– –
	× Hoihow	–	– –	– –	– –	– –	– –
	× Toishan	3 23 26	165 00 2,268 00 2,433 00	122 22 1,755 59 1,877 81	83 8 15 8 98	61 6 31 6 92	24 1 84 2 08
	× Tsinshan	7	820 00	639 69	3 90	3 03	56
	× Suikai	–	– –	– –	– –	– –	– –
		193	12,934 00	9980 54	59 43	45 81	15 44
民信銀號	× Canton	255	38,048 00	25,269 49	119 98	79 68	20 40
	× Swatow	–	– –	– –	– –	– –	– –
	× Hoihow	–	– –	– –	– –	– –	– –
	× Toishan	25	2505 00	1,897 73	10 14	7 68	2 00
	× Tsinshan	4 2 6	210 00 200 00 410 00	145 83 138 89 284 72	1 05 1 00 2 05	73 69 1 42	32 16 48
	× Suikai	–	– –	– –	– –	– –	– –
		286	40,963 00	27,451 94	132 17	88 78	22 88
			(K$)	(N.$)	(K$)	(N.$)	(N.$)
華僑銀行 (桂帑號)	× Suikai	224 7	36,195 00 860 00	18,097 50 430 00	126 91 3 50	63 60 1 75	112 00 3 50
		231	37,055 00	18,527 50	130 41	65 35	115 50

61 國幣 ×{藍色1937年單 / 二{紅色1940年單} 94

廿九年二月份 FEB.

Bank	D.C.	No.	Amt. of Rice N.$	Rice fee N.$	AP fee N.$	Postage N.$
華僑銀行	× Canton	81 3697 3778	9578 00 361,135 38 370,713 38	38 46 1,510 86 1,549 32	39 75 1,738 46 1,778 21	- - -
	× Swatow	200 8177 8377	32,274 63 857,852 12 890,126 75	97 01 2,823 11 2,920 12	100 00 4,061 20 4,161 20	- - -
	× Hoihow	14,116 6,066 20,182	539,367 90 230,990 77 770,358 67	2660 58 1,110 39 3,770 97	7058 00 3,033 00 10,091 00	- - -
	Toishan	1,308 5,680 6,988	134,279 95 639,801 61 774,081 56	571 66 2,509 39 3,081 05	654 00 2,789 60 3,443 60	- - -
	Tsinshan	486	49,702 44	209 64	239 16	- - -
	Suikai	129 2036 2165	21,020 00 304,280 29 325,300 29	69 55 1,089 61 1,159 16	64 50 1,016 32 1,080 82	- - -
		41,976	3,180,283 09	12,690 26	29,793 99	- - -
信行公司	× Canton	1244	103,127 00	448 74	99 52	- - -
	× Swatow	215	21,925 00	75 31	17 20	- - -
	× Hoihow	70	3,839 00	18 31	5 60	- - -
	Toishan	340	31,856 68	132 06	27 20	- - -
	Tsinshan	62	3,949 00	18 20	4 96	- - -
	× Suikai	26	1,936 00	8 69	2 08	- - -
		1,957	166,632 68	701 31	156 56	- - -
民信銀號	× Canton	484	88,716 00	254 96	38 72	- - -
	× Swatow	3	530 00	2 05	24	- - -
	× Hoihow	-	- - -	- - -	- - -	- - -
	Toishan	200	50,327 00	127 73	16 00	- - -
	Tsinshan	19	1,338 20	6 71	1 52	- - -
	× Suikai	18	41,135 00	47 42	1 44	- - -
		724	182,046 20	438 87	57 92	- - -
東方匯理銀行	× Canton ×	363	17,861 00	89 58	181 50	- - -
	× Swatow	7,018	265,022 00	1,330 03	3509 00	- - -
	× Hoihow	-	- - -	- - -	- - -	- - -
	Toishan	118	6,036 00	30 18	57 00	- - -
	Tsinshan	55	2,228 00	11 20	27 50	- - -
	Suikai	7 19 26	750 00 1,384 00 2,134 00	3 77 6 92 10 69	3 50 9 50 13 00	- - -
		7,580	293,281 00	1,471 68	3,790 00	- - -
廣東銀行	× Canton	12	15,178 03	324 30	96	1 56
東亞銀行	× Canton	2	1,250 00	2 85	16	26
炎豐公司	× Swatow	572	25,903 00	108 13	286 00	- - -

1940.　×{藍色1939年份 紅色1940年份}　廿九年二月份　62 匯券

93

Bank	D.C.	No.	Amt. of [illegible] S.C.$	Amt. of [illegible] N.$	Rlce. fee S.C.	Rlce. fee N.$	AP fee N.$
華僑銀行	Canton ×	107 217 324	8,751 00 16,198 40 24,949 40	9,698 55 12,971 09 22,669 64	38 21 71 13 109 34	41 79 56 96 98 75	50 25 108 50 158 75
	Swatow ×	9	822 00	686 67	3 11	2 65	4 50
	Hoihow	—	—	—	—	—	—
	Toishan	342 778 1120	30,657 34 60,478 79 91,136 13	25,942 39 50,236 49 76,178 88	133 21 336 02 469 23	113 07 229 80 342 87	171 00 389 00 560 00
	Tsinshan	42	3,557 00	3,915 03	13 54	11 18	20 55
	Suikai	02 75 77	120 00 9,325 00 9,445 00	100 00 7,724 42 7,824 42	60 35 77 36 37	50 29 60 30 10	1 00 37 50 38 50
		1572	129,929 53	110,274 64	631 59	485 55	782 30
信行公司	Canton ×	118	9,196 00	8,690 81	35 59	33 28	9 44
	Swatow	—	—	—	—	—	—
	Hoihow	—	—	—	—	—	—
	Toishan	9	930 00	732 46	4 65	3 65	72
	Tsinshan	8	914 00	719 68	4 03	3 17	64
	Suikai ×	1	100 00	76 92	50	× 38	[illegible]
		136	11,140 00	10,219 87	44 77	40 48	10 88
民信銀號	Canton ×	62	14,582 00	9,579 24	40 35	26 54	4 96
	Swatow	—	—	—	—	—	—
	Hoihow	—	—	—	—	—	—
	Toishan	—	—	—	—	—	—
	Tsinshan	—	—	—	—	—	—
	Suikai	—	—	—	—	—	—
		62	14,582 00	9,579 24	40 35	26 54	4 96
			K.$	N.$	K.$	N.$	N.$
華僑銀行（桂幣賬）	Suikai	19 234	2,095 00 41,994 00	1,047 50 20,997 00	9 88 135 81	4 95 68 05	9 50 117 00
		253	44,089 00	22,044 50	145 69	73 00	126 50

63 國幣 92 {蓝色1940年单
红色1939年单}

廿九年三月份

MAR.

Bank	D. C.	No.	Amt. of Rlce N.$	Rlce. fee N.$	A.P. fee N.$	Postage N.$
華僑銀行	Canton	6909 17 6926	726,976 37 2,020 00 728,996 37	3,056 49 8 27 3,064 76	3334 38 8 50 3343 88	— --
	Swatow	244 10,322 10,566	16,044 00 1,560,243 76 1,576,287 76	65 40 4,977 92 5,043 32	85 50 5,068 60 5,154 10	- --
	Hoihow	73 8343 8416	4,019 06 355,536 69 359,555 75	18 55 1689 11 1,707 66	36 50 4,171 50 4,208 00	— --
	Toishan	2574 2674	1,045 00 392,902 31 393,947 31	3 37 1426 54 1429 91	2 00 1,256 44 1,258 44	1 --
	Tsinshan	126	19,050 87	65 68	84 54	—
	Suikai	2362	453,823 32	1,565 46	1,178 90	- --
		30,970	3,531,661 38	12,876 79	15,196 86	
信行公司	Canton	1,726	147,321 81	781 21	138 08	- --
	Swatow	431	67,826 00	203 64	34 48	- --
	Hoihow	18	843 00	4 22	1 44	- --
	Toishan	171	25,167 00	90 17	13 68	- --
	Tsinshan	13	570 00	2 86	1 04	- --
	Suikai	34	2,875 00	13 22	2 72	- --
		2,393	244,602 81	1,095 32	191 44	- --
民信銀號	Canton	343	60,436 00	185 25	27 36	- --
	Swatow	29	2,950 00	13 35	2 32	1 --
	Hoihow	1	200 00	1 00	08	- --
	Toishan	154	57,218 00	132 57	12 32	- --
	Tsinshan	12	865 00	4 33	96	- --
	Suikai	20	101,505 00	109 13	1 60	- --
		559	223,174 00	445 63	44 64	- --
東方匯理銀行	Canton	319	17,569 00	88 09	159 50	- --
	Swatow	6,578	297,896 00	1,492 77	3,289 00	- --
	Hoihow	8	682 00	3 42	4 00	- --
	Toishan	168	8,553 00	42 89	84 00	- --
	Tsinshan	1	40 00	20	50	- --
	Suikai	70	4,660 00	23 38	35 00	- --
		7,144	329,400 00	1,650 75	3,572 00	- --
廣東銀行	Canton	2	160 00	4 80	16	26
東亞銀行	Canton	1	750 00	1 55	50	13
炎豐公司	Swatow	60	3,550 00	17 76	30 00	- --
菲交通銀行	Swatow	1	100 00	50	50	- --

1940. ×{藍色1940年單 紅色1939年單}

廿九年三月份

64 [illegible] 91

Bank	D.C.	No.	Amt. of Rtce S.C.	Amt. of Rtce N.$	Rtce. fee S.C.	Rtce. fee N.$	Ap. fee N.$
華僑銀行	Canton	145 2 147	12,716.00 200.00 12,916.00	9,943.51 166.67 10,110.18	57.80 1.00 58.80	45.19 .84 46.03	72.50 1.00 73.50
	Swatow	3 5 8	1,110.00 2,230.00 3,340.00	1,122.24 1,715.40 2,837.64	2.35 5.47 7.82	2.42 4.21 6.63	.75 2.50 3.25
	Hoihow	-	-	-	-	-	-
	Toishan	1 113 114	300.00 16,058.58 16,358.58	352.94 12,839.42 13,192.36	1.10 64.19 65.29	1.29 51.32 52.61	.25 56.50 56.75
	Tsinshan	2	265.00	212.00	1.33	1.06	1.00
	Suikai	24	2,727.00	2,184.45	12.20	9.76	12.00
		295	35,606.58	28,533.63	148.44	116.09	146.50
信行公司	Canton	17	2,650.00	1,854.74	9.69	6.82	1.36
	Swatow	-	-	-	-	-	-
	Hoihow	-	-	-	-	-	-
	Toishan	-	-	-	-	-	-
	Tsinshan	-	-	-	-	-	-
	Suikai	-	-	-	-	-	-
		17	2,650.00	1,854.74	9.69	6.82	1.36
民信銀號	Canton	5	6,400.00	4,171.20	9.40	6.12	.40
	Swatow	-	-	-	-	-	-
	Hoihow	-	-	-	-	-	-
	Toishan	-	-	-	-	-	-
	Tsinshan	-	-	-	-	-	-
	Suikai	-	-	-	-	-	-
		5	6,400.00	4,171.20	9.40	6.12	.40
華僑銀行（掛號賬）	Suikai	152	K$ 39,478.00	N.$ 19,739.00	K$ 118.00	N.$ 59.09	N$ 76.00

65 國幣 90 +{訂1939年 暨1940年}

廿九年四月份 APR.

Bank	D.C.	No.	Amt. of Rbe. N.$	Rbe. fee N.$	A.P. fee N.$	Postage N.$
華僑銀行	Canton	10125	1,140,007 03	4685 52	4,923 87	- - -
	Swatow	5923	956,631 88	2979 66	2,909 42	- - -
	Hoihow	8611	485,318 06	2232 83	4302 56	- - -
	Toishan	6834	945,177 20	3,647 52	3383 40	- - -
	Tsinshan	312	43,663 05	159 21	137 79	- - -
	Suikai	2,161	392,561 95	1,332 81	1,066 76	- - -
		34,107	3,962,764 37	15,077 17	16,788 30	- - -
僑行公司	Canton	1,825	203,539 90	906 38	146 00	- - -
	Swatow	278	32,475 00	104 96	22 24	- - -
	Hoihow	171	9,741 00	42 31	13 68	- - -
	Toishan	281	40,456 00	143 35	22 48	- - -
	Tsinshan	12	780 00	3 51	96	- - -
	Suikai	40	4,225 00	17 46	3 20	- - -
		2607	291,216 90	1,217 97	208 56	- - -
民信銀號	Canton	1379 (~~1382~~)	226,865 00 (~~227,365 00~~)	719 14 (~~720 84~~)	110 32 (~~110 56~~)	- - -
	Swatow	37	4,210 25	15 96	2 96	- - -
	Hoihow	5	780 00	2 71	40	- - -
	Toishan	415	148,922 00	323 85 (~~323 76~~)*	33 20	(* vide DGKT 3/R of 20/·/40.)
	Tsinshan	4	140 00	71	32	- - -
	Suikai	22	12,060 00	19 06	1 76	- - -
		~~1865~~	~~393,477 25~~	~~108304~~ 1081 43	~~149 20~~	- - -
滙理銀行	Canton	731	35,128 00	175 97	365 50	- - -
	Swatow	10,605	484,314 00	2,426 17	5,302 50	- - -
	Hoihow	10	300 00	1 50	5 00	- - -
	Toishan	466	24,797 00	124 32	233 00	- - -
	Tsinshan	44	2,113 00	10 57	22 00	- - -
	Suikai	104	7,012 00	35 13	52 00	- - -
		11,960	553,664 00	2,773 66	5,980 00	- - -
廣東銀行	Canton	-	- - -	- -	- -	
東亞銀行	Canton	1	119 10	1 19	08	13
兆豐公司	Swatow	10	933 00	4 67	5 00	- - -
交通銀行	Canton	5	1450 00	4 05	2 50	- - -
	Toishan	37	11,545 88	33 74	18 50	- - -
	Suikai	1	200 00	1 00	50	- - -
	Swatow	1	200 00	1 00	50	- - -
		44	13,395 88	39 79	22 00	

1940　　+{迄1939年 / 至1940年}　　廿九年四月份　　66 [illegible]券

Bank	D. C.	No.	Amt. of Rbce S.C.	Amt. of Rbce N.B.	Rbce S.C.	Rbce N.B. (69)	A/B fee N.B.
華僑銀行	Canton	141	12,185 00	9,431 84	52 91	40 91	70 50
	Swatow	-	- - -	- - -	- - -	- - -	- - -
	Hoihow	-	- - -	- - -	- - -	- - -	- - -
	Toishan	140	14,390 00	11,244 18	64 68	50 57	70 00
	Tsimshan	1 1 2	100 00 10 00 110 00	98 04 8 00 106 04	50 05 55	49 04 53	50 50 1 00
	Suikai	9	895 00	688 48	4 08	3 17	4 50
		292	27,580 00	21,470 54	122 22	95 18	146 00
信行公司	Canton	6	650 00	444 07	3 25	2 21	48
	Swatow	-	- - -	- - -	- - -	- - -	- - -
	Hoihow	-	- - -	- - -	- - -	- - -	- - -
	Toishan	-	- - -	- - -	- - -	- - -	- - -
	Tsimshan	~~1 1 2~~	~~100 00 10 00 110 00~~	~~98 04 8 00 106 06~~	~~50 05 55~~	~~49 04 53~~	~~50 50 1 00~~
	Suikai	-	- - -	- - -	- - -	- - -	- - -
		6	650 00	444 07	3 25	2 21	48
民信銀號	Canton	37 ~~34~~	6,405 00 ~~5,905 00~~	3,969 86	22 71 ~~21 01~~	14 13	2 96 ~~2 72~~
	Swatow	-	- - -	- - -	- - -	- - -	- - -
	Hoihow	-	- - -	- - -	- - -	- - -	- - -
	Toishan	-	- - -	- - -	- - -	- - -	- - -
	Tsimshan	-	- - -	- - -	- - -	- - -	- - -
	Suikai	-	- - -	- - -	- - -	- - -	- - -
		37 ~~34~~	6,405 00 ~~5,905 00~~	3,969 86	22 71 ~~21 01~~	14 13	2 96 ~~2 72~~

			K.B	N.B	K.B	N.B	N.B
華僑銀行 ([illegible])	Suikai	109	19,785 00	9,892 50	66 90	33 53	54 50

67 國幣 (* 1939 年) 廿九年五月份 MAY

~~88~~

Bank	D.C.	No.	Amt. of Rtce N.$		Rtce fee N.$		A P fee N.$		Postage N.$
華僑銀行	Canton	10,141	1,455,159	16	1,496	66	4,917	20	- - -
	Swatow	~~6,645~~ 35 6,680	~~1,003,750~~ 4,957 1,008,707	~~51~~ 00 51	~~3,182~~ 17 3,199	~~04~~ 34 38	~~3,288~~ 15 3,304	~~90~~ 50 40	＊
	Hoihow	12192	629,606	32	2,977	36	6,081	72	
	Toishan	3,279	427,280	97	1,688	71	1,589	10	- - -
	Tsinshan	235	30,401	73	121	48	101	51	- - -
	Suikai	2616	406,830	05	1,481	17	1,227	87	- -
		~~35,143~~ 35,147	~~3,957,885~~ 3,958,811	74	~~14,944~~ 14,965	~~76~~ 41	~~17,221~~ 17,222	~~80~~ 80	- ~
信行公司	Canton	1889	209,295	62	848	18	151	12	- -
	＊Swatow	304	36,901	75	＊128	67 1 50	24	32	- -
	Hoihow	141	9,424	00	45	17	11	28	- -
	Toishan	279	48,490	00	155	35	22	32	- -
	Tsinshan	34	2,434	00	10	54	2	72	- ~
	Suikai	47	6,347	00	22	00	3	76	- -
		2,694	312,892	37	~~1,209~~ 1,211	~~91~~ 41	215	52	- -
民信銀號	Canton	1,254	181,168	00	629	49	100	32	- -
	Swatow	18	2,400	00	9	00	1	44	- -
	Hoihow	22	1,884	00	8	99	1	76	- -
	Toishan	337	100,073	00	237	88	26	96	- -
	Tsinshan	15	4,310	00	10	35	1	20	- -
	Suikai	17	50,725	00	54	44	1	36	
		1663	340,560	00	950	15	133	04	- -
匯理銀行	Canton	774	38,770	00	194	05	387	00	- -
	Swatow	8,386	405,917	00	2,031	74	4,193	00	- -
	Hoihow	29	910	00	4	60	14	50	- -
	Toishan	17	1,055	00	5	28	8	50	- -
	Tsinshan	-	-	- -	-	- -	-	- -	
	Suikai	39	3,182	00	15	92	19	50	- ~
		9,245	449,834	00	2,251	59	4,622	50	- ~
交通銀行	Canton	11	1,240	00	5	36	5	50	- -
	Swatow	1	300	00	1	10		50	-
	Hoihow	-	-	- -	-	-	-	- -	- -
	Toishan	301	68,047	35	235	89	150	50	- -
	Tsinshan	-	-	- -	-	- -	-	-	- -
	Suikai	1	200	00	1	00		50	- -
		314	69,787	35	243	35	157	00	- -

＊内有 TA34 [illegible] (vide DG KT 3/12 [illegible] no. 463/44 of 17/11/39).

＊KKT 28/484 及 KKT 28/391 之匯费共加 N$1.50 (vide DG. advice of Errors no. KT 1/12 of 17/4/40).

1940. 廿九年五月份 68 ~~87~~ 匯券

Bank	D.C.	No.	Amt. of Rlce S.C.	Amt. of Rlce N.$	Rlce fee S.C.	Rlce fee N.$	AP. fee
華僑銀行	Canton	82	8,869 00	6,843 22	35 93	27 73	41 00
	Swatow	3	125 00	96 16	63	49	1 50
	Hoihow	-	- - -	- - -	- - -	- - -	- - -
	Toishan	44	7,731 56	5,947 33	22 86	17 59	22 00
	Tsinshan	1	50 00	38 46	25	19	50
	Suikai	6	470 00	361 54	2 35	1 81	3 00
		136	17,245 56	13,286 71	62 02	47 81	68 00
信行公司	Canton	-	- - -	- - -	- - -	- - -	- - -
	Swatow	-	- - -	- - -	- - -	- - -	- - -
	Hoihow	-	- - -	- - -	- - -	- - -	- - -
	Toishan	-	- - -	- - -	- - -	- - -	- - -
	Tsinshan	-	- - -	- - -	- - -	- - -	- - -
	Suikai	-	- - -	- - -	- - -	- - -	- - -
		-	- - -	- - -	- - -	- - -	- - -
民信銀號	Canton	11	2,145 00	1,411 33	5 53	3 63	88
	Swatow	-	- - -	- - -	- - -	- - -	- - -
	Hoihow	-	- - -	- - -	- - -	- - -	- - -
	Toishan	-	- - -	- - -	- - -	- - -	- - -
	Tsinshan	-	- - -	- - -	- - -	- - -	- - -
	Suikai	-	- - -	- - -	- - -	- - -	- - -
		11	2,145 00	1,411 33	5 53	3 63	88
華僑銀行（社幣賬）	Suikai	175	K# 30,672 00	15,336 00	K# 106 70	53 47	87 50

國幣 1/2 MAY, 1940. (續國幣賬)

Bank	D.C.	No.	Amt. of Rlce N.$	Rlce. fee N.$	AP. fee N.$	Postage N.$
廣東銀行	Canton	-	- - -	- - -	- - -	- - -
東亞銀行	Canton	2	300 00	3 00	1 00	26
炎豐公司	Swatow	-	- - -	- - -	- - -	- - -

69 國幣 廿九年六月份 JUNE

Bank	D.C.	No.	Amt. of Rtce N.$		Rtce fee N.$		AP fee N.$		Postage N.$	
華僑銀行	Canton	15,755	2,487,205	11	9,196	31	7,730	92	-	--
	Swatow	12,351	2,416,105	28	7,155	42	6,156	18	-	--
	Hoihow	11,5[illegible]	586,993	75	2,826	33	5,704	58	-	--
	Toishan	5,485	848,214	73	3,244	13	2,691	26	-	--
	Tsinshan	441	67,116	23	252	84	190	32	-	--
	Suikai	3,938	690,546	85	2,163	53	1,428	38	-	--
		48,485	7,096,181	95	24,838	56	23,901	64	-	--
信行公司	Canton	1806	207,524	50	875	12	144	48	-	--
	Swatow	184	20,884	00	74	65	14	72	-	--
	Hoihow	314	19,509	00	93	62	25	12	-	--
	Toishan	536	60,126	00	238	50	42	88	-	--
	Tsinshan	56	4,547	00	20	76	4	48	-	--
	Suikai	30	3,796	00	14	18	2	40	-	--
		2,926	316,386	50	1,316	83	234	08	-	--
民信銀號	Canton	948	172,619	00	535	33	75	84	-	--
	Swatow	14	2,425	00	8	54	1	12	-	--
	Hoihow	23	3,197	00	9	35	1	84	-	--
	Toishan	618	* 361,606 ~~361,601~~	00	643 ~~643~~	84 ~~83~~	49	44	-	--
	Tsinshan	60	4,196	00	19	42	4	80	-	--
	Suikai	23	3,670	00	11	95	1	84	-	--
		1,686	547,713 ~~547,708~~	00	1,228 ~~1,228~~	43 ~~42~~	134	88	-	--
匯理銀行	Canton	1,760	99,678	00	498	86	880	00	-	
	Swatow	11,888	645,199	00	3,228	88	5,944	00	-	--
	Hoihow	22	1,186	00	5	94	11	00	-	
	Toishan	269	14,410	00	71	72	129	50	-	--
	Tsinshan	6	256	00	1	29	3	00	-	
	Suikai	104	7,637	00	36	08	52	00	-	--
		14,039	768,366	00	3,842	77	7,019	50	-	
交通銀行	Canton	24	4,751	34	20	16	12	00		
	Swatow	3	450	00	2	25	1	50		
	Hoihow	1	400	00	1	20		50	-	-
	Toishan	775	236,884	92	734	77	387	50		
	Tsinshan	-	-	--	-	--	-	--	-	-
	Suikai	-	-	--	-	--	-	--	-	-
		803	242,486	26	758	38	401	50		

*vide DG adv. of Errors ## K.T. 4/R (sheet 1), 廿年 No. 475 of 15/10/30; 4 [illegible] No. 匯[illegible] 號 of 19/12/30.

1940. (红色1939年) 廿九年六月份 [illegible] 85 毛券 70

Bank	D.C.	No.	Amt of Rlce. S.C.		Amt of Rlce. N.$		Rlce. fee S.C.		Rlce. fee N.$		AP fee N.$	
華僑銀行	Canton	48	20,716	00	15,935	39	62	52	48	09	49	00
	Swatow	–	–	–	–	–	–	–	–	–	–	–
	Hoikow	–	–	–	–	–	–	–	–	–	–	–
	Toishan	41	3,534	00	2,718	44	16	09	12	40	20	50
	Tsinshan	2	220	00	169	23	1	10		84	1	00
	Suikai	3	270	00	207	69	1	35	1	04	1	50
		153	25,425	00	19,702	32	84	49	65	73	76	50
[illegible]行公司	Canton	–	–	–	–	–	–	–	–	–	–	–
	Swatow	–	–	–	–	–	–	–	–	–	–	–
	Hoikow	–	–	–	–	–	–	–	–	–	–	–
	Toishan	–	–	–	–	–	–	–	–	–	–	–
	Tsinshan	–	–	–	–	–	–	–	–	–	–	–
	Suikai	–	–	–	–	–	–	–	–	–	–	–
		–	–	–	–	–	–	–	–	–	–	–
民信銀號	Canton	13	2,155	00	1,447	52	7	19	4	81	1	04
	Swatow	–	–	–	–	–	–	–	–	–	–	–
	Hoihow	–	–	–	–	–	–	–	–	–	–	–
	Toishan	–	–	–	–	–	–	–	–	–	–	–
	Tsinshan	–	–	–	–	–	–	–	–	–	–	–
	Suikai	–	–	–	–	–	–	–	–	–	–	–
		13	2,155	00	1,447	52	7	19	4	81	1	04
		No.	K.$		N.$		K.$		N.$		N.$	
華僑銀行 (往帑賬)	Suikai	144	39,528	00	19,764	00	108	80	54	81	72	00
		144	39,528	00	19,764	00	108	80	54	81	72	00

國幣/2 JUNE 1940 (續國幣賬)

Bank	D.C.	No.	Amt of Rlce. N.$		Rlce. fee N.$		A.P. fee N.$		Postage N.$	
廣東銀行	Canton	–	–	–	–	–	–	–	–	–
		–	–	–	–	–	–	–	–	–
東亞銀行	Canton	–	–	–	–	–	–	–	–	–
		–	–	–	–	–	–	–	–	–
炎豐公司	Swatow	11	2,030	00	10	15	5	50	–	–

71 （公元1940年）

廿九年七月份 JULY

Bank	D.C.	No.	Amt. of Rlce N.$		Rlce fee N.$		AP fee N.$		Total N.$	
華僑銀行	Canton	10,623	1,973,055	54	6,826	38	5,177	52	1,985,059	44
	Swatow	7,026	1,345,705	17	3,890	35	3,491	16	1,353,086	68
	Hoihow	13,392	768,461	82	3,600	46	6,591	00	778,653	28
	Toishan	8,044	1,331,301	34	4,864	19	3,964	88	1,340,130	41
	Tsinshan	5 537 542	370 89,626 89,996	00 77 77	1 333 335	85 16 01	2 235 237	50 35 85	374 90,195 90,569	35 28 63
	Suikai	2,612	493,452	77	1,676	67	1,140	07	496,269	51
		42239	6,001,973	41	21,193	06	20,602	48		
信行公司	Canton	2026	415,565	40	1,238	64	162	08	416,966	12
	Swatow	131	27,172	00	75	12	10	48	27,257	60
	Hoihow	457	36,790	00	(*) 147 ~~147~~	51 ~~41~~	36	56	36,974 ~~36,973~~	07 ~~97~~
	Toishan	496	77,995	10	277	39	39	68	78,312	17
	Tsinshan	97	16,257	00	52	00	7	76	16,316	76
	Suikai	41	4,250	00	17	78	3	28	4,271	06
		3248	578,029	50	(*) 1808 ~~1,808~~	44 ~~34~~	259	84		
民信銀號	Canton	1417	441,264	00	1,047	13	113	36	442,424	49
	Swatow	11	2,540	00	7	46		88	2,548	34
	Hoihow	20	2,565	00	9	36	1	60	2,575	96
	Toishan	491	279,128	00	524	39	39	28	279,691	67
	Tsinshan	111	83,133	00	137	57	8	88	83,279	45
	Suikai	25	12,337	00	22	09	2	00	12,361	09
		2,075	820,967	00	1,748	00	166	00		
滙理銀行	Canton	465	27,697	00	138	63	232	50	28,068	13
	Swatow	1,069	288,967	00	1,445	87	2534	50	292,947	37
	Hoihow	79	4,430	00	22	19	39	50	4,491	69
	Toishan	670	43,594	00	217	94	335	00	44,146	94
	Tsinshan	13	805	00	4	03	6	50	815	53
	Suikai	59	4,385	00	21	93	29	50	4,436	43
		6,355	369,878	00	1,850	59	3,177	50	-	
交通銀行	Canton	20	5,540	00	20	22	10	00	5,570	22
	Swatow	2	800	00	2	40	1	00	803	40
	Hoihow	-	-	-	-	-	-	-	-	-
	Toishan	673	262,728	46	710	45	336	50	263,775	41
	Tsinshan	-	-	-	-	-	-	-	-	-
	Suikai	-	-	-	-	-	-	-	-	-
		695	269,068	46	733	07	347	50		

"Advice Error"
(*) vide DG KT 3/R of 20/12/40

1940　廿九年七月份 ~~83~~ 72 國幣/續

Bank	D. C.	No.	Amt. of Rtce N.B	Rtce fee N.B	AP. fee N.B	Postage N.B
馬震豐金行	Canton	88	✓ 13,075 00	56 00	44 00	- --
	Swatow	35	9,818 00	23 02	17 50	- --
	Hoihow	172	12,124 00	52 68	86 00	- --
	Toishan	12	2,155 00	7 78	6 00	—
	Tsinshan	5	580 00	2 50	2 50	- --
	Suikai	1[illegible]	2,290 00	05 86	5 00	- --
		322	40,092 00	145 84	161 00	- --
東亞銀行	Canton	2	✓ 16,000 00	16 00	1 00	26
炎豐公司	Swatow	-	- --	- --	- --	- --

JULY 1940.　廿九年七月份　毫券

Bank	D. C.	No.	Amt. of Rtce S.C.	Amt. of Rtce N.B	Rtce fee S.C.	Rtce fee N.B	AP fee N.B
華僑銀行	Canton	38	4,715 00	3,626 92	17 58	13 50	19 00
	Swatow	-	- --	- --	- --	- --	- --
	Hoihow	-	- --	- --	- --	- --	- --
	Toishan	46	9,840 00	7,569 19	26 21	20 13	23 00
	Tsinshan	-	- --	- --	- --	- --	- --
	Suikai	3	260 00	200 00	1 30	1 00	1 50
		87	14,815 00	11,396 11	45 09	34 63	43 50
民信銀號	Canton	12	5,040 00	3,187 89	12 20	7 71	96
	Swatow	-	- --	- --	- --	- --	- --
	Hoihow	-	- --	- --	- --	- --	- --
	Toishan	-	- --	- --	- --	- --	- --
	Tsinshan	-	- --	- --	- --	- --	- --
	Suikai	-	- --	- --	- --	- --	- --
		12	5,040 00	3,187 89	12 20	7 71	96
		No.	K$	N.B	K$	N.B	N.B
華僑銀行（桂幣賬）	Suikai	136	28,765 00	14,382 50	96 05	48 15	68 00
		136	28,765 00	14,382 50	96 05	48 15	68 00

乃 國幣 02　廿九年八月份　AUG.

Bank	D.C.	No.	Amt of Rtce N.$		Rtce fee N.$		AP. fee N.$		Total N.$	
華僑銀行	Canton	~~8842~~	1,467,082	61	5,356	13	4,329	86	1,476,768	60
	Swatow	7,562	1,457,399	73	4,412	26	3,765	88	1,465,577	87
	Hoihow	10,161	617,605	89	2,879	29	5,010	36	625,495	54
	Toishan	6,554	1,240,179	36	* 4,318	57	3,211	06	* 1,247,708	99
	Tsinshan	656	93,663	00	349	43	246	56	94,258	99
	Suikai	2,674	615,770	01	1,949	46	1,309	16	619,328	63
		36,449	5,491,700	60	~~19,264~~ 19,265	14	17,872	88	~~5,528,827~~ 5,528,838	62
民信銀號	Canton	1,359	328,337	00	* 869	15	108	72	* 329,314	83
	Swatow	7	330	00	1	65		56	332	21
	Hoihow	35	5,695	00	17	08	2	80	5,714	88
	Toishan	1,034	1,432,576	00	2,044	26	82	72	1,434,702	98
	Tsinshan	149	77,462	40	153	39	18	92	77,627	71
	Suikai	29	11,440	00	23	36	2	32	11,465	68
		2,613	1,855,840	40	3,108	84	209	04	1,859,158	28
匯理銀行	Canton	106	6,232	00	31	19	53	00	6,316	19
	Swatow	2,759	156,175	00	781	36	1,379	50	158,335	86
	Hoihow	43	1,207	00	6	07	21	50	1,234	57
	Toishan	145	9,233	00	46	22	72	50	9,381	72
	Tsinshan	6	00,420	00	2	10	3	00	00,425	10
	Suikai	17	1,523	00	7	63	8	50	1,539	13
		3,076	174,790	00	874	57	1,538	00	177,202	57
馬麗豐行	Canton	59	12,109	00	39	20	29	50	12,177	70
	Swatow	142	125,700	00	206	28	71	00	125,977	28
	Hoihow	352	28,718	00	118	92	176	00	29,012	92
	Toishan	27	4,400	00	16	20	13	50	4,429	70
	Tsinshan	1	100	00		50		50	101	00
	Suikai	39	4,765	00	20	23	19	50	4,804	73
		620	175,792	00	401	33	310	00	176,503	33
交通銀行	Canton	27	7,209	04	24	65	13	50	7,247	19
	Swatow	3	2,050	00	3	85	1	50	2,055	35
	Hoihow	-	-	--	-	--	-	--	-	--
	Toishan	691	230,661	59	677	90	345	50	231,684	99
	Tsinshan	-	-	--	-	--	-	--	-	--
	Suikai	-	-	--	-	--	-	--	-	--
		721	239,920	63	706	40	360	50	240,987	53

* "advice of error" vide DG KT 3/R 07 20/12/40

* "advice of error" vide DG KT 3/R 07 20/12/40

1940　　廿九年八月份　　~~81~~ 74　國幣　／續

Bank	D.C.	No.	Amt. of Rice N.$	Rice fee N.$	AP. fee N.$	Postage N.$
信行公司	Canton	2941	318,871 03	1,027 47	155 28	- - -
（大	Swatow	344	304,899 00	503 35	27 52	- - -
宗）	Hoihow	326	25,515 00	110 36	26 08	- - -
	Toishan	375	89,166 00	265 02	30 00	- - -
	Tsinshan	227	86,828 00	203 89	18 16	- - -
	Suikai	64	23,801 00	54 21	5 12	- - -
		4,277	849,080 03	2,164 30	262 16	- - -
光亞公司	Hoihow	272	17,708 00	80 13	136 00	- - -
廣東銀行	Canton	-	- - -	- - -	- - -	- - -
東亞銀行	Canton	-	- - -	- - -	- - -	- - -
光豐公司	Swatow	-	- - -	- - -	- - -	- - -

AUG. 1940　毫券　廿九年八月份　毫券

Bank	D.C.	No.	Amt. of Rice S.C.	Amt. of Rice N.$	Rice fee S.C.	Rice fee N.$	AP fee N.$
華僑銀行	Canton	18	4,390 00	3376 95	13 87	10 67	9 00
	Swatow	-	- - -	- - -	- - -	- - -	- - -
	Hoihow	-	- - -	- - -	- - -	- - -	- - -
	Toishan	16	1,845 00	1,419 22	8 83	6 78	8 00
	Tsinshan	-	- - -	- - -	- - -	- - -	- - -
	Suikai	2	600 00	461 54	2 20	1 70	1 00
		36	6,835 00	5257 71	24 90	19 15	18 00
民信銀號	Canton	-	- - -	- - -	- - -	- - -	- - -
	Swatow	-	- - -	- - -	- - -	- - -	- - -
	Hoihow	-	- - -	- - -	- - -	- - -	- - -
	Toishan	-	- - -	- - -	- - -	- - -	- - -
	Tsinshan	-	- - -	- - -	- - -	- - -	- - -
	Suikai	-	- - -	- - -	- - -	- - -	- - -
		-	- - -	- - -	- - -	- - -	- - -
			K$		K$		
華僑銀行（桂幣賬）	Suikai	91	17,147 00	8573 50	60 78	30 47	45 50
		91	17,147 00	8,573 50	60 78	30 47	45 50

75 國幣

廿九年九月份

SEPT.

Bank	D. C.	No.	Amt. of Rtce N.$		Rtce. fee N.$		A.P. fee N.$		Total N.$	
華僑銀行	Canton	8,819	1,548,412	99	5,533	77	4,290	64	1,558,237	40
	Swatow	7337	1,194,005	96	3,846	19	3,642	74	1,201,494	89
	Hoihow	16,592	1,007,048	75	4,723	99	8,296	00	1,020,068	74
	Toishan	7,464	1,421,610	67	5,005	05	3,647	58	1,430,263	30
	Tsinshan	728	138,050	63	484	28	308	65	138,843	56
	Suikai	2,997	717,720	67	2,276	36	1,291	48	721,[illegible]88	51
		43,937	6,026,849	67	21,869	64	21,477	09	6,070,196	40
民信銀號	Canton	1,708	353,527	00	1,054	50	136	64	354,718	14
	Swatow	13	3,855	00	9	26	1	04	3,865	30
	Hoihow	43	3,585	00	16	63	3	44	3,605	07
	Toishan	1,124	956,135	00	1,595	29	89	92	957,820	21
	Tsinshan	239	129,998	00	248	93	19	12	130,266	05
	Suikai	31	4,280	00	17	76	2	48	4,300	24
		3,158	1,451,380	00	2,942	37	252	64	1,454,575	01
匯理銀行	Canton	191	9,010	00	45	15	95	50	9,150	65
	Swatow	-	-	-	-	-	-	-	-	-
	Hoihow	-	-	-	-	-	-	-	-	-
	Toishan	-	-	-	-	-	-	-	-	-
	Tsinshan	-	-	-	-	-	-	-	-	-
	Suikai	-	-	-	-	-	-	-	-	-
		191	9,010	00	45	15	95	50	9,150	65
馮麗豐金行	Canton	85	18,006	00	61	54	42	50	18,110	04
	Swatow	115	105,738	00	147	97	57	50	105,943	47
	Hoihow	481	41,293	00	179	46	240	50	41,712	96
	Toishan	35	10,635	00	30	67	17	50	10,683	17
	Tsinshan	11	702	00	3	51	5	50	711	01
	Suikai	25	3,085	00	14	07	12	50	3,111	57
		752	179,459	00	437	22	376	00	180,272	22
交通銀行	Canton	40	13,261	22	40	93	20	00	13,322	15
	Swatow	2	300	00	1	50	1	00	302	50
	Hoihow	-	-	-	-	-	-	-	-	-
	Toishan	1,320	488,385	71	1,351	58	660	00	490,397	29
	Tsinshan	-	-	-	-	-	-	-	-	-
	Suikai	-	-	-	-	-	-	-	-	-
		1,362	501,946	93	1,394	01	681	00	504,021	94

* （红色1939年账）

1940 廿九年九月份 国币 76/2

Bank	D. C.	No.	Amt. of Rtce. N.$	Rtce fee N.$	A.P. fee N.$	Total N.$
信行公司	Canton	2,144	391,158 20	1,195 35	171 52	392,525 07
	Swatow	598	618,363 00	1,011 28	47 84	619,422 12
	Hoihow	340	32,523 00	121 46	27 20	32,671 66
	Toishan	1,282	707,240 90	1,425 74	102 56	708,769 20
	Tsimshan	291	109,706 00	260 81	23 28	109,990 09
	Suikai	78	19,830 00	62 60	6 24	19,898 84
		4733	1,878,821 10	4,077 24	378 64	1,883,276 98
						Postage
東亞銀行	Canton	1	200 00	2 00	50	13
						Total
光亞公司	Hoihow	391	28,189 00	124 11	221 50	28,534 61

SEPT., 1940 （毛券） 廿九年九月份 （毛券）

Bank	D. C.	No.	Amt. of Rtce S.C.	Amt. of Rtce N.$	Rtce fee S.C.	Rtce fee N.$	AP fee N.$	Total N.$
華僑銀行	Canton	29	3,077 00	2,366 92	13 87	10 65	14 50	2,392 07
	Swatow	-	---	---	---	---	---	---
	Hoihow	-	---	---	---	---	---	---
	Toishan	12	3,270 00	2,515 38	8 75	6 72	6 00	2,528 10
	* Tsimshan	2 1 3	250 00 200 00 450 00	255 10 153 85 408 95	1 21 1 00 2 21	1 23 77 2 00	1 50 50 2 00	257 83 155 12 412 95
	Suikai	-	---	---	---	---	---	---
		44	6,797 00	5,291 25	24 83	19 37	22 50	5,333 12
			K.$		K.$			
華僑銀行（港幣賬）	Suikai	124	33,151 00	16,575 50	94 42	47 33	62 00	16,684 83
		124	33,151 00	16,575 50	94 42	47 33	62 00	16,684 83

77 78

國幣　廿九年十月份　OCT.,

Bank	D.C.	No.	Amt. of Rtce N$		Rtce. fee N$		A.P. fee N$		Total N$	
華僑銀行	Canton	7,826	1,451,124	68	5,121	92	3,688	83	1,459,935	43
	Swatow	11,761	2,118,988	74	9,033	76	5,846	72	2,133,869	22
	Hoihow	3,243	241,102	83	1,093	06	1,529	10	243,724	99
	Toishan	8,364	1,718,506	22	5,942	22	4,050	54	1,728,498	98
	Tsinshan	735	147,364	15	503	38	296	10	148,163	63
	Suikai	3,712	977,154	52	2,988	02	1,757	03	981,899	57
λ Nov. 41 a/c	Weiyeung	157	44,908	30	138	46	71	11	45,117	87
		35,798	6,699,149	44	24,820	82	17,239	43	6,741,209	69
信行公司	Canton	2,732	510,229	51	2,068	64	235	04	512,533	19
	Swatow	233	102,728	50	1,271	21	18	64	104,018	35
	Hoihow	331	52,340	00	151	12	26	48	52,517	60
	Toishan	1,603	669,166	70	1,566	82	128	24	670,861	76
	Tsinshan	439	146,169	56	365	63	35	12	146,570	31
	Suikai	105	37,346	70	98	24	8	40	37,453	34
λ Nov. 41 a/c	Weiyeung	79	33,341	00	80	80	10	80	33,432	60
		5,522	1,551,321	97	5,602	46	462	72	1,557,387	15
民信銀號	Canton	2,428	501,554	00	1,520	91	275	68	503,350	59
	Swatow	12	4,420	00	21	42	0	96	4,442	38
	Hoihow	35	2,505	00	11	35	2	80	2,519	15
	Toishan	1,283	747,022	00	1,401	97	102	64	748,526	61
	Tsinshan	309	70,676	00	207	32	26	80	70,910	12
	Suikai	64	15,370	00	49	92	5	12	15,425	04
λ Nov. 41 a/c	Weiyeung	54	7,120	00	22	93	6	40	7,149	33
		4,185	1,348,667	00	3,235	82	420	40	1,352,323	22
匯理銀行	Canton	-	-	--	-	--	-	--	-	--
	Swatow	-	-	--	-	--	-	--	-	--
	Hoihow	-	-	--	-	--	-	--	-	--
	Toishan	-	-	--	-	--	-	--	-	--
	Tsinshan	-	-	--	-	--	-	--	-	--
	Suikai	-	-	--	-	--	-	--	-	--
	Weiyeung	-	-	--	-	--	-	--	-	--
		-	-	--	-	--	-	--	-	--
光亞公司	Hoihow	408	22,793	00	105	63	404	20	23,302	83

1940 廿九年十月份 78 國幣

Bank	D. C.	No.	Amt. of Rtce N$	Rtce Fee N$	A.P. Fee N$	Total N$
馬麗豐金行	Canton	74	16,540.00	50.15	37.00	16,627.15
	Swatow	354	669,624.00	837.08	177.00	670,638.08
	Hoihow	641	50,429.00	228.26	320.50	50,977.76
	Toishan	38	5,500.00	22.10	19.00	5,541.10
	Tsinshan	10	2,405.00	7.03	5.00	2,417.03
	Suikai	79	22,741.00	60.88	39.50	22,841.38
	Weiyeung	-	-	-	-	-
		1,196	767,239.00	1,205.50	598.00	769,042.50
交通銀行	Canton	54	14,201.01	48.45	27.00	14,276.46
	Swatow	4	2,100.00	4.90	2.00	2,106.90
	Hoihow	2	220.00	1.10	1.00	222.10
	Toishan	1,240	501,298.68	1,321.70	620.00	503,240.38
	Tsinshan	-	-	-	-	-
	Suikai	1	400.00	1.20	.50	401.70
	Weiyeung	-	-	-	-	-
		1,301	518,219.69	1,377.35	650.50	520,247.54
						Postage N$
東亞銀行	Canton	2	900.00	9.00	1.00	.26

OCT., 1940. (鎊) 廿九年十月份 (毛券)

Bank	D. C.	No.	Amt. of Rtce S.C.	Amt. of Rtce N.$	Rtce Fee S.C.	Rtce Fee N.$	A.P. Fee N.$	Total N.$
華僑銀行	Canton	29	5,565.00	4,280.76	16.99	13.05	14.50	4,308.31
	Swatow*	~~1~~	~~20.00~~	~~13.94~~	~~0.18~~	~~0.07~~	~~0.25~~	~~14.26~~
	Hoihow	-	-	-	-	-	-	-
	Toishan	15	1,355.00	1,042.31	6.27	4.81	7.50	1,054.62
	Tsinshan	1	500.00	490.20	1.70	1.67	1.00	492.87
	Suikai	2	250.00	192.31	1.25	.96	1.00	194.27
	Weiyeung	-	-	-	-	-	-	-
		48	7,690.00	6,019.52	26.31	20.56	24.25	6,064.33
(桂幣賬)			K.$		K$			
華僑銀行	Suikai	102	30,375.00	15,187.50	87.76	43.95	51.00	15,282.45

* already accounted for in R/S advs. no. 389/631 of 11/10/39. [illegible] summary of R lists for Dec. 1937 & Jan., 1938. (vide DG KT 3/R of 20/10/40) Advice of Encl.

A 國幣

*紅色1939年原紙
*黑色1938年原紙

廿九年十一月份

NOV.

Bank	D. C.	No	Amt. of Rtce. N$		Rtce Fee N$		AP Fee N$		Total N$	
華僑銀行	Canton	14,348	2,489,105	01	8,984	47	7,001	10	2,505,090	58
	Swatow	6,765	980,319	90	6,354	64	3,354	60	990,029	14
(月份未存 補入廿九年行號)	Hoihow	394 245	40,059 22,026	00 84	151 96	77 06	63 51	02 10	40,273 22,174	79 00
	Toishan	7,191	1,437,438	90	5,174	22	3,504	38	1,446,117	50
	Tsinshan	1 ~~658~~ 659	20 ~~120,086~~ 120,106	00 ~~95~~ 95	~~428~~ 428	10 ~~24~~ 34	~~289~~ 289	50 ~~32~~ 82	20 ~~120,804~~ 120,825	60 ~~51~~ 11
(*vide 遞信帳單 … 21/2/41 and 41 of 1/4/41)	Suikai	3,831	873,853	71	2,878	78	* 1,778 ~~1,774~~	59 ~~09~~	878,511 ~~878,506~~	08 ~~58~~
	Weiyeung	2,852	498,758	97	1,661	78	1,417	94	501,838	69
		36,285 ~~35,891~~	6,461,669 ~~6,421,610~~	28 ~~28~~	25,230 ~~25,578~~	06 ~~27~~	17,488 ~~17,393~~ 17,488	05 ~~03~~ 55	6,504,855 ~~6,464,581~~ 6,504,859	39 ~~60~~ 89
信行公司	Canton	9 3,493	1,128 669,064	00 70	2 2,142	26 68	838	72 32	1,130 672,045	98 70
	Swatow	237	152,357	00	286	45	55	12	152,698	57
	Hoihow	275	21,761	00	86	53	22	00	21,869	53
	Toishan	812	266,503	63	698	12	132	96	267,334	71
	Tsinshan	372	104,573	19	284	96	82	56	104,940	71
	Suikai	306	95,219	60	280	22	59	36	95,559	18
	Weiyeung	68	17,411	00	54	68	16	32	17,482	00
		5,572	1,328,018	12	3,835	90	1,207	36	1,333,061	38
民信銀號	Canton	2,106	400,397	00	* 1,276 ~~1,276~~	42 ~~22~~	505	44	~~402,178~~ 402,178	~~66~~ 86
	Swatow	8	1,310	00	4	95	1	60	1,3[illegible]6	55
(*vide DG KT B/R … "advice of Error")	Hoihow	12	1,900	00	5	50	1	12	1,906	62
	Toishan	1,146	454,983	00	1,018	18	228	32	456,229	50
	Tsinshan	287	68,305	80	206	38	68	88	68,581	06
	Suikai	48	17,035	00	45	06	7	84	17,087	90
	Weiyeung	19	2,605	00	10	46	4	56	2,620	02
		3,626	946,535	80	2,566 ~~2,566~~	95 ~~75~~	817	76	949,920 ~~949,920~~	51 ~~31~~
馬麗豐金行	Canton	38	5,945	00	23	45	19	00	5,987	45
	Swatow	92	82,238	00	130	27	46	00	82,414	27
	Hoihow	755	67,618	00	297	48	377	50	68,293	48
	Toishan	36	10,960	00	29	12	18	00	11,007	12
	Tsinshan	5	500	00	2	50	2	50	505	00
	Suikai	31	5,760	00	20	52	15	50	[illegible]796	02
	Weiyeung	222	160,811	00	250	57	111	00	161,172	57
		1,179	333,832	00	754	41	589	50	335,175	91
光亞公司	Hoihow	488	69,709	00	209	39	333	70	70,252	09

1940. ＊红色1939 [illegible] 廿九年十一月份 80-- 國幣 1/2

Bank	D. C.	No.	Amt. of Rtce. N.$	Rtce. Fee N.$	AP. Fee N.$	Total N.$
交通銀行	Canton	80	29,219 78	77 72	40 00	29,337 50
	Swatow	2	500 00	2 10	1 00	503 10
	Hoihow	-	- --	- --		- --
	Toishan	1,211	633,378 25	1,457 19	605 50	635,440 94
	Tsinshan	20	9,090 59	22 06	10 00	9,122 65
	Suikai	1	200 00	1 00	50	201 50
	Weiyeung	4	800 00	3 20	2 00	805 20
		1,318	673,188 62	1,563 27	659 00	675,410 89
						Postage N.$
東亞銀行	canton	3	740 00	7 40	1 50	39
		3	740 00	7 40	1 50	39

NOV., 1940 （毛券） 廿九年十一月份 （毛券）

Bank	D. C.	No.	Amt. of Rtce. S.C.	Amt. of Rtce. N.$	Rtce. Fee S.C.	Rtce. Fee N.$	AP Fee N.$	Total N.$
華僑銀行	Canton	83	14,430 00	11,100 02	50 46	38 12	41 50	11,179 64
	Swatow	-	- --	- --	- --	- --	- --	- --
	Hoihow	-	- --	- --	- --	- --	- --	- --
	Toishan	5 5 10	595 00 600 00 1,195 00	495 83 461 53 957 36	2 77 3 00 5 77	2 31 2 30 4 61	2 50 2 50 5 00	500 64 466 33 966 97
	Tsinshan	3 1 4	300 00 50 00 350 00	294 12 38 46 332 58	1 50 25 1 75	1 47 19 1 66	1 50 50 2 00	297 09 39 15 336 24
	Suikai	2	130 00	100 00	65	50	1 00	101 50
	Weiyeung	-	- --	- --	- --	- --	- --	- --
		99	16,105 00	12,489 96	58 63	44 89	49 50	12,584 35
（挂幣賬）			K.$		K.$			
華僑銀行	Suikai	124	33,240 00	16,620 00	98 94	49 45	62 00	16,731 45

81 國幣 △ 寄曲江核计（入廿年一月份） 廿九年十二月份 DEC.

74

Bank	D.C.	No.	Amt. of Rlce. N$		Rlce fee N$		AP fee N$		Total N$	
華僑銀行	Canton	13,528	2242,779	62	8,317	36	6598	53	2257,695	51
	Swatow	2,494	216,795	75	935	30	1,213	61	218,944	66
	Hoihow	1,061	155,446	00	518	26	335	14	156,299	40
△	Toishan	-	-	--	-	--	-	--	-	--
	Tsinshan	926	158,649	58	592	84	403	47	159,645	89
	Suikai	3143	684,850	53	2,294	91	1,509	45	688,654	89
△	Waijeung	-	-	--	-	--	-	--	-	--
		21,152 ~~20,226~~	3,458,521 ~~3,299,871~~	48 ~~90~~	12,658 ~~12,065~~	67 ~~83~~	10,060 ~~9,656~~	20 ~~73~~	3,481,240 ~~3,321,594~~	35 ~~46~~
信行公司	Canton	2547	462,879	72	1,637	51	611	28	465,128	51
	Swatow	80	23,050	00	54	76	19	20	23,123	96
	Hoihow	707	86,989	26	312	14	165	20	87,466	60
△	Toishan	-	-	--	-	--	-	--	-	--
	Tsinshan	310	84,987	65	232	42	74	40	85,294	47
	Suikai	262	89,975	97	245	66	62	88	90,284	51
△	Waijeung	-	-	--	-	--	-	--	-	--
		3,906 ~~3,596~~	747,882 ~~662,894~~	60 ~~95~~	2,482 ~~2,250~~	49 ~~07~~	932 ~~858~~	96 ~~56~~	751,298 ~~666,003~~	05 ~~58~~
民信銀號	Canton	1,992	336,684	00	1,172	5[illegible]	478	08	338,334	59
	Swatow	3	210	00	1	05		72	211	77
	Hoihow	35	3465	00	14	53	8	40	3,487	93
△	Toishan	-	-	--	-	--	-	--	-	--
	Tsinshan	216	54,677	00	158	97	51	84	54,887	81
	Suikai	55	12,475	00	41	10	13	20	12,529	30
△	Waijeung	-	-	--	-	--	-	--	-	--
		2,301 ~~2,085~~	407,511 ~~352,834~~	00 ~~00~~	1,388 ~~1,229~~	16 ~~19~~	552 ~~500~~	24 ~~40~~	409,451 ~~354,563~~	48 ~~59~~
馬麗豐行	Canton	93	20,509	00	66	99	46	50	20,622	49
	Swatow	21	2,204	00	7	59	10	50	2,222	09
	Hoihow	644	57,186	00	256	09	322	00	57,764	09
△	Toishan	-	-	--	-	--	-	--	-	--
	Tsinshan	8	556	00	2	78	4	00	561	78
	Suikai	58	19,633	00	45	58	29	00	19,707	58
△	Waijeung	-	-	--	-	--	-	--	-	--
		824 ~~816~~	100,087 ~~99,532~~	00 ~~00~~	379 ~~376~~	03 ~~25~~	412 ~~408~~	00 ~~00~~	100,878 ~~100,316~~	03 ~~25~~
光亞公司	Hoihow	507	49,225	00	196	87	253	50	49,675	37

1940. △寄曲江核计（入卅年一月賬）

廿九年十二月份

82 國幣 ~~73~~ /2

Bank	D. C.	No.	Amt. of Rtce N$	Rtce fee N$	AP fee N$	Total N$
交通銀行	Canton	63	22,290.00	60.57	31.50	22382.07
	Swatow	4	400.00	2.00	2.00	404.00
	Hoihow	1	50.00	.25	.50	50.75
△	Toishan	–	–	–	–	–
	Tsinshan	59	17,501.65	56.58	29.50	17,587.73
	Suikai	1	200.00	1.00	.50	201.50
△	Waigeung	–	–	–	–	–
		128	40,441.65	120.40	64.00	40,626.05
		~~69~~	~~22,940.00~~	~~63.82~~	~~34.50~~	~~23,038.32~~

Bank	D. C.	No.	Amt. of Rtce N$	Rtce fee N$	AP fee N$	Postage N$
東亞銀行	Canton	13	3873.83	38.74	6.50	1.69
		13	3873.83	38.74	6.50	1.69

DEC., 1940 （毛劵）

廿九年十二月份

（毛劵）

Bank	D. C.	No.	Amt. of Rtce S.C.	Amt. of Rtce N$	Rtce fee S.C.	Rtce fee N$	AP fee N$	Total N$
華僑銀行	Canton	58	10,282.00	7,909.21	36.38	27.96	29.00	7,966.17
	Swatow	–	–	–	–	–	–	–
	Hoihow	–	–	–	–	–	–	–
△	Toishan	–	–	–	–	–	–	–
	Tsinshan	–	–	–	–	–	–	–
	Suikai	–	–	–	–	–	–	–
△	Waigeung	–	–	–	–	–	–	–
		58	10,282.00	7,909.21	36.38	27.96	29.00	7,966.17
（挂幣賬）			（K$）		（K$）			
華僑銀行	Suikai	78	17,266.00	8,633.00	53.31	26.72	39.00	8698.72

(國幣) ~~72~~ 83 ~~三十年一月份~~ January, 1941 (三十年一月份) JAN. 1941 (國幣)

Bank	D. C.	No.	Amt. of Rtce. N$		Rtce. fee N$		A.P. fee N$		Total N$	
華僑銀行	Canton	14,813	2,496,153	00	8,938	02	7,127	15	2,512,218	17
	Swatow	6,347	459,225	70	1,987	04	3,073	64	464,286	38
	Hoihow	13,970	1,052,211	57	4,728	54	6,872	16	1,063,812	27
	Tsinshan	1,204	185,006	16	711	69	533	38	186,251	23
		36,334	4,192,596	43	16,365	29	17,606	33	4,226,568	05
信行公司	Canton	4,968	869,580	30	3,015	57	1,192	32	873,788	19
	Swatow	112	94,682	11	160	32	26	88	94,869	31
	Hoihow	552	91,630	08	272	76	132	48	92,035	32
	Tsinshan	360	79,739	23	243	64	86	40	80,069	27
		5,992	1,135,631	72	3,692	29	1,438	08	1,140,762	09
民信銀號	Canton	3278	634,914	00	1,974	92	786	72	637,675	64
	Swatow	3	180	00		90		72	181	62
	Hoihow	75	6,500	00	30	56	18	00	6,548	56
	Tsinshan	326	75,075	00	219	31	78	24	75,372	55
		3682	716,669	00	2,225	69	883	68	719,778	37
馬麗豐行	Canton	172	30,937	00	108	50	86	00	31,131	50
	Swatow	54	4948	00	20	56	27	00	4,995	56
	Hoihow	1,206	101,200	00	474	84	603	00	102,277	84
	Tsinshan	24	3,465	00	12	34	12	00	3,489	34
		1,456	140,550	00	616	24	728	00	141,894	24
交通銀行	Canton	206	67,082	05	199	65	103	00	67,384	70
	Swatow	8	1,740	00	7	02	4	00	1,751	02
	Hoihow	-	-	- -	-	- -	-	- -	-	- -
	Tsinshan	105	26,507	04	89	19	52	50	26,648	73
		319	95,329	09	295	86	159	50	95,784	45
光亞公司	Hoihow	906	88,199	40	366	42	453	00	89,018	82
東亞銀行	Canton	68	11,350	00	113	50	34	00	Postage 8	84

(毛券) 三十年一月份 JAN. 1941 (毛券)

Bank	D.C.	No.	Amt. of Rtce. S.C.		Amt. of Rtce. N.$		Rtce. fee S.C.		Rtce. fee N.$		AP fee N$		Total N.$	
華僑銀行	Canton	62	9,493	00	7,302	32	36	32	27	92	31	00	7,361	24
	Swatow	-	-	- -	-	- -	-	- -	-	- -	-	—	-	- -
	Hoihow	-	-	- -	-	- -	-	- -	-	- -	-	- -	-	- -
	Tsinshan	-	-	- -	-	- -	-	—	-	- -	-	- -	—	—
		62	9,493	00	7,302	32	36	32	27	92	31	00	7,361	24

（國幣）　三十年二月份　（FEBRUARY, 1941）　84 71（國幣）

BANK	D. C.	NO.	AMT. OF RTCE.		RTCE. FEE		A. P. FEE		TOTAL	
			N$		N$		N$		N$	
華僑銀行	CANTON	11,042	2,150,006	74	7,360	58	5,386	84	2,162,754	16
	SWATOW	4,386	368,109	15	1,523	90	2,133	68	371,766	73
	HOIHOW	34,667	2,410,587	55	11,121	40	17,070	64	2,438,779	59
	TSINSHAN	684	122,014	50	426	98	278	71	122,720	19
		50,779	5,050,717	94	20,432	86	24,869	87	5,096,020	67
信行公司	CANTON	3,094	642,920	23	2,030	63	742	56	645,693	42
	SWATOW	78	16,705	13	46	53	18	72	16,770	38
	HOIHOW	1,409	333,263	04	820	26	338	16	334,421	46
	TSINSHAN	307	65,025	25	208	56	73	68	65,307	49
		4,888	1,057,913	65	3,105	98	1,173	12	1,062,192	75
民信銀號	CANTON	1,529	309,993	00	987	36	366	96	311,347	32
	SWATOW	2	30	00		15		48	30	63
	HOIHOW	73	8,640	00	26	84	17	52	8,684	36
	TSINSHAN	210	52,518	00	146	82	50	40	52,715	22
		1,814	371,181	00	1,161	17	435	36	372,777	53
馬麗豐行	CANTON	51	8,272	00	29	75	25	50	8,327	25
	SWATOW	38	3,924	00	14	03	19	00	3,957	03
	HOIHOW	1,645	119,828	00	569	38	822	50	121,219	88
	TSINSHAN	3	175	00		88	1	50	177	38
		1,737	132,199	00	614	04	868	50	133,681	54
交通銀行	CANTON	85	28,540	47	83	48	42	50	28,666	45
	SWATOW	5	1,579	19	4	58	2	50	1,586	27
	HOIHOW	-	-	-	-	-	-	-	-	-
	TSINSHAN	58	19,934	45	58	47	29	00	20,021	92
		148	50,054	11	146	53	74	00	50,274	64
									POSTAGE N$	
東亞銀行	CANTON	191	31,625	76	316	26	95	50	24	83
東方匯理	SWATOW	61	5,780	00	104	50	30	50	5,915	00
光亞公司	HOIHOW	1,114	96,008	00	395	46	557	00	96,960	46
（錄）			三十年二月份		（毛券）					
華僑銀行	CANTON	30	(S.C.) 6,680	00	(S.C.) 21	72				
			- 5,138	46	- 16	69	15	00	5,170	15
華僑銀行	TSINSHAN	3	(S.C.) 210	00	(S.C.) 1	05				
			= 161	53	=	81	1	50	163	84

~~70~~（國幣）85 三十年三月份 （MARCH, 1941.） （國幣）

BANK	D. C.	No.	AMT. OF RTCE.	RTCE. FEE	A. P. FEE	TOTAL
			N$	N$	N$	N$
華僑銀行	CANTON	8,311	1,834,588 72	6,035 24	4,018 82	1844,642 78
	SWATOW	2,552	281,580 92	1,071 26	1,224 43	283,876 61
	HOIHOW	27,261	1,678,566 64	7,926 75	13,611 00	1,700,104 3[illegible]
	TSINSHAN	942	206,636 00	671 94	427 64	207,735 [illegible]
		39,066	4,001,372 28	15,705 19	19,281 89	4,036,35[illegible]
信行公司	CANTON	2,167	464,510 36	2,035 60	520 08	46[illegible],066 04
	SWATOW	51	22,637 22	53 97	12 24	22,703 43
	HOIHOW	98	18,729 52	54 46	23 52	18,807 50
	TSINSHAN	275	64,880 01	195 67	66 00	65,141 68
		2,591	570,757 11	2,339 70	621 84	573,718 65
民信銀號	CANTON	2695	572,213 00	1,806 97	646 80	574,666 77
	SWATOW	4	2,245 00	4 03	96	2,249 99
	HOIHOW	6	700 00	3 10	1 44	704 84
	TSINSHAN	209	43,195 00	142 41	50 16	43,387 57
		2,914	618,353 00	1,956 51	699 36	621,008 87
馬麗豐行	CANTON	96	25,607 00	73 44	48 00	25,728 44
	SWATOW	41	2,750 00	13 55	20 50	2,784 05
	HOIHOW	107	7,470 00	36 04	53 50	7,559 54
	TSINSHAN	7	1,627 00	5 34	3 50	1,635 84
		251	37,454 00	128 37	125 50	37,707 87
交通銀行	CANTON	106	43,250 00	113 99	52 50	43,416 49
	SWATOW	3	603 22	2 41	1 50	607 13
	HOIHOW	–	– –	– –	– –	– –
	TSINSHAN	51	27,181 72	61 40	25 50	27,268 62
		160	71,034 94	177 80	79 80	71,292 24
匯理銀行	CANTON	875	60,740 00	303 70	437 50	61,481 20
	SWATOW	4,170	303,254 00	6,400 47	2,085 00	311,739 47
	HOIHOW	–	– –	– –	– –	– –
	TSINSHAN	–	– –	– –	– –	– –
		5,045	363,994 00	6,704 17	2,522 50	373,220 67
東亞銀行	CANTON	3	700 00	7 00	1 50	POSTAGE 39 708 89
光亞公司	HOIHOW	47	2,555 00	11 90	23 50	2,590 40
	（毛券）			（毛券）		
華僑銀行	Canton	12	(F.C.) 1,240 00	(F.C.) 6 12		
			– 953 00	– 4 69	6 00	964 53

~~69~~ 86

（國幣） 三十年四月份 （APRIL, 1941） （國幣）

Bank	D.C	No.	Amt of Rtce. N$		Rtce. Fee N$		AP. Fee N$		Postage N$	Total N$	
華僑銀行	Canton	10,751	2,057,336	69	7,286	38	5,194	58	-	2,069,817	65
	Swatow	3,727	380,418	19	1,509	13	1,796	12	-	383,723	44
	Hoihow	11,584	876,923	65	3,974	44	5,671	36	-	886,569	45
	Tsinshan	904	185,880	03	643	92	390	97	-	186,914	92
		26,966	3,500,558	56	13,413	87	13,053	03	-	3,527,025	46
信行公司	Canton	4,349	1,027,172	31	3,147	77	1,043	76	-	1,031,363	84
	Swatow	70	25,689	88	65	95	16	80	-	25,772	63
	Hoihow	423	152,142	70	334	73	101	52	-	152,578	95
	Tsinshan	302	57,631	45	187	33	72	48	-	57,891	26
		5,144	1,262,636	34	3,735	78	1,234	56	-	1,267,606	68
民信銀號	Canton	2,916	636,201	84	1,969	71	699	84	-	638,871	39
	Swatow	5	480	00	2	40	1	20	-	483	60
	Hoihow	39	7,860	00	21	00	9	36	-	7,890	36
	Tsinshan	232	41,120	00	146	43	55	68	-	41,322	11
		3,192	685,661	84	2,139	54	766	08	-	688,567	46
馬麗豐行	Canton	132	29,340	00	93	43	66	00	-	29,499	43
	Swatow	69	6,456	00	29	10	34	50	-	6,519	60
	Hoihow	827	80,217	00	371	22	413	50	-	81,001	72
	Tsinshan	13	2,170	00	7	81	6	50	-	2,184	31
		1,041	118,183	00	501	56	520	50	-	119,205	06
交通銀行	Canton	128	54,001	20	140	87	64	00	-	54,206	07
	Swatow	2	300	00	1	50	[illegible]	00	-	[illegible]	50
	Hoihow	2	500	00	1	70	[illegible]	00	-	502	70
	Tsinshan	47	16,570	00	46	01	23	50	-	16,639	51
		179	71,371	20	190	08	89	50	-	71,650	78
匯理銀行	Canton	3,605	310,930	00	[illegible]554	66	1,802	50	-	314,287	16
	Swatow	4,181	362,770	00	7,518	51	2,090	50	-	372,379	01
	Hoihow	280	19,480	00	96	61	140	00	-	19,716	61
	Tsinshan	125	10,430	00	52	15	62	50	-	10,544	65
		8,191	703,610	00	9,221	93	4,095	50	-	716,927	43
中菲信託局（以後改入五月份賬）	Canton *	~~1~~	~~200~~	~~00~~	~~1~~	~~00~~		~~50~~	-	~~201~~	~~50~~
	Swatow	-	-	-	-	-	-	-	-	-	-
	Hoihow	-	-	-	-	-	-	-	-	-	-
	Tsinshan	-	-	-	-	-	-	-	-	-	-
		-	-	-	-	-	-	-	-	-	-
東亞銀行	Canton	1	100	00	1	00		50	.13	101	63
	Swatow	-	-	-	-	-	-	-	-	-	-
	Hoihow	-	-	-	-	-	-	-	-	-	-
	Tsinshan	-	-	-	-	-	-	-	-	-	-
		1	100	00	1	00		50	.13	101	63
光亞公司	Canton	-	-	-	-	-	-	-	-	-	-
	Swatow	-	-	-	-	-	-	-	-	-	-
	Hoihow	645	60,306	00	268	29	322	50	-	60,896	79
	Tsinshan	-	-	-	-	-	-	-	-	-	-
		645	60,306	00	268	29	322	50	-	60,896	79
	Grand Total:	45,359	6,402,426	94	29,472	05	20,082	17	.13	6,451,981	29

（毛券） 三十年四月份 （APRIL, 1941.） （毛券）

Bank	D.C.	No.	Amt. of Rtce. S.C.		Amt. of Rtce. N$		Rtce. Fee S.C.		Rtce. Fee N$		AP Fee N$		Total N$	
華僑銀行	Canton	36	4,092	00	3,147	69	17	73	13	64	18	00	3,179	33
	Swatow													
	Hoihow													
	Tsinshan	-	-	-	-	-	-	-	-	-	-	-	-	-
		36	4,092	00	3,147	69	17	73	13	64	18	00	3,179	33

68
87

（國幣） 三十年五月份 (MAY 1941) （國幣）

BANK	D. C.	No.	AMT. OF RTCE. N$	RTCE. FEE N$	AP. FEE N$	POSTAGE N$	TOTAL N$
華僑銀行	Canton	9,832	1,819,802.26	6,684.46	4,755.47	-.--	1,831,242.19
	Swatow	3,172	317,680.37	1,359.32	1,540.90	-.--	320,580.59
	Hoihow	2,826	231,081.33	1,061.18	1,352.94	-.--	233,495.65
	Tsinshan	795	157,340.69	554.81	306.67	-.--	158,202.17
		16,625	2,525,904.65	9,659.77	7,955.98	-.--	2,543,520.40
信行公司	Canton	3,442	675,950.49	2,191.89	799.36	-.--	678,941.74
	Swatow	40	12,380.00	33.59	9.60	-.--	12,423.19
	Hoihow	301	68,966.00	183.99	72.24	-.--	69,226.23
	Tsinshan	277	68,821.42	200.94	66.48	-.--	69,088.84
		4,060	826,117.91	2,614.41	947.68	-.--	8[illegible],680.00
民信銀號	Canton	2,040	(*) 363,910.00 (359,9[illegible]0.00)	1,275.17	489.60	-.--	365,674.77 (36[illegible],674.77)
	Swatow	8	1,190.00	4.35	1.92	-.--	1,196.27
	Hoihow	32	7,355.00	19.37	7.68	-.--	7,382.05
	Tsinshan	239	46,600.00	153.71	57.36	-.--	46,811.07
		2,319	419,055.00	1,452.60	556.56	-.--	4[illegible],064.16
馬聯豐行	Canton	99	24,675.00	75.38	49.50	-.--	24,799.88
	Swatow	57	5,643.00	24.22	28.50	-.--	5,695.72
	Hoihow	478	49,419.00	218.38	239.00	-.--	49,876.38
	Tsinshan	12	2,815.00	8.88	6.00	-.--	2,829.88
		646	82,552.00	326.86	323.00	-.--	83,201.86
交通銀行	Canton	144	61,438.95	158.47	72.00	-.--	61,669.42
	Swatow	2	550.00	2.15	1.00	-.--	553.15
	Hoihow	-	-.--	-.--	-.--	-.--	-.--
	Tsinshan	68	20,368.61	61.65	34.00	-.--	20,464.26
		214	82,357.56	222.27	107.00	-.--	82,686.83
匯理銀行	Canton	1,192	102,295.00	511.48	596.00	-.--	103,402.48
	Swatow	1,912	154,640.00	3,058.64	956.00	-.--	158,654.64
	Hoihow	129	9,535.00	47.48	64.50	-.--	9,646.98
	Tsinshan	80	8,040.00	40.20	40.00	-.--	8,120.20
		3,313	274,510.00	3,6[illegible].80	1,656.50	-.--	279,8[illegible].30
中菲信託局 *([illegible])	Canton	1 / 1	200.00 / 200.00	1.00 / 1.00	.50 / .50	-.--	201.50 / 201.50
	Swatow	-	-.--	-.--	-.--	-.--	-.--
	Hoihow	-	-.--	-.--	-.--	-.--	-.--
	Tsinshan	-	-.--	-.--	-.--	-.--	-.--
		2	400.00	2.00	1.00	-.--	403.00
東亞銀行	Canton	-	-.--	-.--	-.--	-.--	-.--
	Swatow	-	-.--	-.--	-.--	-.--	-.--
	Hoihow	-	-.--	-.--	-.--	-.--	-.--
	Tsinshan	-	-.--	-.--	-.--	-.--	-.--
		-	-.--	-.--	-.--	-.--	-.--
光亞公司	Canton	-	-.--	-.--	-.--	-.--	-.--
	Swatow	-	-.--	-.--	-.--	-.--	-.--
	Hoihow	365	29,775.00	142.95	182.50		30,100.45
	Tsinshan	-	-.--	-.--	-.--		-.--
		365	29,775.00	142.95	182.50		30,100.45
	Grand Total:	27,544	4,240,672.12	18,078.66	11,730.22	-.--	4,270,481.00
			4,236,672.12				4266,481.00

(*) vide KS.-Kwangtung Memo. No. 722/11072 of 11/10/41.

（毛券） 三十年五月份 (MAY 1941.) （毛券）

BANK	D.C.	No.	AMT. OF RTCE. S.S.	AMT. OF RTCE. N.$	RTCE. FEE S.S.	RTCE. FEE N$	AP. FEE N$	TOTAL N$
華僑銀行	Canton	28	3,835.00	2,950.00	14.38	11.05	14.00	2,975.05
	Swatow	-	-.--	-.--	-.--	-.--	-.--	-.--
	Hoihow	-	-.--	-.--	-.--	-.--	-.--	-.--
	Tsinshan	-	-.--	-.--	-.--	-.--	-.--	-.--
		28	3,835.00	2,950.00	14.38	11.05	14.00	2,975.05

（國幣） 三十年六月份 (JUNE 1941) ~~67~~（國幣）
88

Bank	D.C.	No.	Amt. of Rtce N.$		Rtce. Fee N.$		A.P. Fee N.$		Postage N.$		Total N.$	
華僑銀行	Canton	8867	1,639,392	14	6074	09	4,289	54	-	--	1,649,755	77
	Swatow	3787	371,169	43	1,582	20	1835	53	-	--	374,587	16
	Hoihow	11,403	980,684	96	4,521	01	5,562	66	-	--	990,768	63
	Tsinshan	810	159,815	13	574	67	366	24	-	--	160,756	04
		24,867	3,151,061	66	12,751	97	12,053	97	-	--	3,175,867	60
信行公司	Canton	3,107	589,882	85	1,932	13	745	68	-	--	592,560	66
	Swatow	59	17,653	77	46	43	14	16	-	--	17,714	36
	Hoihow	558	102,149	00	305	12	133	92	-	--	102,588	04
	Tsinshan	305	49,959	35	177	25	73	20	-	--	50,209	80
		4029	759,644	97	[illegible]	93	966	96	-	--	763,072	86
民信銀號	Canton	2,924	636,835	50	1,977	26	701	76	-	--	639,514	52
	Swatow	15	4,290	00	12	68	3	60	-	--	4,306	28
	Hoihow	40	4,755	00	19	80	9	60	-	--	4,784	40
	Tsinshan	312	56,285	00	191	97	74	88	-	--	56,551	85
		3,291	702,165	50	2,201	71	789	84	-	--	705,157	05
馬麗豐行	Canton	74	21,455	00	62	16	37	00	-	--	21,554	16
	Swatow	40	3,495	00	17	40	20	00	-	--	3,532	40
	Hoihow	1,427	138,168	00	640	32	713	50	-	--	139,521	82
	Tsinshan	20	3,555	00	12	79	10	00	-	--	3,577	79
		1,561	166,673	00	732	67	780	50	-	--	168,186	17
交通銀行	Canton	105	39,369	55	109	50	52	50	-	--	39,531	55
	Swatow	4	3,100	00	6	30	2	00	-	--	3,108	30
	Hoihow	1	100	00		50		50	-	--	101	00
	Tsinshan	95	35,529	94	97	92	47	50	-	--	35,675	36
		205	78,099	49	214	22	102	50	-	--	78,416	21
滙理銀行	Canton	1,674	145,790	00	728	96	837	00	-	--	147,355	96
	Swatow	1,424	109,995	00	1,944	61	712	00	-	--	112,651	61
	Hoihow	116	9,055	00	45	29	58	00	-	--	9,158	29
	Tsinshan	79	6,630	00	33	15	39	50	-	--	6,702	65
		3293	271,470	00	2,752	01	1,646	50	-	--	275,868	51
中菲信托局	Canton	1	300	00	1	10		50	-	--	301	60
	Swatow	-	-	--	-	--	-	--	-	--	-	--
	Hoihow	-	-	--	-	--	-	--	-	--	-	--
	Tsinshan	1	300	00	1	10		50	-	--	301	60
		2	600	00	2	20	1	00	-	--	603	20
東亞銀行	Canton	8	360	00	3	60	4	00	1	04	368	64
	Swatow	-	-	--	-	--	-	--	-	--	-	--
	Hoihow	-	-	--	-	--	-	--	-	--	-	--
	Tsinshan	-	-	--	-	--	-	--	-	--	-	--
		8	360	00	3	60	4	00	1	04	368	64
光亞公司	Canton	-	-	--	-	--	-	--	-	--	-	--
	Swatow	-	-	--	-	--	-	--	-	--	-	--
	Hoihow	843	76,706	00	345	27	421	50	-	--	77,472	77
	Tsinshan	-	-	--	-	--	-	--	-	--	-	--
		843	76,706	00	345	27	421	50	-	--	77,472	77
光豐公司 *	Swatow	74	4,554	00	19	51	37	00	-	--	4,610	51
Total		38173	5,211,334	62	21,484	09	16,803	77	1	04	5,249,623	52

(vide RS.-Kongting Memo. No. 10136/637)

（毛券） 三十年六月份 (JUNE, 1941) （毛券）

Bank	D.C.	No.	Amt. of Rtce S.C.		Amt. of Rtce N.$		Rtce. Fee S.C.		Rtce. Fee N.$		AP Fee N.$		Total N.$	
華僑銀行	Canton	34	5,683	00	4,371	53	20	83	16	03	17	00	4,404	56
	Swatow	-	-	--	-	--	-	--	-	--	-	--	-	--
	Hoihow	-	-	--	-	--	-	--	-	--	-	--	-	--
	Tsinshan	-	-	--	-	--	-	--	-	--	-	--	-	--
		34	5683	00	4371	53	20	83	16	03	17	00	4,404	56

66
89

（國幣） 三十年七月份 （JULY, 1941） （國幣）

Bank	D.C.	No.	Amt. of Rtce. N.$		Rtce Fee N.$		A.P. Fee N.$		Postage N.$		Total N.$	
華僑銀行	Canton	9,461	1,775,059	94	6,582	94	4,582	56	-	- -	1,786,225	44
	Swatow	3,516	366,153	88	1,528	58	1,711	58	-	- -	369,394	04
	Hoihow	16,888	1,458,687	34	6,760	19	8,335	84	-	- -	1,473,783	37
	Tsinshan	749	140,156	32	524	29	338	80	-	- -	141,019	41
		30,614	3,740,057	48	15,396	00	14,968	78	-	- -	3,770,422	26
信行公司	Canton	3,075	763,025	64	2,212	91	738	00	-	-	765,976	55
	Swatow	50	16,625	04	40	44	12	00	-	- -	16,677	48
	Hoihow	968	290,313	90	667	64	232	32	-	-	291,213	86
	Tsinshan	420	81,553	70	277	28	100	80	-	- -	81,931	78
		4,513	[illegible],518	28	3,198	27	1,083	12	-	- -	[illegible],799	67
民信銀號	Canton	2,195	444,429	66	1,443	69	526	80	-	-	446,400	15
	Swatow	5	650	00	3	25	1	20	-	-	654	45
	Hoihow	42	9,765	00	26	05	10	08	-	-	9,801	13
	Tsinshan	562	141,591	00	397	52	134	88	-	-	142,123	40
		2,804	596,435	66	1,870	51	672	96	-	-	598,979	13
馬麗豐行	Canton	45	23,125	00	71	48	47	50	-	-	23,243	98
	Swatow	31	3,674	00	11	17	15	50	-	-	3,700	67
	Hoihow	979	105,572	00	465	45	489	50	-	- -	106,526	95
	Tsinshan	11	1,173	00	5	46	5	50	-	-	1,183	96
		1,116	133,544	00	553	56	558	00	-	-	134,655	56
交通銀行	Canton	110	48,961	95	121	57	55	00	-	—	49,138	52
	Swatow	5	1,250	00	4	25	2	50	-	- -	1,256	75
	Hoihow	-	-	- -	-	- -	-	- -	-	- -	-	- -
	Tsinshan	60	26,106	18	67	53	30	00	-	- -	26,203	71
		175	76,318	13	193	35	87	50	-	- -	76,598	98
匯理銀行	Canton	1969	186,470	00	932	37	984	50	-	- -	188,386	87
	Swatow	1,240	94,090	00	1,649	89	620	00	-	- -	96,359	89
	Hoihow	105	8,450	00	42	26	52	50	-	- -	8,544	76
	Tsinshan	96	9,080	00	45	40	48	00	-	- -	9,173	40
		3,410	298,090	00	2,669	92	1,705	00	-	- -	302,464	92
中菲信托局	Canton	-	-	- -	-	- -	-	-	-	- -	-	- -
	Swatow	-	-	- -	-	- -	-	- -	-	- -	-	—
	Hoihow	-	-	- -	-	- -	-	- -	-	- —	-	—
	Tsinshan	-	-	- —	-	- -	-	- -	-	—	-	- -
				- -	-	- -			-	- -		
東亞銀行	Canton	1	100	00	1	00		50		13	101	63
	Swatow	-	-	- -	-	- -	-	- -	-	- -	-	- -
	Hoihow	-	-	- -	-	- -	-	- -	-	- -	-	- -
	Tsinshan	-	-	- -	-	- -	-	- -	-	- -	-	- -
		1	100	00	1	00		50		13	101	63
光亞公司	Canton	-		- -	-	- -	-	- -	-	- -	-	- -
	Swatow	-	-	- -	-	- -	-	- -	-	- -	-	- -
	Hoihow	613	56,832	00	259	17	306	50	-	- -	57,397	67
	Tsinshan	-	-	- -	-	- -	-	—	-	—	-	- -
		613	56,832	00	259	17	306	50	-	- -	57,397	67
Grand Total		43,246	6,052,895	55	24,141	78	19,382	36		13	6,096,419	82

（毛券） 三十年七月份 （JULY, 1041） （毛券）

Bank	D.C.	No.	Amt. of Rtce. S.C.		Amt. of Rtce. N.$		Rtce. Fee S.C.		Rtce. Fee N.$		A.P. Fee N.$		Total N.$	
華僑銀行	Canton	20	3,705	00	2,850	01	14	47	11	12	10	00	2,871	13
	Swatow		-	- -	-	- -	-	- -	-	- -	-	- -	-	- -
	Hoihow	-	-	- -	-	- -	-	- -	-	~		- -	-	- -
	Tsinshan	-	-	- -	-	- -	-	- -	-	- -	-	- -	-	- -
		20	3705	00	2,850	01	14	47	11	12	10	00	2,871	13

（國幣） 三十年八月份 （AUGUST 1941） 65 90（國幣）

Bank	D.C.	No.	Amt. of Rtce. N$	Rtce. Fee N$	A.P. Fee N$	Postage N$	Total N$
華僑銀行	Canton	5,723	1,163,429 84	5,155 02	2,736 85	-	1,171,321 71
	Swatow	3,464	371,789 37	1,571 04	1,710 30	-	375,070 71
	Hoihow	10,839	934,211 49	4,335 75	5,290 54	-	943,837 78
	Tsinshan	844	164,336 80	654 62	382 26	-	165,373 68
		20,870	2,633,767 50	11,716 43	10,119 95	-	2,655,603 88
信行公司	Canton	3,319	729,797 48	2,310 55	796 56	-	732,904 59
	Swatow	39	14,301 32	33 04	9 36	-	14,343 72
	Hoihow	991	330,488 15	749 44	237 84	-	331,475 43
	Tsinshan	492	96,225 22	324 94	118 08	-	96,668 24
		4,841	1,170,812 17	3,417 97	1,161 84	-	1,175,391 98
民信銀號	Canton	3,426	~~708,350 23~~	~~2,363 69~~	822 74	-	~~711,536 16~~
	Swatow	12	1,905 00	7 73	2 88	-	1,915 61
	Hoihow	28	1,900 00	9 45	6 72	-	1,916 17
	Tsinshan	915	215,314 00	678 51	219 60	-	216,212 11
		4,381	~~927,469 23~~	~~3,058 78~~	1,051 44	-	~~931,579 45~~
馬麗豐行	Canton	86	24,329 00	66 91	43 00	-	24,438 91
	Swatow	63	47,692 00	71 54	31 50	-	47,795 04
	Hoihow	612	69,245 00	313 60	306 00	-	69,864 60
	Tsinshan	21	4,200 00	16 40	10 50	-	4,226 90
		782	145,466 00	468 45	391 00	-	146,325 45
交通銀行	Canton	106	52,265 00	126 57	53 00	-	52,444 57
	Swatow	4	1,170 00	3 45	2 00	-	1,175 45
	Hoihow	2	500 00	2 10	1 00	-	503 10
	Tsinshan	60	17,985 00	55 71	30 00	-	18,070 71
		172	71,920 00	187 83	86 00	-	72,193 83
匯理銀行	Canton	1,424	133,800 00	669 00	712 00	-	135,181 00
	Swatow	996	80,000 00	1,298 04	498 00	-	81,796 04
	Hoihow	111	9,305 00	46 54	55 50	-	9,407 04
	Tsinshan	92	8,480 00	42 40	46 00	-	8,568 40
		2623	231,585 00	2,055 98	1,311 50	-	234,952 48
東亞銀行	Canton	2	312 35	3 12	1 00	26	316 73
	Swatow	-	-	-	-		-
	Hoihow	-	-	-	-		-
	Tsinshan	-	-	-	-		-
		2	312 35	3 12	1 00	26	316 73
光亞公司	Canton	-	-	-	-		-
	Swatow	-	-	-	-		-
	Hoihow	524	50,968 00	235 67	262 00		51,465 67
	Tsinshan	-	-	-	-		-
		524	50,968 00	235 67	262 00	-	51,465 67
中央信托局	Canton	4	40 00	20	50		40 70
	Swatow	-	-	-	-		-
	Hoihow	-	-	-	-		-
	Tsinshan	1	200 00	1 00	50	-	201 50
		5	240 00	1 20	1 00	-	242 20
Grand Total		34,200	~~5,232,540 25~~	~~21,145 43~~	14,385 73	26	~~5,268,071 67~~
			5,231,910.25	21,144.28			5,267,440.52

（毛券） 三十年八月份 （AUGUST 1941） （毛券）

Bank	D.C.	No.	Amt. of Rtce. S.C.	Amt. of Rtce. N.$	Rtce. Fee S.C.	Rtce. Fee N.$	A.P. Fee N.$	Total N.$
華僑銀行	Canton	9	1,130 00	869 24	5 65	4 35	4 50	878 09
	Swatow	-	-	-	-	-	-	-
	Hoihow	-	-	-	-	-	-	-
	Tsinshan	-	-	-	-	-	-	-
		9	1130 00	869 24	5 65	4 35	4 50	878 09

64（國幣）
91

三十年九月份 （SEPTEMBER, 1941.） （國幣）

Bank	D.C.	No.	Amt of Rtce. N.$		Rtce Fee N.$		A.P. Fee N.$		Postage N.$		Total N.$	
華僑銀行	Canton	8,843	1,910,093	92	8,498	88	4,311	26	-	- -	1,922,904	06
	Swatow	4,055	662,797	29	7,349	25	1,932	86	-	- -	672,079	40
	Hoihow	5,151	508,372	39	3,153	30	2,446	54	-	- -	513,972	23
	Tsinshan	697	168,638	21	1,317	12	289	48	-	- -	170,244	81
		18,746	3,249,901	81	20,318	55	8,980	14	-	- -	3,279,200	50
信行公司	Canton	2,512	458,057	71	6,051	13	602	88	-	- -	464,711	72
	Swatow	530	133,409	00	1,699	09	127	20	-	- -	135,235	29
	Hoihow	288	47,658	20	152	64	69	12	-	- -	47,879	96
	Tsinshan	543	104,352	38	357	14	130	32	-	- -	104,839	84
		3,873	743,477	29	8,260	00	929	52	-	- -	752,666	81
民信銀號	Canton	2,617	616,920	27	5,951	84	628	08	-	-	623,500	19
	Swatow	10	1,800	00	6	20	2	40	-	-	1,808	60
	Hoihow	10	13,280	00	18	00	2	40	-	-	13,300	40
	Tsinshan	802	256,979	80	671	27	192	48	-	-	257,843	55
		3439	888,980	07	6,647	31	825	36	-	- -	896,452	74
馬聚豐行	Canton	57	16,100	00	46	31	28	50	-	- -	16,174	81
	Swatow	102	411,261	00	458	71	51	00	-	- -	411,770	71
	Hoihow	320	33,208	00	152	43	160	00	-	-	33,520	43
	Tsinshan	10	2,805	00	9	81	5	00	-	-	2,819	81
		489	463,374	00	667	26	244	50	-	- -	464,285	76
交通銀行	Canton	135	55,279	70	147	15	67	50	-	- -	55,494	35
	Swatow	2	400	00	2	00	1	00	-	- -	403	00
	Hoihow	-	-	- -	-	- -	-	- -	-	- -	-	- -
	Tsinshan	72	20,680	16	70	89	36	00	-	- -	20,787	05
		209	76,359	86	220	04	104	50	-	- -	76,684	40
匯理銀行	Canton	947	102,015	00	510	08	473	50	-	- -	102,998	58
	Swatow	1388	113,770	00	1,739	49	694	00	-	- -	116,203	49
	Hoihow	53	3,790	00	18	95	26	50	-	- -	3,835	45
	Tsinshan	31	3,270	00	16	35	15	50	-	- -	3,301	85
		2,419	222,845	00	2,284	87	1,209	50	-	- -	226,339	37
中華信托局	Canton	-	-	- -	-	- -	-	- -	-	- -	-	- -
	Swatow	-	-	- -	-	- -	-	- -	-	- -	-	- -
	Hoihow	-	-	- -	-	- -	-	- -	-	- -	-	- -
	Tsinshan	-	-	- -	-	- -	-	- -	-	- -	-	- -
		-	-	- -	-	- -	-	- -	-	- -	-	- -
東亞銀行	Canton	1	100	00	1	00		50	-	13	101	63
	Swatow	-	-	- -	-	- -	-	- -	-	-	-	- -
	Hoihow	-	-	- -	-	- -	-	- -	-		-	- -
	Tsinshan	-	-	- -	-	- -	-	- -	-	- -	-	- -
		1	100	00	1	00		50		13	101	63
光亞公司	Canton	-	-	- -	-	- -	-	- -	-	- -	-	- -
	Swatow	-	-	- -	-	- -	-	- -	-	- -	-	- -
	Hoihow	230	24,695	00	108	65	115	00	-	- -	24,918	65
	Tsinshan	-	-	- -	-	- -	-	- -	-	- -	-	- -
		230	24,695	00	108	65	115	00	-	- -	24,918	65
Grand Total:		29,406	5,669,733	03	38,507	68	12,409	02		13	5,720,649	86

（毛劵） 三十年九月份 （SEPTEMBER, 1941.）

Bank	D.C.	No.	Amt. of Rtce. S.C.		Amt. of Rtce. N.$		Rtce. Fee S.C.		Rtce. Fee N.$		A.P. Fee N.$		Total N.$	
華僑銀行	Canton	8	1,050	00	807	70	5	05	3	88	4	00	815	58
	Swatow	-	-	- -	-	- -	-	- -	-	- -	-	- -	-	- -
	Hoihow	-	-	- -	-	- -	-	- -	-	- -	-	- -	-	- -
	Tsinshan	-	-	- -	-	- -	-	- -	-	- -	-	- -	-	- -
		8	1,050	00	807	70	5	05	3	88	4	00	815	58

~~63~~ 92

（國幣） 三十年十月份 (OCTOBER, 1941)

Bank	D. C.	No.	Amt. of Rtce N$	Rtce Fee N$	A.P Fee N$	Postage N$	Total N$
華僑銀行	Canton	7463	1482,737 55	7,044 13	3,609 30	--	1,493,390 98
	Swatow	5457	841,859 79	9,803 15	2,532 14	--	854,195 08
	Hoihow	8201	866,248. 30	5,734 47	3952 82	--	875,935 59
	Tsimshan	910	212,836 00	1,606 01	392 34	--	214834 35
		22,031	34,036 81. 64	24,187 76	10,486 60	--	3438356 00
信行公司	Canton	2566	428,967 07	5876 55	615 84	--	435,459 46
	Swatow	403	102,659 00	2,344 63	96 72	--	105,100 35
	Hoihow	1483	202510. 60	743 03	315 92	--	203609 55
	Tsimshan	419	65,026 87	251 65	100 56	--	65,379 08
		4871	799,163 54	9215 86	1169 04	--	809,548 44
民信銀號	Canton	2773	561,005 99	7558 00	665 52	--	569229 51
	Swatow	34	5,750 00	136 16	8 16	--	5,894 32
	Hoihow	106	52,855 00	97 50	25 44	--	52,977 94
	Tsimshan	594	122,427 00	409.79	142 56	--	122979 35
		3507	742,037 99	8201 45	841 68	--	751,081 12
馬麗豐行	Canton	93	26,550 00	77 15	46.50	--	26,673 65
	Swatow	119	24,333 00	84 20	59 50	--	24,476 70
	Hoihow	837	97355 00	431 72	418 50	--	98,205 22
	Tsimshan	10	2,770 00	9 05	5 00	--	2,784 05
		1059	151,008 00	602 12	529 50	--	152,139 62
交通銀行	Canton	129	51,150 00	140 63	64 50	--	51,355 13
	Swatow	4	1,150 00	3 75	2 00	--	1,155 75
	Hoihow	-	--	--	--	--	--
	Tsimshan	88	32958. 76	91 30	44 00	--	33,094 06
		221	85258 76	235 68	110.50	--	85604 94
匯理銀行	Canton	3523	376,720 00	1883 61	1761 50	--	380,365 11
	Swatow	2369	217,560 00	3,366 56	1,184 50	--	222,051 06
	Hoihow	99	7875 00	39 38	49 50	--	7,963 88
	Tsimshan	128	13.810 00	69 05	64 00	--	13,943 05
		6119	615,905 00	5358 60	3059 50		624,323 10
中菲信托局	Canton	-	--	--	--	--	--
	Swatow	-	--	--	--	--	--
	Hoihow	-	--	--	--	--	--
	Tsimshan	-	--	--	--	--	--
		-	--	--	--	--	--
東亞銀行	Canton	4	1224 99	12 25	2 00	.52	1239 76
	Swatow	-	--	--	--	--	--
	Hoihow	-	--	--	--	--	--
	Tsimshan	-	--	--	--	--	--
		4	1224 99	12 25	2 00	.52	1239 76
光亞公司	Canton	-	--	--	--	--	--
	Swatow	-	--	--	--	--	--
	Hoihow	1080	111,363 00	511 40	540 00	--	112,414 40
	Tsimshan	-	--	--	--	--	--
		1080	111,363 00	511 40	540 00	--	112,414 40
Grand total		38892	5,909,642 92	48,325 12	16,738 82	52	5,974,707. 38

（毛券） 三十年十月份 (OCTOBER, 1941)

Bank	D. C.	No.	Amt. of Rtce S.C.	Amt. of Rtce N$	Rtce. Fee S.C.	Rtce. Fee N$	A.P. Fee N$	Total N$
華僑銀行	Canton	6	650 00	499 99	2 85	2 19	3 00	505 18
	Swatow	-	--	--	--	--	--	--
	Hoihow	-	--	--	--	--	--	--
	Tsimshan	-	--	--	--	--	--	--
		6	650 00	499 99	2 85	2 19	3 00	505 18

62

（國幣） 三十年十一月份（November 1941）

Bank	D. C.	No.	Amt of Rtce N$	Rtce Fee N$	A. P. Fee N$	Postage N$	Total N$
華僑銀行	Canton	6054	1,265,129 23	6,363 23	4,133 46	-	1,275,625 92
	Swatow	3489	470,241 37	4,191 92	1,624 31	-	476,057 60
	Hoihow	13180	1,311,519 38	7,751 36	6,564 68	-	1,325,835 42
	Tsinshan	800	184,266 00	1,528 12	353 12	-	186,147 24
		23523	3,231,155 98	19,834 63	12,675 57	-	3,263,666 18
信行公司	Canton	2073	408,702 41	5,646 47	841 20	-	415,190 88
	Swatow	261	74,793 00	1,699 18	62 64	-	76,554 82
	Hoihow	508	81,484 52	275 04	121 92	-	81,881 48
	Tsinshan	499	109,981 57	1,097 37	155 52	-	111,234 46
		3341	674,961 50	8,718 06	1,181 28	-	684,860 84
民信銀號	Canton	3548	770,918 69	10,273 50	1,327 44	-	782,519 63
	Swatow	59	12,159 23	282 13	14 16	-	12,455 52
	Hoihow	110	12,368 00	56 35	26 40	-	12,450 75
	Tsinshan	685	245,304 71	2,193 34	239 76	-	247,737 81
		4402	1,040,750 63	12,805 32	1,607 76	-	1,055,163 71
馬璽豐行	Canton	170	70,881 70	181 61	155 50	-	71,218 81
	Swatow	259	58,083 00	191 85	149 50	-	58,424 35
	Hoihow	764	88,161 00	398 96	382 00	-	88,941 96
	Tsinshan	29	9,880 00	28 68	18 00	-	9,926 68
		1222	227,005 70	801 10	705 00	-	228,511 80
交通銀行	Canton	154	76,015 99	187 00	111 00	-	76,313 99
	Swatow	2	440 00	2 04	1 00	-	443 04
	Hoihow	-	-	-	-	-	-
	Tsinshan	62	23,710 00	67 96	31 50	-	23,809 46
		218	100,165 99	257 00	143 50	-	100,566 49
匯理銀行	Canton	-	-	-	-	-	-
	Swatow	580	51,275 00	814 29	290 00	-	52,379 29
	Hoihow	402	33,275 00	166 38	201 00	-	33,642 38
	Tsinshan	35	3,680 00	18 40	17 50	-	3,715 90
		1017	88,230 00	999 07	508 50		89,737 57
中菲信托局	Canton	2	260 00	1 30	1 50	-	262 80
	Swatow	-	-	-	-	-	-
	Hoihow	-	-	-	-	-	-
	Tsinshan	-	-	-	-	-	-
		2	260 00	1 30	1 50	-	262 80
東亞銀行	Canton	5	1,143 25	11 43	2 50	65	1,157 83
	Swatow	-	-	-	-	-	-
	Hoihow	-	-	-	-	-	-
	Tsinshan	-	-	-	-	-	-
		5	1,143 25	11 43	2 50	65	1,157 83
光亜公司	Canton	-	-	-	-	-	-
	Swatow	-	-	-	-	-	-
	Hoihow	126	11,732 00	55 43	63 00	-	11,850 43
	Tsinshan	-	-	-	-	-	-
		126	11,732 00	55 43	63 00	-	11,850 43
Grand	Total	33856	5,375,405 05	43,483 34	16,888 61	65	5,435,777 65

（毫券） 三十年十一月份（November 1941）

Bank	D. C.	No.	Amt of Rtce S.C.$	Amt of Rtce N$	Rtce Fee S.C.$	Rtce Fee N$	A.P. Fee N$	Total N$
華僑銀行	Canton	3	230 00	176 92	1 15	88	2 50	180 30
	Swatow	-	-	-	-	-	-	-
	Hoihow	-	-	-	-	-	-	-
	Tsinshan	-	-	-	-	-	-	-
		3	230 00	176 92	1 15	88	2 50	180 30

（國幣） 三十年十二月份 ! 61 (December, 1941) 94

Bank	D.C.	No.	Amt of Rtce. N$		Rtce Fee N$		A.P Fee N$		Postage N$		Total N$	
華僑銀行	Canton	2567	586,010	22	2,970	97	2,455	14	-	--	591,436	33
	Swatow	1989	226,403	01	1,656	86	1,263	82	-	--	229,323	69
	Hoihow	16242	1,620,293	44	10,257	86	8,033	48	-	--	1,638,584	78
	Tsinshan	763	228,659	89	2,105	75	567	33	-	--	231,332	97
		21561	2,661,366	56	16,991	44	12,319	77	-	--	2,690,677	77
信行公司	Canton	1379	292,183	48	3,933	14	661	92	-	--	296,778	54
	Swatow	137	27,662	00	641	71	59	28	-	--	28,362	99
	Hoihow	1413	205,669	87	2,222	18	498	48	-	--	208,390	53
	Tsinshan	480	117,240	68	1,548	82	230	40	-	--	119,019	90
		3409	642,756	03	8,345	85	1,450	08	-	--	652,551	96
民信銀號	Canton	1397	369,895	00	4,819	84	670	56	-	--	375,385	40
	Swatow	11	4,010	00	89	45	5	28	-	--	4,104	73
	Hoihow	550	56,256	73	396	23	169	20	-	--	56,822	16
	Tsinshan	575	192,893	00	2,433	64	276	00	-	--	195,602	64
		2533	623,054	73	7739	16	1121	04	-	--	631,914	93
馬麗豐行	Canton	83	31,320	00	81	65	83	00	-	--	31,484	65
	Swatow	117	33,450	00	93	77	117	00	-	--	33,660	77
	Hoihow	2409	341,815	00	1,468	17	1486	00	-	--	344,769	17
	Tsinshan	32	13,810	00	34	85	32	00	-	--	13,876	85
		2641	420,395	00	1678	44	1718	00			423,791	44
交通銀行	Canton	34	13,966	45	38	69	34	00	-	--	14,039	14
	Swatow	1	250	00	1	05	1	00	-	--	252	05
	Hoihow	-	-	--	-	--	-	--	-	--	-	--
	Tsinshan	40	13,399	27	40	20	40	00	-	--	13,479	47
		75	27615	72	79	94	75	00	-	--	27,770	66
通理銀行	Canton	-	-	--	-	--	-	--	-	--	-	--
	Swatow	-	-	--	-	--	-	--	-	--	-	--
	Hoihow	476	38,930	00	194	68	238	00	-	--	39,362	68
	Tsinshan	164	17,350	00	86	75	109	00	-	--	17,545	75
		640	56,280	00	281	43	347	00	-	--	56,908	43
中菲信托局	Canton	-	-	--	-	--	-	--	-	--	-	--
	Swatow	476	-	--	-	--	-	--	-	--	-	--
	Hoihow	-	-	--	-	--	-	--	-	--	-	--
	Tsinshan	-	-	--	-	--	-	--	-	--	-	--
		-	-	--	-	--	-	--	-	--	-	--
東亞銀行	Canton	-	-	--	-	--	-	--	-	--	-	--
	Swatow	-	-	--	-	--	-	--	-	--	-	--
	Hoihow	-	-	--	-	--	-	--	-	--	-	--
	Tsinshan	-	-	--	-	--	-	--	-	--	-	--
		-	-	--	-	--	-	--	-	--	-	--
光亞公司	Canton	-	-	--	-	--	-	--	-	--	-	--
	Swatow	-	-	--	-	--	-	--	-	--	-	--
	Hoihow	1440	192,030	00	823	71	870	80	-	--	193,724	21
	Tsinshan	-	-	--	-	--	-	--	-	--	-	--
		1440	192,030	00	823	71	870	80	-	--	193,724	21
Grand Total		32299	4,623,498	04	35,939	97	17,901	39	-	--	4,677,339.	40

（毛券） 三十年十二月份 (December, 1941)

Bank	D.C.	No.	Amt of Rtce. S.C.$		Amt of Rtce. N.$		Rtce. Fee S.C.		Rtce. Fee N$		A.P. Fee N$		Total N$	
華僑銀行	Canton	1	300	00	230	77	1	10		85	1	00	232	62
	Swatow	-	-	--	-	--	-	--	-	--	-	--	-	--
	Hoihow	-	-	--	-	--	-	--	-	--	-	--	-	--
	Tsinshan	-	-	--	-	--	-	--	-	--	-	--	-	--
		1	300	00	230	77	1	10		85	1	00	232	62

95 60 （國幣） 三十一年一月份 (JANUARY, 1942.)

Bank	D. C.	No.	Amt of Rtce. N $	Rtce. Fee N $	A. P. Fee N $	Postage N $	Total N $
華僑銀行	Canton	15	4,705 00	65 66	7 20	- --	4,777 86
	Swatow	1557	202,465 81	941 77	1534 40	- --	204,941. 98
	Hoihow	4141	377,604 00	1805 17	2070 50	- --	381,479. 67
	Tsinshan	-	- --	- --	- --	- --	- --
		5713	584,774 81	2812 60	3612 10	- --	591199. 51
信行公司	Canton	59	11,306 00	153 00	28 32	- --	11,487 32
	Swatow	108	18,177 00	427 91	51 84	- --	18,656 75
	Hoihow	-	- --	- --	- --	- --	- --
	Tsinshan	-	- --	- --	- --	- --	- --
		167	29,483 00	580 91	80 16	- --	[illegible]0,144 07
民信銀號	Canton	587	141,610 00	1869 95	281 76	- --	143,761 71
	Swatow	12	3,120 00	71 61	5 76	- --	3,197 37
	Hoihow	124	13,377 00	192 54	59 52	- --	13,629 06
	Tsinshan	11	6,045 00	73 62	5 28	- --	6,123 90
		734	164,152 00	2207 72	352 32	- --	166,712 04
馬麗豐行	Canton	-	- --	- --	- --	- --	- --
	Swatow	-	- --	- --	- --	- --	- --
	Hoihow	-	- --	- --	- --	- --	- --
	Tsinshan	-	- --	- --	- --	- --	- --
		-	- --	- --	- --	- --	- --
交通銀行	Canton	-	- --	- --	- --	- --	- --
	Swatow	1	200 00	1 00	1 00	- --	202 00
	Hoihow	-	- --	- --	- --	- --	- --
	Tsinshan	27	10,895 45	29 88	27 00	- --	10,952 33
		28	11,095 45	30 88	28 00	- --	11,154 33
匯理銀行	Canton	-	- --	- --	- --	- --	- --
	Swatow	1172	109.000 00	791 08	723 50	- --	110,514 58
	Hoihow	-	- --	- --	- --	- --	- --
	Tsinshan	-	- --	- --	- --	- --	- --
		1172	109,000 00	791 08	723 50	- --	110,514 58
東亞銀行	Canton	-	- --	- --	- --	- --	- --
	Swatow	-	- --	- --	- --	- --	- --
	Hoihow	-	- --	- --	- --	- --	- --
	Tsinshan	-	- --	- --	- --	- --	- --
		-	- --	- --	- --	- --	- --
光亚公司	Canton	-	- --	- --	- --	- --	- --
	Swatow	-	- --	- --	- --	- --	- --
	Hoihow	-	- --	- --	- --	- --	- --
	Tsinshan	-	- --	- --	- --	- --	- --
		-	- --	- --	- --	- --	- --
Grand Total		7814	898,505 26	6423 19	4796 08	- -	909,724 53

S.C. a/c

Nil.

96

（國幣）　三十一年二月份 (FEBRUARY, 1942.)

Bank	D. C.	No.	Amt of Rtce. N$	Rtce Fee N$	A.P. Fee N$	Postage N$	Total N$
華僑銀行	Canton	45	16,670 00	234 13	34 60	—	16,938 73
	Swatow	28	3,760 00	25 30	26 96	—	3,812 26
	Hoihow	—	—	—	—	—	—
	Tsinshan	36	23,150 00	243 37	27 68	—	23,421 05
		109	43,580 00	502 80	89 24	—	44,172 04
信行公司	Canton	—	—	—	—	—	—
	Swatow	—	—	—	—	—	—
	Hoihow	—	—	—	—	—	—
	Tsinshan	—	—	—	—	—	—
民信銀号	Canton	—	—	—	—	—	—
	Swatow	2	200 00	5 00	96	—	205 96
	Hoihow	—	—	—	—	—	—
	Tsinshan	—	—	—	—	—	—
		2	200 00	5 00	96	—	205 96
馬麗豐行	Canton	—	—	—	—	—	—
	Swatow	36	10,922 00	31 81	36 00	—	10,989 81
	Hoihow	—	—	—	—	—	—
	Tsinshan	11	8,400 00	16 60	11 00	—	8,427 60
		47	19,322 00	48 41	47 00	—	19,417 41
Grand Total:		158	63,102 00	556 21	137 20	—	63,795 41

S.C. a/c

NIL.

97 58（國幣） 三十一年三月份（MARCH, 1942）

Bank	D.C.	No.	Amt. of Rtce. N$		Rtce. Fee N$		A.P. Fee N$		Total N$	
華僑銀行	Canton	1182	276,744	57	1,050	23	1,170	58	278,965	38
	Swatow	–	–	–	–	–	–	–	–	–
	Hoihow	–	–	–	–	–	–	–	–	–
	Tsinshan	–	–	–	–	–	–	–	–	–
		1182	276,744	57	1,050	23	1,170	58	278,965	38
民信銀號	Canton	–	–	–	–	–	–	–	–	–
	Swatow	–	–	–	–	–	–	–	–	–
	Hoihow	–	–	–	–	–	–	–	–	–
	Tsinshan	–	–	–	–	–	–	–	–	–
		–	–	–	–	–	–	–	–	–
馬麗豐行	Canton	–	–	–	–	–	–	–	–	–
	Swatow	–	–	–	–	–	–	–	–	–
	Hoihow	–	–	–	–	–	–	–	–	–
	Tsinshan	1	50	00		25	1	00	51	25
		1	50	00		25	1	00	51	25
Grand Total:		1183	276,794	57	1,050	48	1,171	58	279,016	63

S.C. a/c.

(NIL.)

（國幣） 三十一年四月份 (~~57~~ APRIL, 1942) 98

Bank	D.C.	No.	Amt. of Rtce. N$		Rtce. fee N$		A.P. fee N$		Total N$	
華僑銀行	Canton	319	89,491	40	307	35	319	00	90,117	75
	Swatow	—	—	—	—	—	—	—	—	—
	Hoihow	—	—	—	—	—	—	—	—	—
	Tsinshan	—	—	—	—	—	—	—	—	—
		319	89,491	40	307	35	319	00	90,117	75
民信銀號	Canton	—	—	—	—	—	—	—	—	—
	Swatow	3	350	00	8	75	1	44	360	19
	Hoihow	325	58,614	00	1,243	44	156	00	60,013	44
	Tsinshan	—	—	—	—	—	—	—	—	—
		328	58,964	00	1,252	19	157	44	60,373	63
	Canton	—	—	—	—	—	—	—	—	—
	Swatow	—	—	—	—	—	—	—	—	—
	Hoihow	—	—	—	—	—	—	—	—	—
	Tsinshan	—	—	—	—	—	—	—	—	—
Grand Total:		647	148,455	40	1,559	54	476	44	150,491	38

S.C. a/c

(NIL.)

99

58 (國幣)

三十一年五月份 (MAY, 1942)

Bank	D.C.	No.	Amt. of Rtce. N.$	Rtce. fee N.$	A.P. fee N.$	Total N.$
華僑銀行	Canton	149	53,965 00	157 43	149 00	54,271 43
	Swatow	-	- --	- --	- --	- --
	Hoihow	-	- --	- --	- --	- --
	Tsinshan	-	- --	- --	- --	- --
		149	53,965 00	157 43	149 00	54,271 43
信行公司	Canton	—	- --	- --	- --	- --
	Swatow	22	6,745 00	150 91	5 28	6,901 19
	Hoihow	-	- --	- --	- --	- --
	Tsinshan	—	- --	- --	- --	- --
		22	6,745 00	150 91	5 28	6,901 19
Grand Total:		171	60,710 00	308 34	154 28	61,172 62

S.C. a/c. NIL.

(國幣)

三十一年六月份 (JUNE, 1942)

Bank	D.C.	No.	Amt. of Rtce. N.$	Rtce. fee N.$	A.P. fee N.$	Total N.$
華僑銀行	Canton ①	7	5,300 00	10 50	7 00	5,317 50
	②	52	17,040 00	53 84	52 00	17,145 84
		59	22,340 00	64 34	59 00	22,463 34
	Swatow	-	- --	- --	- --	- --
	Hoihow	-	- --	- --	- --	- --
	Tsinshan	-	- --	- --	- --	- --
	①	7	5,300 00	10 50	7 00	5,317 50
	②	52	17,040 00	53 84	52 00	17,145 84
		59	22,340 00	64 34	59 00	22,463 34
[illegible]	Canton ①	7	8,850 00	14 05	7 00	8,871 05
	②	49	22,540 00	56 46	49 00	22,645 46
		56	31,390 00	70 51	56 00	31,516 51
	Swatow	-	- --	- --	- --	- --
	Hoihow	-	- --	- --	- --	- --
	Tsinshan	-	- --	- --	- --	- --
	①	7	8,850 00	14 05	7 00	8,871 05
	②	49	22,540 00	56 46	49 00	22,645 46
		56	31,390 00	70 51	56 00	31,516 51
Grand Total:	①	14	14,150 00	24 55	14 00	14,188 55
	②	101	39,580 00	110 30	101 00	39,791 30
		115	53,730 00	134 85	115 00	53,979 85

S.C. a/c. NIL.

①＝非淪陷區之件.
②＝已淪陷區之件.

①＝非僑僑匯之件．
②＝僑僑匯之件．

（國幣） 三十一年七月份 （JULY 1942）

~~55~~ 100

Bank	D.C.		No.	Amt. of Rtce. N$		Rtce. Fee N$		A.P. Fee N.$		Total N$	
華僑銀行	Canton	①	24	6,285	00	20	33	24	00	6,329	33
			65	15,300	20	54	83	65	00	15,420	03
		②	41	9,015	20	34	50	41	00	9,090	70
	Swatow	②	1	400	00	1	20		50	401	70
	Hoihow		-	-	--	-	--	-	--	-	--
	Tsinshan		-	-	--	-	--	-	--	-	--
		①②									
東方匯理	Canton	①	278	30,600	00	153	00	265	50	30,994.50	
			1,797	194,930	00	971	25	1680	00	197,581	25
		②	1519	164,330	00	852	75	1479	50	166,586.75	
	Swatow		-	-	--	-	--	-	--	-	--
	Hoihow		-	-	--	-	--	-	--	-	--
	Tsinshan		-	-	--	-	--	-	--	-	--
		①②									
馬麗臺行	Canton		-	-	--	-	--	-	--	-	--
	Swatow	②	4	560	00	2	76	4	00	566	76
	Hoihow		-	-	--	-	--	-	--	-	--
	Tsinshan		-	-	--	-	--	-	--	-	--
		①②									
Grand Total:		①②									

S.C. a/c. NIL.

101 （國幣）　三十一年八月份　（AUGUST, 1942.）

54

Bank	D. C.	No.	Amt. of Rtce N.$		Rtce. Fee N.$		A.P. Fee N.$		Total N.$	
	Canton	—	—	--	—	--	—	--	—	--
	Swatow	—	—	--	—	--	—	--	—	--
	Hoihow	—	—	--	—	--	—	--	—	--
	Tsinshan	—	—	--	—	--	—	--	—	--
Grand Total.		—	—	--	—	--	—	--	—	--

S.C. a/c. NIL

102

①非淪陷區 a/c.
②淪陷區 a/c.

(國幣) 三十一年九月份 (SEPTEMBER 1942)

53

D.C.	Bank.	No.	Amt. of Rice. N.$		Rice Fee N$		A.P. Fee N.$		Total N$	
Canton	-	-	-	-	-	-	-	-	-	-
Tsinshan	O.C.B.C	126	② 38,505	00	119	05	126	00	38,750	05
			(CRB) 19,252	50	59	52	63	00	19,375	02
Hoihow	-	-	-	-	-	-	-	-	-	-
Swatow	-	-	-	-	-	-	-	-	-	-
Grand Total		(2) 126	38,505	00	119	05	126	00	38,750	05
			(C.R.B.) 19,252	50	59	52	63	00	19,375	02

s.c. a/c. NIL

103

（國幣） 52

(乙) 非淪
(甲) 已淪

三十一年十月份 (OCTOBER, 1942.)

BANK	D.C.	NO.	AMT OF RTCE. (N$)		RTCE FEE (N$)		A.P. FEE (N$)		TOTAL (N$)	
—	Canton	—	—	—	—	—	—	—	—	—
	Swatow	—	—	—	—	—	—	—	—	—
Lee Hong	＊Hoihow	(甲) 3786	699,253 (CRB) 349,626	00 50	2648 1,324	15 08	3786 1893	00 00	705,687 352,843	15 58
	Tsinshan	—	—	—	—	—	—	—	—	—
Grand Total:		3786	699,253 (CRB) 349,626	00 50	2648 1324	15 08	3786 1893	00 00	705,687 352,843	15 58

＊應入十月份賬但內有更改數目未妥[illegible]
已改入卅一年十二月份賬

（國幣） (甲) 已淪 (乙) 非淪 三十一年十一月份 (NOVEMBER, 1942.)

（黑色 N$ 紅色 C.R.B.$）

Bank	D.C.	No	Amt. of Rtce. N.$		Rtce. Fee N.$		A.P. Fee N.$		Total N.$	
O.C.B.C. (甲)	Canton	274	50,205 25,102	00 50	193 96	25 62	274 137	00 00	50,672 25,336	25 12
O.C.B.C. (乙)	〃	44	10,570 5,285	00 00	36 18	54 27	44 22	00 00	10,650 5,325	54 27
B.de L'Indochine (甲)	〃	1941	199,085 99,542	00 50	990 495	07 04	1,332 666	00 00	201,407 100,703	07 54
B.de L'Indochine (乙)	〃	329	40,020 20,010	00 00	200 100	03 02	217 108	00 50	40,437 20,218	03 52
		2,588	299,880 149,940	00 00	1,419 709	89 95	1,867 933	00 50	303,166 151,583	89 45
	(甲)	2,215	249,290 124,645	00 00	1,183 591	32 66	1,606 803	00 00	252,079 126,039	32 66
	(乙)	373	50,590 25,295	00 00	236 118	57 29	261 130	00 50	51,087 25,543	57 79
		2,588	299,880 149,940	00 00	1,419 709	89 95	1,867 933	00 50	303,166 151,583	89 45
—	Tsinshan	—	—		—		—		—	
O.C.B.C. (甲)	Swatow	入卅一年十二月份賬 794	121,410 60,705	09 05	490 245	70 35	791 395	50 75	122,692 61,346	29 15
O.C.B.C. (乙)	〃	191	47,248 23,624	09 05	147 73	70 85	183 91	50 75	47,579 23,789	29 65
Ming Shun (甲)	〃	8	1,805 902	00 50	43 21	03 52	3 1	84 92	1,851 925	87 94
Ming Shun (乙)	〃	5	1,000 500	00 00	23 11	72 86	2 1	40 20	1,026 513	12 06
		998	171,463 85,731	18 60	705 352	15 58	981 490	24 62	173,149 86,574	57 80

（國幣）　三十一年十二月份　DECEMBER 1942　104　51

BANK	D. C.	NO.	AMT. OF RTCE. N$		RTCE. FEE N$		A.P. FEE N$		TOTAL N$	
	(甲)	802	123,215	09	533	73	795	34	124,544	16
			61,607	55	266	87	397	67	62,272	09
	(乙)	196	48,248	09	171	42	185	90	48,605	41
			24,124	05	85	71	92	95	24,302	71
		998	171,463	18	705	15	981	24	173,149	57
			85,731	60	352	58	490	62	86,574	80
O. C. B. C. (甲) H.K.	Hoihow ※	2,018	361,337	28	7,640	42	1,463	16	370,440	86
			180,668	64	3,820	21	731	58	185,220	43
Grand Total:	⊕	5,604	832,680	46	9,765	46	4,311	40	846,757	32
		C.R.B.$	416,340	23	4,882	73	2,155	70	423,378	66
	⊕ (甲)	5,035	733,842	37	9,357	47	3,864	50	747,064	34
			366,921	19	4,678	74	1,932	25	373,532	18
	(乙)	569	98,838	09	407	99	446	90	99,692	98
			49,419	05	204	00	223	45	49,846	49

※入卅二年三月份帳

三十一年十二月份　(December 1942)

Bank	D. C.	No.	Amt of Rtce		Rtce Fee		A.P. Fee		Total	
—	Canton	—	—		—		—		—	
—	Swatow	—	—		—		—		—	
信付公司（甲）	Hoihow ※	2,518	271,866	35	3,905	27	1,208	64	276,980	26
			135,933	18	1,952	63	604	32	138,490	13
東方滙理銀行（甲）	〃 ※	703	57,855	00	662	21	655	50	59,172	71
			28,927	50	331	11	327	75	29,586	36
		3,221	329,721	35	4,567	48	1,864	14	336,152	97
			164,860	68	2,283	74	932	07	168,076	49
	Tsinshan	—	—		—		—		—	
Grand Total:		3,221	329,721	35	4,567	48	1,864	14	336,152	97
		C.R.B.$	164,860	68	2,283	74	932	07	168,076	49

※入卅二年三月份帳

50
105

三十二年一月份 (January, 1943)

Bank	D. C.	No.	Amt. of Rtee		Rtee Fee		A.P. Fee		Total	
—	Canton	—	—		—		—		—	
—	Swatow	—	—		—		—		—	
—	Tsinshan	—	—		—		—		—	
光亚公司(甲)	Hoihow ※	2,298	485,569 242,784	00 50	1,636 818	70 35	2,298 1,149	00 00	489,503 244,751	70 85
	Grand Total:	2,298 (甲)	485,569	00	1,636	70	2,298	00	489,503	70
		C.R.B. $	242,784	50	818	35	1,149	00	244,751	85

※入卅二年三月份帐

三十二年二月份 (February, 1943)

Bank	D. C.	No.	Amt. of Rtee		Rtee Fee		A.P. Fee		Total	
—	Canton	—	—		—		—		—	
—	Swatow	—	—		—		—		—	
—	Tsinshan	—	—		—		—		—	
—	Hoihow	—	—		—		—		—	
	Total	—	—		—		—		—	

106

三十二年三月份 March, 1943 49

Bank	D. C.	No.	Amt. of Rtce.		Rtce. Fee		A.P. Fee		Total	
O.C.B.C. S.S.	Canton (甲)	99	21,525 10,762	00 50	74 37	82 41	99 49	00 50	21,698 10,849	82 41
"	" (乙)	18	4,100 2,050	00 00	12 6	50 25	18 9	00 00	4,130 2,065	50 25
		117	25,625 12,812	00 50	87 43	32 66	117 58	00 50	25,829 12,914	32 66
—	Swatow	—	—		—		—		—	
—	Hoihow	—	—		—		—		—	
—	Tsinshan	—	—		—		—		—	
	Total:	117	25,625 12,812	00 50	87 43	32 66	117 58	00 50	25,829 12,914	32 66

三十二年四月份 April, 1943

Bank	D. C.	No.	Amt. of Rtce.		Rtce. Fee		A.P. Fee		Total	
—	Canton	—	—		—		—		—	
—	Swatow	—	—		—		—		—	
—	Tsinshan	—	—		—		—		—	
—	Hoihow	—	—		—		—		—	
	Total	—	—		—		—		—	

+ Dr. adv. No. 60/188
* 〃 〃 . 61/189

~~48~~ 107 三十二年五月份 (May, 1943)

Bank	D. C.	No. of order	Amt. of Rtce.		Rtce. Fee		A. P. Fee		Total	
B. de L'Indo-chine(甲)	Canton	19	2,330 1,165	00 00	+ 11 5	65 82	9 4	50 75	2,351 1,175	15 57
B. de L'Indo-chine(乙)	〃	6	490 245	00 00	* 2 1	45 23	3 1	00 50	495 247	45 73
		25	2,820 1,410	00 00	14 7	10 05	12 6	50 25	2,846 1,423	60 30
	Swatow	—	—		—		—		—	
	Tsinshan	—	—		—		—		—	
	Hoihow	—	—		—		—		—	
	Total:	25	2,820 1,410	00 00	14 7	10 05	12 6	50 25	2,846 1,423	60 30

三十二年六月份 (June, 1943)

Bank	D. C.	No. of order	Amt. of Rtce.		Rtce. Fee		A. P. Fee		Total	
—	Canton		—		—		—		—	
—	Swatow		—		—		—		—	
—	Tsinshan		—		—		—		—	
—	Hoihow		—		—		—		—	
	Total		—		—		—		—	

三十二年七月份（July 1943） 打 108

Bank	D. C.	No. of order	Amt of Rtce	Rtce-Fee	A.P. Fee	Total
—	Canton	—	—	—	—	—
—	Swatow	—	—	—	—	—
—	Tsinshan	—	—	—	—	—
—	Hoihow	—	—	—	—	—
	Total	—	—	—	—	—

三十二年八月份（August 1943）

Bank	D. C.	No. of order	Amt of Rtce	Rtce-Fee	A.P. Fee	Total
—	Canton	—	—	—	—	—
—	Swatow	—	—	—	—	—
—	Tsinshan	—	—	—	—	—
—	Hoihow	—	—	—	—	—
	Total	—	—	—	—	—

109

~~40~~

三十二年九月份 September, 1943

Bank	D. C.	No. of order	Amt of Rlec		Rlec Fee		A.P. Fee		Total	
	Canton		–		–		–			
	Swatow		–		–		–			
	Tsinshan		–		–		–			
	Hoihow		–		–		–			
	Total:				Nil					

三十二年十月份 October, 1943

Bank	D. C.	No. of order	Amt of Rlec		Rlec Fee		A.P. Fee		Total	
	Canton		–		–		–			
	Swatow		–		–		–			
	Tsinshan		–		–		–			
	Hoihow		–		–		–			
	Total:		–		–		–			

110 45

三十二年十一月份 November, 1943

Bank	D.C.	No. of order	Amt. of Rlce		Rlce Fee		A.P. Fee		Total	
	Canton		—		—		—			
	Swatow		—		—		—			
	Tsinshan		—		—		—			
	Hoichow		—		—		—			
	Total:		—		—		—			

Bank	D.C.	No. of order	Amt. of Rlce		Rlce Fee		A.P. Fee		Total	

150（国币）

三十年一月份 (JAN. 1941)

D. C.	BANK	No.	AMT. OF RICE N$	RICE FEE N$	AP. FEE N$	POSTAGE N$	TOTAL N$
Canton	華僑銀行	14,813	2,496,153 00	8,938 02	7,127 15		2,512,218 17
	信行公司	4,968	869,580 30	3,015 57	1,192 32		873,788 19
	民信銀號	3278	634,914 00	1,974 92	786 72		637,675 64
	馬麗豐行	172	30,937 00	108 50	86 00		[illegible],131 50
	交通銀行	206	67,082 05	199 65	103 00		67,384 70
	東亞銀行	68	11,350 00	113 50	34 00	8 84	11,506 34
		23,505	4,110,016 35	14,350 16	9,329 19	8 84	4,133,704 54
Swatow	華僑銀行	6,347	459,225 70	1,987 04	3,073 64		464,286 38
	信行公司	112	94,682 11	160 32	26 88		94,869 31
	民信銀號	3	180 00	90	72		181 62
	馬麗豐行	54	4,948 00	20 56	27 00		4,995 56
	交通銀行	8	1,740 00	7 02	4 00		1,751 02
		6,524	560,775 81	2,175 84	3,132 24		566,083 89
Hoihow	華僑銀行	13,970	1,052,211 57	4,728 54	6,872 16		1,063,812 27
	信行公司	552	91,630 08	272 76	132 48		92,035 32
	民信銀號	75	6,500 00	30 56	18 00		6,548 56
	馬麗豐行	1,206	101,200 00	474 84	603 00		10[illegible],277 84
	光亞公司	906	88,199 40	366 42	453 00		89,018 82
		16,709	1,339,741 05	5,873 12	8,078 64		1,353,692 81
Tsinshan	華僑銀行	1,204	185,006 16	711 69	533 38		186,251 23
	信行公司	360	79,739 23	243 64	86 40		80,069 27
	民信銀號	326	75,075 00	219 31	78 24		75,372 55
	馬麗豐行	24	3,465 00	12 34	12 00		3,489 34
	交通銀行	105	26,507 04	89 19	52 50		26,648 73
		2,019	369,792 43	1,276 17	762 52		371,831 12
Grand Total:		48,757	6,380,325 64	23,675 29	21,302 59	8 84	6,425,312 36

（毛券）

D. C.	BANK	No.	AMT. OF RICE N$	RICE FEE N$	AP. FEE N$	POSTAGE N$	TOTAL N$
Canton	華僑銀行	62	(SC.) 9,493 00 7,302 32	(SC.) 36 32 27 92	31 00		7,361 24
Swatow	-	-	-	-	-		-
Hoihow	-	-	-	-	-		-
Tsinshan	-	-	-	-	-		-
		62	9,493 00 7,302 32	36 32 27 92	31 00		7,361 24

（国币）　三十年二月份　（FEB., 1941）

~~157~~　2

D. C.	BANK	No	AMT. OF RTCE. N$	RTCE. FEE N$	AP. FEE N$	POSTAGE N$	TOTAL N$
Canton	華僑銀行	11,042	2,150,006.74	7,360.58	5,386.84		2,162,754.16
	信行公司	3,094	642,920.23	2,030.63	742.56		645,693.42
	民信銀號	1,529	309,993.00	987.36	366.96		311,347.32
	馬麗豐行	51	8,272.00	29.75	25.50		8,327.25
	交通銀行	85	28,540.47	83.48	42.50		28,666.45
	東亞銀行	191	31,625.76	316.26	95.50	24.83	32,062.35
		15,992	3,171,358.20	10,808.06	6,659.86	24.83	3,188,850.95
Swatow	華僑銀行	4,386	368,109.15	1,523.90	2,133.68		371,766.73
	信行公司	78	16,705.13	46.53	18.72		16,770.38
	民信銀號	2	30.00	.15	.48		30.63
	馬麗豐行	38	3,924.00	14.03	19.00		3,957.03
	交通銀行	5	1,579.19	4.58	2.50		1,586.27
	東方匯理	61	5,780.00	104.50	30.50		5,915.00
		4,570	396,127.47	1,693.69	2,204.88		400,026.04
Hoihow	華僑銀行	34,667	2,410,587.55	11,121.40	17,070.64		2,438,779.59
	信行公司	1,409	333,263.04	820.26	338.16		334,421.46
	民信銀號	73	8,640.00	26.84	17.52		8,684.36
	馬麗豐行	1,645	119,828.00	569.38	822.50		121,219.88
	光亞公司	1,114	96,008.00	395.46	557.00		96,960.46
		38,908	2,968,326.59	12,933.34	18,805.82		3,000,065.75
Tsinshan	華僑銀行	684	122,014.50	426.98	278.71		122,720.19
	信行公司	307	65,025.25	208.56	73.68		65,307.49
	民信銀號	210	52,518.00	146.82	50.40		52,715.22
	馬麗豐行	3	175.00	.88	1.50		177.38
	交通銀行	58	19,934.45	58.47	29.00		20,021.92
		1,262	259,667.20	841.71	433.29		260,942.20
Grand Total:		60,732	6,795,479.46	26,276.80	28,103.85	24.83	6,849,884.94

（毫券）

D. C.	BANK	No	AMT. OF RTCE.	RTCE. FEE	AP. FEE	POSTAGE	TOTAL
Canton	華僑銀行	30	(SC.) 6,680.00 N$ 5,138.46	(SC.) 21.72 N$ 16.69	15.00		5,170.15
Swatow	-	-	-	-	-	-	-
Hoihow	-	-	-	-	-	-	-
Tsinshan	華僑銀行	3	(SC.) 210.00 N$ 161.53	(SC.) 1.05 N$ .81	1.50		163.84
		33	(SC.) 6,890.00 N$ 5,299.99	(SC.) 22.77 N$ 17.50	16.50		5,333.99

156 (國幣) 3

三十年三月份 (MAR., 1941)

D.C.	BANK	No	AMT OF RTCE	RTCE FEE	AP FEE	POSTAGE	TOTAL
Canton	華僑銀行	8,311	1,834,588 72	6,035 24	4,018 82		1,844,642 78
	信行公司	2,167	464,510 36	2,035 60	520 08		467,066 04
	民信銀號	2,695	572,213 00	1,806 97	646 80		574,666 77
	馬麗豐行	96	25,607 00	73 44	48 00		25,728 44
	交通銀行	106	43,250 00	113 99	52 50		[?]416 49
	東方匯理	875	60,740 00	303 70	437 50		6[?],481 20
	東亞銀行	3	700 00	7 00	1 50	39	708 89
		14,253	3,001,609 08	10,375 94	5,725 20	39	3,017,710 61
Swatow	華僑銀行	2,552	281,580 92	1,071 26	1,224 43		283,876 61
	信行公司	51	22,637 22	53 97	12 24		22,703 43
	民信銀號	4	2,245 00	4 03	96		2,249 99
	馬麗豐行	41	2,750 00	13 55	20 50		2,784 05
	交通銀行	3	603 22	2 41	1 50		607 13
	匯理銀行	4,170	303,254 00	6,400 47	2,085 00		311,739 47
		6,821	613,070 36	7,545 69	3,344 63		623,960 68
Hoihow	華僑銀行	27,261	1,678,566 64	7,926 75	13,611 00		1,700,104 39
	信行公司	98	18,729 52	54 46	23 52		18,807 50
	民信銀號	6	700 00	3 10	1 44		[?]704 54
	馬麗豐行	107	7,470 00	36 04	53 50		7,559 54
	光亞公司	47	2,555 00	11 90	23 50		2,590 40
		27,519	1,708,021 16	8,032 25	13,712 96		1,729,766 37
Tsinshan	華僑銀行	942	206,636 00	671 94	427 64		207,735 58
	信行公司	275	64,880 01	195 67	66 00		65,141 68
	民信銀號	209	43,195 00	142 41	50 16		43,387 57
	馬麗豐行	7	1,627 00	5 34	3 50		1,635 84
	交通銀行	51	27,181 72	61 40	25 50		27,268 62
		1,484	343,519 73	1,076 76	572 80		345,169 29
Grand Total		50,077	5,666,220 33	27,030 64	23,355 59	39	5,716,606 96

(毛券)			S.C.		S.C.	(毛券)		
Canton	華僑銀行	12	1,240 00	953 00	6 12	4 69	6 00	964 53
Swatow	-	-	- -	- -	- -	- -	- -	- -
Hoihow	-	-	- -	- -	- -	- -	- -	- -
Tsinshan	-	-	- -	- -	- -	- -	- -	- -
		12	1,240 00	953 00	6 12	4 69	6 00	964 53

(國幣)　三十年四月份　(APRIL, 1941.)　(國幣)　4

155

D.C.	Bank	No.	Amt. of Rtce. N.S	Rtce. Fee N.S	A.P. Fee N.S	Postage N.S	Total N.S
Canton	華僑銀行	10,751	2,057,336 69	7,286 38	5,194 58	- -	2,069,817 65
	信行公司	4,349	1,027,172 31	3,147 77	1,043 76	- -	1,031,363 84
	民信銀號	2,916	636,201 84	1,969 71	699 84	- -	638,871 39
	馬麗豐行	132	29,340 00	93 43	66 00	- -	29,499 43
	交通銀行	128	54,001 20	140 87	64 00	- -	54,206 07
	東方匯理	3,605	310,930 00	1,554 66	1,802 50	- -	314,287 16
(撥入三月份[illegible]) →	~~中華信托局~~	~~1~~	~~200 00~~	~~1 00~~	~~50~~	- -	~~201 50~~
	東亞銀行	1	100 00	1 00	50	13	101 63
		21,883	4,115,282 04	14,194 82	8,871 68	13	4,138,348 67
Swatow	華僑銀行	3,727	380,418 19	1,509 13	1,796 12		383,723 44
	信行公司	70	25,689 88	65 95	16 80		25,772 63
	民信銀號	5	480 00	2 40	1 20		483 60
	馬麗豐行	69	6,456 00	29 10	34 50		6,519 60
	交通銀行	2	300 00	1 50	1 00		302 50
	匯理銀行	4,181	362,770 00	7,518 51	2,090 50		372,379 01
		8,054	776,114 07	9,126 59	3,940 12		789,180 78
Hoihow	華僑銀行	11,584	876,923 65	3,974 44	5,671 36		886,569 45
	信行公司	423	152,142 70	334 73	101 52		152,578 95
	民信銀號	39	7,860 00	21 00	9 36		7,890 36
	交通銀行	2	500 00	1 70	1 00		502 70
	匯理銀行	280	19,480 00	96 61	140 00		19,716 61
	光亞公司	645	60,306 00	268 29	322 50		60,896 79
	馬麗豐行	827	80,217 00	371 22	413 50		81,001 72
		13,800	1,197,429 35	5,067 99	6,659 24		1,209,156 58
Tsinshan	華僑銀行	904	185,880 03	643 92	390 97		186,914 92
	信行公司	302	57,631 45	187 33	72 48		57,891 26
	民信銀號	232	41,120 00	146 43	55 68		41,322 11
	馬麗豐行	13	2,170 00	7 81	6 50		2,184 31
	交通銀行	47	16,570 00	46 01	23 50		16,639 51
	匯理銀行	125	10,430 00	52 15	62 50		10,544 65
		1,623	313,801 48	1,083 65	611 63		315,496 76
Grand Total:		45,359	6,402,426 94	29,472 05	20,082 17	13	6,451,981 29

(毛券)　(毛券)

D.C.	Bank	No.	Amt. of Rtce. S.C.	Amt. of Rtce. N.S	Rtce. Fee S.C.	Rtce. Fee N.S	A.P. Fee N.S	Total N.S
Canton	華僑銀行	36	4,092 00	3,147 69	17 73	13 64	18 00	3,179 33

15 （國幣） 5　　三十年五月份　　（MAY, 1941.）　　（國幣）

D.C.	BANK	No.	AMT. OF RTCE N.$	RTCE FEE N.$	A.P. FEE N.$	POSTAGE N.$	TOTAL N.$
CANTON	華僑銀行	9,832	1,819,802.26	6,684.46	4,735.47	- - -	1,831,242.19
	信行公司	3,442	675,950.49	2,191.89	799.36	- - -	678,941.74
	民信銀號	2,040	(*) ~~363,910.00~~ 359,910.00	1,275.17	489.60	- - -	~~365,674.77~~ 361,674.77
	馬聚豐行	99	24,675.00	75.38	49.50	- - -	24,799.88
	交通銀行	144	61,438.95	158.47	72.00	- - -	61,669.42
	匯理銀行	1,192	102,295.00	511.48	596.00	- - -	103,402.48
	中央信託局	* 1	200.00	1.00	.50	- - -	201.50
		1	200.00	1.00	.50	- - -	201.50
		16,751	~~3,048,471.70~~ 3,044,471.70	10,898.85	6,762.93	- - -	~~3,066,133.48~~ 3,062,133.48
SWATOW	華僑銀行	3,172	317,680.37	1,359.32	1,540.90	- - -	320,580.59
	信行公司	40	12,380.00	33.59	9.60	- - -	12,423.19
	民信銀號	8	1,190.00	4.35	1.92	- - -	1,196.27
	馬聚豐行	57	5,643.00	24.22	28.50	- - -	5,695.72
	交通銀行	2	550.00	2.15	1.00	- - -	553.15
	匯理銀行	1,912	154,640.00	3,058.64	956.00	- - -	158,654.64
		5,191	492,083.37	4,482.27	2,537.92	- - -	499,103.56
Tsinshan	華僑銀行	795	157,340.69	554.81	306.67	- - -	158,202.17
	信行公司	277	68,821.42	200.94	66.48	- - -	69,088.84
	民信銀號	239	46,600.00	153.71	57.36	- - -	46,811.07
	馬聚豐行	12	2,815.00	8.88	6.00	- - -	2,829.88
	交通銀行	68	20,368.61	61.65	34.00	- - -	20,464.26
	匯理銀行	80	8,040.00	40.20	40.00	- - -	8,120.20
		1,471	303,985.72	1,020.19	510.51	- - -	305,516.42
Hoihow	華僑銀行	2,826	231,081.33	1,061.18	1,352.94	- - -	233,495.45
	信行公司	301	68,966.00	187.99	72.24	- - -	69,226.23
	~~民信銀號~~	~~2,319~~	~~[illegible].00~~	~~1,452.60~~	~~556.56~~	- - -	~~421,064.16~~
	民信銀號	32	7,355.00	19.37	7.68	- - -	7,382.05
	馬聚豐行	478	49,419.00	218.38	239.00	- - -	49,876.38
	匯理銀行	129	9,535.00	47.48	64.50	- - -	9,646.98
	光亞公司	365	29,775.00	142.95	182.50	- - -	30,100.45
		4,131	396,131.33	1,677.35	1,918.86	- - -	399,727.54
Grand Total		27,544	~~4,240,672.12~~ 4,236,672.12 (*)	18,078.66	11,730.22	- - -	~~4,270,481.00~~ 4,266,481.00

*由四月移來.

(*) Vide RS Smuggling Ctm. No. 722/1072.

(港幣) D.C.	Bank	No.	Amt. of Rtce. S.C.	Amt. of Rtce. N.$	Rtce. Fee S.C.	Rtce. Fee N.$	A.P. Fee N.$	Total N.$
Canton	華僑銀行	28	3,835.00	2,950.00	14.38	11.05	14.00	2,975.05

（國幣） 三十年六月份 (JUNE, 1941) ~~153~~ 6 （國幣）

D.C.	Bank	No.	Amt. of Rtce.	Rtce. Fee	A.P. Fee	Postage	Total
Canton	華僑銀行	8,867	1,639,392 14	6,074 09	4,289 54	...	1,649,755 77
	信行公司	3,107	589,882 85	1,932 13	745 68	...	592,560 66
	民信銀號	2,924	636,835 50	1,977 26	701 76	...	639,514 52
June, 41	馬麗豐行	74	21,455 00	62 16	37 00	...	21,554 16
	交通銀行	105	39,369 55	109 50	52 50	...	39,531 55
	匯理銀行	1,674	145,790 00	728 96	837 00	...	147,355 96
	中菲信託局	1	300 00	1 10	50	...	301 60
	東亞銀行	8	360 00	3 60	4 00	1 04	368 64
		16,760	3,073,385 04	10,888 80	6,667 98	1 04	3,090,942 86
Swatow	華僑銀行	3,787	371,169 43	1,582 20	1,835 53	..	374,587 16
	信行公司	59	17,653 77	46 43	14 16	...	17,714 36
July 41	民信銀號	15	4,290 00	12 68	3 60	...	4,306 28
	馬麗豐行	40	3,495 00	17 40	20 00	...	3,532 40
	交通銀行	4	3,100 00	6 30	2 00	...	3,108 30
	匯理銀行	1,424	109,995 00	1,944 61	712 00	...	112,651 61
	光豐公司	74	4,554 00	19 51	37 00	--	4,610 51
		5,403	514,257 20	3,629 13	2,624 29	...	520,510 62
Hoihow	華僑銀行	11,403	980,684 96	4,521 01	5,562 66	...	990,768 63
	信行公司	558	102,149 00	305 12	133 92	...	102,588 04
	民信銀號	40	4,755 00	19 80	9 60	...	4,784 40
July 41	馬麗豐行	1,427	138,168 00	640 32	713 50	...	139,521 82
	交通銀行	1	100 00	50	50	...	101 00
	匯理銀行	116	9,055 00	45 29	58 00	...	9,158 29
	光亞公司	843	76,706 00	345 27	421 50	...	77,472 77
		14,388	1,311,617 96	5,897 31	6,899 68	...	1,324,394 95
Tsinchan	華僑銀行	810	159,815 13	574 67	366 24		160,756 04
	信行公司	305	49,959 35	177 25	73 20	—	50,209 80
	民信銀號	312	56,285 00	191 97	74 88		56,551 85
July 41	馬麗豐行	20	3,555 00	12 79	10 00	...	3,577 79
	交通銀行	95	35,529 94	97 92	47 50		35,675 36
	匯理銀行	79	6,630 00	33 15	39 50	--	6,702 65
	中菲信託局	1	300 00	1 10	50	...	301 60
		1,622	312,074 42	1,088 85	611 82		313,775 09
Grand Total		38,173	5,211,334 62	21,484 09	16,803 77	1 04	5,249,623 52

(港) D.C.	Bank	No.	Amt. of Rtce. S.C.	Amt. of Rtce. N.B.	Rtce. Fee S.C.	Rtce. Fee N.B.	AP Fee	Total
Canton	華僑銀行	34	5,683 00	4,371 53	20 83	16 03	17 00	4,404 56

（國幣） ~~152~~ 7　　三十年七月份　（July, 1941）　（國幣）

D.C.	BANK	NO.	AMT. OF RTCE. N.$	RTCE FEE N.$	A.P. FEE N.$	POSTAGE N.$	TOTAL N.$
Canton	華僑銀行	9,461	1,775,059 94	6,582 94	4,582 56	---	1,786,225 44
	信行公司	3,075	763,025 64	2,212 91	738 00	---	765,976 55
	民信銀號	2,195	444,429 66	1,443 69	526 80	---	446,400 15
	馬麗豐行	95	23,125 00	71 48	47 50	---	23,243 98
	交通銀行	110	48,961 95	121 57	55 00	---	49,138 52
	匯理銀行	1,969	186,470 00	932 37	984 50	---	188,386 87
	東亞銀行	1	100 00	1 00	50	13	101 63
		16,906	3,241,172 19	11,365 96	6,934 86	13	3,259,473 14
Swatow	華僑銀行	3,516	366,153 88	1,528 58	1,711 58	---	369,394 04
	信行公司	50	16,625 04	40 44	12 00	---	16,677 48
	民信銀號	5	650 00	3 25	1 20	---	654 45
	馬麗豐行	31	3,674 00	11 17	15 50	---	3,700 67
	交通銀行	5	1,250 00	4 25	2 50	---	1,256 75
	匯理銀行	1,240	94,090 00	1,649 89	620 00	---	96,359 89
		4,847	482,442 92	3,237 58	2,362 78	---	488,043 28
Hoihow	華僑銀行	16,888	1,458,687 34	6,760 19	8,335 84	---	1,473,783 37
	信行公司	968	290,313 90	667 64	232 32	---	291,213 86
	民信銀號	42	9,765 00	26 05	10 08	---	9,801 13
	馬麗豐行	979	105,572 00	465 45	489 50	---	106,526 95
	~~交通銀行~~	~~60~~	~~26,106 18~~	~~67 53~~	~~30 00~~		~~26,203 71~~
	匯理銀行	105	8,450 00	42 26	52 50	---	8,544 76
	光亞公司	613	56,832 00	259 17	306 50	---	57,397 67
		19,595	1,929,620 24	8,220 76	9,426 74	---	1,947,269 74
Tsinshan	華僑銀行	749	140,156 32	524 29	338 80	---	141,019 41
	信行公司	420	81,553 70	277 28	100 80	---	81,931 78
	民信銀號	562	141,591 00	397 52	134 88	---	142,123 40
	馬麗豐行	11	1,173 00	5 46	5 50	---	1,183 96
	交通銀行	60	26,106 18	67 53	30 00	---	26,203 71
	匯理銀行	96	9,080 00	45 40	48 00	---	9,173 40
		1,898	399,660 20	1,317 48	657 98	---	401,635 66
Grand Total:		43,246	6,052,895 55	24,141 78	19,382 36	13	6,096,419 82

（港幣）D.C.	Bank	No.	Amt. of Rtce. S.C.	Amt. of Rtce. N.$	Rtce. Fee S.C.	Rtce. Fee N.$	A.P. Fee N.$	Total N.$
Canton	華僑銀行	20	3,705 00	2,850 01	14 47	11 12	10 00	2,871 13

(國幣) 三十年八月份 (AUGUST 1941) 8 (國幣) ~~151~~

D. C.	Bank	No.	Amt. of Rtce. N$		Rtce. Fee N$		A.P. Fee N$		Postage N$	Total N$	
Canton	華僑銀行	5,723	1,163,429	84	5,155	02	2,736	85	---	1,171,321	31
	信行公司	3,319	729,797	48	2,310	55	796	56	---	732,904	57
	民信銀號	3,426	~~708,350~~ 707,720	23	~~2,363 69~~ 2,362	54	822	24	---	~~711,536 16~~ 710,905	01
	馬麗士行	86	24,329	00	66	91	43	00	---	24,438	91
	交通銀行	106	52,265	00	126	57	53	00	---	52,444	57
	匯理銀行	1,424	133,800	00	669	00	712	00	---	135,181	00
	東亞銀行	2	312	35	3	12	1	00	26	316	73
	中菲信托局	4	40	00		20		50	---	40	70
		14,090	~~2,812,323~~ 2,811,693	90	~~10,695 06~~ 10,693	91	5,165	15	26	~~2,828,184 37~~ 2,827,553	22
Swatow	華僑銀行	3,464	371,789	37	1,571	04	1,710	30	---	375,070	71
	信行公司	39	14,301	32	33	04	9	36	---	14,343	72
	民信銀號	12	1,905	00	7	13	2	88	---	1,915	01
	馬麗士行	63	47,692	00	71	54	31	50	---	47,795	04
	交通銀行	4	1,170	00	3	45	2	00	---	1,175	45
	匯理銀行	996	80,000	00	1,298	04	498	00	---	81,796	04
		4,578	516,857	69	2,984	24	2,254	04	---	522,095	97
Haiphong	華僑銀行	10,839	934,211	49	4,335	75	5,290	54	---	943,837	78
	信行公司	991	330,488	15	749	44	237	84	---	331,475	43
	民信銀號	28	1,900	00	9	45	6	72	---	1,916	17
	馬麗士行	612	69,245	00	313	60	306	00	---	69,864	60
	交通銀行	2	500	00	2	10	1	00	---	503	10
	匯理銀行	111	9,305	00	46	54	55	50	---	9,407	04
	光亞公司	524	50,968	00	235	67	262	00	---	51,465	67
		13,107	1,396,617	64	5,692	55	6,159	60	---	1,408,469	79
Tsinshan	華僑銀行	844	164,336	80	654	62	382	26	---	165,373	68
	信行公司	492	96,225	22	324	94	118	08	---	96,668	24
	民信銀號	915	215,314	00	678	51	219	60	---	216,212	11
	馬麗士行	21	4,200	00	16	40	10	50	---	4,226	90
	交通銀行	60	17,985	00	55	71	30	00	---	18,070	71
	匯理銀行	92	8,480	00	42	40	46	00	---	8,568	40
	中菲信托局	1	200	00	1	00		50	---	201	50
		2,425	506,741	02	1,773	58	806	94	---	509,321	54
Grand Total		34,200	5,232,540	25	21,145	43	14,385	73	26	5,268,071	67

(毛券) D.C.	Bank	No.	Amt. of Rtce. SC.	Amt. of Rtce. N.$	Rtce. Fee SC.	Rtce. Fee N.$	AP fee N.$	Total N.$
Canton	華僑銀行	20	1,130.00	869.24	5.65	4.35	4.50	878.09

9 (國幣) 150 三十年九月份 (SEPTEMBER, 1941) (國幣)

D.C.	Bank	No.	Amt. of Rtce. N.$	Rtce. Fee N.$	A.P. Fee N.$	Postage N.$	Total N.$
Canton	華僑銀行	8843	1,910,093 92	8,498 88	4,311 26	--	1,922,904 06
	信行公司	2,512	458,057 71	6,057 13	602 88	--	464,711 72
	民信銀號	2,617	616,920 27	5,951 84	628 08	--	623,500 19
	馬麗豐行	57	16,100 00	46 31	28 50	--	16,174 81
	交通銀行	135	55,279 70	147 15	67 50	--	55,494 35
	匯理銀行	947	102,015 00	510 08	473 50	--	102,998 58
	東亞銀行	1	100 00	1 00	50	13	101 63
		15,111	3,158,566 60	21,206 39	6,112 22	13	3,185,885 34
Swatow	華僑銀行	4,055	662,797 29	7,349 25	1,932 86	--	672,079 40
	信行公司	530	133,409 00	1,699 09	127 20	--	135,235 29
	民信銀號	10	1,800 00	6 20	2 40	--	1,808 60
	馬麗豐行	102	411,261 00	458 71	51 00	--	411,770 71
	交通銀行	2	400 00	2 00	1 00	--	403 00
	匯理銀行	1,388	113,770 00	1,739 49	694 00	--	116,203 49
		6,087	1,323,437 29	11,254 74	2,808 46	--	1,337,500 49
Hoihow	華僑銀行	5,151	508,372 39	3,153 30	2,446 54	--	513,972 23
	信行公司	288	47,658 20	152 64	69 12	--	47,879 96
	民信銀號	10	13,280 00	18 00	2 40	--	13,[illegible]00 40
	馬麗豐行	320	33,208 00	152 43	160 00	--	33,520 43
	匯理銀行	53	3,790 00	18 95	26 50	--	3,835 45
	光亞公司	230	24,695 00	108 65	115 00	--	24,918 65
		6,052	631,003 59	3,603 97	2,819 56	--	637,427 12
Tsinshan	華僑銀行	697	168,638 21	1,317 12	289 48	--	170,244 81
	信行公司	543	104,352 38	357 14	130 32	--	104,839 84
	民信銀號	802	256,979 80	671 27	192 48	--	257,843 55
	馬麗豐行	10	2,805 00	9 81	5 00	--	2,819 81
	交通銀行	72	20,680 16	70 89	36 00	--	20,787 05
	匯理銀行	31	3,270 00	16 35	15 50	--	3,301 85
		2,155	556,725 55	2,442 58	668 78	--	559,836 91
	Grand Total	29,406	5,667,733 03	38,507 68	12,409 02	13	5,72[illegible],649 86

([illegible]) ([illegible]) ([illegible])

D.C.	Bank	No.	Amt. of Rtce. S.C.	Amt. of Rtce. N.$	Rtce. Fee S.C.	Rtce. Fee N.$	A.P. Fee N.$	Total N.$
Canton	華僑銀行	8	1,050 00	807 70	5 05	3 88	4 00	815 58
		8	1,050 00	807 70	5 05	3 88	4 00	815 58

(國幣)　三十年十月份 149 (October, 1941)　10

D. C.	Bank	No.	Amt. of Rtce. N$	Rtce. Fee N$	A. P. Fee N$	Postage N$	Total N$
Canton	華僑銀行	7463	1,482,737 55	7,044 13	3,609 30	---	1,493,390 98
	信行公司	2866	428,967 07	5,876 55	615 84	---	435,459 46
	民信銀號	2773	561,005 99	7,558 00	665 52	---	569,229 51
	馬麗豐行	93	26,510 00	77 15	46 50	---	26,673 65
	交通銀行	129	51,150 00	140 63	64 50	---	51,355 13
	滙理銀行	3523	376,720 00	1883 61	1761 50	---	380,365 11
	東亞銀行	4	1,224 99	12 25	2 00	52	1,239 76
		16551	2,928,315 60	22,592 32	6,765 16	52	2,957,713 60
Swatow	華僑銀行	5457	841,859 79	9,803 15	2,532 14	---	854,195 08
	信行公司	403	102,659 00	2,344 63	96 72	---	105,100 35
	民信銀號	34	5,750 00	136 16	8 16	---	5,894 32
	馬麗豐行	119	24,333 00	84 20	59 50	---	24,476 70
	交通銀行	4	1,150 00	3 75	2 00	---	1,155 75
	滙理銀行	2369	217,500 00	3,366 56	1,184 50	---	222,051 06
		8386	1,193,251 79	15,738 45	3,883 02	---	1,212,873 26
Hoihow	華僑銀行	8201	866,248 30	5,734 47	3,952 82	---	875,935 59
	信行公司	1483	202,510 60	743 03	355 92	---	203,609 55
	民信銀號	106	52,855 00	97 50	25 44	---	52,977 94
	馬豐麗行	837	97,355 00	431 72	418 50	---	98,205 22
	交通銀行	---	---	---	---	---	---
	滙理銀行	99	7,875 00	39 38	49 50	---	7,963 88
	光亜公司	1080	111,363 00	511 40	540 00	---	112,414 40
		11806	1,338,206 90	7,557 50	5,342 18	---	1,351,106 58
Tsinshan	華僑銀行	910	212,836 00	1,606 01	392 34	---	214,834 35
	信行公司	419	65,026 87	251 65	100 56	---	65,379 08
	民信銀號	594	122,427 00	409 79	142 56	---	122,979 35
	馬麗豐行	10	2,770 00	9 05	5 00	---	2,784 05
	交通銀行	88	32,958 76	91 30	44 00	---	33,094 06
	滙理銀行	128	13,810 00	69 05	64 00	---	13,943 05
		2149	449,828 63	2,436 85	748 46	---	453,013 94
Grand Total		38892	5,909,602 92	48,325 12	16,738 82	52	5,974,707 38

(券毫)

D. C.	Bank	No.	Amt. of Rtce. S.C.$	Amt. of Rtce. N$	Rtce. Fee S.C.$	Rtce. Fee N$	A. P. Fee N$	Total N$
Canton	華僑銀行	6	650.00	499.99	2.85	2.19	3.00	505.18

148（國幣）II. 三十年十一月份（November 1941）

D. C.	Bank	No.	Amt. of Rtce. N.$	Rtce. Fee N.$	A.P. Fee N.$	Postage N.$	Total N.$
Canton	華僑银行	6054	1,261,129 23	6,363 23	4,133 46	- --	1,275,625 92
	信行公司	2073	408,702 41	5,646 47	841 20	- --	415,190 08
	民信银号	3548	770,918 69	10,273 50	1,327 44	- --	782,519 63
	馬麗豐行	170	70,881 70	181 61	155 50	- --	71,218 81
	交通银行	154	76,015 99	187 00	111 00	- --	76,313 99
	中央信托局	2	260 00	1 30	1 50	- --	262 80
	東亜银行	5	1,143 25	11 43	2 50	65	1,157 83
		12006	2,593,051 27	22,664 54	6,572 60	65	2,622,289 06
Swatow	華僑银行	3489	470,241 37	4,191 92	1,624 31	- --	476,057 60
	信行公司	261	74,793 00	1,699 18	62 64	- --	76,554 82
	民信银号	59	12,159 23	282 13	14 16	- --	12,455 52
	馬麗豐行	259	58,083 00	191 85	149 50	- --	58,424 35
	交通银行	2	440 00	2 04	1 00	- --	443 04
	滙理银行	580	51,275 00	814 29	290 00	- --	52,379 29
		4650	666,991 60	7,181 41	2,141 61	- --	676,314 62
Hoihow	華僑银行	13180	1,311,519 38	7,751 36	6,564 68	- --	1,325,835 42
	信行公司	508	81,484 52	275 04	121 92	- --	81,881 48
	民信银号	110	12,368 00	56 35	26 40	- --	12,450 75
	馬麗豐行	764	88,161 00	398 96	382 00	- --	88,941 96
	滙理银行	402	33,275 00	166 38	201 00	- --	33,642 38
	光亜公司	126	11,732 00	55 43	63 00	- --	11,850 43
		15090	1,538,539 90	8,703 52	7,359 00	- --	1,554,602 42
Tsinshan	華僑银行	800	184,266 00	1,528 12	353 12	- --	186,147 24
	信行公司	499	109,981 57	1,097 37	155 52	- --	111,234 46
	民信银号	685	245,304 71	2,193 34	239 76	- --	247,737 81
	馬麗豐行	29	9,880 00	28 68	18 00	- --	9,926 68
	交通银行	62	23,710 00	67 96	31 50	- --	23,809 46
	滙理银行	35	3,680 00	18 40	17 50	- --	3,715 90
		2110	576,822 28	4,933 87	815 40	- --	582,571 55
Grand Total		33856	5,375,405 05	43,483 34	16,888 61	65	5,435,777 65

D. C.	Bank（毛券）	No.	Amt. of Rtce. S.C.$	Amt. of Rtce. N.$	Rtce. Fee S.C.$	Rtce. Fee N.$	A.P. Fee N.$	Total（毛券） N.$
Canton	華僑银行	3	230 00	176 92	1 15	88	2 50	180 30

（國幣） 三十年十二月份 (DECEMBER, 1941). 412

D. C.	Bank	No.	Amt. of Rtce. N$	Rtce. Fee N$	A. P. Fee N$	Postage N$	Total N$
Canton	華僑銀行	2467	586,010.22	2,970.97	2,455.14	---	591,436.33
	信行公司	1379	292,183.48	3,933.14	661.92	---	296,778.54
	民信銀號	1397	369,895.00	4,819.84	670.56	---	375,385.40
	馬麗丰行	83	31,320.00	81.65	83.00	---	31,484.65
	交通銀行	34	13,966.45	38.69	34.00	---	14,039.14
		5460	1,293,375.15	11,844.29	3,904.62	---	1,309,124.06
Swatow	華僑銀行	1989	226,403.01	1,656.86	1,263.82	---	229,323.69
	信行公司	137	27,662.00	641.71	59.28	---	28,362.99
	民信銀號	11	4,010.00	89.45	5.28	--	4,104.73
	馬麗豐行	117	33,450.00	93.77	117.00	---	33,660.77
	交通銀行	1	250.00	1.05	1.00	---	252.05
		2255	291,775.01	2,482.84	1,446.38	---	295,704.23
Hoihow	華僑銀行	16242	1,620,293.44	10,257.86	8,033.48	--	1,638,584.78
	信行公司	1413	205,669.87	2,222.18	498.48	---	208,390.53
	民信銀號	550	56,256.73	396.23	169.20	--	56,822.16
	馬麗丰行	2409	341,815.00	1,468.17	1486.00	---	344,769.17
	匯理銀行	476	38,930.00	194.68	238.00	--	39,362.68
	光亜公司	1440	192,030.00	823.71	870.50	--	193,724.21
		22530	2,454,995.04	15,362.83	11,295.66	---	2,481,653.53
Tsinshan	華僑銀行	763	228,659.89	2,105.75	567.33	---	231,332.97
	信行公司	480	117,240.68	1,548.82	230.40	--	119,019.90
	民信銀號	575	192,893.00	2,433.64	276.00	---	195,602.64
	馬麗丰行	32	13,810.00	34.85	32.00	---	13,876.85
	交通銀行	40	13,399.27	40.20	40.00	---	13,479.47
	匯理銀行	164	17,350.00	86.75	109.00	---	17,545.75
		2054	583,352.84	6,250.01	1254.73		590,857.58
Grand Total		32299	4,623,498.04	35,939.97	17,901.39	---	4677,339.40

（毛劵） 三十年十二月份

D. C.	Bank	No.	Amt. of Rtce. S.C.$	Amt. of Rtce. N$	Rtce. Fee S.C.$	Rtce. Fee N$	A.P. Fee N$	Total N$
Canton	華僑銀行	1	300.00	230.77	1.10	.85	1.00	232.62

14?（國幣）13　三十一年一月份　(JANUARY, 1942.)

D. C.	Bank	No.	Amt. of Rtce. N 幣	Rtce. Fee N 幣	A.P. Fee N 幣	Postage N 幣	Total N 幣
Canton	華僑銀行	15	4,705.00	65.66	7.20	---	4,777.86
	信行公司	59	11,306.00	153.00	28.32	---	11,487.32
	民信銀號	587	141,610.00	1869.95	281.76	---	143,761.71
		661	157,621.00	2,088.61	317.28	---	160,026.89
Swatow	華僑銀行	1557	202,465.81	941.77	1534.40	---	204,941.98
	信行公司	108	18,177.00	427.91	51.84	---	18,656.75
	民信銀號	12	3,120.00	71.61	5.76	---	3,197.37
	交通銀行	1	200.00	1.00	1.00	---	202.00
	匯理銀行	1172	109,000.00	791.08	723.50	---	110,514.58
		2850	332,962.81	2,233.3[illegible]	2,316.50	---	337,512.68
Hoihow	華僑銀行	4141	377,604.00	1,805.17	2070.50	---	381,479.67
	信行公司	—	——	——	——	——	——
	民信銀行	124	13,377.00	192.54	59.52	——	13,629.06
		4265	390,981.00	1997.71	2130.02		395,108.73
Tsinshan	華僑銀行	—	——	——	——	——	——
	民信銀行	11	6,045.00	73.62	5.28	——	6,123.90
	交通銀行	27	10,895.45	29.88	27.00	——	10,952.33
		38	16,940.45	103.50	32.28	——	17,076.23
Grand Total		7,814	898,505.26	6,423.19	4,796.08	--	909,724.53

(S.C. a/c. Nil.)

（國幣）　三十一年二月份　(FEBRUARY, 1942.)

D. C.	Bank	No.	Amt. of Rtce. N.幣	Rtce. Fee N.幣	A.P. Fee N.幣	Postage N.幣	Total N.幣
Canton	華僑銀行	45	16,670.00	234.13	34.60	---	16,938.73
Swatow							
Hoihow	—	—	——	——	——	——	——
Tsinshan	馬鑒豐行	11	8,400.00	16.60	11.00	——	8,427.60
Grand Total							

Cancelled

（國幣） H 三十一年二月份 (FEBRUARY, 1942)

14 145

D. C.	Bank	No.	Amt. of Rice. N.$		Rice. Fee N.$		A.P. Fee N.$		Total N.$	
Canton	華僑銀行	45	16,670	00	234	13	34	60	16,938	73
		45	16,670	00	234	13	34	60	16,938	73
Swatow	華僑銀行	28	3,760	00	25	30	26	96	3,812	26
	民信銀號	2	200	00	5	00		96	205	96
	馬聰米行	36	10,922	00	31	81	36	00	10,989	81
		66	14,882	00	62	11	63	92	15,008	03
Hoihow	—	—	—	—	—	—	—	—	—	—
		—	—	—	—	—	—	—	—	—
Tsinshan	華僑銀行	36	23,150	00	243	37	27	68	23,421	05
	馬聰米行	11	8,400	00	16	60	11	00	8,427	60
		47	31,550	00	259	97	38	68	31,848	65
Grand total:		158	63,102	00	556	21	137	20	63,795	41

S.C. a/c.

NIL.

144（國幣）15　三十一年三月份　(MARCH, 1942.)

D. C.	Bank	No.	Amt. of Rlce. NB		Rlce Fee NB		AP Fee NB		Total NB	
Canton	華僑銀行	1,182	276,744	57	1,050	23	1,170	58	278,965	38
Swatow	—	—	—	—	—	—	—	—	—	—
Hoihow	—	—	—	—	—	—	—	—	—	—
Tsinshan	馬麗豐行	1	50	00	0	25	1	00	51	25
	Total:	1,183	276,794	57	1,050	48	1,171	58	279,016	63

S. C. a/c

(NIL)

16

143

（國幣）"A" 三十一年四月份 （APRIL, 1942.）

D. C.	Bank	No.	Amt. of Rtce. N$		Rtce. fee N$		A. P. fee N$		Total N$	
Canton	華僑銀行	319	89,491	40	307	35	319	00	90,117	75
Swatow	民信銀號	3	350	00	8	75	1	44	360	19
Hoihow	〃	325	58,614	00	1,243	44	156	00	60,013	44
Tsinshan	—	—	—	--	—	--	—	--	—	--
		647	148,455	40	1,559	54	476	44	150,491	38

S. C. a/c

(NIL.)

(國幣) 17

三十一年五月份 (MAY, 1942.)

D. C.	Bank.	No.	Amt. of Rtce. N$		Rtce. fee N$		A.P. fee N$		Total N$	
Canton	O.C.B.C.	149	53,965	00	157	43	149	00	54,271	43
Swatow	信[illegible]公司	22	6,745	00	150	91	5	28	6,901	19
Hoihow		–	–	--	–	--	–	--	–	--
Tsinshan	–	–	–	--	–	--	–	--	–	--
Grand Total		171	60,710	00	308	34	154	28	61,172	62

(S.C. a/c. NIL.)

① 非沦陷区 a/c
② 已沦陷区 a/c

(國幣) 三十一年六月份 (JUNE, 1942.)

D. C.	Bank	No.	Amt. of Rtce. N$		Rtce. fee N$		A.P. fee N$		Total N$	
Canton *	O.C.B.C.	59.	22,340	00	64	34	59	00	22,463	34
	Lee Hong	56.	31,390	00	70	51	56	00	31,516	51
Swatow		① 14	14,150	00	24	55	14	00	14,188	55
		115	53,730	00	134	85	115	00	53,979	85
		② 101	39,580	00	110	30	101	00	39,791	30
Hoihow		–	–	--	–	--	–	--	–	--
Tsinshan		–	–	--	–	--	–	--	–	--
Swatow		–	–	--	–	--	–	--	–	--
Grand Total →		① 14	14,150	00	24	55	14	00	14,188	55
		② 101	39,580	00	110	30	101	00	39,791	30
		115	53,730	00	134	85	115	00	53,979	85
Canton *	OCBC	① 7	5,300	00	10	50	7	00	5,317	50
		② 52	17,040	00	53	84	52	00	17,145	84
	Lee Hong	① 7	8,850	00	14	05	7	00	8,871	05
		② 49	22,540	00	56	46	49	00	22,645	46

(S.C. a/c. NIL.)

18

~~141~~

（國幣）

① 非淪陷区之件；
② 已淪陷区之件：

三十一年七月份 （JULY, 1942.）

D. C.	Bank		No.	Amt. of Rtce. N.$		Rtce Fee N.$		A.P. Fee N.$		Total N.$	
Canton	華僑銀行	①	24	6,285	00	20	33	24	00	6,329	33
		②	41	9,015	20	34	50	41	00	9,090	70
	Ⓐ		65	15,300	20	54	83	65	00	15,420	03
	東方匯理	①	278	30,600	00	153	00	241	50	30,994	50
		②	1519	164,330	00	818	25	1,438	50	166,586	75
	Ⓑ		1797	194,930	00	971	25	1,680	00	197,581	25
	Ⓐ+Ⓑ=	①	302	36,885	00	173	33	265	50	37,323	83
		②	1560	173,345	20	852	75	1,479	50	175,677	45
			1862	210,230	20	1,026	08	1,745	00	213,001	28
Swatow	華僑銀行	②	1	400	00	1	20		50	401	70
	馬麗豐行	②	4	560	00	2	76	4	00	566	76
			5	960	00	3	96	4	50	968	46
Hoihow	—		—	—	--	—	--	—	--	—	--
Tsinshan	—		—	—	--	—	--	—	--	—	--
	—		—	—	--	—	--	—	--	—	--
Grand Total:		①	302	36,885	00	173	33	265	50	37,323	83
		②	1,565	174,305	20	856	71	1,484	00	176,645	91
			1,867	211,190	20	1,030	04	1,749	50	213,969	74

（國幣）

三十一年八月份 （AUGUST, 1942）

D. C.	Bank	No.	Amt. of Rtce. N.$		Rtce. Fee N.$		AP. Fee N.$		Total N.$	
Canton	—	—	—	--	—	--	—	--	—	--
Swatow	—	—	—	--	—	--	—	--	—	--
Hoihow	—	—	—	--	—	--	—	--	—	--
Tsinshan	—	—	—	--	—	--	—	--	—	--
Grand Total		Nil								

S.C. a/c Nil.

① 非淪陷區 a/c.
② 淪陷區 a/c.

~~140~~ (國幣) 19 三十一年九月份 (SEPTEMBER 42)

D.C.	Bank	No.	Amt. of Rtce. N$	Rtce Fee N$	A.P. Fee N$	Total. N$
Canton	—	—	— --	— --	— --	— --
Hoihow	—	—	— --	— --	— --	— --
Tsinshan (10)	O.C.B.C.	126	(2) 38,505 00 (CRB.) 19,252 50	119 05 59 52	126 00 63 00	38,750 05 19,375 02
Swatow	—	—	— --	— --	— --	— --
Grand total:		(2) 126	38,505 00 (C.R.B.) 19,252 50	119 05 59 52	126 00 63 00	38,750 05 19,375 02

(1) 非淪
(2) 淪

(國幣) 三十一年十月份 (OCTOBER, 1942)

D.C.	BANK	NO.	AMT. OF RTCE. (N.$)	RTCE FEE (N.$)	AP FEE (N.$)	TOTAL (N$)
Canton	—	—	— --	— --	— --	— --
Swatow	—	—	— --	— --	— --	— --
Hoihow	Lee Hong (2)	3,786	699,253 00 (CRB) 349,626 50	2,648 15 1,324 08	3,786 00 1,893 00	705,687 15 352,843 58
Tsinshan	—	—	— --	— --	— --	— --
Grand total:		3,786	699,253 00 (CRB) 349,626 50	2,648 15 1,324 08	3,786 00 1,893 00	705,687 15 352,843 58

※ 入管理局卅一年十二月份帳

(甲)已滙
(乙)非滙

-20 139

(國幣) 三十一年十一月份 (NOVEMBER, 1942.)

D. C.	BANK	NO	AMT. OF RTCE. N$		RTCE. FEE N$		A.P. FEE N$		TOTOL N$	
Canton	O.C.B.C.	274(甲)	50,205	00	193	25	274	00	50,672	25
			25,102	50	96	62	137	00	25,336	12
〃	〃	44(乙)	10,570	00	36	54	44	00	10,650	54
			5,285	00	18	27	22	00	5,325	27
〃	東方滙理	1941(甲)	199,085	00	990	67	1332	00	201,407	07
			49,542	50	495	04	666	00	100,703	54
〃	〃	329(乙)	40,020	00	200	03	217	00	40,437	03
			20,010	00	100	02	108	50	20,218	52
		2,588	299,880	00	1,419	89	1,867	00	303,166	89
			149,940	00	709	95	933	50	151,583	45
* Swatow	O.C.B.C.	794(甲)	121,410	09	490	70	791	50	122,692	29
			60,705	05	245	35	395	75	61,346	15
〃	〃	191(乙)	47,248	09	147	70	183	50	47,579	29
			23,624	05	73	85	91	75	23,789	65
〃	Ming Shun	8(甲)	1,805	00	43	03	3	84	1,851	87
			902	50	21	52	1	92	925	94
〃	〃	5(乙)	1,000	00	23	72	2	40	1,026	12
			500	00	11	86	1	20	513	06
		998	171,463	18	705	15	981	24	173,149	57
			85,731	60	352	58	490	62	86,574	80
⊗ Hoihow	O.C.B.C. H.K.	2,018(甲)	361,337	28	7,640	42	1,463	16	370,440	86
			180,668	64	3,820	21	731	58	185,220	43
Tsinshan	—	—	—		—		—		—	
Grand Total:		5,604	832,680	46	9,765	46	4,311	40	846,757	32
		C.R.B.$	416,340	23	4,882	73	2,155	70	423,378	66

※入管理局卅一年十二月份帳

⊗入管理局卅二年三月份帳

(國幣) 三十一年十二月份 (DECEMBER, 1942.)

D. C.	BANK	NO.	AMT. OF RTCE. N$		RTCE. FEE N$		A.P. FEE. N$		TOTAL N$	
Canton	—	—	—		—		—		—	
Swatow	—	—	—		—		—		—	
* Hoihow	信行公司	2,518(甲)	271,866	35	3,905	27	1,208	64	276,980	26
			135,933	18	1,952	63	604	32	138,490	13
〃	東方滙理	703(甲)	57,855	00	662	21	655	50	59,172	71
			28,927	50	331	11	327	75	29,586	36
		3,221	329,721	35	4,567	48	1,864	14	336,152	97
			164,860	68	2,283	74	932	07	168,076	49
Tsinshan	—	—	—		—		—		—	
Grand Total:		3,221	329,721	35	4,567	48	1,864	14	336,152	97
		C.R.B.$	164,860	68	2,283	74	932	07	168,076	49

※入管理局卅二年三月份帳

21

~~138~~

三十二年一月份（January 1943）

D. C.	Bank	No.	Amt. of Rtce	Rtce Fee	A.P. Fee	Total
Canton	—	—	—	—	—	—
Swatow	—	—	—	—	—	—
Tsinshan	—	—	—	—	—	—
※ Hoihow	光亚公司	2,298（甲）	485,569 00 242,784 50	1,636 70 818 35	2,298 00 1,149 00	489,503 50 244,[illegible]
Grand Total:		2,298 C.R.B.$	485,569 00 242,784 50	1,636 70 818 35	2,298 00 1,149 00	489,503 (384) 70 244,751 80

※入管理局卅三年三月份帳

三十二年二月份（February, 1943）

D. C.	Bank	No.	Amt. of Rtce	Rtce Fee	A.P. Fee	Total
Canton	—	—	—	—	—	—
Swatow	—	—	—	—	—	—
Tsinshan	—	—	—	—	—	—
Hoihow	—	—	—	—	—	—
	Total	—	—	—	—	—

22

~~137~~

三十二年三月份（March, 1943）

D. C.	Bank	No.	Amt. of Rtee	Rtee Fee	A.P. Fee	Total
Canton	O.C.B.C. B.S.	99(甲)	21,525 00 10,762 50	74 82 37 41	99 00 49 50	21,698 82 10,849 41
〃	〃	18(乙)	4,100 00 2,050 00	12 50 6 25	18 00 9 00	4,130 50 2,065 25
		117	25,625 00 12,812 50	87 32 43 66	117 00 58 50	25,829 32 12,914 66
Swatow	—	—	—	—	—	—
Hoihow	—	—	—	—	—	—
Tsinshan	—	—	—	—	—	—
	Total	117	25,625 00 12,812 50	87 32 43 66	117 00 58 50	25,829 32 12,914 66

三十二年四月份（April, 1943）

D. C.	Bank	No.	Amt. of Rtee	Rtee Fee	A.P. Fee	Total
Canton	—	—	—	—	—	—
Swatow	—	—	—	—	—	—
Tsinshan	—	—	—	—	—	—
Hoihow	—	—	—	—	—	—
	Total	—	—	—	—	—

~~136~~ 23

三十二年五月份 （May, 1943）

D. C.	Bank	No. of Order	Amt. of Rtce.		Rtce. Fee		A.P. Fee		Total	
Canton	東方滙理（甲）	19	2,330 1,165	00 00	11 5	65 82	9 4	50 75	2,351 1,175	15 57
"	東方滙理（乙）	6	490 245	00 00	2 1	45 23	3 1	00 50	495 247	45 73
		25	2,820 1,410	00 00	14 7	10 05	12 6	50 25	2,846 1,423	60 30
Swatow	—	—	—		—		—		—	
Hoihow	—	—	—		—		—		—	
Tsinshan	—	—	—		—		—		—	
	Total	25	2,820 1,410	00 00	14 7	10 05	12 6	50 25	2,846 1,423	60 30

三十二年六月份 （June, 1943）

D. C.	Bank	No. of Order	Amt. of Rtce.		Rtce. Fee		A.P. Fee		Total	
Canton	—	—	—		—		—		—	
Swatow	—	—	—		—		—		—	
Hoihow	—	—	—		—		—		—	
Tsinshan	—	—	—		—		—		—	
	Total	—	—		—		—		—	

24

135

三十二年七月份（July, 1943）

D. C.	Bank	No. of order	Amt. of Rtce	Rtce Fee	A.P. Fee	Total
Canton	—	—	—	—	—	—
Swatow	—	—	—	—	—	—
Hoihow	—	—	—	—	—	—
Tsinshan	—	—	—	—	—	—
	Total	—	—	—	—	—

三十二年八月份（August 1943）

D. C.	Bank	No. of order	Amt of Rtce	Rtce Fee	A.P. Fee	Total
Canton	—	—	—	—	—	—
Swatow	—	—	—	—	—	—
Hoihow	—	—	—	—	—	—
Tsinshan	—	—	—	—	—	—
	Total	—	—	—	—	—

25
134

三十二年九月份 September, 1943

D. C.	Bank	No. of order	Amt of Rtce	Rtce Fee	A.P. Fee	Total
Canton	–	–	–	–	–	
Swatow	–	–	–	–	–	
Tsinshan	–	–	–	–	–	
Hoihow	–	–	–	–	–	
Total:	–	–	–	–	–	

三十二年十月份 October, 1943

D. C.	Bank	No. of order	Amt of Rtce	Rtce Fee	A.P. Fee	Total
Canton	–	–	–	–	–	
Swatow	–	–	–	–	–	
Tsinshan	–	–	–	–	–	
Hoihow	–	–	–	–	–	
Total:						

26

~~133~~ 1[illegible]

三十二年十一月份 November, 1943

D. C.	Bank	No. of order	Amt of Rlce	Rlce Fee	A.P. Fee	Total
Canton	—	—	—	—	—	
Swatow	—	—	—	—	—	
Tsinshan	—	—	—	—	—	
Hoihow	—	—	—	—	—	
Total:						

D. C.	Bank	No. of order	Amt of Rlce	Rlce Fee	A.P. Fee	Total

(1940).

27 ~~132~~

廣州 CANTON D.C.

MONTH	BANK	NO.	AMT. OF RTCE. N$		RTCE. FEE N$		A.P. FEE N$		Postage N$	TOTAL N$	
OCT. 1940	華僑銀行	7,826	1,451,124	68	5,121	92	3,688	83	-	1,459,935	43
	信行公司	2,732	510,229	51	2,068	64	235	04	-	512,533	19
	民信銀號	2,428	501,554	00	1,520	91	275	68	-	503,350	59
	交通銀行	54	14,201	01	48	45	27	00	-	14,276	46
	馬麗豐銀行	74	16,540	00	50	15	37	00	-	16,627	15
	東亞銀行	2	900	00	9	00	1	00	.26	910	26
		13,116	2,494,549	20	8,819	07	4,264	55	.26	2,507,633	08
(毛券)	華僑銀行	29	(S.C.) 5,565	00	(S.C.) 16	99					
		-	= 4,280	76	= 13	05	14	50	-	4,308	31
NOV. 1940	華僑銀行	14,348	2,489,105	01	8,984	47	7,001	10	-	2,505,090	58
	信行公司	(1938) 9	1,128	00	2	26		72	-	1,130	98
		(1940) 3,493	669,064	70	2,142	68	838	32	-	672,045	70
	民信銀號	2,106	400,397	00	1,276	22	505	44	-	402,178	66
	交通銀行	80	29,219	78	77	72	40	00	-	29,337	50
	馬麗豐銀行	38	5,945	00	23	45	19	00	-	5,987	45
	東亞銀行	3	740	00	7	40	1	50	.39	749	29
		20,077	3,595,599	49	12,514	20	8,406	08	.39	3,616,520	16
(毛券)	華僑銀行	83	(S.C.) 14,430	00	(S.C.) 50	46					
		-	= 11,100	02	= 38	12	41	50		11,179	64
DEC. 1940	華僑銀行	13,528	2,242,779	62	8,317	36	6,598	53	-	2,257,695	51
	信行公司	2,547	462,879	72	1,637	51	611	28	-	465,128	51
	民信銀號	1,992	336,684	00	1,172	51	478	08	-	338,334	59
	馬麗豐行	93	20,509	00	66	99	46	50	-	20,622	49
	交通銀行	63	22,290	00	60	57	31	50	-	22,382	07
	東亞銀行	13	3,873	83	38	74	6	50	1.69	3,920	76
		18,236	3,089,016	17	11,293	68	7,772	39	1.69	3,108,083	93
(毛券)	華僑銀行	58	(S.C.) 10,282	00	(S.C.) 36	38					
		-	= 7,909	21	= 27	96	29	00	-	7,966	17

(1941) 120 37

CANTON D.C. 廣州

MONTH	BANK	NO.	AMT. OF RTCE N$		RTCE. FEE N$		A.P. FEE N$		Postage N$	TOTAL N$	
JAN. 1941	華僑銀行	14,813	2,496,153	00	8,938	02	7,127	15	---	2,512,218	17
	信行公司	4,968	869,580	30	3015	57	1,192	32	---	873,788	19
	民信銀號	3,278	634,914	00	1,974	92	786	72	---	637,675	64
	馬麗豐行	172	30,937	00	108	50	86	00	---	31,131	50
	交通銀行	206	67,082	05	199	65	103	00	---	67,384	70
	東亞銀行	68	11,350	00	113	50	34	00	8.84	11,506	34
		23,505	4,110,016	35	14,350	16	9,329	19	8.84	4,133,704	54
(毛券)	華僑銀行	62	(S.C.) 9,493	00	(S.C.) 36	32					
		–	= 7,302	32	= 27	92	31	00	---	7,361	24
FEB. 1941	華僑銀行	11,042	2,150,006	74	7,360	58	5,386	84	---	2,162,754	16
	信行公司	3,094	642,920	23	2,030	63	742	56	---	645,693	42
	民信銀號	1,529	309,993	00	987	36	366	96	---	311,347	32
	馬麗豐行	51	8,272	00	29	75	25	50	---	8,327	25
	交通銀行	85	28,540	47	83	48	42	50	---	28,666	45
	東亞銀行	191	31,625	76	316	26	95	50	24.83	32,062	35
		15,992	3,171,358	20	10,808	06	6,659	86	24.83	3,188,850	95
(毛券)	華僑銀行	30	(S.C.) 6,680	00	(S.C.) 21	72					
		–	= 5,138	46	= 16	69	15	00	---	5,170	15
MAR. 1941	華僑銀行	8,311	1,834,588	72	6,035	24	4,018	82	---	1,844,642	78
	信行公司	2,167	464,510	36	2035	60	520	08	---	467,066	04
	民信銀號	2,695	572,213	00	1,806	97	646	80	---	574,666	77
	馬麗豐行	96	25,607	00	73	44	48	00	---	25,728	44
	交通銀行	106	43,250	00	113	99	52	50	---	43,416	49
	東亞銀行	3	700	00	7	00	1	50	39	708	89
	匯理銀行	875	60,740	00	303	70	437	50	---	61,481	20
		14,253	3,001,609	08	10,375	94	5,725	20	39	3,017,710	68
(毛券)	華僑銀行	12	(S.C.) 1,240	00	(S.C.) 6	12					
		–	= 953	84	= 4	69	6	00	---	964	53
APR. 1941	華僑銀行								---		
	信行公司								---		
	民信銀號								---		
	馬麗豐行								---		
	交通銀行								---		
	匯理銀行								---		
	中華信託局								---		
	東亞銀行								---		
(毛券)	華僑銀行		(S.C.)		(S.C.)						
			–		–				---		

(1941)

119

38

廣州

CANTON D.C.

MONTH	BANK	No.	AMT. OF RTCE. N.$	RTCE. FEE N.$	A.P. FEE N.$	TOTA[L] N[.$]
MAY 1941						

28

WEIYENNG D.C. 131 惠陽

MONTH	BANK	No.	AMT. OF RTCE. N$		RTCE. FEE N$		A.P. FEE N$		TOTAL N$	
OCT. 1940 (NOV. 41)	華僑銀行	157	44,908	30	138	46	71	11	45,117	87
	信行公司	79	33,341	00	80	80	10	80	33,432	60
	民信銀號	54	7,120	00	22	93	6	40	7,149	33
	Total	290	85,369	30	242	19	88	31	85,699	80
NOV. 1940 (DEC 41)	華僑銀行	2,852	498,758	97	1,661	78	1,417	94	501,838	69
	信行公司	68	17,411	00	54	68	16	32	17,482	00
	民信銀號	19	2,605	00	10	46	4	56	2,620	02
	馬麗豐行	222	160,811	00	250	57	111	00	161,172	57
	交通銀行	4	800	00	3	20	2	00	805	20
	Total	3,165	680,385	97	1,980	69	1,551	82	683,918	48
DEC. 1940										

[illegible]

{Summary for Dec. 40} Included in Jan., 1941 account + dealt with by Kukong Pan-shih-chu from now on.

一九四〇年遂溪华侨汇款登记表

130 29 遂溪

SUIKAI D.C.

MONTH	BANK	NO.	AMT. OF RTCE. N$		RTCE. FEE N$		A.P. FEE N$		TOTAL N$	
OCT. 1940	華僑銀行	3,712	977,154	52	2,988	02	1,757	03	981,899	57
	信行公司	105	37,346	70	98	24	8	40	37,453	34
	民信銀號	64	15,370	00	49	92	5	12	15,425	04
	馬麗豐銀行	79	22,741	00	60	88	39	50	22,841	38
	交通銀行	1	400	00	1	20		50	401	70
		3,961	1,053,012	22	3,198	26	1,810	55	1,058,021	03
(毛券)	華僑銀行	2	(S.C.) 250	00	(S.C.) 1	25	…………		(毛券)	
			= 192	31	=	96	1	00	194	27
(桂幣)	華僑銀行	102	(桂券) 30,375	00	(桂券) 87	76	…………		(桂券)	
			= 15,187	50	= 43	95	51	00	15,282	45
二 NOV. 1940	華僑銀行	3,831	873,853	71	2,878	78	1,774	09	878,506	58
	信行公司	306	95,219	60	280	22	59	36	95,559	18
	民信銀號	48	17,035	00	45	06	7	84	17,087	90
	馬麗豐銀行	31	5,760	00	20	52	15	50	5,796	02
	交通銀行	1	200	00	1	00		50	201	50
		4217	992,068	31	3,225	58	1,857	29	997,151	18
(毛券)	華僑銀行	2	(S.C.) 130	00	(S.C.)	65				
			= 100	00	=	50	1	00	101	50
(桂幣)	華僑銀行	124	(桂券) 33,240	00	(桂券) 98	94				
			= 16,620	00	= 49	45	62	00	16,731	45
二 DEC. 1940	華僑銀行	3,143	684,850	53	2,294	91	1,509	45	688,654	89
	信行公司	262	89,975	97	245	66	62	88	90,284	51
	民信銀號	55	12,475	00	41	10	13	20	12,529	30
	馬麗豐銀行	58	19,633	00	45	58	29	00	19,707	58
	交通銀行	1	200	00	1	00		50	201	50
		3,519	807,134	50	2,628	25	1,615	03	811,377	78
(桂幣)	華僑銀行	78	(K$) 17,266	00	(K$) 53	31				
			= 8,633	00	= 26	72	39	00	8,698	72

a/E May 41

To be dealt with by Kukong
Pou-shik-chu from Jan. 1941

30

128 汕

TOISHAN D.C.

MONTH	BANK	NO.	AMT. OF RTCE. N$		RTCE. FEE N$		A.P. FEE N$		TOTAL N$	
一 OCT. 1940	華僑銀行	8,364	1,718,506	22	5,942	22	4,050	54	1,728,498	98
	信行公司	1,603	669,166	70	1,566	82	128	24	670,861	76
	民信銀號	1,283	747,022	00	1401	97	102	64	748,526	61
	馬麗豐銀行	38	5,500	00	22	10	19	00	5,541	10
	交通銀行	1,240	501,298	68	1,321	70	620	00	503,240	38
		12,528	3,641,493	60	10,254	81	4,920	42	3,656,668	83
（毛券）	華僑銀行	15	(sc.) 1,355	00	(sc.) 6	27				
			= 1,042	31	= 4	81	7	50	1,054	62
二 NOV. 1940	華僑銀行	7,191	1,437,438	90	5,174	22	3,504	38	1,446,117	50
	信行公司	812	266,503	63	698	12	132	96	267,334	71
	民信銀號	1,146	454,983	00	1,018	18	228	32	456,229	50
	馬麗丰行	36	10,960	00	29	12	18	00	11,007	12
	交通銀行	1,211	633,378	25	1,457	19	605	50	635,440	94
		10,396	2,803,263	78	8,376	83	4,489	16	2,816,129	77
（毛券）	華僑銀行	10	(s.c.) 1,195	00	(s.c.) 5	77				
			= 957	36	= 4	61	5	00	966	97
DEC. 1940										

Summary for Dec. 40:

Included in Jan. 1941 account & dealt with by Kukong Pan-chih-chu from now on.

一九四〇年至一九四一年海口华侨汇款登记表

~~126~~ 31 海口

HOIHOW D.C.

MONTH	BANK	NO.	AMT. OF RTCE. N$		RTCE. FEE N$		A.P. FEE N$		TOTAL N$	
OCT. 1940	華僑銀行	3,243	241,102	83	1,093	06	1,529	10	243,724	99
	信行公司	331	52,340	00	151	12	26	48	52,517	60
	民信銀號	35	2,505	00	11	35	2	80	2,519	15
	馬麗豐銀行	641	50,429	00	228	26	320	50	50,977	76
	交通銀行	2	220	00	1	10	1	00	222	10
	光亞公司	408	22,793	00	105	63	404	20	23,302	83
	Total:	4,660	369,389	83	1,590	52	2,284	08	373,264	43
NOV. 1940	華僑銀行	* 394 245	40,059 22,026	00 84	151 96	77 06	63 51	02 10	40,273 22,174	79 00
	信行公司	275	21,761	00	86	53	22	00	21,869	53
	民信銀號	12	1,900	00	5	50	1	12	1,906	62
	馬麗豐行	755	67,618	00	297	98	377	50	68,293	48
	光亞公司	488	69,709	00	209	39	333	70	70,252	09
	Total:	2,169 ~~1,775~~	223,073 ~~183,014~~	84 ~~84~~	847 ~~695~~	23 ~~46~~	848 ~~785~~	44 ~~42~~	224,769 ~~184,495~~	51 ~~72~~
~~DEC. 1940~~	（* 補入九月份華僑 O.C.B.C. 之數）									
DEC. 1940	華僑銀行	1,061	155,446	00	578	26	335	14	156,299	40
	信行公司	707	86,989	26	312	14	165	20	87,466	60
	民信銀號	35	3,465	00	14	53	8	40	3,487	93
	馬麗豐行	644	57,186	00	256	09	322	00	57,764	09
	光亞公司	507	49,225	00	196	87	253	50	49,675	37
	交通銀行	1	50	00		25		50	50	75
		2,955	352,361	26	1,298	14	1,084	74	354,744	14
JAN. 1941	華僑銀行	13,970	1,052,211	57 ㊟	4,728	54	6,872	16	1,063,812	27
（㊟ [illegible]卅年二月十二日 [illegible] 49/99 号呈文）	信行公司	552	91,630	08	272	76	132	48	92,035	32
	民信銀號	75	6,500	00	30	56	18	00	6,548	56
	馬麗豐行	1,206	101,200	00	474	84	603	00	102,277	84
	光亞公司	906	88,199	40	366	42	453	00	89,018	82
		16,709	1,339,746	85	5,873	12	8,078	64	1,353,692	81
FEB. 1941	華僑銀行	34,667	2,410,587	55	11,121	40	17,070	64	2,438,779	59
SE. 3	信行公司	1,409	333,263	04	820	26	338	16	334,421	46
	民信銀號	73	8,640	00	26	84	17	52	8,684	36
	馬麗豐行	1,645	119,828	00	569	38	822	50	121,219	88
	光亞公司	1,114	96,008	00	395	46	557	00	96,960	46
		38,908	2,968,326	59	12,933	34	18,805	82	3,000,065	75

32

海口 125

HOIHOW D. C.

MONTH	BANK	NO.	AMT. OF RTCE. N$	RTCE. FEE N$	A.P. FEE N$	TOTAL N$
MAR. 1941	華僑銀行					
	信行公司					
	民信銀號					
	馬麗豐行					
	光亞公司					

一九四〇年至一九四一年汕头华侨汇款登记表

SWATOW D.C. 1/124 33 汕頭

MONTH	BANK	NO.	AMT. OF RTCE. N$		RTCE. FEE N$		A.P. FEE N$		TOTAL N$	
OCT. 1940	華僑銀行	11,761	2,118,988	74	9,033	76	5,846	72	2,133,869	22
	信行公司	233	102,728	50	1,271	21	18	64	104,018	35
	民信銀號	12	4,420	00	21	42		96	4,442	38
	馬麗豐銀行	354	669,624	00	837	08	177	00	670,638	08
	交通銀行	4	2,100	00	4	90	2	00	2,106	90
		12,364	2,897,861	24	11,168	37	6,045	32	2,915,074	93
(補)	華僑銀行	1	(S.C.) 20	00	(S.C.)	10				
			= 13	94	=	07		25	14	26
NOV. 1940	華僑銀行	6,765	980,319	90	6,354	64	3,354	60	990,029	14
	信行公司	237	152,357	00	286	45	55	12	152,698	57
	民信銀號	8	1,310	00	4	95	1	60	1,316	55
	馬麗豐行	92	82,238	00	130	27	46	00	82,414	27
	交通銀行	2	500	00	2	10	1	00	503	10
May '41 a/c		7,104	1,216,724	90	6,778	41	3,458	32	1,226,961	63
DEC. 1940	華僑銀行	2,494	216,795	75	0,935	30	1,213	61	0,218,944	66
	信行公司	80	23,050	00	54	76	19	20	23,423	96
	民信銀號	3	210	00	1	05		72	211	77
	馬麗豐行	21	2,204	00	7	59	10	50	2,222	09
	交通銀行	4	400	00	2	00	2	00	404	00
		2,602	242,659	75	1,000	70	1,246	03	244,906	48
JAN. 1941 SE·3	華僑銀行	6,347	459,225	70	1,987	04	3,073	64	464,286	38
	信行公司	112	94,682	11	160	32	26	88	94,869	31
	民信銀號	3	180	00		90		72	181	62
	馬麗豐行	54	4,948	00	20	56	27	00	4,995	56
	交通銀行	8	1,740	00	7	02	4	00	1,751	02
		6,524	560,775	81	2,175	84	3,132	24	566,083	89
FEB. 1941 SE·3	華僑銀行	4,386	368,109	15	1,523	90	2,133	68	371,766	73
	信行公司	78	16,705	13	46	53	18	72	16,770	38
	民信銀號	2	30	00		15		48	30	63
	馬麗豐行	38	3,924	00	14	03	19	00	3,957	03
	交通銀行	5	1,579	19	4	58	2	50	1,586	27
	東方滙理	61	5,780	00	104	50	30	50	5,915	00
		4,570	396,127	47	1,693	69	2,204	88	400,026	04

34

汕頭 123

SWATOW D.C.

MONTH	BANK	NO.	AMT. OF RTCE. N$	RTCE. FEE N$	A.P. FEE N$	TOTAL N$
MAR. 1941	華僑銀行					
	信行公司					
	民信银號					
	马麗豐行					

一九四〇年至一九四一年前山华侨汇款登记表

~~122~~ 35

前山

TSINSHAN D.C.

MONTH	BANK	NO	AMT. OF RTCE. N$		RTCE. FEE N$		A.P. FEE N$		TOTAL N$	
OCT. 1940	華僑銀行	735	147,364	15	503	38	296	10	148,163	63
	信行公司	439	146,169	56	365	63	35	12	146,570	31
	民信銀號	309	70,676	00	207	32	26	80	70,910	12
	馬麗豐行	10	2,405	00	7	03	5	00	2,417	03
		1,493	366,614	71	1,083	36	363	02	368,061	09
（毛書）	華僑銀行	1	(SC.) 500	00	(SC.) 1	70				
			= 490	20	= 1	67	1	00	492	87
NOV. 1940	華僑銀行	659	120,106	95	428	34	289	82	120,825	11
	信行公司	372	104,573	19	284	96	82	56	104,940	71
	民信銀號	287	68,305	80	206	38	68	88	68,581	06
	馬麗豐行	5	500	00	2	50	2	50	505	00
	交通銀行	20	9,090	59	22	06	10	00	9,122	65
Nov 41 a/c		1,343	302,576	53	944	24	453	76	303,974	53
（毛書）	華僑銀行	4	(SC.) 350	00	(SC.) 1	75				
			= 332	58	= 1	66	2	00	336	24
DEC. 1940	華僑銀行	926	158,649	58	592	84	403	47	159,645	89
	信行公司	310	84,987	65	232	42	74	40	85,294	47
	民信銀號	216	54,677	00	158	97	51	84	54,887	81
	馬麗豐行	8	555	00	2	78	4	00	561	78
	交通銀行	59	17,501	65	56	58	29	50	17,587	73
		1,519	316,370	88	1,043	59	563	21	317,977	68
JAN. 1941	華僑銀行	1,204	185,006	16	711	69	533	38	186,251	23
	信行公司	360	79,739	23	243	64	86	40	80,069	27
1941	民信銀號	326	75,075	00	219	31	78	24	75,372	55
	馬麗豐行	24	3,465	00	12	34	12	00	3,489	34
	交通銀行	105	26,507	04	89	19	52	50	26,648	73
		2,019	369,792	43	1,276	17	762	52	371,831	12
FEB. 1941 SE: 3	華僑銀行	684	122,014	50	426	98	278	71	122,720	19
	信行公司	307	65,025	25	208	56	73	68	65,307	49
	民信銀號	210	52,518	00	146	82	50	40	52,715	22
	馬麗豐行	3	175	00		88	1	50	177	38
	交通銀行	58	19,934	45	58	47	29	00	20,021	92
		1,262	259,667	20	841	71	433	29	260,942	20
（毛書）	華僑銀行	3	(SC.) 210	00	(SC.) 1	05				
			= 161	53	=	81	1	50	163	84

36

前山 121

TSINSHAN D.C.

MONTH	BANK	NO.	AMT. OF RTCE. N$	RTCE. FEE N$	A.P. FEE N$	TOTAL N$
MAR. 1941	華僑銀行					
	信行公司					
	民信銀號					

广州发票局统计一九三九年至一九四〇年各银行华侨汇款登记表

44

111 28001

Canton
D.C.

廣州發票局

Month	Bank	No.	Amt. of Rem. N.$	Rem. Fee N.$	Postage N.$	A.P. Fee N.$
JAN. 1939	華僑銀行	1112	79.313 88	358 11	- - -	276 64
FEB. 1939	華僑銀行	2626	154,744 20	684 99	- - -	655 14
	信行公司	1	50 00	50	- - -	08
MAR. 1939	華僑銀行	363	14,693 00	68 67	- - -	90 75?
APR. 1939	華僑銀行	380	19,906 30	86 33	- - -	94 83
	信行公司	1	5,263 50?	5 26	- - -	08
MAY. 1939	華僑銀行	-	- - -	- - -	- - -	- - -
	信行公司	1	30 00	15	- - -	08
JUNE 1939	華僑銀行	5	100 00	50	- - -	1 25
JULY 1939	華僑銀行 / 信行公司	26 / 2	772 40 / 60 00	3 88 / 30	- - - / - - -	6 50 / 16
AUG. 1939	華僑銀行	1	100 00	50	- - -	25
	信行公司	1	30 00	15	- - -	08
	民信銀號	1	200 00	1 00	- - -	08
SEP. 1939	華僑銀行	279	12,351 00	54 30	- - -	69 75
	信行公司	2	450 00	1 85	- - -	16
OCT. 1939	華僑銀行	1521	54,928 00	254 06	- - -	634 75
	信行公司	8	860 00	3 31	- - -	64
NOV. 1939	華僑銀行	5,425	203,450 90	957 75	~~2,712 50~~	2,712 50
	信行公司	25	1,575 00	5 90	- - -	2 00
DEC. 1939	華僑銀行	5,516	218,338 48	1,052 75	- - -	2,758 00
	信行公司	7	650 00	2 85	- - -	56
JAN. 1940	華僑銀行	7,522	293,782 32	1,429 16	- - -	3,761 00
	信行公司	60	3,974 00	19 78	- - -	4 80
	東方匯理銀行	1	56 00	28	- - -	50
FEB. 1940	華僑銀行 ×	14116 / 6066 / 20,182	539,367 90 / 230,990 77 / 770,358 67	2,660 58 / 1,110 39 / 3,770 97	- - -	7,058 00 / 3,033 00 / 10,091 00
	信行公司 ×	70	3,839 00	18 31	- - -	5 60
MAR. 1940	華僑銀行	73 / 8343 / 8416	4,019 06 / 355,536 69 / 359,555 75	18 55 / 1689 11 / 1,707 66	- - -	36 50 / 4,171 50 / 4,208 00
	信行公司	18	843 00	4 22	- - -	1 44
	民信銀號	1	200 00	1 00	- - -	08
	東方匯理	8	682 00	3 42	- - -	4 00
APR. 1940	華僑銀行	8687	488,335 26	2,247 94	- - -	4,340 56
	信行公司	171	9,741 00	42 31	- - -	13 68
	民信銀號	5	780 00	2 71	- - -	40
	匯理銀行	10	300 00	1 50	- - -	5 00

C.

Month	Bank	No.	Amt. of Rem. S.C.	Amt. of Rem. N.$	Rem. Fee S.C.	Rem. Fee N.$	A.P. Fee N.$
JAN. 1939	華僑銀行	1606	150,780 85	105,207 37	655 64	457 53	400 48
FEB. 1939	華僑銀行	3506	336,620 38	239,362 89	1,450 63	1,029 93	876 50
	-	-		-	-	-	-
MAR. 1939	華僑銀行	-		-	-	-	-
APR. 1939	華僑銀行			-	-	-	-
	-	-		-	-	-	-
MAY. 1939	華僑銀行	-		-	-	-	-
		-		-	-	-	-
JUNE 1939	華僑銀行	-		-	-	-	-
JULY 1939	信行公司			-	-	-	-
AUG. 1939	華僑銀行	-		-	-	-	-
	信行公司	-		-	-	-	-
	民信銀號	-		-	-	-	-
SEP. 1939	華僑銀行	-		-	-	-	-
	信行公司	1	50 00	60 24	25	30	08
OCT. 1939	華僑銀行	~~1~~ (1 + 150.-)	~~150~~	~~104 53~~	~~0 50~~	~~0 35~~	-
	信行公司	-		-	-	-	-
NOV. 1939	華僑銀行	1	150 00	104 53	50	35	-
	信行公司	-	-	-	-	-	-
DEC. 1939	華僑銀行	-	-	-	-	-	-
	信行公司			-	-	-	-
JAN. 1940	華僑銀行	-	-	-	-	-	-
	信行公司	-	-	-	-	-	-
	-	-	-	-	-	-	-
FEB. 1940	華僑銀行 ×	-		-	-	-	-
	信行公司 ×	-	-		-	-	-
MAR. 1940	華僑銀行	-		-	-	-	-
	信行公司	-	-	-	-	-	-
	民信銀號	-	-	-	-	-	-
	東方匯理	-	-	-	-	-	-
APR. 1940	華僑銀行	-	-	-	-	-	-
	信行公司	-	-	-	-	-	-
	民信銀號	-	-	-	-	-	-
	-	-	-	-	-	-	-

-113 41 國幣

CAN

D.

Month	Bank	No.	Amt. of Rem.	Rem. Fee	Postage	A.P. Fee
NOV. 1939	華僑銀行	1879	219,033 19	866 56	---	887 51
	信行公司	983	103,945 00	474 52	---	78 64
	民信銀號	94	25,094 47	59 31	---	7 52
	廣東銀行	13	1,650 00	42 75	1 69	1 04
DEC. 1939	華僑銀行	3614	392,390 45	1600 24	---	1,[illegible]6 20
	信行公司	1040	102,057 50	484 67	---	83 20
	民信銀號	251	96,083 60	214 80	---	20 08
	廣東銀行	21	14,910 00	323 10	2 73	1 68
JAN. 1940	華僑銀行	4173 3339 7,512	359,042 15 305,467 85 664,510 00	1546 48 1320 15 2,866 63	--- ---	1,957 82 1,652 28 3,610 10
	信行公司	1714	142,196 30	755 14	---	137 12
	民信銀號	541	103,215 24	300 27	---	43 28
	東方匯理銀行	211 528 739	10,095 00 25,274 00 35,369 00	50 70 127 34 178 04	--- ---	105 50 289 00 394 50
	廣東銀行	16	8,920 00	218 01	7 28	4 48
	東亞銀行	1	300 00	1 10	13	08
FEB. 1940	華僑銀行	81 3697 3,778	9,578 00 361,135 38 370,713 38	38 46 1510 86 1,549 32	--- ---	39 75 1,738 46 1,778 21
	信行公司	1244	103,127 00	448 74	---	99 52
	民信銀號	484	88,716 00	254 96	---	[illegible]8 72
	東方匯理銀行	363	17,861 00	89 58	---	181 50
	廣東銀行	12	15,178 03	324 30	1 56	96
	東亞銀行	2	1,250 00	2 85	26	16
MAR. 1940	華僑銀行	6,909 17 6926	726,976 37 2,020 00 728,996 37	3056 49 8 27 3,064 76	---	3,334 38 8 50 3,342 88
	信行公司	1,726	147,321 81	781 21	---	138 08
	民信銀號	343	60,436 00	185 25	---	27 36
	東方匯理銀行	319	17,569 00	88 09	---	159 50
	廣東銀行	2	160 00	4 80	26	16
	東亞銀行	1	750 00	1 55	13	50
APR. 1940	華僑銀行	10,130	1,140,527 03	4,687 32	---	4,925 37
	信行公司	1,825	203,539 90	906 38	---	146 00
	民信銀號	1379 ~~1382~~	226,865 00 ~~227,365 00~~	719 14 ~~720 84~~	---	110 32 ~~110 56~~
	東方匯理銀行	731	35,128 00	175 97	---	365 50
	廣東銀行	—	—	—	—	—
	東亞銀行	1	119 10	1 19	13	08

* {[illegible]1939年 / [illegible]1940年}

TON
C.

毫券 ~~40~~ 28001

month	Bank	No.	Amt. of Rem. S.C.		Amt. of Rem. N.$		Rem. Fee S.C.		Rem. Fee N.$		A.P. Fee N.$	
NOV. 1939	華僑銀行	2629	209,774	17	226,804	54	933	08	1,009	20	1264	27
	信行公司	1595	117,898	80	117,749	77	477	20	474	79	127	60
	民信銀號	352	133,573	32	110,706	60	293	12	242	47	28	16
	廣東銀行	—	—	—	—	—	—	—	—	—	—	—
DEC. 1939	華僑銀行	3419	306,747	36	301,170	54	1,353	58	1329	44	1659	70
	信行公司	649	43,971	46	41,163	24	178	41	166	39	51	92
	民信銀號	160	52,772	01	40,423	83	115	47	87	69	12	80
	廣東銀行	—	—	—	—	—	—	—	—	—	—	—
JAN. 1940	華僑銀行	923 *1763 2686	71,578 145,528 217,107	41 68 09	29,574 126,673 156,248	85 56 41	330 667 997	02 75 77	274 581 856	82 66 48	461 881 1,342	50 08 58
	信行公司	160	9,681	00	7,463	04	46	55	35	86	12	80
	民信銀號	255	38,048	60	25,269	49	119	98	79	68	20	40
	東方匯理銀行	—	—	—	—	—	—	—	—	—	—	—
	廣東銀行	—	—	—	—	—	—	—	—	—	—	—
	東亞銀行	—	—	—	—	—	—	—	—	—	—	—
FEB. 1940	華僑銀行	*107 217 324	8,751 16,198 24,949	00 40 40	9,698 12,971 22,669	55 09 64	38 71 109	21 13 34	41 56 98	79 96 75	50 108 158	25 50 75
	信行公司	118	9,196	00	8,690	81	35	59	33	28	9	44
	民信銀號	62	14,582	00	9,579	24	40	35	26	54	4	96
	東方匯理銀行	—	—	—	—	—	—	—	—	—	—	—
	廣東銀行	—	—	—	—	—	—	—	—	—	—	—
	東亞銀行	—	—	—	—	—	—	—	—	—	—	—
MAR. 1940	華僑銀行	*145 2 147	12,716 200 12,916	00 00 00	9,943 166 10,110	51 67 18	57 1 58	80 00 80	45 84 46	19 03	72 1 73	50 00 50
	信行公司	17	2650	00	1,854	74	9	69	6	82	1	36
	民信銀號	5	6400	00	4171	20	9	40	6	12		40
	東方匯理銀行	—	—	—	—	—	—	—	—	—	—	—
	廣東銀行	—	—	—	—	—	—	—	—	—	—	—
	東亞銀行	—	—	—	—	—	—	—	—	—	—	—
APR. 1940	華僑銀行	141	12,185	00	9431	84	52	91	40	91	70	50
	信行公司	6	650	00	444	07	3	25	2	21		48
	民信銀號	37 ~~34~~	6405 ~~5,905~~	00 ~~00~~	3,969	86	22 ~~24~~	71 ~~01~~	14	13	2 ~~2~~	96 ~~72~~
	東方匯理銀行	—	—	—	—	—	—	—	—	—	—	—
	廣東銀行	—	—	—	—	—	—	—	—	—	—	—
	東亞銀行	—	—	—	—	—	—	—	—	—	—	—

39 國幣　　CAN

Month	Bank	No.	Amt. of Rtce N.$	Rtce. fee N.$	Postage N.$	AP. fee N.$
MAY. 1940	華僑銀行	10,141	1,455,159 16	5,496 66	-	4,917 20
	信行公司	1,889	209,295 62	848 18	-	151 12
	民信銀號	1,254	181,168 00	629 49	-	100 32
	匯理銀行	774	38,770 00	194 05	-	387 00
	交通銀行	11	1,240 00	5 36	-	5 50
	廣東銀行	-	-	-	-	-
	東亞銀行	2	300 00	3 00	26	1 00
JUNE 1940	華僑銀行	15,755	2,487,205 11	9,196 31	-	7,730 92
	信行公司	1,806	207,524 50	875 12	-	144 48
	民信銀號	948	172,619 00	535 33	-	75 84
	匯理銀行	1,760	99,678 00	498 86	-	880 00
	交通銀行	24	4,751 34	20 16	-	12 00
JULY 1940	華僑銀行	10,623	1,973,055 54	6,826 38	-	5,177 52
	信行公司	2,026	415,565 40	1,238 64	-	162 08
	民信銀號	1,417	441,264 00	1,047 13	-	113 36
	匯理銀行	465	27,697 00	138 63	-	232 50
	交通銀行	20	5,540 00	20 22	-	10 00
	馬麗豐金行	88	13,075 00	54 00	-	44 00
	東亞銀行	2	16,000 00	16 00	26	1 00
AUG 1940	華僑銀行	8,842	1,467,082 61	5,356 13	-	4,329 86
	信行公司	2,941	318,871 03	1,027 47	-	155 28
	民信銀號	1,359	328,337 00	869 10	-	108 72
	匯理銀行	106	6,232 00	31 19	-	53 00
	交通銀行	27	7,209 04	24 65	-	13 50
	馬麗豐金行	59	12,109 00	39 20	-	29 50
SEP. 1940	華僑銀行	8,819	1,548,412 99	5,533 77	-	4,290 64
	信行公司	2,144	391,158 20	1,175 35	-	771 52
	民信銀號	1,708	353,527 00	1,054 50	-	136 64
	匯理銀行	191	9,010 00	45 15	-	95 50
	交通銀行	40	13,261 22	40 93	-	20 00
	馬麗豐金行	85	18,006 00	61 54	-	42 50
	東亞銀行	1	200 00	2 00	13	50
Total:		12,988	2,333,575 41	7,933 24	13	4,757 30

TON.

c.

Month	Bank	No.	Amt. of Rtce S.C.		Amt. of Rtce N.$		Rtce fee S.C.		Rtce fee N.$		AP. fee N.$	
MAY.1940	華僑銀行	82	8,869	00	6,843	22	35	93	27	73	41	00
	信行公司	-	-	--	-	--	-	--	-	--	-	--
	民信銀號	11	2,145	00	1,411	33	5	53	3	63		88
	滙理銀行	-	-	--	-	--	-	--	-	--	-	--
	交通銀行	-	-	--	-	--	-	--	-	--	-	--
	廣東銀行	-	-	--	-	--	-	--	-	--	-	--
	東亞銀行	-	-	--	-	--	-	--	-	--	-	--
JUNE 1940	華僑銀行	107	21,401	00	16,606	96	65	95	51	45	53	50
	信行公司	-	-	--	-	--	-	--	-	--	-	--
	民信銀號	13	2,155	00	1,447	52	7	19	4	81	1	04
	-	-	-	--	-	--	-	--	-	--	-	--
	-	-	-	--	-	--	-	--	-	--	-	--
JULY1940	華僑銀行	38	4,715	00	3,626	92	17	58	13	50	19	00
	信行公司	-	-	--	-	--	-	--	-	--	-	--
	民信銀號	12	5,040	00	3,187	89	12	20	7	71		96
	-	-	-	--	-	--	-	--	-	--	-	--
	-	-	-	--	-	--	-	--	-	--	-	--
	-	-	-	--	-	--	-	--	-	--	-	--
	-	-	-	--	-	--	-	--	-	--	-	--
AUG.1940	華僑銀行	18	4,390	00	3,376	95	13	87	10	67	9	00
	-	-	-	--	-	--	-	--	-	--	-	--
	-	-	-	--	-	--	-	--	-	--	-	--
	-	-	-	--	-	--	-	--	-	--	-	--
	-	-	-	--	-	--	-	--	-	--	-	--
	-	-	-	--	-	--	-	--	-	--	-	--
SEP.1940	華僑銀行	29	3,077	00	2,366	92	13	87	10	65	14	50
	-	-	-	--	-	--	-	--	-	--	-	--
	-	-	-	--	-	--	-	--	-	--	-	--
	-	-	-	--	-	--	-	--	-	--	-	--
	-	-	-	--	-	--	-	--	-	--	-	--
	-	-	-	--	-	--	-	--	-	--	-	--
	-	-	-	--	-	--	-	--	-	--	-	--
	-	-	-	--	-	--	-	--	-	--	-	--
	Total:	29	3077	00	2,366	92	13	87	10	65	14	50

115

（十月份起转入新册）

汕头发票局统计一九三八年至一九四〇年各银行华侨汇款登记表

~~36~~ 116

28028

Swatow

D.C.

汕頭發票局

35 117

國幣 (1938/1939) SWA

D.

Month	Bank	No.	Amt. of Rem.	Rem. Fee	Postage	A.P. Fee
OCT. 1938	華僑銀行	56	4,982 00	32 79	---	14 00
NOV. 1938	華僑銀行	1479	94,806 50	336 90	---	369 07
DEC. 1938	華僑銀行	2339	182,883 02	621 71	---	579 99
JAN. 1939	華僑銀行	2504	210,300 56	725 18	---	820 38
FEB. 1939	華僑銀行	4881	301,845 88	1,052 29	---	1,212 78
MAR. 1939	華僑銀行	1305	95,866 05	343 22	---	323 02
	信行公司	4	140 00	14	---	32
APR. 1939	華僑銀行	1656	209,667 83	534 21	---	410 09
	信行公司	14	1,747 82	2 87	---	1 12
MAY 1939	華僑銀行	2298	193,538 20	615 74	---	572 46
JUNE 1939	華僑銀行	2356	166,466 04	574 20	---	586 96
	信行公司	20	4,086 68	9 91	---	1 60
JULY 1939	華僑銀行	1967	236,406 00	718 21	---	485 85
	信行公司	1	250 31	1 05	---	08
AUG. 1939	華僑銀行	1231	113,114 52	357 37	---	269 84
	信行公司	23	2,006 00	6 03	---	4 84
	民信銀號	-	---	---	---	---
SEP. 1939	華僑銀行	7365	817,704 66	2,732 05	---	1,729 00
	信行公司	1949	179,277 00	647 17	---	155 92
	民信銀號	4	600 00	2 60	---	32
OCT. 1939	華僑銀行	8388	873,424 86	2,997 17	---	3,519 23
	信行公司	1177	214,229 00	602 16	---	94 16
	民信銀號	10	1,000 00	5 00	---	80
NOV. 1939	華僑銀行	11,982	1,144,031 68	4,054 44	---	5,667 01
	信行公司	1,270	285,732 00	751 31	---	101 60
	民信銀號	6	840 00	3 40	---	48
	炎豐公司	19,815	783,639 00	3,507 25	---	9,907 50
DEC. 1939	華僑銀行	11,473	1,356,936 28	4,637 12	---	5,463 71
	信行公司	608	132,260 00	341 81	---	48 64
	民信銀號	4	900 00	3 30	---	32
	炎豐公司	15,040	813,560 92	3,243 66	---	7,520 00

TOW

c.

(1938/1939)

毫券 ~~34~~ 28022

Month	Bank	No.	Amt. of Rem. S. C.	Amt. of Rem. N. $	Rem. Fee S. C.	Rem. Fee N. $	A.P. Fee N. $
OCT. 1938	華僑銀行	-	-	-	-	-	-
NOV. 1938	華僑銀行	-	-	-	-	-	-
DEC. 1938	華僑銀行	14	996 00	729 82	5 00	3 66	2 31
JAN. 1939	華僑銀行	40	4,769 70	3,327 53	17 49	12 20	10 00
FEB. 1939	華僑銀行	61	6,398 92	4,749 61	25 88	19 19	15 25
MAR. 1939	華僑銀行	20	3,563 00	2,626 09	10 31	7 70	5 00
	-	-	-	-	-	-	-
APR. 1939	華僑銀行	25	1,518 80	1,124 21	7 55	5 60	6 25
	-	-	-	-	-	-	-
MAY. 1939	華僑銀行	32	1,898 00	1,390 25	9 12	6 71	8 00
JUNE 1939	華僑銀行	70	4,529 00	3,336 89	20 22	14 94	17 33
	信行公司	-	-	-	-	-	-
JULY 1939	華僑銀行	9	862 00	652 28	3 00	2 31	2 25
	信行公司	-	-	-	-	-	-
AUG. 1939	華僑銀行	1	30 00	21 90	15	11	25
	信行公司	-	-	-	-	-	-
	民信銀號	1	30 00	31 09	15	15	08
SEP. 1939	華僑銀行	9	461 00	661 74	2 81	3 32	2 50
	信行公司	1	100 00	112 36	50	56	08
	民信銀號	-	-	-	-	-	-
OCT. 1939	華僑銀行	-	-	-	-	-	-
	信行公司	-	-	-	-	-	-
	民信銀號	-	-	-	-	-	-
NOV. 1939	華僑銀行	2	320 00	376 47	1 60	1 89	1 00
	信行公司	-	-	-	-	-	-
	民信銀號	-	-	-	-	-	-
	炎豐公司	-	-	-	-	-	-
DEC. 1939	華僑銀行	3	181 45	178 20	92	90	1 25
	信行公司	-	-	-	-	-	-
	民信銀號	-	-	-	-	-	-
	炎豐公司	-	-	-	-	-	-

33 國幣 SWA D

Month	Bank	No.	Amt. of Rtce N.$		Rtce. fee N.$		AP fee N.$		Postage N.$	
JAN. 1940	華僑銀行	2372 14393 16765	167,265 1597,622 1764,887	29 41 70	677 5,565 6,242	09 29 38	1070 7113 8,183	08 18 26	-	--
	信行公司	184 310 494	34,326 41,248 75,574	00 30 30	83 127 211	69 87 56	14 24 39	72 80 52	-	--
	民信銀號	3 1 4	670 300 970	00 00 00	1 1 2	75 10 85		24 08 32	-	--
	東方匯理	2897 3266 6163	115,714 133,265 248,979	00 00 00	580 668 1,248	47 20 67	1,448 1633 3081	50 00 50	-	--
	炎豐公司	332 3679 4011	19,952 197,887 217,839	00 00 00	72 827 900	18 98 16	166 1839 2005	00 50 50	-	--
FEB. 1940	華僑銀行	8377	890,126	75	2,920	12	4,161	20	-	--
	信行公司	215	21,925	00	75	31	17	20	-	--
	民信銀號	3	530	00	2	05		24	-	--
	匯理銀行	7,018	265,022	00	1,330	03	3,509	00	-	--
	炎豐公司	572	25,903	00	108	13	286	00	-	--
MAR. 1940	華僑銀行	10,566	1,576,287	76	5,043	32	5,154	10	-	--
	信行公司	431	67,826	00	203	64	34	48	-	--
	民信銀號	29	2,950	00	13	35	2	32	-	--
	匯理銀行	6,578	297,896	00	1,492	77	3,289	00	-	--
	炎豐公司	60	3,550	00	17	76	30	00	-	--
	交通銀行	1	100	00		50		50	-	--
APR. 1940	華僑銀行	5,983	962,499	88	3,002	37	2,934	42	-	--
	信行公司	278	32,475	00	104	96	22	24	-	--
	民信銀號	37	4,210	25	15	96	2	96	-	--
	匯理銀行	10,605	484,314	00	2,426	17	5,302	50	-	--
	炎豐公司	10	933	00	4	67	5	00	-	--
	交通銀行	1	200	00	1	00		50	-	--
MAY. 1940	華僑銀行	6,680	1,008,707 1,008,837	51 51	3199 ~~3,200~~	38 ~~03~~	3304 ~~3,305~~	40 ~~40~~	-	--
	信行公司	304	36,901	75	128	67	24	32	-	--
	民信銀號	18	2,400	00	9	00	1	44	-	--
	匯理銀行	8,386	405,917	00	2031	74	4,193	00	-	--
	交通銀行	1	300	00	1	10		50	-	--
JUNE 1940	華僑銀行	12,351	2,416,105	28	7,155	42	6,156	18	-	--
	信行公司	184	20,884	00	74	65	14	72	-	--
	民信銀號	14	2,425	00	8	54	1	12	-	--
	匯理銀行	11,888	645,199	00	3,228	88	5,944	00	-	--
	交通銀行	3	450	00	2	25	1	50	-	--
	炎豐公司	11	2,030	00	10	15	5	50	-	--

TOW (1940) 匯券 32

C.

Month	Bank	no.	Amt. of Rlce. S.C.	Amt. of Rlce. N.$	Rlce fee S.C.	Rlce fee N.$	AP fee N.$
JAN. 1940	華僑銀行	1 16 17	10 00 1305 00 1315 00	8 33 1114 47 1122 80	05 6 45 6 50	04 5 52 5 56	50 8 00 8 50
	信行公司	-	- --	- --	- --	- --	- --
	民信銀號	-	- --	- --	- --	- --	- --
		-	- --	- --	- --	- --	- --
	—	-	- --	- --	- --	- --	- --
FEB. 1940	華僑銀行	7	822 00	686 67	3 11	2 65	4 50
	信行公司	-	- --	- --	- --	- --	- --
	民信銀號	-	- --	- --	- --	- --	- --
		-	- --	- --	- --	- --	- --
		-	- --	- --	- --	- --	- --
MAR. 1940	華僑銀行	8	3340 00	2837 64	7 82	6 63	3 25
	信行公司	-	- --	- --	- --	- --	- --
	民信銀號	-	- --	- --	- --	- --	- --
	—	-	- --	- --	- --	- --	- --
	—	-	- --	- --	- --	- --	- --
	—	-	- --	- --	- --	- --	- --
APR. 1940	華僑銀行	-	- --	- --	- --	- --	- --
	信行公司	-	- --	- --	- --	- --	- --
	民信銀號	-	- --	- --	- --	- --	- --
	—	-	- --	- --	- --	- --	- --
	—	-	- --	- --	- --	- --	- --
	—	-	- --	- --	- --	- --	- --
MAY. 1940	華僑銀行	3	125 00	96 16	63	47	1 50
	信行公司	-	- --	- --	- --	- --	- --
	民信銀號	-	- --	- --	- --	- --	- --
	—	-	- --	- --	- --	- --	- --
	—	-	- --	- --	- --	- --	- --
JUNE 1940	華僑銀行	-	- --	- --	- --	- --	- --
	信行公司	-	- --	- --	- --	- --	- --
	民信銀號	-	- --	- --	- --	- --	- --
	—	-	- --	- --	- --	- --	- --
	—	-	- --	- --	- --	- --	- --
	—	-	- --	- --	- --	- --	- --

國幣 119　　(1940)　　SWA

D.

Month	Bank	No.	Amt. of Rlce. N.$		Rlce. fee N.$		AP fee N.$	
JULY 1940	華僑銀行	7,026	1,345,705	17	3,890	35	3,491	16
	信行公司	131	27,172	00	75	12	10	48
	民信銀號	11	2,540	00	7	46		88
	滙理銀行	5,069	288,967	00	1,445	87	2,534	50
	交通銀行	2	800	00	2	40	1	00
	馬麗豐金行	35	9,868	00	23	02	17	50
AUG. 1940	華僑銀行	7,562	1,457,399	73	4,412	26	3,765	88
	民信銀號	7	330	00	1	65		56
	滙理銀行	2,759	156,175	00	781	36	1,379	50
	馬麗豐金行	142	125,700	00	206	28	71	00
	交通銀行	3	2,050	00	3	85	1	50
	信行公司	344	304,899	00	503	35	27	52
SEP. 1940	華僑銀行	7,337	1,194,005	96	3,846	19	3,642	74
	信行公司	598	618,363	00	1,011	28	47	84
	民信銀號	13	3,855	00	9	26	1	04
	滙理銀行	-	-	--	-	--	-	--
	交通銀行	2	300	00	1	50	1	00
	馬麗豐行	115	105,738	00	147	97	57	50
~~OCT. 1940~~	Total	8,065	1,922,261	96	5,016	20	3,750	12

（十月份起移入新册）

TOW (1940) 毫券 ~~30~~

C.

Month	Bank	No.	Amt. of Rlce. S.C.	Amt. of Rlce. N.D.	Rlce. fee S.C.	Rlce. fee N.D.	AP fee N.D.
JULY 1940	華僑銀行	–	– –	– –	– –	– –	– –
	信行公司	–	– –	– –	– –	– –	– –
	民信銀號	–	– –	– –	– –	– –	– –
	–	–	– –	– –	– –	– –	– –
	–	–	– –	– –	– –	– –	– –
	–	–	– –	– –	– –	– –	– –
AUG. 1940	–	–	– –	– –	– –	– –	– –
	–	–	– –	– –	– –	– –	– –
	–	–	– –	– –	– –	– –	– –
	–	–	– –	– –	– –	– –	– –
	–	–	– –	– –	– –	– –	– –
	–	–	– –	– –	– –	– –	– –
SEP. 1940							

（仝左）

海口发票局统计一九三九年至一九四〇年各银行华侨汇款登记表

120

~~29~~

28046

Hoihow

D.C.

海口發票局

121

28 國幣

× {紅色1940年單 藍色1939年單}

(1939/1940)

HO1

D.

Month	Bank	No.	Amt. of Rem. N.$	Rem. Fee N.$	Postage N.$	A.P. Fee N.$
JAN. 1939	華僑銀行	1112	79,313 88	358 11	- - -	276 64
FEB. 1939	華僑銀行	2626	154,744 20	684 99	- - -	655 14
	信行公司	1	50 00	50	- - -	08
MAR. 1939	華僑銀行	363	14,693 00	68 67	- - -	90 75
APR. 1939	華僑銀行	380	19,906 30	86 33	- - -	94 83
	信行公司	1	5,263 50	5 26	- - -	08
MAY. 1939	華僑銀行	-	- - -	- - -	- - -	- - -
	信行公司	1	30 00	15	- - -	08
JUNE 1939	華僑銀行	5	100 00	50	- - -	1 25
JULY 1939	華僑銀行	26	772 40	3 88	- - -	6 50
	信行公司	2	60 00	30	- - -	16
AUG. 1939	華僑銀行	1	100 00	50	- - -	25
	信行公司	1	30 00	15	- - -	08
	民信銀號	1	200 00	1 00	- - -	08
SEP. 1939	華僑銀行	279	12,351 00	54 30	- - -	69 75
	信行公司	2	450 00	1 85	- - -	16
OCT. 1939	華僑銀行	1521	54,928 00	254 06	- - -	634 75
	信行公司	8	860 00	3 31	- - -	64
NOV. 1939	華僑銀行	5,425	203,450 90	951 75	~~2712 50~~	2,712 50
	信行公司	25	1,575 00	5 90	- - -	2 00
DEC. 1939	華僑銀行	5,516	218,338 48	1,052 75	- - -	2,758 00
	信行公司	7	650 00	2 85	- - -	46
JAN. 1940	華僑銀行	7,522	293,782 32	1,429 16	- - -	3,761 00
	信行公司	60	3,974 00	19 78	- - -	4 80
	東方滙理銀行	1	56 00	28	- - -	50
FEB. 1940	華僑銀行 ×	14116 6066 20,182	539,367 90 230,990 27 770,358 67	2660 58 1,110 39 3,770 97	- - -	7,058 00 3,033 00 10,091 00
	信行公司 ×	70	3,839 00	18 31	- - -	5 60
MAR. 1940	華僑銀行	73 8343 8416	4,019 06 355,536 69 359,555 75	18 55 1689 11 1,707 66	- - -	36 50 4171 50 4,208 00
	信行公司	18	843 00	4 22	- - -	1 44
	民信銀號	1	200 00	1 00	- - -	08
	東方匯理	8	682 00	3 42	- - -	4 00
APR. 1940	華僑銀行	8687	488,335 26	2,247 94	- - -	4,340 56
	信行公司	171	[illegible]	[illegible]		[illegible]

HOW

C.

× {藍色1939年準 / 紅色1940年準}　(1939/1940)　毫券 27

Month	Bank	No.	Amt. of Rem. S.C.		N.$		Rem. Fee S.C.		N.$		A.P. Fee N.$	
JAN.1939	華僑銀行	1606	150,780	85	105,207	37	655	64	457	53	400	48
FEB.1939	華僑銀行	3506	336,620	38	239,362	89	1,450	63	1,029	93	876	50
	-	-	-	-	-	-	-	-	-	-	-	-
MAR.1939	華僑銀行	-	-	-	-	-	-	-	-	-	-	-
APR.1939	華僑銀行	-	-	-	-	-	-	-	-	-	-	-
	-	-	-	-	-	-	-	-	-	-	-	-
MAY.1939	華僑銀行	-	-	-	-	-	-	-	-	-	-	-
					-	-	-	-	-	-	-	-
JUNE 1939	華僑銀行	-	-	-	-	-	-	-	-	-	-	-
JULY 1939	信行公司	-	-	-	-	-	-	-	-	-	-	-
AUG.1939	華僑銀行	-	-	-	-	-	-	-	-	-	-	-
	信行公司	-	-	-	-	-	-	-	-	-	-	-
	民信銀號	-	-	-	-	-	-	-	-	-	-	-
SEP.1939	華僑銀行	-	-	-	-	-	-	-	-	-	-	-
	信行公司	1	50	00	60	24		25		30		08
OCT.1939	華僑銀行	~~1~~	~~150~~	~~00~~	~~104~~	~~53~~	~~0~~	~~50~~	~~0~~	~~35~~	~~-~~	~~-~~
	信行公司	-	-	-	-	-	-	-	-	-	-	-
NOV.1939	華僑銀行	1	150	00	104	53		50		35	-	-
	信行公司	-	-	-	-	-	-	-	-	-	-	-
DEC.1939	華僑銀行	-	-	-	-	-	-	-	-	-	-	-
	信行公司	-	-	-	-	-	-	-	-	-	-	-
JAN.1940	華僑銀行	-	-	-	-	-	-	-	-	-	-	-
	信行公司	-	-	-	-	-	-	-	-	-	-	-
	-	-	-	-	-	-	-	-	-	-	-	-
FEB.1940	華僑銀行×	-	-	-	-	-	-	-	-	-	-	-
	信行公司×	-	-	-	-	-	-	-	-	-	-	-
MAR.1940	華僑銀行	-	-	-	-	-	-	-	-	-	-	-
	信行公司	-	-	-	-	-	-	-	-	-	-	-
	民信銀號	-	-	-	-	-	-	-	-	-	-	-
	東方匯理	-	-	-	-	-	-	-	-	-	-	-
APR.1940	華僑銀行	-	-	-	-	-	-	-	-	-	-	-
	信行公司	-										

-35 122
~~26~~

國幣 (1940) HO1

D.

month	Bank	No.	Amt. of Rtce N.$		Rtce fee N.$		Postage N.$		A.P. fee N.$	
MAY.1940	華僑銀行	12192	629,606	32	2,977	36	-	--	6,081	72
	信行公司	141	9,424	00	45	17	-	--	11	28
	民信銀號	22	1,884	00	8	99	-	--	1	76
	匯理銀行	29	910	00	4	60	-	--	14	50
JUNE 1940	華僑銀行	~~11,188~~ 11,515	586,993	75	2,826	33	-	--	5,704	58
	信行公司	314	19,509	00	93	62	-	--	25	12
	民信銀號	23	3,197	00	9	35	-	--	1	84
	匯理銀行	22	1,186	00	5	94	-	--	11	00
	交通銀行	1	400	00	1	20	-	--		50
JULY 1940	華僑銀行	13,392	768,461	82	3,600	00	-	--	6,591	00
	信行公司	457	36,790	00	147	41	-	--	36	56
	民信銀號	20	2,565	00	9	36	-	--	1	60
	匯理銀行	79	4,430	00	22	19	-	--	39	50
	馬麗丰金行	172	12,124	00	52	68	-	--	86	00
AUG.1940	華僑銀行	10,161	617,605	89	2,879	29	-	--	5,010	36
	信行公司	326	25,515	00	110	36	-	--	26	08
	民信銀號	35	5,695	00	17	08	-	--	[illegible]	80
	匯理銀行	43	1,207	00	6	07	-	--	21	50
	馬麗豐金行	352	28,718	00	118	92	-	--	176	00
	光亜公司	272	17,708	00	80	13	-	--	136	00
SEP.1940	華僑銀行	16,592	1,007,048	75	4,723	99	-	--	8,296	00
	信行公司	340	32,523	00	121	46	-	--	27	20
	民信銀號	43	3,585	00	16	63	-	--	3	44
	匯理銀行	-	-	--	-	--	-	--	-	--
	馬麗豐金行	481	41,293	00	179	46	-	--	240	50
	光亜公司	391	28,189	00	124	11	-	--	221	50
	Total	17,847	1,112,638	75	5,165	65	-	--	8,788	64

（十月份起記入新冊）

HOW (1940) 第25号

c.

Month	Bank	No.	Amt. of Rice S.C.	Amt. of Rice N.B.	Rice fee S.C.	Rice fee N.B.	AB. fee N.B.
MAY.1940	華僑銀行	–	–	–	–	–	–
	信行公司	–	–	–	–	–	–
	民信銀號	–	–	–	–	–	–
	–	–	–	–	–	–	–
JUNE 1940	華僑銀行	–	–	–	–	–	–
	信行公司	–	–	–	–	–	–
	民信銀號	–	–	–	–	–	–
	–	–	–	–	–	–	–
	–	–	–	–	–	–	–
JULY 1940	華僑銀行	–	–	–	–	–	–
	信行公司	–	–	–	–	–	–
	民信銀號	–	–	–	–	–	–
	–	–	–	–	–	–	–
	–	–	–	–	–	–	–
AUG.1940	華僑銀行	–	–	–	–	–	–
	信行公司	–	–	–	–	–	–
	民信銀號	–	–	–	–	–	–
	–	–	–	–	–	–	–
	–	–	–	–	–	–	–
	–	–	–	–	–	–	–
SEP.1940	nil						

（全左）

江门发票局统计一九三九年至一九四〇年各银行华侨汇款登记表

24

123 28063

Kongmoon D.C.

江門發票局

23 國幣 × {藍色1939年份 紅色1940年份} (1939/1940) (KONG D.

Month	Bank	No.	Amt. of Rem. N.$	Rem. Fee N.$	Postage N.$	A.P. Fee N.$
JAN. 1939	華僑銀行	-	- --	- --	- --	- --
FEB. 1939	華僑銀行	218	22,144 36	79 58	- --	54 50
MAR. 1939	華僑銀行	215	16,860 46	68 61	- --	53 41
APR. 1939	華僑銀行	76	6,632 26	29 64	- --	17 30
MAY. 1939	華僑銀行	140	11,266 41	48 39	- --	28 37
	信行公司	24	2,962 00	11 13	- --	1 92
JUNE 1939	華僑銀行	260	19,580 98	87 96	- --	49 02
	信行公司	16	1,104 00	5 14	- --	1 28
JULY 1939	華僑銀行	540	56,980 62	231 97	- --	124 97
	信行公司	60	5,114 00	22 78	- --	4 80
AUG. 1939	華僑銀行	2074	313,963 27	1,125 64	- --	505 07
	信行公司	88	11,760 50	39 10	- --	7 04
	民信銀號	21	2,164 91	8 46	- --	1 68
SEP. 1939	華僑銀行	2,771	415,373 79	1,517 97	- --	699 98
	信行公司	198	48,631 00	128 63	- --	15 84
	民信銀號	34	4,190 34	13 01	- --	2 72
OCT. 1939	華僑銀行	2499	469,876 25	1566 42	- --	987 34
	信行公司	157	24,006 00	85 96	- --	12 56
	民信銀號	53	8,652 88	23 67	- --	4 24
NOV. 1939	華僑銀行	3008	428,756 08	1611 64	- --	1,461 80
	信行公司	174	32,966 00	107 90	- --	13 92
	民信銀號	107	8,058 00	36 66	- --	8 72
DEC. 1939	華僑銀行	2923	388,253 47	1496 99	- --	1,441 34
	信行公司	148	24,009 56	86 06	- --	11 84
	民信銀號	82	16,117 00	53 35	- --	6 56
~~JAN. 1940~~	~~華僑銀行~~				- --	
	~~信行公司~~	~~83~~	~~21,427 00~~	~~55 71~~	- --	~~6 64~~
	~~民信銀號~~	~~228~~	~~22,889 00~~	~~97 52~~	- --	~~18 24~~
JAN. 1940	× 華僑銀行	470 5168 5638	57,036 58 621,496 47 678,533 05	242 70 2,542 44 2,785 14	- --	229 12 2,552 92 2,782 04
	× 信行公司	59 169 228	5,099 00 17,790 00 22,889 00	22 62 74 90 97 52	- --	4 72 13 52 18 24
	× 民信銀號	36 47 83	14,568 00 6,859 00 21,427 00	33 73 21 98 55 71	- --	2 88 3 76 6 64
	× 東方匯理	170	9,138 00	45 82	- --	85 00

MOON)
C.

〔红色1940年单〕

1940

毫券 28063

Month	Bank	no.	Amt. of Rem. S.C.	Amt. of Rem. N.$	Rem. Fee S.C.	Rem. Fee N.$	A.P. Fee N.$
JAN. 1939	華僑銀行	-	-	-	-	-	-
FEB. 1939	華僑銀行	2199	183,060 44	138,158 87	806 70	608 98	549 75
MAR. 1939	華僑銀行	1108	102,510 11	77,783 64	425 29	322 78	277 00
APR. 1939	華僑銀行	572	64,097 29	48,344 93	254 49	192 08	143 00
MAY. 1939	華僑銀行	809	80,587 28	59,495 42	335 63	247 81	200 38
	信行公司	2	22 00	16 30	12	08	16
JUNE 1939	華僑銀行	1921	166,742 55	123,574 14	735 72	545 36	461 55
	信行公司	31	1,706 00	1,263 70	8 43	6 24	2 48
JULY 1939	華僑銀行	2582	253,927 83	208,349 01	1,075 15	881 46	636 15
	信行公司	130	7,316 00	6,178 59	35 17	29 66	10 40
AUG. 1939	華僑銀行	3256	334,016 37	327,773 76	1,404 46	1,381 12	807 54
	信行公司	82	6,983 00	7,407 51	28 96	30 30	6 56
	民信銀號	202	15,349 84	15,725 63	67 92	69 29	16 16
SEP. 1939	華僑銀行	2206	260,770 73	312,057 85	1,038 72	1,241 18	552 24
	信行公司	65	5,826 82	6,883 19	23 68	28 12	5 20
	民信銀號	58	6,345 00	7,079 06	25 50	28 49	4 64
OCT. 1939	華僑銀行	1575	177,006 47	218,800 78	741 94	916 68	635 81
~~華僑銀行~~	信行公司	64	13,768 00	16,576 43	34 76	41 83	5 12
	民信銀號	49	7,778 60	8,757 57	22 97	25 82	3 92
NOV. 1939	華僑銀行	1658	161,263 87	189,040 47	696 23	815 26	817 87
	信行公司	62	6,760 00	6,749 62	26 68	26 75	4 96
	民信銀號	448	35,269 40	29,391 16	159 11	132 61	35 84
DEC. 1939	華僑銀行	1745	180,026 43	177,311 89	762 59	750 92	872 40
	信行公司	108	9,137 00	8,736 87	43 83	41 85	8 64
	民信銀號	126	13,010 00	10,156 66	48 79	38 57	10 08
~~JAN. 1940~~	~~華僑銀行~~						
	~~信行公司~~	~~26~~	~~2,433 00~~	~~1,877 81~~	~~8 98~~	~~6 92~~	~~2 08~~
	~~民信銀號~~	~~25~~	~~2,505 00~~	~~1,897 73~~	~~10 14~~	~~7 68~~	~~2 00~~
JAN. 1940	×華僑銀行	161 1,832 1,993	14,455 00 183,543 92 196,998 92	12,045 84 168,488 75 180,534 59	68 61 804 29 872 90	57 21 743 20 800 41	80 50 916 00 996 50
	×信行公司	3 23 26	165 00 2,268 00 2,433 00	122 22 1,755 59 1,877 81	83 8 15 8 98	61 6 31 6 92	24 1 84 2 08
	×民信銀號	25	2,505 00	1,897 73	10 14	7 68	2 00
			-	-	-	-	-

40

21 國幣 (1940) (KONG

month	Bank	No.	Amt. of Rec. N.$		Rec. fee N.$		A.P. fee N.$		Postage N.$
FEB. 1940	華僑銀行	6988	774,081	56	3,081	05	3,443	60	- - -
	信行公司	340	31,856	68	132	06	27	20	- - -
	民信銀號	200	50,327	00	127	73	16	00	- - -
	匯理銀行	118	6,036	00	30	18	59	00	- - -
MAR. 1940	華僑銀行	2574	393,947	31	1,429	91	1,258	44	- - -
	信行公司	171	25,167	00	90	17	13	68	- - -
	民信銀號	154	57,218	00	132	57	12	32	- - -
	匯理銀行	168	8,553	00	42	89	84	00	- - -
APR. 1940	華僑銀行	6834	945,177	20	3,647	52	3,383	40	- - -
	交通銀行	37	11,545	88	33	74	18	50	- - -
	信行公司	281	40,456	00	143	35	22	48	- - -
	民信銀號	415	148,922	00	323	76	33	20	- - -
	匯理銀行	466	24,797	00	124	32	233	00	- - -
MAY. 1940	華僑銀行	3,279	427,280	97	1,688	71	1,589	10	- - -
	交通銀行	301	68,047	35	235	89	150	50	
	信行公司	279	48,490	00	155	35	22	32	- - -
	民信銀號	337	100,073	00	237	88	26	96	- - -
	匯理銀行	17	1,055	00	5	28	8	50	- - -
JUNE 1940	華僑銀行	5,485	848,214	73	3,244	13	2,691	26	- - -
	信行公司	536	60,126	00	238	50	42	88	- - -
	民信銀號	618	361,601	00	643	83	49	44	- - -
	匯理銀行	259	14,401	00	71	72	129	50	- - -
	交通銀行	775	236,884	92	734	77	387	50	- - -
JULY 1940	華僑銀行	8,044	1,331,301	34	4,864	19	3,964	88	- - -
	信行公司	496	77,995	10	277	39	39	68	- - -
	民信銀號	491	279,128	00	524	39	39	28	- - -
	匯理銀行	670	43,594	00	217	94	335	00	- - -
	交通銀行	673	262,728	46	710	45	336	50	- - -
	馬麗豐金行	12	[illegible],155	00	7	78	6	00	- - -
AUG. 1940	華僑銀行	6,554	1,240,179	36	4,317	57	3,211	06	- - -
	信行公司	375	89,166	00	265	02	30	00	NIL
	民信銀號	1,034	1,432,576	00	2,044	26	82	72	- - -
	匯理銀行	145	9,233	00	46	22	72	50	- - -
	交通銀行	691	230,661	59	677	90	345	50	- - -
	馬麗豐金行	27	4,400	00	16	20	13	50	- - -

MOON)

c.

Month	Bank	No.	Amt. of Rtce S.C.	Amt. of Rtce N.S.	Rtce fee S.C.	Rtce fee N.S.	AP. fee N.S.
FEB.1940	華僑銀行	1,120	91,156 13	76,178 88	469 23	342 87	560 00
	信行公司	9	930 00	732 46	4 65	3 65	72
	民信銀號	-	- -	- -	- -	- -	- -
	-	-	- -	- -	- -	- -	- -
MAR.1940	華僑銀行	114	16,358 58	13,192 36	65 29	52 61	56 75
	信行公司	-	- -	- -	- -	- -	- -
	民信銀號	-	- -	- -	- -	- -	- -
	-	-	- -	- -	- -	- -	- -
APR.1940	華僑銀行	140	14,390 00	11,244 18	64 68	50 57	70 00
	信行公司	-	- -	- -	- -	- -	- -
	民信銀號	-	- -	- -	- -	- -	- -
	-	-	- -	- -	- -	- -	- -
MAY.1940	華僑銀行	44	7,731 56	5,947 33	22 86	17 59	22 00
	信行公司	-	- -	- -	- -	- -	- -
	民信銀號	-	- -	- -	- -	- -	- -
	-	-	- -	- -	- -	- -	- -
JUNE 1940	華僑銀行	41	3,534 00	2,718 44	16 09	12 40	20 50
	信行公司	-	- -	- -	- -	- -	- -
	民信銀號	-	- -	- -	- -	- -	- -
	-	-	- -	- -	- -	- -	- -
		-	- -	- -	- -	- -	- -
JULY1940	華僑銀行	46	9,840 00	7,569 19	26 21	20 13	23 00
	信行公司	-	- -	- -	- -	- -	- -
	民信銀號	-	- -	- -	- -	- -	- -
		-	- -	- -	- -	- -	- -
		-	- -	- -	- -	- -	- -
		-	- -	- -	- -	- -	- -
AUG.1940	華僑銀行	16	1,845 00	1,419 22	8 83	6 78	8 00
	信行公司	-	- -	- -	- -	- -	- -
	民信銀號	-	- -	- -	- -	- -	- -
	-	-	- -	- -	- -	- -	- -
	-	-	- -	- -	- -	- -	- -
	-	-	- -	- -	- -	- -	- -

126

19 國幣 (1940)

TO (Kong-D.

Month	Bank	No.	Amt. of Rtce. N.S.		Rtce fee N.S.		A.P. fee N.S.		Postage N.S.
SEP. 1940	華僑銀行	7,464	1,421,610	67	5,005	05	3,647	58	
	信行公司	1,282	707,240	90	1,425	74	102	56	
	民信銀號	1,124	956,135	00	1,595	29	89	92	
	匯理銀行	-	-	..	-	..	-	..	
	交通銀行	1,320	488,385	71	1,351	58	660	00	
	馬麗豐金行	35	10,635	00	30	67	17	50	
~~OCT. 1940~~	~~華僑銀行~~	11,225	3,584,007	28	9,408	33	4,517	56	
	~~信行公司~~								
	~~民信銀號~~								
	~~匯理銀行~~								
	~~交通銀行~~								
	馬麗豐金行								

（十月份起移入新冊）

SHAN
Moon)
C.

(1940)

毛券 ~~18~~

Month	Bank	No.	Amt. of Rtce.				Rtce. fee				AP. fee	
			S.C.		N.$		S.C.		N.$		N.$	
SEP. 1940	華僑銀行	12	3,270	00	2,515	38	8	75	6	72	6	00
	-	-	-	-	-	-	-	-	-	-	-	-
	-	-	-	-	-	-	-	-	-	-	-	-
	-	-	-	-	-	-	-	-	-	-	-	-
	-	-	-	-	-	-	-	-	-	-	-	-
	-	-	-	-	-	-	-	-	-	-	-	-
~~OCT. 1940~~												

（仝右）

127 28137 ~~17~~

Tsinshan
D.C.

前山發票局

128

~~16~~ 國幣

(1939/1940)

TSIN

D.

Month	Bank	No.	Amt. of Rem. N.$	Rem. Fee N.$	Postage N.$	A.P. Fee N.$
JAN.1939	華僑銀行	-	- - -	- - -	- - -	- - -
FEB.1939	華僑銀行	64	4,283 00	19 45	- - -	16 00
MAR.1939	華僑銀行	90	7,340 31	29 50	- - -	22 50
APR.1939	華僑銀行	129	14,298 95	53 13	- - -	39 87
	信行公司	14	371 00	1 92	- - -	1 12
MAY.1939	華僑銀行	85	6,723 83	30 26	- - -	19 55
	信行公司	22	611 00	3 08	- - -	1 76
JUNE 1939	華僑銀行	127	12,006 70	49 12	- - -	30 05
	信行公司	26	879 00	4 42	- - -	2 08
JULY 1939	華僑銀行	162	17,946 58	67 28	- - -	38 63
	信行公司	17	1,092 00	4 99	- - -	1 36
AUG.1939	華僑銀行	177	21,718 59	78 81	- - -	42 04
	信行公司	29	1,558 00	6 62	- - -	2 32
	民信銀號	6	249 00	1 25	- - -	48
SEP.1939	華僑銀行	191	27,715 50	102 16	- - -	50 29
	信行公司	44	2807 00	13 98	- - -	3 52
	民信銀號	5	355 00	1 78	- - -	40
OCT.1939	華僑銀行	105	12,906 11	52 33	- - -	47 13
	信行公司	21	1159 00	5 81	- - -	1 68
	民信銀號	5	334 00	1 47	- - -	40
NOV.1939	華僑銀行	133	13,276 50	53 20	- - -	66 08
	信行公司	28	3,049 00	13 05	~~2 24~~	2 24
	民信銀號	3	120 00	60	- - -	24
DEC.1939	華僑銀行	197	18,775 55	80 53	- - -	95 56
	信行公司	22	1,317 00	6 21	- - -	1 76
	民信銀號	9	930 00	4 65	- - -	72
JAN.1940	華僑銀行	386	40,877 17	174 31	- - -	189 96
	信行公司	62	6,377 24	22 73	- - -	4 96
	民信銀號	17	845 00	4 23	- - -	1 36
	東方匯理銀行	13	667 00	3 34	- - -	6 50
FEB.1940	華僑銀行	486	49,702 44	209 64	- - -	239 16
	信行公司	62	3,949 00	18 20	- - -	4 96
	民信銀號	19	1,338 20	6 71	- - -	1 52

SHAN
c.

(1939/1940)

毫券　　15

Month	Bank	No.	Amt. of Rem. S. C.	Amt. of Rem. N. $	Rem. Fee S. C.	Rem. Fee N. $	AP. Fee N. $
JAN. 1939	華僑銀行	-	- --	- --	- --	- --	- --
FEB. 1939	華僑銀行	316	19,795 00	14,939 72	82 81	62 69	79 00
MAR. 1939	華僑銀行	363	25,121 50	19,038 88	115 40	87 49	90 75
APR. 1939	華僑銀行	655	48,955 00	36,613 10	212 51	159 08	163 41
	信行公司	2	60 00	- - -	30	- - -	16
MAY. 1939	華僑銀行	519	32,165 00	23,718 98	146 84	108 46	129 41
	信行公司	7	375 00	- - -	1 88	- - -	56
JUNE 1939	華僑銀行	785	46,211 00	34,144 86	210 56	155 66	195 40
	信行公司	16	296 00	229 46	1 49	1 07	1 28
JULY 1939	華僑銀行	811	71,378 00	56,631 63	300 77	237 92	202 07
	信行公司	22	611 00	519 78	3 07	2 59	1 76
AUG. 1939	華僑銀行	108	16,544 55	16,340 18	53 86	52 92	26 66
	信行公司	17	763 00	840 04	3 83	4 20	1 36
	民信銀號	1	90 00	85 71	45	42	08
SEP. 1939	華僑銀行	131	13,472 00	16,185 64	57 02	68 50	34 66
	信行公司	19	496 00	613 83	2 49	3 07	1 52
	民信銀號	1	400 00	439 56	1 20	1 32	08
OCT. 1939	華僑銀行	46	6,767 00	8,418 09	24 23	30 28	23 00
	信行公司	9	400 00	465 37	2 00	2 31	72
	民信銀號	5	410 00	374 23	2 05	1 88	40
NOV. 1939	華僑銀行	84	10,211 00	11,398 53	41 24	46 19	40 32
	信行公司	19	2,162 00	1,994 18	7 42	6 83	1 52
	民信銀號	3	130 00	108 33	65	54	24
DEC. 1939	華僑銀行	67	8,455 00	8,289 25	33 00	32 39	33 50
	信行公司	14	1,021 00	979 34	4 95	4 72	1 12
	民信銀號	11	800 00	555 55	3 96	2 75	88
JAN. 1940	華僑銀行	95	8,802 00	7,727 03	38 45	34 58	47 50
	信行公司	7	820 00	639 69	3 90	3 03	56
	民信銀號	6	410 00	284 72	2 05	1 42	48
	—	-	- - -	- --	- --	- --	- --
FEB. 1940	華僑銀行	42	3,557 00	2,915 03	13 54	11 18	20 55
	信行公司	8	914 00	719 68	4 03	3 17	64
	民信銀號	-	- - -	- --	- --	- --	- --

國幣

(1940)

TSIN

D.

Month	Bank	No.	Amt. of Rec. N.$	Rec. fee N.$	Postage N.$	AP. fee N.$
FEB.1940	匯理銀行	55	2,228 00	11 20	- - -	27 50
MAR.1940	華僑銀行	126	19,050 87	65 68	- - -	54 54
	信行公司	13	570 00	2 86	- - -	1 04
	民信銀號	12	865 00	4 33	- - -	96
	匯理銀行	1	40 00	20	- - -	50
APR.1940	華僑銀行	312	43,663 05	159 21	- - -	137 79
	信行公司	12	780 00	3 51	- - -	96
	民信銀號	4	140 00	71	- - -	32
	匯理銀行	44	2,113 00	10 57	- - -	22 00
MAY.1940	華僑銀行	235	30,401 73	121 48	- - -	101 51
	信行公司	34	2,434 00	10 54	- - -	2 72
	民信銀號	15	4,310 00	10 35	- - -	1 20
JUNE 1940	華僑銀行	441	67,116 23	252 84	- - -	190 32
	信行公司	56	4,547 00	20 76	- - -	4 48
	民信銀號	60	4,196 00	19 42	- - -	4 80
	匯理銀行	6	256 00	1 29	- - -	3 00
JULY 1940	華僑銀行	542	89,996 77	335 01	- - -	2[illegible]7 85
	信行公司	97	16,257 00	52 00	- - -	7 76
	民信銀號	111	83,133 00	137 57	- - -	8 88
	匯理銀行	13	805 00	4 03	- - -	6 50
	馬麗豐金行	5	580 00	2 50	- - -	2 50
AUG.1940	華僑銀行	656	93,663 00	349 43	- - -	246 56
	信行公司	227	86,828 00	203 89	- - -	18 16
	民信銀號	149	77,462 40	153 39	- - -	11 92
	匯理銀行	6	420 00	2 10	- - -	3 00
	馬麗豐金行	1	100 00	50	- - -	50
SEP.1940	華僑銀行	728	138,050 63	484 28	- - -	308 65
	信行公司	291	109,706 00	260 81	- - -	23 28
	民信銀號	239	129,998 00	248 93	- - -	19 12
	匯理銀行	-	- - -	- - -	- - -	- - -
	馬麗豐金行	11	702 00	3 51	- - -	5 50
~~OCT.1940~~ Total		1,269	378,456 63	997 53	- - -	356 55

（十月份起移入新冊）

(1940)

SHAN 毫券 13

C.

Month	Bank	No.	Amt. of Rice S.C.	Amt. of Rice N.Y.	Rice fee S.C.	Rice fee N.Y.	Ap. fee N.Y.
FEB.1940	-	-	-	-	-	-	-
MAR.1940	華僑銀行	2	265 00	212 00	1 33	1 06	1 0
	信行公司	-	-	-	-	-	-
	民信銀號	-	-	-	-	-	-
	-	-	-	-	-	-	-
APR.1940	華僑銀行	-	-	-	-	-	-
	信行公司	2	110 00	106 04	55	53	1 0
	民信銀號	-	-	-	-	-	-
	-	-	-	-	-	-	-
MAY.1940	華僑銀行	1	50 00	38 46	25	19	5
	信行公司	-	-	-	-	-	-
	民信銀號	-	-	-	-	-	-
JUNE 1940	華僑銀行	2	220 00	169 23	1 10	84	1 0
	信行公司	-	-	-	-	-	-
	民信銀號	-	-	-	-	-	-
	-	-	-	-	-	-	-
JULY 1940	華僑銀行	-	-	-	-	-	-
	信行公司	-	-	-	-	-	-
	民信銀號	-	-	-	-	-	-
	-	-	-	-	-	-	-
	-	-	-	-	-	-	-
AUG.1940	-	-	-	-	-	-	-
	-	-	-	-	-	-	-
	-	-	-	-	-	-	-
	-	-	-	-	-	-	-
	-	-	-	-	-	-	-
SEP.1940	華僑銀行	3	450 00	408 95	2 21	2 00	2 00
	-	-	-	-	-	-	-
	-	-	-	-	-	-	-
	-	-	-	-	-	-	-
	-	-	-	-	-	-	-
~~OCT.1940~~							

遂溪发票局统计一九三九年至一九四〇年各银行华侨汇款登记表

130 28254

Suikai D.C.

遂溪發票局

11 國幣　　SUT

D.

Month	Bank	No.	Amt. of Rem. N.$		Rem. Fee N.$		Postage N.$		A.P. Fee N.$	
JAN. 1939	華僑銀行	-	-	--	-	--	-	--	-	--
FEB. 1939	華僑銀行	189	11,344	39	51	25	-	--	47	25
MAR. 1939	華僑銀行	373	32,180	00	137	07	-	--	93	08
APR. 1939	華僑銀行	368	32,427	34	134	38	-	--	9[illegible]	66
	信行公司	19	1,010	00	5	06	-	--	1	52
	~~華僑銀行~~	-	-	--	-	--	-	--	-	--
MAY. 1939	華僑銀行	651	70,623	93	244	71	-	--	161	39
	信行公司	14	872	50	3	58	-	--	1	12
	~~華僑銀行~~	-	-	--	-	--	-	--	-	--
JUNE 1939	華僑銀行	1 +) 559 560	100 +) 56,121 56,221	00 88 88	50 +) 212 212	 30 80	-	--	25 +) 138 138	 56 81
	信行公司	15	10,619	00	13	90	-	--	1	20
	~~華僑銀行~~	-	-	--	-	--	-	--	-	--
JULY 1939	華僑銀行	994	206,514	23	589	08	-	--	247	99
	信行公司	19	1,073	00	4	98	-	--	1	52
	~~華僑銀行~~	-	-	--	-	--	-	--	-	--
AUG. 1939	華僑銀行	1754	398,387	71	1,155	20	-	--	437	48
	信行公司	20	2,819	00	6	13	-	--	[illegible]	60
	民信銀號	-	-	--	-	--	-	--	-	--
	~~華僑銀行~~	-	-	--	-	--	-	--	-	--
SEP. 1939	華僑銀行	3534	783,108	50	2,437	40	-	--	886	75
	信行公司	50	2,603	00	13	04	-	--	4	00
	~~華僑銀行~~	-	-	--	-	--	-	--	-	--
OCT. 1939	華僑銀行	1865	431,181	14	1,332	11	-	--	893	49
	信行公司	46	5,453	00	18	87	-	--	3	68
	民信銀號	3	436	82	2	19	-	--		24
	-	-	-	--	-	--	-	--	-	--
NOV. 1939	華僑銀行	1481	292,743	33	947	95	-	--	740	50
	信行公司	33	1,968	00	8	66	-	--	2	64
	民信銀號	3	170	00		85	-	--		24
DEC. 1939	華僑銀行	1698	247,330	64	917	06	-	--	848	16
	信行公司	42	6,133	00	20	48	-	--	3	36
	民信銀號	1	100	00		50	-	--		08
	-	-	-	--	-	--	-	--	-	--

KAI
C.

~~10~~

Month	Bank	No.	Amt. of Rem. S.C.	Amt. of Rem. N.$	Rem. Fee S.C.	Rem. Fee N.$	A.P. Fee N.$
JAN. 1939	華僑銀行	-	- --	- --	- --	- --	- --
FEB. 1939	華僑銀行	395	30,940 00	23,350 96	130 39	98 46	98 75
MAR. 1939	華僑銀行	705	72,871 00	55,222 55	309 72	234 82	176 25
APR. 1939	華僑銀行	701	66,575 00	50,011 92	274 22	205 37	175 25
	信行公司	-	- --	- --	- --	- --	- --
(桂幣帳)	華僑銀行	1	(桂幣) 190 00	95 00	(桂幣) 95	48	25
MAY. 1939	華僑銀行	1074	91,820 00	67,799 65	384 39	284 11	268 50
	信行公司	1	145 00	107 41	73	54	08
(桂幣帳)	華僑銀行	85	(桂幣) 10,365 00	5,182 50	(桂幣) 35 29	17 75	21 25
JUNE 1939	華僑銀行	→1181 / 1180	→109,057 00 / 108,957 00	→80,513 41 / 80,439 34	→453 80 / 453 30	→335 26 / 334 89	→294 91 / 294 88
	信行公司	2	40 00	29 63	20	15	16
(桂幣帳)	華僑銀行	118	(桂幣) 26,083 00	13,041 50	(桂幣) 68 90	34 16	29 50
JULY 1939	華僑銀行	1372	162,848 99	127,884 93	632 85	497 83	342 66
	信行公司	6	475 00	402 67	1 84	1 56	48
(桂幣賬)	華僑銀行	249	(桂券) 39,720 00	19,860 00	(桂券) 132 27	66 33	62 25
AUG. 1939	華僑銀行	762	80,933 00	76,602 05	327 43	306 75	190 50
	信行公司	—	- --	- --	- --	- --	- --
	民信銀號	1	10 00	9 52	05	05	08
(桂幣賬)	華僑銀行	309	(桂券) 60,990 00	30,495 00	(桂券) 184 85	92 61	77 25
SEP. 1939	華僑銀行	696	105,297 00	122,286 70	396 95	460 79	174 25
	信行公司	—	- --	- --	— --	- --	- --
(桂幣賬)	華僑銀行	573	(桂券) 133,743 00	66,871 50	(桂券) 404 17	202 32	143 25
OCT. 1939	華僑銀行	177	24,447 00	31,006 02	93 02	118 01	83 50
	信行公司	1	20 00	24 39	10	12	08
	民信銀號	1	50 00	54 94	25	27	08
(桂幣賬)	華僑銀行	340	(桂券) 67,625 00	33,812 50	(桂券) 227 21	113 81	160 25
NOV. 1939	華僑銀行	103	14,733 00	17,288 84	59 27	69 92	51 50
	信行公司	3	109 00	99 08	55	49	24
(桂幣賬)	華僑銀行	100	(桂券) 13,493 00	6,746 50	(桂券) 53 25	26 67	50 00
DEC. 1939	華僑銀行	79	6,564 00	6,445 33	29 58	29 14	39 50
	信行公司	1	30 00	28 57	15	14	08
	民信銀號	-	- --	- --	- --	- --	- --
(桂幣賬)	華僑銀行	125	(桂券) 18,059 00	9,029 50	(桂券) 71 20	35 67	62 50

Month	Bank	No.	Amt. of Rtce. N.$	Rtce Fee N.$	A.P. Fee N.$	Postage N.$
JAN. 1940	華僑銀行	2588 74 2662	351,908 00 6,961 62 358,869 62	1,304 70 28 07 1,332 77	1,292 74 34 90 1,327 64	- - -
	信行公司	24 28 52	1,520 00 2,503 00 4,023 00	7 62 11 72 19 34	1 92 2 24 4 16	- - -
	民信銀號	34	22,520 55	33 79	2 72	- - -
	東方匯理銀行	65	4,765 00	23 88	32 50	- 5 -
FEB. 1940	華僑銀行	2,165	325,300 29	1,159 16	1,080 82	- - -
	信行公司	26	1,936 00	8 69	2 08	- - -
	民信銀號	18	41,135 00	47 42	1 44	- - -
	東方匯理銀行	26	2,134 00	10 69	13 00	
MAR. 1940	華僑銀行	2,362	453,823 32	1,565 46	1,178 90	- - -
	信行公司	34	2,875 00	13 22	2 72	- - -
	民信銀號	20	101,505 00	109 13	1 60	- - -
	匯理銀行	70	4,660 00	23 38	35 00	- - -
APR. 1940	華僑銀行	2,161	392,561 95	1,332 81	1,066 76	- - -
	信行公司	40	4,225 00	17 46	3 20	- - -
	民信銀號	22	12,060 00	19 06	1 76	- - -
	匯理銀行	104	7,012 00	35 13	52 00	- - -
	交通銀行	1	200 00	1 00	50	- - -
MAY. 1940	華僑銀行	2,616	406,830 05	1,481 17	1,227 87	- - -
	信行公司	47	6,347 00	22 00	3 76	- - -
	民信銀號	17	50,725 00	54 44	1 36	- - -
	匯理銀行	39	3,182 00	15 92	19 50	- - -
	交通銀行	1	200 00	1 00	50	- - -
JUNE 1940	華僑銀行	2,938	690,546 85	2,163 53	1,428 38	- - -
	信行公司	30	3,796 00	14 18	2 40	- - -
	民信銀號	23	3,670 00	11 95	1 84	- - -
	匯理銀行	104	7,637 00	36 08	52 00	- - -
JULY 1940	華僑銀行	2,612	493,452 77	1,676 67	1,140 07	- - -
	信行公司	41	4,250 00	17 78	3 28	- - -
	民信銀號	25	12,337 00	22 09	2 00	- - -
	匯理銀行	59	4,385 00	21 93	29 50	- - -
	馮麗丰金行	10	2,290 00	5 86	5 00	- - -
AUG. 1940	華僑銀行	2,674	615,770 01	1,949 46	1,309 16	- - -
	信行公司	64	23,801 00	54 21	5 12	- - -

KAT (1940) 毛夯 8

C.

Month	Bank	No.	Amt. of Rice S.C.	Amt. of Rice N.$	Rice Fee S.C.	Rice Fee N.$	AP. Fee N.$
JAN. 1940	華僑銀行	109 2 111	11,458 00 250 00 11,708 00	10,496 56 208 33 10,704 89	43 27 1 25 44 52	39 55 1 05 40 60	54 50 1 00 55 50
	信行公司	–	–	–	–	–	–
	民信銀號	–	–	–	–	–	–
(桂幣賬)	華僑銀行	224 7 231	K.$ 36,195 00 860 00 37,055 00	18,097 50 430 00 18,527 50	K.$ 126 91 3 50 130 41	63 60 1 75 65 35	112 00 3 50 115 50
FEB. 1940	華僑銀行	77	9,445 00	7,824 42	36 37	30 10	38 50
	信行公司	1	100 00	76 92	50	38	08
	民信銀號	–	–	–	–	–	–
(桂幣賬)	華僑銀行	253	K.$ 44,089 00	22,044 50	K.$ 145 69	73 00	126 50
MAR. 1940	華僑銀行	24	2,727 00	2,181 45	12 20	9 76	12 00
	信行公司	–	–	–	–	–	–
	民信銀號	–	–	–	–	–	–
(桂幣賬)	華僑銀行	152	K.$ 39,478 00	19,739 00	K.$ 118 00	59 09	76 00
APR. 1940	華僑銀行	9	895 00	688 48	4 08	3 17	4 50
	信行公司	–	–	–	–	–	–
	民信銀號	–	–	–	–	–	–
	匯理銀行	–	–	–	–	–	–
(桂幣賬)	華僑銀行	109	K.$ 19,785 00	9,892 50	K.$ 66 90	33 53	54 50
MAY. 1940	華僑銀行	6	470 00	361 54	2 35	1 81	3 00
	信行公司	–	–	–	–	–	–
	民信銀號	–	–	–	–	–	–
	–	–	–	–	–	–	–
(桂幣賬)	華僑銀行	175	K.$ 30,672 00	15,336 00	K.$ 106 70	53 47	87 50
JUNE 1940	華僑銀行	3	270 00	207 69	1 35	1 04	1 50
	信行公司	–	–	–	–	–	–
	民信銀號	–	–	–	–	–	–
(桂幣賬)	華僑銀行	144	K.$ 39,528 00	19,764 00	K.$ 108 80	54 51	72 00
JUL. 1940	華僑銀行	3	260 00	130 00	1 30	1 00	1 50
	信行公司	–	–	–	–	–	–
	民信銀號	–	–	–	–	–	–
	–	–	–	–	–	–	–
(桂幣賬)	華僑銀行	136	K.$ 28,765 00	14,382 50	K.$ 96 05	48 15	68 00
AUG. 1940	華僑銀行	2	600 00	461 54	2 20	1 70	1 00
	–	–	–	–	–	–	–

133

千

SUI

D.

Month	Bank	No.	Amt. of Rlec. N.$		Rlec fee N.$		A.P. fee N.$	
AUG.1940	匯理銀行	17	1,523	00	7	63	8	50
	馬麗豐金行	39	4,765	00	20	23	19	50
	民信銀號	29	11,440	00	23	36	2	32
SEP.1940	華僑銀行	2997	717,720	67	2276	36	1,291	48
	信行公司	78	19,830	00	62	60	6	24
	民信銀號	31	4,280	00	17	76	2	48
	匯理銀行	-	-	-	-	-	-	-
	馬麗豐金行	25	3,085	00	14	07	12	50
~~OCT.1940~~	Total	3,131	744,915	67	2370	79	1,312	70

（十月份之已移入新册）

KAI

C.

4

Month	Bank	No.	Amt. of Rtce. S.C.	Amt. of Rtce. N.B	Rtce. fee S.C.	Rtce. fee N.B	Apfee N$
AUG. 1940 （挂号账）	華僑銀行	91	K$ 17,147 00	8,573 50	K$ 60 78	30 47	45 50
	–	–	–	–	–	–	–
	–	–	–	–	–	–	–
SEP. 1940 （挂号账）	華僑銀行	124	K$ 33,151 00	16,575 50	K$ 94 42	47 33	62 00
	–	–	–	–	–	–	–
	–	–	–	–	–	–	–
	–	–	–	–	–	–	–
	–	–	–	–	–	–	–
~~OCT. 1940~~							

（空白）

135 28092 3

Sumchun D.C.

深圳發票局

Statement of Postage on AP's Derived from O.R. During 1939.
(Jan. to Dec., 1939)

Month	Canton	Swatow	Hoihow	Toishan	Tsinshan	Suikai	Sumchun	Total
Jan. 1939	57 50	1,595 75	677 12	- --	- --	- --	- --	2330 37
Feb. 1939	243 25	1,228 03	1,531 72	604 25	95 00	146 00	- --	3848 25
Mar. 1939	143 51	328 34	90 75	330 41	113 25	269 33	- --	1,275 59
Apr. 1939	767 52	417 46	94 91	160 30	194 56	268 68	- --	1903 43
May. 1939	522 08	580 46	08	230 83	151 28	452 34	- --	1937 07
June. 1939	989 13	605 89	1 25	574 33	228 81	464 33	- --	2803 74
July. 1939	1,500 37	488 18	6 66	776 32	243 82	654 90	- --	3670 25
Aug. 1939	1810 95	272 01	41	1,344 05	72 94	706 91	507 21	4,714 48
Sept. 1939	2033 27	1887 82	69 99	1,280 62	90 47	1,208 25	- --	6,570 42
Oct. 1939	2,073 30	3614 19	635 39	1,648 99	73 33	1141 32	- --	9,186 52
Nov. 1939	2394 74	15,677 59	2,714 50	2,343 11	110 64	845 12	- --	24,085 70
Dec. 1939	3535 58	13,033 92	2,758 56	2,350 86	133 54	953 68	- --	22,766 74
Total	16,071 20	39,729 64	8,581 34	11,584 07	1,507 64	7,110 86	507 21	85,091 96

8

Statement of Postage on A.P.'s derived from O.R. during 1940.

(Jan. to Dec. 1940)

Month	Canton	Swatow	Hoihow	Toishan	Tsinshan	Suikai	Weiyeung	Total
Jan. 1940	5,565.34	13,318.60	3,766.30	3,892.50	249.32	1,538.02	---	28,330.08
Feb. "	2,272.22	7,978.14	10,096.60	4,106.52	294.33	1,262.42	---	26,010.23
Mar. "	3,743.65	8,513.65	4,213.52	1,425.19	58.04	1,306.22	---	19,260.36
Apr. "	5,623.71	8,267.62	4,359.64	3,760.58	162.07	1,183.22	---	23,356.84
May "	5,604.02	7,526.16	6,109.26	1,819.38	105.93	1,343.49	---	22,508.24
June "	8,897.78	12,123.02	5,743.04	3,321.08	203.60	1,558.12	---	31,846.64
July "	5,760.42	6,055.52	6,754.66	4,744.34	263.49	1,249.35	---	24,827.78
Aug. "	4,698.86	5,245.96	5,372.74	3,763.28	280.14	1,391.10	---	20,752.08
Sept. "								
Oct. "								
Nov. "								
Dec. "								
Total								

136² 國幣

SUM

D.

Month	Bank	NO.	Amt. of Rem. N.$	Rem. Fee N.$	Postage N.$	A.P. Fee N.$
AUG. 1939	華僑銀行	2020	162,220 72	559 13	---	505 96

(Closed)

CHUN

C.

臺券 1

Month	Bank	No.	Amt. of Rem.		Rem. Fee		A.P. Fee
			S.C.	N.B	S.C.	N.B	N.$
AUG.1939	華僑銀行	5	715 00	587 91	3 38	2 00	1 25

(closed)

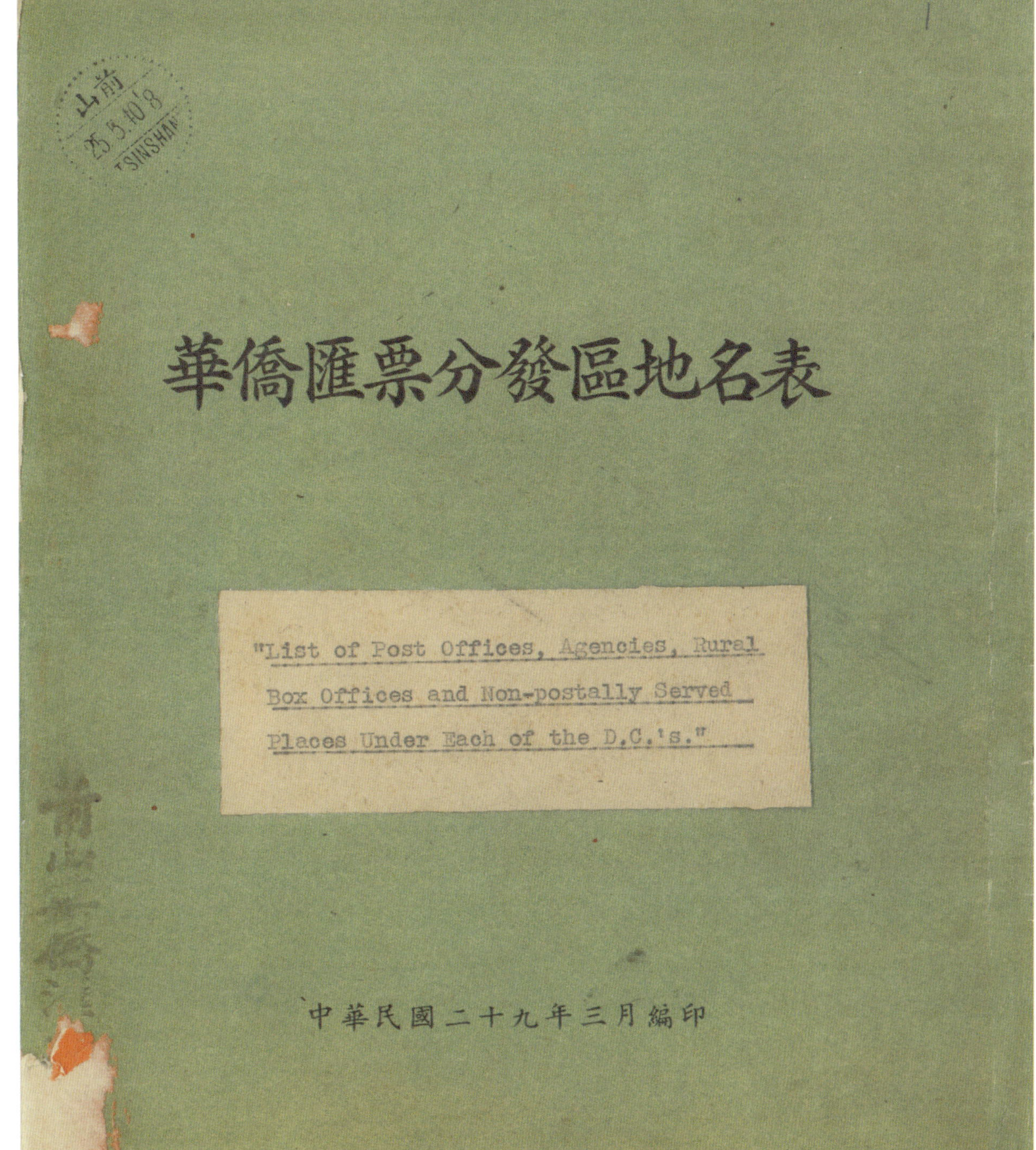

山前
25.3.40.8
TSINSHAN
華僑匯票分發區地名表
"List of Post Offices, Agencies, Rural Box Offices and Non-postally Served Places Under Each of the D.C.'s."
中華民國二十九年三月編印

1

廣州分發局

(Canton Distributing Centre)

2

廣州郵局

等級 (Class of Office)	局名 (Name of Office) Chinese	Romanised	等級 (Class of Office)	局名 (Name of Office) Chinese	Romanised
一等局 (1st Class)	南海(佛山)	Namhoi (Fatshan)	三等局 (3rd Class)	高塘	Kotong
二等局 (2nd Class)	九江	Kowkong		連縣	Lienhsien
	三水	Samshui		連山	Linshan, Tung.
	太平	Taiping, Tung.		連平	Linping
	石龍	Sheklung		開建	Hoikin
	四會	Szewui		博羅	Poklo
	西南	Sainam		淦洸	Hamkwong
	曲江(韶州)	Kukong (Shiuchow)		容奇	Jungki
	坪石	Pingshek		陳村	Chanchuen
	英德	Yingtak		常平	Sheungping
	南雄	Namyung		翁源	Yungyun
	都城	Dosing		從化	Tsungfa
	高要(肇慶)	Koyiu (Shiuhing)		黄連	Wonglin
	清遠	Tsingyun		淡水圩	Tamshuihu
	黄埔	Whampoa		勒樓	Laklow
	廉樂	Honglok		陽山	Yeungshan
	深圳	Shumchun		新造	Suntso
	順德	Shuntak		新民阜	Sunmanfow
	惠陽(惠州)	Waiyeung (Waichow)		廣利	Kwongli
	新塘	Suntong		廣寧	Kwongning
	增城	Tsengshing		滘江口	Pakonghow
	樂昌	Lokchong		龍江	Lungkong
	樂從	Loktsung		龍門	Lungmoon
	德慶	Takhing		龍山	Lungshan, Tung.
	蘆苞	Lupao		龍岡圩	Lungkonghu
三等局 (3rd Class)	三洲圩	Samchowhu		鹽步	Yimpo
	大瀝	Tailik			
	仁化	Yanfa			
	石灣	Shekwan			
	石井	Shektsing			
	市橋	Shikiu			
	杏壇	Hangtan			
	沙灣	Shawan			
	沙河	Shaho, Tung.			
	沙頭	Shatow, Tung.			
	花縣	Fahsien, E.			
	官山	Kwanshan			
	官窰	Kunyiu			
	始興	Chihing			
	東莞	Tungkun			
	佛崗	Fatkon			
	封川	Fungchun			
	南頭	Namtow			
	桂洲	Kwaichow			
	高明	Koming			

廣州分發局

代辦所名稱						
八字嶺	大杭	小塘沙	布吉	白坭西	企石	更樓
七拱	大朗	小杭	北村	白雲洞	百合	均和圩
九龍圩	大路邊	小洲	北水	白坭北	西華	均安
九峯	大安圩	小江	北滘	白石潭	西境	杄欄
人和圩	大汾	弋汝湖	北鄉	白廟	西滘	沙逕
上地	大洲	土塘	北木	白沙	西鄉	沙漖
上村	大邑	土華	北海	白沙北	西岸	沙溪
上石角	大桐	王城口	北柵	白石	西村	沙埔
上栢	大邑	王聖堂	北潮	白土	西馬寧	沙頭角
上街市	大晚	王母圩	平地	打禾崗	西城市	沙頭東
上漖	大鴨城	太平	平湖東	永和	西湖圩	沙魚涌
上草	大羅村	太平圩	平洲	永湖	西寶圩	沙灣
上坪	大鑊	太平場	平步	永平	合水	沙田
三多祝	大鏈	太和市	平山圩	永安	老村	沙宮
三桂	大冲	太和圩	平陵	永清	老雅崗	沙滘
三元市	大圍	太和	平潭	永祥	地豆市	沙頭西
三江西	大渦圩	太平市	平海	仕版	江村	沙頭圩
三角市	大日頭	牛郎徑	舊鳳凰	白望蓭	江村圩	沙頭
三界市	大涌	牛欄崗	舊寨	石灣	江口	沙洲
三華店	大巷	丹灶	古壩	石坑村	江屯市	沙浦
三坑	大朗南	五村	古料	仙閣	江谷	沙口
三元里	大塱山	五地寨	古祐	仙塘	江川圩	沙路
三多圩	大路圩	五和	古塱	仙涌	米步	沙河
三棟	大沙	六都	古粉	仙嶺	坑梓	沙井
三角湖	大崗	六合圩	古樓堡	仙村	坑頭	沙頭新圩
三華鎮	大龍	六合塘	古鑑	正果	坑貝	杏市
三江北	大坪	六里	古市	市頭	貝底水	社圩
三洲	大田	文海	古水	外村	貝底水(橫江北)	豆嶺
大谷	大坑	文岡	石壁	水湖	貝水	金利
大伸	大水鎮	文昌圩	石洲	水台	貝岡	青岐
大嶺北	大逕	文昌橋	石溪	水頭圩	豸浦	青塘
大塘邊	下村	元壇圩	石涌口	水坑	赤花	虎眠崗
大富	下渡	中堂	石榴崗	水口	赤坭	興隆圩
大岸	下寮圩	中和市	石碁	水口圩	坑口凪	興仁市
大江	下松柏	仁德約	石江	水藤	扶閭	岳步
大連	下茅	仁和圩	石樓鄉	平塘	扶溪	青蓮
大橋	下蓮塘	天和	石灘	平安圩	杜院	虎頭市
大塘	山塘	天池	石礄	田頭	杜村	虎門寨
大山	小坪	天后市	石馬	先覺院	杜步	林頭
大石	小陳涌	天堂圍	石坎圩	光輝	佛崗	坪山南
大社	小龍	木棉	石角	吉利	佛嶺市	坪溪
大鎮北	小灣	甘竹	石牌	朱坑	車陂	洗村
大步	小樓	公莊	石龍圩	百嘉村	車鄉	兩渡河
大埔	小享	公明圩	石角圩	百丈	安利	兩龍圩
大敦	小布	公和市	石狗	百叟	利和	厚街
大黃圃	小逕	公正圩	石澗	陂頭	利龍	周溪
大崗	小塘	汀根	禾云	羊額	良口圩	周陂
大灣南	小黃圃	民樂市	白芒花	冲鶴	良井	周田

代辦所

2a

廣州分發局

代辦所名稱						
李頎	廟頭	馬房	蓼蔄	莫村	富灣	新江
李溪	桂圩	馬崗	蓮和圩	華夏	聯和市	新田
河清	南筧	馬嘶圩	員崗	排涌口	聯安市	廟田
河頭	南浦	馬安	珠村	鹿和	景岡	瑞寶
河兒	南塱	馬壩	蚌湖圩	菁蓮	蜆江	敦和市
河村	南華	馬市	桑麻	壩仔	蜆涌	敦厚
長爲令	南便村	馬圩	悅城	壩子	祿步	楊滘
長岡	南津口	馬頭	都騎	陽山	獅子寶	楊梅西
長江	南邊	馬鞍	桃溪	黃竹岐	獅嶺圩	楊屋村
長洲	南畔	馬水	桃村	黃麻涌	福永	楊村
長平社	南水	烏逕	隆興	黃塘	福和	楊箕
杭核鄉	南村	烏石	淩邊	黃岡	福田	楊梅
東埗	南浦北	烏涌	埔仔	黃田	嘻街	蓮塘
東頭	南亭	烏洲	荒塘圩	黃閣	義成	蓮花基
東馬寧	南社	烏石岩	壩子圩	黃江圩	稔山	新竹塘
東坑	南灣	逕口	深田	黃沙頭	黎村	鄧滘
東欒	南岡	逕貝	深井	黃埔鄉	黎洞	稔村
東博	南江口	逕頭圩	深村	黃村南	塘利	銀河市
東向	洲心	倉門	梅坑	麻炸	塘頭廈	銀盞坳
東里	炭步	倉前圩	梅山	麥村	塘尾圩	銀崗圩
東圃	范湖	涌頭	畢村	弼教	塘村	碧江
東陂	獨樹崗	涌口	夏垌	源潭	遙步	碧江長堤
東鄉	柴基	桔園	清塘	衆尤市	象山	碧沙
東岸	城口	逢簡	清源	紫徑	象涌	廣和
泌涌	柳灣	浸潭	清溪	雲霖	鐵崗	廣教
明經	脈瀝洲	高讚	清溪舊圩	棠溪	鐵涌	廣清圩
朋久	茶基	高橋市	莊頭	棠下東	鳳江	槎涌
茅岡	茶山	高田	勒竹	馮村	鳳院	槎頭
忠信	香爐坑	高僧圩	章村	道教	鳳村圩	槎滘
昌教	相府約	高良圩	麥岸	溫泉	鳳崗圩	旗嶺市
昌華市	栢塘	栢塘	國泰	溫塘	裏水	穀涌
乳源	栢堂	海口	萬頃沙	湯塘	裏海	澎澎
卻邊	响水	韋涌	魚咀	棋杆圩	詵墩	漢涌
松岡	星槎	埇頭圩	魚子灣	鬧邊市	楓灣	龜咀圩
旺村	封口	秦尾	麻奢	無定市	新桂市	叠滘
官涌	後瀝	紫坭	麗冲	鼓樓坊	新村	關前
官橋	春水	紫洞	得云圩	董塘	新基	寨邊
官莊	威整	莘村	鹿門	渙勞	新地	寨崗
官渡	屏山	莘田	裕涌	塔良	新沙	蔴榕
官圩	恰樂	莘汀	張槎	貴東	新釗地	嘉禾市
狗牙洞	星子	夏滘	街邊	順天湖	新圩北	暹岡
岡貝	泉水	夏茅	望夫崗	隘仔	新洲	漁球
岡尾	神岡	夏園	望平墩	傍江	新橋	黎埠
岡頭	神山	亭岡	細圩	隔山	新豐	黎埠頭
明山	神崗	連村	菱塘	渡頭	新街	葵涌
范湖圩	馬村	連江口	崙頭	雅瑤	新安圩	蔣岸
派譚	馬齊	連山	梁化	雅瑤舊圩	新圩	澳頭
來安市	馬口	倫教	笛花	灣溪坊	新市	寮步

3

廣州分發局

代辦所名稱						
篁村	羅芳圩					
潭山	羅水					
潭邊	羅邊					
潭洲	羅村					
潭村	羅洞					
魯村	羅岡西					
播植	羅家渡					
樟樹潭	羅壩					
橫江（北）	羅隱					
橫江（南）	羅房					
橫岡	羅董					
橫基	獺子圩					
橫石	瀾石					
橫瀝	豐和					
橫瀝圩	蟠崗					
橫潭	鹽田					
橫潭圩	臘圃					
橫沙	瀝滘					
橫河	敖魚市					
橫石水	龍潭					
黎洞	龍眼					
藍田	龍華南					
舖仔	龍畔沙					
錦廈	龍涌市					
蕭岡	龍潭北					
蕭邊	龍翔市					
寮涌	龍華圩					
嶺背	龍塘圩					
橋頭東	龍歸圩					
橋頭圩	龍門					
橋山	龍口					
橋頭	龍灣					
雙崗	龍頸					
霞石	蘇埠					
霞涌	鐘落潭					
錫場	鶴田					
鷄洲	顯村					
鷄籠圩	觀閣					
穗石	觀音閣					
練溪	鷺江					
謝村						
嶺貝圩						
鍾邊						
鍾村						
獵德						
鎭南新圩						
鎭口						
鎭隆						

4

廣州分發局

信櫃名稱			
二沙	江尾村	南畔	新地
二涌口	米佈	南水	新橋
九村	光華	南村	新河
三角市	竹圩	南井	新涌
三洪奇	吉水	南村(橫江)	新墳
三橋市	吉贊	南村(𡊢步)	新隆
下白坭	安教	莘涌	新村
上園	司馬	莘村	新鳳凰
上涌	西浦	屋吓	蓼邊
上陳村	西城	基塘	槎涌
上傑	西滘	陳溪	鳳塘
上華	西湖	集賢莊	鳳岡
上淇	西坑	集涌	増教
上滘	李溪	梯面	福昌園
小洲	李婆洞	曹洞	聚龍沙
小布	赤岡	灣頭	渼塘市
小涌	沙貝	華村	廣田
小勞村	沙涌	馬滘	歷頭
小黃坭	沙圩	蓮塘	橫沙
大東市	沙灜	棠下	橫江吓
大仙崗	沙咀	碉頭	鴨墩關
大瑞邊	沙滘	康樂	學堂鄉
大涌	豸夏	理教	潭村
大墩	坑田	賀豐	儒村
小橋	良村	道教	儒林
牛牯屯	良教	荷村	禮村
太平約	杏頭	涌口	禮江
心迯	奇槎	烟橋	龍津
公益市	坪地	鹿州	龍美
仁和	虎榜	鳳岡	龍涌
中和	官田	麥村	龍潭社
中村	抱倫	麥朗	龍灣村
孔溪	杭岡	梅塘	橋頭
水渭村	長齡約	登洲	羅沙
水南	長坎頭	高村	羅家
水口	長路坊	高邊	顏邊
丹山	長塘	張邊	藤涌
平步	茅岡	葛崊	藤滘
右灘	洲村	崐江沙	簡村
白沙	約場	黃崗圩	簡岸
石岩塘	岡廈	黃貝嶺	藜涌
石龍村	東沙	黃涌	灌塘瀝
石井	東沙鄉	梧村	臘冲
石岡	東村	運隆市	譚頭市
石頭	逕圩	溶洲	譚義
百步	珠高埗	蒲魚江	鷺洲
江心	教德	稔海	
江村	南浦	溪頭	

廣州分發局

不通郵地方名稱						
丁甲嶺	大坡	上陂頭	水坑村	石頭鄉	甘崗	曲灘村
二龍沙	大風嶺	上下舊圩	水圍	石折逕	司巾國	寺田
大逕鄉	大坪	上田心	水樓	石龍頭	生佛岩	陂塘
大灣崗	大姨坑	上三洞	水口圍	石心圍	立石	吉星村
大水坑	大墈	上簡	元芬	石咀	白蓮村	吉水村
大嶺村	大樹脚	上塱	元江坳	石頸村	民塱	燈盞石
大嶺頭	大塘鋪	上元江	井灣	石圳村	圳東	李塘
大埗崗	大洞村	山咀頭	井嶺村	石角坳	圳西	李石岐
大有圩	大坑口	山塵村	井塘崗	石園村	圳綿嶺	李屋村
大風寮	大墻頭	山仔口	牛牯屯	古台	羊角埔	李婆洞
大嶺脚	大圳坑	山芝營	牛益山	古岡	江貝	李松蓢
大竹園	大圳口	山塘	牛地埔	古城村	江頭洞	沙坑
大坋田	大塘	川坳	牛湖	白長坑	江屋圍	沙崗
大木洲	大臺	下逢	牛步坑	白坭坑	江步	沙河
大灣村	大榕	下甯	牛掩	白花洞	江蒲嶺	沙坪
大毛坪	大崗頭	下丁浦	牛仔家	白石洲	早禾坑	沙圍
大圍	大地塘	下村圍	牛瑞嶺	白界	竹村	沙水
大角村	大洲村	下份	牛欄村	白甲湖	竹村圍	沙田
大有崗	大圍村	下逕	毛坪	白坭磡	竹仔洲	沙堆村
大燕口	大水步	下元江	孔邊	白米埗	竹枝圍	沙地崗
大坑	大燕	下元山	瓦塱	白坟咀	竹園村	沙塘嶺
大網村	小洲	下田心	瓦窰仔	白雲塱	朱村	沙步村
大塱山	小江	凡正坑	云路國	白竹坑	朱坑尾	沙頭渡
大洲	小圃	元邊	天井坑	白竹坑山	百丈	赤崗頭
大端邊	小黄杞	弓村	中心洲	白石村	百步	赤嶺頭
大路尾	小章山	木棉	公正市	白炭屋	百滘	伯和
大河	小嶺頭	木水連	丹竹逕	白雲坑	合水口	坑田
大海洲	小河塘	木寮	月崗村	白坟	西海	坑墻圍
大旗頭	小逕	木頭塘	平頭石	白石坳	西坑	地豈崗
大江	小闘刀	木塱村	平山	古坑	西瀝	莊邊
大船坑	小木坑	木龍頭	平塘	禾禮磡	西涌	附城鄉
大水田	三龍坑	木港塘	平崗村	禾蕙嶺	西淋	巫屋圍
大和	三江凹	太平市	打鐵寮	北方	西湖塘	沅屋
大水坑	三江墻	太平圍	扒頭木崗	北樓坑	池田	灶下
大沙河	三嘉村	太平埗	石眼坑	仙人嶺	西翼	臣田
大湖	三合水	太安	石比村	半浦	西河	爹夏
大果	三善	太平莊	石基坑	田頭埔	西東管圍	吳屋村
大朗	三角袂	太平居	石橋瀝	田方埔	西坑約	吳坑
大布港	三拱	太平約	石井村	田寮	西尾塘	吳屋
大崗鄉	三濶	王[illegible]	石壟尾	田廖	西牛嶺	旱塘
大昌	上涌	水西	石鼓塘	田貝	西邊	村頭
大合龍	上崗村	水貝	石坳	田心	百嘉地	良安田
大嶺	上丁浦	水斗	石馬逕	田尾	伍地寨	良登
大埗	上份	水邊	石邊	田龍灣	曲塘	良坑
大沙塘	上下新村	水黄田	石涌	田心村	陂口	良清堂
大崗	上下呔鄉	水頭榭	石埇	田頭	孛頭崗	岐嶺
大章山	上芬	水東約	石頭墩	田尾山	池魚坑	良洞村
大埔	上村	水流營	石田圍	白鶴頸	亨圖	更鼓嶺

8

廣州分發局

不通郵地方名稱						
岑崗	放馬佈	板潭村	馬頭山	觀音洲	黃坭塘	隔岸
秀茂岡	周家村	油甘脚	馬龍塘	蚌滘	黃沙坑	棠涌
杉岩	厚村	花兜村	馬頭石	陳塘	黃竹坑	鳳崗圍
龜湖	和籬坑	芙合塘	馬蹄壩	梁家莊	黃崗	鳳凰橋
冷水坑	坦把口	明邊村	馬鞍崗	連珠村	黃羌基	鳳果
逕岨	坭光仔	狗騰村	馬安崗	珠塘坜	黃塘邊	鳳凰嶺
佈心	岡頭	洋塘	馬圾崗	畔田村	黃坜角	鳳塱圍
車田村	坜田	洋高	馬安山	蛱頭營	黃金坜	湖墩圍
車仔尾	坜心	涌表	馬圖崗	婆坑	黃沙塘	棋杆嶺
車田	坭圍	連樟	廻鋪嶺	桃仔坑	黃沙水	萬壽圍
車坪	廟布村	羌頭	埔仔	草洞	黃村鄉	臘坑
佛仔岡	廟崗背	茶園	莘莊	魚沺	黃田村	湖邊村
佛仔坳	廟崗	南津口	馬力	掛榜嶺	黃坑	森木洞
靈洲	廟山背	南方	莘塘	陳埗江	黃金涌	路邊圍
門口坑	廟角村	南岸	做蕘	烏杭埇	黃竹逕	貴球嶺
社崗	到風	南白沙	娥眉	陶金坑	張壳村	灣溪
坳背	官田	南屏村	桔坑	進牛涌	張邊	蒙塘
芝山	官坑	南蛇崗	桔嶺	馬坑村	張屋村	祇背嶺
社排村	東埔	成水湖	茜坑圍	峻岡	高坜村	鬧背村
岑坪圍	東鎖塘	客村	浪口	砌頭	高村	象岡
杏堂洞	東心逕	南壩村	流塘	高磡	高臺	雷邊
低地村	東村	姚屋村	珠高坜	側黃	高塱	魁永
君坑村	東坑	茶寮村	都寧	朗田	高橋村	障頂村
豆鼓嶺	東邊嶺	洞口圍	週田	朗心	蓬塘市	祿洲
角龍湖	東鄉圍	洛坑	原根里	基塘	望樓	新興圍
杭岡	東菴排	炳子鄉	展旗	望牛岡	營地	新村圍
松子嶺	東瓜坜	城壩村	梁邊	集賢莊	莫屋	新興村
河岩	東風村	茶餅逕	插花嶺	深涌	崩江滘	新田村
河樹下	岡坳	砍下	郭下	旋灣	梅洞	新背
河邊	青龍崗	留獅洞	庫坑圍	窖廈	梅家灣	新寨
松元吓	金竹店	留東村	梁村	蓮塘	荷包角	新屋村
松塘	廟貝	柯木塝	涌邊	蓮水村	圍仔角	新屋仔
松杵崗	狗仔逕	軍營	涌口	望夫湖	崗脚	新車村
松崗	茅田約	廻龍村	秦村	華牛堂	崗坳村	新鋪圍
岳湖岡	洞心	恆頭村	逕背	清湖	崗頭村	新圍
林岳	旺洞	流連崗	鬼頭潭	華閘口	細圍	新基
林村	坪崗	廻岐	郭屋村	清沙	雅文樓	新圍仔
長岐	坪岡下	紅門樓	彭村圍	符邊	崗岨頭	新村
長坑仔	花崗村	蕘屋山	栢木坪	梯面	墟頭村	新石橋
長岡村	虎尾瀼	响木吠	逕下村	曹洞	蛇逕村	新田洞
長腰崗	杭嶺	留洞	連塘村	曹合	清山村	新坑
長埔村	杭樹涌	胡蘆坑	烏石古	萬石頭	墟井寮	新圳
長坜村	油泰	思賢路	烏球塘	黃魚涌	勒竹兜	新塘
長江村	担步	馬岡	烏黎田	黃田心	墟坑村	潑口
長埇尾	明逕圩	馬務	烏坭迯	黃竹徑	營岨村	漱茶
步岡	抬崗	馬洲	海田村	黃草浪	渡頭圍	貴湖塘
奇槎	逕口	馬村	華架山	黃保村	圓墩村	鹽田
英蔚橋	和順崗	馬鬱頭	觀音山	黃其水	隔瀝	鐵崗

廣州分發局

不通郵地方名稱						
鉄村	對崗	擇善村	鰲灣			
翟屋邊	旗尾	舊園	壠樓			
榨油村	廖屋	舊村	鷄公廟			
福昌園	蓮塘村	謝屋村	鷄坡坑			
福興園	增邊	嶺子脚	鷄公田			
楓坑	賴屋山	龍虎坑	鑊墈			
矮車	獅頭嶺	龍潭口	鑊頭石			
塘邊	樓村	龍當木	鑊底浦			
塘坑	彰義	龍家園	鷗坑			
塘頭村	潭羅	龍正坑	鷺邊			
塘扭村	潘村	龍勝堂	頭田圩			
塘屋村	樟樹鋪	龍田				
塘下	樟坑徑	龍潭				
雷公桶	聯鑑	龍灣				
雷屋邊	黎溪	嶺貝				
雷寶石	簔里	嶺排村				
福堂園	薯田莆	霞徑村				
塱下	魷魚埗	謙厚				
楠木樹	蔗園坑	鎮南新圩				
鉄坑口	横岡	藜涌				
鄧洲村	横浿	藍布村				
鄧步鄉	横坑	瀨湖				
楊桃杵	横馬	綱頂				
掌牛坪	横塘	鵝埠石				
塘斗	横江頂	歐邊村				
塘仔氹	横水坑	羅田				
塘基嶺	横石	羅客頭				
塘邦村	學園	羅王洞				
塘頭	蔴坑園	羅屋村				
塘尾	貓頭	羅勝堂				
鄭屋村	渼塘村	鯉魚岡				
歷頭	鴉塘	鯉魚崗				
蔴廊	蔴竹坑	鯉魚節				
瑤頭	樂排	鵝頸村				
蒲魚江	蕉坑村	譚村				
猪窿	蕉坑	譚頭				
賴吓	學堂園	賓安圩				
蒲蘆石	潭尾村	灃頭村				
蒲水連	磨碟沙	纜岡塘				
蒲逢徑	磡頭	藍田				
蒲溪	碑頭吓	藤寨				
黎壆徑	膨邊	鶴埔				
榕樹潭	儒林鄉	鶴邊				
銀屏咀	雙洲	鶴嘜岡				
寨孔	頭巾灘	鶴西埗				
寨脚	橋頭園	鶴咀嶺				
墨斗繖	獨石	竇頭				
榕杵園	磨鈎圩	欄廟				

7

10
9

汕頭分發局
(Swatow Distributing Centre)

等級 (Class of Office)	局名 (Name of Office) Chinese	Romanised	等級 (Class of Office)	局名 (Name of Office) Chinese	Romanised
一等局 (1st Class)	汕頭	Swatow	三等局 (3rd Class)	龍川	Lungchun
二等局 (2nd Class)	大埔	Taipu		饒平	Jaoping
	丙村	Pingtsun			
	汕尾	Swabue			
	老隆	Laolung			
	松口	Tsungkow			
	河源	Hoyun			
	梅縣	Meihsien, Tung.			
	揭陽	Kityang			
	澄海	Tenghai			
	詔安	Chaoan			
	潮安	Chaoan, Tung.			
	潮陽	Chaoyang			
	興寧	Hingning			
	蕉嶺	Chiuling			
三等局 (3rd Class)	大麻	Taima			
	大龍田	Tailungtien			
	三河壩	Samhopa			
	五華	Ngwa			
	平遠	Pingyun			
	西埔	Sipu			
	曲溪	Kukoi			
	安流	Onliu			
	百侯	Pakhow			
	貝嶺	Puiling			
	東山	Tungshan, Fu.			
	和平	Hoping			
	虎市	Fushi, Tung.			
	河婆	Hopo			
	海豐	Hoifung			
	高陂	Kopi			
	峽山	Hapshan			
	畬坑	Tsiahang			
	紫金	Tzekam			
	黃岡	Ungkung			
	菴埠	Ampow			
	普寧	Puning			
	陸豐	Lukfung			
	棉湖	Mienfu			
	湯坑	Tonghang			
	惠來	Hweilai			
	隆文	Lungwen			
	湖寮	Huliao			
	新舖	Sinpu			
	豐順	Fungshun			

汕頭郵局

汕頭分發局

代辦所							
所屬局名	名稱	所屬局名	名稱	所屬局名	名稱	所屬局名	名稱
大埔	漳溪	梅縣	黃塘	澄海	鹽灶	興寧	雲髻嶺
	鵝鵠坪		新塘		華富		新坡
丙村	太坪鄉		葵嶺		蓮陽		新圩
	白宮		瑤上新墟		埲頭市		葉塘
	西洋		銀錢		團濠		鐵塲
灿尾	田墘		龍虎圩		龍田	蕉嶺	三圳
	青坑		灘下約		鷗汀		叟樂
	青草	河源	古竹	詔安	宮口		路亭
	媽宮		石壩	潮安	古巷	大廊	蕎洲
	捷勝		柏埔		金石		銀溪
老隆	天陽		南湖		保安市		龍市
	竹頭神		黃田		店仔頭	三河壩	水興
	車田		黃蔴坡		東津		良州江
	東水		橋頭		官塘		東文鄉
	岐嶺		錦口		東鳳		梓里
	黃布	揭陽	五經富		長美	五華	長蒲
	黃石		中和圩		浮洋		粘坑
	通衢		古溪市		浮崗		嵩頭
	黎咀		古溝		急水		轉水角
	龍母		白塔		銀湖		潭下
	鶴市下		玉窖		葫蘆市	平遠	八尺
松口	公珠		池家渡		夏寺		大柘
	雁洋		灶浦市		登塘		河頭
	梅教		金溪市		楓洋		東石
	雲車		桂嶺市		楓溪		差干
	嵩山		砲台		意溪		柚樹
梅縣	三角市		喬林		雲步		壩頭
	大平寺		桐坑		龍湖	曲溪	楓口
	大坪		登岡		鶴巢		廣美
	大和墟		華清	潮陽	大長隴	安流	冰鑑
	大浪口		新亭圩		石橋頭		周江
	大沙河唇		錫塲		成田		華陽
	石正		關埠		南陽		梅林
	中和	澄海	下壟		金溪		塘湖
	白渡		外砂		海門		錫坑
	沙坪		北李		靖海		鯉魚江
	官塘		杜厝		貴嶼		龍村
	徑心		外埔		穀饒		雙頭
	長田		金砂		簡樸	百侯	大埔角
	長沙		南砂		鹽汀		大產
	悅來		東隴		臚岡		雙溪
	南口		東湖	興寧	刁坊		南山
	水南堡		信寧		永和		楓朗
	東廂堡		冠隴		坪塘	貝嶺	上坪
	超竹		港口		茅塘鋪		岩下
	車子排		程洋岡		坭陂		麻布岡
	黃竹洋		樟林		長安圩	和平	下車

12

汕頭分發局

代辦所							
所屬局名	名稱	所屬局名	名稱	所屬局名	名稱	所屬局名	名稱
和平	林寨	黃岡	錢東	隆文	高恩		
	彭寨	菴埠	內文里		蔴子墟		
虎市	枋墟		宏安		橋市		
河婆	上砂		金砂		寶坑		
	太平嶺		彩塘	湖寮	三角坪		
	五雲洞		梅溪		中村		
	河田		華美		下莒鄉		
	硜下		鳥巢舖		楊梅田		
	員埔		蓬州		雙坑		
	錢坑		鰲頭		長教		
	龍潭	普寧	流沙	豐順	黃金市		
海豐	公平		大墟		隴城		
	梅隴		烏石	龍川	上莞		
	鮜門		果隴		船塘		
高坡	桃源		馬公柵		黃村		
	新渡		暉含		柳城		
	潭澳		麒麟		遞運		
峽山	大布	陸豐	大安		藍口		
	西港		河口	饒平	太平圩		
	司馬浦		南塘		羊角埠		
	兩英墟		湖東		浮山		
	英大埔		博美		浮濱		
	神仙里		碣石		茂芝		
	華橋	棉湖	上隴		葵坑		
	銅缽盂		石牛埔		新豐		
	溪西		安仁		鳳凰		
	溪尾		灰寨				
	義英		京溪園				
畲坑	水口		金坑				
	水車		南山				
	水寨		東橋園				
	河口		塔頭				
	夏阜		貫山				
	橫坡		梅林				
	九和		梅峯				
紫金	中心墟		溪南				
	黃塘		陽夏				
	藍塘		鳳湖				
	龍窩		鯉湖				
黃岡	大港	湯坑	山湖				
	柘林		新樓				
	汫洲	惠來	神泉				
	所城		隆江				
	浮任		葵潭				
	南澳	隆文	坑美				
	隆澳		松源新墟				
	黃隆		松源老墟				

汕頭分發局

信櫃							
所屬局名	名稱	所屬局名	名稱	所屬局名	名稱	所屬局名	名稱
大埔	大寧	揭陽	桃山	潮安	仙庭	大廊	廊洋
	木蓮坪		高民		古樓		崐崙
	安樂鄉		陂頭圩		西林		新豐
	青峯		深埔		沙溪	三河壩	文東
	長富		柳崗		河內		石門嶺
	黃砂		集美		曲灣		英那口
	黃堂鄉		棉湖		孚中		滸梓村
丙村	小河鄉		鹽和市		松下市	五華	高車頭
	牛徑鄉		鮀浦		浮石	平遠	中行
	南福村		蓮塘		淵溪		華寶
	長教鄉		鳳凰		草庵		梅子畬
	崇德鄉		溝美		前埔		關上
	蓬辣鄉		錢崗		前溝	曲溪	中夏
汕尾	遮浪		橋頭		前隴		古池湖
老隆	十二排		藍橋		高義		北洋
	田心屯		鶴隴		峙溪		江夏
	田都		龍尾圩		溪尾		江灝
	仁里鄉	澄海	大衙鄉		後溝		京岡
	貝墩		大渡頭		曾富洋		桃園
	皮潭		上埭		湯頭		埔田
	茅店		上寮		買里		溪南
	新圩		上岱尾		樟樹下		雲路
	義都		北隴		潭頭		路篼
	萬緣		百二兩		塘東		湖下
	歐江		東溪		鳳塘		鴻聚
松口	大黃社		東墩		獅頭	安流	大都
	横山		東灣	潮陽	下林		底坑
梅縣	三坑鄉		南社		仙城		虎石
	公塘圩		南灣		京隴		琴口
	五里亭		華埔		南湖		梨洞
	汾水		華寮		深陽		黃橋
	金盤橋		崐美		錫溪		蕭芳
揭陽	三洲圩		富砂		善閏		壩市
	大白		廈塘	興寧	下長嶺	貝嶺	赤石渡
	下底		鳳寮		中道亭		長塘
	月城		橫隴		大瑩裏		細凹
	玉麟		銀砂		甘塘		黃埠
	竹橋圩		鴻溝鄉		朱坑	和平	油竹壩
	石井		龍坑		金嶺園		涮頭
	西爐	潮安	仁里		湯湖		綉堀
	石部洋		生聚洋		灌水塘	虎市	仁厚
	南隴		月潭	蕉嶺	大地		洋門
	洋桐岡		田東		大壩		青溪
	金塢		文祠		石徑		聽湖
	金鉤圩		仙田		艾壩		薰坪
	東林圩		仙洋		峯口	河婆	上護
	桂林		仙河溪	大廊	英雅		上涵

汕頭分發局

信櫃							
所屬局名	名稱	所屬局名	名稱	所屬局名	名稱	所屬局名	名稱
河婆	大溪鄉	黃岡	大澳	棉湖	日路	豐順	瑞臨墦
	水唇圩		裔林		永隆	龍川	四甲
	田心圩		鴻程		公益		三河
	曲湖	菴埠	大窖		和順		坪田
	坪上		大寨		南陽圩		渡船頭
	東坑		上鯤江		河內		曾田
	蔴塘		下鯤江		社山		蒿頭
	黃塘		月浦		岐洋		康禾
	橫江		仙樂		桃園		葉潭
	螺溪		胡頭市		後埔		潤步
海豐	可塘		岐山		頂埔		鶴塘
高坡	古埜		草池		湖尾		黃洞
	北坑		陳厝寨		溪橋		漆村
	百瑞		廈園		鴻江		鐵崗
	桃花		橋頭	湯坑	石角墦		龍江
	洲田		溝南		白石	饒平	樟溪
	高坡寨		禮陽		汾水		濼溪
	黃坑		驪塘		宮下埔		
	藍溪	普寧	太和		東寮		
峽山	上東埔		石頭		浮山		
	下東埔		斗文		埔子寨		
	石米岐		白馬		新寮		
	古溪		四社		新埔圩		
	禾皋		赤水		新埔圍		
	仙港		泗竹埔		鄧屋寨		
	南田		埈墩		觀音山		
	洋內		赤貢山		圍姑山		
	東溪		南溪	惠來	周田		
岐山	泗水黃		南婆城		東港		
	泗水聯		和尙寮		長田		
	金甌		坵塘		華湖		
	桃溪		浮山	隆文	堯塘老墟		
	岐北		秀隴		程官部		
	勝前		華溪		崗山		
	臨崐		德安		惕訓		
畬坑	小桑		雲落		豪士		
	江頭		龍門		園部		
	松柵鋪		鍾潭		棫樓坑		
	徑心	陸豐	八萬		蘇田		
	戚和		好佈		嚴前		
	青潭		金廂	湖寮	河頭		
	寧峯		淡水		葵坑		
	雙螺		新田		新豐		
紫金	中正		潭頭		寨裏		
	瓦溪	棉湖	九斗埔	豐順	九河鄉		
	敬梓		下洞		大田		
	璜坑		山湖		建橋鄉		

汕頭分發局

不通郵地方							
所屬局名	名稱	所屬局名	名稱	所屬局名	名稱	所屬局名	名稱
大埔	七昌塲	汕尾	下內寮	汕尾	長埔鄉	汕尾	園角鄉
	三方		下隔陂		長勞兒鄉		園內
	大塘背		下埔		長茂鄉		園雅兒
	大溪背		下園		長隴		窰新鄉
	大常坑		下厰		東涌鄉		湖仔鄉
	小湖口		山邊城		東洲坑		湖尾鄉
	上村		山崗		東坑鄉		湖內鄉
	下黃砂		山脚寮		東波美鄉		湖內新鄉
	牛欄坪		山邊		東山龍鄉		湖東
	牛背埔		大水溝		坑尾		湖仔
	左弼		大德		廻龍埔		程厝鄉
	永定坪		大化		紅塲鄉		新寮鄉
	北塘		大嶼		袁厝坑		新鄉
	西江寨		大坑		茅埔		新厝
	汶上		大陂頭		品清鄉		新鄉
	青坑		大富鄉		南份鄉		寮下
	牧水溪		九堀鄉		南湖鄉		黃同埔
	車上		牛肚鄉		南町		尋窰
	社背坪		五家曾鄉		南塗		尋堯陂
	南山		水龜寮鄉		城林埔		溪角山
	角蓮塘		田寮鄉		角周嶺		獅地鄉
	桃林		田心		軍船頭		獅嶺鄉
	高𥓓		石古		前山		墟仔
	梅林塲		石頭		浮山		廈廊家
	麻沙灣		𡊨嶼鄉		海埔圩		墩下城
	榑樹坑		北山		徑口		蒜園
	楊桃		四石柱鄉		徑尾鄉		潭仔
	筆竹園		古佳前		桂林鄉		犂美
	溪口		打古石		宮前鄉		横山
	溪南埔		必發墩		埔町鄉		雙山
	廣陵		后徑鄉		埔上		嶼仔
	蔴園		后簾		埔尾		橋仔頭
	龍骨坪		后溝		埔尾鄉		龍溪鄉
丙村	人和鄉		后湖		埔尾頭		龜山鄉
	小都鄉		尖尾鄉		厚仁家		鹽坑鄉
	小留鄉		吉廠		建茶鄉		鹽町頭
	石寮鄉		吉興		莊社	老隆	大塘肚
	高湖鄉		池兜鄉		梧桐鄉		三益鄉
	萬安鄉		汕尾洋		高螺		北山園
	黃沙鄉		沙坑鄉		浿清鄉		安凹
	嘴頭鄉		沙港		塔仔		赤崗
	摺陽鄉		赤化		深更		長塘
	盧陵鄉		赤化寮		陶壙		官天嶺
汕尾	十三鄉		步雅		船塢		崗下街
	上內寮		巷內		崗頭		新圩
	上隔陂		長沙鄉		栄頭籃		新街
	上埔		長溝鄉		楊古埔		塘閣

10a

汕頭分發局

不通郵地方							
所屬局名	名稱	所屬局名	名稱	所屬局名	名稱	所屬局名	名稱
老隆	嶂背村	松口	高梘下	梅縣	牛門湖	梅縣	江南村
	豐稔市		雲耳橋		凹子炭		竹頭下
	鶴嶐		鳳嶺鄉		凹上		竹篙磜
松口	上井鄉		添溪		凹下		竹田上
	上何鄉		經口		月塘崗		安仁村
	上泗鄉		溪尾		水尾		老山裏
	上畬鄉		溪南上寨		水雲鄉		老虎塘
	上梓山		溪南下寨		中心壩		老虎坑
	上磜頭		荷塘背		天字炭		尖山
	上圳頭		磜下		丹溪圩		守全鄉
	下井鄉		銅盤里		白石下		各背畬
	下圳頭		灘頭		白沙塘		西坑
	下泗鄉	梅縣	七賢鄉		白葉鄉		西江村
	下櫟岡		七洲鄉		白石鄉		西岩前
	下畬鄉		八角亭下		白砂		西面
	下坪鄉		八板橋		白馬頭		羊頸裏
	下磜頭		九嶺上		白沙		沙壩頭
	下梓山		十二排		白水磜		沙塘壩
	大宮下		大坑村		白嶺下		車田壩
	大唇塘		大神下		白西鄉		車坡村
	大布鄉		大栒樹下		石腳下		炭子上
	大坑鄉		大坑		石子嶺		步雲崗
	大水角		大立鄉		石子塘		步崗炭
	小黃社		大嶺		石篆鄉		赤米混
	小金鄉		大坑塘		石賴村		赤坭坪
	中井鄉		大凹下		石陂鄉		赤竹塘
	中畬鄉		大富炭		石子毗		赤竹凹
	五星橋		大坪上		瓜州		赤子
	丹竹窩		大瀝口		瓜園凹		低砂
	仙口鄉		大水壩		瓜州鄉		岑峯下
	石柱塘		大嶺崗		田心		村東
	石壁渡		小立		田福下		李坑塘
	石子岡		小水		田福神		折桂窩
	石闕里		三前坡		田心		陂坑
	打禾炭		三門凹		主扶畬		均和圩
	江南鄉		三板橋		古田		延子甲
	坑尾		才子地		仙家鄉		長浦鄉
	芥溪鄉		上雙村		仙水塘		長崗炭
	岡背		上塘子		永康鄉		長田村
	官坪鄉		上車		完裏		長炭下
	車田鄉		上陶坪		布需坪		長步鄉
	長步塅		上坑		布上村		松水
	洋坑里		上凹下		牛溪		松林
	桃皮坑		下雙村		平安鄉		松林坪
	柳溪鄉		化龍村		乍坑口		松崗棟下
	桑梓前		元貢塘		汶里		松樹塘
	高排		牛角塘		寺前村		坪湖村

汕頭分發局

不通郵地方

所屬局名	名稱	所屬局名	名稱	所屬局名	名稱	所屬局名	名稱
梅縣	坪畲鄉	梅縣	馬山下	梅縣	巢布墻	梅縣	寨中鄉
	坪上		馬湖村		棟下村		寨子坪
	坪尾		畲裏		矮坡隴		寨坑鄉
	東門鄉		陳坑		矮車		寨下村
	東瓜鄉		烏石頭		棚公坑		澄坑鄉
	東面		烏坑		栒樹崗		福瑞崗
	泮坑		高畲		帽山頂下		楊坑村
	官亭鄉		菱塘唇		順裏		賴屋坑
	官田上		梅寨		粟畲嶺下		練田
	官塘頭下		梅子畲		粟畲肚		練徑
	金坑		梅子樹下		盛塘寨		潮濟坑
	金坑鄉		梅屏		琴江圩		磜下
	店前		留田		富石村		磜上
	店塘崗		留餘堂		瑠坑		廖坑村
	固村		留田鄉		湖州嶺下		蔡坑
	挖子裏		深坑村		湖州		橫徑
	坡洪村		深坑		飯壇坑		蕉林
	坡下村		深田村		園下村		增福隴
	坡蓬鄉		書鄉		園下		潭頭村
	明山宮		珊田鄉		園裏		熱水磜尾
	和紹樓		晏公鄉		萬和山		盤龍橋
	凪頭		宮前		曾龍岌		旗山下
	英略		週車		瑤尾鄉		墩上
	茶子塘		週塘		塘頭下		蔘塘鄉
	宜娘寨		蛇羅塘		塔下		鄧上村
	周畲尾		墻子裏		隣塘鄉		蓮塘
	周溪		鹿子山		聖人寨		歐坑塘
	泗溪角		曹洞鄉		新山尾		聯合鄉
	所裏		教子裏		新塘尾		營子裏
	洋坑尾		教塘背		新疅鄉		澧塘湖
	洋塘		崗上鄉		新珠村		鄺坑
	夜湖磐		崗尾		滂溪鄉		嶺梅
	約亭崗		象湖坪		槐子崗		嶺背
	角背畲		象村		雷風鄉		龍江村
	南坑		崩崗下		較子岌		龍運窩
	南山下		流坑		鼓頭村		龍江坪
	桂坑村		張七凹		園尾		龍子窩
	拜簨坑		張岌村		照壁下		龍坑村
	徑背		排子上		溝湖唇		龍頭村
	徑尾		過路塘		嘉莊村		龍圳口
	軒坑墻		過龍凹		獅潭		龍崗坪
	軒坑村		過龍		獅子浿口		龍角坑
	栗子坪		黃基坪		塗裏塘		頭塘
	桂竹鄉		黃竹坪		鉛畲鄉		鴻坭鄉
	耕耘館		黃石嶺		榕樹下		鵝么坑
	草坪裏		黃寨		寨下鄉		羅墩鄉
	唐梨樹下		黃公坑		寨下		羅衣鄉

18

11a

汕頭分發局

不通郵地方							
所屬局名	名稱	所屬局名	名稱	所屬局名	名稱	所屬局名	名稱
梅縣	羅寨	揭陽	上橋陳	揭陽	白石鄉	揭陽	岐寧
	羅田徑		上橋許		白銀村		沙頭
	樓下塘		上港		田東園		沙浦
	盧子岌下		上底		石古		坑尾
	盧陵鄉		上橋		永安		呂甫鄉
	歸龍鄉		上坡頭		矛園		門口嶺
	龜口		土頭		北洋		邢厝
	謝田		元埔		北隴		東村
	灘下		必粒舖		冬後		東湖
	闌龍隔		中興園		甲東里		東山
	籃田		月眉		尖山		東山頭
	籃坑鄉		月城寨內		竹園鄉		東村
	籃塘下		月城陽美		竹林鄉		東鄉
	蘇姑村		月城下市		竹墻		東園村
	鐵爐塘		月城邃東		竹橋		東坑
	鬭梅畬		月城外園		竹林宮		東蒲
	灣下		牛仔橋		竹安園		東園
揭陽	八斗		牛埕鄉		西溪		東寮埔
	人家頭		井潭		西湖		東倉
	大寨頭		天港		西淇		東船頭
	大寨內		水棉湖		西頭		東後鄉
	大西鄉		水澗洪		西洋陳		東湖
	大瑤村		屯埔		西頭村		東洋
	大書寮		五寮		西隴村		東邊
	大坪埔		王畔		西洋林		金溝
	大埔村		田東		西隴		金湖
	大埔		玉路		朱厝		京北路
	大門		玉隴		朱竹坑		尙禮村
	大寮		玉興園		交龍		林厝寮
	大窖		玉埔		吉安里		林厝樓
	山門洋		玉浦		百旺		林田
	山東園		玉籃		后田村		油麻山
	山邊嶺		玉山頭		光裕墻		油園
	三完		玉步		宅下		河浦村
	三北		古瓜園		宅尾鄉		河曲
	三担		古溪園		宅美		河尾洪
	三洲		古塘		老府		河尾李
	小坑		仙埠村		曲沙松		松山
	小東湖		仙田		辛致寨		松山林
	下畔		仙美		辛寮		松山鄭
	下園		仙春		陂頭		松山王
	下寮		牛洋		陂尾鄉		坡尾鄉
	下寨		牛山尾		赤水村		官池
	下浦		木坑		赤水		官湖
	下坎村		白巾		赤岸		官湖村
	上村鄉		白云		赤水鄉		官碩東邊
	上園		白蓮湖		岐山		官申

汕頭分發局

不通郵地方

所屬局名	名稱	所屬局名	名稱	所屬局名	名稱	所屬局名	名稱
揭陽	官碩	揭陽	浦下	揭陽	窗前村	揭陽	福龍園
	花樹坑		浦南		裕後村		福履坑
	花園		桂寧村		彭厝溝		福崗
	卓厝堂		孫港村		彭溝東鄉		賴厝
	典竹		夏社村		彭厝高		廖頭
	迎上園		陳浦		詔兜		慎畔
	狗肚坪		陳雙橋		彬美		鳳林村
	周畔		陳江園		彬琪		鳳村
	長福		陳猴		黃淡埔		鳳潮
	洋貝		陳厝洋		棉樹		鳳鴻崗
	洋尾		書園鄉		棉洋		鳳盤
	洋籃		書圖隴		棉洋村		鳳來
	洋心		高尾		蚊龍		鳳港
	後林		高尾村		湯邊		鳳賴
	後園村		烏籃		溝美		蔡坑
	後宅		烏門		溝頭		蔡洞村
	後洋		浮山鄉		路頭		潭前
	後寮		宮山		路內外鄉		潭前村
	後園		宮前		溪頭		潭前王
	客洞村		祠堂		溪美		潭前蔡
	施厝村		珠竹坑		溪東村		劉橋盧
	南輿園		順安里		溪西村		德橋盧
	南塘		會中嶺		溪邊		德園
	南山仔		涵濤		溪尾		歐厝
	南面		許厝		楊美		潮下陳
	南隴六鄉		曾厝洋		新基洋		潮下
	軍埔		荷壠		新村		潮尾
	度頭		排子鄉		新輿園		鵝嶺
	建安里		崎嶺村		新寮		廣美溝
	城頭		梧桐嶺		新溪洋		寮東
	紅軀陂		堂後		新寨		寮尾高南
	英喬		象頭		新菴東里		嶺頭
	英厝寮		淇頭		新府		嶺頂村
	前園		梁厝鄉		新厝		嶺仔鄉
	前宮		船塘		園仔村		橋頭
	前洋		蛇臍		園厝溝		橋頭何
	柯厝		菴下		園頭村		霖田
	徑背		菴後		翔龍上下鄉		龍頭吳
	泉塘鄉		萬里橋		義口		龍港
	相園儲才		渡頭園		義和		龍頭村
	相園		渡頭村		料蔡洋		龍鼻嶺
	院前		港內		園尾		鷲爪花
	洪港鄉		港後		塗庫仔		藺清
	侯厝園		港口		塘邊		蘇巷和安
	埔中央		港邊		墘尾		蘇洋
	埔上		馬頭園		墘頭		蘇坑
	埔東		碑等湖		壁溝村		蕭畔

12a

汕頭分發局

不通郵地方							
所屬局名	名稱	所屬局名	名稱	所屬局名	名稱	所屬局名	名稱
揭陽	謝洋	興寧	天井塘	興寧	洋田	興寧	琵琶塘
	謝厝坑		半坑		洋具		湖峯鄉
	樹下鄉		仙人坐石		洋天		富竹徑
	爐塘		凹村下		洋田堡		結雨墩
	藍頭		吉嶺		挑上		將軍塘
	雙山村		寶山村		南凹		鑾塘
	雙鶴村		米寨橋		涼溪		彭坡
	龜地		竹湖裏		蚊子樹下		雷公嶺
	盤儀		合湖裏		家莊園		雷打社
	檳松		竹湖潭		陳嶺頭		楓樹下
	舊寨		老虎塘		烏池		楓樹園
	舊厝		走馬嶺		逕塘鄉		楊錦鄉
	麟坪		朱子棠		馬崗		楊瑩樹下
	鑾新埕		西山下		馬路下		楊塘排
興寧	十字路		江頭		茶塘園		新安橋
	上樓		均口		留福嶺		新橋頭
	上中社		均竹鄉		留橋頭		福星亭
	上藍布		谷前		高沙嶺		福全鄉
	上長嶺		尨桿下		高嶺仔		福文鄉
	上下樓		巫公嶺		陶坑尾		篤文鄉
	上黃坑		吳桃嶺		壩尾橋		聚安堂
	上走馬岡		陂肚裏		章印村		蔗塘
	下樓		赤港口		廊嶺		橫崗嶺
	下中社		赤日塘		蛇子龍		橫光嶺
	下藍布		沙墩嶺		望江鄉		鴨池塘
	下馬石		豆子塲		琦竹村		鄭屋
	大草坪		李塘		陶前村		鍾屋角
	大村裏		周陂		細坑仔		湖皮塘
	大塘鄉		武帝廟		鹿頭		興華一站
	大埤		東山寺		鹿頸		雙頭村
	大塘肚		東壩朱		鹿角塘		橋頭圩
	大社		車頭上		麻嶺下		龍凹裏
	大門嶺		長堀布		曾坑		龍坑裏
	三板橋		長塘棣		曾坑鄉		龍坡肚
	土坑園		板仔崗		黃產橋		龍屆裏
	五里亭		官坡嶺		黃童鄉		羅角裏
	五棟留		油洞		黃崗鄉		羅壩村
	瓦子墩		河嶺		黃塘毗		藍田嶺
	瓦豬前		和璧圩		黃沙坡		榕子樹下
	毛公壆		金仔嶺		黃沙嶂		疆田
	井頭嶺		亞鵲巖下		黃蓮塘村		概坡村
	石陂頭		亞秋塘		華興		盧巷口
	石角裏		担水塘		華仔園		蟹形
	石古塘		到角裏		朝天園	澄海	十合
	田心		花園下		園嶺上		十一合
	甘塘		花丁閣		湯坊堡		十合仔
	古塘		浮頭嶺		湖坊堡		十八戶

汕頭分發局

不通郵地方

所屬局名	名稱	所屬局名	名稱	所屬局名	名稱	所屬局名	名稱
澄海	十八畝	澄海	仙居	澄海	峯下	潮安	大肚池
	十圍		仙龍		陳厝合		卜吉巷
	十三圍		仙市		柴井		大松水
	七合		充公		英台		大寮
	七圍		白沙寨		梅普		大垸
	八合		白水湖		梅隴		大圍
	八圍		打鉄洲		張厝弼		大巷
	九圍		石厝隴		梅洲		大東山
	九溪橋		田墘		盛洲鄉		大賈巷
	二圍		吉欠		盛安樓		大吳
	三圍		西隴		鹿景寨		大巷
	三目		西埭頭		雲溪		大園
	大壩		西里		雲浦		大埔頂
	大埔風		西浦		菊池		大路下
	上九合		坛頭鄉		湖心		大歷
	上三合		沙壩		蛟頭		大寨
	上牛埔		赤溜		陳南美		丁厝寮
	上頭合		金洲		桶盤圍		小溪村
	上西隴		官湖		雅道梓		小碑
	上坑		和洲		窖美		小畔林
	上長寧		金港		渡亭鄉		小松林
	下九合		東前溪		董坑		大溪墘
	下十合		東林		塘隴		大坂
	下三合		東埔		島門		山仔
	下頭合		明德莊		新地		山斗田
	下牛埔		長坽鄉		新溪市		山頭
	下寨		林畔鄉		新鄉		山脚
	下長寧		金田鄉		新埠		山犂
	中頭合		尙書寮		黄芒鄉		山邊
	中三合		南畔洲		華美		山尾李
	山邊		南溪		管隴		山埔
	仁美		南山鄉		溪西		山角
	內隴		南完		銀溪		山邊村
	月窟		南塘		湑溪		上溪村
	公温		南界		頭冲		上湖
	王厝洋		洋邊		頭園		上東埔
	五圍		浮隴		學埔		上呵
	六圍		周厝墘		瓅琳鄉		上岡
	六份		胡厝新圩		勝投墘		上洲
	四圍		後蔡(饒平屬)		劍門		上社
	四合		後溪		舊地		上後陳
	北港		後浦鄉		鳳美		上埔
	北村		海后		龍頭		上埔仔
	北灣鄉		峙頭鄉		龍眼鄉		下底村
	仙門		流美		隴尾		下湖
	仙美		降堀	潮安	人家村		下隴
	仙洲鄉		望美		人家前		下東埔

22

~~21~~

13a

汕頭分發局

不通郵地方							
所屬局名	名稱	所屬局名	名稱	所屬局名	名稱	所屬局名	名稱
潮安	下呵	潮安	古板頭	潮安	竹竿厝	潮安	花宮
	下崗		白沙湖		竹全坑		和園鄉
	下洲		白日頭村		全福		成坑
	下後陳		白沙寨		朱厝		白雲
	下窰		白塔村		老鄉		東寮
	三聖		白水湖		吉利鄉		東坑
	三聖村		白沙宮		吉林村		東邊
	內坑村		白人坑		宅頭		東溝
	內牙		白葉坂		池湖		板湛
	斗門		田邊		尾寨村		官寮村
	元巷		田東村		竹園		官料
	木井		田邊村		余厝州		官湖
	井美		田處村		赤崗		芝閣院
	井頭		田墩		赤內		招坑
	文路章		田頭		赤未埔		郊龍埔
	文路卓		田打		赤水		郊口
	文和坑		田寮		赤高崎		長岐洋
	文北		田東		赤竹坪		泥崗
	牛仔灣		石古		杉珊		林嫣坡
	六山		石門		吳全		弈湖村
	云梯		石亭		吳樂橋		弈窖村
	云里		石碑		村頭		弈東山
	方樹園		石路		安南廟		急水坑
	水頭鄉		石榴盤		沙洲		急水溪頭
	水頭		石鼓脚		莊沙隴		韋頭
	水尾		四甲		東庑村		巷中
	平福舖		世德寨		東邊		巷口寨
	日潭		皮房		東鄉		狗尾
	打菪吳		白林		東坑		洪巷
	平坑		白葉		東溝		後溝
	冬瓜坪		白水		東埔		後田村
	仙都		白疔洲		東前溪		後徑
	仙美李		州頂新		東洲		後徑埔
	仙美黄		西邊		東坑盧		後洋
	仙洲		西田		泮洋		後溪
	仙地頭		西隴村		長遠樓		後蔡
	仙家		西林潘		長內		後郭
	牙仔		西溝		長埔		後觀吳
	北徑		西塘		長尾		後埔
	北山村		西頭		長背山		後街
	北坑村		西都		秋溪村		南美村
	北山		西寮		虎崗村		南門橋
	北城崗		西郊村		佛公寨		南木
	北成崗		西邊村		枚花村		南溪
	古堤村		西前村		花宮蔡		南橋潘
	古隴村		西林		社甲村		南橋劉
	古美		西坑		林錫翁		洋頭

汕頭分發局

不通郵地方							
所屬局名	名稱	所屬局名	名稱	所屬局名	名稱	所屬局名	名稱
潮安	洋東	潮安	埔仔	潮安	湖墘	潮安	詩陽
	洋洞		埔東		湖東仔		溝口
	洋美		埔頭嶺		湖尾		溝下
	前山		高田村		黃斗隴		塘內
	前溪		高西寮		黃溪		圍上
	前隴		高隴埔		黃山坑		閣洲
	英塘村		高洋厝		黃竹徑		塘邊
	候那		高下		黃土坑		源湖顏
	候歷		烏竹園		黃崗埔		源湖許
	亭頭洲		烏石		碑坑尾		溪東
	亭頭		烏石嶺		塔後村		溪墘
	韋畔村		胥畔林		塔下		新埔
	韋厝		草塘		塔仔		溝下
	前街		婆嶺村		塔後		塘鋪
	前畔李		崗湖村		象山村		溜脚山
	冠美		崗山村		碑坑埔		溪東
	南隴		埠上村		博士林		溝尾
	閃橋		涵頭村		楊美村		溝墘
	厚洋堤		深後巷		湯頭		庵脚
	美頭		深巷		菊塘村		寨內
	紅砂		夏厝		葛外		寨上
	客仔寮		夏里美		雲路		鄭溝村
	洲東		夏岡		硯田		鄭崗
	後隴		深坑		筆埔		廈港歐
	英塘		高厝宅		溪頭村		鋪頭
	頂鄉村		曾葛		溪邊村		鳳彩
	頂厝洲		曾寮		溪口黃		鳳儀
	宮頭村		渡頭		溪口劉		鳳林
	宮後		桶盤邱		溪美寨		鄧厝
	宮邊		埔頭		溪口		榮慶里
	宮上		張厝隴		溪底		福洞
	唐畔		張皮		溪頭		福洋
	娛樂橋		堯里村		溪美		墩脚
	茶背		許厝洲		溪內		蔡隴
	紗溪頭		崎斜		溢洋村		蔡東坑
	珊池		崎頭柯		新郊		蔡埔
	馬頭村		堤頭村		新鄉仔		賜望湖
	抽坑村		堤邊村		新牙		銀潭
	莊西隴		堤頭		新溝		碗窖
	莊埕		堤仔尾		新鄉		潘劉
	嶠鄉		堤兜		新寮寨		蓮墩
	徐隴		堤頭佘		新園		蓮美
	徐厝橋		庵後		塘埔		頭塘
	茭頭		喬梓里		塘邊		鋪後
	紅砂寮		程畔		塘池頭		蓬洞
	桃李隴		湖兜寨		塘邊村		橫洋
	柴竹		湖美		圓山		橫溪

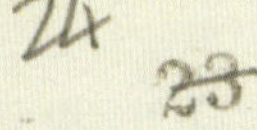

14a

汕頭分發局

不通郵地方							
所屬局名	名稱	所屬局名	名稱	所屬局名	名稱	所屬局名	名稱
潮安	橫坑	潮陽	八斗	潮陽	西石	潮陽	深溝
	橫江		八鄉圩		西頭		流聚湖
	橫沙		十三鄉		西占隴		流溪
	樟山		大隴		西莊		荖畔
	樟州厝		大東坑村		西塘		草厝鄉
	樟其隴		大塘埔		平埔頭		柯厝鄉
	潭美		大坛		老五鄉		頂溪
	潭恩		大埠		百吉嶺		案前村
	潭邊村		大寮		百宅		案仔
	潭頭村		大埔洋		朴兜		桐樹嶺村
	範鉄		大坑下寨		安田		埒頭
	鴨背張		大坑上寨		吳溪		崎岎
	鴨背廖		山柄		吳厝鄉		徑腳村
	鴨頭洋		山內		何厝園		神山仔
	雙崗		山家		利坡鄉		許厝鄉
	雙英		下隴		坑美		蚊池
	雙腳嶺		下園		李園厝		湖邊
	橋頭湖		下家		虎江山		湖里行
	龍閣		土尾		東寮		湯坑
	龍厝埔		五鄉圩		東寮吳		象岡
	龍口		六鄉		東寮翁		華園
	龍門關		屯內村		東浮山		曾厝地
	謝渡		水吼村		東埔		第三坛
	謝厝柵		內寮村		東郊		塘下
	龍床寨		中寮		武寧		塘邊
	龍舟坑		月單園		武甕		新寮
	樹下		牛路溝口		官田賴厝鄉		新寮村
	嶺邊		牛路頭		杭美		新厝
	雙坑合		仙內		青周		新鄉
	饒沙村		仙點		後埔		新地
	饒砂		仙宅		後山		新興
	隴頭		仙田		後土		新寨仔
	隴美		仙地村		後埔頭		新住
	隴下		古山鄉		後溝		獅石
	禮陽		石盤鄉		癸嶺鄉		溪沙
	蕭洪		石硤		姜厝寮		溪尾
	鍾厝橋		石港		洪洞		塗坑
	蘇厝寨		石壁村		紅墩		蓮塘村
	龜山		石佛村		點舖		蓮頂坑
	觀竹		田墘		施厝鄉		賫深
	獨樹		田心		埈埔坛		趙厝園
	關腳		白坟		洋口埔		溝南
	鵲巷		玉埠村		浮山		興崗
	蟹池		四美鄉		浮埔		興岡
	鷄籠山		西山		浮仕		樹腳
	爐內		西埠		蓼茸山		樹仔洋
	籠高溜		西門園		烏窖		潮園

汕頭分發局

不通郵地方							
所屬局名	名稱	所屬局名	名稱	所屬局名	名稱	所屬局名	名稱
潮陽	橫山	蕉嶺	長隆	蕉嶺	塘裏	三河壩	洋桃坪
	頭埔		長潭街		新方		英西鄉
	磨理湖		松坪		新塘舖		桃子壟
	舊寮		官人村		寨子坑		烏蟒門
	學地鄉		林前壩		寨裏		馬頭背
	雙峯園		排巷		廟下		宮頭背
	墩柄		排子上		橫崗		陳金村
	橋仔頭		泉水壩		橫龍崗		癸坑
	鹹寮鄉		軍坑		榕子渡		深江鄉
	靈寨		羌畬		滸竹坑		望樓岌
蕉嶺	九嶺		淡定		猴子裏		黃貫壩
	八溪		南坑		樓下		黃洲鄉
	上黃		神崗下		旗山下		塘唇
	上高磜		神崗村		磜背		新村
	下畬		流湖寨		磜上村		碗窰口
	下高磜		流湖壩		梨樹坑		園仔裏
	下黃		烏土溪		橋頭		窩尾
	下厂子		高塘		龍潭		餘良坑
	三坑子		高凹		鯉子墩		賴西坑
	三姓塘		高松裏		爛畬		橫嶺
	土坑裏		馬會上		灘頭		舊寨
	山子圩		馬鞍潭		鐵坑		舊洞鄉
	大畬		茶園下		鶴湖		龍虎坑
	大黃屋		洋蚊湖	三河壩	三坑裏	大麻	大留鄉
	大路背		峽裏		三甲畬		小留鄉
	牛崗岌		魚子湖		大水源		小麻鄉
	中坑尾		梘下		小坑鄉		上下村
	中村		軟橋		小古前		上下深坑
	白坭湖		陳坑		五豐壩		中闌鄉
	石坑排		晴石		五花磜		方洲鄉
	石中桂		曹田尾		天井湖		玉尺坑口
	石角裏		夏屋		古石磜		合溪鄉
	牛山塗		張坑裏		白棟下		坑頭
	吉林壩		黃土		白沙潭		坪上鄉
	吉塘壢		黃坭窟		白石背		車上鄉
	百尾菴		黃沙壩		石古墩		英雅鄉
	羊岌頭		黃管洞		石澗		連塘鄉
	坑頭		黃田頭		占田		務洲鄉
	坑門口		粟壩塘		目睡江		葛里鄉
	岌下		著村		田坑裏		銀村鄉
	竹頭夾		崗子下		西坑		銀北鄉
	沙羅塘		溫塘		江田灣		銀溪鄉
	沙前嶺		瑤下		圳南口		新村鄉
	谷塲下		教嶺背		凹頭		磜頭鄉
	直徑		牌方下		車頭壩	五華	大平山村
	李前		湖坑		周郭院		元坑
	東山		塢土場		官田鄉		西林壩

15a

汕頭分發局

不通郵地方							
所屬局名	名稱	所屬局名	名稱	所屬局名	名稱	所屬局名	名稱
五華	板子崙	安流	布上鄉	貝嶺	山池鄉	曲溪	港畔
	高竹園		甘茶鄉		大長沙鄉		港角
平遠	大神壩		打鼓潭鄉		小長沙鄉		溪頭
	大塘畬		仙猷坑鄉		小灰鄉		溪口
	小柘		石溪鄉		小參鄉		溪南寮
	下畢		白石鄉		吉祥鄉		溝美
	上畢		牛徑鄉		赤石鄉		溝口
	古登圩		吉水鄉		貝嶺鄉		墟內
	良畬		江河嶺鄉		坪月鄉		牌邊村
	茅寮坪		早禾田鄉		金龍鄉		棋盤寮
	廊樓		圳下鄉		長塘鄉		趙厝埔
	湖洋		赤坎頭鄉		秀中鄉		墟頭村
	章演		肚禾石鄉		祥石鄉		蓮花心
	儒地		車上鄉		黃布埠		蓮花埔
	熱水		走馬崙鄉		黃埠鄉		潮尾
	鳳石		河洞鄉		鵝鵲塘		潮美
	鳳朝坑		官寧寨鄉		盤陂鄉		寮尾
百堠	小落溪		坪寨裏鄉		鑊背鄉		圓鏡
	三溪鄉		社背鄉		襴前鄉		寨厝寮
	上沐教		洋高鄉	曲溪	丁埔		潘厝洋
	上善		桂子園鄉		上園		橫山
	下沐教		崀頭鄉		上鄉		嶺后
	下善		宮前鄉		下田		龍砂
	牛天羅		宮背鄉		下徑		龍砂仔
	石子嶺		高沙鄉		口圍		龜頭
	石圳		馬路下		牛頭寮	河婆	八斗種
	石壁下		釘畬鄉		牛仔寮		九斗村
	古村		城下鄉		月潭		九斗
	白土		深塘鄉		白宮		十三鄉
	和村		華竹寨鄉		西寨		山下
	坪山		華拔鄉		西洋		山下樓
	武統科		黃竹坑鄉		坑尾		山圳背
	烏石坑		萬福洋鄉		東後		山子下
	格海		新村鄉		店仔		山子頭
	軟橋		新塘鄉		店前園		山口村
	剪灘		新月寨鄉		官田埔		上瑤前
	富宅溪		登雲鄉		金美		上羅福
	墩背		對鏡窩鄉		馬磌		上屋村
	舊寨裏		黎頭咀鄉		高南		上和寨
安流	九龍鄉		增田鄉		陳厝寮		下窩鄉
	大嶺下鄉		嶺背坑鄉		梅坛村		下窩
	小拔鄉		雙下鄉		許厝		下涵
	小塘鄉		鑊上鄉		象崙		下埔
	太坪鄉		龍肚鄉		雲溝村		下馬石
	太華拔鄉		藍塘鄉		新鄉		下灘鄉
	夫子里鄉		羅經寨		新生寮		下圩
	牛掩往鄉		鶴園鄉		新坑尾		下壩

汕頭分發局

所屬局名	名稱	所屬局名	名稱	所屬局名	名稱	所屬局名	名稱
不通郵地方							
河婆	下磜鄉	河婆	石心角	河婆	坪門山	河婆	高田
	下埔鄉		石船		坪下鄉		高塘寨
	下角鄉		石馬鄉		坪水		墻子
	下寨		石圳坑		油和店		墻頭
	下塘		石塔村		東心埔		墻仔村
	下排		石角舖		東坑		風振寨
	下村鄉		石坡		東山寨		徑背
	下塲屋		石坡排		坽石		徑頭村
	下坡寨		玉竹園		河背		梅林
	下江		正仔		河背塘		翁下
	大唐肚		平山窩		河西洋		挾石
	大園鄉		四窩鄉		和順鄉		蛇地下
	大嶺埔		甲萬坑		長流坪		張屋坑
	大坵母		瓜田		長隆		張家園
	大寮鄉		后洋		長江夾		張坑村
	大湖洋		汕頭鄉		担江山		深溪園
	大埔樓		江坑		狗頭樓		麻坑村
	大小陣		江尾		忠河田		窩隆
	大溪崟		江頭		忠塅村		窩口
	大各村		江屋寮		虎坑		窩厚鄉
	小埔		尖田尾		金星下		黄屋崟
	小溪村		名彝角		林屋角		黄護寨
	三斗村		竹菌下村		林和田		黄連湖
	太原鄉		竹園裏		林坑角		黄荆埔
	牛角隴		竹園		良田		黄坭嶺
	戸坑		西坑		岳溪頭		黄沙坑
	井下樓		突崟嶺		柏樹		湯墻
	井子樓		老屋下		洋海塘		塔下
	水岸洋		老屋廈		洋屋流		盛塘鄉
	半徑		各田		洪屋樓		搖坑
	田背鄉		各公田		客潭		雷興寨
	田螺塘		安瑤各		軍墩		雷公坑
	田心		坑下		泉水塘		溪角
	田心墻		赤寨		南和市		溪口鄉
	田心仔		赤告		活動		新井尾
	凹巷		坎頭市		後埔		新月城
	凹仔背		李姓		埔尾		新村
	布屋		李公坡		埔下樓		新屋家
	白石		李子埔		烏黎		新樓下
	白石仔		李坑		烏山肚		新寮
	白雲湖		車仔墻		神前村		新寨
	白石塘		車墩		員山墻		新塘埔
	白面石		坡下寨		連城		寮前
	石頭潭		坡頭墻		馬頭		寮墩寨
	石夾		坡仔坪		馬安江		塘肚
	石內圩		坡尾樓		馬石排		塘背
	石肚圩		坡下		高砂		塘肚裏

汕頭分發局

不通郵地方							
所屬局名	名稱	所屬局名	名稱	所屬局名	名稱	所屬局名	名稱
河婆	楓樹寮	河婆	應隆市	虎市	嚴背斜	陸豐	竹樹舖
	落布		興寧		禮坑		后林
	楊蓊脚		護竹樓	海豐	西坑		后陂
	楊梅灘		隱竹步		赤石		后湖
	勝周坑		豐田		流冲		后璧
	碰頭下坡		鯉魚山		陶塘		后埔
	粟仔排		鯉潭圩		高潭		后龍埔
	華塘肚		壠埔下		鹿境（南）		安隆
	福興園	和平	大利壩		鹿境（北）		安溪
	線坑寨		水唇		雙圳		夾山仔
	蔴竹田		公和街	陸豐	九美柵		西山
	墩子		圳肚裏		大霧		西嶺
	墩仔		青州		大道洋		西湖
	廟角		洗馬潭		大官		吉水
	捺書樓		桃樹窖		大寮		老琢塘
	蓮塘		煙墩		大塘		宋厝寮
	寨仔凹		蔡家園		大逕		沈厝地
	圓螺洞		禮士鄉		下寨		李厝寮
	橫樓鄉	虎市	上河背		下滘仔		赤嶺
	橫隴		下河背		下舖陳		角坑
	營下		下村鄉		下灶里		良湖
	營盤		山新鄉		下寮		東山
	營前寨		仁愛鄉		下埔		和尙寮
	鄭塘		大坑頭		上埔		官塘
	漁梁外塘房		石田		上壩		芹菜洋
	漁梁內塘房		百桃鄉		三家村		松子排
	蝦子屋		百福坪鄉		木公山		東湖
	樓塘		伯公凹		下埔邊		官路廠
	機樹下		坪上		屯寨		金園
	磜頭		長教		火燒地		陂角
	蓬島		松林前		水乾圩		陂溝寨
	歐康		砂江市		山脚		東井
	潭角		茅坪		牛圍		林厝田
	螺安鄉		華祝鄉		牛路頭		河清寮
	螺絲角		湖棣鄉		石良		抽槎鄉
	韓屋樓		裏頭鄉		內湖		韭坑
	嶺坡頭		義富村		白銀坑		韭湖
	嶺下		源頭村		古厝寮		韭河
	嶺仔		際上		田心洋		胡坑
	羅峯		新村		田乾		城美
	羅洞		歐家仙		田螺地		前埔
	燕仔窩		蕉坑村		田子		南湖
	謝屋樓		嚴彩斜		田心		南沙
	龍子寨		鐵坑村		甘坑		胡菴
	龍江下		燕山鄉		玄溪		後湖
	學堂村		藍田		平湖		胡厝園
	壆下鄉		豐村		竹園		香投

汕頭分發局

不通郵地方

所屬局名	名稱	所屬局名	名稱	所屬局名	名稱	所屬局名	名稱
陸豐	美舖仔	陸豐	寧陽	峽山	市心鄉	峽山	甜路郭
	約頭		頓厝鄉		古處鄉		崎溝仔
	高美鄉		盤墩		西宅鄉		深埒鄉
	高西		歐厝		西埔鄉		港口鄉
	高潭		橫石		西溝鄉		渡仙里
	逕厝寮		橫隴		西橋頭		第七坡鄉
	柴頭項		磜子頭		西隴鄉		港內鄉
	崎頭		劉厝鄉		尖尾鄉		港美鄉
	麥湖		錢厝寮		宅美鄉		圍仔鄉
	華嶺頭		雙金圍		沙溪鄉		壚內鄉
	華美		頭溪尾		芳草鄉		黄厝溫
	張厝寮		鵝籠		岐南鄉		圓山鄉
	涼林		橋頭		岐頭鄉		碕溝鄉
	深田		嶺脚		李者圍		港西鄉
	深坑		鍾厝鄉		坛尾鄉		新住鄉
	清新鄉		濠潭		東湖鄉		新盤鄉
	傅厝鄉		龍河		東宅鄉		新橋鄉
	深草洋		龍厝坑		東溝鄉		新厝鄉
	渡頭		磻子石		林招鄉		新厝仔
	廊竹坑		戴厝寮		河浦鄉		溪尾朱
	烏石舖	峽山	丈八車鄉		河隴鄉		溪心鄉
	湖口		大湖鄉		河尾鄉		溪邊鄉
	湖田		大西洋		河坡鄉		溪東里
	窩崒		大宅鄉		波浿鄉		溝尾鄉
	棉崒		山尾鄉		長隴鄉		溝頭鄉
	黄厝寮		三和鄉		拱橋鄉		寨岐鄉
	望堯		下祺鄉		秋風嶺		寨尾鄉
	望林		下店鄉		後洋鄉		葷塘鄉
	雷公坪		下底鄉		後溪鄉		鳳田鄉
	新寮		下橋仔		洋溝鄉		鳳岐鄉
	新鄉		下方鄉		洋汾鄉		潮美鄉
	新城		下岐鄉		洋烏鄉		潮下鄉
	新頭坡		下堡鄉		後埠社		寨外林
	滴水		小坑鄉		草尾鄉		蓮塘鄉
	椰樹下		小坛鄉		草潮鄉		蔡溝鄉
	溪墩		小西洋		草芳鄉		蔡厝厂
	溪尾		上底鄉		草尾林		寮仔鄉
	溪頭		上隴莊		金硯鄉		墻圍鄉
	舖尾		仙斗鄉		桃溪仔		樓前鄉
	鳳地		仙住鄉		桃溪楝		橋東鄉
	蕉田		仙城鄉		陳禾坡		橋西鄉
	嶂肚		永豐鄉		浮洲鄉		橋頭仔
	嶂下		田中央		高堂鄉		鶴洋鄉
	蓮池		田墘鄉		風吹寮	高陂	三角
	海口		玉寨鄉		湝渡鄉		三洲
	潭涌		玉輿鄉		峯城鄉		上村
	潭肚		石牌角		埔尾鄉		上坪

30 ~~29~~

17a

汕頭分發局

不通郵地方							
所屬局名	名稱	所屬局名	名稱	所屬局名	名稱	所屬局名	名稱
高陂	上坪墈	高陂	唐卜	菴埠	山豆仔	菴埠	鳳隴
	上黃坑		高巢		上佘		鳳廓
	下坪		烏槎		上官格		儒仕村
	下灣		高道庵		下張		劉隴
	下村		崔山		大鑑		蕉竹坑
	下村樓		宮前		大龍坑		蔡厝
	下崟		浮塘		大寮		旗地
	大坪		盆塘		大處前		粲寶宮村
	大塘里		梅仔坑		大寨		薛隴
	大塘尾		培尾		王厝隴		舉登
	大坪尾		船坑		水尾		龍甲隴
	大崟		麻凹坪		水吼橋		龍尾
	中村		致饒坑		市中		龍溪
	中爐		黃泥凹		市頭		霞露
	文士坪		黃塘		玉桂		寶隴
	古竹		黃砂坑		竹抱		華美周
	田岌背		黃坭坂		坽頭		隴西
	田心		黃坭排		林塢		隴頭
	田背洋		黃桐巢		林邁	黃岡	上寨
	平原		富州		官路		上灣
	且富		富嶺		官里		上黃
	且皮窟		碗窰溪		東里		上里
	合溪		雷封坪		東寨		上港
	代富		雁洋		茂隴		下寨
	石鈌		教水		亭下		下饒
	石門		湖洋背		砂隴		下埗仔
	北坑		塘卜		砂池翁		下浮山
	羊坑		塘尾		洋東村		下東村
	羊頭奇		溪口		洋邊		下塘村
	交唐		紫崟凹		洋美		大寮
	夾山下		塘背湖		郭隴		大隴
	老鼠臘		聖靠石		莊隴		大廟
	白砂塘		葵坑		張家園		山門
	赤山		葵坑口		開濠		山家
	赤坑口		橫坑水		黃坑		山尾
	赤坑		蒲田		黃厝尾		山仔頂
	宋公坑		稼社		華厝村		山下
	陂里		蓮湖		華美洲		山寮
	長和里		澄大崟		華橋		屯鋪
	坪口		澄坑		喬林		內寮
	坪坑子		礤上		詩陽		內饒
	金坑		礤下		塘東		方湖
	砂墈坪		雙和坑		新橋頭		田打
	砂坪		頭爐		堤邊村		田中央
	青碗窰		羅車		園前		石頭
	南坑		龍山		溝頭		白村鄉
	原洋田		觀音塘		溜隴		平陽

汕頭分發局

不通郵地方							
所屬局名	名稱	所屬局名	名稱	所屬局名	名稱	所屬局名	名稱
黃岡	打舖	黃岡	南山	黃岡	嶺門	畬坑	橫江嶺
	市頭		南洋仔		嶺後		澄湖村
	仙洲		南侄		鷄仔水		翹楚寨
	仙富饒		施厝		龍灣		羅湖圩
	仙坡		施巫峽		龍地	普寧	大員
	外浮山		哈婆石		鶴山樓		大洋尾
	北山		苗田	畬坑	十二口塘		大埔寨
	北港		徑口		大湖洋		大隴
	后山		神前		大園裏		大林
	企頭		高埕		小都圩		大寮
	西寨		高厝舖		小立鄉		大下溪
	西山		高塘		小彭都		下深水
	西閣		高厝寮		上中下三堡鄉		下市
	西港		許厝園		中洞村		下村
	西山寨		深塗		孔崋		三福
	西頭寨		深溝		井墩鄉		上洞
	安民		廍古嶺		牛坑鄉		上塘
	羊嶼		港西		安和崗		山後池
	多年樓		港打		赤嶺		山墘
	缶灶		港墘鄉		杉裏		王厝
	李厝鄉		惠陶		和順坑		什石洋
	坂上		野水		含水塘		中央埔
	灰寨		黃岐山		坪上新圩		六斗埔
	走馬埠		葛口		河頭壩		四冷頭
	巫峽頭		葛藤		柏塘鄉		白坑
	沈厝鄉		逢坑		茶山鄉		穴營
	東山		雁塔		南溪村		打鐵寨
	東段		新寮		南陽圩		玉溪
	東村		新寨		梅子坑		北山
	東邊		新埔		淮洞		北溪村
	東寮		新鄉		桐樹排		平時春
	東程村		新塘		壩頭		平林
	東仙頭		新村鄉		郭田圩		石鳥
	東石		溪口		黃土嶺		石泉尾
	長美		豪光		黃花凹		仕林
	長彬		潮坑		彭洞鄉		加興
	青澳		劉厝埭		湖洋背		光南
	林厝埭		膠墩		湖蜞塘		多年山
	前埔		鳳山樓		楊坑村		西洞
	前饒		薛厝寮		楊梅坑		西隴
	前田		蓬竹坑		葉華鄉		西山
	後灶寮		蓬萊		蓮塘		西山埔
	後饒		調園		蓁塘圩		合浦
	洋東		錢塘		磜上		灰寨
	洋田		歐邊		磜下		陂烏
	軍寨		潘段		雙全壩		陂溝
	美宅		橋梓頭		鴨粵威		老樟崗

32

31

18a

汕頭分發局

不通郵地方							
所屬局名	名稱	所屬局名	名稱	所屬局名	名稱	所屬局名	名稱
普寧	杏芝園	普寧	陳厝寨	隆文	正家村	惠來	山粟鄉
	定厝寮		張厝寨		禾石境		山角鄉
	延長埔		第三洋		田子村		山頭鄉
	岐崗		揚美		石寨市		山岡鄉
	里宅		湖東		石螺江		山尾鄉
	泗竹仔		湖尾		白玉		山隴鄉
	東華嶼		湖心洋		凹上		山吉埔
	東埔仔		黃枝山		凹下		山美園
	狗眠		富兒壽		尖山鄉		小鳥鄉
	狗尾		富袋寮		羊角		下宮林
	林前		雲隴		何玉		下埔村
	林內		貴政山		佛坑鄉		下尾鄉
	林尙芝		新方		坪上鄉		下家鄉
	林惠山		新溪		泮境鄉		下墘鄉
	和美		新橋		青草坪		下澳鄉
	青嶼		新寨		東山鄉		下塗樓
	坡頭		新坛		松林		下人家
	坡鳥		新寮		徑村		下營鄉
	虎崗山		新樟崗		桃源鄉		下吳鄉
	典竹		溪東屯		案背		下房鄉
	雨堂		溪頭		崠背		下墘村
	長塔埔		塘邊		象鬭鄉		下湖村
	厚田		楓安		黃坑		孔子美
	香黃坑		寨河		瑤碥鄉		牛頭徑
	南山		趙厝寮		橫徑		水口鄉
	南陂		寮園		橫江鄉		水頭鄉
	莢流		蓮葉埔		鄭山鄉		水尾鄉
	後山		潭尾		舊寨		日落坑
	前洋		橫山尾		蕉嶺鄉		月潭鄉
	頁山		橫山		澄坑		井尾鄉
	美春園		潮圓		餘坑		永安鄉
	浮江寮		潮來港		橋背		永交鄉
	洋尾仔		葵嶺		灣下村		屯寮鄉
	桂竹園		蔡口	惠來	九斗亞		士兜鄉
	頂深水		磨石坑		丁籠山		屯仔鄉
	馬湖		蔣厝		丁田鄉		月湖鄉
	馬南山		雙枝山		大完鄉		天青湖
	馬頭山		龍湖		大園村		月塘鄉
	馬厝		龜背		大烏鄉		文昌鄉
	埔上寨		藍兜		大坡鄉		石佛鄉
	高埕	隆文	八嶺下		大旗鄉		內新地
	夏地		大舍		大坪圩		內厝鄉
	魚莊湖		大富村		大道磐		石丁鄉
	郭厝寮		上境鄉		大蔗埔		石洲鄉
	深坑		上槎		大溪鄉		石坡鄉
	崩次		大堂尾		三清鄉		石牌鄉
	槐頭寨		牛部村		三角嶺		石坡仔

汕頭分發局

不通郵地方							
所屬局名	名稱	所屬局名	名稱	所屬局名	名稱	所屬局名	名稱
惠來	石洲村	惠來	安埔鄉	惠來	排山鄉	惠來	高埔鄉
	石門坑		百塌鄉		紅厝埔		拳頭埔
	石門鄉		西塘鄉		苗海鄉		訊頭鄉
	石埔湖		竹湖鄉		金鷄塔		桃園鄉
	石古山		舟尾鄉		青坑鄉		宮兜鄉
	石夾鄉		朱埔鄉		青坡鄉		神宮鄉
	石山鄉		交邊鄉		青南徑		烏坑鄉
	外新地		邦庄鄉		紅堂鄉		烏塗尾
	水磨鄉		邦山鄉		前何鄉		烏石盤
	古丁田		赤嶺鄉		前埔鄉		烏藍交
	下家鄉		赤峇鄉		後城鄉		烏石鄉
	曳厝坑		赤頭山		前城鄉		柴橋頭
	圭池鄉		赤洲鄉		前宅鄉		陳隴鄉
	田邊鄉		赤澳鄉		後陳鄉		陳君子
	田墩鄉		村頭鄉		後訊鄉		釣石鄉
	田心洋		赤山鄉		後山鄉		御史嶺
	田中央		尾寮鄉		後吉鄉		頂塗樓
	池邊鄉		岐石鄉		後旗鄉		許厝寮
	仙塘鄉		曲溪新鄉		後擱鄉		深渡鄉
	池畔鄉		汪厝寨		後湖鄉		深塗鄉
	北湖鄉		沙溪鄉		院前鄉		草坪鄉
	北坑鄉		兵營村		南湖鄉		客寮鄉
	北池鄉		吳完都		南里鄉		范四鄉
	北溪鄉		坪田鄉		南沙鄉		頂寨鄉
	北洋鄉		朱厝寮		南洋仔		郭崗鄉
	北里鄉		東洋鄉		洋下鄉		若埔鄉
	北山鄉		東埔上村		洋仔鄉		徑口鄉
	白沙湖		東埔下村		南湖村		華宅鄉
	白坑鄉		東坑仔		洋公坑		華村鄉
	白寮鄉		東門鄉		軍林鄉		華埔鄉
	尖坑厝		東畔鄉		洲全鄉		華謝鄉
	羊角林		東岱鄉		洲仔鄉		華翁鄉
	向北寮		官路鄉		洪山陳		華埔仔
	向北鄉		花寨鄉		茶園鄉		華清鄉
	西埔鄉		林犂鄉		茶舖鄉		港頭鄉
	西湖詹		林美山		寄港鄉		會美鄉
	西湖黃		阜埔村		祭坑鄉		黃崗寨
	西嶺肚		坡烏村		施家斜		黃牛洋
	西蔚鄉		油甘坑		馬龍湖		黃厝墩
	西隴鄉		油厝寮		馬湖村		筆田鄉
	西湖鄉		金竹寨		馬湖仔		崗前鄉
	莊盧鄉		和雙鄉		清平鄉		象湖鄉
	先春鄉		金東洲		范厝寮		堡內社
	吉內村		長青園		容美社		湖東鄉
	朱湖鄉		長埔鄉		連城鄉		湖尾鄉
	吉清鄉		長青鄉		高寨村		湖仔尾
	安隆鄉		排埔鄉		高龍鄉		湖東仔

34 ~~33~~ 19a

汕頭分發局

不通郵地方							
所屬局名	名稱	所屬局名	名稱	所屬局名	名稱	所屬局名	名稱
惠來	詹厝田	惠來	銀坑老圩	湖寮	高道菴	棉湖	長灘
	現龍頭		蓮湖鄉		梅潭		長美
	渡頭李		雙溪鄉		園裏		長田鄉
	黄厝巷		雙洋村		塘卜裏		花園
	蛇地鄉		雙坑鄉		塘背		河頭
	湯湖鄉		雙金鶯		新村		杭頭下
	棉湖鄉		雙湖鄉		際下		官姓
	棉紙湖		雙洋鄉		舊田		芳樓
	傅厝寮		鷄地鄉		龍崗		金龍湖
	塗樓鄉		鯉魚墩	棉湖	大坪		東山
	塗坑鄉		謝塘村		大寨		油車
	塗田鄉		盧厝鄉		大嶺下		松柏園
	新厝鄉		饒屈鄉		大坪寨		洪湖
	新厝埕		謝厝鄉		大溪湖		洞景
	新村鄉		頭屯鄉		大功山		咸水窟
	新鄉		頭寮鄉		大山脚		後溪
	新圩鄉		龍潭坪		上柵		後角
	新鄉仔		劉畔鄉		上埔		後洋鄉
	新岱鄉		鐄前鄉		上甯		柑坑
	寮前鄉		橋埔鄉		上寮		湖宮嶺
	詹厝葛		魯洋鄉		下洲		洋子砂
	領後鄉		澳頭鄉		山上寮		烏坟寨
	溪墘洋		謝塘鄉		口寨		宮頭寨
	溪東鄉		龍船洲		月窟寨		進坡
	溪南鄉		學地鄉		月塘鄉		郭厝園
	勤空寮		隴尾鄉		片下園		陳厝寨
	濤尾鄉		覽表鄉		永闌鄉		馬路
	圓東鄉		爐園鄉		牛坑		原埔
	塘邊鄉		鰲頭鄉		石牌		高埔
	楊厝寮		鷄崗鄉		石湖山		高埠
	溝疏鄉		小北坑		石鳥		逢石
	銘湖鄉		大老寨		田埔寨		崩坟
	塘田鄉		大塘裏		甲埔		齋堂
	溪西鄉		上茶園		古塘		曾大寮
	溪墘洋		上臘		古福		婆窩鄉
	葉厝埔		下寨		白石		鹿子洋
	盟山鄉		下歷		竹尾濤		湖東
	桑石龜	湖寮	水口		竹籃尾		湖西寨
	鳳湖鄉		上雙坑		竹頭鄉		馮厝寨
	鳳鎮林		石樓裏		冷水坑		溫姓鄉
	鳳鎮朱		古城		赤經圩		景潭
	鐵山圩		百江		赤竹坑		簪內
	潭頭鄉		圳下		赤岩頭		新坛
	横山鄉		陂頭坑		赤溪鄉		新寨
	蕉布村		河腰		沙壩港		新樓
	樹松頭		院坑		沙窟		新園
	銀坑新圩		徑裏		吳姓		新塘

汕頭分發局

不通郵地方

所屬局名	名稱	所屬局名	名稱	所屬局名	名稱	所屬局名	名稱
棉湖	新寮	紫金	林田	紫金	憑坑	湯坑	高美
	新圩		坡頭		禮坑		馬料堂
	新仔園		油田		龍田		埔龍
	新塘湖		油滿		羅塘墦		埔頭鄉
	塗洋		青溪		羅洞		校東山
	漳州墦		長應		寶洞		墦子
	鳳池鄉		長塘		鷓鴣塘		茜坑
	蓮池		松梓下	湯坑	九斗		頂角寨
	寨仔洋		松坑		大坪		崠下
	葵坑		南嶺		大和		棚子村
	賴姓		南村		大同		隆烱鄉
	潭內		秋溪		大同鄉		翔寧園
	劉厝寨		洋高		大羅鄉		湯坑園
	閫口園		烏石		小坑		湖下
	儲美園		桂山		上埔		湖陂墦
	鵝毛溪		砲子		下溪		塔下
	鵝公葛		高坑		山湖崗		新西河村
	鴻江林		荷魚灣		五房村		新厝鄉
	龍約坑		魚子忽		內嶺		新塘東
	龍路徑		倉下		仁里		新寨村
	鯉湖溝		崩岡		石湖		新鄉
紫金	九樹		賀岡		石門池	湯坑	塘房
	上石		衆塘		北坑		揆尾
	上車		宮坑		田心		福寧園
	上排		富子窩		仙埔村		橫坑
	上賴		黃花		古德下		橫山頭
	上嶂		黃砂		尖厝村		潭嶺
	上黃塘		黃小塘		世德園		錢龍山
	下嶂		黃布		朱邱		雙姑山
	下石		彭方		朱厝		龍止
	下瀨		園背		吉貝湖		蘿屋
	大塘		園澳		合山口	龍川	三亞塘
	山口		街鄉		老塘東		上印
	土田		新園		老鄉		上進
	久社		新村		吳厝		上蒙
	元田		楊眉		兵營		下村
	王壟		椒坑		坪上村		下蒙
	田心園		墩頭		東園		下廊鄉
	牛岡		榕樹岡		東里		土坡
	石坑		萬年坑		林厝		屯頭
	白溪		蕙茅圩		采芝樓		正昌
	台坑		嘉塘		武舘		正廬
	米潭		慎田		河樹崠		牛徑
	老園		熙和平		洪厝		石湖
	寺背		樟村		洪厝埔村		石埔頭
	良庄		熱水		貞水		白后墦
	岩前		蓬坑		紀厝		白溪

36 ~~35~~

20a

汕頭分發局

不通郵地方							
所屬局名	名稱	所屬局名	名稱	所屬局名	名稱	所屬局名	名稱
龍川	田心屯	龍川	崟坑	豐順	鵝鶴樓	饒平	下塔鄉
	凹頭		儒步		雙塘鄉		下園鄉
	西山		璜坑		羅田頭		下硯鄉
	西隅		樂村		龍溪		下寮鄉
	西嶺		寨下	饒平	九十坑		下厝
	先村		塘泥山		九村		下人家
	江頭		嶢嶂		九村鄉		下湖
	老虎墺		獅嶺		八角樓		下寨
	竹岡		歐頭		八絲樓		下湖樓
	赤嶺下		鐵坑		十二排		下山
	角塘		藍子園		人家		下林
	沙仔徑		藍口園		丁塔鄉		山美
	李塘	豐順	三車鄉		上厝		山背下
	李田		三友		上寨		山前村
	亭田		大錢鄉		上城		山斗
	隹派		上彎鄉		上村		三舖社
	秀水		下埔鄉		上郭		三坑鄉
	武洞		口舖鄉		上角		三落屋
	東隅		下柵鄉		上善村		山坑社
	東坑		井頭		上沐教		大坑社
	坪埔		田背		上坑村		大陂洋鄉
	派頭		白葉鄉		上村鄉		大陶社
	紅山下		仙窠鄉		上北坑		大樓
	連石		白上鄉		上坑口		大猪樓
	梅村		石宮潭		上坪鄉		大栢林
	高澗		北溪		上樓村		大坡樓
	板倉		江南		上坑鄉		大陂樓
	能溪五鄉		角尾鄉		上田		大門口
	梓樹坪		東榴鄉		下墻		大埔背
	渡頭		長田鄉		下院		大厝
	張屋		西洞鄉		下寨		大溪墻
	黃龍岡		青潭鄉		下樓		大榕
	黃泥岡		南坑鄉		下田		大榕社
	黃沙		洞下		下新樓		大榕舖
	梅隴		埔尾鄉		下坑鄉		大陂洋
	黃泥寨		馬頭		下黃鄉		大山社
	黃泥山		范陽鄉		下老屋		大水溪
	寧山		萃陂		下寮		大寨
	新寨		黃泥塘		下祠鄉		大平鄉
	新村		湖上山		下屋子村		大陂鄉
	黃洞		新地鄉		下沐教		大坑鄉
	萬祖		塘尾		下湖楊		大片鄉
	塘心		葛布鄉		下坑口		土坑鄉
	葉布		落永科		下善村		小栢林
	瑤頭		鄒家園		下北坑		小溪鄉
	樟教村		寨仔鄉		下埔社		小溪
	嶂背		高沙		下塘舖		五全樓

汕頭分發局

不通郵地方							
所屬局名	名稱	所屬局名	名稱	所屬局名	名稱	所屬局名	名稱
饒平	五社	饒平	北溪	饒平	坑內	饒平	紅港寮
	五社社		北坑村		坑口		流西社
	太石埠		司前		谷石圩		祠堂
	斗上鄉		羊角埠		狄古嶺		洋頭塘
	六斗鄉		田中		扶楊林		洋楊埔鄉
	五社鄉		田中央		角屋樓		徑口
	內西鄉		田饒		君寮		狐狸洞
	水口圩		田中社		君埔		食飯溪
	水口社		老虎巢		李堂		軍埠鄉
	水美鄉		老大樓		赤竹埔鄉		英坑
	牛角灣		老樓仔		里楊社		英粉
	牛角圩		丘處社		和慶樓		英粉鄉
	貳水鄉		仙埠		和村鄉		烘畔鄉
	尺坵田		平洋鄉		長埔美		苗田鄉
	外西山		平藍鄉		長北嶺		亭嶺
	古樓山		灰樓角		姑寮		南山
	井頭村		同塘鄉		店下社		南陂
	仙埠鄉		牛徑鄉		東山林		南厝園
	中央樓		坪石		東作樓		南坑裏
	中和圩		坪坑		東瓜園		南坑
	中段		旱塘		東嶺		南坑村
	中假鄉		呂處鄉		東坑村		南淳
	古墩		巫許鄉		東畔洋康鄉		南關
	本支樓		坂前		東坑		南山鄉
	介社樓		坂頭		東興社		厝園
	水福福		西陂		岡下		後嶺
	石壁		西太樓		虎頭山		荔林鄉
	石井鄉		西山樓		倚楊鄉		荔塘兜
	石井圩		西坑村		松柏墩		成美
	石康裏		西頭樓		松柏下		柘林
	石寮溪		車田鄉		油薪潭		柘林仔
	石頭林		車頭鄉		河口		柘林鄉
	石獅下		竹園社		東山埔		茂林社
	石樓		竹林		東官鄉		客仔寮
	石槽鄉		竹排樓		東洋屯		烏洋
	石仔嶺		竹葉嶺		東山鄉		烏石山
	石礡		竹荃坑		花橋鄉		烏洋山
	石壇鄉		安田鄉		青竹徑		烏嶺鄉
	白花洋		安民鄉		官田		烏溪
	白水湖		安福堂		金厝園		頂園鄉
	白花洋鄉		吳坑鄉		虎頭社		桃塘
	后河		名楊樓		長教鄉		桃園
	瓜園裏		陂下鄉		長彬鄉		桃花鄉
	永和樓		扶湯寮		和春		茂林樓
	永興樓		坎下鄉		岃頭		高厝鋪
	北坑鄉		坎下		紅樓		馬崗
	北坑		卓村		紅花樹		馬坑村

38

21a

汕頭分發局

所屬局名	名稱	所屬局名	名稱	所屬局名	名稱	所屬局名	名稱
不通郵地方							
饒平	馬下村	饒平	割藤埠	饒平	寮前	饒平	嶺下鄉
	馬安山		貴康樓		圓墩背		嶺頭
	馬巷岡		棠下樓		楊芝田		嶺滘鄉
	宮山鄉		夏後		楊梅坑		橋頭屋
	宮下鄉		彭溪		溪西		橋頭
	宮彬鄉		楊美樓		楓郎圩		橋頭鄉
	宮邊		補下鄉		葛藤埠		簡屋
	宮山		補坪鄉		寮前埔		簡屋村
	宮下		塥上鄉		暗溪		營前
	陳坑鄉		揭陽鄉		新大樓		樹根嶺
	陳處社		華竹坑		溪東社		鴨母坑
	埔下		華坪裏		溪西社		福山社
	埔尾		堤頭鋪		溝東鄉		雙羅鄉
	埔坪鄉		港仔閣		溝西鄉		橋仔頭
	祖處社		彭溪鄉		寨仔		親村
	唐角		塔仔		寨尾		舊寨
	馬山背		塘仙邸		寨上		羅坑鄉
	案上鄉		塘仙何		寨上鄉		闕西樓
	麻胡鄉		塘頭鄉		寨後鄉		龍潭埔村
	麻寮烘		塘尾村		寬陽田		藍屋
	麻寮		溪心		葵坑口		纘美樓
	麻朦鄉		溪頭		溪芝裏		耀西樓
	麥園		溪尾		溪寶鄉		耀東樓
	麥園鄉		溪背里		滴水磜		
	乾美鄉		溪墘樓		鳳凰徑		
	康美社		溪口鄉		燠彩宮		
	埠尾鄉		溪頭鄉		渼塘鄉		
	猪坑		溪背樓		漁村鄉		
	添寧寨		粄田		賞春社		
	泰石		葉坑		潘段鄉		
	許屋村		楓頭		憤嶺鄉		
	深坑裏		新塘		潮前鄉		
	深溪鄉		新樓		盤石樓		
	捭復裏		新豐上下鄉		墩頭上		
	粗坑社		新饒樓		歐陽山		
	麻胡		新厝裏		德業樓		
	巷前		新埸鄉		舖前		
	巷頭巷		鄒厝		蔡芝角		
	湯溪鄉		道韶		廣陽		
	黄田港		楊梅坪		劉厝埔		
	黄山坑		楊慈埔		錫坑		
	黄金塘		楊桃坑		鍋爐坎尾角		
	黄金堂		楊坑鄉		鮑上		
	黄山水		寮下		嶺滘		
	黄村		寮田鄉		嶺頭樓		
	棋杆脚		寮前鄉		嶺頭鄉		
	遊鳳崗		寮頭黄		嶺脚鄉		

江 門 分 發 局

(Kongmoon City Distributing Centre)

等級 (Class of Office)	局名 (Name of Office) Chinese	Romanised	等級 (Class of Office)	局名 (Name of Office) Chinese	Romanised
二等局 (2nd Class)	斗山	Towshan			
	公益埠	Kungyifow			
	北街	Pakkai			
	江門	Kongmoon			
	江門埠	Kongmoon City			
	台山	Toishan			
	沙坪	Shaping			
	赤坎	Chikhom			
	恩平	Yanping			
	單水口	Tanshuihow			
	新昌	Sunchong			
	新會	Sunwui			
	新興	Sunhing			
	廣海	Kwanghoi			
三等局 (3rd Class)	三八	Sampat			
	三合	Samhop			
	上澤	Sheungchak			
	大澤	Tatseh			
	大江圩	Takianghu			
	斗門	Towmoon			
	水步	Shuipo			
	五十圩	Ngshaphu			
	古井	Kutsing			
	司前	Szetsin			
	白沙	Paisha, Tung.			
	汕底	Shantai			
	冲蔞	Chunglow			
	百合圩	Pokhophu			
	赤水	Chikshui			
	赤溪	Chikhai			
	沙坦市	Shatanshi			
	那金市	Nakumshi			
	長沙（南）	Cheungsha			
	海口埠	Hoihowfow			
	海晏	Hoingan			
	都斛	Tohuk			
	荻海	Tikhoi			
	開平	Hoiping			
	棠下	Tongha			
	雲浮	Wanfow			
	腰古	Yiuku			
	新榮市	Sunwingshi			
	蜆崗圩	Hinkonghu			
	聖堂圩	Shingtonghu			
	鶴山	Hokshan			

江門 郵局

23

40

江門分發局

代辦所							
所屬局名	名稱	所屬局名	名稱	所屬局名	名稱	所屬局名	名稱
斗山	上川三洲	北街	廈村	台山	白石鄉	單水口	水井
	上川西		簟灣		石龍頭		四九圩
	田稠		簟邊		冲雲		宅梧
	西山		黎村		同安市		芷山舊圩
	江寧		潮連		長江南		芷山新圩
	浮石		蟠步		南昌市		泮村
	唐美		蘆邊		南坑		南塘里
	曹厚		鰲村		泡步		書廈
	橫江南		龔村		桂水堡		新橋市
	鑊口	江門	大沙鄉		湯湖		龍山
	霞朗		上堡		筋坑		龍塘
公益埠	山前		中堡		華安圩		龍潭
	大巷		木朗		圓山仔	新昌	小海市
	上冲		井根		溫泉市		寺前
	斗江		丹灶		旗背		杜崗
	六堡		水津		龍崗洞		李邊市
	牛灣		月坊		堰和田		金山
	正面村		外海		豐和橋		岡美
	石橋		平嶺	沙坪	苹崗		岡寧
	西園		白沙		海口		振華
	坑口		安定		桃源		莘圩
	東頭		奇榜		隔葫		塘美
	海門		杜阮	赤坎	五龍市		鼠山
	麥巷		沙瀾		四九舊圩		潮境
	荔枝塘		南山		沙溪		樓岡市
	渡頭圩		草園		沙湖		獲龍
	潯陽舊村		廊園		李村		橋頭
	獨樹橋		張團		金汎圩		寶興
	鐵爐坑		都會		昇平市	新會	大洞
北街	三丫		梅閣		茅岡圩		上村
	三卡		裏村		楊橋		三村
	大林鄉		航世里		楊橋新圩		天亭
	太平里		晚市		義興		天馬
	水南		睦洲		塘口圩		天祿
	北街鄉		槎溪		潭邊園		仙洞
	白藤		新村	恩平	平安		沙富
	石滘		滘頭		沙洲市		茶坑
	良村		瑤溪鄉		那龍		黃涌
	周郡		雙龍		那吉		橫水
	社口		舊社		東成		瀧水口
	芝山		禮樂		君堂	新興	力竹
	東村		龍泉		船角		天堂
	馬滘		蘆村		歇馬		車岡
	高邊	台山	大亨布		橫陂		東成
	荷塘		大海		嶺南市		河頭
	朝市		公義	單水口	大崗		洞口
	晚市		平崗		月山		稔村

江門分發局

代辦所							
所屬局名	名稱	所屬局名	名稱	所屬局名	名稱	所屬局名	名稱
廣海	山背村	古井	三江南	汕底	汀江	開平	廣橋
	什和		下路		西廊		鶴洲
	月明村		山頭市		那泰	棠下	石頭
	冲勞		文樓		塘頭		良溪
	沙欄		天成		墩寨		坑美市
	東山鄉		玉洲	冲蔞	大塘		松蓢
	曾邊市		竹灣		西海市		桐井
	環海埠		安山		官竇		烏石
	墩頭鄉		孖洲	赤水	沙頭冲		雅篭
	蕭村		沙堆		東山		新市
三八	洞美		那伏		和安市		橫江
	順和		長美里		涌口		竇口
	網地		長沙		聯安市	雲浮	下洞
三合	公安圩		官田		深井南		六都
	水松廟		泗冲	赤溪	田頭鄉		河口
	永年里		垣美	沙坦市	槎洲		初城
	西華市		南廟	海晏	大同圩		南鄉
	沙坪圩		烟管咀		上源村		鶴石
	官步站		梅灣		汶村	腰古	小河
	東心坑		慈溪		沙浦		水口
	洋欄市		獨州		安和		安塘
	馬石站	司前	三佛		那馬		竹圩
	黎洞南		三益		那陵		礶石
上澤	成務市		大王市		東頭	新榮市	東坑
	廟邊市		天等橋		昇平市		板崗
	廟邊鄉		王佐崗		荚勒	蜆崗圩	大同市
	新安圩		井坑		蝦山		小江圩
大澤	夫人廟		田邊市		寨門		企山海
	北頭		石步		鐔海		金鷄水
	李苑		石咀	都斛	大網村		那扶
	潭冲圩		白廟		牛山		逆風灣
	蓮塘南		白廟洞		白石(南)		聯和市
大江圩	大嶺		沙涌		李莘村		齊塘
	水樓		沙崗		永安鄉		錦湖圩
	來安圩		河村		南村	聖堂圩	牛江渡
	南冲		廟前		莘村		均安市
	海潮		張村		龍溪		均和圩
	草坪		貴岡市		豐江		蓮塘鄉
	陳邊		祿位市	開平	公安市	鶴山	大凹
	腦頭		羅坑		石橋圩		小官田
斗門	大赤坎	白沙	山格		尖石		禾谷
	白蕉		田坑		表海市		白米田
	乾霧		江頭		長沙塘		民樂市
	新村		南蓢		官堂		共和市
水步	大嶺七村		茶園		馬岡圩		合洞
	大崗鄉		龔邊		眞興		芸鄉
	瀧田鄉	汕底	大同市		隆勝		金崗

24

42

江門分發局

代辦所							
所屬局名	名稱	所屬局名	名稱	所屬局名	名稱	所屬局名	名稱
鶴山	泉帶						
	䊹蘇						
	新興市						
	嵐洞						
	龍口圩						
	鐵岡						
長沙(南)	模範村						

江門分發局

信櫃							
所屬局名	名稱	所屬局名	名稱	所屬局名	名稱	所屬局名	名稱
斗山	神頭	新興	灣邊	水步	羣厚里	長沙(南)	波蘿鄉
	瀛洲		中黃		龍安里	海晏	陂頭
公益埠	雲龍		共成圩		盤屋鄉		奇猶村
北街	扒冲		沙村	五十圩	大塘頭		界尾
	豸岡		社壇		上坪		崙定
	東炮台		官洞		下坪		塔邊
江門	大炙島		高村		惠豐		橫岡
	大緣合		集成		龍村		蒲地魚圩
	沙岡	廣海	大洋	古井	二洲		龍安里
	深壘	三八	鄒村		大沙灣	荻海	下三圍
	直冲	三合	永勝村		大朗坡	開平	台洞
	參園		白石塘		石涌苑		西村
	常亨		玉懷鄉		沙岡		夾水
	新恆氹		冲弈		良德冲		那泔
台山	八家		泮洋村		長樂		和平
沙坪	玉橋		銅鑼灣		官涌		和安市
	竹蔀	大澤	小澤		洋美		振興市
	湖夏		小梅		洋邊		張橋
	雲蔘		元冲		背坑		塘浪
	越塘		牛勒		茅步		潭碧
	錢塘		田金里		南堡		麗洞
赤坎	西頭氹		北洋		遠嶺	棠下	沙富
恩平	田畔		冲力西		裔林		南山
	百廟		汾界		網山	雲浮	岔路
	蔀底		南洋		新村坊		三眼塘
單水口	那竹		南濱里		鶴溪	腰古	冲坑
	東頭		潭墩		龍田		松岡
	金居		德昌		臨朝		岡尾
	許屋		蟠龍鄉	司前	永建里		昇平
	麥邊		濂溪里		沼江		紅[illegible]
	簕竹		鶴灣		英岡市		南盛市
新昌	四九圩	大江圩	昌平		嶺背市		高山
	石海鄉		裏坳	白沙	田心		橫岡
	鳳池里	斗門	小赤坎		吉庄		雙龍
	覲函里		小瀝岐		西村		羅坪
新會	天台		小濠涌		壘林	新榮市	石鼓鄉
	梅岡		大濠涌	赤水	長塘市		茅坪村
	長洞		泥灣	沙坦市	大灣		瑞龍里
	木岡市		南山		田美	蜆岡圩	小凹
	小岡		馬山	那金市	大蓢		小洛圩
	冲茶		荔山		吉昌里		泥橋
	西甲		綱山		月角	聖堂圩	區村
	沙路		叢光		美良	鶴山	下黃村
	東甲	水步	甘邊鄉		盛湖		芸鄉舊村
	長熊		大安里		福安		
	橋頭		北坑南勝亭		橫塘		
	嶺頭		彭沙坑	長沙(南)	三江鄉		

信櫃

江門分發局

不通郵地方

所屬局名	名稱	所屬局名	名稱	所屬局名	名稱	所屬局名	名稱
斗山	大道	公益埠	水東	公益埠	沙田崗	公益埠	南海里
	小道		水潮村		沙坦市		法中村
	江華		水邊村		見龍里		巷心村
	江潮		升堂村		均和村		逆水村
	西柵		天定里		良村		社背村
	東山村		天成里		均和里		洞寧里
	松仔嶺		平和村		赤崗村		茂林里
	神頭		司前里		坑邊里		馬鞍村
	眼鏡村		永安里		谷安里		馬崗村
	環洲		永康里		坑頭社		曹崗村
	諸獲		永和里		赤嶺村		連江里
	龍塘		永和村		良含村		連安里
	瀛洲		永寧村		沙涌鄉		陳村里
公益埠	九如		永盛里		奕和坑		桑園里
	人和里		月明村		蘆冲		桐安里
	三潮里		正華里		金堂里		高塘里
	三多		正面里		背堂村		高岡
	三家村		石坑		和盛鄉		飛林里
	大園村		石路村		東來里		飛龍里
	大塘村		北溪里		東里村		倉步社
	大安村		孖岡江		東山里		倉邊社
	大福社		畄江里		東安里		會龍里
	大成里		田唇村		東華里		會龍村
	大基里		西溪里		東嶺村		瓊林村
	大石里		西龍里		東閘社		旌義村
	上坑村		西門村		東園里		基頭村
	上灣里		西園里		金紫里		開基里
	上冲里		艮河里		金塘村		朝陽村
	上田社		艮江里		金坑村		朝宗里
	上義村		艮江村		坎田社		朝陽里
	山亭村		安懷社		官爰里		朝東里
	下村		安和里		官仁里		朝龍里
	中社		安和村		官窰鄉		普安里
	中社里		西園村		咀邊里		華林鄉
	中閘里		舊屋社		咀頭社		華安村
	中和里		兆龍里		咀朝社		華安里
	中和社		艮龍里		居安社		華豐里
	中和村		吉安里		昇平里		華廣里
	中塘村		吉安村		河木村		華園村
	中閘村		吉水里		河清里		朝波里
	山脚社		江寧里		松林鄉		棠棣村
	仁厚里		江朝里		長塘村		雲龍村
	仁和村		江和社		長龍村		順和村
	仁安里		瀘冲		長坑		復龍里
	仁安村		冷水坑		南昌里		喬梓村
	萬福里		坑頭		南安村		喬林村
	水邊里		坑尾里		南安里		源和社

江門分發局

不通郵地方							
所屬局名	名稱	所屬局名	名稱	所屬局名	名稱	所屬局名	名稱
公益埠	裏巷社	公益埠	龍潭里	江門	馬宗沙	台山	山下
	新興里		龍興里		馬良村		山塘
	新田村		龍溪里		泰豐圍		山岨村
	滘口村		龍波里		粉洲沙		山下舊村
	塘美村		龍崗村		海心沙		下凹
	塘口村		龍慶里		第一界		井洞
	塘村		龍蟠里		特成沙		井邊
	塘口里		龍岡里		淑洲鄉		井頭塘
	塘頭村		龍安里		常亨		井邊新村
	鳳岐里		龍華里		深壘		文冲
	新地村		龍江里		深滘		中心村
	榜冲		龍盛村		黃瀝		中和村
	福安里		龍安社		黃布村		中社八家
	福星里		龍崗里		滘頭新村		水閘
	福田村		橋頭里		華沙		水潮
	福林村		蟠龍里		新沙		水西
	福塘村		應揚里		新恆岨		水坑
	福安村		蟠龍村		單排鄉		水井
	福康里		寶田里		橫山圩		月山
	銀塘井		鐵江里		顧山鄉		升橋
	錦龍村		鬱樓社		蔴冲鄉		尤魚山
	錦安里	江門	二服園		蓮子塘		尤魚
	錦江里		九子沙		腰腰村		牛魯
	錦龍里		九止沙		頭股圍		永安
	錦灣村		三角中心沙		麥園		永東
	錦云里		大衾島	台山	八家		田心
	潮興里		大綠合		九如		甲卯
	潮和社		大鰲沙		三樂里		平安
	模範村		大鰲		三口廟		平洋
	獅山村		大圍		大亨		平東
	潮灣村		大生圍		大步		平原
	舊屋村		下欄村		大象		平和
	儒林村		上橫鄉		大塘		田美
	劉嶺背		上橫沙		大閘		玉堂
	澤湄里		竹銀村		大蓢岨		四德巷
	雙潮里		西灣村		大嶺頭		安塘
	蓮塘里		竹洲鄉		大蓢		西頭
	橋林村		百頃		大夫田		西蓢
	橋林里		老登圍		小逕		西湖
	橋頭村		沙岡		小嶺		西安
	橋木里		沙灣村		上冲		西坑
	龍田社		直冲		上橋		西龍里
	龍安村		金鳩圍		上村		艮寅
	龍興村		馬騮鄉		上蓮		江尾
	龍江里		連子塘		上安		光華
	龍聚村		馬各鄉		上湖		向南
	龍溪村		馬个鄉		上社八家		同仁里

27

江門分發局

不通郵地方							
所屬局名	名稱	所屬局名	名稱	所屬局名	名稱	所屬局名	名稱
台山	竹林里	赤坎	大閘里	赤坎	北安里	赤坎	光嶺里
	均安里		大隆村		田村		成平村
	坑美		大庄村		平安里		合安里
	坑尾		大樓里		平嶺		安寧
	良坑		大坪村		平康里		竹格位
	良田		大蔴坪		田頭嶺		同安里
	良洞		大梧坪		右巷村		思心巷
	良邊		大園		石闕里		忠性里
	那西		下謳里		石江里		沙龍里
	社叿		下凱崗		石及塘		沙田里
	社涌		下閣村		石囷		吳安里
	肚邊		山塘		永隆里		百梓里
	沙灣		山園村		石狗村		良坑里
	沙洲		水邊里		石塘口		赤崗
	東頭		水口圍		石橋里		李邊
	東源		水頭		舊宅村		李巷村
	東來		水龍里		仍舊里		李邊里
	東安		中和里		永安里		岐興
	東成		中行		安塘里		岐嶺里
	東升		中成		安榮里		岐嶺村
	東家冲		中和		安溪里		李氏田
	東華里		中安		安興里		岐崗
	東邊坑		中心里		安民里		社邊新村
	長安		中洞里		民社		社邊舊村
	長龍里		中興里		安慶里		扶來里
	其鳳		中社		向北村		坑口里
	其祥		土嶺里		舊屋村		忠榮里
	直坑		水樓		如意里		沙溪里
	河勝		牛山村		聚龍里		沃寧里
	虎山		日昇里		西成里		亮圩鄉
	泮江		仁安里		西成		社邊里
	泮塘		仁興里		西隆		廟邊里
	和安		仁和里		西岐		村心里
赤坎	十石		天章里		西岸		岡陵鄉
	上謳里		六古頭村		西興		東成里
	上閣村		六壟		西安里		東安里
	上塘里		五邊村		西興里		東邊里
	上凱崗		文崗		西社村		東明樓
	上龍崗		五桂里		西寧里		東興里
	上邊里		牛路頭		西塘里		東和里
	小村巷		古燈村		西和里		東塘里
	千秋里		古樓		西社		東堤
	三板步		北庄里		舊宅里		東興
	土嶺		北成里		竹安里		東昇里
	寸美里		北嶺里		岡興里		東岸
	大柵里		北閘		百坑村		東明里
	大村巷		北合里		光漢里		東社村

47

27a

江門分發局

不通郵地方							
所屬局名	名稱	所屬局名	名稱	所屬局名	名稱	所屬局名	名稱
赤坎	東塘里	赤坎	屋嶺村	赤坎	健安里	赤坎	廟下
	長安		和興里		嵐毗里		獅盛里
	長安里		虾村		盛華		齊興
	長興里		香錦里		華安里		魁崗里
	振富里		員崗里		范邊村		喬崗里
	金龍里		柴嶺村		書樓村		蓮勝里
	茅嶺		海沙里		富榮里		蓬江里
	秋峯里		高園		路崗		聯崗里
	致和里		高賢里		塘房		聯興里
	廟邊里		草塘里		塘邊		聯溪里
	那梨		草坪鄉		塘下		聯安里
	那乎		草塘基		塘口		聯崗
	松木塘		梧崗		塘口里		樂興里
	官田里		桑園里		塘口村		蒼東里
	春塘里		梧村		塘基頭		興仁里
	河井里		草灣村		梓宅里		磚窰墟
	河謝里		烟田里		新崗里		賓華里
	金貴村		會龍里		新屋村		樟村
	金灣里		會良里		新庄		潭村
	松興里		馬道尾		新溪里		橫塘里
	松門		梅崗里		新隆里		橫石里
	居安里		梓崗里		新乎		鶴崗里
	村塘		烏石蔚		新市頭		鶴崗
	松塘		烏石		新洲居		鶴昌
	坡后		現龍里		新洲園		錦塘里
	和興里		魚象		榮安里		錦崗村
	松崗		砵舊行		榮崗里		環溪里
	東昇		順安里		榮安里		儒林里
	毗厚里		萬福		榮桂里		橋街村
	洪潤里		雁塘口		福和里		獨崗村
	紅樓		朝陽里		福星里		錦蓮里
	保昌里		朝安里		蓮蓬里		寺龍里
	保安里		雁湖里		較背嶺		龍滘冲
	長龍里		扁冲		毓秀里		龍崗里
	厚背里		貴華里		毓桂里		龍角里
	南和里		復興里		鳳台里		龍背
	南興里		陽逕		鳳陽里		龍田里
	南陽里		圓毗塘		鳳崗村		龍安里
	南關村		黃松潭		鳳凰里		龍蟠里
	南勝里		黃洲園		鳳潮		龍興里
	南安里		黃金塘		鳳翔里		龍昇里
	南陽		圓村		鳳崗里		龍田里
	南安		猪姆頭村		廣陵里		羅山村
	南關		萃英里		蒼安里		橋崗里
	南薰里		敦睦里		蒼西里		蟠龍里
	里仁芳		華桂里		潮陽		點保嶺
	屋上樓		雁湖里		獅村里		寶華里

江門分發局

不通郵地方							
所屬局名	名稱	所屬局名	名稱	所屬局名	名稱	所屬局名	名稱
赤坎	耀龍里	恩平	牛頭蓢	恩平	沙片	恩平	崩塘
	耀安里		牛寮		李村		常安里
	曤桂里		牛底欄		虎骨草坑		清灣村
	騰蚁村		牛欄		虎山		鹿頸
	騰龍里		中興里		門樓仔村		崩陂
	蟠龍里		分界龍村		長坑村		麻塘
	蘆陽		五里營		長灣		深水崗
恩平	九曹		中路塘		長樂村		黃金宅
	大龍		六斗田		坦巷		黃毛嶺
	大田		石龜		赤黎崗		補椽坑
	大橋埒		石井塘		社九石		黃竹水
	大亭		石囷村		金坑		黃扱
	大合村		石灰窰		那邊		黃涉頭
	大灣水		石龍江		那岳		黃竹塘
	大灣肚		石啫		長田村		祿灣
	大茶盆村		石橋頭		東坑		祿崗村
	大蔚		石列磨		東興里		獅山
	大壠塘		石車		明安村		新屋
	大塘頭		石崗		和昌崗		新龍村
	大江村		石塘村		岐山村		稔崗
	大橫坡		甲埇		閂皮村		塘勞
	大塱村		平窗崗		松巷		塘洲村
	大陂埒		平安村		松市		塘庫
	大草塘		平塘		响山		塘角
	大松塘		平樂里		洞心		塘蓢
	大水井		平富崗		背仔石		飛鵝塘
	大塘尾		平岡村		南昌村		綿圍
	大安坪		平樂村		南塘		蓢角
	大塘岩		平地村		南坑壠		蓢心
	小江里		平塘		南安里		網地
	下蓢		占村		南興里		綱山
	下綿湖		禾徑		南岡村		園林
	三坑		白水塘		埇尾		蒻園村
	三山里		田圍		鬼坑村		蒔坑
	上綿湖		肉子湖村		帝旺		樟木坑
	上洒		老富冲		廻龍里		蓮塘口
	上陂		西成里		高蔚		橫洲里
	才安村		竹圍		高寥里		橫陂仔
	太平村		竹園		高村		橫崗頭
	太平里		吉堂里		高禾坎		橫槎水
	水鵝井		良皮		逕塘		黎清崗
	水寨里		坑尾嶺		茶盤蓢		潭冲
	水歸凸		坐南村		茶園村		錦平里
	山灣角		來興里		茶岡		錦地崗
	山鷄坪		陂頭邊		梅花村		獨嶺
	水口岡		吳松村		荷木塘		藜塘
	牛根村		沙地		曾岡		舊譯

江門分發局

不通郵地方

所屬局名	名稱	所屬局名	名稱	所屬局名	名稱	所屬局名	名稱
恩平	灣弓	新會	南賽鄉	廣海	東平村	三八	東和里
	灣雷		洞閣		東安村		東興
	鷄仔黄		恩塘鄉		那章村		東昇里
	龍尾合		萃崗		那洲村		東興里
	龍灣村		桃園鄉		甫草村		長安里
	龍山村		馬屋		長樂村		長慶里
	龍南村		南坑		和平里		長安村
	龍崗里		梅江鄉		河洲村		虎山
	鷄屎壙		柳行里		南溪村		周坑
	麟角		張屋		陳冲村		周美
	鶴洲村		倉前		南洋里		周社
	鶴塘村		崖門		洋田村		周邊
單水口	大灣		島橋鄉		浮月村		和興里
	天湖塘		雅屋村		流岡村		岡背
	西崗		梁屋村		梧桐村		佛凹
	金村		崩坑		華美村		河村
	蓮塘鄉		黄屋村		黄旗塘		南安村
	龍灣		貴美		碩仁村		連塘里
新會	三多里		貴岡		鴨姆地		桔園
	三和鄉		曾家鄉		雙門村		草塘尾
	三合鄉		新鰲滘鄉		臨田村		夏邊厚
	上井頭		衙前		龍平村		順水村
	上洋鄉		碩叟		龍池村		黄佛堂
	大滘		較杯石	三八	大塘		黄沙坑
	大沙		葫頭鄉		大安		塘口里
	小沙		横村		大囷		塘夏
	小汾		錦江		大象村		塘角
	水步		横嶺		大邊		塘口
	水背		濠冲		上邊		增江里
	田心鄉		學地		上村里		增岡里
	田邊村		湴涉鄉		上村		鳳翔里
	天湖鄉		橋門		三多里		鳳陽
	朱村		濟堂鄉		土梨岡		潮洞
	冲口鄉		羅家灣		山腰		潮盛
	冲邊		靈鎮		仁興里		潮北
	近冲	新興	中和		井洞		潮龍
	西關鄉		船岡		中華里		潮興
	阮屋		楓洞		永興里		潮陽
	坑美山		網魚村		永安		横山頭
	坑口	廣海	大安村		永康		廣源
	邦冲		大三村		田街		瑞龍
	汾水江鄉		三陽里		白石村		福慶
	沙堤四鄉		山咀村		冲華		餘慶
	油蔴圍		山后村		吉安		蒲康
	東山寺		仁厚村		西葫		樓台里
	洋落鄉		竹美村		君子坑		漲村
	南担鄉		西塘村		底崗		龍邊

50

江門分發局

不通郵地方							
所屬局名	名稱	所屬局名	名稱	所屬局名	名稱	所屬局名	名稱
三八	龍抓石	三合	橫嶺村	大澤	上冲滙	斗門	田岩村
三合	山塘村		潮陽里		四瓮		石咀
	上陳村		黎洞		西涌		古井坑
	上環村	上澤	上南山		竹園里		平塘
	大坪村		下南山		邦頭里		安峨
	下環村		下灣		凌溪里		沙美咀
	中心坪		下村		高地		沙瀾村
	中心坑		山塘		高華里		沙龍圩
	水基塘		文逕		許坑		西佈
	水塘朗堡		元昇		嘉寧里		西坑
	月山村		水邊		橋亭		赤水坑
	永安村		永盛		龍安里		尖峯
	永康里		永興	大江圩	上蓮塘		李屋圍
	平安村		永隆		下蓮塘		李坑村
	禾管坑		永昌		六家山		老鰷堆
	石公坑		永樂		文林里		廟咀圩
	白略		永安		田心村		岩石
	冲灣村		北雪		永和村		松山
	交椅塘		江源		石堂里		東榴
	西崗堡		安祿		永龍村		東明
	冲潮		冲陽		向東村		東懷里
	交朗村		岐山		向西村		東興里
	沙灣村		松花咀		岐嶺		東澳
	車咀村		恆興		甫草		虎山
	李坑村		南勝		連安村		官涌
	李坑美		美塵		洞庭村		明蝦頭
	坑尾		長安		禊嶺		廟咀圩
	長塘里		美安		梅崗		樓港
	長安村		南昌		橋西		南門
	泮林村		洋興		橋東		涌口
	泮洞里		昇良		嶺安里		馬臺
	河洲村		馬頭	斗門	七星村		馬齊尾
	河清里		寧元		大托		桂林村
	馬口村		那旺		大環		烏石頭
	飯蘿崗		染房		大黃揚		斜排
	圓冢村		落馬坑		小黃揚		潘涌
	彭村		聚龍		小托		猪仔環
	深水橋		帝都		上洲		夏村
	鳳閣里		帝臨		下洲		羣山
	鳳起里		富南		天地人		黃沙坑
	鳳鳴里		富潤		水沙塘		圓山仔
	鳳翔里		康寧		王保山		深迯
	鳳安里		祿源		斗門村		朝南里
	濱村		鳳崗		月坑		獅子頭
	塍背		豐祿		牛滃塘		新村仔
	塍背村	大澤	大姚		田邊村		蓋山
	橫坑村		小姚		田心村		碧堂村

江門分發局

不通郵地方							
所屬局名	名稱	所屬局名	名稱	所屬局名	名稱	所屬局名	名稱
斗門	風安村	水步	宅安	水步	高屋村	五十圩	順安
	渼坑		吉水村		陳山村		福安
	葵山		吉安		翔龍里		塘田
	蜻蜓洲		吉和村		游魚里		勝平
	橫岩		合安圩		朝龍		璋背
	龍窩		西安里		朝龍里		崧村
	龍壇		同樂里		朝安里		龍安
	麒麟村		西盛里		路亭		龍最
	龜頭		杧興里		新塘	古井	山連洲
水步	八周		均安里		新安里		元堆
	大井尾		均和圩		新安村		升堂里
	大安里		村頭里		新盛村		百子社
	大洞村		宗安村		新霞村		冲口
	大安里		宗安里		塘晷村		村咀
	大塘		東昇		塘尾里		沙角
	大崗舊村		東盛里		順水村		林家巷
	三合村		東成		紫水村		東坑
	三家村		東成里		還龍里		茂生圍
	上蔘塘		東安		臘村里		馬不
	上棠村		東頭		瑞安鄉		蘇冲
	下沙坪		和樂里		榮安里		會龍里
	下蔘塘		和慶里		榮安村	白沙	大領里
	弓山		和興里		興隆		上葫里
	天獅坡		忠誠里		蓮安里		千秋里
	仁和里		松岡村		橫溪里		牛路里
	中沙平		長安里		新隆里		仁安里
	北閘		長塘里		蒜山村		田潮里
	永成里		長塘		永門里		田坑尾
	永和里		洞口		聯興里		平安里
	永安村		洞華里		樹下		吉安里
	永隆里		南勝里		嶺安		西和里
	永安里		南昌村		嶺安里		坑里
	永盛里		南安村		灌田新圩		沙領里
	永安		南陽村		龍田鄉		長龍里
	永寧		南樂村		龍塘		芳園里
	永慶里		南龍里		叢桂里		松山背
	永華里		南昌	五十圩	大興		坭樓里
	田心		南閘		永和		東村
	仙人石		南安		永寧		南興里
	平安里		廟邊村		仕基		南安里
	平葫里		巷口		正平		神前里
	石塘村		尚德坊		平安		擂管里
	舊村		洞庭		老村		蝦背
	西園里		洞口		吉安		闔防
	西享里		桂塘村		圳廠		陽和里
	西平		得勝里		花瓶		蒙頭
	竹圍村		帶山		東也彪		獲坑

52

江門分發局

不通郵地方							
所屬局名	名稱	所屬局名	名稱	所屬局名	名稱	所屬局名	名稱
白沙	龍口里	赤水	吊斗廟	那金市	坑口村	海晏	小担村
	雙和里		西園村		那洞		大茭荷
油底	冲陵		迴龍里		美安村		太平莊
	西頭		沙欄里		高頭嶺		太和里
	長安		茅坪里		清華里		天罡園
	南洋		泥塘		塘蝦		日明村
	海陽		東山村		塘盛村		五村
	鳳洋		東慶里		撲鷄山		井尾
	蓮塘		東興里		德興村		丹堂
	潮陽		長安里		福興村		白石
冲蔞	八家村		長塘村		獨樹坪		石閣
	大圩		平山廟		龍頭村		石榴坑
	天榮村		南溪里	海口	下崗村		白沙墩
	公候里		挟象		大庇豪村		冲尾
	江南		悅安里		平安村		西杜
	江北		悅宁里		平和村		吉浦村
	石城村		桃尾坪		北洋村		那琴
	安仁里		康華村		安慶村		尾角
	竹湖		揺管山		那洲村		東曰里
	吉安		清源里		金湖村		茅灣
	西坑		清和里		那眉村		那琟村
	沙坦市		清湖里		那章村		芙灣
	甫草洋		清溪里		河洲村		南洲鄉
	後隆村		綱地村		河略吅村		浿平村
	員山村		豪嶺里		奇洋村		桂山村
	烏石崗		黃百牛		和昌閣		爲美村
	桃花村		樟木湖		洋田村		高那脚
	朝中		朝溪里		洋洞村		產灣
	黃茅田		龍塘里		南昌村		爹園
	新圍村		龍圖村		南灣村		夏春埸
	磨刀水		龍崗		南安村		望頭
	橋頭村		灣弓里		東灣村		朝陽里
	龍池		鶴仔蔨		東寧里		横岡村
赤水	大朗	赤溪	大口廟	海口埠	美南村		新寨
	大昌村		大馬		馬頭村		寨仔
	大華坑		元山		端州村		鳳村
	大步頭村		水園		端陽村		澳村
	山蕉坑		冲金		積義村	都斛	復華村
	小坑		長沙		環洲村	棠下	小橋
	牛溪舊村		海龍灣		濤崗吅村		大要
	牛溪里		飛鵝		龍灣村		大田
	仁安里		隔田		龍竈村		大口井
	石禾村		楊梅		龍潮村		大嶺尾
	白木頭		獅崗		龍端村		水壯灣
	禾义坑		龍舟	海晏	三家村		北角
	禾廉坑		羅白坑		三崗鄉		北星
	尖崗	那金市	良村		三叠石		田頭

江門分發局

不通郵地方							
所屬局名	名稱	所屬局名	名稱	所屬局名	名稱	所屬局名	名稱
棠下	古今	雲浮	高峯園	腰古	興田	蜆崗圩	六斗里
	玉崗		替園		羅坤		仁厚里
	長邊		横崗		羅板		太和里
	昌隆		羅沙		鷂村		太和北
	岐山		羅斗崗	新榮市	仁安里		太和中
	岑村		龍泯根		水坑崗		太和西
	佛寧		茶洞		東來里		平安里
	長塘	腰古	七洞		東昇里		平溪里
	虎頭		十八坑		東盛里		北安里
	松園		大凹		淚波村		田角里
	厚岡		小東		翔龍里		白沙里
	巷口		下坑		龜塘里		白蟮龍
	南涌		大小云陽	蜆崗圩	人和里		本嶺村
	逕口		水南坑		上角村		向北里
	晉賢		水塘		上小佫仔		向明里
	茶園		布貫		上下安定		古屯里
	榛園		石馬		上櫟村		石板里
	唐復		平塘		上龍舟塘		石洞里
	屋頭坑		北川		上林村		石逕
	清溪		山背		上企嶺		石冲村
	珊溪		石頭地		大板橋		石井鵝村
	隔海		古籠		大樓里		西園里
	陸村		西川		大成里		西興里
	勒竹		江塝		大湖塘		西溪里
	椅山		坑毗		大漣村		西升里
	梅灣		赤嶺		大洞村		西勝里
	琶珍		沙罂		大亨村		西湖里
	塱棠		沙塘		大灣浦		西溪里
	莳溪		河稍		大洞盤		西江里
	聯台		廟毗		三家村		圳泊下村
	墩厚		村頭		三步水		老黃廠
	蓬社		東川		三派塘		老黎村
	鴻門		南川		山頂里		屯城街
	雙社		逕口		山仔村		圩潭里
	慈灣		眞竹		山前凹		沙湖廠
	龍灣		榮村		木龍丁		沙塘里
	篠澤		崖樓		水順里		沙崗里
	羅江		城村		水口里		赤脂石
雲浮	大木塘		都老		水井尾		良興里
	太源市		路心		水背里		岐陽里
	上顯里		碑頭		五味樹		坎田里
	色屋		新圍		牛欄崗		后龍村
	老君涌		新川		牛山背鄉		后離村
	岑崗鄉		替蓬		方田仔		老劉村仔
	周堂園		雙闕		水甕尾		坑尾
	逕口		董逕		中興里		沙溪里
	建村		橋頭坑		中和里		東勝里

31

54

江門分發局

不通郵地方							
所屬局名	名稱	所屬局名	名稱	所屬局名	名稱	所屬局名	名稱
蜆崗圩	東和里	蜆崗圩	祖宅塘	蜆崗圩	鳳東里	鶴山	仁和里
	東溪里		茶園里		鳳湘里		木里村
	東升里		高崗里		園邊村		木棉崗
	東成里		高好嶺		餘慶里		水坪
	東興里		望牛田		廣居里		月橋村
	忠興里		梨仔水		溈溪里		五鄉
	狗漕里		雁湖里		澄溪里		禾叉坑
	官冲村		添后里		蓮子里		玉堂里
	泗門村		深坑仔		蓬蓬里		古造
	那潭村		鳳安村		綱田里		四眼井
	東勝村		康樂村		橋仔頭村		永秀鄉
	和盛里		河帶里		橋木塘		平心
	和興里		硬步村		鵝山里		凹頭村
	和樂村		衆冲里		蓮洲里		田心村
	河灣里		黃坡厚		潮溪里		石九塘
	河安里		黃屋村		錦安里		竹林堂
	河字村		黃其塘		錦寶里		江頭
	長塘		黃泥湖		龍口里		西瓜地
	長安里		欽田里		龍盤里		石頭鄉
	長塘里		葉興里		龍溪里		安份村
	沙灣塘		蜆溪里		龍山里		吉村
	河南里		塘灣里		龍和里		竹葉鄉
	泥橋里		塘角里		龍灣里		良賽
	坪頭里		塘溪里		龍崗村		金鐘山
	松仔頭		新華里		龍成里		松咀村
	周坑		新溪里		龍心里		松崗
	信和里		新春里		龍護里		赤艸南坑
	春興里		新南里		龍疑里		那白鄉
	急水禮		新口龍		龍興里		那溪長岡
	狗牯龍		新成里		龍仔村		金鈫坑
	南興里		新安里		簡盛村		洗黃
	南和里		新屯村		舊藍田		來潮鄉
	南隆里		新盛里		藍田村		松下村
	南安里		翔慶里		蟠溪里		含木坑
	南勝里		楊柳滘		顧邊里		長興里
	南溪里		圍仔卤葫		馥桂里		長潭
	虾尾村		園山村	聖堂圩	牛皮塘		長崗邊
	虾洞村		渼河里		根竹頭		東坑鄉
	泉步里		福田里		梨園村		東坑
	廻龍里		落洞鄉		雁鵝村		均女
	茅朗里		德興里	鶴山	大凹		泮坑
	飛鵝里		旗升里		大合咀		南塘
	茅屋村		聯興里		大王坑		南安
	海陸村		聯登里		大山塘		思村
	海灣里		橫蒴村		上黃村		洞尾
	烏鴉村		橫崗里		下屋		蛇頭崗
	高樓村		橫山里		三洞		埋崗

31a

55

江門分發局

不通郵地方							
所屬局名	名稱	所屬局名	名稱	所屬局名	名稱	所屬局名	名稱
鶴山	會龍里						
	馬鞍凹						
	茅坪						
	高圳						
	高咀						
	桂坑						
	珠村						
	珠江						
	逢貴						
	連江						
	光華里						
	烏坑						
	堯溪						
	滮墊						
	倉盛坊						
	素溪						
	義學背						
	黃蛇坑						
	崗頭坪						
	魚山						
	股洞						
	隔水						
	寒村						
	霄鄉						
	鳳眉						
	樟坑尾						
	蓮潭						
	蓮塘						
	新田						
	黎屋						
	黎村						
	橫水鄉						
	龍田村						
	腸崗						
	鑒塘						
	獺山肚						
	欖頭山						
	藍田山						
	殿木坑						
	殿屋						
	藏龍鄉						
	豐塘里						

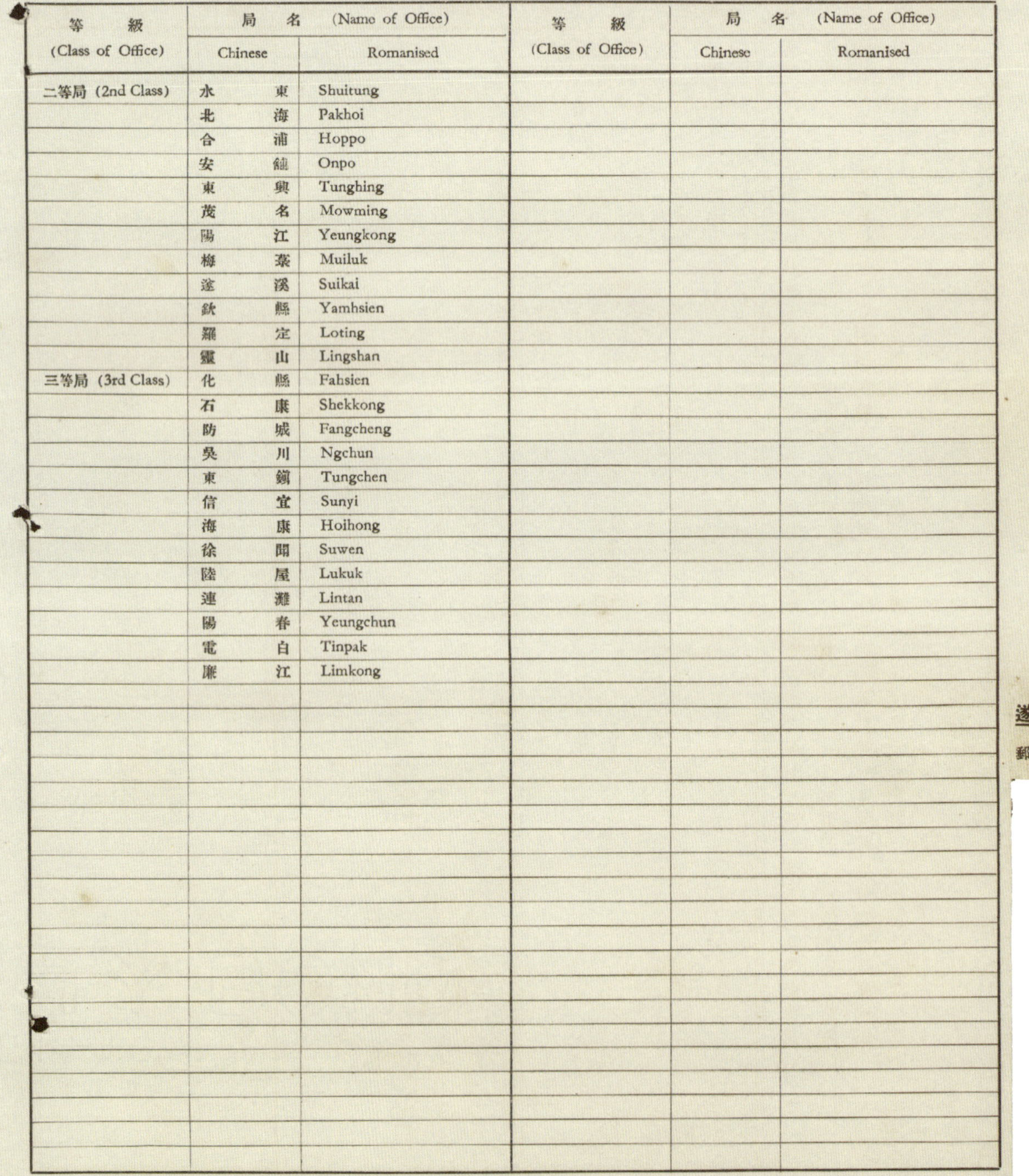

32

56

遂溪分發局
(Suikai Distributing Centre)

等級 (Class of Office)	局名 (Name of Office) Chinese	Romanised	等級 (Class of Office)	局名 (Name of Office) Chinese	Romanised
二等局 (2nd Class)	水東	Shuitung			
	北海	Pakhoi			
	合浦	Hoppo			
	安鋪	Onpo			
	東興	Tunghing			
	茂名	Mowming			
	陽江	Yeungkong			
	梅菉	Muiluk			
	遂溪	Suikai			
	欽縣	Yamhsien			
	羅定	Loting			
	靈山	Lingshan			
三等局 (3rd Class)	化縣	Fahsien			
	石康	Shekkong			
	防城	Fangcheng			
	吳川	Ngchun			
	東鎮	Tungchen			
	信宜	Sunyi			
	海康	Hoihong			
	徐聞	Suwen			
	陸屋	Lukuk			
	連灘	Lintan			
	陽春	Yeungchun			
	電白	Tinpak			
	廉江	Limkong			

遂溪 郵局

遂溪分發局

代辦所名稱						
七白	石塘圩	官牛	磜砂白石	總江口		
七逕	石嶺	官橋	常樂	總江西岸		
三乂	石門	武利	黃建	舊洲圩		
三甲	石鼓	板橋埠	黃泥灣	樂民		
三隆圩	北界	長岐	黃塘	調風		
三家店	北慣	長發	黃略	雙山		
大寨	北和	東山圩	黃嶺	雙捷		
大井	北塞	東平	黃屋屯	錦囊		
大滿	外羅	東岸	曹江	儒洞		
大寺	江坪	林塵	壺埇	錢排圩		
大牙	那良	林頭圩	船步	霞洞		
大路坡	那樓	金塘	莊洞	謝鷄		
大成圩	那麗	金鷄	博掉山	龍頭嶺		
大洋圩	那彭	金埇	博賀	龍門圩		
大灣圩	那霧	岡美圩	第八圩	濱江		
大埠	那龍圩	泗綸	程村	織簀		
上洋	合水圩	河口西	滑橋	羅平圩		
干塘	合山	洋菁	覃巴	羅鏡		
小江	合水圩西	南安	華封	鎭安市		
小董	尖江	南盛	犀牛脚	壞鄉		
山寮	尖山	南塘	貴子	潭斗		
山口	百濟圩	南興	乾江	寶圩		
寸金橋	百勞	南康	椰子	黨屋		
公館	企沙	城月	圍底	鰲頭西		
公館西	多蕉	客路市	閘利	灘散		
太平	羊角	陡門	閘坡	觀珠		
太平北	宗桂	英利	晉寶			
水平	安鋪	核圩	薯濮			
瓦韶	西場	茶亭	新洲圩			
中埇	西霸鄉	秧花	新安			
化州新圩	池埇	紅花	新圩西			
分界	沙坪西	根子	新洞			
平塘	沙塱	烏石港	塘壩			
平山	沙扒	烏家	雷高			
平吉圩	沙澆	馬水	楊梅			
平定	沙田	馬貴	犁山嶺			
平南	沙坡	馬踏	福成圩			
平睦	沙岡圩	馬崗東	福旺			
平岡	沙底圩	烟墩	嘉益圩			
平坦	里五	連界	潭板			
白石水	扶龍白石	連州街	潭水			
白沙西	谷饒	素龍	黎少口			
白石圩	兩家灘	陳洞	蓮塘新圩			
白村	良光	蛋場	蔴汕			
石角南	良垌	清平	蔴章			
石骨	沈塘	埠場	謝仔			
石埇	車板	笪橋	橫岡西			
石灣	芷芋	張黃	橫石			

34

遂溪分發局

~~59~~ 58

信櫃名稱						
八甲	竹山	唐家市	榕塥			
大榜	仲伏	草潭	菉荷			
大坡	仰塘	烏石圩	樂民			
大方	西圳	烏泥塘	橫茶			
大蓑	西岸	馬路	邁陳			
大王圩	圭岡	馬欄杆	雙獅口			
大路街	合江圩	桂山	橋頭圩			
大橋	合江	海安	舊州圩			
大帥坡	那超	粉電	龍山圩			
大龍	那思	黃竹	龍記			
大洞	那天	高嶺	頭港			
大直	那棱	荳坡	潙冠			
三拍圩	那勤	埠頭圩	爵山			
三合圩	那路圩	康宮圩	戴黃			
三山	安石圩	婆闈	禮埇			
上井圩	吉水鎮	望夫	羅浮			
上橋鄉	江洪港	莊洞	鎮腳			
久隆	角仰	博舖	耀康圩			
下蓑	里蓽	隆文圩	鹽田河西鄉			
下橋	曲界	街口坡	灘洞			
小豸	宋太	菁塘圩	緊頭			
小洞村	均圩	菉厚洞				
千官	近河圩	雲爐				
文龍鄉	車田浦頭	犂頭毗				
六碾	克撲	貴台				
太平店	沙灣	彭村				
天樓	沙蘭	逢洞				
卞三圩	扶隆	遵遙口				
斗塘	松柏	雷霖				
水口	東橋	愚公慶				
布蓬鄉	河頭	蘭塘				
古櫈	佛子圩	萬車				
平旺	金鷄塘	鳳塘				
平湖	圳昰圩	鳳凰				
平銀渡	長坡圩	替感				
白沙	長灘圩	替葛				
白鷄街	松竹	新圩				
白沙圩	函關	新坡				
白龍	界炮	新棠				
白土	茅針	新陂				
瓦窰村	茅嶺	鐵場				
北坡	茅坡	滑石				
北橋	鳳梢村	楊家				
田頭	南渡	楊拓鄉				
石康車站	紀家	楊柑				
石頭埠	帥堂	廣潭				
苧朧	洞利	廣平				
同慶	思理村	賴棱				

遂溪分發局

不通郵地方							
所屬局名	名稱	所屬局名	名稱	所屬局名	名稱	所屬局名	名稱
合浦	大廉	遂溪	悟神一鄉	欽縣	平銀鄉	欽縣	板下鄉
	大龍		悟神二鄉		平山鄉		板首鄉
	上廉		海山鄉		平心鄉		板中鄉
	白龍		荔枝園鄉		平塘鄉		板馬鄉
	白鶴江		陽長鄉		平安鄉		板平鄉
	永安		深垃鄉		平和鄉		孟埇鄉
	西成		博敬鄉		古例鄉		長榮鄉
	東成		埠頭鄉		石澗鄉		昇平鄉
茂名	白土		鹽倉鄉		石江鄉		武博鄉
	里廊		壆三鄉		甲洞鄉		建安鄉
	保安堡		新市鄉		北營鄉		金竹上鄉
	桂山		鹽灶鄉		白沙鄉		金竹下鄉
	墟田		墩民鄉		西坑鄉		圩埠鄉
	塘口		墩蓬鄉		西寮鄉		南蛇寮鄉
	楊坑		樂民鎮		西炮台鄉		南榮鄉
	謝村		調神鄉		竹根山鄉		洞利鄉
	龍塘		邁翁鄉		竹山鄉		保庄鄉
	儲良坡		雙村鄉		竹勝鄉		保安鄉
	鶴山		邁特鄉		寺前鄉		保合鄉
陽江	下堋村		豪郎鄉		寺後鄉		保良鄉
	白浦圩		錦盤鄉		寺左鄉		烏雷鄉
	南埠	欽縣	大灶鄉		寺中鄉		秦安鄉
	黃什圩		大埠		那笪鄉		秦和鄉
	塘坪圩		大欖		那底鄉		信用鄉
遂溪	山口鄉		大塘圩鄉		那沙鄉		清平鄉
	山內鄉		大營		那思鄉		清廉鄉
	下黎鄉		大山		那香鄉		清安鄉
	上郎鄉		下埠鄉		那彭鄉		純正鄉
	大潭鄉		三娘灣鄉		那石鄉		惠愛鄉
	北灶鄉		中屯		那白鄉		開明鄉
	北界鄉		中和		那利鄉		魚山鄉
	田西鄉		中間鄉		那爐鄉		犀牛脚東鄉
	曲陳鄉		上井		那稔鄉		犀牛脚西鄉
	江洪鎮		上治		那潭鄉		鹿耳環鄉
	西高鄉		小江		安全鄉		高橋麓鄉
	西坡鄉		水榕埇鄉		安富鄉		高風鄉
	后坑鄉		丹新鄉		安樂鄉		高涇鄉
	合成鄉		公安鄉		安睦鄉		高沙鄉
	安仔埠鄉		公平鄉		安農鄉		埠頭鄉
	吾良鄉		太平鄉		甘保鄉		船廠鄉
	松樹仔鄉		牛江鄉		老虎墻		荷木鄉
	周家一鄉		水東鄉		沙角鄉		黃坡后鄉
	周家二鄉		分界鄉		沙坡鄉		貴台鄉
	官華鄉		屯平鄉		沙尾鄉		普治鄉
	河頭鎮		屯江鄉		仁厚鄉		犂頭嘴鄉
	姑芋鄉		屯突鄉		青塘鄉		黎合江鄉
	昌輝洋鄉		平流鄉		板桂		智明鄉

遂溪分發局

不通郵地方							
所屬局名	名稱	所屬局名	名稱	所屬局名	名稱	所屬局名	名稱
欽縣	景福鄉	化縣	交竹圩	防城	西鄉	信宜	里村三甲
	維新鄉		交竹上鄉		伏波		新洞
	綏豐鄉		合江圩		安良		舊縣村
	綏清鄉		江湖圩		光波		龍都
	新建鄉		岐北鄉		沙港	海康	王排嶺
	新裳鄉		旺龍圩		赤沙		公平市
	新成鄉		和平圩		河洲鄉		企水港
	新圩鄉		東安圩		長山		花橋市
	福家下鄉		東埇鄉		東鎮		松竹市
	福成鄉		東勝鄉		東鄉		唐家市
	福家上鄉		坡尾鄉		崗中鄉	徐聞	下塘
	祿馬鄉		茅山鄉		美備		士秀湖
	義和鄉		城南鄉		紅沙		王家村
	義盛鄉		莞塘鄉		南鎮		小深井
	葵子鄉		華西鄉		南鄉		大井
	葵木鄉		華東鄉		城南		三篤塘
	廣隆鄉		塘崗鄉		茅嶺		下洋
	誠信鄉		鎮安圩		保平		牛欄
	關埇鄉	防城	大村鄉		埇崙		北潭
	鳳凰鄉		大橋鄉		埇茶		北海
	齊治鄉		大陶		雲約		水陸
	嶺脚鄉		小頭		貴明		天堂
	替標鄉		小峯		隘脚		石橋
	替闌鄉		三波		隆平		北橋
	龍門鄉		山西		愛耕台		仙湖村
	禮樂鄉		山口		滿尾		后橋
	顯平上鄉		下西		衛福		西坡
	顯平下鄉		中鄉		潭油		巡宮
	鷄墩頭鄉		四和		羅浮		陂塘
羅定	上馬村		北鄉		鎮平		后屯
	山心村		北鎮		欖埠		吳家村
	中伙村		白沙了	吳川	九龍塘		東塢司
	永坑村		充濮		三伯村		金竹村
	青銅村		永安		平定新村		南灣
	林桐村		北崙鄉		甘塘		馬龍
	秋風村		北基鄉		凌屋		前山
	廻龍村		那中鄉		莫村		魚埠
	相思村		那把鄉		廊屋村		梹榔場
	排埠村		那飄鄉		落水		高田
	替芳村		那旺鄉		麽屋涌		福田
化縣	三民鄉		那天	信宜	六馬村		隆興
	上郭鄉		那狠		平地村		新市
	中和鄉		企沙		況坑村		蔴芋
	北鎮鄉		江山		扶參		舊藤
	同慶圩		江雅		良科		潭家村
	同心上鄉		西鎮		東安里		螞蝗村
	同心下鄉		西湲		洪冠市		邁栽

遂溪分發局

61

不通郵地方							
所屬局名	名稱	所屬局名	名稱	所屬局名	名稱	所屬局名	名稱
徐聞	頭舖	電白	山後	電白	四方田	電白	沙垌
	戴黃		山下		北橋		門口
	龍塘		土地水		北海		里連
	邁覽		土南		石橋		求坑
陽春	八甲圩		山兜		白蕉		赤頭嶺
	山口圩		元嶺仔		平嵐		姊妹嶺
	三湖圩		五鳳樓		平藍		河仔
	石蓁圩		王垌		白石仔		長金
	石罌圩		牛角垌		矛屈		河垌
	石灣圩		方		甲唐湖		河塱舖
	那旦		中隆		打鐵水		東湖
	松柏圩		五什		甘坑		東云
	杭逕圩		六村		立水		東館
	河塘圩		水頭		白水		坡尾
	河墎圩		丹步		田圪		金錢坡
	河口		王村		田心		金村
	珢塘圩		元嶺		羊尾河		金竹
	茶園圩		牛厄嶺		四葛		長坡
	翁連圩		六岳		田頭		河頭
	潭簕圩		文峯		合江		河南
	輪水圩		五藍		羊村垌		長山
	龍門		王根仔		老虎角		林屋
	羅陽		文頭		西村		河口坎
	蟛灣新圩		牛欄		竹元		河坪
	麗洞		五支水		那台		莘夾塘
	雙滘圩		水蘇		那典		長灣
	灣口圩		王合		旭風		官垌
電白	大田墩		三步坎		竹山		坫岸
	大馬子		王子坪		那篌		坡子
	大路坡		王尼		阮子		河水平
	大橋河		石古灣		竹官		南海仔
	大登陂		石港		吉子		南昌
	大頭		石古塘		江水		紅花尾
	大塘		石寬		扭田		城尾河
	大水		石頭代		車頭		宮前
	大陂		石井		沙田坡		炭坑
	山兜仔		石逢		陀埇		姚村
	下溪		白廟		水頭堂		咸水
	下排		白子山		沙連		徑背
	上元		白沙		沙嘴		洋枚
	上海頭		目力		沙陂		前尤
	山田		甘子垌		角口		架炮
	下間		平瑚		阿角		客嵐
	山角		扒垌		汾山		珍珠元
	上角		北河		沙尾頭		秋塘
	山美		平山		佛塘		茅屈
	山前		禾塘坡		沙尾		屋地嶺

遂溪分發局

不通郵地方							
所屬局名	名稱	所屬局名	名稱	所屬局名	名稱	所屬局名	名稱
電白	香廠	電白	區村	廉江	沙剷		
	缸瓦窰		溫泉		長山		
	馬寮		萬山		武陵		
	馬踏		較塲		塘蓬		
	馬店		鹽灶		簕仔		
	烏泥田		獅子嶺				
	唐埇		塘村				
	荔枝山		新坡仔				
	草蓮埇		鹽井				
	海尾		塘背				
	蓮頭		塘尾				
	馬檻		塘面				
	海口		對河				
	海頭		葉村				
	海陵		榕水				
	馬塲埇		樂郊				
	夏藍		劏狗舖				
	烏石		蔴茂				
	茶山		黎屋埇				
	馬房		橫山				
	茶亭		樓閣				
	猪頭田		黎屋				
	高墊		橋頭				
	爹屋山		頭舖				
	鹿嶺		鴨母村				
	高州山		燕山				
	黄墉		燕子				
	閘河		嶺頭仔				
	深徑		龍湧				
	陽村		嶺門				
	將軍石		濕水				
	麻罩		龍眼根				
	高髓		龍骨田				
	高田		嶺夾				
	彭村		蟠坑				
	萬坑		廬湖				
	區屋		羅拉				
	港口		羅傘根				
	渡頭		蘆村				
	港海		鷄嶺				
	湖店		鷄子社				
	登樓	廉江	三合				
	湖塘		牛圩仔				
	朝鳴		石頭				
	隆基尾		吉水				
	焦林		太平店				
	湖村		草塘				

63 ~~64~~

前山分發局
(Tsinshan Distributing Centre)

等級 (Class of Office)	局名 (Name of Office)		等級 (Class of Office)	局名 (Name of Office)	
	Chinese	Romanised		Chinese	Romanised
二等局 (2nd Class)	小欖	Siulam			
	中山	Chungshan			
	平嵐	Pinglam			
	前山	Tsinshan			
三等局 (3rd Class)	下柵	Hachak			
	X中山港	Chungshankong			
	X沙溪	Shakai			
	欖邊	Lampin			
	南蓢	Namlong			
	灣仔	Wantsai			

X closed.

前山
郵

64

~~65~~

前山分發局

代辦所						
九洲基	岡背					
大環	板橋新村					
大嶺	泮沙					
大布	茅灣					
大杓	南村					
大界頭	南屏					
大涌	南大涌					
大嵐	南沙					
小欖	南頭					
土草蓢	罟步					
上柵	前隴					
山場	香洲					
中山鄉	恆美					
牛起灣	珊洲坑					
石門	神灣					
古鶴	神涌					
古宥	崖口					
古嶺	馬鞭埔					
平湖	海州					
白沙灣	浮圩					
白企	涌口					
白石東	涌邊					
北台	涌頭					
北山	陵岡					
北嶺	曹步					
外界涌	曹邊					
外塘墩	麻子東					
左步頭	深灣					
申明亭	港口					
申塘	張家邊					
江尾頭	會同					
吉大	渡頭村					
那洲	象角					
西椏	裏塘墩					
安塘	雍陌					
永厚環	翠微					
竹秀園	濠頭					
沙邊	樹涌					
李屋邊	鴉岡					
伯公沙	龍穴頭					
鴉巃	龍頭環					
攸福隆	龍聚環					
沾涌	谿角					
秀美園	關塘埔					
東岸	藜村					
東濠涌	鷄柏					
官塘	×灣仔					
青羌						

※民廿九年二月改為三等郵局

前山分發局

信		櫃				
一　　埒	銀　　坑					
大石兜	槎　　橋					
大鰲溪	蔴　　子					
大　　沙	横　　逕					
大興坊	齊　　東					
小瀝尾	寮　　後					
三　　溪	績　　廍					
上　　坑	横　　欄					
上　　涌	螺　　沙					
水塘頭	龍　　塘					
太平沙	龍　　環					
五拐東	瀝　　溪					
牛　　角	寶鴨山					
白　　石	鼇　　頭					
白　　廟	蘭　　埔					
四　　沙						
石　　井						
永　　碒						
同　　樂						
沙平下						
沙　　崗						
沙　　田						
坎　　下						
亨　　尾						
社　　背						
板尾園						
泗　　門						
金角環						
長沙圩						
長沙埔						
南　　山						
坦　　洲						
宜　　男						
宮　　花						
厚　　山						
格　　亨						
庫　　充						
造　　貝						
烏　　沙						
烏　　石						
高　　沙						
起鳳環						
陽春埔						
嵐　　霞						
婆　　石						
湖　　洲						
叠　　石						
稻　　涌						

40

66

前山分發局

不通郵地方						
三角塘						
大南坑						
土瓜嶺						
下陂頭						
下涌村						
下地鈎						
上塘						
上陂頭						
牛頭山						
五面埔						
正坑						
石塘						
石井排						
石礬橋						
石鼓壢						
田心						
竹林埔						
竹園						
灰爐頭						
安隆圍						
孖洲						
沙尾埔						
汾花水						
杉坑村						
河頭埔						
幸村						
官村						
林屋埔						
東椏						
柏葉林						
草坦						
馬溪						
葵塘下村						
黃竹朗						
蛛洲						
琪環						
紫馬嶺						
湖洲鄉						
韮菜塘						
新村						
蓢尾						
銀坑村						
蝦角						
龍塘						
雙龍						
觀音沙						
四沙						

41

~~68~~ 67

閩 侯 分 發 局
(Minhow Distributing Centre)

等 級 (Class of Office)	局 名 (Name of Office) Chinese	Romanised	等 級 (Class of Office)	局 名 (Name of Office) Chinese	Romanised
一等局 (1st Class)	閩 侯(福州)	Minhow (Foochow)	三等局 (3rd Class)	將 樂	Tsianglo
二等局 (2nd Class)	三 都 澳	Santuao		琯 頭	Kwantow
	永 安	Yungan		順 昌	Shunchang
	古 田	Kutien		鼓 山	Kushan, Fu.
	~~仙 遊~~	~~Sienyu~~ X		~~楓 亭~~	~~Fengting~~ X
	沙 縣	Shahsien		福 安	Fuan
	~~長 汀~~	~~Changting, Fu.~~ X △		福 鼎	Futing
	邵 武	Shaowu		閩 清	Mintsing
	建 陽	Kienyang, Fu.		閩 清 六 都	Mintsinglutu
	建 甌	Kienow		泰 寧	Taining
	南 平	Nanping, Fu.		寧 德	Ningteh
	洋 口	Yangkow, Fu.		寧 化	Ninghwa
	馬 尾	Mamoi		~~漁 溪~~	~~Yuki, E.~~ X
	浦 城	Pucheng		壽 寧	Showning
	~~莆 田~~	~~Putien, Fu.~~ X		樟 湖 板	Changhufan
	~~涵 江~~	~~Hankong~~ X		營 前	Yinchien
	~~福 清~~	~~Futsing~~ X		~~龍 田~~	~~Lungtien~~ X
	羅 星 塔	Pagoda		霞 浦	Siapu
三等局 (3rd Class)	下 道	Siatao		賽 岐	Saiki
	水 口	Shuikow, Fu.		~~瞻 陽~~	~~Chanyang~~ X
	水 吉	Shuiki		羅 源	Loyuan
	尤 溪	Yuki			
	永 泰	Yungtai, Fu.			
	~~平 潭~~	~~Pingtan, Fu.~~ X			
	平 湖 街	Pinghukieh			
	~~江 口~~	~~Kiangkow, Fu.~~ X			
	~~宏 路~~	~~Hunglu~~ X			
	長 樂	Diongloh			
	東 張	Tungchang			
	政 和	Chengho			
	松 溪	Sungki			
	明 溪	Mingki			
	尚 幹	Shangkan			
	建 寧	Kienning			
	南 雅	Nanya			
	南 嶼	Nansu			
	屏 南	Pingnan			
	亭 頭	Tingtow			
	~~海 口~~	~~Haikow~~ X			
	~~笏 石~~	~~Hushih~~ X			
	峽 陽	Siayang			
	連 江	Lienkong			
	連 城	Liencheng			
	~~高 山 市~~	~~Kaosanshih~~ X			
	崇 安	Chungan			

X Transferred to Tsinkiang 晉江
△ Lungki 龍溪 (D.C. Circular S.O. No. 135)

閩侯分發局

68 ~~69~~

代辦所

所屬局名	名稱	所屬局名	名稱	所屬局名	名稱	所屬局名	名稱
閩侯	仁南	古田	鳳浦	浦城	西鄉	永泰	梧桐尾
	石邊頭		横洋		柳家墩		嵩口
	台嶼		羅峯		深坑		葛嶺
	竹岐		鵠塘		富嶺	平潭	觀音澳
	后嶼	沙縣	杉口		臨江街	平湖街	長橋
	洪塘		高砂	莆田	企溪		高攀街
	柑蔗		夏茂		華亭	江口	江陰
	洋嶼		漁溪灣		楓葉塘		關帝坡
	徐家村	長汀	水口圩		龍橋		觀後
	桐口		古城		瀨溪	宏路	洋尾
	浦口		河田	涵江	九峯		磨石
	侯官市		童坊		三江口	長樂	古縣
	黄山		新橋鄉(西)		下柯		沙京
	陽岐		舘前		石庭村		金峯街
	新店		濯田		西天尾		梅花
	義序	邵武	大埠崗		冲沁		礑頭
	新洲		和坪		沁后		礑頭港
	鳳崗		李家園		林墩		鶴上
	螺洲		界首		南日島	政和	一區
	艫雷		拿口		埔尾		二區
	蘇坂		廊沙		梧塘		三區
三都	東冲		黄坑		碊頭	松溪	花橋
	飛灣	建陽	五夫		楓嶺		渭田鎮
永安	小陶		后山		黄石	明溪	梓口坊
	大湖		徐市(徐墩街)	福清	西亭		嵩溪
	西洋汎		麻沙		阮田	尚幹	坊口
	吉山		莒口		作坊		瑄口
	洪田		崇維		里美		波藍
	貢川		將口		松潭		青鋪
仙遊	大濟		彭墩		東田		屘嶼
	中岳		興田		溪頭		蘭鋪
	何嶺	建甌	吉陽		蕉嶺	建寧	安遠
	杉尾		房村街	羅星塔	君竹	南雅	上堡
	度尾		東遊	下道	大墰		小橋鎮
	柳坑		東峯塘		吉溪		玉山街
	柴橋頭		寢前		葫蘆山		房口村
	張宅		徐墩	水口	三都口		迪口
	蓋尾街		豐樂		谷口		陽澤
	溪口		黨城		黄田	南嶼	垚沙
	頓店	南平	王台		灣口		窗下
	榜頭		外岐	水吉	水湖	屏南	棠口
古田	七保		西岸		石陂街		漈頭
	大橋頭		青州		馬嵐	亭頭	國安
	西洋		爐下壩	尤溪	九都	海口	五龍
	局下	浦城	九牧		雍口		松下
	卓洋		下沙		新橋(東)		城頭
	常洋		仙陽	永泰	台口		蘇澳

閩侯分發局

代辦所							
所屬局名	名稱	所屬局名	名稱	所屬局名	名稱	所屬局名	名稱
篘石	平海	福安	穆洋	營前	長限		
	梯亭	福鼎	白琳		黄石		
	棣頭		沙埕	龍田	三山		
	塔林		拓洋		仁美		
	霞嶼		店頭		江鏡		
	雙髻山		前岐		杷店		
峽陽	大歷口		蓁嶼		南西亭		
	仁壽	閩清	小箬		港頭		
	洋墩		大湖		蘆下		
	嵐下		台埔	霞浦	三沙		
泰寧	朱口		白雲渡		牙城		
	梅口		白沙		沙洽		
連江	丹陽		金沙		溪南		
	東岱		墘面		鹽田		
	馬鼻		穆源	賽岐	白石		
	透堡	閩清六都	八都		甘棠		
連城	丈亭		十一都		溪柄		
	朋口		上寨街	瞻陽	赤礁		
	姑田		五都		沙埔		
	莒溪		五回取地		官下		
	務閣		六角				
高山市	玉瑤		坑頭				
	東漈		連埔				
	瑟江		橋頭				
	福新街	甯德	八都				
崇安	赤石街		甲竹				
	星邨		杉洋				
	嵐谷		洋中鄉				
	黄土		衙前街				
將樂	白蓮		霍童				
	高．灘		嶺南				
	萬安	甯化	中沙				
琯頭	小埕		水茜				
	長門		禾口				
	東岐		安樂				
	官嶺		泉上				
	琨琦		烏村				
順昌	大幹		清流				
	水口寨		曹坊				
	漠布		嵩口營				
楓亭	沙溪	漁溪	上逕				
	東溪		南城頭				
	滿尾	壽寧	斜灘				
福安	上白石		犀溪				
	社口	樟湖板	十四都				
	周墩	營前	白田				
	陽頭		赤嶼				

閩侯分發局

信櫃							
所屬局名	名稱	所屬局名	名稱	所屬局名	名稱	所屬局名	名稱
閩侯	十四門橋	仙遊	石牌兜	莆田	西許	永泰	埔埕
	上街		后埔		坑洋		塘前
	上墩		坑北		東坡		鱷鯉
	下道		洋尾		東陽	平潭	夯尾
	下洋		烏墩店		熙寧	平湖街	一保
	六鳳洲		馬舖		濤下		三保
	白茴		墻下		嶺下		黃柏口
	石步		梅塘		霞皋	江口	田頭
	江邊鄉		磨頭	涵江	下花		占宅
	沙堤		龍華		后郭		北郭
	坊兜	古田	上巃		林外		邦尾
	北園		下洋		拱橋		何厝
	都巡		巷頭坪		新港		南曹
	梁厝		程漈		新縣		塘邊
	高湖		溪邊		塘頭		嶺邊
	祥裏		舊鎮		漁湖溪	長樂	三溪
	亭頭	沙縣	水潮陽		澳柄		江田
	陳厝		琅口		橋兜		青橋
	城門		高橋		鎮前		岱邊
	浦廈	長汀	三洲	福清	西林中		首占
	浦口		太平橋		林中		珠湖
	浦頭		四都		前埔		漳港
	洲尾		南山墻		洋埔		龍門
	馮宅		鍾屋村		馬山		嶼頭
	盤嶼	邵武	朱坊		黃塘	政和	西津
	吳山		沿山街		瑤峯		東常市
	葛嶼		金坑		榕門霞		澄源
	新岐		陳家橋		蒼下口		鎮前
	乾元墩		鐵羅巷		蒼霞	松溪	大佈
	洲頭	建陽	白洋		溪前		官路下
	洋洽		坰墰		霞盛	明溪	岩前
	郭宅	建甌	小松		觀音埔	侖幹	尤梜
	綠家鄉		上屯	羅星塔	快安		宏嶼
	遠洋		屯中	下道	岳溪		枕峯
	橋頭店	南平	寶珠山	水口	大仁		洋下
	漈邊角	洋口	沙墩		時坪		峽南
	魁岐		麻溪		餘西		傅纂
	橫嶼		謝屯		茶關		輔翼
	橫江渡	浦城	山路下	永吉	舊墩		鳳港
	濂浦		水北	尤溪	廿八都	建寧	均口
	潘墩		羊溪尾		中仙		黑心
三都	鑑江		忠信		青溪	南嶼	江口
仙遊	大運		圳邊		馬坪	屏南	甘棠
	下浦頭		流樑		管前		甘漈下
	三般店		盤亭		際頭		忠洋
	三角埕		觀前	永泰	文藻		官壽兜
	古縣	莆田	斗山		赤錫		前塘

信櫃

71

43a

閩侯分發局

信							櫃
所屬局名	名稱	所屬局名	名稱	所屬局名	名稱	所屬局名	名稱
屏南	康裏	瑠頭	黃岐	閩清六都	井后		
	裏汾溪	順昌	元坑		店前		
	路下		石溪		傳墘		
	嶺下		蝬溪		林田		
海口	文峯	楓亭	園頭庄		洋頭街		
	星橋		滄溪		荼口秀環		
	柏渡		溪埔店		涼亭		
笏石	北高	福安	七步		普賢		
	沙堤		上潭頭		溪西		
	秀嶼		坂頭		塘邊		
	莆禧		坂中鄉		蓮宅		
	賢良港		坦洋		麗山頭		
	湄洲		溪東	甯德	七都		
峽陽	江汜		溪尾		鄒洋		
	漬溪		哺嶁		碗窰		
泰寧	大四市	福鼎	金沙溪		漳灣		
連江	大澳		店下	漁溪	棉亭		
	小澳		南鎮	壽寧	平溪		
	百勝		管洋		武曲		
	浦口		巽城		南陽		
	參浦		溪尾	樟湖板	十七都		
連城	山下		港島		南溪		
	文坊	閩清	二都		溪口		
	牛欄橋		大穆溪	霞浦	下滸		
	李家		大穆溪口		水潮		
	坎兜		大箬		崇儒		
	馬屋		下岐		硤門		
	蘆湖營		小園		長春		
	隔川		白洋		厚首		
高山市	中薛		可壠		漁洋		
	西江		后壠		關峽		
	北埕		杉村	賽岐	下潭頭		
	北溥		洋裏		柏洋		
	北嵩		夏爐		馬頭		
	和岐		雪峯	瞻陽	前薛		
	坑邊		祥溪口		後鄭		
崇安	大安		渡口	羅源	起步鄉		
	大漈		漈下				
	下梅		閩清口				
	公館		湖頭街				
	仙店		澳田				
	黃柏村		樟洋				
	黃蓮坑		穆溪口				
	城村		橋頭街				
	黎口		羅橋街				
將樂	南口	閩清六都	十字路				
	黃潭		土堡寨				

閩侯分發局

不通郵地方							
縣屬	名稱	縣屬	名稱	縣屬	名稱	縣屬	名稱
閩侯	三重村	閩侯	李園	閩侯	院前村	閩侯	溪坪裏
	上社村		赤橋		院籠鄉		落頭企
	上下崎		岐頭		後洋		溪裏
	上埔		岐東		後山		榕岸
	山尾		岐西		桂兜		葉洋(柑樜)
	下樓		汶陽頂		洋坂		溪下亭
	山頭墩		里尾		桂山		溪下
	大湖塘		村前		宦溪		溪頭
	小湖塘		汶洲		陳洋下		麂坑村
	下洲		杜塢		浮村		蒲嶺
	上洲		李田		陶洋		澗田
	山仔墻		杷坑		陳宅		滿洋
	山洋頂		李厝		唐舉		鄭洋下
	土溪		角裏		桐嶺		環嶼
	上塅		赤灣		桐溪		蓉厝
	山洋		東村		烟籠		壇下村
	乂洋		東山村		梁厝		貓頭山嶺下
	小洋		東頭村		陳庄		戰坂
	山后村		東埔園		過嵛村		磨裏
	下洋村		東埔頂		園墩村		燕琇
	下洲村		板橋村		崇福寺		嶺頭坪
	毛蟹嶺		佳湖村		高洋下		鵝洋
	尤鏡		金鈎環		黃闌		羅漢洋
	牛遠亭		炎山		遠洋頂		闌頭頂
	牛坑		到著		高何		鷓鴣坪
	丹山		青望坪		荷洋		鷺坡
	五竹		青洲		過嶺		羅洋
	古嶺村		青山尾		柳柄		潘洋
	古城鄉		青巷		高安		轉灣
	半山		美蠶		無量村		嶺下
	加元洲		長岐山		湖尾村		龍嶺
	白龍洲		長洋		堤井		樟嵐
	北風		岸山		湖前		謝坑
	北邊村		洋下村		朝龍洲		嶺頂
	北鳳鄉		城頭		嵐柄		壁頭
	石龍		厚山		超山		撕龍
	西邊村		洋下尾		富竹		爐岐
	廷坑		厚坂鄉		湖頭		嶺頭
	竹洲		柱山		湖裏		燕洋
	邦高逕		洋中厝		貴峯		鬐蜞洋
	池宅		保溪		港邊		龜岐
	后塘鄉		春廬坑		湖際	三都	二都
	后尾村		南陽		溪尾		三十六柚嶺
	安頭村		垢坂		溪墩鄉		石學裏
	江后村		洋坑		義井鄉		北壁
	池墘村		紅橋		葉洋(新店)		池澳
	后安		後門樓		新浦		赤岐

閩侯分發局

不通郵地方

縣屬	名稱	縣屬	名稱	縣屬	名稱	縣屬	名稱
三都	東洋	永安	余地	永安	瑤田	仙遊	西墘
	東關		坂頭		湍石		汾洋
	連洋		坑江		增田		坂頭尾
	梅溪		林田		福莊		赤厝裏
	筠竹坪		岸塘		墘頭		赤石
	蒲嶺		岩下		銀磜坑		內李
	嶺頭門		官坡		蔡家山		東井
	壁裏		東坑		嶺頭		油潭
	韓村		青石		樓前		東埔
	藍口村		青水池		鴨鵡壠		東門村
永安	小蠂		東坑		龍嶺		林井
	小坡口		林灣		劉坑		金沙
	小陶營		南山		麟原		埔巳頭
	小練		洪坑		樺山		後鄉
	下孟		後溪洋		嶺干		南埔
	下峽寨		洪沙口		羅家坪		洋中央
	下湖口		洪沙口上坂		魏坊		洋岸
	下慶		洪沙口下坂		羅家山		南溪
	上坪硤		洋池邊		羅坑頭		烏頭(杉尾)
	上湖口		南旺		貴湖洋		桂洋
	上甲		保林甲		漈頭		翁都
	上曹		洪坑		熱水口		烏頭(榜頭)
	上坂		蚌口		蔣坪		烏柄
	大坪(西洋汎)		栟櫚	仙遊	小力		草木頭
	大坪(貢川)		馬頭		大墻村		墻壠宮
	大池		桐林		上頭		頂坑(大濟)
	大陶口		埔頭		上梧		梭坑
	大練		馬嶺		下蔣		頂坑(孟尾街)
	火燒橋		陳坑(大湖)		王宮		頂古瀨
	元沙		陳坑(吉山)		牛度隴		梧店
	水東		馬斜		水濂		黃嶺
	水尾橋		高山		五湖		蛇嶺頭
	六月坂		黃村洋		仙坪壠		鳳頂
	生瘤		黃道嶺		后庄		富洋村
	石馬		張坑		白埕村		隔奧
	石峯		堅村		仙溪		湖裏
	牛溪		黃城		北山		象洋
	甲子窟		曹遠		白雲		雲居
	竹墩		曹坑		后坑		惠洋
	冲村		曹岩尾		仙山		彭塞
	西學		黃淡坑		正坑		萬福宮
	江坑		常順		小后林		溪頭
	汶州		程舍山		井亭		紫呢
	竹坑		莊頭橋		阮裏		新鄉
	坑底		楊坂		阮里		溪邊壠
	坑口		湯邊		圳口		澄坑宮
	坑尾		溪口		西苑		鄉莊

閩侯分發局

不通郵地方							
縣屬	名稱	縣屬	名稱	縣屬	名稱	縣屬	名稱
仙遊	潭頭	古田	鄉壩	長汀	下修坊	長汀	元坑
	臨水		楮嶺		三田背		中華洞
	寶坑		鳳凰亭		三湖哩		王磜
	路墘		鳳竹		大寒坊		石壁埔
	磨坑		福清		大路口		凹下
	嶺尾		新墘		大壩		半坑
	廣橋		墘頭		大潭		白葉坑
	嶺頂		樟上		上逕		石橋頭
	興東		潘厝前		下車		北山下
古田	一保過溪		廟后		下黄坑		白石
	二保過溪		龍亭		上黄坑		禾生坑
	三保過溪		藍兜		大埔		邛屋
	大王坑		羅家墩		山下園		石人坑
	大路	沙縣	大基口		山石頭		平布
	山邊井		中保土		下坑		平原山
	上坪		白杜（杉口）		口坊		石下
	五保過溪		白杜（高沙）		山坑口		石夾里
	五赤坑		古縣		大息山		白沙峇
	六保		竹山		小洋哩		田寮坑
	中坪		村頭		三坑口		丘坊
	中直		松地		山田		左白寺
	半間		坡頭		下坑		四坊坑
	安裏		官庄		小溪		石頭橋
	圳上		胡椒畔		上地		邛坊
	田頭裏		俞邦		上燕		半溪
	后山		洋坊		下頓		田源
	后林		茅坪		大坑		羊角溪
	后路		馬鋪		大坪		老口
	長嶺		黄砂口		大田湖		竹子凹
	東山		夏邦		下窯		朱溪
	東溪洋		梨樹下		上水口		朱溪源
	東實		新嶺		上村		池坊
	東面墘		新坡		大嵐頭		羊角
	東塔		發墩		天后宮		牟坊
	泮洋		管前		王家營		安仁
	芹石		儒之		井頭		羊古嶺
	直路		熱水地		中溜		圭田
	金鷄嶺		盧之		水東坊		朱坊
	炭洋		羅坑		水車山下		艮屋
	洋頭		龍江		牛嶺		池溪
	高岡亭		鎮頭		瓦子塘		江下
	陳梅洋	長汀	小連		王家上		車子角
	曹洋		上平地		王屋圩		李家記
	清水洋		九際絲		牛皮墩		車田寨
	裏都		上修坊		水頭		別哩
	淮溪		上東山		王坑		沙圳
	淋洋		小寒坊		牛腦屎		伯公嶺

76 75

閩侯分發局

不通郵地方

縣屬	名稱	縣屬	名稱	縣屬	名稱	縣屬	名稱
長汀	巫坊	長汀	南安圩	長汀	黃家庄	長汀	廖家坊
	宋坊		紅畲		曹坊		劉坑(童坊)
	李家坊		南山塘		紫林村		劉陳閣
	赤背凹		南堀		捲背堀		羅坊
	赤坑		胡屋寨		湖洋背		蕭屋頂
	沈坊		胡嶺		喃口		翠峯
	巫坑		胡坑埔		彭屋哩		劉坊哩
	杉坑		風化園		溫地坑		鴛鴦埔
	李湖		南坑口		隘門背		龍門
	李坑		思坊		湖嶺		鑼坑
	冷水井		南田		兜坑		銅鑼坪
	坡下		洋坑		童子壩		廖馬坪
	背塲		洋背		栽坊		劉屋井
	吳家坊		南田逕		彭屋		盧坑
	李坊		城溪		塘坑		龍頭坊
	長峯下		洋地		黃地		劉坑(濯日)
	長橋		洋黎壩		塘背		熱湯
	河西		梅子壩		塘角		橫田崗
	岩下		翁坑		溜岐		豐口
	長坪		根溪		溜下		潘屋
	松林源		逕背		楊梅山		劉屋坑
	岩背		逕溪		菜坊		嶺下(三洲)
	邱坑哩		陳坊堀		楊坊		熱坑
	官坑		烏石下		楊坑		謝屋(四都)
	長壩		馬坑		新畲		龍子隘
	林田		涂坊		葉屋嶺		蔡屋(南山壩)
	虎坑嶺		逕口		彭坊		賴坊
	長坑石		連屋崗		新店		盧地
	長坑		陳屋村		楊梅澳		謝屋(南山壩)
	長水壩		曹田上		經畲		嶺下(南山壩)
	青草湖		高地頭		蓮湖		饒河田
	長校		麻子嵩		劉坑		蔡屋(鍾屋村)
	河壩上		常木坑		藍屋地		賴屋
	河裏		第坪		蕉下		橋下
	泮坑		游坊		雙車崬		賴地
	坪埔		黃坑口		嚴坑	邵武	三坊
	周家堀		黃屋倉下		寨頭		三家斜
	河鋪		高塘		鄺坊堀		大白街
	官坑		許屋崬		饒下		小笛
	板寮		涵前		蔡坊		山前
	金井山		黃坭湖		劉屋坑		上樵
	長銘		烏石下		劉源		下嵐
	東山		高崗		舉人坪		山坊
	坪上		魚溪		鍾坊		分水
	官畲		曹屋		鍾家坊		中樵
	松嶺背		琉璃坑		羅李崇		毛竹菴
	長嶺下		黃田		蘆竹壩		王墩

閩侯分發局

不通郵地方							
縣屬	名稱	縣屬	名稱	縣屬	名稱	縣屬	名稱
邵武	甘富上	建陽	上洋（徐市）	建陽	大際	建陽	仙喜
	古山		上廠		大廳		白水
	石碧溪		上庄		大坪山		古亭
	朱家窠		上湖		小澣		田尾
	西山		上畲村		小拔		石牌峽
	江坊		上酔		小田		石朋
	圳下		上洋（彭墩）		小坑壠		石床村
	杷橋		上汀		山灣		石溪
	庄下		下溪源		山羊廚		外柯
	東保		下蘆嶺		三坑		外廊園
	金秋圳		下坪		中溪源		外支厝
	東路		下堡		五福源		玉蓮峯
	花橋		下外墩		毛坪		北槎
	神宿		下嵋坲		中外墩		北錢答
	高庄		下馬伏		中嵋坲		北岸
	茶源		下陳坲		中陳坲		北山
	洪源		下太平山		水南		北山龍廠
	梅里		下坑		天平窠		半坪
	洋塘		下庄		天王寺		汀溪壠
	窖溪口		下歷		屯上		汀溪
	埂頭		下湖		井坑		瓦溪
	黄竹樓		下洋		井水嶺		白樓窠
	黄嶺頭		下尾		水南		巨溪
	新甫		下酔		水北		台石
	暗家渡		下甌		水墩村		半利前
	棄坊		下汀		毛垄		石云壠
	磜下		下社		毛廠		半月山
建陽	七姑塘		下源仔		毛壠		左罿
	八角亭		上洋（白洋）		毛坪（徐市）		白地園
	丁玉崙		下社		五峯		古港
	丁厝（徐市）		下鷄		牛角壠		瓦廠
	丁墩村		下春		月半坑		石壁
	丁墩（徐市）		下沙地		中瑤村		北壢
	七輛車		大唏		水南		右罿
	十八垄		大澣		火燒橋		考亭
	七寶社		大樟		山屋		安將
	丁厝（彭墩）		大將		水嶺		江坑
	丁墩（彭墩）		大田		五陡		江厝
	上坪		大漈頭		井水		江墩村
	上溪源		大畲源		五里章		江源村
	上周屯		大闌街		中廠		江墑
	上蘆嶺		大平廠		井歷		扛慶
	上嵋		大源		孔山墺		后坪崙
	上外		大廠		中罿		后塘
	上黄		大王山		古長源		后歷
	上馬		大王廟		左杉林		向源
	上漈		大白		白樓舖		向田

閩侯分發

不通郵地方							
縣屬	名稱	縣屬	名稱	縣屬	名稱	縣屬	名稱
建陽	向坑	建陽	作陪	建陽	官源壠	建陽	洋墩
	冲源		赤山		油中窠		洋塘
	西山		村尾		板樓		南山下
	西歷		吳墩(将口)		東坑村		南槎
	西山仔		旱布		阜山		南村
	西坑		呂厝		店仔下		南窠廠
	安墩		李厝		社州村		南溪
	地嶺		底曹		金盤		南橋下
	地上		底溪後		板山下		南山村
	圳頭		岩下		東源		南漈廠
	寺前		同窑		長坪		南瑤村
	寺坑		東山		河墻		南坑廠
	朱溪村		官田		官地下		架源
	交溪(廊沙)		官源墩		舍福庵		姚嶺
	交溪(莒口)		東厝		岩山		柯仔坆
	江墻		峇頭		固縣		亭村
	竹洲		荐前		松柏埂		後灣
	江坊		店下		周墩		香爐墶
	竹園州		底廊園		社尾		巷嫈
	竹墻下		底柯		埽下		紅尾
	后園		底吳		松源		柯嶺
	西岸		底山		林頭		姜嶺后
	后畲		底支厝		東澤		胡家廠
	外范		虎仔嶺		周墩		周墩
	后山底		岩下廠		林後		紅水坑
	后田		京源		周厝		狐狸灣
	虫下霓山		官坑廠		狗頭店		秋竹窠
	吳墩		佩源		官田		卷橋
	呂墩頭		東歷		岸口		度塔仔
	均源(徐市)		東坑		社尾		徐墩街
	赤泥塢		東漈		東田		徐歷窠
	周屯		東乖下		松路		重歷
	均源		東歷村		金山下		界首
	赤竹坑		岩后		後際		南山
	谷塘科		岩前		洪尾		城村
	谷洒坪		岩仔下		爬嶺頭		南壢
	李厝		林墩		茅廠		胡家范
	李歷村		坪州		胡頭		洋尾
	均墩		長湍		松仔林		范墩
	吳墩嶺		長坑		松岸		胡竹棟
	吳厝窠		長埽		杭橋		紅頭林
	佛堂下		狗面林		長源		南林
	杉路		杭坑		柯埽		洋田
	杉歷		埽洒坑		洋里額		底范
	車盤嶺		花園嶺		洋山廠		南坑
	杜潭		松坑		洋坑		垌壇
	呂屯鄉		松溪墩		洋山		洋墩

47

78 ~~79~~

閩侯分發局

不通郵地方							
縣屬	名稱	縣屬	名稱	縣屬	名稱	縣屬	名稱
建陽	南山下	建陽	峯漈	建陽	貴溪	建陽	黃坋
	南台		登窰		馮墩		溪仔邊
	破石		國畬		華家山		棬源嶺
	范墩		張坑		華溪		腰峽
	旁唏		黃墩		渭州		塘邊
	通源		黃田埂		渭村		楊香村
	范墩坪		黃墩頭		貴口		濱頭
	旁村		黃墘		巽州		福星廠
	徐墩		黃坋		傅屯		福門寺
	范源		庵口		溪尾		葛墩
	翁墻		張源		雷墩		葛塢林
	桃花岑		荷源		溪口		鄭墩
	倉前		扇虎仔		新塘		蓋溪
	陳墩		蓋口村		源頭仔		葛墩（徐市）
	梁坑		涼傘岩		後畬		葛畬
	袁厝林		野猪窠		路下		葛溪
	翁婆井		梘頭		塘尾		葛埗
	范墩		添湖坪		宸前		窰門處
	宸前		陳墩		葫蘆山		鳳尾坑
	徐山坪		栗窠		新屯		鄭墩（徐市）
	高山		黃坑		溪葛		熊墩
	烏龍源		黃墩		溪仔邊		廣賢
	秦源		黃墩村		新廠仔		塢壠
	翁墩		黃沙溪		溪尾		旗纛項
	唐科		源頭		楊后廠		墩頭
	高山菴		黃栢祥		溪邊		鄧厝
	高雪		庵仔窠		塘頭		蔡墩
	茶埗街		黃歷		塢沙壠		劉墩
	拿坑		黃嶺		虞厝		橫街
	埂上村		黃口		篋源		橫山前
	徐墩村		栗窠		壕門下		澄溪
	書坊		黃南村		篋口		潮灘
	馬鞍山		黃泥山		虞墩		黎源
	高東村		章布		畬布村		環溪
	茶坪橋		庵前		新溪		蔡埗
	高山村		黃坑		新歷		樟坪
	陳源都		晚墫鄉		塘頭		蔡墩
	陳墩		張墩		溪源		蘋埗廠
	陳坑崙		張屯		溪元		橫塘下
	留田		張源（將口）		酹口		橫坑廠
	梁墩		張源（彭墩）		溪州		橫墉村
	陳家坪		曹峯		渡頭		橫坑
	陳屯		張墻		虞墩		橫埂頭
	高門		黃畬		新嶺		橫嶺村
	連墩（彭墩）		樓山下		塘旁前		墩頭（莒口）
	頂埗		游歷窠		新厝		蔡墩（崇維）
	連墩（白洋）		華陽廠		裏簷		橫坊

閩侯分發局

不通郵地方							
縣屬	名稱	縣屬	名稱	縣屬	名稱	縣屬	名稱
建陽	塆埽	建陽	蘇墩村	建甌	芳牌下	建甌	蓮花
	壢圩		壠漈下		東溪		鳳山
	橫源畲		饒歷		東集		穆墩
	橋後		岩嶺		坤口		橫山
	橋亭		壋下		林墩		橋頭
	錢塘		鶯嶺		金盤		歷口
	磨石盎		觀音橋		金厝		靛溪
	雙龜廠		衢村		長汀鋪		謝屯
	壚塢村		蕭厝		東長		嶺下
	雙井村		靈鳳		東源		嶺根
	舊圩村		灣尾		定高		黨口
	甌頭		爐上		板源		蘭歷
	燕仔洞		觀音源		油穆推		篠村
	雙門	建甌	七道橋		東培		木西林
	興賢巷		九石		客涂	南平	九晶
	謝源		大夫村		南嶺		上樓
	龍源		大房		亭坑		上庄
	嶺頭		下屯		南山		上馬石
	龍井坑		川石		渭溪		上地
	濠墩		大園		馮墩窠		九坍橋
	濠溪		上源		馬安		上洋坑
	篠嶺下		山邊		埂尾		下元
	辦源村		下碓		埂頭		下地
	嶺頭(徐市)		大廟		馬鋪		下洋坑
	嶺下(徐市)		上元		陳田		大柳源
	嶺埠		中村		桂尾		小平岩
	嶺根牆		尤墩		崙山		山尾
	魏墩村		水北		黃旁		山方
	嶺源		井岐		常州		山后
	嶺頭(彭墩)		五石		梨山		大簩
	嶺下(彭墩)		石被		黃屯		中坪
	聶家堡		白王溪		雲頭		王壋
	藏落村		圭歷		湖頭		井窠
	羅家坮		后山		雲山		水尾
	羅厝山		江坑		掌文		元圩
	羅渼井		西溪		溪口		禾村
	藍春		同源		溪東		平洋
	殿厝		西培		楊培林		西岩
	櫻桃坑		竹嵐		際下		后坪
	蘆叢岐		后洋		源頭		交湖
	鷄公石		吳歷頭		葉墩		坂后
	蘆林		吳大源		楊墩		村頭
	蘆下		赤山		溪口(上屯)		沙溪口
	饅頭山		庄頭		滴下		宋坍
	蕭墩		李園		鄧墩		吳坑
	蘆墘		官墩		塆墩		谷坑
	饒厝		岩北山		際墩		吳坍

閩侯分發局

不通郵地方							
縣屬	名稱	縣屬	名稱	縣屬	名稱	縣屬	名稱
南平	和村	浦城	大路滘	浦城	黃碧洋	莆田	上院
	長建		小溪		廟灣		土坂
	金水橋		上同		黃栢		大汾
	金沙		山路下		浮流溪		大湖
	前坪		大庄		浦潭		下宇
	坑尾		大洲		黃栢山圩		下坂
	院口		太平山		曹村		下尾
	洪溪		牛嶺		高路		下墻
	哈湖		白馬亭		流源		下墩
	姜口		古溪		渭潭		下塞
	南庄		圳邊		富湖		下鎮
	前村		古樓		棠嶺		下壠
	科甲		西坑		楮林		下埭
	埕沙		朱溪		渡頭		下秋蘆
	馬舖		后塘		登俊		下渠頭橋
	峯坪		西源		游村		土地厝
	峽頭		地厝		楓樹下		山步
	高埠頭		竹箭凹		楓嶺		下埔
	馬腰		后洋		楡桑		下店
	笏尾		西堀		瑞潭		下莒溪
	班竹岐		吳墩(九牧)		葉村		山門(華亭)
	赓甲		秀里		場鐵		山尾
	電光廠		村頭		源頭		上青龍
	麻州		車嶺下		源尾		下溪
	莒坑		佈墩		溪南		下宅
	榜溪廠		吳墩(水北)		畫牆頭		下青龍
	硬尾		花家地		殿基		山門(楓葉塘)
	焦坑		宗嶺		蓮塘坂		下鄭
	溪後		風溪		葛藤隘		山利
	新坑		官庄		寨下		山仔
	裏圩		花橋		蓬尾		下在
	溪頭嶺		東坑橋		際嶺		下社
	發竹		東湖		樟墩		下尾
	碗廠		東墩		賽寶山庄		下壠
	菅前		官田		盤員		下里洋
	澄江樓		花墩		錦城		下坪洋
	鄧埒		前洋(富嶺)		橋亭(臨江街)		山崙
	羅埒		洋頭		橋亭(水北)		內坪洋
洋口	白沙邊		前洋(臨江)		擔溪		五云
	竹篙嶺		洋源		羅墩		水度
	吳墻仔		陳源		黨溪		月山
	黃坑頭		馬嶺		蕭墩		云峯
	黃大坑		盆亭	莆田	七星		內東坪
	羅金山		桑田		八卦壬		古公
浦城	九里		祝家市		八鋪嶺		汀洋
	二十里村		陳元		八十畝		外坪洋
	王二口		埕坑		丁宅		白路

閩侯分發局

縣屬	名稱	縣屬	名稱	縣屬	名稱	縣屬	名稱
不通郵地方							
莆田	白石港	莆田	東墩	莆田	洋西	涵江	下宵
	后坑		坪洋		雲峯		下墩
	四步嶺		虎甲坪		湖里		下鄭
	北磨		油潽		湖頭(華亭)		山裏
	古山		青湖		園頭		下板
	北墘		坪宮		過溪		下柯
	正下		東西會		湯亭		山里
	外東坪		南京頭		賀頭		上七境
	外坑		前坪		湖頭(瀨溪)		下七境
	后壠		苦溪		潽頭		下登
	后楓		洋地角		新店		下科
	后亭		俞潭		萬板		大度下
	西洪		前柳		楓庄		大所
	西亭		前埔		新厝山		大洋
	西港		南乾		照車		上茅
	西埔		南埔		路口		上俞
	江邊		宮利		澄川		下埭
	后塘坂		院豆		樟林		牛楺
	西山		柳園		樓下		水流利
	西湖		苦竹		鄭灶		五龍
	圳頭		洋坪		舖前		斗南
	后溪		洋中		澗口		冬角
	后楓村		南庄		樓店		可塘
	交頭		後角		賴厝		石頭盂
	交尾		南門		鄭當		白沙洋
	西坪		洋坑		嶼上		田厝
	西板		埔邊		壁院		白沙
	西埔		南埕		謝厝		白塘洋尾
	企石		長岐		霞口		西劉
	交溪		高云		霞亭		宅兜
	百者秀		莒溪		韓墹		后卓
	后塘		草鞋墩		嶺頂		圳下
	后坑(瀨溪)		厝柄		雙溪口		后亭
	西許		陳橋		嶺頭		后黃
	岐山		埔頭		鵝頭		西洪
	吳江		馬壠		寶雀		江東(林墩)
	走馬亭		馬口		鐵灶		江東(橋兜)
	尾營		梧杯池		顯應		江西
	利車		崙坪		闞西		岐頭
	吳嶺		頂垞		嚴前		何寨
	赤連坑		黃龍		寶雀洋		孝戶
	沙裏		崙平(華亭)		闞頭		板仔
	李厝		淡井		隴西		林板
	利洋		頂卓		黨城		東蔡
	東埔		黃后厝		盧宅		東黃
	法濟		頂坑	涵江	下林		東張
	長豐		頂甲		山兜		林泉

49

閩侯分發局

不通郵地方

縣屬	名稱	縣屬	名稱	縣屬	名稱	縣屬	名稱
涵江	東花	涵江	常泰里	福清	土山邊	福清	馬厝
	金山		象山舖		大當		埔尾
	岩下		渭庄		下界洋		草厝
	卓浦		黄花嶼		下界嶺		猪仔裏
	泗州		度邊宮		三角厝		祥豐
	金墩(下柯)		鄒陳徐		下樓		墻頭
	東沙		溪安		水裏		梨庄
	東汾		溪口		王店亭		黄典
	東角		瑤台		方厝		琅岐
	東埭		鄒曾徐		五里橋		棠干
	東坡徐		滯邊		水壂樓		頂頭
	金沙		塘邊		文中洋		產前
	周墩		遮浜		水潤		搖藍
	東墩		澄峯		石井		園中
	泗洋		遮琅		北山		嵐峯
	東鎮臨		廣宮		平頭頂		隆中
	岱埕		廣業		白露		園中(里美)
	金墩(移頭)		廣鄉		阡陣		勞洋
	後董		墓兜		古路		雲洞
	後埕		劉庄		四株棙		溪下
	後方		劉頭		北樓		溪嶺下
	郊上		鄭庄		坑頭		聖王樓
	界下		鳳林		李厝尾		腰帶
	澗湖		霞溪(新縣)		貝掩		新厝
	俞里		霞江頭		油藍		臺嶺頂
	洋中尖		霞溪(澳柄)		東園底		滿嶘
	洪塘		龍官		東樓		墓亭
	度邊		蘇厝		油杭		廣藍
	保頭		魏塘		官秀		頭岐
	苦脚坪		鐵灶		東山		潘厝後
	後亭		鰲狗		虎頭山		嶺下
	南埕	福清	小南洋		虎桐抗		嶼邊
	梁厝		上樓仔		南洋		橫店
	海濱		上塘邊		南山頂		寶橋
	浮斗		下塘邊		前山		嶺格
	馬洋		大評當		洋尾坪		蘆山
	海邊		上丁		洋門嶺		蘆院
	清敢		上后山		前塘		嶺口
	清江(九峯)		下丁		洋墩厝	羅星塔	一嵛
	梧墩		下田		前洋(洋埔)		王土籠
	遊墩		下后山		洋只		牛角
	頂墩		土山尾		南樓		牛婁
	游橋頭		土邊		前洋(蒼下口)		火頭簍
	梧梓		上店		馬山營		牛山(君竹)
	黄巷		大坪		烏中		古青獅
	清江(黄石)		上官		桃洋		石猶
	荻蘆溪		下蔡		馬台		牛山(快安)

84 83

49a

閩侯分發局

不通郵地方							
縣屬	名稱	縣屬	名稱	縣屬	名稱	縣屬	名稱
羅星塔	牛溪當	水口	田溪洋	水吉	上陳溪	水吉	南山下
	竹高潭		竹園		下葉村		洪山村
	狀元墓		交潤		下蕭村		馬坑鄉
	青坑裏		安寧		大源		祝中村
	長籠		汶洋		下庄		峽頭村
	虎崙		村頭		下源村		案山下
	苔嶺		岐坑		下塘仔		高道元
	秋風		岐頭		小串鄉		烏元鄉
	紅石仔		李白山		尹宅村		徐墩
	羌黃崙		虎瀏		井後村		高東坑
	直珠潭		金鍾潭		水歷元		張元頭
	茶陽		官洋		月塙村		連甌
	蕑爐坑		長胎		元上		高宅村
	彭田(君竹)		武山		毛墘村		徐村
	彭田(快安)		官山		文源村		連墩村
	黃土洞		香山鄉		井后鄉		塅尾
	溪尾		柳堤		北坑		排后黃
	慢下嶺		後坪		白洋村		船漈村
	劉梯企		省洋		左村下		梨嶺下
	雙龍墓		前村		白洋鄉		貴源
下道	大坑		峨洋		池墩		彭元
	大嶺尾		馬洋		竹甲市		渡船頭
	山后		高州		后塘鄉		黃泥塙
	后洋		彩堤		后山鄉		登基頭
	后龍仔		馬坑		后道串		黃坑村
	村尾		馬池		后井鄉		渡頭村
	坑口		梧桐坪		羽林		象口鄉
	店口		清水坑		冲村鄉		塘樓村
	東門		棠元山		寺下村		溪東村
	金沙		湯湖		朱長窰		源頭村
	南山		溫潭		竹下村		葦中
	保福		湯下街		佈墩村		葦略
	梅林		針宅		赤嶺		葉村鄉
	節竹		湯兜		余墩		碓下
	橋尾		溫湯		坪川村		溪頭
	潆頭		黎坑		岐山前		黃墩
水口	上嶮峽		潮漁		村頭		塘源村
	下嶮峽		蒼裏洋		東魯村		溪尾
	下雙坑		橫坑		法源		源尾村
	九龍		寨兜		油樟頭		萬墹村
	上埔		嶺尾鄉		邱源鄉		蓮花巖
	上碓塘		餘東		前山林		碗廠村
	山頭	水吉	大歷塙		後塘村		蓋竹
	下坂		大湖村		南嶺		嗎前
	下前洋		大湖乖		廻龍村		諸州街
	牛骨山		大牆鄉		南坑村		漳源村
	四保		山后村		南岸村		箬村

50

84

85

閩侯分發局

不通郵地方							
縣屬	名稱	縣屬	名稱	縣屬	名稱	縣屬	名稱
水吉	鄉中	永泰	北岸	平潭	北厝村	平湖街	廿一都洋中
	鄉墩		伏口		田美村		元裏
	澄埠鄉		村頭		后旺久村		王厝前
	蔣溪口		坂頭		后樓村		升堂
	澄源村		赤鯉		任厝村		玉源店
	碇中村		村下		吉釣村		玉庫
	甕乘塔		金沙		沙䑋村		包厝裏
	舊館鄉		東新		門前坑村		牛圳
	鴻庇村		埏濱		君山頂村		平沙
	嶺下		長慶		庄上村		后洋
	樓下		東坡		東海村		后峙
	橋亭		隹埕		東坑村		西溪
	龍根		春洋		東庠村		西峯
	濠村		芹洋		東限洋村		后井
	羅坪村		陳埔		東塹村		后墘
	蕭中村		淡䌷		長江村		后岩
	嚴里村		莒口		美樓村		后唐
	嚴頭村		湯埕		南謝村		門裏
尤溪	一都		賚英		南澳仔村		坑墘
	七都		蒲邊		院前村		沙洲尾
	八都		新南		鬼仔山村		利洋
	十二都		蓮坑		桃花寨村		官洲
	十八都		翠雲		娘宮村		東溪
	廿五都		鄭洋		漁塘村		周家山
	廿六都		瀨下		鄧前村		板頂
	廿七都		輔弼		跨海村		林樟
	廿九都		盤谷		潭角底村		杭下
	五都		龍嶼		瀋庇村		奇壠
永泰	下溪口		麟陽		霧裏村		林前裏
	大浦		官路		韓厝寮村		岑洋
	上洋		后縣	平湖街	上壕		炎墩
	九老坂	平潭	山利村		下墩裏		南洋
	三洋		山顯美村		山墘厝		紅山崗
	大樟		大苑村		上大牌		前洋
	大洋		大南坑村		下大牌		洪厝井
	下白		大富村		山頭頂		前院
	廿都		大墩村		三斗墘		前院後
	牛埕		大厝村		下周		保恩
	云嶺		小灣村		下潆		院坪
	石膛頭		六秀村		上坪		柏源
	石圳		化溪村		上墘		洋尾
	甲洋		斗垣村		上牛山		後板
	石壁		天山美村		下牛山		後梨
	石牌		白嵐嶺		下甲		桐溪
	玉錫		石頭樓村		大埔		倉頭
	白葉		北洋村		廿一都溪壠		唐宦
	石竹		北樓村		廿一都下洋		桃洲板

閩侯分發局

不通郵地方

縣屬	名稱	縣屬	名稱	縣屬	名稱	縣屬	名稱
平湖街	梅洋	江口	下宵	宏路	溪底	長樂	東渡
	桃州		后俞		溪頭		青山下
	高溪		后方		樓仔頂		東山
	遠坵		后郡		樓后		官路邊
	過溪		北頭嶺	長樂	二劉		阜山村
	崎下洋		官庄		大坪		東村陳
	過壠		東林		上舍		青岐村
	張地		杭霞前		下村		松下
	常具		莊前		上田官		長林
	湖邊		洪里		下江王		岱嶺
	逢才		南壇		大宏村		板中
	富逢		梨江		小嶼		東倉
	裏坪		宗厝		五都		洋下
	喬浚		塘頭		井門		厚地村
	程厝裏		溪頭		六林		厚村
	雲梯		鳳跡		文庄村		厚塘
	黃家壞		嶼樵		王店		前後葉
	搭坮		樟洋		文庄		南厝
	暘谷		嶺下		文石村		冥山嶺
	溪坪		嶺兜		石港		前陳村
	溪坂	宏路	三角井		石門		首占村
	新厝下		大埔		北湖路		厚福
	祿地		下施		北桃坑		厚福林
	新厝洋		下張		石馬		祈山村
	慈雲		下角		玉井		姚甘村
	嵩洲		文洞		仙富村		前岱山
	淙下		北樓		仙山林		洋頭
	槐林		北郭		冬卓		流水
	銀坑		石仔磊		石馬		馬台
	鳳埔		北池		白頭		海塘下
	鳳冲		北張		仙岐		連增村
	梟兜		可溪		西港		樑邊山
	福全		安邊		竹田		崑石
	際頭		西番		交南村		洞湖
	鄭居板		西宵		宏元村		流舉王
	劉厝裏		竹芝下		西卓村		流舉陳
	橫洋		何代洋		西洋		祠堂前
	橫坑		東慶		寺下		壖壖
	嶺尾		東連厝		西湖		陳墩頭
	嶺漢		松梟		西邱		梅庄
	藍溪		金井		尾上店		曹朱
	藍尾		南門井		岐頭		漳滿
	鎮東		南劉		杏園裏		湖南
	羅洋		南樓		吳岩村		雁塘
	蘇墩		前張		宏嶺		馮朱堤
	鑾壠		馬厝		吟下		程朱村
江口	下壠		野竹坑		汶上		湖頭村

51

閩侯分發局

不通郵地方

縣屬	名稱	縣屬	名稱	縣屬	名稱	縣屬	名稱
長樂	登賢村	東張	山仔	東張	南山埔	東張	深溪底
	港口村		三面橋		南虎頂	政和	東楓
	湖邊村		孔多厝		南湖頭		邵屯
	堪湖裏		化甲頂		洋中厝		魏屯
	港口		牛屎巷		前洋		護田
	楊珠		王坑		馬厝	松溪	八十壠
	湖山		王厝埔		浮山		九逢
	路頂		大城		風頭		八光
	塘下村		水井		風兜		八角橋
	新營村		月堂		倒橋		大佈
	萬良村		井頭		馬齒通		大南山
	雲路江		石竹寺		眞武殿		大嶺頭
	雲路陳		石牌		過洋		上花岩
	華源		石坑		過溪		上山根
	感恩縣		石馬頭		過山		上爐
	碧嶺村		石厝		華厝		上株坑
	種桑村		牛墹		茶仔竺		下船坑
	新宅		北山頂		草埔墘		下段
	溪上		牛嶺		黃崙		下花岩
	碧嶺		四角底		湯厝		下洋
	澤里		石虎		野芝		下山根
	盤上		玉田		梨洋		下畲
	鮑朱		白豸寺		莊厝		小町
	鄭華		后埔		頂瑤		山頭崙
	橋頭鄭		后壠		溪底		山合
	環山		后華		溪北		下羊(花橋)
	嶺沙		永泰縣一都		溪西		下店
	嶺前		交底		溪埔厝		大布
	鳳井村		竹坑		詹厝		大溪尾
	寨宅村		江窰埔		萬園		山頭
	觀音村		里坪		劉閣		山鎮
東張	七柱厝		里園底		劉土		山宗
	十八王		東門		園尾		上塘
	九畝		東林		墩頭		上東邊
	山坑		東張埔		盧嶺		上堡
	大夫厝		東坑		魁星吹底		下船坑
	大埔		東山邊		雙仔埔		下房
	大洋(蕭田)		東坪院		墓欄		下源
	大蛇		院口		羅厝		下大源
	大池		芹壽山		鯉尾		下坑
	大路尾		東劉		嶺下		下羊(渭田鎮)
	上埔		周宅		盧峯		下塢
	上滿		油杭厝		鐵石		小黃沙
	下滿		面看北		新店		小橋
	下瑤		松柏灣		葫蘆門		大株源
	上里		香山		磊底		大黃沙
	山邊厝		南柄		康厝		大村船坑

86

閩侯分發局

不通郵地方							
縣屬	名稱	縣屬	名稱	縣屬	名稱	縣屬	名稱
松溪	大株林	松溪	赤山坪	松溪	竿竹洋	松溪	當佈
	千羊坑		門坑		垌塲		楮坪
	木城		李墩		洋墩坪		源尾
	五里牌		坊坑		洋墩		溪后
	六墩		坑屯		南坑		溪畔(花橋)
	牛欄坑		杉溪		祖墩		路下橋
	水南		村頭		洋源		塘邊
	水磊頭		杉坑底		洋尾		源頭(花橋)
	毛嶺下		杉坑		南山		新舖
	木垢		貝古		紅元頭		溪邊
	天堂		赤坑		留陽		溪尾林
	外林坑		角坟		墻頭		溪東
	外后洋		坑底		高山		溪畔(渭田鎮)
	外隈		吳村		高洋		楓樹巖
	外屯		巫山		鳥水畲		桯下
	甲牆		虎坪		梅口鎮		董坑五村
	古油		金高椅		帮山下		畲陽
	巨口		岩下		姚厝		傅厝(渭田鎮)
	古幼		岩頭下		柯田		獅畲
	古幼岩		岩后		胡壺門		獅子岩
	古衕		長坑		馬坪		銅鉢
	仙槎		長坑坪		馬石坑		壍上
	竹林坑		東畲		馬登橋		銀坵頭
	后洋		東埪		埂下		源地
	后巷舖		官塘		桐畲		源頭
	百丈仔		直壠		茶壺		源頭船坑
	企柱		抬岩頭		梢源		雷厝
	后澗		呼林		崙后仔		蒲墩
	夙屯		林屯		張屯		潘墩
	江墩		孟前		張厝		潘元
	寺巷		東上		排嶺		箭頭嶺
	寺坑		長行		游墩		劉屯
	寺壺		東厝		黃殿坪		劉源
	竹畲下		東豹		黃柏坑		蔡源
	竹畲坑		東門		黃沙坑		蔡巷
	竹山		東邊		黃塘		鄭墩
	竹林下		東町		溫厝		橋下坑
	羊頭		東頭		滙頭		錢仔舖
	西岸		東邊船坑		傅厝		橫坑
	西山下		東源		楓山		橫壠
	西邊		周墩		程坑		燕子岩
	西坑		周村		項溪		錦田
	老豐		岩角		渭田尾		靛舖
	吳墩		胡厝		渡頭		嶺根
	吳獅坑		南塲		童戶		嶺根嚨
	吳山頭		前洋		彭厝		嶺池
	吳屯		前屯坑		源頭		舊畲

閩侯分發局

不通郵地方							
縣屬	名稱	縣屬	名稱	縣屬	名稱	縣屬	名稱
松溪	舊縣	明溪	當坑	尙幹	何村	南雅	大坑
	贇源		新坊		金鷄山		下洋
	爐下		鄧來圩		東山		小口
	鐵嶺		圓石		東台		小林坑
	寶源頭		滸田牆		初蒲洋		五里排
	櫟鄉		福田寨		南頭管		月嶺
	溪尾		樓下		院前		可建
明溪	山居洋		療牯坡		保赤頂		池邊
	土嶺		濟古洋		後福		西邊
	小溪		蕭布		後樓		西山
	上地	尙幹	大田		洋厝墓		正壋
	下村		山後		南洋		竹林前
	水尾		下吳		陳吉厝		余邊
	仁村		下埔		桔山		門寨
	牛角坑		上井		蚨蝶山		杉洋
	太平山		大石面		茶山		余墩
	台嶺頭		大王厝		桐洋		尖墩
	白馬坪		上門流		烏石		松磨
	丕家坊		下瓜		時洋		長墩
	石門		王厝		陳元村		季良坑
	地尾		水流白		梅香		長壋
	老寨		牛埋埔		富沙		長田
	朱山		尤麻山		黃土邊		房村圩
	呂厝		井下		麻溪		林壋
	杏村		白湖嶺		野貓坑		迪源
	居洋		石壁		梨巷		宜均
	青溪		半嶺		崙頭		南田
	延祥		白粿		棠下		南洋
	朋布		台嶺頂		溪底		前畬
	板嶺廠		石獅頭		溪兜		後屯
	林畬		冬山		墓亭		高門
	城邊		北洋		寨前		岔源
	洋礤		古山尾		漳溪		郭步
	洪水坑		西坑		墩溪		徐坑
	時州		后厝		桑園		范墩
	茶園		西山		嶺官		秦溪
	高地		竹芝厝		龜山		眞秀
	翁地		西厝		蕭家道		梅村
	茜坑		西伯堂	建寧	中坊		黃屯
	曹坑		西台		安平		黃園
	張坊		后義		長吉		曾段
	御籠		門口		伊家灣		詹村
	夏陽		岐頭		桐源圩		黃孔
	曾坊		何來洋		梘頭		溪仰頭
	發龍源		坪原		藍谿		源頭
	楊坊		坑邊	南雅	下堡		銅山
	溪尾		吳仵		大橋		數錫

閩侯分發局

不通郵地方							
縣屬	名稱	縣屬	名稱	縣屬	名稱	縣屬	名稱
南雅	槍頭	南嶼	鳳岸	屏南	三梨洋	屏南	金造橋
	驷馬橋		鳳岸洲		三萬裏		長坋
	樓竹		精岩山		山頭		周家山
	節後		橄欖園		孔源		卑坪
	鐵塲		薛嶼		太保亭(漈頭)		卓坑
	鑑溪		嶺東		巴地		東盤村
南嶼	九石厝		蘇岐		牛村(漈頭)		往裏
	下連		舊街		井兜		長官
	山兜	屏南	七溪		王厝前		官嶺
	大嶼		九洋周厝		丹垢洋		凌峯
	大福厝		九洋謝厝		太保亭(官寺兜)		法竹坑
	下當		九洋林厝		天湖		東山
	下田		九洋饒厝		五溪		秋闈
	下浦		山寺嶺		方圓		前村
	王垢		山塘		中秋		洋中仔
	王朱柄		大坑		天洋		南灣(棠口)
	王中		大洋		分水頭		洋頭寨
	元寶		大章		仕洋		洋頭(甘漈下)
	元開厝		小章		甲弟		南灣(甘漈下)
	元武厝		上洋		白洋		南門山
	元邦厝		上培		牛村(甘漈下)		重石
	元用厝		下村裏(漈頭)		四坪		後龍溪
	公清厝		山棠		白洋村		南山(甘棠)
	布曼厝		三頭仔		白凌溪		前壠村
	石埕道		小梨洋		平洋		秀熙嶺
	合浦		山頭仔		安溪		南山(康裏)
	吳染		山紫林		名溪		垣坑
	村裏		上鳳溪		宅前		後章
	武山		下鳳溪		后鑿		垣溪
	林厝墩		上山口		西洋		柏源
	青洲		上山丈		宅裏		洋頭(路下)
	後門裏		上大塅		竹洋		烏石
	思都厝		下山口		后塘		峯塅
	桐山		下山丈		村頭		梨坪
	浦頭灣		下大塅		初坑		連地
	茹連		上洋村		赤溪		梅花地
	洋		下村裏(官寺兜)		坂兜		耆溪
	浦口		义山		杉口		恩洋
	浦裏		上培		坑裏		郭厝林
	尋山(垚沙)		大溪		坑裏洋		梨洋(康裏)
	塔兜		山前		門裏		陸地
	尋山(窗下)		山墩		晉常		梨洋(嶺下)
	湖口		牛監山		宋佳洋		梅溪
	程嶼頭		上大碑		秀谷裏		陳月洋
	湖邊		下大碑		旺坑		淺壠
	新溪		下郁		來灣		梧洋
	新厝裏		下村		東山岡		硋礄村

90

閩侯分發局

不通郵地方							
縣屬	名稱	縣屬	名稱	縣屬	名稱	縣屬	名稱
屏南	過厝林	屏南	崙溪	海口	山顯美村	海口	仙埕村
	堵嶺		篇溪		大山		北林
	黃潭		龍潭裏		大墻店		牛山頂
	程地		嶺裏		小溪		田中
	廈地		羅沙洋(裏汾溪)		土山尾		王店下
	棗坪		羅沙洋(路下)		上籠		后官
	塔仔厝		嶺頭		斗垣頭		后唐
	普嶺村		謝教坑		文祚		西樓
	猴洋村		醬園裏		文峯		西池
	管洋		霞峯		牛宅		后山村
	程地		龜潭(潔頭)		五獅嶺		后澳村
	逢善溪		龜溪		玉嶼		江西村
	葫萌墘		羅佳洋		水虫地		西馬潭
	福地		爐坪		月舉村		西漏壠
	溪裏		龜潭(棗裏)		牛山頂村		西落村
	疊石	亭頭	七星堆鄉		牛山村		西澳村(松下)
	祿地		小陽鄉		牛頭灣村		西礁村
	新田		白眉鄉		方厝村		西高村
	瑞云		牛山鄉		中山村		瓜籐遂
	疊石村		東盛鄉		水蛙池村		吉兆島
	溪裏(前塘)		松門村		月峯村		庄上村
	溪源洋		前洋鄉		井過安村		西池村
	新墘		秋峯鄉		斗魁澳村		圭石村
	新岩		重雲鄉		斗門底村		西梧鳳村
	義家山		康滿鄉		牛山頂		西澳村(蘇澳)
	潔下		黃田鄉		王店下		西埔壠村
	溪尾	海口	山前		白礁村(松下)		西樓村
	葛陳坑		山下		牛嶺村		西營村
	葛畲		山上河		加閩村(松下)		瓜藤瑞村
	慈溪		山兜		切田村		江頭樓村
	鳳林		上元		北林村		吉嵐
	鳳當		下洲		田中村		西池
	潔下仔		下鄭		加懔村(蘇澳)		西溪
	鳳墩		大墓		玉塘頭村		后籠
	淅了		山前鄉		玉嶼村		李厝
	墘頭(忠洋)		大社鄉		白礁村(蘇澳)		皂前村
	墘頭(裏汾溪)		大厝村		白沙村		辰樓村
	鳳溪上郁		大同村		白沙壠村		赤山下村
	鳳溪下郁		下樓村		北鄭村		尾觀村
	鳳林		山下村		北循村		吾安村
	樓下裏		上庫村		北郝		門前山
	樟源		上獅子村		北金岐村		青嶼
	鄉洋村		上滿村		四馬壇村		東簷
	燕坑		上攀村		牛山村		東埔
	鄭家墩		下獅子村		玉瑤埔村		東落村
	蔡厝		下蘇澳		平壇境村		東陳村
	嶺兜		大墓前村		瓦窰村		東高村

閩侯分發局

不通郵地方							
縣屬	名稱	縣屬	名稱	縣屬	名稱	縣屬	名稱
海口	東澳村(松下)	海口	苦嶼島	海口	園營村	笏石	下埔
	東礁村		紅山村(松下)		溪邊村(松下)		山前
	秀礁村		洋坪嶺		腿頭村		山尾
	舍人宮		前連鄉		溪邊村(城頭)		山下
	炎豆村		首祉村		塘西		大謝
	東碁村		前元村		繡厝		下板
	東亭村		前材村		鳳山村		大象
	東貴村		厚倖村		蒼底村		下尾
	東阜村		後壠村		鳳嶼		上庄
	東元村		後澳村		德廣樓		下蔣
	東澳村(蘇澳)		軍厝底村		塹柄		下沙
	東片沙村		看澳村		橫圳村		山柄
	東過塹村		洋坪頂村		貓秀村		山坪頂
	東梧鳳村		紅山村		嶺頭村		中埔
	岸山村		屏峯牆		龍臥		仁敝頭
	岸山邊村		星橋(五龍)		龍亭		井厝
	官棟下村		桂巷		橫浚		月洋坡
	招安壠村		唐西		嶺山埔		王厝
	岱峯前村		倉前村		嶺頭頂		方井
	舍人宮村		梁厝村		嶺胶		中院
	青灣村		桃花塞村		嶺口		牛路嶺
	東嶺		馬蛇		鐘頭イ		五龍
	南門		馬後		鐘頭イ村		斗門頭
	南山		莊上頂		鐵田		五里亭
	南鐘村		梨洞		岩兜		文甲
	南前村		梧嶼	笏石	丁塘		石井
	南田村		過埠		丁平		白石
	南安村		眼下村		大路底		外塘柄
	南冲村		野貓坑		下港		田東
	南斜村		魚限村		山前		田頭
	南海村		酒店村		大額		田邊
	南金岐村		陳安村		大坑		石兜
	南壠村		梧井村		土頭		石塔
	南盤村		梧鳳樓村		山頂坪		北石城
	南斜盤		深安底村		山后		北山
	南錘		鹿樓村		上幅		汀坪
	南厝		康安村		上塘(棣頭)		汀亭
	苦墻		尋頭		下店		汀港
	洋頭		程厝		上塘(霞嶼)		汀塘
	前留		傍頭		上林		古頭
	前村		善友村		山兜		田柄
	前坡		彭洋村		下塘		田頭
	城裏		黃中		下卓		田庄
	星橋(本轄)		湖尾		下黃		可塘
	首溪		滸頭		大垞		田厝(沙堤)
	俥頭		當兜村		土堀		白山
	柏渡		塘嶼島		上庄		石尾

閩侯分發局

不通郵地方							
縣屬	名稱	縣屬	名稱	縣屬	名稱	縣屬	名稱
笏石	田厝(賢良港)	笏石	西郭	笏石	河尾	笏石	前堀
	江西		年兜		東湖		前康
	西厝		沙堤		板厝		前湖
	西沙		沙上		青港		洋埭
	沙堤		何厝(棣頭)		青后		秋爐
	沙上		赤岑		卓厝		柳厝
	吉了		赤石		東潘		洪厝
	后社		赤埔		東坑		前坊
	西埔		利洋		東郭		美闕
	西埔坑		余厝		東園		屏山(北高)
	西山		李厝		周厝		俞厝
	后亭		坑邊		岐石		度邊
	后鄭		沙塘邊		東窩		屏山(沙堤)
	后池		佛公頭		東田		前運
	后塘		坊板		定庄		前雲
	后溫		赤岐		長塔		南山
	光厝		坑口		長坑		前頭
	安邊		坑頭		東埭		筍頭
	西山(塔林)		何厝(雙髻山)		東汾		高林(棣頭)
	西鄭		坂尾		東沁		馬頭
	西村		吳山		官兜		翁厝
	西庄		沁頭		東蔡		烏移
	后棣		孝厝		周厝		高蒼
	百葉		吳埕		林兜		耆石
	西園(雙髻山)		坑山		林湖		院前
	西坑		坑園		東埔		院後
	西山(雙髻山)		岐厝		東店		高林(北高)
	西棣		利店		東埔頭		梅湖
	安柄		坑口		狗頭		梅嶺
	后湖仔		周厝		前塘(平海)		栖梧
	后潘		定北周		後塘		鳥垞
	后張		板厝		前林		淇滬
	后坑		青苗		前范		許厝
	后亭		青楓		城內		張坑
	后社		度下		胡柄		許岐
	后吳		度口		湖西		莫厝橋
	后積		東吳		前林		蚝前
	西亭(北高)		東坡		前塘(棣頭)		過溝
	西山(北高)		東坑		前埔		張邊
	西洋		長嶺		英田		開元
	江邊		東前		度邊		排頭
	西園(沙堤)		東灣		南潚		溫厝(棣頭)
	西沙		東胡		南店		象東
	后郭		東店		亭厝		湖厝
	后邱		東林		南餅		渭兜
	后山		東山		香山		黃岐
	西埔		邱山		前欖		菴前

閩侯分發局

不通郵地方							
縣屬	名稱	縣屬	名稱	縣屬	名稱	縣屬	名稱
笏石	溫厝(雙髻山)	笏石	謝厝	峽陽	李樹排	峽陽	陽墩
	楊厝		瀨宅		秀溪		硬頭
	程口		櫈厝		汪坑		黄坑鄉
	程洋		鐵灶		吳歷		畬村尾
	雲庄		爐厝		村頭坪		馮岩
	曾厝		鐘前		花橋鄉		嵐面
	蕙洋	峽陽	九漈		長圳		黄歷
	鄒曾徐		九墩橋		店下		楊梅坑(嵐下)
	馮厝		下坑		松林前		粂山
	塔尾		下園		坪州		黄坑
	路上		上洋墩		坪窟		楊梅坑(江汜)
	褭店		三百后		東坑		歷墩鄉
	衙前		下嶺		良溪		路馬
	溪邊		大嶺		官坑漈		獅地
	溪尾		大埂頭		長連		炭坑
	溪柄		大歷		金竹菴		溪口
	悉仔		大翁坑		南山		葛延
	溪岑		小翁坑		南槎		葛膇
	塘邊		小濆		洋頭		漈坑
	銀兜(平海)		中村		洋坑		碴下
	銀兜(棣頭)		云井村		洪池		黎墩鄉
	劉厝		云漈		苦竹橋		鳳巢
	鄭黄		白匀鄉		南山菴		潘漈
	澄岐		東坑鄉		南坑		廣山后
	潘宅		田溪佈		埂頭		鄧壋
	蔡厝		北溪		洛源		蔡坑
	墩兜		石壠		夏殿鄉		廣査
	銕鑪		田溪		徐墩街		錢壋
	樓厝		石山		桂溪		蔡坑
	鄭厝		玉田		浦下		龍井
	鄭櫈		外歷坑		高屋		嶺腰
	歐厝		江墩(仁壽)		連墩		横坑
	榜頭		朱坊圩		郭源		嶺邊
	福井		江村		夏墩		謝漈
	劉山		江墩(洋墩)		院窟		謝墩
	劉岑		西坑		連壋		羅常
	鄭塘		朱墩		桃源		爐下
	渼口寺		后塩		埂尾		鷺鷥壋
	蒲頭		竹坑		富石舖	泰寧	弋口
	蒲尾		池壋		庵山		中洲坊
	嶺頭		何歷		富坑		主壕
	鵜頭		均倉(仁壽)		張壋		江阜上
	霞坑		余墩壜(仁壽)		張坋		呂家坊
	雙石		均倉(洋墩)		陳漈		店上
	嶼頭埔		李坑		張源		茅店
	橋頭坑		吳墩		梨坪		游源
	嶺頭		沈坑		埼頭		許坊

55

94

閩侯分發局

不通郵地方							
縣屬	名稱	縣屬	名稱	縣屬	名稱	縣屬	名稱
泰寧	福山	連江	塘邊	連城	池溪	連城	草洋
	鋪下		鳳岩		曲溪		馬湖坑
	龍湖		蓼洋		老鴿下		席湖隔
連江	山崗		譙尾		西山		張家營
	山邊		欄川		伊坊		遊背嵅
	山兜		澄后		李坊		張洋
	上樓		舘牘		赤池坪		梅村
	小倉		龍山		吾鴨壠		曹坊
	山坑		龍頭		良福鄉		黃沙亭
	下瀝		闕頭		李屋坑		黃坊
	牛山		瀧村		阿畲		楊坊
	仙屏	連城	小魚潭		余門		隔口田
	石梯嶺		大坑頭		李田		無項
	北山		下甲		吳家坊		馮坊
	外洋裏		上庄岩		李家		華坑
	尖墩		大洋地		林坊		彭坊
	朱山		大坑源		林坊(文亨)		湯頭
	朱公		大坪		官生背		隔留
	杜塘		上江坊		東坑頭		蜈蚣坪
	坑口		下江坊		東坑		儈頭坂
	杏林		上莒溪		長校		新庄
	岐頭		上坪		長坑		溪口(姑田)
	村前		上地		秀磜		溪邊
	赤石		下坪		姚坊		溪尾
	花園		大洋堂		南坑		溪口(坎兜)
	定田		小洋地		留壠		新溪板
	定營		山桐林		城兜		溪源
	松嶺		大磜		原洋		睡招墻
	周溪		山坑		珊坑		蒲竹溪
	岸下		天馬村		柯坊		蔡屋
	松塢		王城		洋具		賴源
	金砂		元甲		南山下(文坊)		鄭地
	東巽嶼		文地		城溪		劉坊
	坵儲		中興街		秋口		樂地
	官坂坡		中隔		南山下(李家)		磜頭(姑田)
	祠台		田心		厚洋		磜頭(坎兜)
	洋門		石庵前		南坑		羅坊
	洋西		白絲潭		南陽		羅家營
	浮曦		北田		馬甫頭		羅勝地
	桂林		田源		馬山前		嶺兜
	酒店		永斗街		郭坑		鯉江
	排羅灣		田頭		屏山		龍頭坊
	甯邊		白嶺		草坪		龍崗
	盛頭		江坊		孫徐		嚴頭
	湖邊		呂屋崗		雀坊		金龍山
	新洋		色竹甲		馬埔頭		新嶺
	溪東		竹溪		厚洋		廖屋坪

55a

閩侯分發局

不通郵地方							
縣屬	名稱	縣屬	名稱	縣屬	名稱	縣屬	名稱
連城	羅口	高山市	西安	高山市	鏡口	崇安	曾屯
	官莊		西海		鏡柄		沙渠洋
高山市	大坂		后洋		窯頭		吳齊
	山東(玉瑤)		西郭		巖地		坪畬
	山地		沙塢(東瀚)	崇安	八角亭		岑下
	山坂		沃口		三姑		社壩
	山東(東瀚)		邸頭尾		大源		吳三地
	大邸		何厝裏		大塢		吳壋
	大厝		沙塢(福新街)		上程		油嶺
	大王壠		官路村		下陽		東源
	大峯東		東施		下廳		官埠頭
	小峯東		東園		山前閣		長村廠
	小文閩		東閩頭		上村		金井坑
	上湖		佳堂		山沟		苦株林
	下海		佳樂		上洰		南源岑
	下頭店		東亭		下洰		胡家地
	文林		東因		小孔林		首陽
	文峯		東嶺		九龍崗		南壢
	文闕		明田下		小將		南樹廈
	白鴿		東宅		三瀝		洪家
	北鄉		洋中寨		小渾		洋墩岩
	北西營		院后		小漈		夏洋
	仙人掌		洋樓		大漈		烏嶔
	白墓		南西營		上梅		桐木
	北坪		南沙		上下廳		染溪
	加福		後坑		下壜		桃旗
	田墘		洋坪		大寺		馬鞍山
	北塘		洋嶼		土地岩		馬歷
	石馬		埕邊		天星岩		倪壢
	田美		海壠村		天遊岩		曹墩
	王宅		晉塘前		毛西坑		崇嶺
	江厝		馬厝壠		毛岑		張山頭
	西亭		高坪		水瀝		將溪
	后洋		高垞		月積坑		荷墩
	后林		陳庄		牛歷		張壢
	西施		萬安		水歷		程壋仔
	西李		雲莊		毛不平		黃西
	安前		蓮峯		太廟		黃坭坪
	后營		鼠嶺		牛頭墩		嵐頭
	后垞		環青		丘屯		嵐下
	西朋		嶺南		田頭		筒頭
	西園厝		礌上		皮坑		楓林壋
	民安田		鳳坂		后山		新馮
	可湖		擇朗		安庄		新嶺
	圭官		嶺前		西山(嵐谷)		源頭
	西斗		蝦夫洞		西山(下梅)		楓坡
	西基		營頭		岑陽		鄒田

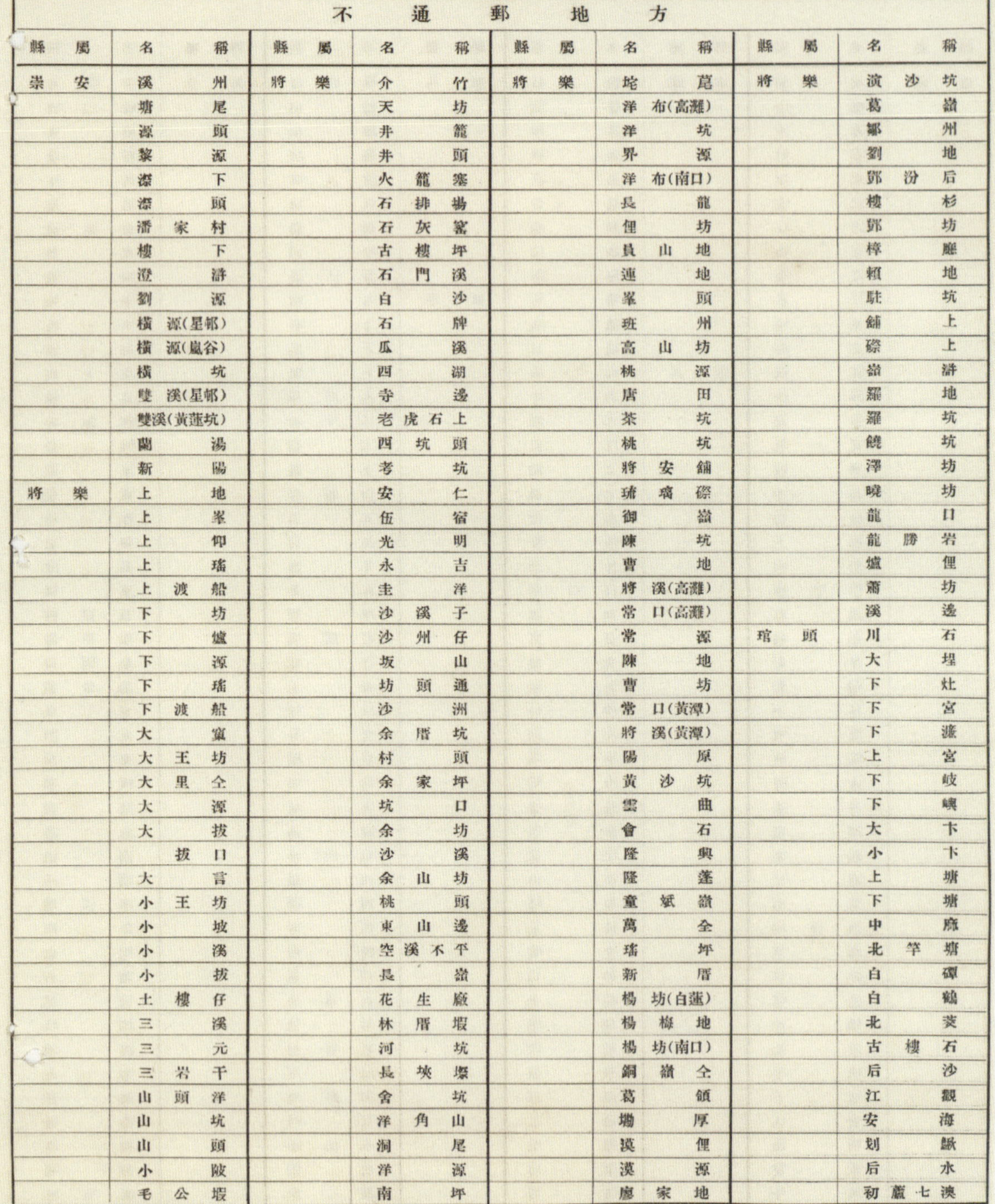

閩侯分發局

不通郵地方

縣屬	名稱	縣屬	名稱	縣屬	名稱	縣屬	名稱
崇安	溪州	將樂	介竹	將樂	坨崑	將樂	演沙坑
	塘尾		天坊		洋布(高灘)		葛嶺
	源頭		井籠		洋坑		鄒州
	黎源		井頭		界源		劉地
	漈下		火籠塞		洋布(南口)		鄧汾后
	漈頭		石排塲		長龍		樓杉
	潘家村		石灰窰		俚坊		鄧坊
	樓下		古樓坪		員山地		樟廳
	澄滸		石門溪		連地		賴地
	劉源		白沙		峯頭		駐坑
	橫源(星邨)		石牌		班州		舖上
	橫源(嵐谷)		瓜溪		高山坊		磜上
	橫坑		西湖		桃源		嶺滸
	雙溪(星邨)		寺邊		唐田		羅地
	雙溪(黃蓮坑)		老虎石上		茶坑		羅坑
	蘭湯		西坑頭		桃坑		饒坑
	新陽		考坑		將安鋪		澤坊
將樂	上地		安仁		琉璃磜		曉坊
	上峯		伍宿		御嶺		龍口
	上仰		光明		陳坑		龍勝岩
	上瑤		永吉		曹地		爐俚
	上渡船		圭洋		將溪(高灘)		齋坊
	下坊		沙溪子		常口(高灘)		溪邊
	下爐		沙州仔		常源	琯頭	川石
	下源		坂山		陳地		大埕
	下瑤		坊頭通		曹坊		下灶
	下渡船		沙洲		常口(黃潭)		下宮
	大窠		余厝坑		將溪(黃潭)		下濂
	大王坊		村頭		陽原		上宮
	大里仝		余家坪		黃沙坑		下岐
	大源		坑口		雲曲		下嶼
	大拔		余坊		會石		大卞
	拔口		沙溪		隆興		小卞
	大言		余山坊		隆蓬		上塘
	小王坊		桃頭		童斌嶺		下塘
	小坡		東山邊		萬仝		中廊
	小溪		空溪不乎		瑤坪		北竿塘
	小拔		長嶺		新厝		白礁
	土樓仔		花生廠		楊坊(白蓮)		白鵠
	三溪		林厝墹		楊梅地		北茭
	三元		河坑		楊坊(南口)		古樓石
	三岩干		長坱墺		銅嶺仝		后沙
	山頭洋		舍坑		葛領		江觀
	山坑		洋角山		墈厚		安海
	山頭		洞尾		漠俚		划鯀
	小陂		洋源		漠源		后水
	毛公墹		南坪		廖家地		初蘆七澳

閩侯分發局

不通郵地方

縣屬	名稱	縣屬	名稱	縣屬	名稱	縣屬	名稱
琯頭	坑園	琯頭	蓬岐	順昌	樟樹府	楓亭	圭龍寨
	吳庄		臀頭		榜山		后埔
	赤沙		寨洋		廖山		后楓
	赤財		漢嶼		鄭坊		岑頭
	東岸		鳳窩		謝坑		角林
	定安		龍台		張坊		尾嶺
	定岐		顏岐		慈悲		長墻橋
	官塢		牆段		橋頭		東亭
	奇達		羅廻		馨芝邊		東張
	松皐		蠣塢	楓亭	大路		東吳
	東坪		鶴嶼		上亭		東坵
	定海		塘口		下尾		長邊
	官岐	順昌	大佈		下柯		東干面
	長沙		大坪		大路頂		長嶺
	長安		大坵		三十坵		枕頭山
	官坂		口前		大嶺		何寨
	東岐		上湖		下寨		東港
	長沙		上鳳		山頭保		東蔡
	後台		水南		五里		坪洋
	紅下		仙潭		井兜		東朱
	前嶼		仕州		斗嶺		東汾
	南竿塘		白布塘		石鼻		東坑
	飛紅		仙源		四配		長嶺村
	英嶼		安富		打鐵店		松柏崙
	洋尾		光地		汀洋		東面山
	南兜		何墩		布于		岳帝廟
	洋下		沙口		后櫈		東里
	海嶼		沙洲		交界		東門
	院前		車溪		后墭		東面
	後灣		沙坑		后宋		柯寨
	苔蓑		吳壋		宋坑		泉嶺
	浮泉		余壋		安邊		前潘
	郭婆		來富		后門亭		南山
	浦仔		前山		西張		南莊
	菱南		洋坊		西頭		洋横頂
	南塘港		後旻		西厝		洋西
	廐裏		會壋		西墩		柯朱
	彔緯		幹山		西黄		港石
	過嶼		馮屯		吉草埔		前湖
	蛤沙		楝坪		后沈		柳坑
	雲龍		雲路		后寨村		海地
	琇琊		蕊嶺		阮庄		厝前
	塘下		溪口		田頭頂		厝仔
	壺江		舖上		后門		染厝
	塘邊		樟墩		永城邊		梅洋
	董安		豪坊		后樓		書埔
	福斗		潘坊		西洋		流埔村

98

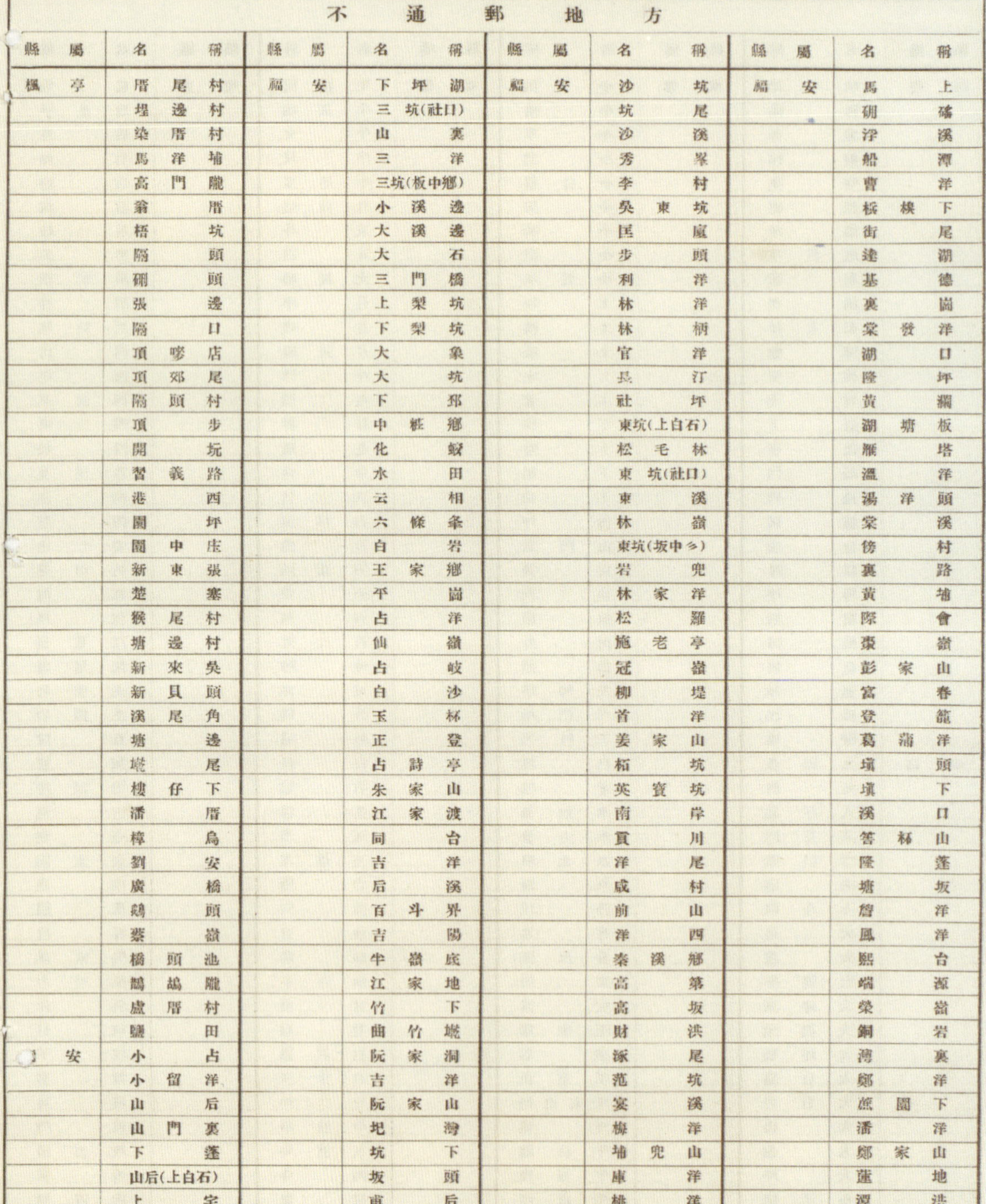

閩侯分發局

不通郵地方

縣屬	名稱	縣屬	名稱	縣屬	名稱	縣屬	名稱
楓亭	厝尾村	福安	下坪湖	福安	沙坑	福安	馬上
	埕邊村		三坑(社口)		坑尾		硼礤
	染厝村		山裏		沙溪		浮溪
	馬洋埔		三洋		秀峯		船潭
	高門隴		三坑(板中鄉)		李村		曹洋
	翁厝		小溪邊		吳東坑		栎棣下
	梧坑		大溪邊		匡廬		街尾
	隔頭		大石		步頭		逵湖
	硼頭		三門橋		利洋		基德
	張邊		上梨坑		林洋		裏崗
	隔口		下梨坑		林柄		棠發洋
	頂嘐店		大象		官洋		湖口
	頂郊尾		大坑		長汀		隆坪
	隔頭村		下邪		社坪		黄斕
	頂步		中粧鄉		東坑(上白石)		湖塘板
	開坑		化蚊		松毛林		雁塔
	習義路		水田		東坑(社口)		溫洋
	港西		云相		東溪		湯洋頭
	園坪		六條条		林嶺		棠溪
	園中庄		白岩		東坑(坂中乡)		傍村
	新東張		王家鄉		岩兜		裏路
	楚塞		平崗		林家洋		黄埔
	猴尾村		占洋		松羅		際會
	塘邊村		仙嶺		施老亭		棗嶺
	新來吳		占岐		冠嶺		彭家山
	新貝頭		白沙		柳堤		富春
	溪尾角		玉杯		首洋		登籠
	塘邊		正登		姜家山		葛蒲洋
	墘尾		占詩亭		柘坑		墳頭
	樓仔下		朱家山		英寶坑		墳下
	潘厝		江家渡		南岸		溪口
	樟烏		同台		貫川		箬杯山
	劉安		吉洋		洋尾		隆蓬
	廣橋		后溪		成村		塘坂
	鵝頭		百斗界		前山		詹洋
	蓁嶺		吉陽		洋西		鳳洋
	橋頭池		牛嶺底		秦溪鄉		熙台
	鷓鴣隴		江家地		高第		端源
	盧厝村		竹下		高坂		榮嵩
	鹽田		曲竹嶢		財洪		銅岩
[illegible]安	小占		阮家洞		涿尾		灣裏
	小留洋		吉洋		范坑		鄭洋
	山后		阮家山		宴溪		蔗園下
	山門裏		坭灣		梅洋		潘洋
	下蓬		坑下		埔兜山		鄭家山
	山后(上白石)		坂頭		庫洋		蓮地
	上宅		甫后		桃洋		潭洪

閩侯分發局

不通郵地方							
縣屬	名稱	縣屬	名稱	縣屬	名稱	縣屬	名稱
福安	曉洋	福鼎	小岳	福鼎	牛欄岡	福鼎	后取
	橋溪		小瀾		牛灰墩		后嵐亭
	龜齡		小章		牛文		后港
	獅頭		小巽		牛埕		后坪
	雙溪		小白鷺		牛尾峯		后灣
	鐵湖		小陽		什而端		后坑
	爐洋		小莪		五斗		后岐
	巖角亭		小沮		五蒲		后陽
	巖湖		小樓坑		太姥陽		后陽溪
	鍋洋		上坪		孔坪		后井
	蘇家洋		上澳		月嶼		后竹坑
	樺櫳		上城		月頭陽		西山
	嶺兜		上宅		斗門		西宅
	巖兜		上窰		屯頭		西陽裏
	巖下		下陽		日香		西澳
	龍亭		下安		屯陽		西坂
	禮門		下尾		中村		西溪裏
	璠溪		下爐		天竹		西洋
	橋渓		山坪		石邦福		西坑
	龍爐		山門裏		石龜		安仁山
	龍潭		山棱		石橋頭		竹田鼻
	樺坪		山前		石港		江灣
	鬮柄		山祭		石灰		江邊
	藍田		山外		石梨		江盂嶺
	龍岩		山頭		可灣		江尾塘
	楓洋		三佛塔		可洋		圭使岩
	臨江		三門墻		外陽		圭㛹岩
	灣塢		三叫天		外墻		百勝
福鼎	九頭鼻		巳坑		古綠		灰窰
	九鯉		才堡		古城		尖頭陽
	人仔墓		水如陽		包陽		吉溪
	八尺門		水圭埜		玉塘		企柄
	二沮頭		水北溪		玉瑤峯		朱家陽
	七蒲		水陽		台鑾		庢邊
	七斗岡		丹江		仙宮		瓜園
	大岳		丹峯		仙后		弄坑
	大瀾		分水關		仙蒲		吳家溪
	大岡鄉		文陽		仙浦亭		吳平山
	大坪尾		文渡		甘山		吳社
	大岡頭		王家陽		甘岐		坑口
	大坪陽		王谷		白石嶺		坑下
	大白鷺		王家山		白水沃		坑裏
	大白岩		王家山頭		丘坪		坑裏
	大山		王孫		牛嶺亭		坑門
	大嶺		牛樟欄		瓦窰坪		坑裏陽
	大坪		牛俾嶺		四斗		香裏
	小華陽		牛嵐頭		后嵐		赤石架

閩侯分發局

不通郵地方							
縣屬	名稱	縣屬	名稱	縣屬	名稱	縣屬	名稱
福鼎	岐腰	福鼎	金谷陽	福鼎	馬山	福鼎	魚井
	岐角		金山		高鏡		透埕
	岐澳頭		青籠		菱陽		蚱坑
	岐頭		青坑		庫口		望海
	阮陽		果陽		栢梘嶺		章峯
	車頭山		花亭		者陽		排頭
	車嶺		步頭墩		倉邊		蚶灣塘
	杜家		前坑		倉樓		過陽
	村頭		南陽		員嶼		唱詩店
	辛陽		南乾		徐溪		深坑
	沈青		南溪		浮柳陽		番石
	邪豹尖		南柱		高灘		敏灶
	秀兜		南涺		高山		釣灣
	杭下		南灣		海田		第一尖
	岩洞架		南埕		海尾		祭頭坑
	岩坑		南網		海陽		棱羅地
	岩前		南門		缸窰		棃頭嶺
	岩下		南溪鑛		絜壺橋		乾頭
	岩尾		南派		陡門頭		掌陽
	周家山		南山岡		浮岐		焦岩
	松陽		胡嶺		桑園		陽邊
	長社		胡頭		烏石門		陽香內
	泥家山		孤城		烏林		陽尾
	武陽		洋家嶼		烏岩裏		曾坪
	坪尾		洋頭		茶陽		程家衕
	河坑		洋頸		孫店		道士觀
	油澳裏		郊水陽		唐洋		硤衕
	官牙		苗竹林		唐山		渠口
	官材		軍營		浮柳		童岐
	松梘洋		柯嶺		翁溪		湖林頭
	長監壠		玳瑁岡		馬蹄塘		蛟龍
	長岡嶺		秋溪		馬營		華峯山
	東陽		宮埕尾		徐家嶺		琚龍嶺
	東稼		保橋		流治亭		湯美
	東岐		亭邊		梨尾梘		楮樓
	東山洞		髮溪		猪屎窟		堀頭
	東陽裏		姚陽		得功亭		萬古亭
	東坑		涺頭		貫嶺		黃人
	東門嶺		埕埠		梅溪		圓亭
	東山下		彩澳		梅陽		萬坵
	花眉		貢家山		過陽坪		疊石
	隹陽		流江		海溪		葉家坑
	隹灣		馬渡		清潭		葉金頭
	和上亭		馬井		祭頭境		葉舉
	沼周		馬陽裏		淡竹陽		葉家山
	油坑		馬尾兜		魚倉樓		楊梅溪
	金鋼墩		馬槽		魚倉		楊杞陽

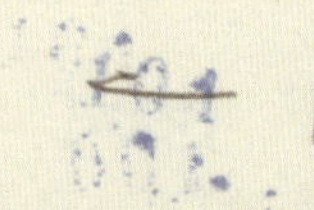

閩侯分發局

不通郵地方							
縣屬	名稱	縣屬	名稱	縣屬	名稱	縣屬	名稱
福鼎	嵐嶺	福鼎	賴頭	閩清	山婆嶺	閩清	化雲
	塔下		嶼前		山竹坪		中亭
	董江		磨石山		山限		中亭降
	賚國		篔簹		上格(小箬)		井下
	溪口		繙陽		上格(白沙)		孔原頭
	溪美		戰坪陽		上岐		王坪橋
	溪頭		謝家陽		上演		王貫
	塘邊		謝陽		上淋洋		天洋
	黃岐		藍田		上洋壠		文園村
	黃岡		龍潭面		上王石		公庄
	溢溪		龍步		上胡		牛墘
	黃金頭		龍田		上格(祥溪口)		牛闌垅
	捲橋頭		龍井溪		上西園		尤帶村
	楠尾		闕盤		上山		毛天嶺
	濯闕		螺藺		上地元		白河江
	鳳桐		鮫樵岡		上官		北溪
	鳳跡陽		濮陽		上視		牛嶺
	蓮花岩		嶺頭坪		上灣		北坑爐
	福長		嶺坪		大瀨		牛山裏
	福山		澳裏		大坪		可河(白沙)
	福安塘		嶺頭		大坑(穆源)		仙山
	趙家陽		嶺尾		大坑村		仙山邊
	葛蒲坑		嶺口		大西坑		石壠
	貌家地		磻溪		大墘		牛嶺
	碗窰		濟裏		大池		北坑
	翠郊		雙溪口		大坑(渡口)		白林翁
	碧冢		甕陽		大段		古洋鄉
	寮仔		羅谷		大崙下		石漏
	熊嶺		羅七		大假		田中村
	劉下		羅口		小瀨		石人浦
	劉陽		寶廟		小嶺		石井鄉
	潘宅		蘇家山		下田		石步坑
	滄城		蘆屯		下洋		白岩
	蔣家陽		壠頭		三丈坑		田中
	蔣陽		鐵塘裏		下洋尾		白雲村
	樟柏陽		躍鯉		下亭		牛嶺村
	漢山		篠嶼		三桂坂鄉		石橧洋
	舉州		灘澳		下洋		石人埔
	遷裏		龜嶺		土泉		石榴洋
	墩頭		龜陽		小漈		古洋
	廣化		龜潭		小溪		北洋
	灣嶺	閩清	九里湖		下溪坪		北冲
	瀉腰		刀霞		下視		可河(橋頭街)
	駱駝		十五都庵		水井堡		池塘
	興德安		山限		中崇		西村
	橋亭		山東		文山崙		有泉
	錦園里		山行坪		五台		后溪

59 102

閩侯分發局

縣屬	名稱	縣屬	名稱	縣屬	名稱	縣屬	名稱
不通郵地方							
閩清	后苑	閩清	長山塔	閩清	洋邊(杉村)	閩清	張趐
	后洋頭		周峯		紅菰林		清坑
	池坑		青田頂		後堪		遠頭崙
	西坑		青坑(白沙)		後官		斜灣
	竹柄		東溪		洋頭(洋裏)		過山畬
	后井		東坑鄉		洋裏村		梧溪
	西湖山		東坑		前長		黃坪
	西嶬		金山		前寮		曹地
	安樟		青坑(大穆溪口)		南院		過山洋
	后洋		林洋		南坑(橋頭街)		常嶺
	地臍		東山嶺		姜元		黃埔(羅橋街)
	圭角村		長基		軍鎮營		番鳥
	安仁		東邊村		後洋		雲保裏
	西溪村		松洋村		後巃		裏樓
	安后村		倘徃		洋邊(羅橋街)		雲際
	西園		坂洋		茶苑		程頭
	后斗灣		東坑		帮山		湖邊
	后山		林洋		陳九源		黃義坑
	后峯		東山村		馬洋		裏爐村
	后塝		青坑		馬坑		隔頭村
	西坑		青坑底		埕園		雲中裏
	西梧洋		東坑		唐舉		渡塘
	倘錦溪		卓坑		漲陽洋鄉		董岩
	坂頭		直崎		埕灣		溪頭港
	延頭		長磯		埕江		溪下
	沙白頭		后田		茶坪頭		葉洋
	汶溪		南坑		馬坪		際上
	巫嶺鄉		南山(小箬)		倉山塘		溪裏
	尾洋鄉		洪政堂		梅埔		溪源裏
	汶洋		紅流橋		唐山		塔頭
	良地		柿兜		庭洋		漈上
	坂洋		後洋(白雲渡)		梅埔鄉		感德洋
	扶山后		南山(白沙)		梅嶺		溪坪
	尾段		洋高山		高岩		墓前
	芝山		柳壠		桃洋		際源裏
	延坪		城門		馬厝		溪坪
	赤坑		南坑(穆源)		梧峯		旗崙仙
	倘錦溪		南圓		梧溪		嫩墘
	坪坡		珍山		梧洋坪古洋		福田
	東姚		洋下		黃埔		墓頭
	東源橋		洋坪		曹埔(大湖)		箬洋
	松洋		洋頭(大穆溪)		黃溪		鳳凰池
	阜宅		亭洋壋		黃義坑		董岩
	林炳		院埕		園路		福石
	油坑		重坑鄉		梧洋		榜上
	東洋頂		前坂村		張漈		際頭村
	長坪園		前洋		鹿松坑		貓岩

閩侯分發局

不通郵地方

縣屬	名稱	縣屬	名稱	縣屬	名稱	縣屬	名稱
閩清	磜坑	甌清六都	田坑	寧德	柏洋	寧化	大岑
	蔗頭頂		東山		松洋		大塘尾
	漈兜		地藏		咸村		下窠
	鄭壽		坑口		城灣		下坪
	鄭宅		隹籠裏		拱嶼		三春
	劉地(洋裏)		前坪		馬山		上吳坊
	劉洋(洋裏)		前坂		茶洋		上賴
	錫地		洪厝裏		留田		下曹
	廣坪		柯洋		飛竹		方田里
	劉地(羅橋街)		陳厝籠		清潭		水口
	劉洋(羅橋街)		茶園		莒溪		井塘
	横溪		馬石		陳山下		尤平
	樵嶺		溪源裏		莒洲		王石坑
	横坑村		蓮洞		雄灣		王沙
	嶺頭		蔗兜		湯灣		五都
	邊洋		横坑		雲淡門		水東
	闢裏		横路洋		貴村		石竹山
	橋頭存		豐洋		象溪		石門洞
	橋東坑		寶溪		港尾		石獅岑
	寶溪		瀛州坑		溪口		田口
	鵓山頂	寧德	二都		閩坑		半溪
	嶹溪		三嶼		溪邊		石下
	霞溪鄉		川中		溪門		石牛
	鶴墩鄉		土洋		蓋竹洋		竹員里
	繼善鄉		上汐		漳漈		朱坊
	鑛峯鄉		下汐		鄭岐		伊屋
	寶峯		小甲		鄭灣		地頭
	闘邊		大橋		增坂		艮樹下
	雙溪		下村		横山		寺背嶺
	爐坪		上宮汨		嶺頭		辛田
	靈峯		下宮汨		藍田		吳屋
	靈洋		水漈		鐘洋		何樹里
	嶺兜		四都		興賢		邱元
	藍口		古溪		鷄表		延祥
	嚴坑村		石堂		藍裏		何坑
	龍貢隔		石厝		蕉頭		李家撩
	爐崎		石橋	寧化	丁坊橋		余坊峽
	龍興村		半斗		大江頭		李家
	嚴傳		半山		大王坊		沙蕉塘
	鑽仔頭		后灣		大路背		吳坊
甌清六都	十字路		蛟頭		大畬		吳地
	下杭		邑坂		上坪		沙坪
	大坪		河洋		三磜		邱坑
	小墩		林洋		大坡岑		邱家山
	五台山		長溪		上都		坪上
	石圳		東地		大基頭		官坑
	田中		南埕		大横溪		武層

104

閩侯分發局

不通郵地方							
縣屬	名稱	縣屬	名稱	縣屬	名稱	縣屬	名稱
寧化	泗羅坊	寧化	湖頭	寧化	橋頭	漁溪	后嶼
	岑下		茜坑		龍地		后山尾
	周坑		時州		羅坊(安樂)		杉溪
	官坊		高坪		羅地		何厝
	東山下		張家灣		鵝坑		李嵐
	東坑		魚欽		雙前庵		岐頭
	岸溪		焦坑		蝦蟆彪		吳塘邊
	武昌		滑石		磯頭		東園底
	金坑		彭坊		藥蒞		東際
	岑坑		黃坊		羅坊(清流)		東西洋
	南山里		黃田舘		羅家嶂		金枝
	泉下		埲埠		龍頭村		長岸
	崁岑		溪背		龍頭		周斜
	信坑		楊坊		羅溪舖		官園
	南岐		楊家		龔坊		東宅
	秋口		楊家店		靈地		東埔頭
	洋塘圩		當坑		廟前		油塘
	洞口		溪源		磜下(水西)		林厝
	南山下		琴源		儒地		岸兜
	重源		嵩口坪		焦坑(水茜)		前宅
	到坑		滄龍	漁溪	山兜		前籠
	城門		蒞桑		上增		南埔尾
	南城堡		鳩坑		上埔		南山頂
	淮上		溪口		上塘		洋尾
	草坪上		葫蘆峽		下枕		前華
	馬家圍		楓樹坑		下店		界下
	陳坊		鳳凰山		下張		埔頭
	高圩坪		鄧屋(禾口)		下井		烏籠
	高賴坊		銅盤		大埔		馬頭崎
	陳家坊		鄧坊		大東林		海山
	根竹		廖屋坪		小東林		陳房
	涼畲		廖坑		上厝		華洋
	崐崗		鄧屋(曹坊)		下壁頭		濂溪
	庵背		磜下(禾口)		下鏡		當頭
	窰坑		劉坊(安樂)		王房		瓜跡
	梓材坊		蔡屋		朱宮		溪東
	麻源		賴畲		仙井		溪尾洋
	張南元		磜上		北墦		溪西
	焦坑		賴坊		北埔		蔡厝
	曾斜		樓下		目山		壘山
	陽城		劉坊(中沙)		后海		塔山
	棠地		舖地		后樓		塔石
	寒谷斜		劉屋		后園		槐林
	湖西坑		濟村		后壁嶺		蔡厝頭
	黃義伯村		謝家坪		后山園		蔡厝(南城頭)
	雍土		謝坊(安樂)		西張		薛墩
	黃田岡		謝坊(泉上)		后園		鳳尾

閩侯分發局

不通郵地方

縣屬	名稱	縣屬	名稱	縣屬	名稱	縣屬	名稱
漁溪	雙嶼	壽寧	沙潭村	壽寧	劉坪	營前	紹安裏
壽寧	三門橋		赤林坪		鄭家坑		塔山
	三梗		坎坑村		練軍坪		鴨籠頂
	下㵝		官田		儒登地		禮六裏
	大韓		東山		賴家洋		籠裏
	王家洋		青壠		福鼎洋		橫嶺
	王溪		泮洋		劉告山	龍田	上魏
	大王前		東吉洋		劉坪		上埔
	山後		官路		蔴竹宅		上曾
	上洋邊		花眉墩		錢塘		上后海
	下庫洋		長墦頭		橫山		上郭(江鏡)
	下嶺		官宅		應家山		上林
	山島坑		姑婆坡		龍岩		上郭(南西亭)
	山坑		阜莽村		鐵場(斜灘)		上唐
	山后		泗洲橋		鐵場(南陽)		下魏
	山底仔		周墩仔		鐵坪		下后海
	大壠		岸洋村		鳳洋		下店
	上修竹		香菰山	樟湖板	下雙坑		下張
	上禾溪		墦頭		大平頭寨		下峯
	上東溪		院洋		尤溪		下梧
	下修竹		紅桃洋		石壁		大山腋
	下蘩村		亭下村		田頭洋		大路下
	下東溪		修竹		目口		大埔
	下禾溪		徐家池		村裏		大路
	下岡後		純池		長寨		山上河
	水北		峽頭村		香山		山斗
	木塲村		桃坑洋		蚊坑		山頭
	石井		純池鄉		潭邊		天爐下
	牛嶺		者坑村		蒼夾		仁美礤
	石鼓		陳家洋		劉家寨		五峯嶺
	石鼓下洋		梧扁亭		嶺頭		化底
	右冬岔		基德		嶺兜		化山
	石竹灣		乾坪	營前	三山		文房
	瓦窰坪		魚家山		大坪		王宅
	仔坑		粗壠村		大田門		北施
	江窰村		菝窰村		上曹洋		石欖腋
	西山		湯洋		下曹洋		白鴨山
	印潭		幢底		仙坡		玉沁
	后壠		黃龍山		阡中		玉桂
	李家洋		義洋		吳村		田園下
	村頭		葛漳		東林		石浮
	赤陵洋		楊溪頭		東坑		北鄭
	李家山		源佳墩		南門		北庄
	赤林洋		溪源村		馬台		北翁
	赤溪		豪洋		馬厝		玉瑤
	芋蛋坑		樊祿		洋中		布上
	舍竹洋		劉厝		瑱岐		玉嶺

61

106
~~107~~

閩侯分發局

不通郵地方							
縣屬	名稱	縣屬	名稱	縣屬	名稱	縣屬	名稱
龍田	北浦	龍田	東園	龍田	草柄	霞浦	大坑
	北山		油庄		高嶺		小坪
	田底		金厝頭		柀胶		大砂
	白墓		卓坑		帿厝		小砂
	北灣		油塘		梓園		上硯
	西地		油塘礁		華塘壠		下硯
	地墭		岸兜		棠厝頭		下洋
	后樓		定房(江鏡)		黃厝		下砂
	后僻嶺		林厝(江鏡)		塔石		下洋城
	后華		林厝(南西亭)		獅厝		上洋坪
	后園		定房(南西亭)		塔溪		上沃
	后薛		官元		港尾		下岐山
	后池		杭仔		瑤山		土井
	西江邊		長濤		路下		下岐街
	西鄉		南店		濤頭		斗門頭
	西蕉		南倪		塘沁		牛溪
	后山		南鄉村		塘邊		水月潭
	安魏(港頭)		南頭		溪底		左潭
	安魏(盧下)		南埔尾		新厝		方厝城
	西井		南霄		嘉儒		井頭
	坑頭(江鏡)		南盧		福安底		水廊
	坑底		南厝		萊厝		文星明
	吳塘邊		南華		寨后		斗末
	岑兜		南前		蒼堤		天榜
	坂頭(杞店)		南門		梘嶺		天堂
	坂頭(南西亭)		南鄉		梘下		田頭洋
	坑頭(南西亭)		洋墩厝		鄉井		牛厝
	里頭		墭頭		樜塘		白岩
	汶頭		前籠		樜店		玉潭
	吳厝		前宅		薛厝		甲廷榜
	沁塘		前張		薛墩		石門坑
	東園		前華		樓廈		北兜
	東地		城反		橫坑		白沙嶺
	東埔		洋頭		濟良		石舖
	東埔頭		後村		嶺后		白鷺
	東宅		洋門		謝墉		叶山
	東園底		院邊		盧塘		白頭蠻
	東霄		前林		嶺前		石湖
	東蒼		後旺		蟹仕		后山
	東薛		洋邊		嶺頭		后洋
	東洋邊		海頭		謝厝		如樹
	東花庄		神山		鏡頭		后洋坪
	東朱		柴房		西張		后路
	東閣		陳厝	霞浦	八保		竹嶼
	東亭		桂巷		八堡		廷滿
	東山		海頭		九頭洋		西岐
	東峯		馬湖		大坪		李園

~~108~~ 107

閩侯分發局

不通郵地方

縣屬	名稱	縣屬	名稱	縣屬	名稱
霞浦	門岐	霞浦	鳳洋	瞻陽	官廳劉
	坑口嶺		綠邊		青嶼
	岐頭		蜘蛛網		其圍
	坑口		蔡洋		東盛
	長樓		嶺頭		東陳
	苦嶼		貓朧		東岐下
	杯頭		龍灣		青嶼
	青山		鯉魚山		杭下
	虎岐		龍潭裏		岸前
	岩兜		塮坪		長沙
	佛堂		鑌山		東門嶼
	東溪		戴家山		南宅
	朋裏		蠶沃		南湖(沙埔)
	洋家溪	瞻陽	下井		南求
	紅下		下嶼		限頭
	南洋		下華		後樓
	前宅		下海		南湖(官下)
	南山		大山		埕邊
	南青		大武		商厝
	後洋		上華		梅堂
	馬家坪		文場		雲岐
	南塘		牛頭南厝		漢厝
	背頭		牛頭北厝		劉厝
	馬洋		牛頭尾		錦城
	陳厝壠		方厝		嶺下
	荆頭		曰墘		龍潭
	茶家厝		北勢山		蠣坑
	埕塢		北海	羅源	下胡
	海尾		平林		下塢
	栢溪		西厝		王沙
	栢嶼		西山		北山
	栢換		西葉		沈厝
	渡頭		江南		坑裏
	清橋		西倪		長治
	嵐頭		西厝		杭山
	湧山		西關頭		洋北
	硯石		西園下		南山
	堂邊		朱厝		桂林
	魚家衕		西峯		港頭
	過縣		江下		崙頭
	梅洋		江廈		蔣店
	蛸沃		江兜		藍田
	清水洋		坑北		護國
	黃土峯		東關頭		黨林
	雲路洋		東鄭		
	溪西		周厝		
	墓下		官廳		

108 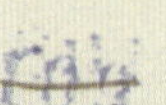

廈門分發局

(Amoy Distributing Centre)

等級 (Class of Office)	局名 (Name of Office) Chinese	Romanised	等級 (Class of Office)	局名 (Name of Office) Chinese	Romanised
一等局 (1st Class)	廈門	Amoy			
二等局 (2nd Class)	石碼	Shihma			
	同安	Tungan			
	集美	Tsimei			
三等局 (3rd Class)	金門	Quemoy			
	馬巷	Mahang			
	角尾	Kiowei			
	海澄	Haiteng			
	海滄	Haitsang			
二等局(2nd Class)	安海	Anhai	See D. C. Cir. S/O		
三等局(3rd Class)	東石	Tangchih	No. 139 Transferred from Tsinkiang		

廈門分發局

代辦所							
所屬局名	名稱	所屬局名	名稱	所屬局名	名稱	所屬局名	名稱
廈門	江頭						
	吳倉						
	何厝						
	昭塘						
	店前						
	曾厝垵						
	庵兜						
石碼	東美						
同安	洪塘(南)						
	龍門圩						
集美	英埭頭						
	馬鑾						
	灌口						
金門	古坑						
	古寧頭						
	沙尾						
	前水頭						
馬巷	澳頭						
	劉五店						
角尾	流傳						
海澄 ✗	白水營						
	官潯						
	厚境						
	馬坪圩						
	浮宮						
	港美						
海滄	石尾						
	東嶼						
	新垵						
	嵩嶼						
安海	大盈						
	大崙						
Transferred from [illegible] according to D.C. Cir. S/O No.139	水頭						
	內坑						
	石井						
	官橋						
	奎霞						
	磁灶						
	蓮河						
	錢坡						
	靈水街						
東石	東店						
D.C. Cir. S/O No.139	吳厝						
	宮前						
	寮厝						
海澄 ✗	佛曇	Transferred from [illegible] D.C., according to D.C. Cir. S/O No.[illegible]					

代辦所

64

110

廈門分發局

信櫃							
所屬局名	名稱	所屬局名	名稱	所屬局名	名稱	所屬局名	名稱
廈門	竹坑湖						
	洪山柄						
	高崎						
	蓮板						
石碼	滸茂						
同安	大坪						
	三忠宮						
	大路尾						
	石滹						
	沙溪						
	烏塗						
	埭頭						
	崙頭						
	陽翟						
	新圩						
	璠頭						
集美	洪塘頭						
	前場						
	孫厝						
	高浦						
	鳳林美						
金門	安岐						
	前牛山						
	瓊林						
	羅厝鄉						
馬巷	東坑						
	彭厝						
海滄	鴻漸美						
	鼎尾						
	霞陽						
東石	石菌						
Transferred from	茂陳						
Tsinkiang	馬坪						
D.C. Circ. 3/0	前湖						
No. 139	窯後						
	謝厝						
	蘇厝						

廈門分發局

不通郵地方							
所屬局名	名稱	所屬局名	名稱	所屬局名	名稱	所屬局名	名稱
石碼	九東	石碼	洲魏社	同安	田洋	集美	下寮
	小東坑		洲頭社		布塘		大嶺
	大人廟		洲頭		西洋		小嶺
	上下岸		亭頭		西林		小東山
	上社		草洪社		西坑尾		水立
	大城洲		桃源鄉		竹林邊		石湖
	下社尾		桃洲		后洋		田頭
	下路		高田		角壁		地姑山
	山腰		馬崎		李山		米粉浦
	山頭		埭山		呂厝		西濱
	仁和社		郭洲		吳陵		西亭
	內坑		過馬		邱厝		吉林
	內丁		會魁社		汪前		后埔
	云山		巽玉社		東溪		角尾林
	玉江		港內		東區		河塘
	田尾		塘邊上下社		坪邊		林傍坑
	西井		溪墘		周厝		東蔡
	西邊		新社		按柄		東浦
	西山		新洋港社		洪厝邊		洋畤
	合興社		新村		洪坑		洋坑
	竹林		滸江鄉		送宅		前山
	后山		墩上		浦尾		許庄
	后洋		澳頭		草舖路		許倉尾
	后井		霞港鄉		墻頭		浦邊
	江東橋		霞溪社		許厝		深青
	江東冰廠		嶺兜		湖井		黃地
	吉貝社		橋上		硯石內		鳥石浦
	安山鄉		蘇洲		張厝		魚孚
	岐西		關武刀社		新店		鳳尾山
	余定社	同安	上板洋		新宅		董林
	吳西坑		上溪舖		曾林		墩上
	吳蒲		上陵		寨內		蔡林
	吳宅		上寮		寨仔后	金門	大地
	坂上		上邦		堰夫		山后
	坂尾		上浦		溪東		山西
	坑園		大埔		溪埔		山外
	岑兜		大溪		溪舖店		下湖
	金鷄頭社		大埔內		廟山		下坑
	東井		下寮		潘厝		下閭
	長洲		下魏		寮野		上林
	林尾		內澳		嶺蛟		上庫
	果堂		內田		鍾山頭		上坑
	卓厝		五冢		緝熙亭		上閣
	陋蒼		云溪保		鰲頭		土樓
	南園		瓦窰	集美	上浦		小徑
	玲瓏社		四甲內		上巷		內洋
	城內		白礁		下倉		中閣

65a

廈門分發局

不通郵地方							
所屬局名	名稱	所屬局名	名稱	所屬局名	名稱	所屬局名	名稱
金門	斗門	金門	塘下	馬巷	郭山	海澄	下林社
	田埔		塘頭		張厝		下嶼社
	田墩		溪邊		許厝		下坑社
	后山		新塘		崎頭		下樓社
	西園		新頭		頂鐘宅		下周社
	西山前		新厝		湖龍頭		下棹社
	西村		新前墩		黃厝		下寮社
	西洪		劉澳		塘頭		下城邊
	西方		蔡厝		董水		下什社
	西宅		雙乳山		新厝下		下山社
	西路		雙口		楊厝		下張社
	赤後		斷崖		蔡厝		下柯社
	何厝		横榔嶼		滸垵		下樓仔社
	呂厝	馬巷	大宅		蔡塘		山尾橋社
	侖坑		大埔頂		霞尾店		山頭王
	青嶼		下宋	海滄	山平洪		山塘社
	青蚊		文峙		下方楊厝		平平洪
	官澳		內官		田厝堀		干無
	東山前		內宅		西園		王厝社
	東行		內垵		岑口		月邊社
	東店		斗門		孚中央		中埔社
	東村		打浦		雍厝		丹宅社
	東山尾		后寮		綦前		丹溪社
	東坑		后垵		嶺上		白坑
	東林		后樹	角尾	大溪		白塘
	後行		后村		大人宮		白沙
	後水頭		朱坑		下陳		田寮社
	後園		宋坂		下埕		田枋林社
	後沙		沈井		下周		田中央
	後半山		里仙湖		下社尾		田厝堀
	後井		汪厝		山坪洪		田頭社
	後頭		李厝		田外		田墘社
	洋山		何厝		石門		田厝社
	洋門		尾山		水蛇		石厝兜社
	洋宅		李內垵		汀洋		石后
	前埔		和平		吳宅港		石埠社
	料羅		官塘		烏夾		石厝社
	高坑		官路下		倉前		石后社
	浦邊		林延		福井		古苑社
	娶頭		東燒尾		過坂		古埭頭
	埔頭		姑井		龍江		平埔社
	蚵殼墩		馬池內	海澄	八斗社		北山社
	湖前		浿上許		八坑社		打石坑
	湖井頭		厚坪		大徑		正兜社
	塔後		海頭		大社		正都社
	黃厝		院西		大山社		丘厝社
	庵前		桂林		大厝社		外孫社

113

廈門分發局

所屬局名	名稱	所屬局名	名稱	所屬局名	名稱	所屬局名	名稱
不通郵地方							
海澄	后方社	海澄	秋祖社	海澄	樓居社		
	后寶社		姑壠		崎飯社		
	后路社		洛運		點尾社		
	后宅社		革埠須		橋仔頭		
	后頭社		柯厝社		橋頭社		
	后曾社		珂溪社		棉棣社		
	后港社		徑內		嶺鳳社		
	后村		高港社		嶺兜		
	西坑社		高厝社		嶺頭		
	孜后社		浦田		霞地社		
	圳仔尾		埔田社		嶼仔尾		
	圳墘社		格林		顏厝社		
	赤嶺頭		島美		鷄市		
	車鞍社		港下社		鎭海		
	見來社		港邊社		蕭厝社		
	東園社		港頭社		岩下社		
	東邊社		埭尾墩社	安海	參看晉江諸局		
	東地		頂下	東石	〃		
	林寨社		許厝				
	林墩社		深塢				
	河福社		斜仔社				
	官田社		崎港社				
	官路下		崎河社				
	卓岐		隆教				
	門仔口		黃坑				
	油車社		黃嶺社				
	巷口社		補里社				
	巷裏社		莉園				
	邱厝社		湯陽社				
	店仔尾		新圩劉社				
	青陽		董門頭社				
	青尾社		寮後社				
	青尾蘇		新厝社				
	周里社		新圩社				
	枋林社		塘頭社				
	爻尾社		董厝社				
	後曾社		磯仔頭				
	南山兜		溪尾				
	南山社		溪頭社				
	城內		溪東社				
	城外		蒲兜社				
	城內社		漸山格				
	前田社		蓮衣社				
	前厝社		劉厝社				
	前坑社		劉前社				
	前含社		窖裏				
	前亭		潭頭社				

67

~~113~~ 114

晋江分發局

(Tsinkiang Distributing Centre)

等級 (Class of Office)	局名 (Name of Office) Chinese	Romanised	等級 (Class of Office)	局名 (Name of Office) Chinese	Romanised
一等局 (1st Class)	晉江	Tsinkiang			
二等局 (2nd Class)	石獅	Shihshih			
	永春	Yungchun			
Transferred to Amoy D.C.	~~安海~~	~~Anhai~~ (See D.C. circular No. 139.)			
	金井	Kintsing			
	惠安	Hweian			
三等局 (3rd Class)	大田	Tatien			
	山頭城	Shantowcheng			
	安溪	Anki			
Transferred to Amoy D.C.	~~東石~~	~~Tungshih~~ (See D.C. cir. S/O No. 139)			
	南安	Naman			
	洛陽橋	Loyangchiao			
	洪瀨	Hunglai			
	衙口	Yakow			
	德化	Tehwa			
	豐州鎮	Fenchowchen			

~~113~~

D.C.Circular S/O No.135.

Transferred from Minghow D.C.

Fengting (楓亭), Sienyu (仙遊),
Putien (莆田), Hankong (涵江),
Pingtan (平潭), Hushih (笏石),
Haikow (海口), Kiangkow (江口),
Yuki E. (灜溪), Chanyang (瞻陽),
Hunglu (宏路), Futsing (福清),
Kaosanshih (高山市), Lungtien (龍田).

晋江
郵局

晉江分發局

115 ~~117~~

代辦所							
所屬局名	名稱	所屬局名	名稱	所屬局名	名稱	所屬局名	名稱
晉江	法石	惠安	獺窟	長汀		長汀	
	秀塗	大田	三保				
	亭店		桃源圩				
	浮橋	山頭城	大延				
	祥芝		馬頭				
	溜石		蓬島				
	兜		鰲埔山				
	雙滸	安溪	大宇				
石獅	永寧		仙苑				
	沙塘		后垵				
	青陽		官橋				
	陳埭		叁內				
	浦內		金谷				
	蚶江		南斗				
	塘市		科名				
	港邊		英內				
	錦上		湖頭				
	檀林		彭圩				
永春	九斗		源口				
	小岵		榜頭				
	五斗		魁美				
	四向		魁斗				
	夾際		龍門				
	店口	東石	赤店				
	湖洋	See D.C.	吳厝				
	逵埠	Cir. S/O	窯前				
	蓬壺	No. 139	寮厝				
安海	大盈	南安	東田				
	大登		南廳				
Transferred	水頭	洪瀨	大羅溪				
to Amoy	內坑		下店街				
according	石井		千金廟				
to D.C. Cir.	官橋		后坑埔				
S/O No. 139	蚕霞		坑尾橋				
	磁灶		河市				
	蓮河		芸尾				
	錢坡		官園				
	靈水街		羅溪				
金井	深滬	衙口	中山市				
惠安	山腰	德化	三班				
	沙格		赤水				
	東園		英山				
	埕邊	豐州鎮	石磐				
	峯尾		桃源鋪				
	崇武		潘山街				
	塌頭						
	塗嶺						

116 ~~118~~

晉江分發局

信				櫃			
所屬局名	名稱	所屬局名	名稱	所屬局名	名稱	所屬局名	名稱
晉江	御史橋	東石	茂陳				
石獅	大崙	Transferred	馬坪				
	日新街	to Amoy	前湖				
	石湖	D.C. Cir. 40	窰後				
	龜湖	No.139	謝厝				
	崙后		蘇厝				
	塘邊	南安(無)					
	芙蓉	洪瀨	土皮				
	鷗田		仁宅				
永春	冷水亭		古山				
	劇頭舖		梧板				
	仙溪		祠口				
金井	五堡		鳳棲				
	石圳		霞井				
	塘東		爐內				
	闔頭	衙口	坫寮				
惠安	土坑		許厝				
	赤土尾		龍園				
	門頭						
	東嶺						
	南輞						
	柳厝						
	前黃						
	前內						
	港仔						
	塗寨						
	盤龍						
	鐵屎岸						
	驛坂						
大田	大華						
	文江坂						
	銘溪						
	魁城						
	廣平						
山頭城	三錦美						
	心墓坑						
	內瓮						
	社壇						
	華美						
	楓樹						
	新溪墑						
安溪	西坪						
	赤嶺						
	長坑						
	金榜						
	尙卿						
東石	石崗						

117 ~~119~~

晉江分發局

不通郵地方							
所屬局名	名稱	所屬局名	名稱	所屬局名	名稱	所屬局名	名稱
晉江	山兜	永春	下坑	永春	長廳	永春	梅坂
	山雅洋		大坑內		東星林		新嶺
	山尾		山後		東溪		破紅
	大錦田		山城		東園		深泉
	大霞尾		上下坂		東闊		黃坂
	小錦田		下坑坡		店上		黃沙
	三甲		小湖洋		青園		湯頭城
	上店		五治		虎荇		雲斗
	五坑		文右		南山		湖坵頭
	云台		介福		南洋		黃嶠
	加坑		內蔣		洪內		景山
	四甲		文章		洪山		雲路
	田後		水磨坡		洋坪		程邊
	古福		內八坑		洋頭		雲邊
	后海		仙支		洋田		福德頭
	西山		田治		茂林		溪西
	尖仔山		白鶴		英溪		福鼎
	杏坑		外蔣		軍兜橋		溪邊
	呂茂		田中		背田坑		運地
	佃坑		白荇		洋岸		溪塔
	郊坡		玉樹壠		霄洋		溪路
	岩埔		石排		英巇		溪仔
	東店		白芸		洋尾		溪口
	垃店		白溪		洑江		溪碧
	長福		外八坑		洑溪		溪園
	厤山		白上		南無石		寨仔后
	後井		仲春		桃州		滐內
	埔當		羊角		桂洋		嵠蜞嶺
	張林		西坡		院前		橫口
	箸邊		西山		旂兜		橫鼓
	溫山		西村		庫湖		綏步
	菓園		后壠		烏石		鋪尾
	錦倚		竹林兜		高坪		蓬萊
	潘湖		冷水坑		桃源		隣兜
	盧仔		坑仔口		美呈		蕉地
石獅	西坑		社厝前		荇巷		橋兜
	坑邊		呂坪		烏庵		踏埸
	馬坪		坑柄		烏殊		滈榜
	莊宅許厝		杏仁洋		馬峯		龍口
永春	大橫		呈上		馬洋		龍山
	大坪		尾埔		厝照內		龍頭
	大羽		吳坂		頂三鄉		龍嶢
	上坑坡		尾寮		樣田洋		龜龍橋
	上窯		赤堡		都溪		鷄母莊
	上太		建口		崙頭		歸地
	上早		河問		貴德		豐山兜
	大瘌		卓湖		陳坑		爐地

118

~~120~~

70a

晉江分發局

不通郵地方							
所屬局名	名稱	所屬局名	名稱	所屬局名	名稱	所屬局名	名稱
永春	蘇坑	安海	邦尾	安海	崙後	金井	石亭
	蘇坂		郡厝		棠井		玉坂
安海	上西		坑圓		烏亭		西山
Transferred to Amoy P.C. according to P.C. Cir. S/O No.139	上山		杏宅		陳垵坑		西埔
	上宅		赤店		雲厝		后頭
	上孟溪		吳厝		涼下		東村
	上林		尾透		張林		東后
	下村		坑南		黃塘		茂下
	下店		邱厝		黃市		桑柄
	下尾		門內		曾在		埔宅
	下房		呂林		湖內		埔頂寮
	下孟溪		金厝頭		喜鵲林		頂房寮
	下馬埔		東村		曾林		頂柯坑
	下新厝		東洋		溪邊		清濆
	大坪坑		東堡		曾垵		進井
	大香山		東埕		糊厝		新西湖
	小坪坑		到厝		溪南		滬厝垵
	山頭		林尾		園厝		溥坑寮
	山後		林柄		勤後		劉宅
	井上		松林		楊尾寨		箸內
	王塘		周坑		溪尾		龍水寮
	內湖		吧碑		塔埔		甌厝
	內山尾		前坡		新營		蘇庄舖
	內宅		前堡		壙下		土地寮
	內厝		前埔		新厝鄉		海尾寮
	田頭		前坑		塗垵		蓮厝
	田厝		後山		福坂		鯉尾寮
	四石柱		後洋		樓仔鄉	惠安	小蔗
	加溜		後溪		蔡營		白奇
	石龍		後店		龔庭		后港
	永坑		馬坑		鮑厝		安民舖
	加塘		馬坪		鍾坑		良興舖
	西行		馬垵		鍾厝	大田	大尤山
	西埕		後埔坪		關西		小湖
	西店		宮前		嶺令		仁美
	西邊		柑市		龍圓		玉田
	西坑		垵內		蘇內		石龜
	西村		胡林		蘇洪塘		石牌
	西湖		巷內		觀頭		打石曲
	西溪寮		郭厝		壁後		石燕坑
	西堡		墙頭		山前		朱寶山
	行厝		烏厝寮	金井	山柄		西門坊
	后房		埕邊		山尾		西頭
	朴里		許家巷		山頭		宋坑
	朴山		許塘		上清		東門坊
	宋埭		許店		斗林		京口
	坑尾		箸厝		石兜		周田

71

晉江分發局

119

不通郵地方

所屬局名	名稱	所屬局名	名稱	所屬局名	名稱	所屬局名	名稱
大田	和豐	山頭城	郭山洋	安溪	英格	東石	白沙
	畬韜		康安		飛鵝		后湖
	陳章楊		路荇		卑烏口		四石柱
	許思坑		湯邊		珍池		永年
	郭村		塔口		湖坵		坑園
	棠坂洋		鳳宿洋		高山		坑邊
	溫鎭		劉林		宮嶺		呂厝
	華安		錢塘		埔邊		岑兜
	湯頭		壠頭墦		雪山		巴厝
	寬田	安溪	大蔗		雩霜		周宅
	福塘		大坪		脚坵		周坑
	壽山		三鄉		盛宮		東埕
	閣坑		下治		斜斗		東坡
	龍門		下寮		黃佑		柯村
	峴濱坂		下坂		致德		洪塘
	鎭東橋		山后		黃渡		青頭
山頭城	八尺		山格		黃田		洋宅
	大坂		山尾		湖頭		坡頭
	大圳		太平		翔雲		高山
	大濱		五甲		塔美內		埕邊
	山后		內洋		淵兜		前坡
	山兜		白祥		漢山		前白山
	小余		白荇		鳳巢		型厝
	中房		冬後		福佑庭		草洪塘
	戶坂		石門		蔡西		涼厦
	什班山		由義		墩坂		深埈
	內山		仙景		蝦角		許坑
	古宅		多坑		橫洋		許西坑
	石古林		竹困		鴨母屈		蔘園
	石水光		邦塥		橫坪		郭岑
	赤嶺		坑內鄉		舉口		郭厝
	佛田		沙溪		舉溪鄉		培頭
	困口		沙堤		輿頭		埭邊
	呂洋		呂林		嶺頂鄉		張塘
	尾浦		坂頭		霞村		張厝
	尾嶺		赤田嶺		龍消		塔頭
	坑內		林東		羅岩		瑞安
	坑口		岸山		藩田		曾厝
	湖南坪		東山	東石	大房		路東
	東藉		長基		大參山		湖頭
	洪山		長坪		小參山		陳山
	南埔		芸頭		上宅		溪邊
	苦坑		拔死虎		下庄		寮厝
	馬洋		南湖		下厝許		潘徑
	員通		保方		山兜		櫟谷
	洋嶺		南坪		石兜		龜湖
	哥楊		後林		平坑	南安	小眉

Transferred to amoy D.C. according to D.C. Cir. S/O No. 139

120

71a

晉江分發局

不通郵地方							
所屬局名	名稱	所屬局名	名稱	所屬局名	名稱	所屬局名	名稱
南安	大眉	德化	下坑	豐州鎮	水哮		
	田內		十二岸		月娘埔		
洛陽橋	下樓		大上地		內寮		
	牛屯嶺		大嵘		白水營		
	勿仔坑		山坪		白葉村		
	竹坑		山坪頭		竹園		
	見口		水口		杏田		
	村院		水流坂		坑尾		
	肚坑		水郊		赤崎		
	虎堀		后格		松仔		
	笏石		花橋		長福		
	院前		田頭		後厝		
	烏嶼		西山		格後		
	染厝		杏仁坪		陳塘		
	後西		李溪		烏墩		
	後店		尾洋		敬長		
	後埭		西墩		塔前		
	後寮		東山		塔後		
	埔兜		苦坑仔		蔡田湖		
	墈仔下		奎口		燒厝		
	陳三墈		南埕				
	陳林		格口				
	陳埭頭		祠口				
	埭北		桂林				
	郭宅		桂陽				
	楊非		徐坑				
	新田		倚洋				
	橋頭		連山				
	嶺兜		高漈				
	謝厝		科榮				
洪瀨	八都		洋尾				
	三林		溪斗				
	西坑		溪口				
	沙武嶺		溪頭坂				
	林坑		尊美				
	馬跡		蓋雲岐				
	亭塘		蕉溪				
	茶林		紫上				
	產田		鳳洋				
	福院		國寶				
	嶺兜		雷峯				
街口	嵛上		雙翰				
德化	上湧		龍輸				
	上亭		蟠龍山				
	上豐		蘇洋				
	上光		觀音岐				
	下湧	豐州鎮	九皐橋				

72

龍溪分發局
(Lungki Distributing Centre)

121

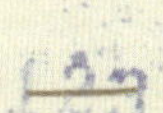

等級 (Class of Office)	局名 (Name of Office) Chinese	Romanised	等級 (Class of Office)	局名 (Name of Office) Chinese	Romanised
二等局 (2nd Class)	上杭	Shanghang			
	坎市	Kanshih			
	峯市	Fengshih			
	漳浦	Changpu			
	龍溪(漳州)	Lungki, Fu. (Changchow)			
	龍岩	Lungyen			
三等局 (3rd Class)	山城	Shancheng			
	小溪	Siokhe			
	永定	Engteng			
	平和	Pinghwo			
	長泰	Changtai			
	武平	Wuping			
	南靖	Nantsing			
	胡雷	Hului			
	浦南	Punam			
	雲霄	Yunsiao			
	華安	Hwaan			
	新泉	Sinchuan			
	適中	Shihchung			
	漳平	Changping			
	舊鎮	Kiutin			

D.C.Circular S/O No.135.

Transferred from Minghow D.C.

Changting (長汀).

龍溪
郵局

~~135~~ 122

龍溪分發局

代辦所							
所屬局名	名稱	所屬局名	名稱	所屬局名	名稱	所屬局名	名稱
上杭	十坊	武平	下壩				
	中都鄉	南靖	金山				
	南蛇渡		馬公圩				
	廻龍		都美				
	豪康		龍山圩				
	嚴前	胡雷	上胡雷				
	蘆豐	浦南	新圩				
坎市	大甲	雲霄	盤陀				
	下洋	華安	仙都				
	古竹	新泉	芷溪				
	合溪		廟前				
	曲江		樂江				
	長流	適中	水潮				
	書洋		和溪				
	高頭		龍潭				
	高陂	漳平	永福里				
	馬山堡		溪南				
	泰溪		新橋				
	陳東坑		楊美圩				
	湖坑	舊鎮	佛曇	Transferred to Haiting office under Amoy D.C. (according to D.S. Circ. 5/B. No. 139)			
	撫市	藍家渡	龍田圩				
	撫市新街		豐稔市				
峯市	遷市						
	爐下壩						
漳浦	杜潯						
	長橋圩						
	象牙莊						
	嶼頭						
龍溪	郭坑						
龍岩	大池						
	小池						
	白土						
	白沙						
	古田汎						
	雁石						
	溪口						
	船巷						
	龍門						
山城	長教						
	船場						
[illegible]溪	下寨						
	山格						
	坂仔						
	南勝						
平和	大溪						
長泰	岩溪						
	楓洋						

代辦所

123

~~120~~

龍溪分發局

信				櫃			
所屬局名	名稱	所屬局名	名稱	所屬局名	名稱	所屬局名	名稱
上杭	千家庄	南靖	草坂				
	才溪		葛仔圩				
	中堡		浮山				
	白沙圩	胡雷	溪口				
	安鄉		增瑞				
	官庄	雲霄	陳岱				
	軍營圩		竹港				
	茶地圩	華安	嶺兜				
	高梧	新泉	南陽				
	象洞	適中	下圩				
	寨背		永溪				
	鮮水		西坪				
	舊縣		磐盤				
坎市	大排		緣嶺				
	上洋	漳平	上坂				
	永豐		象湖				
	白土		華口				
	北山	舊鎮	金塘				
	西陂		赤湖				
	東溪		湖西				
	洪川		產嶼埔				
	南溪	藍家渡	秦拔				
	富市						
	奥杳						
峯市	河頭						
漳浦	霞美						
龍溪	程溪						
龍岩	石牌前						
	夏老						
	曹溪						
	鐵石洋						
山城	南坑						
小溪	大坪						
	小坪						
	聚薇						
	雙溪						
	蘆溪						
永定	龍川						
平和	大峯						
	秀峯						
	崎嶺						
	壺溪						
長泰	林墩						
武平	武平						
	萬成						
南靖	甘棠圩						
	保林						

75

124

龍 溪 分 發 局

不通郵地方							
所屬局名	名稱	所屬局名	名稱	所屬局名	名稱	所屬局名	名稱
上杭	七里山	上杭	四坊	上杭	陳岡	上杭	登坑
	八嶺下		安祖鄉		茜坑		渡上
	八字坡		吉富		梁坑		湖洋壩
	九華舖		向陽崠		通賢		葉坑
	九泰		朱堡		烏石頭下		楊梅坑
	丁坑		池溪		寰屋		塘背
	小池頭		伏虎市		茶頭下		塘廲
	大浦		竹篔頭		翁家基		新坊
	大逕		竹山下		烏龍鄉		新峯灘
	大沽村		竹馬坑		梅丁堤		新圩
	大沽灘		李坊		高排		高坑
	大路背		李坑		高崠		瑞坑
	大地		杜坑		高坊		壕上
	大洋圩		佛坑		高寨嶺		障雲嶺
	大坪		沙浦		遠將		雷屋
	大田		余坊		遠坑		溪尾
	大屋場		岐灘		處明		袁坊
	上村坊		村頭		黃士嶺		漢溪
	上地		赤坭塘		黃甸		彭背
	上徐坑		巫下科		黃坑		熊屋
	上都		陂湖		黃坭隴		寨下坊
	上官塘		長塘逕		黃坊		廖屋
	上嶺坊		長嶺下		黃竹墩		黎畲
	才龍		長峯灘		黃連科		黎坊
	下坑		林塘		黃柏		黎頭寨
	下徐坑		林坊		張屋岡		賴屋坑
	下三溪		林屋		張坊		賴樹洋
	下嶺坊		店頭上		曹田		獎坊
	下倉		泮逕		軍營上		聯河
	下湖		青草坪		峯龍崠		賴屋坊
	下黃		青潭		華地科		蔡坑
	心田坊		金豐山		華家亭		樟坑
	永街口		和全		逕口		樟樹洋
	水尾		東崗寨		陽背		德里
	王屋		官坑坊		富美		樂畲
	古基坑		昭前崗		壩上		橫山
	古坊		保安		壩裏		橫灘下
	田背		界牌樓		廊壩裏		橫岡頭
	田坑		南坑		蛟塘		舊寨
	田地坑		南山		雲龍崖		蕉坑
	石筍坑		背九曲		象牙坑		蔣潭
	石堺裏		珊湖		象蹄坑		橋子頭
	石子岡		城下		將軍地		嶺背坑
	古橋園		扁山		萬成		嶺背
	包東溪		員埔		落月坑		磜角
	右坡		峯坑		湖洋		磜下
	占陽		陳坑		富貝		撐蓬岩

125

75a

龍溪分發局

不通郵地方							
所屬局名	名稱	所屬局名	名稱	所屬局名	名稱	所屬局名	名稱
上杭	羅溪堡	峯市	桃坑	龍溪	田墘兜	龍溪	馬辦
	羅坊		書華鄉		田中央		桃林
	羅宮坑		恩前		石倉		高坑
	豐坑		瑤上		白秋坑		烏頭門
	謍前		湖洋裏		甘棠山		烏石亭
	謝坊		萬石下		北頭		梧棋社
	謝岡坊		殿前		西坑		康山林
	雙溪鋪		蔗林		西洋坪		頂高坑
	雙岡坪		樟樹壇		西礫社		脚川坑
	龍文		龍骨石		竹仔園		路邊
	龍田		龍安寨		宅前社		塘邊
	龍峯		薯姑壩		良打社		塗嶺
	龍山		羅在下		坂上		塔尾
	龍泉洞		籃岡		長福		溪洲
	龍于岩	漳浦	下寨鄉		東山社		新春社
	龍井		北江鄉		長福社		新亭社
	饒坊坪		田厝鄉		東寺		新村
	調和		白衣鄉		東洋		新塘
	調河		后邃鄉		金峯社		朝陽
	灣下		西林鄉		油記社		庵山
	鯉湖渡		坑裏鄉		林前社		庵仔邊社
	藍屋驛		湖裏鄉		招塘社		坡頭
	驪口坑		線尾鄉		官田社		葛邊
	蘇姑坑	龍溪	九窰窟		河裏後巷		樟山
峯市	三角塘		乂七姓		洪坂社		庵兜
	小澈坑		上敦社		洪塘社		蓮花
	小山背		上坂鄉		院後社		舖下
	上逕		上半林社		院內社		蔡板
	大池		下蔡社		香亭坂		橫山路
	大坪		下半林社		後梧		蔡坑
	大寺院		下周社		後山		霖霞
	中村		下宮社		後房		韓坛宮
	石傑		下洋社		南山		謝溪頭
	石正坑		下高坑		南洋坪		謝坑
	水洋寨		下碑社		南坑		鵝山
	田梓		三盎厝		南坪		嶺下
	半徑		山尾社		後坂		羅厝社
	仙師宮		大洋		後坑		彌勒坑
	赤竹坪		大梅溪		前山		龍眼塘
	利枋		大坑頭		連池尾		龍秋
	村塘		小梅溪		翁建		龍虎廟
	車前壩		小坑頭		埔尾		璧爐社
	凹下		六石		埔仔		閩莊社
	洋梅樹下		牛母園		埔仔下		邊西社
	逕裏		五社劉		浦園社		顏厝前
	馬在下		丹川社		埔尾蔡坑		豐樂
	務乂坪		田址社		馬州社		鐵塘社

126

龍溪分發局

不通郵地方							
所屬局名	名稱	所屬局名	名稱	所屬局名	名稱	所屬局名	名稱
龍岩	小洋村	龍岩	珂溪村	山城	背嶺社	小溪	梘脚
	小溪村		津頂頭		奎洋上下峯		梨仔坑
	小吉村		茶高庄		梧桸圩		黃庄
	小吳地		留坑村		高港鄉		黃庄亭
	大洋村		連坑村		梅林社		湖田
	大洋墻		連聖村		清水塘		透龍
	大和鄉		郭余村		象溪社		溪洲
	大吉村		郭山村		新羅社		新庵
	大羅坪		猗瀨村		葛竹社		新村
	上坑村		悠灣村		楓樹坪		塔尾
	上杭村		黃竹坑		雙坑社		圓井
	上洋村		黃坑村		觀音宅社		蒲坪
	山背村		黃斜村	小溪	小蘆溪		滎坑
	永湖安		黃地村		上壢社		銅陵
	內坂村		湖洋村		下銅		霄嶺
	內巄村		湖坑村		三坪		雙坑
	王庄村		蛟洋村		山前		岩仔
	月山村		捷步村		山邊		岩前
	丹墩社		楓鄉村		口厝	永定	上邊
	白蓮塘		華家基		文峯		下邊
	田坑村		散坑村		五寨		左邊
	石粉嶺		新蘆村		井尾嶺		右邊
	石埠村		塘廈村		白衣洋		李龍坑
	石銘村		萣邦村		白馬石		河口
	平林村		雲潭村		石晶宮		廊公前
	曲潭尾		楊家斜		古爽洋		黃鱔岌
	西安社		溪西村		水井仔		橡林前
	考塘村		熱水		北門社	平和	小坑
	坑口裏		蒔邦村		后嗣城		大科社
	赤高坪		蔡坑村		赤足脚		大徑社
	赤水橋		賴坑村		東坑		大墻頭社
	赤水村		賴坊村		東塊		上午斗社
	巫坑村		璜溪村		長樂圩		上坪
	背坑村		儒蘆村		官寮		下春社
	何厝		營盤村		泮池		下午斗社
	東坑村		營旗村		長汀		下坪
	東邦坑		營頭村		杭埔		內溪社
	卓賢村		營下村		法華		毛邊閣
	秀培村		謝洋村		南山社		曲溪社
	後門前		龍潭村		洋頭		江寨社
	後田村		蘇溪村		候門		坑口社
	南山圳		蘇坂村		茅蒲		赤草埔
	紫坑鄉		灌洋村		高蔗		坎頭
	洋坑村	山城	山根兜社		高坑		東頭社
	洋西村		上奎洋		高山		河林社
	前村鄉		北坑社		峨眉山		河邊社
	孝園村		春雅社		桂竹洋		坪回

127

76a

龍溪分發局

不通郵地方

所屬局名	名稱	所屬局名	名稱	所屬局名	名稱	所屬局名	名稱
平和	芳岩	長泰	山重	長泰	東田	長泰	草洋
	其坑		山邊		東樜		烏石洋
	芹栗洋		山前		東陳		院內
	馬堂社		山美		東寨		院前
	流恩		山頭		東岩		浦里
	峯山社		山頭社		林口		書田
	莊上社		內枋		長坑		泉林
	彭溪社		牛角山		長嶺		株浦
	象湖山		火焰旗		長隆		格口
	溪具社		白泉		長埔頭		格平
	新塘		白庄		官塘		員山
	楓樹下社		田裏		岸栗		塥口
	寮后		田中央		和興		接嶺
	寨仔		田頭		巷仔內		陳巷
	龍嶺背		石筍		陂頭		陳岑
	龍頭社		石室		花洋		許坑
	橋頭仔社		石盤		花坑		許內
	霞村社		石皮		青陽		郭山
	雙巳山社		古溪		昌溪		郭林前
長泰	力坑仔		古老		京元		張坑
	小銀塘		仙宅		沼池		黃土
	小陂		仙景		旺頭		湖株
	小倉		甘棠		尙寮		湯裏
	小軍		正逵		後古尾		塘邊
	大坊		可塘		後山		塘仔內
	大鄉		可入		南津		新圩
	大坪		史山		南坑		新岩
	大坂		圭山		紅磐		園仔內
	大安		全福壽		亭下		福全
	大銀塘		后邊		洋仔底		福金山
	大竹行		后厝		洋邦坑		董溪頭
	上活		后坪山		洋山		溪頭
	上樓		西林		科甲		溪坂
	上宛		西城		前店		溪邊
	上存		西坑		前山		溪邊厝
	上深		西深		奎山		溪口
	下林		西湖		苦倉		溪美
	下彭		西姑庵		美里		寨仔內
	下房		江都		洙濱		寨仔腳
	下埔		坑柄		封侯		瑤美
	下版		赤嶺		香溪		濱柄
	下店		坂前		徑上		蓮塘
	下張		坂仔		根頭		蓮坂
	三嫗仔		坂頭		高美		樟山
	山兜		吳田		高瀨		橫柄
	山后		東厝		高坑		嶺腳
	山坪		東安石		草坂		鋪洋

77

龍溪分發局

128 ~~131~~

不通郵地方							
所屬局名	名稱	所屬局名	名稱	所屬局名	名稱	所屬局名	名稱
長泰	橋仔頭	武平	梁山	南靖	東洲	湖雷	天度
	橋頭山		湘湖		東巇		白竦元
	蔡坑		湘村		金峯		田心裏
	蔡路		瑞前		林碑		田坑鄉
	謝厝		雷公灶		林埔山		石坑
	謝潭		落月坑		上寨		石子岐
	龍美		潭屋		河涸		石城
	龍鏸		楊柳坂		河坰		半天
	龍營		樟坑裏		岩下		甲口
	雙圳頭		蕉頭壩		虎峯村		凹下
	雙口宅		鄺家坪		亭對后		凹背
	鍾巍		嶺下		院前		車前崗
	興家山		羅田溪		南爐村		阮屋
	戴墘		鄧坑頭		前坂		東安
	閫坂	南靖	上窖		徑仔		坪上
	嚴埭		上湧		洲仔頭		油房溪
	嚴前		上北坑		紅坑		油草坑
武平	三嶺		上坂		梧宅		定寨背
	小閫		上厝五		梧坑		前頭灣
	上赤		上邊		荆美村		前坊
	上坑		上邊社		珩坑		秋竹岐
	上黄溪		山峯		郭碑		桐樹崗
	下黄溪		九寶曲		雁塔		桔樹下
	下塘		下塔		麻畲		深渡
	牛角塘		下北坑		筆峯		深坑裏
	石角裏		下劉		溪尾		淑瓦窰
	永定		下社		新村		荷花坑
	竹子嶺		下尾張		塗尾		黄渡管
	老福場		大房		溪口張		黄坑
	池家裏		內陳		濤尾		黄沙坑
	汾水		太保		鳳安口		黄泥湖
	沙子溜		天河		寨內		黄蔴地
	東留		古湖		碧溪		湖洋寨
	長居		田邊		澗楚村		象牙凹
	岡古岌		田寮		歸德		象牙村
	枚峯裏		田中央		墨場		弼婆
	桂坑		半徑村		樓仔		新樓下
	桃溪		永豐		鄭店		雷屋
	族坑裏		老頭社		銅田		葉坑
	掛坑		后溪村		潭兜		道人村
	黄心畲		后貫村		瀝水		瑞貝嶺
	黄沙		安尾		橋頭		熊屋
	黄沙坑		沙頭		霞湧		蓮塘
	黄竹塘		坑頭		蕭坑尾		養龍泉
	陽背		岱山	湖雷	七里甲		課堂裏
	帽村		東洋		下寨		錦溪
	萬安		東坂		中村		嶺子下

129

77a

龍溪分發局

不通郵地方

所屬局名	名稱	所屬局名	名稱	所屬局名	名稱	所屬局名	名稱
胡雷	洌背	雲霄	下料	雲霄	白水磜	雲霄	后坑埔
	皨屋		下坂		白塔		后水田
	羅坡		下城		白衣		后坑
	羅灘		下塗樓		白泉		后厝園
	羅坑壜		下樓		白石		后湯
	岩背		下河		白樓		后墩
	觀音宅社		下坑		白石山		后袋
浦南	下格社		下坪		白衣洋		后江頭陳畔
	天宮社		下洞		白鳳斜		后江頭柳畔
	南坂社		下阮		白礁村		后厝園村
	黃褒社		下管		田頭前		西林
	新林社		下徑		田坪		西埔仔
雲霄	九便安		下山外		田地		如仔寨
	七里舖		下城		田厝		竹樹潭
	七高山		下南		田墩		竹塔
	小坡		下埔村		田頭李		安子嶺
	小西庵		三脚寮		石厝園		安前
	大田		三高隴		石獅頭		安后
	大埔		山尾		石碧寮		安吉
	大甌		山烟尾		石曹		坑仔坪
	大坂		山后		石鼓		坑內
	大徑		山宅兜		石字		赤嶺
	大洞		山仔頂		石屏		赤塗
	大坑		山口埔		石壁		赤塗園
	大塘		山球湖		平上		赤檜
	大陂		山灣尾		平尾		車仔圩
	大崙		山邊		北樵		車澤面
	大洋溪		山坪		半徑		車頭
	大坪頭		山外村		半坑		杉脚
	大伯徑		山前		半店		吳坡
	大路坪		山內		四角樓		吳厝圩
	大斜		口寮		甘樹埔		李者坪
	大水風		內倉		打銀埔		東面
	大山頂		內埔		外東坑		東坑
	大塊園		內洞		世坂		東車
	大坂岐		內石岸		向北		東林
	上埭		五里劉		宅坂		東京坑
	上路頭		月眉池		宅兜		東葛頭村
	上河		中桂		吉坂		林厝
	上洋		火田		多福居		長龍
	上坂		斗橋		吊鐘		河溪[illegible]
	上窰		水尾		交東柴		河溪
	上洞		水閣		后安		河塘
	下半坑		水港		后埭		河仔埔
	下寮		水頭		后埔		官光坑
	下尾		水晶坪		后山		官田
	下陳		白狗洞		后坪		官園

78

130

龍溪分發局

不通郵地方							
所屬局名	名稱	所屬局名	名稱	所屬局名	名稱	所屬局名	名稱
雲霄	官城	雲霄	客寮	雲霄	頂外山	雲霄	寮江
	官陂頭		宮仔坑		陳岱		葛藤坪
	佳兜		紅樓		產山		葛藤埔
	佳洲		徑仔		視脚		葛埔
	門扁嶺		徑頭		梧巇坑		葫蘆巇
	坪水		孫坑		許坑		福山
	岳坑		翁厝		荷步		塔前埔
	旺林尾		翁厝村		麻竹頭		塔仔林
	和瑞堂		桃畲		梁山		新樓
	和倚隴		高地		粗溪		新厝
	和坑院		高溪樓		郭墩		新霄
	和坑		高厝寨		郭浦		新圩
	屈后山		高塘內		崎尾		新坡
	帖貝城		高山樓		崎脚		新南湖
	坡頭		高車		莿塘后		塘子后
	坡兜		馬山		淮音寨		塘尾
	宜谷徑		馬溪		雀埔		董厝
	青崎		馬坪		甯陽		董塘
	青雲頭		馬埔圩		甯仔樓		溪角
	青陽美		馬洞		甯頂		溪坪
	京尾		草厝		甯尾		溪巇
	松樹脚		桂竹坑		唅美山		溪口
	後埔		淩頭		船塲		溪屈
	後坑埔		峯頭		粢埔		溪埔園
	後營		烏坵		廍墩		溪甯園
	南山		烏石		部上		溪巇村
	洲頭		烏螺		黃坡		過拔
	洋下		烏石坑		黃墩		過溪
	洋坪地		院前		黃斗		蒲中
	洋墘		唐塘		黃岐山		濱武亭
	洋尾		益寶山		湖仔		鼎墩埔
	茅林		埔野		象坑		砦裏
	茅坪		涪田		渡塘		蓮芳樓
	前塗		眞珠圾		渡仔頭		鞍子坪
	前埔		徐南坑		渡頭		調河
	前墩		倚壁隴		無上舖		寮仔后
	前營		員峯		陽春村		黎壁埔
	前江頭		梅安		溫多坂		廟后
	崗嶼		絲竹洋		楊美		廟埔
	重地		頂牛坑		喉下		磁磘
	湖洋		頂埭		菩薩田		盤陀內
	柘尾林		頂厝		嶂礁坑		盤陀塗
	湖留壠		頂江		湯坑		摽仔
	胡厝		頂方		鳳竹牌		橫山
	湖洋		頂溪		寮前		樹下
	拱水樓		頂城		寮後社		樹洞
	柘林		頂下		寮樹橋		鴨母山

131

龍溪分發局

不通郵地方

所屬局名	名稱	所屬局名	名稱	所屬局名	名稱	所屬局名	名稱
雲霄	籮箱寮	華安	青良山	新泉	射山橋	適中	西坑
	橋頭		和尚山		曹屋		西坑村
	壇內		店仔圩		洋銅		光祠
	壇尾		珍山		南嶺		村頭
	磚埕		將坑		磜坪		東坑
	礤頭		雲山		秩康		板寮
	嶺腳		粗坑		溫坊		盂頭鄉
	嶺頂		巇仔厝		黃坑		迎富村
	嶺裏		霞妙		黃石潭		昌福山
	薛坂		龍美		黃屋嶺		南板
	霞坛		巖巇		畲步		南山什
	礁美	新泉	上庄店		溪口		洋后
	雙山		上羅地		閣康		洋費鄉
	雙溪口		下羅地		障背		前坑
	雙溪仔		下車		豪坑		前林村
	雙髻山		大路背		儒畲		背頭坪
	雙山嶺		五坑		賴坊		苦竹坑
	雙告山		水北		嶺下		後割
	龍坑		中村		磯頭		連衣石
	舊埔		仙坪		闕坑墻		莒舟鄉
	舊厝		布蘭		羅屋坑		深溪
	藍畔		生溪潭		羅屋背		麻石內
	藍厝		池溪		豐頭		黃礤下
	壕澤		米地	適中	小吳坑		象山鄉
	懶內		江畲		大吳坑		楮樹坪
	羅婆洞		西山下		大溪洞		溪柄
	灣坑		呂坊		大橋頭		新詞
	寶樹		良坑		上賴鄉		新村
	寶石		良福鄉		上龍坪		楓林鄉
	寶斗石		李家坊		上洋		楊屋村
	籠隹		河舖		上峯		窖頭
	籠家		官庄		上寨		橫路下
華安	山后		坪頭		上嶋		嶺下
	大地		坪上		下峯		霞村
	大垢		坪水		下嶋		藍田鄉
	下溪		林屋圩		下塘		顏詞
	上洋鄉		松山下		下村仔		巖前
	上苑		坡頭		山頭	漳平	九鵰社
	上巷		背畲		山背		西洋湖
	中巷		苧園		山坪頭		和春鄉
	井仔口		涂坑		白葉村		南洋鄉
	石井		涂坊		石門爐鄉		前板鄉
	四角垢		高地		石碧溪		拱福圩
	左龍山		馬洋洞		仙嶺		新安社
	后坑		海坑		仙溪鄉		滿州營
	后坪		陳坑		后坑		蓬湖
	青安		茶樹下		后溪	舊鎮	人家

79

龍溪分發局

132

不通郵地方							
所屬局名	名稱	所屬局名	名稱	所屬局名	名稱	所屬局名	名稱
舊鎮	小境	舊鎮	余厝	舊鎮	東厝	舊鎮	垌蔡
	小溪		地頭		東坡		曾柄
	大坑		巧埕		東平		曾厝
	大店		行美		林地		張厝
	大澳		后邊		林前		蓑坑
	大石后		后庄		林頭		雄厝
	上鄉		后江		林尾		湖尾
	上車		后蔡		長瑞		湖厝
	上蔡		后屈		長邊		塘頭
	上厝墩		后蒼		坪仔		塘東
	下坑		后魏		和坑		新社
	下樓		后雄		坡東		新寮
	下黄		后黄		坡內		路下
	下曾		后戴		花林		塔底
	下八宗		后門		岱嵩		溪東
	下東郊		后山		坤山		搖厝
	下林		后隴		店仔下		楊尾橋
	下尾		后山邊		雨霽頂		鳳山
	下寨		后埔邊		南峯		蒲莉森
	下埔		西庵		南景		寨內
	下嶼		西潘		南門		寨仔
	下吳		西洋		南蒲園		廟仔下
	下地厝		西丹		亭仔		廟后
	下四股		西蔡		城仔		鞍角
	下洋門		西房		洋尾石		潭仔頭
	山坪		西埔		洋坪嶺		樓仔
	山頭		西槑巖		前張		墩柄
	山尾		江口		前湖		磁角
	山曾		江頭		前坑		龍文時
	山邊		竹示		前雄		碣塔
	山郊		竹嶼		保安		橋頭圩
	山裏		赤文頭		岑兜		錦江
	內厝		赤水		岑石嶺		嶺腳
	月示		赤嶺		洪厝		磐仔
	井尾		坑巖		草坑亭		鐵草坑
	白石		坑內		草坑		蕭厝
	田厝		車行		烏石		寶龍
	石門		車鰲		烏石許		觀音亭
	石厝		坂山		院前	藍家渡	大坑頭
	石牛尾		沙園		浦南橋		大洋壩
	古山		沙門		埔仔		小阜磜
	古石黄		東坂		埔尾		石牌前
	半石		東埔		港西		石路鄉
	申社		東葛		埭厝		合調
	申圩		東庵		埭頭		余坑裏
	打山		東銀		頂地厝		南坑
	打鐵港		東埭		深塗		馬子凹

133

136

龍溪分發局

不通郵地方							
所屬局名	名稱	所屬局名	名稱	所屬局名	名稱	所屬局名	名稱
藍家渡	湯湖						
	溪口鄉						
	葉坑						
	黄屋背						
	楊梅洞						
	調㡿						
	蔡坑						
	賢豪湖						

汕头段已挂号批信局详情表（一九四〇年七月十九日）

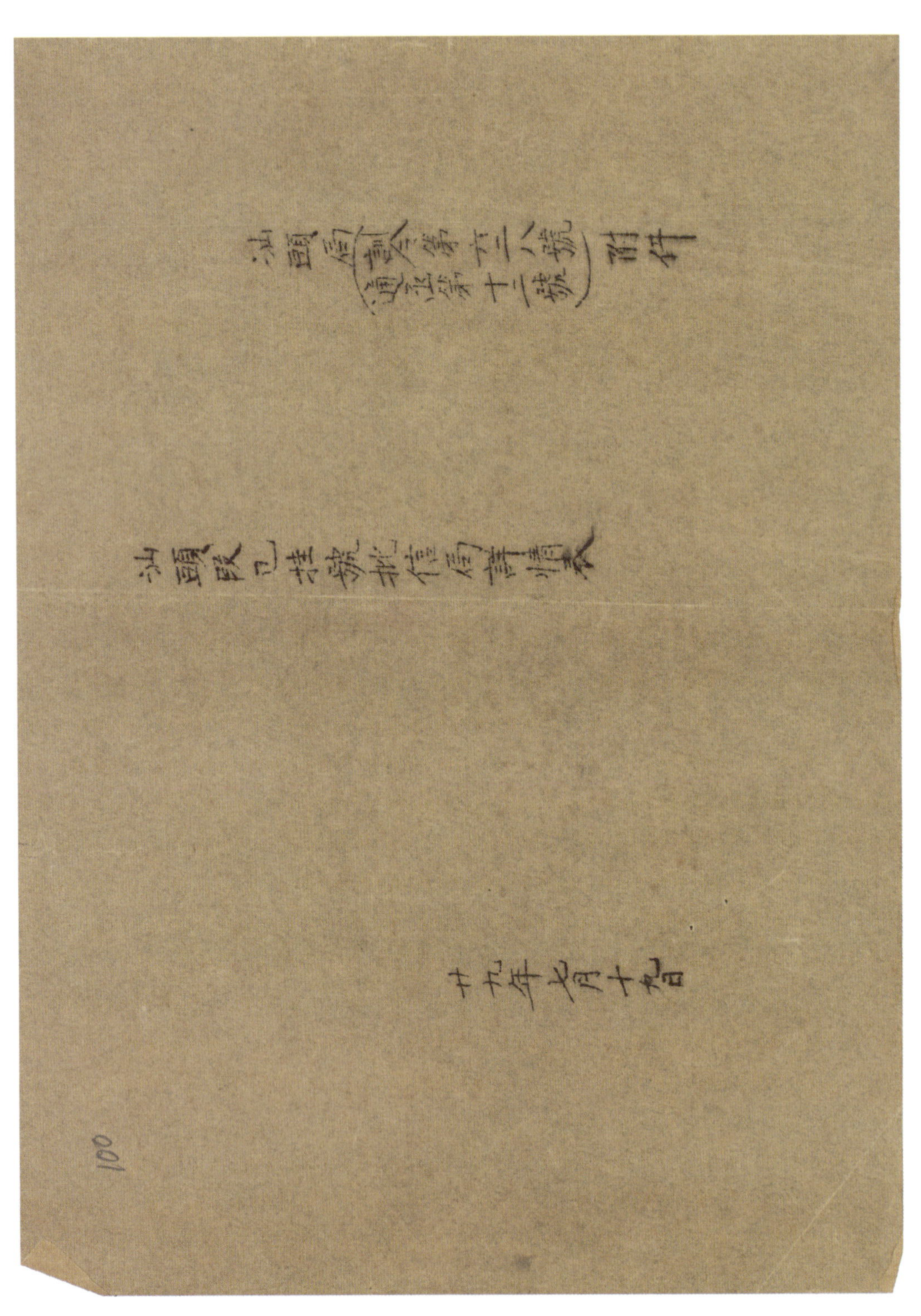
汕頭局（第六二八號 通函第十二號）附件

汕頭段已挂號批信局詳情表

廿九年七月十九日

100

101 98 29年

批信局名稱	開設地方	營業人姓名	分號名稱	開設地方	代理人姓名	執照號數
饒興記	大埔	饒谷士	萬生棧	吉隆坡	饒瑞堂	壹
裕隆昌	畲坑	張文泰	張廣泉	汕頭	張墉民	貳
			羅進記	盤谷	羅進满	
			公益	麻剌甲	葉應彩	
			嘉興昌	麻剌甲	劉文珊	
			萬和堂	芙蓉	宋谷仁	
			天生堂	新嘉坡	張碧如	
蔡南成	河婆	蔡展猷	利豐	汕頭	蔡煥臣	叁
			南益	佩剌克	蔡描	
			廣安隆	雙剌巴克	蔡謂亭	
			新成利	古樓	黃善合	
			東昇號	佩剌克	蔡高練	
彭宗順	五雲洞	彭繼述	彭宗順	勿里洞	彭嘉德	肆
信和成	揭陽	林道義	合和成	揭陽	林道義	伍
			合和成	汕頭	林健輝	
			普通	澄海	徐昌期	
			信昌	饒平	王貽平	
			詹恒益	潮陽	詹集秉	
			信和成	坤甸	林勇權	

其一

批信局名稱	開設地方	經營人姓名	分號名稱	開設地方	代理人姓名	執照號數
			和平	坤甸	林木水	
			吳長記	坤甸	吳元利	
			源合興	坤甸	許雄仁	
			林木榮	坤甸	林木榮	
			興合	坤甸	林金泉	
			益成禮記	坤甸	林芝娘	
			合和成	坤甸	林道毅	
豐昌	松口	梁秉初	培源	巴塔維亞萬隆	廖楚瞻	陸
			德彰號	巴塔維亞	梁茂章	
廣通	松口	王華巖	廣通	汕頭	王華巖	柒
			李三茂	怡保	李棠三	
謝均和	松口	謝公裁	英華	巴塔維亞	蕭照明	捌
			華豐泰	三寶壟	曾孔坡	
			華豐源	香港	曾德堅	
			仁愛堂	檳榔嶼	古炳襄	
			仁愛棧	怡保	古國璇	
			廣仁堂	金寶	古國璇	
鍾天華	松口	鍾偉權	協興隆	汕頭	李其漢	玖
			廣源順	盤谷	鍾錫裁	

其二

103 100

批信局名稱	開設地方	營業人姓名	分號名稱	開設地方	代理人姓名	執照號數
賴福記	梅縣	賴湧元	永合興	盤谷	鍾賢芳	拾
			陳華興	盤谷	陳仮華	
			協興源	芙蓉	李其新	
			賴隆泰	松口	賴蔭初	
			賴福記	盤谷	賴公元	
			賴福記	香港	賴沅華	
廣德興	梅縣	張雲卿	廣德興	汕頭	梁華夫	十一
			廣聚	潮安	黃卓三	
			王泗記	怡保	王烱南	
			協發	怡保	梁政元	
			義順源	香港	李璣臣	
陳富源	梅縣	陳勤争	陳富通	汕頭	陳濟軒	十二
			陳富源	興寧	陳怡庭	
			陳富通	巴荅維亜	陳冕鈞	
			陳富源	香港	陳國鈞	
			陳華興	盤谷	陳仮華	
			亞木	加爾各荅	陳亞木	
			應興	仰光	張啟田	
梁禎記	梅縣	梁運松	張廣泉	汕頭	張鏞民	十三

其三

批信局名稱	開設地方	營業人姓名	分號名稱	開設地方	代理人姓名	執照號數
盛記	梅縣	侯新如	羅進記	暹羅盤谷	羅進滿	十四
			盛世興	寧	侯伯源	
			朱順昌	廣州	朱芷秀	
			林耀記	上海	林耀卿	
			盛記	汕頭	劉克起	
			中原	孟加錫	廖世恭	
			盛記	香港	侯新如	
			葉怡隆	勿里洞丹絨板蘭	葉鑑秋	
熊增昌	梅縣	熊少緄	環通	汕頭	劉潤補	十五
			遠來	檳榔嶼	熊炳昌	
			渣華	香港	潘秉鈞	
四興	汕頭	陳四合	四合	潮陽	陳雲騰	十六
			銘發	陸豐	葉芳輝	
			裕源	惠來	陳偉如	
			榕興	檳榔嶼	陳榮光	
			和榕	新嘉坡	陳趙順	
			錦昌	仙達	陳四銀	
			美豐	新嘉坡	鍾柳士	
			有興	檳榔嶼	秦昌德	

105
~~102~~

批信局名稱	開設地方	營業人姓名	分號名稱	開設地方	代理人姓名	執照號數
源合興	汕頭	陳梓良	劉喜合	潮陽	劉竹船	十七
			陳四合	潮陽	陳雲騰	
			有信	澄海	蒍彌卿	
			魏啟峰	揭陽	魏啟圃	
			合利	饒平	張景光	
			詹恒亨	留隍	詹正初	
			源合	達濠	李偉臣	
			許陶合	饒平	許泗濱	
			裕興	普寧	陳毓山	
			集祥昌記	潮安	林悟如	
			乾元	陳店	蔡集操	
			益安	安南堤岸	鍾言	
			榮成	香港	何澍棠	
			大元	盤谷	蔡大宏	
			英發	新嘉坡	黃英臣	
			恒興	日里棉蘭	蔡仁國	
陳綿發	汕頭	陳在三	余同裕	高陂	余德軒	十八
			陳萬成	莒村	陳文台	
			德盛	大埔	郭德饒	

其五

~~103~~ 106

批信局名稱	開設地方	營業人姓名	分號名稱	開設地方	代理人姓名	執照號數
光益裕	汕頭	陳湘銘	興記	大麻	郭蓉	十九
			廣豐	梅縣	蔡松友	
			陳隆發	吉隆坡	陳在三	
			信成	蓮陽	余昌期	
			同泰	東隴	黃傳經	
			溶發源	北灣	陳再存	
			源順盛	詔安	周崇仁	
			光德成	揭陽	李運祥	
			有記	潮安	黃筠生	
			劉喜合	潮陽	劉竹船	
			黃德良	炮台	黃經通	
			黃茂利	黃崗	黃子厚	
			李源合	達濠	李渭臣	
			洪萬興	棉湖	洪賢炎	
			潘合利	店仔頭	潘立裕	
			再和成	新嘉坡	李應疇	
			萬益成	新嘉坡	陳渠	
			泰興	安南新關	杜之漢	
			[illegible]	[illegible]	沈[illegible]	

其六

~~104~~ 101

批信局名稱	有信
開設地方	汕頭
營業人姓名	黃壽三
執照號數	二十

分號名稱	開設地方	代理人姓名
光昌	峇眼	陳國勳
三益	坤甸	高浩然
李同泰	坤甸	李春澍
興合	坤甸	林金泉
益成禮記	坤甸	林勤禮
鄭和發	坤甸	鄭武春
許萬合	坤甸	許炳長
永桂合	坤甸	鄭才和
和興	坤甸	吳清松
吳長記	坤甸	吳元利
源合興	坤甸	許雄仁
林陞合	坤甸	林御庭
和平	坤甸	林木水
喜合	潮陽	劉竹船
啟峰	揭陽	魏啟和
信成	澄海	佘斯耀
德良	揭陽	黃經通
源合	潮陽	李偉臣
有記	潮安	黃鑄生

其七

~~105~~ 108

批信局名稱	開設地方	營業人姓名	分號名稱	開設地方	代理人姓名	執照號數
光益	汕頭	鍾少岩	楊政記	棉湖	楊壁榮	廿一
			榮合昌	河婆	李化衣	
			福和玉記	梅林	賴山椿	
			許廣源記	詔安	許東鳳	
			許陶合	黃崗	許泗濱	
			滙通威	浮山	張少高	
			有信	新嘉坡	李東宸	
			仁友	荷屬坤甸	陳濮惠	
			裕發	荷屬邦戛	馬乾元	
			如陶	潮安	蔡若水	
			喜合	潮陽	劉竹船	
			源合	達濠	李渭臣	
			黃德良	砲台	黃經通	
			萬興	棉湖	洪炎	
			滙通威	浮山	張少高	
			增順榮昌	蓮陽	陳友鵬	
			邱發利	意溪	邱步雲	
			鄭瑞記	留隍	鄭億燊	
			同泰	東里	黃傳經	

廿六

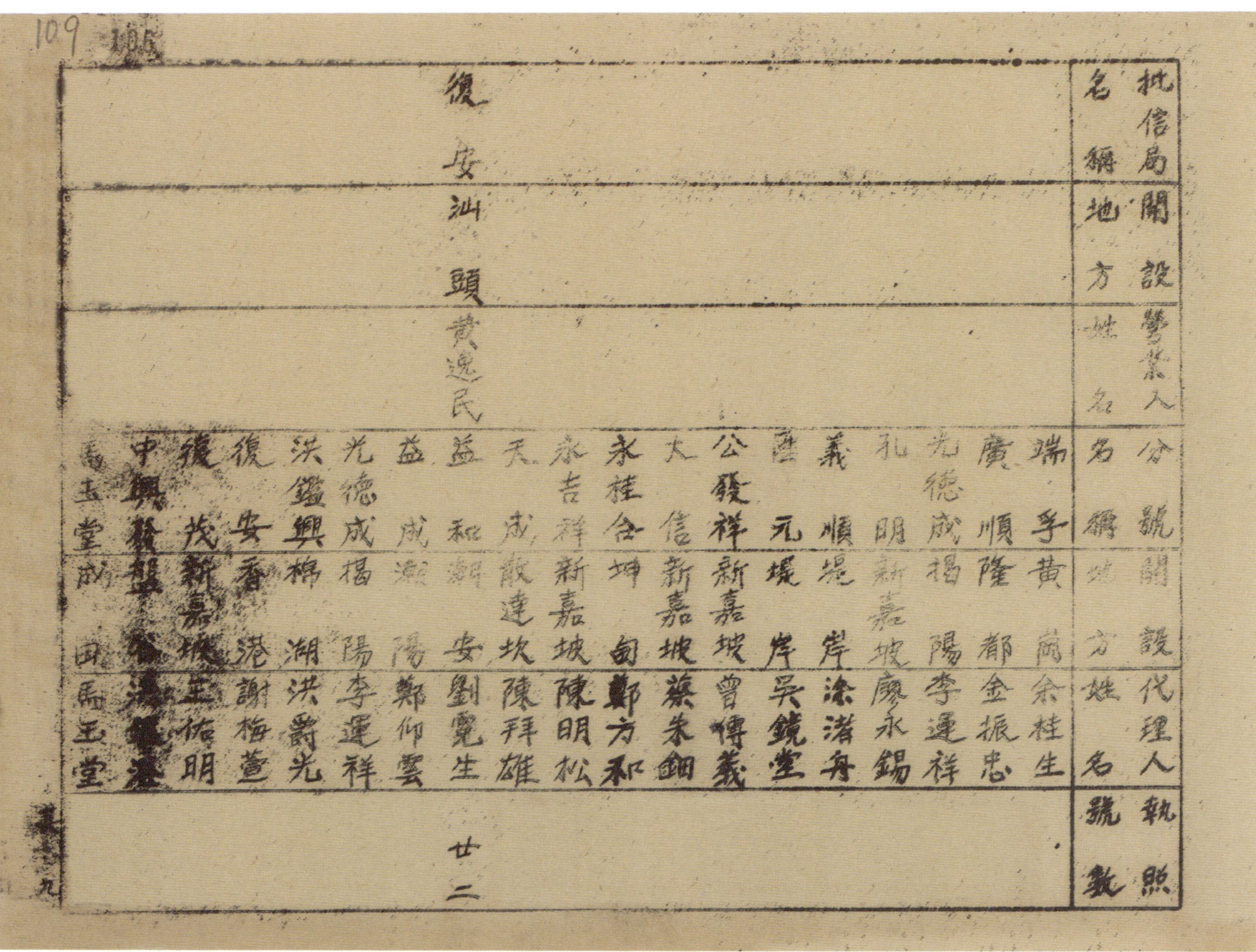

109 105

批信局名稱	開設地方	營業人姓名	分號名稱	開設地方	代理人姓名	執照號數
復安	汕頭	黃逸民	瑞孚	黃岡	余桂生	廿二
			廣順	隆都	金振忠	
			光德成	揭陽	李運祥	
			孔明	新嘉坡	廖永錫	
			義順	堤岸	涂渚舟	
			[illegible]元	堤岸	吳鏡堂	
			公發祥	新嘉坡	曾傳義	
			太信	新嘉坡	蔡朱鈿	
			永桂合	坤甸	鄭方和	
			永吉祥	新嘉坡	陳明松	
			天成	[illegible]達坎	陳拜雄	
			益和	潮安	劉寬生	
			益成	潮陽	鄭仰雲	
			光德成	揭陽	李運祥	
			洪鑑興	棉湖	洪爵光	
			復安	香港	謝梅萱	
			復茂	新嘉坡	王佑明	
			中興發	[illegible]	[illegible]	
			香玉堂	成田	馬玉堂	

九

~~107~~ 110

批信局名稱	開設地方	營業人姓名	分號名稱	開設地方	代理人姓名	執照號數
成昌利	汕頭	蕭介珊	豐源	達濠	鄭猷廷	廿四
			陳益隆	惠來	陳雲石	
			魏啟峰	揭陽	魏啟圃	
			黃德良	揭陽	黃興貞	
			政記	棉湖	楊壁榮	
			榮合興	河婆	李榮合	
			廣豐	湯坑	洪敬堂	
			永南興	日里	陳正興	
			陳和昌	薩拉瓦克	陳森榮	
			昌和	邦戛	李應元	
			李福利	新嘉坡	李明初	
			周榮興	怡保	周德榮	
			成昌利	成田	馬燦京	
恒記	汕頭	林成禧	四合	潮陽	陳雲騰	廿五
			成昌利	盤谷	蕭卓珊	
			光德成	揭陽	李運祥	
			恒泰	潮陽	林德高	
			鴻茂盛	詔安	許粵聲	
			科成	陸豐	陳進	

其十

108 111

批信局名稱	開設地方	營業人姓名	分號名稱	開設地方	代理人姓名	執照號數
			桂興	隴陞	魏傳材	
			承福興	檳榔嶼	林德音	
			天成	日里直名丁宜	張魯三	
			芳和	日里民禮	黃宗彝	
			元盛	日里棉蘭	林桐材	
			中興	日里砂拔	鄭廷彬	
			美隆	日里棉蘭	沈昇輝	
			新隆興	檳榔嶼	馬錫齡	
			新振發	檳榔嶼	陳江	
			同裕	檳榔嶼	陳金亮	
			永和	檳榔嶼	黃合	
			復泰記	檳榔嶼	張記	
			永萬源	新嘉坡	黃賽之	
榮大	汕頭	蔡禮權	乃裕	堤岸	吳少明	廿六
			光裕興	新嘉坡	周公度	
			福利	香港	謝少岩	
			寶裕隆	散達坎	沈光閣	
洪萬豐	汕頭	洪賢良	洪萬興	棉湖	洪賢明	廿七
			光德成	揭陽	李運祥	

其十一

其十二

批信局名稱	開設地方	營業人姓名	分號名稱	開設地方	代理人姓名	執照號數
			劉善合	潮陽	劉竹船	
			如陶	潮安	蔡若水	
			普通	潮安	吳彬達	
			光益	潮安	鍾少岩	
			馮茂盛	黃岡	盧湘如	
			萬興昌	店仔頭	許文謙	
			洪協和	河婆	洪明豐	
			黃創豐	葵潭	黃業鈞	
			源順盛	詔安	周崇仁	
			震東記棧	揭陽	魏傳材	
			潘合利	店仔頭	潘和機	
			黃德成	關埠	黃經通	
			洪萬成	新嘉坡	洪賢炎	
			洪萬豐	檳榔嶼	洪培生	
			永合峰	檳榔嶼	林揚釧	
			萬成興	提岸	洪肇子	
			洪萬發	暹坡	洪賢生	
			萬豐隆	新嘉坡	林月舟	
			和合興	日里棉蘭	丘金錄	

~~110~~ 113

批信局名稱	開設地方	營業人姓名	分號名稱	開設地方	代理人姓名	執照號數
			滙通	新嘉坡	劉俠儂	
合盛利	汕頭	劉廷脤	啟峰	揭陽	魏啟圖	廿八
			政記	棉湖	楊璧榮	
			合豐盛	湯抗	劉鴻美	
			聚豐	潮安	朱湘蘭	
			喜合	潮陽	劉竹船	
			榮盛利	盤谷	劉廷脤	
許福成	汕頭	許賓彬	陶合	黃崗	許猷其	廿九
			魏啟峯	揭陽	魏啟圖	
			劉喜合	潮陽	劉竹船	
			怡泰	潮安	盛雲友	
			許福成	隆都	許再勵	
			協成興	東隴	許錫河	
			震東	溜隍	魏傳材	
			許明發	盤谷	許玉聲	
			泰興裕	盤谷	陳二如	
榮成利	汕頭	許作貴	信昌	饒平	王昭平	三十
			悅記	潮安	陳拔	
			萬興	棉湖	洪炎	

其十三

111 114

批信局名稱	開設地方	營業人姓名	分號名稱	開設地方	代理人姓名	執照號數
裕大	汕頭	陳喜鎮	德合	澄海	張作謀	卅一
			春記	潮陽	劉竹	
			榮成利	新嘉坡	許達生	
			榮成發	堤岸	張肅	
			榮成興	盤谷	林智遠	
			孚信	潮安	芮易加	
			喜合	潮陽	劉竹船	
			光德成	揭陽	周良	
			益昌	惠來	陳銘經	
			元盛	棉蘭	林梓桐	
			集隆	散達坎	丘步雲	
			永集隆	香港	丘金鐘	
			順隆	新嘉坡	周智松	
佳興	汕頭	吳翩秋	劉喜合	潮陽	劉竹船	卅二
			陳四合	潮陽	陳雲騰	
			詹恒亨	階陞	詹正初	
			魏啟峯	揭陽	魏啟圖	
			有信	澄海	芮[illegible]卿	
			張合利	饒平	張景光	

其十四

-112- 115

批信局名稱	開設地方	營業人姓名	分號名稱	開設地方	代理人姓名	執照號數
			李源合	達濠	李偉臣	
			郭德隆	安南金塔	郭鏡發	
			陳源泰	安南欖莫	陳運偉	
			林中興	安南薄寮	林如石	
榮豐利	汕頭	黃徽猷	榮豐利	揭陽	黃徽猷	卅三
			洪萬豐	綿湖	洪賢明	
			黃協記	湯坑	黃元衡	
			劉喜合	潮陽	劉竹舩	
			魏桂興	陽隍	魏傳材	
			信昌隆	浮山	王運受	
			榮豐利	鹽谷	徐名奮	
			蔡誠美	委佛古樓	蔡誠輝	
			康復興	新嘉坡	蔡俊美	
			匯通號	暹內	張竹廷	
黃潮興	汕頭	黃善慶	康順	石仔頭	余振志	卅四
			劉喜合	潮陽	劉竹舩	
			魏啟峯	揭陽	魏啟圖	
			信成	蓮陽	余昌期	
			有記	潮埠	黃[illegible]生	

五十五

113 116

批信局名稱	批信局開設地方	營業人姓名	分號名稱	開設地方	代理人姓名	執照號數
啟峰	汕頭	魏啟和	許廣源	詔安	許鳳聲	廿五
			發利	松下	陳雲初	
			鄭和記	樟林	鄭敦衍	
			黃潮興	盤谷	黃順泰	
			啟峰	揭陽	魏啟圖	
			政記	棉湖	楊璧榮	
			喜合	潮陽	劉竹船	
			茂利	黃岡	黃子厚	
			信成	蓮陽	余斯耀	
			有信	澄海	葯獅卿	
			怡泰	潮安	張栢珊	
			陶合	黃岡	許一然	
			永豐發	安南金塔	林君正	
			陳德華	盤谷	陳成煌	
			新峯棧	新嘉坡	魏茂中	
			李同春	坤甸	李春樹	
			源合興	坤甸	許雙順	
			馨合記美	堤岸	黃國珊	
和興盛	汕頭	李德卿	永南興	日里棉蘭	李壽南	廿六

共十六

~~114~~ 117

批信局名稱	開設地方	營業人姓名	分號名稱	開設地方	代理人姓名	執照號數
馬源豐	汕頭	馬君聲	和豐	檳榔嶼	李應南	卅七
			政記	棉湖	楊璧東	
			啟峯	揭陽	魏啟峯	
			普通	潮安	吳彩堂	
			茂利	黃岡	黃子厚	
			喜合	潮陽	劉竹船	
			協成豐	成田	馬燦銳	
			永順利	成田	馬松軒	
			成昌利	成田	馬燦京	
			協成豐	盤谷	馬燦銳	
			永順利	盤谷	馬松軒	
			成昌利	盤谷	蕭卓珊	
陳萬合	汕頭	陳開宗	陳萬合	大長隴	陳元祿	卅八
			魏啟峯	揭陽	魏啟圃	
			蔡嘉泰	達濠	蔡通記	
			劉喜合	潮陽	劉竹船	
			陳明發	香港	陳家華	
			田春園	香港	方廷初	
			陳春盛	安南金塔	陳炳光	

共十七

118

~~115~~

批信局名稱	開設地方	營業人姓名	分號名稱	開設地方	代理人姓名	執照號數
老億豐	汕頭	黃偉初	陳成春	盤谷	陳家鍾	廿九
			陳源興	棉蘭	陳開珠	
			順裕發	潮陽	鄭和瑋	
			福裕興	潮安	林楚明	
			順裕祥	澄海	李合賜	
			老億豐	香港	謝少岩	
			順合隆	新嘉坡	李宗饒	
			順合祥	安南金塔	黃明興	
			合昌號	盤谷	劉宗武	
利昌	汕頭	王炳南	有信	潮安	芮弼卿	四十
			喜合	潮陽	劉竹船	
			啟峯	揭陽	魏啟圖	
			信成	蓮陽	佘斯耀	
			桂昌	詔安	陳子丹	
			聚豐	潮安	朱湘蘭	
			利昌	安南堤岸	王永	
馬合豐	汕頭	馬文龍	協成豐	成田	馬燦銳	肆壹
			茂元	黃岡	黃子厚	
			喜合	潮陽	劉竹船	

其十

批信局名稱	開設地方	營業人姓名	分號名稱	開設地方	代理人姓名	執照號數
馬德發	汕頭	馬星五	啟峰	揭陽	魏啟圖	肆貳
			協成豐	盤谷	馬君勇	
			德順盛	成田	馬燦威	
			協成豐	成田	馬燦銳	
			劉喜合	潮陽	劉竹船	
			黃茂利	黃崗	黃子厚	
			啟峰	梅光	魏啟圖	
			政記	棉湖	楊壁榮	
			普通	潮安	吳彩堂	
			增順營	蓮陽	陳猪	
			鄭瑞記	隆隍	鄭燊南	
			光德成	揭陽	李運祥	
			潘合利	店仔頭	潘和樑	
			如陶	潮安	蔡若水	
			德順盛	盤谷	馬鑑波	
			協成豐	盤谷	馬燦銳	
			郭乾昌	盤谷	郭應開	
			泰盛	盤谷	馬育民	
致盛	汕頭	鄭應林	致成	香港	陳子謙	肆叁

其十九

批信局名稱	開設地方	營業人姓名	分號名稱	開設地方	代理人姓名	執照號數
長發	汕頭	陳少濂	聯興	暹羅盤谷	沈啟添	肆肆
			孔明齋	安南堤岸	陳漢林	
			陳祐發	金甌	陳允貞	
			陳四合	金甌	陳雲騰	
			劉喜合	潮陽	劉竹船	
			陳益隆	隆江	陳雲石	
			光德成	揭陽	李運祥	
			洪萬豐	棉湖	洪賢明	
			旭和	檳榔嶼	陳子鐸	
			榮泰昌德茂	檳榔嶼	陳玉如	
			寶隆	怡保	陳星遠	
			錫彰	怡保	陳鐘源	
陳富通	汕頭	陳濟軒	陳富源	梅縣	陳勤孝	肆伍
			陳富源	興寧	陳怡廷	
			陳富源	香港	陳國鈞	
			陳富通	巴達維亞	陳亮鈞	
			陳華興	盤谷	陳依華	
			亞木	加爾各答	陳至本	
			慶豐	仰光	孫啟田	

117 120

~~118~~ 121

批信局名稱	開設地方	營業人姓名	分號名稱	開設地方	代理人姓名	執照號數
福茂	汕頭	黃南和	慎昌	仰光	陳慎修	肆陸
			福記	香港	李裕禮	
			集興	安南擺草	林廷集	
			德泰	新嘉坡	林華民	
			德泰	巴塔維亞	林順來	
福利	汕頭	黃文秋	中興	盤谷	洪鑑澄	肆柒
			福利	香港	謝蘭春	
			福成	新嘉坡	薛木本	
信大	汕頭	陳謙銘	茂利	盤谷	熊孝則	肆捌
			合成	埠塘	陳謙銘	
			光德成	揭陽	李運祥	
			洪萬興	棉湖	洪賢明	
			劉喜合	潮陽	劉竹船	
			陳四合	金甌	陳成安	
			陳普通	新嘉坡	陳容清	
			陳信裕	安南堤岸	陳崇翰	
祥益	汕頭	鍾樹芳	如陶	潮安	蔡若水	肆玖
			喜合	潮陽	劉竹船	
			源合	達濠	李渭臣	

其廿一

編號 ~~119~~ 122

批信局名稱	開設地方	營業人姓名	分號名稱	開設地方	代理人姓名	執照號數
玉合	汕頭	林癸	黃德良	砲台	黃經通	伍拾
			萬興	棉湖	洪炎	
			滙通盛	浮山	張少高	
			增順榮昌	蓮陽	陳友顯	
			邱發利	意溪	邱步雲	
			鄭瑞記	隔隍	鄭億燊	
			同泰	東里	黃傳經	
			端孚	黃崗	余桂生	
			廣順	隆都	金振忠	
			光德成	揭陽	李運祥	
			孔明齋	新嘉坡	廖永錫	
			恒豐	堤岸	吳君厚	
			南豐	堤岸	陳可南	
			滙元	堤岸	吳鏡堂	
			喜合	潮陽	劉竹船	
			啟峯	揭陽	魏啟圃	
			有信	潮安	蒍弼卿	
			信成	蓮陽	余斯耀	
			萬隆	潮陽	陳開宗	

其廿二

批信局名稱	開設地方	營業人姓名	分號名稱	分號開設地方	代理人姓名	執照號數
協成興	汕頭	許漢平	合利	饒平	潘和梁	伍壹
			聚豐	潮安	朱湘蘭	
			鴻茂盛	黃岡	盧湘如	
			端孚	饒平	余桂生	
			桂興	溜隍	魏傳村	
			王合	安南堤岸	王克昌	
			陳寬記	安南堤岸	陳傳禧	
			德隆	安南金塔	郭鏡蓉	
			廣德發	安南擺草	柯德裕	
			陶合	黃岡	許獻其	
			魏啟峯	揭陽	魏啟圃	
			劉喜合	潮陽	劉竹船	
			廣源	詔安	許鳳聲	
			協成興	東隴	許錫河	
			許福成	隆都	許漢良	
			怡泰	潮安	盛雲友	
			協成興	暹羅盤谷	許經緯	
張聯發昌泉	汕頭	張季香	張聯盛	河婆	張鏡棠	伍貳
			洪萬興	棉湖	洪賢明	

~~121~~ 124

批信局名稱	開設地方	營業人姓名	分號名稱	開設地方	代理人姓名	執照號數
			黃德茂	新嘉坡	黃炳南	
			黃德茂	柔佛	黃秀貞	
			張德豐	山口洋	張竹如	
			南記	山口洋	馮麟之	
			廣濟生	居鑾	葉華霖	
			劉義泰	仕剎克	劉士賢	
廣源和記	汕頭	陳傳仁	裕盛	新安	林冠濤	伍叁
			喜合	潮陽	劉竹船	
			祥盛	黃岡	巫子勳	
			有信	澄海	芮彌鄉	
			啟峰	揭陽	魏啟圃	
			萬興昌	店仔頭	許文謙	
			廣和盛	鳳凰	陳書德	
			義昌	饒平	錢凱臣	
			護記	堤岸	陳文	
			美盛	盤谷	蔡志真	
鄭順成利	汕頭	鄭舜之	信成	蓮陽	余斯耀	伍肆
			啟峰	揭陽	魏啟圃	
			有記	潮安	黃錫生	

其廿四

~~122~~ 125

批信局名稱	開設地方	營業人姓名	分號名稱	開設地方	代理人姓名	執照號數
			協成興	東隴	許錫河	
			喜合	潮陽	劉竹船	
			和記	樟林	鄭敦衍	
			振盛興	圖濠	曾國聲	
			淦合利	店仔頭	潘和樑	
			鄭成順利 舜記	盤谷	鄭舜之	
同發利	汕頭	羅舜桂	同發利	揭陽	羅舜福	伍拾
			義合泉	湯坑	羅必有	
			喜合	潮陽	劉竹舟	
			洪萬興	棉湖	洪賢明	
			啟峰	揭陽	魏啟團	
			普通	潮安	吳彩堂	
			黃茂利	黃崗	黃子厚	
			萬興昌	隆都	許文謙	
			魏桂興	陷隍	魏傳材	
			同發利	盤谷	羅价藩	
振盛興	汕頭	曾慎一	振盛興	澄海	曾慎一	伍陸
			魏啟峰	揭陽	魏啟團	
			泰成昌	潮陽	劉宗給	

其廿五

~~123~~ 126

批信局名稱	開設地方	營業人姓名	分號名稱	開設地方	代理人姓名	執照號數
永安	汕頭	周良	黃茂利	黃岡	黃子厚	伍柒
			桂興	留隍	魏傳材	
			振盛興	盤谷	曾壯吾	
			振源	散達坎	郭應銓	
			喜合	潮陽	劉竹船	
			洪萬興	揭陽	洪賢炎	
			許廣源	詔安	許鳳聲	
			德良	潮陽	黃興貞	
			滙通盛	饒平	張少高	
			榮利	店仔頭	林忠瑞	
			增順榮昌	蓮陽	陳友顯	
			邱發利	潮安	丘步雲	
			鄭瑞記	留隍	鄭德榮	
			同泰	東隴	黃傳鐘	
			光德成	揭陽	李運祥	
			如陶	潮安	蔡若水	
			有記	潮安	黃錫生	
			永安祥	新嘉坡	周壽昌	
宏信	汕頭鎮	芮弼卿	喜合	潮陽	劉竹船	伍捌

~~124~~ 121

批信局名稱	泰成昌	
開設地方	汕頭	
營業人姓名	劉宗翰	
分號名稱	開設地方	代理人姓名
啟峰	揭陽	魏啟和
信成	澄海	余斯耀
德良	揭陽	黃經通
有記	潮安	黃筠生
孚成	饒平	黃靜岩
森春	陸豐	魏應元
楊政記	棉湖	楊璧榮
潮興	散毫坎	潘益三
劉喜合	潮陽	劉竹船
普通	潮安	吳彩堂
魏啟峰	揭陽	魏啟圃
洪萬興	桴湖	洪賢明
黃榮昌	潮陽	黃來耀
信成	蓮陽	余斯耀
詹恒亨	留湟	詹集秉
陳裕源	惠來	陳雲石
有信	澄海	茹獅卿
黃茂利	黃崗	黃子亭
魏桂興	留隍	魏傳材
執照號數	伍玖	

其廿七

125 128

批信局名稱	開設地方	營業人姓名	分號名稱	開設地方	代理人姓名	執照號數
成順利記振	汕頭	鄭耽翰	泰記	盤谷	劉燕匡	陸拾
			鄭和記	嗱林	鄭乾衍	
			廣順	饒平	余振炎	
			有記	潮安	蕭翔生	
			啟峰	揭陽	魏啟圓	
			喜合	潮陽	劉竹船	
			信成	澄海	余斯耀	
			許廣源	詔安	許鳳鑾	
			發利	潮安	陳雲初	
			成順利記振	盤谷	陳府翔	
和合祥	汕頭	張伯文	和合祥	詔安	張志翔	陸壹
			潔昌	澄海	陳立欣	
			啟峰	揭陽	魏啟圓	
			喜合	潮陽	劉竹船	
			怡泰	潮安	張雲光	
			陽合	饒平	許一然	
			和合祥	盤谷	張偉秋	
			廣順利	澄海	謝寶鑾	
廣順利	汕頭	謝子和	[illegible]順樂昌	澄海	陳友顯	陸弍

其廿八

~~126~~ 129

批信局名稱	開設地方	營業人姓名	分號名稱	分號開設地方	代理人姓名	執照號數
普通	汕頭	吳彩堂	喜合	潮陽	劉竹船	陸叁
			啟峰	揭陽	魏啟圃	
			茂利	饒平	黃子厚	
			源順盛	詔安	周從仁	
			廣順利	暹羅盤谷	謝穀庵	
			春豐	英屬安順	謝如秀	
			如陶	潮安	蔡若水	
			劉喜合	潮陽	劉竹船	
			魏啟峰	揭陽	魏啟圃	
			黃德良	砲台	黃興貞	
			增順榮昌	蓮陽	陳友烈	
			鄭瑞記	隆隍	鄭燊南	
			端孚	黃崗	余桂生	
			南生	蓬州	唐文佩	
			楊政記	棉湖	楊璧榮	
			中興發	棉湖	洪爵光	
			廣順	隆都	金振忠	
			沛成	上湖	吳雨卿	
			協成	浮洋	李楚謙	

其廿九

~~127~~ 130

批信局名稱	開設地方	營業人姓名	分號名稱	開設地方	代理人姓名	執照號數
廣泰祥	汕頭	李星海	捷慶	庵埠	陳渭珊	陸肆
			邱合利	意溪	邱映亭	
			吳泰安	鹽谷	余悟真	
			常豐泰	盤谷	陳德安	
			乃裕	檳榔嶼	周植南	
			利豐亨	香港	吳鏡堂	
			致成	香港	陳子謙	
			萬順成	新嘉坡	鄭炳宋	
			祥泰隆	新嘉坡	張禎美	
			榮盛	新嘉坡	陳深溪	
			裕豐利	新嘉坡	蔡朱錮	
			廣泰祥	潮安	李日記	
			余同裕	高陂	余德記	
			黃萬美	高陂	黃輝如	
			羅昆記	大麻	羅奕桂	
			黃同益	大麻	黃達縈	
			仁安堂	三河	余敬初	
			饒源茂	大埔	饒采生	
			楊萬成	百侯	楊榮軒	

其三十

~~128~~ 131

批信局名稱	開設地方	營業人姓名	分號名稱	開設地方	代理人姓名	執照號數
萬興昌	汕頭	許文桂	吳合興	湖寮	吳紹炯	陸伍
			廣潮盛	盤谷	張漢生	
			亞東	盤谷	張靜之	
			南昌	新加坡	陳紹之	
			裕和堂	新加坡	藍廼章	
			萬興昌	隆都	許文謙	
			振興	錢東	黃立初	
			許陶合	黃崗	許献其	
			洪萬興	棉湖	洪賢炎	
			振盛興	澄海	曾國聲	
			喜合	潮陽	劉竹船	
			廣源	潮安	林冠籌	
			恒益	隆隍	詹禮園	
			同發利	揭陽	羅舜福	
			林大成	汫洲	林大成	
			廣泰祥	梅縣	李星海	
			洪鑑興	棉湖	洪爵光	
			萬興昌	盤谷	許文珍	
理元	汕頭	馬承章	永振發	成田	馬承章	陸陸

其卅一

~~129~~ 132

批信局名稱	開設地方	營業人姓名	分號名稱	開設地方	代理人姓名	執照號數
潮利亨	汕頭	瑞記等	普通	潮安	吳彩堂	陸柒
			喜合	潮陽	劉昭	
			啟峰	揭陽	魏啟圃	
			裕發	隆江	周子華	
			永振發	暹羅盤谷	馬仲瀾	
			美成元	暹羅盤谷	鄭静岩	
			馬泰盛	暹羅盤谷	馬育民	
			廣豐隆	新嘉坡	蕭錦福	
			魏啟峰	揭陽	魏啟圃	
			陳四合	潮陽	陳雲騰	
			劉喜合	潮陽	劉竹船	
			陳裕興	普寧	陳偉豪	
			陳聯豐	普寧	陳成剛	
			陳科成	陸豐	陳進	
			陳裕源	惠來	陳雲石	
			潮利亨	檳榔嶼	陳見民	
			益安號	安南堤岸	連鏡川	
			永南興	日里棉蘭	李子南	
			潮興隆	香港	陳宏昌	

其卅二

批信局名稱	開設地方	營業人姓名	分號名稱	分號開設地方	代理人姓名	執照號數
萬豐發	汕頭	魏長榮	啟峰	揭陽	魏啟圃	陸捌
			政記	棉湖	楊壁榮	
			喜合	潮陽	劉竹船	
			茂利	黃崗	黃子厚	
			合豐盛	湯坑	劉鴻美	
			信成	蓮陽	余斯耀	
			有信	澄海	芮彌卿	
			桂興	陽隍	魏傳村	
			怡泰	潮安	張栢珊	
			普通	潮安	魏子庚	
			陶合	黃崗	許一然	
			福成	隆都	許再勵	
			榮盛利	暹羅盤谷	劉廷服	
			振華豐	暹羅盤谷	邱卓然	
			馨合美記	安南堤岸	黃國珊	
			怡成豐	暹羅盤谷	洪瑞璉	
			同春	坤甸	李春澍	
			廣滙通	香港	黃子壽	
鍾榮順	汕頭	鍾靖潔	有記	潮安	黃鈞生	陸玖

其卅三

~~131~~ 134

批信局名稱	開設地方	營業人姓名	分號名稱	分號開設地方	代理人姓名	執照號數
陳炳春	汕頭	陳克翕	啟峰	揭陽	魏啟圃	柒拾
			喜合	潮陽	劉竹船	
			友信	澄海	芮弼卿	
			鴻茂盛	饒平	盧湘如	
			許福成	隆都	許再鬮	
			順合泰	盤谷	賴芳圃	
			洽成	潮安	李偉臣	
裕益	汕頭	周炯昌	啟峰	揭陽	魏啟圃	柒壹
			恒益	陽隍	詹正禮	
			喜合	潮陽	劉竹船	
			黃茂元	黃崗	黃子厚	
			潘合利	饒平	潘和棵	
			陳炳春	盤谷	陳克佳	
			劉喜合	潮陽	劉竹船	
			光德成	揭陽	李運祥	
			黃茂利	黃崗	黃子厚	
			溶發源	北灣	陳再存	
			同[illegible]泰	東隴	黃傳經	
			有記	潮安	黃鈞生	

其卅四

~~132~~ 135

批信局名稱	開設地方	營業人姓名
泉利	大埔	劉紹倉

分號名稱	開設地方	代理人姓名
黃德良	砲台	黃經通
洪萬興	棉湖	洪賢炎
源順盛	詔安	周崇仁
李源合	達濠	李瓚臣
信成	蓮陽	余昌期
潘合利	店仔頭	潘立祿
永德盛	新嘉坡	許惟杰
協豐利	峯市	劉韶九
泉利	虎市	梁星九
興利	松口	范宜洪
泉利	大埔	劉紹倉
集成	大埔	劉理臣
益成昌	大埔	劉達根
增發	三河	余昌文
吳達興	大麻	吳井言
公和發記	恭洲	劉王階
耀記	高陂	劉燮臣
南生	梅縣	何楨生
萬泰和記興	新嘉坡	劉健記

執照號數
柒式

其卅五

~~133~~ 136

批信局名稱	開設地方	營業人姓名	分號名稱	分號開設地方	代理人姓名	執照號數
			南興	新嘉坡	何春史	
			志成	香港	何育卿	
			南生	香港	何偉南	
捷成	汕頭	劉廸予	協豐利	峯市	劉韶九	柒叁
			泉利	虎市	梁星九	
			興利	松口	范宜洪	
			集成	大埔	劉理臣	
			益成昌	大埔	劉達根	
			吳達興	大麻	吳井言	
			隆昌仁	大麻	劉耀庭	
			增發	三河	余昌文	
			公和發記	恭洲	劉玉階	
			耀記	高陂	劉瓛臣	
			廣豐	梅縣	劉輝初	
			南生	梅縣	何栢生	
			平平	盤谷	張遜之	
			南生	香港	何偉南	
福成	汕頭	黃日輝	陳四合	金甌	陳雲騰	柒肆
			陳裕發	金甌	陳允貞	

其卅六

~~134~~ 137

批信局名稱	開設地方	營業人姓名	分號名稱	開設地方	代理人姓名	執照號數
勝發	汕頭	鍾詩和	劉喜合	潮陽	劉竹船	柒伍
			陳益隆	隆江	陳雲石	
			光德成	揭陽	李運祥	
			洪萬豐	棉湖	洪賢明	
			榮泰昌德成	檳榔嶼	陳玉如	
			榮泰昌記恒	怡保	陳玉文	
			泗利興	古樓	倪光	
			光盛	檳榔嶼	劉漢盛	
			盛業	檳榔嶼	張業仁	
			成興	佩剌克	馬成源	
			和成	佩剌克	陳榮桂	
			魏啟峰	揭陽	魏啟圖	
			陳科成	東海圩	陳進	
			劉喜合	潮陽	劉竹舟	
			陳聯豐	流沙圩	陳成剛	
			有信	潮安	許振豐	
			倪兩發	日里棉蘭	倪克昭	
			兩發棧	日里民禮	倪徐盛	
			黃創成	日里奇沙蘭	黃玉柳	

其卅七

批信局名稱	開設地方	營業人姓名	分號名稱	開設地方	代理人姓名	執照號數
振豐盛	汕頭	陳章武	李同春	坤甸	李春樹	柒陸
			陳聯豐	普寧	陳成剛	
			陳四合	潮陽	陳雲騰	
			陳科成	陸豐	陳進	
			鴻興號	碣石	秦士蒙	
			興勝號	日里棉蘭	黃提昌	
			陳怡盛	日里棉蘭	陳紅	
			陳源利	日里棉蘭	陳諸說	
			有豐號	檳榔嶼	黃彬裕	
			德盛號	日里棉蘭	姚明盛	
福興	汕頭	劉士彥	陳聯豐	流沙圩南山	陳成剛	柒柒
			陳科成	東海新圩	陳進	
			劉喜合	潮陽	劉竹舟	
			魏啟峰	揭陽	魏啟圖	
			陳益隆	隆江圩	陳雲石	
			陳四合	金甌	陳雲騰	
			萬發	檳榔嶼	黃亞房	
			振慶	大新嘉坡	黃啟平	
			永新	日里棉蘭	劉士城	

其卅八

136 139

批信局名稱	開設地方	營業人姓名	分號名稱	開設地方	代理人姓名	執照號數
義發	汕頭	余文仁	劉平合	暹羅大城	劉士平	柒捌
			源記	安南金邊	許其極	
			魚業	日里仙達	黃文吉	
			新發興	日里仙達	黃克欽	
			普通	潮安	吳彩堂	
			啟峰	揭陽	魏啟圃	
			揚政記	棉湖	楊壁榮	
			劉喜合	潮陽	劉竹船	
			許福成	隆都	許再勵	
			義瑞興	盤谷	余文仁	
			阜豐	盤谷	許雪生	
吳順興	汕頭	吳興祥	陳四合	潮陽	陳雲騰	柒玖
			劉喜合	潮陽	劉竹船	
			詹恒益	溜隍	詹正初	
			有信	澄海	芮獬卿	
			啟峰	揭陽	魏啟圃	
			合利	饒平	張景光	
			李源合	達濠	李偉臣	
			佳興	安南堤岸	林光源	

其卅九

批信局名稱	開設地方	營業人姓名	分號名稱	開設地方	代理人姓名	執照號數
			永裕盛	日里丁宜	徐金	
			義利	暹羅[illegible]	吳英欣	
			駿裕	新嘉坡	張屏之	
陳悅記	汕頭	陳披奇	陳合盛悅記	潮安	王璧如	捌拾
			陳悅記	鳳凰	文亞寬	
			洪萬興	棉湖	洪賢炎	
			劉喜合	潮陽	劉竹船	
			萬興昌	店仔頭	許文雅	
			普通	澄海	徐昌期	
			信昌	饒平	王昭平	
			光德成	揭陽	李運祥	
			恒益	陽隍	詹集秉	
			素齋	潮安	林步堂	
			陳悅記	盤谷	陳景雲	
			陳美盛	堤岸	陳國威	
			許裕發	新嘉坡	許謙元	
陳協盛	潮安	陳傳治	泰順	鳳凰	林述爾	捌壹
			美珍	盤谷	王壯興	
			寬記	堤岸	陳傳禧	

其四十

批信局名稱	開設地方	營業人姓名	分號名稱	開設地方	代理人姓名	執照號數
嘉隆	汕頭	蔡煥臣	榮合昌	河婆	李化初	捌式
			李裕昌	揭陽	李國仁	
			合興	香港	蔡龍	
			廣復興	新嘉坡	蔡俊美	
			昭昌	山口洋	蔡昭	
			錦記	勿里洞	蔡錦合	
			光成利	柔佛	蔡月初	
			誠美	古樓	蔡錦標	
			廣安隆	薩拉瓦克	蔡渭亭	
			蔡東昇	佩剌克	蔡聘	
張廣泉	汕頭	張牖民	裕隆昌	番坑	張文泰	捌叁
			裕隆昌	梅縣	張啟文	
			張源隆	興寧	張匯川	
			羅進記	盤谷	羅進湍	
			德昌隆	芙蓉	吳炳安	
			公益	麻剌甲	葉應彩	
			嘉興昌	麻剌甲	劉文珊	
			萬和堂	芙蓉	宋谷仁	
			致誠行	香港	宋道明	

其四一

142

139

批信局名稱	開設地方	營業人姓名	分號名稱	開設地方	代理人姓名	執照號數
周生利	汕頭	周雲生	劉喜合	潮陽	劉竹船	捌肆
			魏啟峯	揭陽	魏啟圃	
			洪萬興	揭陽	洪賢炎	
			有信	澄海	芮彌卿	
			黃茂利	黃岡	黃子厚	
			陳裕源	惠來	陳銘經	
			詹恒亨	陶隍	詹集秉	
			周榮興	佩剎克	周月波	
			義利	檳榔嶼	許連年	
森春	汕頭	魏應元	福和合記	梅林	賴山梧	捌伍
			黃兩順	葵潭	黃維暢	
			榮合昌	河婆	李合榮	
			有信	潮安	芮彌卿	
			啟峰	揭陽	魏啟圃	
			東成	大坪	鍾舜琴	
			新成利	柔佛士乃	黃子松	
			榮昌	柔佛士鑾	賴義昌	
			萬益祥	柔佛士乃	黃萬事	
			茂利	柔佛古樓	黃日東	

其四二

~~140~~ 143

批信局名稱	開設地方	營業人姓名	分號名稱	開設地方	代理人姓名	執照號數
宏通	汕頭	張公垣	惟安棧	薩拉瓦克	洪賀	捌陸
			昭昌	荷屬山口洋	蔡灼然	
			裕隆昌	梅縣	張啟文	
			張源隆	興寧	張滙川	
			同豐	梅縣松口	張伯我	
			古盛孚	蕉嶺	古少梅	
			廣泰祥	汕頭	李星海	
			許廣源	詔安	許鳳聲	
			豐隆	峇眼	李季信	
			新福順	江沙坡	蔡世擦	
			友和樹膠	麻剌甲	劉友知	
			新栈裕	塞加瓦特	張政聲	
			協豐	巴慶帕哈轄	陳和庚	
			凌祥隆	坤甸	凌耿章	
			蔡三盛	山口洋	蔡芳三	
			曾益成	帕塔浣	曾廣傑	
			利民	徽里濱	黃叔度	
			源盛	三寶壟	黃玉福	
			裕和	亞齊美倫	謝康祥	

其四三

批信局名稱	開設地方	營業人姓名	分號名稱	開設地方	代理人姓名	執照號數
			益盛	彭亨文冬	李兆垣	
			中國銀行	新嘉坡	黄伯權	
			中國銀行	檳榔嶼	黄伯權	
			泉豐	吉隆坡	陳世飛	
			福春	塞加瓦特	李尚三	
			陳鴻昌	古晉	陳鴻泰	
			泉豐	塞加瓦特	鄭其陞	
			義成	居鑾	張業茂	
			華昌	吉冷丹	黄逸民	
			慶和興	安順	黄和慶	
			駿興祥	吉隆坡	葉立基	
			瑞泉	太平	王振敎	
			天星	怡保	鄭奕春	
			泉吉	巴雙	鄭天祥	
			同益興	麻剌甲	黄學五	
			成吉利	檳榔嶼	李清吉	
			南洋貿易行	美里坡	陳木興	
			春成	宋嘉蘭	顏詔丹	
			豐順棧合記	怡保	李伯濤	

其四四

~~142~~ 145

批信局名稱	開設地方	營業人姓名	分號名稱	開設地方	代理人姓名	執照號數
			豐順棧記合	安順	李仲禮	
			杏濟堂	太平	戴尊三	
			財利	巴里文礁	王聲慧	
			瑞記	金寶	李叔宏	
			源公司	江沙惹蘭	蔡哲生	
			協成泰	峇眼	鄭金灶	
			王松昌	坤甸	王傳政	
			李協和	三發坡	李讓	
			源發	棉蘭	張念道	
			李勝安	棉蘭	李傳兵	
			華昌	山口洋	陳敬塘	

其四五

海口邮局跑差吴元翙经派华侨汇票详情表（一九四一年一月十一日）

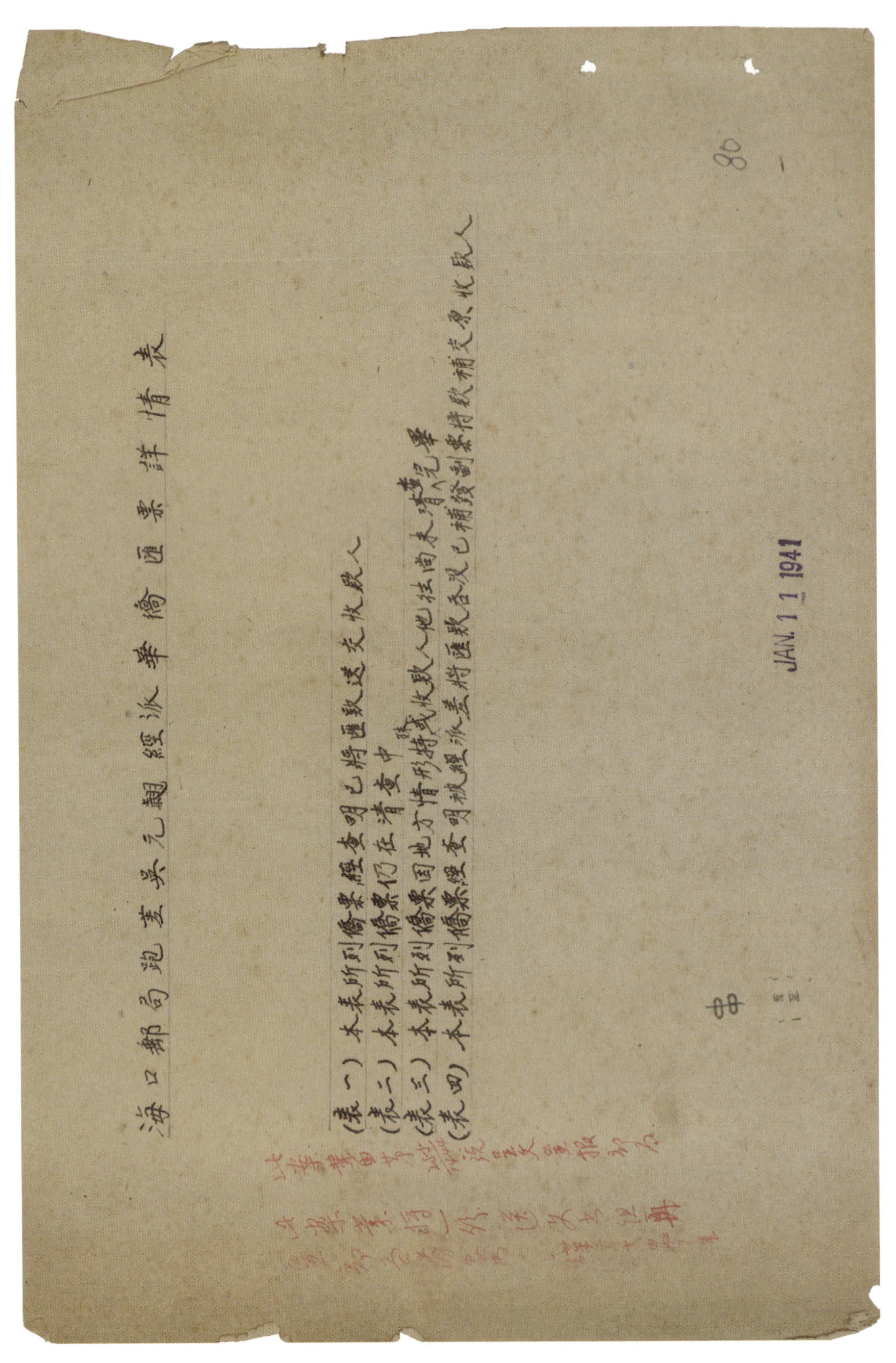

海口郵局跑差吳元翽經派華僑匯票詳情表

(表一) 本表所列僑票經查明已將匯款送交收款人

(表二) 本表所列僑票仍在清查中

(表三) 本表所列僑票因地方情形特殊收款人他往尚未清查完畢

(表四) 本表所列僑票經查明該跑差將匯款吞沒已補發副票將款補交與收款人

JAN. 11 1941

80

一頁 （表一）本表所列僑票經查明已將匯款送交收款人

匯款行	匯款號數	匯款人姓名	收款人姓名	地址	款額	兌付專號	備考
Singapore	HO/H 8	杜光達	李氏	琼山烈、楼市博養村	50.00	302	
Malacca	MA/H 397	陳大弹	陳大賓	〃 〃雷潭鄉西潭市龍梯村	200.00	17	
Muar	MU/H 659	蔡以信	蔡鄭氏	〃 〃六神公新市湧潭村	100.00	74	
〃	〃 〃 687	〃 〃 〃	〃 〃 〃	仝上	100.00	75	
Singapore	SS/HA 1174	陳明哲	妻王氏	琼山塔市坊潭康村	10.00	524	
〃	〃 〃 1178	陳之安	妻吳氏	〃 〃近濱丰市〃 〃 〃	20.00	525	
〃	〃 〃 816	曾德深	曾家忠	〃 〃塔市坊邁德村	100.00	516	
〃	〃 〃 1177	馮傳豐	馮孟學	〃 〃 〃 〃 〃東排村	70.00	583	
Palembang	PA/H 61	吳紹清	林氏	〃 〃 〃 〃 〃雲門村	30.00	534	
Malacca	MA/H 420	林绍炯	林詩蘊	〃 〃 〃 〃 〃道立村	25.00	535	
Singapore	SS/HA 981	陳進泰	楊氏	〃 〃 〃 〃 〃福音村	20.00	537	
〃	〃 〃 815	徐開芳	徐正清	〃 〃 〃 〃 〃華山茼村	150.00	520	
Kuala Lumpur	KL/HA 405	張傳堅	張劉氏	東排溪東頭新市后洋村	300.00	518	
Palembang	PA/H 67	吳賢炳	吳生琼	琼山塔市坊群上村	20.00	541	
Singapore	SS/HA 814	湯順昌	吳昌居	〃 〃 〃 〃 〃振家村	100.00	519	
〃	〃 〃 821	陳名川	母曾氏	仝上	10.00	515	
〃	〃 〃 982	楊大健	楊大發嫂	〃 〃 〃 〃 〃群上村	30.00	536	
Ipoh	IP/HA 507	吳威崇	吳安理	文昌抱羅高堆村	20.00	46	
Singapore	SN/C 909		黃宏鑾熙	〃 〃 〃 〃烏石村	10.00	~~373~~ 373	
〃	SN/H 224	吳乾秋	吳安瞳	〃 〃 〃 〃市高堆〃	20.00	577	

$1385.00

81

二頁　　(表一)　　2

匯款銀行	匯款號數	匯款人姓名	收款人姓名	住址 上次轉表 1385.00	款額	兌付導號	備考
Singapore	SN/H 322	吳乾俊	林氏	文昌抱羅市高敦村	20 00	578	
〃	〃〃4911	陳明河	符和鑾	文〃〃〃〃樂久〃	20 00	30	
〃	〃〃3621	符氣安	符用建	〃〃〃〃〃大學村	20 00	106	
〃	SS/HA 1686	黃宏萱	林氏	〃〃〃〃〃樂久村	20 00	91	
〃	〃〃1709	黃開光	黃有標	〃〃〃〃〃〃〃〃	20 00	97	
〃	SN/H 14	雲大晃	邢氏	〃〃〃〃〃大位村	100 00	374	
〃	〃〃1961	符和昇	馮東昇	〃〃〃〃〃〃學〃	20 00	501	
〃	〃/C 970		王昌平	〃〃〃〃〃下市山〃	100 00	379	
Malacca	MA/H 484	符付景	母郭氏	〃〃〃〃〃湖龍〃	50 00	570	
Singapore	SN/H 15	雲建福	雲吳氏	〃〃〃〃〃大位〃	150 00	372	
〃	〃〃3384	黃日輝	黃宏強	〃〃〃〃〃樂久〃	20 00	572	
〃	SS/HA 1200	雲大琳	林氏	〃〃〃〃〃大位〃	15 00	594	
〃	SN/H 5309	黎登和	黎有持	〃〃〃〃〃錦簡〃	10 00	108	
〃	SS/HA 955	黎本陞	黎登嶺	〃〃〃〃〃〃〃〃	30 00	579	
Malacca	MA/H 703	黎日江	母陳氏	〃〃〃〃後洋園村	30 00	44	
〃	〃〃1240	黎料法	〃〃	〃〃〃〃〃后〃〃	30 00	194	
Singapore	SS/HA 1596	陳威寬	林氏	〃〃〃〃〃湖塘村	20 00	98	
Malacca	MA/HA 68	符林鴻全	符黃氏	〃〃〃〃〃〃〃〃	10 00	498	
〃	〃〃69	符國成	林氏	〃〃〃〃〃〃〃〃	20 00	500	
Singapore	SN/H 4692	符樹新	李氏	〃〃〃〃〃〃〃〃	20 00	185	

共 2110.00

82

三頁　（表一）　3

匯款分行	匯款號數	匯款人姓名	收款人姓名	地址	款額 上頁移來銀2110.00	兌付專號	備考
Singapore	SS/HA1773	林樹應	林鴻文	文昌抱羅市東宅村	30.00	39	
〃	SN/H1745	符福英	馮裕楷	〃〃〃〃〃北村〃	20.00	479	
〃	SS/HA1849	潘正經	母林氏	〃〃〃〃〃西〃〃	20.00	112	
〃	SN/H1616	梁定才	母張氏	〃〃敎〃〃月桂山〃	20.00	489	
Malacca	Ma/H398	蔡科峰	蔡日蔡	〃〃抱〃〃后洋園〃	20.00	580	
Batu Pahat	BP/H317	謝書梧	謝琳琳	〃〃〃〃〃新宅村	20.00	196	
Singapore	SN/H2912	林樹泰	林天書	〃〃〃〃〃南彬村	20.00	566	
〃	SS/HA1001	鄞遠浮	鄞遠與	〃〃〃〃〃文〃〃	15.00	573	
〃	SN/H4913	潘于覓	林氏	〃〃〃〃〃五湖水〃	40.00	48	
〃	〃〃1330	潘于瀾	符氏	〃〃〃〃〃〃〃〃〃	20.00	470	
〃	〃〃1254	潘莫州	潘德祥	〃〃〃〃〃〃〃〃〃	20.00	471	
〃	〃〃1369	潘先裕	潘先祿	〃〃〃〃〃〃〃〃〃	30.00	472	
〃	〃〃1252	潘于玉	梁氏	〃〃〃〃〃〃〃〃〃	30.00	478	
〃	〃〃1958	潘于汾	許氏	〃〃〃〃〃〃〃〃〃	30.00	484	
〃	〃〃1479	〃光鴻	潘于星	〃〃〃〃〃〃〃〃〃	20.00	485	
〃	〃〃1980	~~〃業光~~	〃榮光	〃〃〃〃〃〃〃〃〃	30.00	486	
〃	〃〃1956	〃榮輝	許氏	〃〃〃〃〃〃〃〃〃	10.00	487	
〃	½c906		黎登軒	〃〃〃〃〃龍蛟塘村	50.00	375	
〃	SN/H1847	蔡科豐	〃〃〃	〃〃〃〃〃〃〃〃〃	10.00	490	
〃	SS/HA858	林明順	林猷成	〃〃〃〃〃東十里湖塘村	10.00	497	

2575.00

83

四頁　　（表一）　　4

原寄局名	匯款號數	匯款人姓名	收款人姓名	地址	款額	兌付串號	備考
				上頁總結	2575.00		
Malacca	Ma/HA 67	符樹源	符史甫	文昌抱羅市湖塘村	10 00	504	
Singapore	SS/HA 1784	蔡種瑞	符氏	〃〃〃〃〃石馬〃	50 00	33	
〃	SN/H 4316	符功謨	蔡符氏	〃〃〃〃〃〃〃	10 00	90	
Kuala Lumpur	KL/H 434	蔡科翼	蔡科明	〃〃〃〃〃〃〃	10 00	502	
Singapore	SN/H 2962	蔡日癸	妻韓氏	〃〃〃〃〃〃〃	10 00	592	
〃	〃〃 4375	韓陛丰	潘氏	〃〃〃〃東巴訦山村韓益豬	50 00	87	
〃	SS/HA 1326	潘先興	〃克誠	〃〃〃〃丹花村	15 00	94	
〃	〃〃 1325	〃子喜	林氏大嫂	〃〃〃〃〃〃〃	40 00	96	
〃	〃〃 1847	〃先铭	潘子明	〃〃〃〃〃〃〃	20 00	109	
〃	〃〃 1122	〃〃梓	陳氏	〃〃〃〃〃〃〃	10 00	593	
〃	〃〃 1121	〃〃鴻	潘子郁	〃〃〃〃〃〃〃	10 00	595	
〃	〃〃 1064	〃〃铭	〃〃明	〃〃〃〃〃〃〃	20 00	596	
〃	〃〃 1120	〃〃興	〃正祥	〃〃〃〃〃〃〃	20 00	597	
Kuala Lumpur	KL/H 527	呂先英	呂承受	〃〃〃〃〃豐家村	10 00	481	
〃	〃〃 546	元乐	林樹德	〃〃〃〃〃〃〃	10 00	493	
〃	〃〃 547	許振謙	潘氏	〃〃〃〃〃〃〃	20 00	494	
〃	〃〃 545	獻善	韓氏	〃〃〃〃〃〃〃	10 00	495	
Singapore	HO/H 773	王禄銘	林氏	〃〃〃〃錦鄉鴻禧山村	20 00	189	
〃	SN/H 3410	〃〃〃	〃〃	〃〃〃〃〃〃〃	30 00	591	
〃	SS/HA 1118	符和桂	符福生	〃〃〃〃〃龍虎村	50 00	36	

中

$ 3000.00

84

五頁　（表一）　5

經匯銀行	匯款號數	匯款人姓名	收款人姓名	地址	款額	兑付專號	備考
				上頁移來 $	3000.00		
Singapore	SN/H4276	符宣明	方氏	文昌抱羅市龍虎村	10 00	93	
〃	〃 6235	符福安	毋才氏	〃〃〃〃〃〃〃	10 00	201	
Batu Pahat	BP/H 316	符敦盛	符祥文	〃〃〃〃哥村〃	20 00	205	
〃 〃	〃 315	韓立豐	符氏	〃〃〃〃〃〃〃〃	50 00	208	
〃 〃	〃 148	符祥欣	韓氏	〃〃〃〃〃四村村符敦王號	30 00	474	
〃 〃	〃 146	韓立豐	符氏	仝〃〃〃〃〃〃	10 00	475	
〃 〃	〃 138	符墩盛	符祥文	〃〃〃〃〃〃〃〃	50 00	476	
〃 〃	〃 165	符祥合	符致王	〃〃〃〃〃〃〃〃	10 00	587	
Singapore	SN/H 1955	符氣兴	毋陳氏	〃〃〃〃〃〃〃〃	20 00	588	
Batu Pahat	BP/H149	韓康準	韓仁豐	〃〃〃〃〃邊城村	50 00	477	
Malacca	Ma/H1222	馮阶康	馮敬甫	〃〃〃〃〃楊嘉村	10 00	45	
Penang	PE/H1211	林鴻祺	吳林氏	〃〃〃〃〃東边田村	30 00	187	
〃	〃 1210	〃〃佐	林建氏	〃〃〃〃〃〃〃〃	20 00	188	
Singapore	SS/HA1548	潘先灼	潘于瑞	〃〃〃〃〃西村村	10 00	111	
〃	〃 999	〃正琳	〃家存	〃〃〃〃〃〃〃〃	50 00	575	
〃	〃 3115	韓佳梅	方保乾	〃〃〃〃〃〃〃〃	10 00	583	
〃	〃 1985	馮裕順	馮風效	〃〃〃〃〃東苑村	20 00	204	
〃	〃 1532	馮學川	毋符氏	〃〃〃〃〃〃〃〃	20 00	480	
〃	〃 1123	潘于福,海	許氏	〃〃〃〃〃〃〃〃	10 00	584	
〃	〃 997	馮裕順	馮風效	〃〃〃〃〃〃〃〃	50 00	585	
					$3490.00		

85

六頁 (表一) 6

原寄局名	批信號數	寄批人姓名	收批人姓名	地址	款額	兌付號碼	備考
				上頁積來	3490.00		
Batu Pahat	BP/H 241	鄧宝三	鄧文和	文昌抱羅市長山村	10 00	47	
〃 〃	〃 〃 307	〃 〃 〃	〃 〃 〃	〃 〃 〃 〃 〃 〃 〃	40 00	202	
Singapore	SN/H 4167	范会京	符氏	〃 〃 〃 〃 益群鄉西排村	20 00	110	
〃	〃 〃 3117	林祖文	林陳氏	〃 〃 〃 〃 南排村	10 00	581	
〃	SS/HA 1199	林樹熙	韓氏	〃 〃 〃 〃 西 〃 〃	15 00	582	
〃	SN/H 4275	符載東	妻馮氏	〃 〃 〃 〃 龍兜村	50 00	190	
〃	〃 〃 5864	符福英	符和珍	〃 〃 〃 〃 〃 〃 〃	50 00	209	
〃	〃 〃 5264	符氣東	〃 〃 昌	〃 〃 〃 〃 旧村 〃	50 00	107	
〃	〃 〃 2272	符和通	陳氏	〃 〃 〃 〃 龍兜 〃	20 00	56	
Malacca	Ma/HA 80	〃 戴任	符得慶	〃 〃 〃 〃 〃 〃 〃	20 00	499	
Singapore	SS/HA 1775	陳如成	符馮氏	〃 〃 〃 〃 楊家村	10 00	41	
Singapore	SS/HA 1061	馮裕海	鄧氏	〃 〃 〃 〃 東苑村	100 00	568	
〃	SN/H 3516	林樹梓	林樹桐	〃 〃 〃 〃 龍八村	20 00	86	
〃	SS/HA 1595	陳盛冕	黃勿蔡氏	〃 〃 〃 〃 〃 〃 〃	20 00	92	
〃	SN/H 3107	潘先琼	潘先海	〃 〃 〃 〃 统理 〃	25 00	599	
〃	〃 〃 3229	陳家道	陳華莊	〃 〃 〃 〃 新村 〃	40 00	567	
Ipoh	IP/H 354	陳華任	陳華保	〃 〃 〃 〃 〃 〃 〃	20 00	589	
Teluk Anson	TA/H 107	雲惟允	雲惟仍	〃 〃 〃 〃 桑龍村	50 00	27	
Singapore	SN/H 2312	周德龍	母韓氏	〃 〃 〃 〃 〃 〃 〃	50 00	601	
Penang	PE/H 883	符和益	符氣壁	〃 〃 〃 〃 抱富村	20 00	32	
					$4130.00		

98

七頁 （表一） 7

匯出銀行	匯款號數	匯款人姓名	收款人姓名	地址	款額	兌付號碼	備考
				上頁移來 $4130.00			
Singapore	SN/H 3821	盧明業	馮氏	文昌抱罗市抱留村	10 00	88	
〃	〃〃2561	林樹崇	呂氏	〃〃〃〃〃山梅〃	100 00	569	
Kuala Lumpur	KL/H 722	陳嘉仕	陳王琳	〃〃〃〃〃西邊福朝村	300 00	600	
〃 〃	KL/H 1349	郭詩達	郭時昭	〃〃〃〃〃東月坡村	30 00	49	
Singapore	SN/H 2278	周盛然	毋王氏	〃〃〃〃〃來龍村	20 00	28	
〃	SN/H 5014	郭詩庭	郭時煥	〃〃〃〃〃東月坡村	10 00	118	
〃	SN/H 5010	書美恭	毋羅氏	〃〃〃〃〃玉義鄉東月坡村	10 00	207	
〃	〃〃2171	陳來好	黃氏	〃〃溪尾市普寧号轉赤泉村	20 00	212	
〃	〃〃4635	陳戊益	陳家漢	〃〃抱罗市大土東边村	30 00	119	
〃	〃〃2797	符鴻道	毋王氏	〃〃〃〃〃林伍村	70 00	29	
〃	〃〃50	王帯應	雲氏	〃〃〃〃〃福耀〃	50 00	378	
〃	〃〃1351	潘先存	妻黃氏	〃〃〃〃〃白石村	20 00	469	
〃	〃〃1352	王昌權	邢氏	〃〃〃〃〃〃〃〃	60 00	473	
〃	〃〃1753	陳邦理	韓氏	〃〃〃〃〃〃〃〃	40 00	496	
〃	〃〃1458	功三	陳邦盛	〃〃〃〃〃〃〃〃	120 00	505	
〃	〃〃5011	郭書封	符氏	〃〃〃〃〃玉義鄉東月坡村	10 00	113	
Malacca	Ma/HA 358	郭詩全	弟婦郭符氏	〃〃〃〃〃東月坡村	20 00	186	
〃	〃〃333	〃熙鴻	符氏	〃〃〃〃〃〃〃〃	20 00	191	
Singapore	SG/HA 1110	郭書善	周氏	〃〃〃〃〃〃〃〃	20 00	576	
Kuala Lumpur	KL/H 1588	林樹富	林樹盛	〃〃〃〃〃山梅村	10 00	34	
					$5100.00		

87

八頁 (表一) 8

上頁總來 $5100.00

原匯銀行	匯款號數	匯款人姓名	收款人姓名	地址	款額	兌付專號	備考
Kuala Lumpur	KL/H1320	林鴻琼	林樹成	文昌抱罗市山梅村	10 00	35	
Singapore	SN/H1588	林猷鳴	許氏	〃〃〃〃〃〃〃	50 00	105	
〃	〃 〃 5640	林鴻傚	林樹琛	〃〃〃〃〃〃〃	90 00	197	
Teluk Anson	TA/4211	禄豐	王禄雄	〃〃〃〃〃湖尾礼	25 00	574	
Batu Pahat	BP/H247	王魁初	陳氏	〃〃〃湖美村	20 00	43	
Malacca	Ma/HA312	王禄安	王雲氏	〃〃〃〃〃湖枚村	20 00	54	
Batu Pahat	BP/H248	王景星	王帯利	〃〃〃〃〃〃梅〃	20 00	55	
Singapore	SN/H5142	許振英	許伯耿	〃〃〃〃〃鴨禄〃	15 00	89	
〃	〃 〃 5141	冯所禄	冯餘三	〃〃〃〃〃〃〃〃	10 00	100	
〃	〃 〃 5140	許振扶	許聲仁	〃〃〃〃〃〃〃〃	20 00	210	
〃	〃 〃 5139	周经营	周经焱	〃〃〃〃〃〃〃	20 00	211	
〃	〃 〃 3167 (2879)	林樹榮	呂氏	〃〃〃〃〃山梅鄉鵝鄉村	10 00	598	
〃	〃 〃 2795	林猷椿	妻雲氏	〃〃〃〃〃下界村	30 00	602	
〃	〃 〃 51	王帯應	王帯貴	〃〃〃〃〃南坡村	50 00	377	
Kuala Lumpur	KL/HA 810	連魁富	雲大財	〃〃〃〃〃石盤村	10 00	85	
Batu Pahat	BP/H273	韓乾光	韓奥允	〃〃〃〃〃西山村	50 00	31	
Singapore	SN/H6437	林猷錦	王啟鳳	〃〃〃〃〃六宅村	20 00	198	
〃	〃 〃 5534	经綸	何修齊	〃〃〃〃〃福心高村	40 00	203	
〃	SN/H 4914	潘于寬	呂友則	〃〃〃〃〃沈香村	35 00	51	
〃	SN/H5402	何敦川	何名就	〃〃〃〃〃山梅鄉沈香村	10 00	95	

$5655.00

88

九頁　　(表一)　　9

匯款銀行	匯款號數	匯款人姓名	收款人姓名	地址	款額	兌付專號	備考
				上頁結來$	5655.00		
Singapore	SN/H5310	黎瑩和	曾氏	文昌抱羅市湖心内村	10 00	103	
〃	SN/H5790	邢詒香	邢穀美	蛟塘市吳春村	20 00	270	
〃	〃〃5784	周德豐	黃氏	〃〃〃書薌〃	15 00	272	
〃	〃〃5787	刘炎盛	刘family順	〃〃〃〃〃〃	10 00	295	
〃	〃〃5789	周德材	韓氏	〃〃〃〃〃〃	10 00	296	
〃	〃〃5051	邢詒宏	雲氏	〃〃〃西亭村	20 00	276	
Ipoh	IP/CA226		邢穀豐	〃〃〃竹墩村	10 00	380	
Singapore	SN/H5794	符绍廷	符伊越	〃〃〃排村園村	50 00	286	
〃	〃〃5795	符绍昆	符德熹	〃〃〃福亭村	60 00	287	
〃	〃〃4157	符德宜	符绍森	〃〃〃〃〃〃	100 00	289	
〃	〃〃5805	符猛獻	馮氏	〃〃〃〃〃〃	50 00	290	
〃	〃〃5800	符德宣	符绍育	〃〃〃〃〃〃	20 00	293	
〃	〃〃5785	符绍道	符德芹	〃〃〃〃〃〃	35 00	297	
〃	〃〃5793	绍存	符绍順	〃〃〃〃〃〃	50 00	298	
〃	〃〃4709	绥平	王森則	〃〃〃秀屯村	50 00	288	
〃	〃〃5788	符德發	符和豐	〃〃〃夏洋村	10 00	279	
〃	〃〃5791	符德廷	何氏	〃〃〃〃〃〃	30 00	280	
〃	〃〃5783	符德懿	雲氏	〃〃〃〃〃〃	15 00	281	
〃	〃〃5798	符绍璩	符德星	〃〃〃下〃〃	10 00	299	
〃	〃〃2	王昌和	王帯顏	〃〃〃墊邊村	20 00	376	
					$6250.00		

89

十頁　　　（表一）　　　　　　　　　　　　　　10

通匯銀行	匯款號數	匯款人姓名	收款人姓名	地址	款額	兌付號碼	備考
				上頁移來 $6250.00			
Batu Pahat	BP/H 374	邢毅源	邢詒積	蛟塘市湖盧村	50 00	285	
Penang	PE/HX 338	潘先進	韓氏	大致坡市福亭堆村	57 00	282	
〃	PE/H 885	符和明	符用遜	〃〃〃〃瑞陽山〃	30 00	271	
〃	PE/HX 71	林詩富	林吳氏	〃〃〃〃正園村	20 00	552	
Singapore	SN/H 9221	周德初	周茂位	〃〃〃〃〃〃〃	100 00	274	
Batu Pahat	BP/H 322	煥福	盧蔡氏	蛟塘市白水塘村	34 00	268	
Singapore	SN/H 5786	符德仁	馮氏	大致坡市烏土城村	10 00	283	
Bangkok	BK/CX 104	曼谷銀行	林詩佐	海口城内新同泰號樓	10 00	345	
〃	BK/CA 52	〃	吳乾運	〃〃東门外中南村二十九号	50 00	347	
〃	BK/C 189	〃	馮振球	〃〃馬房十七号	50 00	356	
〃	〃 191	〃	王朝倫	〃〃博愛路交德安荣号内王鎮基	12 00	358	
Singapore	SN/C 817	〃	李林財則	〃〃牛車巷宗拾弍号	50 00	357	
Ipoh	IP/H 494	陳天成	陳王氏	東头市洋田村	20 00	13	
Malacca	MA/HA 245	林開易	林開書	大林市青松村	50 00	5	
Batavia	BA/HX 22	王鴻藩	謝氏	演東鄉夏山村	295 00	517	
Singapore	SN/HA 1176	陳峯~~村~~劉	譚氏	演丰市礼壤村	100 00	527	
Batavia	BA/HV 71	陳玉才	陳玉蘭	〃東鄉仔林〃	50 00	483	
〃	BA/H 772	林樹桐	林陳氏	〃〃〃后排〃	50 00	488	
Singapore	SN/H 3389	吳穎清	吳淑書	塔市坊罂門村	10 00	28	
Malacca	MA/H 547	吳開華	吳文才	〃〃〃高山〃	10 00	12	
					$7308.00		

90

十一頁　　(表一)　　11

[illegible]銀行	匯款號數	匯款人姓名	收款人姓名	地址	款額	[illegible]號	備考
				上頁移來$	7308.00		
Singapore	SS/HA 1587	陳煥文	陳煥美	塔市坊多蘭村探交	20 00	143	
〃	〃〃 1771	黃蘭禹	林氏	〃〃圯博度村	80 00	144	
〃	〃〃 1770	黃樹蛟	黃善俊	〃〃〃〃〃〃	20 00	145	
Kuala Lumpur	KL/HA 707	懷枯	陳家篤	〃〃道三村	5 00	147	
Singapore	SN/H 3391	蘇永安	蘇永芳	演丰坊排界村	50 00	7	
〃	〃〃 3359	〃定寿	蔡氏	〃〃市博文村	50 00	11	
〃	〃〃 5447	黃有軒	黃有桐	第五區東河鄉	30 00	140	
〃	〃〃 5261	潘正隆	周氏	演丰市文湖宝園村	20 00	158	
〃	〃〃 5446	吳桂英	符氏	〃〃〃東洲園村	25 00	156	
Penang	PE/H 784	徐開安	徐天福	〃〃〃博合村	50 00	138	
Singapore	SN/H 3390	〃世潮	〃继茂	〃〃〃湖头村	50 00	8	
〃	〃〃 5395	〃〃迫	〃〃〃	〃〃〃〃〃〃	50 00	139	
Batavia	BA/HY 5	王載奎	饒氏	演東鄉龍江市	50 00	355	
Singapore	SS/HA 1327	徐天倫	徐開宝	〃丰市昌城村	50 00	142	
Seremban	SE/H 427	王戴禄	王戴福	塔市橋头村	15 00	1478	
Penang	PE/HX 130	謝自楷	謝源球	罗豆市放梅村	50 00	195	
〃	〃/H 389	王瑶安	王德径	〃〃〃鴻講村	100 00	482	
Singapore	SN/H 2703	林詩傳	林詩傳家人	演丰市昌城南排里	5 00	526	
Kelantan	KB/H 189	鄺家甫	歐氏	〃〃〃原練村	100 00	528	
Singapore	SS/HA 996	〃士江	鄺家森	〃〃〃〃〃〃	40 00	540	
					$8108.00		

91

十二頁　　(表一)　　12

[illegible]行	匯款號數	匯款人姓名	收款人姓名	地址	款額	兌付專號	備考
				上頁結來$	8108.00		
Singapore	SS/HA 957	王徽璋	母林氏	澄丰市錦山村	20 00	538	
Penang	PE/H 648	蔡計奥	母吳氏	〃〃〃潭頭村	50 00	9	
Batavia	BA/HX 26	王鴻儒	謝氏	澄東夏山村	230 00	530	
〃	〃〃 23	〃〃寬	梁氏	〃〃鄉夏山村	150 00	529	
Singapore	SN/H 3803	張業嶸	張學緯	鋪前市雲樓村	10 00	125	
Batu Pahat	BP/H 271	黄宏海	黄比瑛	〃〃〃〃〃〃	50 00	149	
Teluk Anson	TA/H 330	林鴻衡	妻韓氏	〃〃〃〃〃〃	70 00	153	
〃〃	〃〃 77	周經拔	周成業	〃〃〃〃〃〃	100 00	532	
Batu Pahat	BP/H 262	梁承富	梁道善	〃〃〃三椅村	50 00	126	
〃〃	〃〃 270	楊毓惠	楊焕進	〃〃〃鶯鳴〃	100 00	130	
Singapore	SN/H 2982	鍾前庭	母陳氏	〃〃〃伏波〃	120 00	531	
〃	HO/H 526	林鴻蘭	林鴻桂	〃〃〃北山〃	30 00	155	
Teluk Anson	TA/H 2	道貴	林明球	〃〃〃后田〃	100 00	392	
〃〃	〃〃 329	林道〃	〃〃〃	〃〃〃〃〃〃	50 00	131	
〃〃	〃〃 289	史芳茗	祖母史葉氏	〃〃〃佳港〃	100 00	136	
〃〃	〃/C 59	安順華僑銀行	史振成	〃〃〃〃〃〃	50 00	389	
Singapore	SN/H 3804	韓視光	母齊氏	〃〃〃泰村	10 00	132	
〃	HO/H 707	韓球元	妻史氏	〃〃〃地泰村	250 00	134	
Teluk Anson	TA/H 337	能棟	母馮氏	〃〃〃下坡〃	20 00	151	
Ipoh	IP/HA 597	張業山	張德善	〃〃〃溪尾〃	10 00	157	
					$9678.00		

92

~~13~~

十三頁　　(表一)

				上頁移來$ 9678.00		
Telukanson	TA/c 66	安順華僑民行	黃閒祿	甫前市雲楼村	50 00	390
Batu Pahat	BP/H 283	葉用甫	母李氏	鋪〃〃新華〃	50 00	135
				總共$ 9778 00		
[illegible]	KB/c 71	[illegible]	[illegible]	[illegible]	50 00	368
				總共$ 9828 00		243件

~~93~~

93

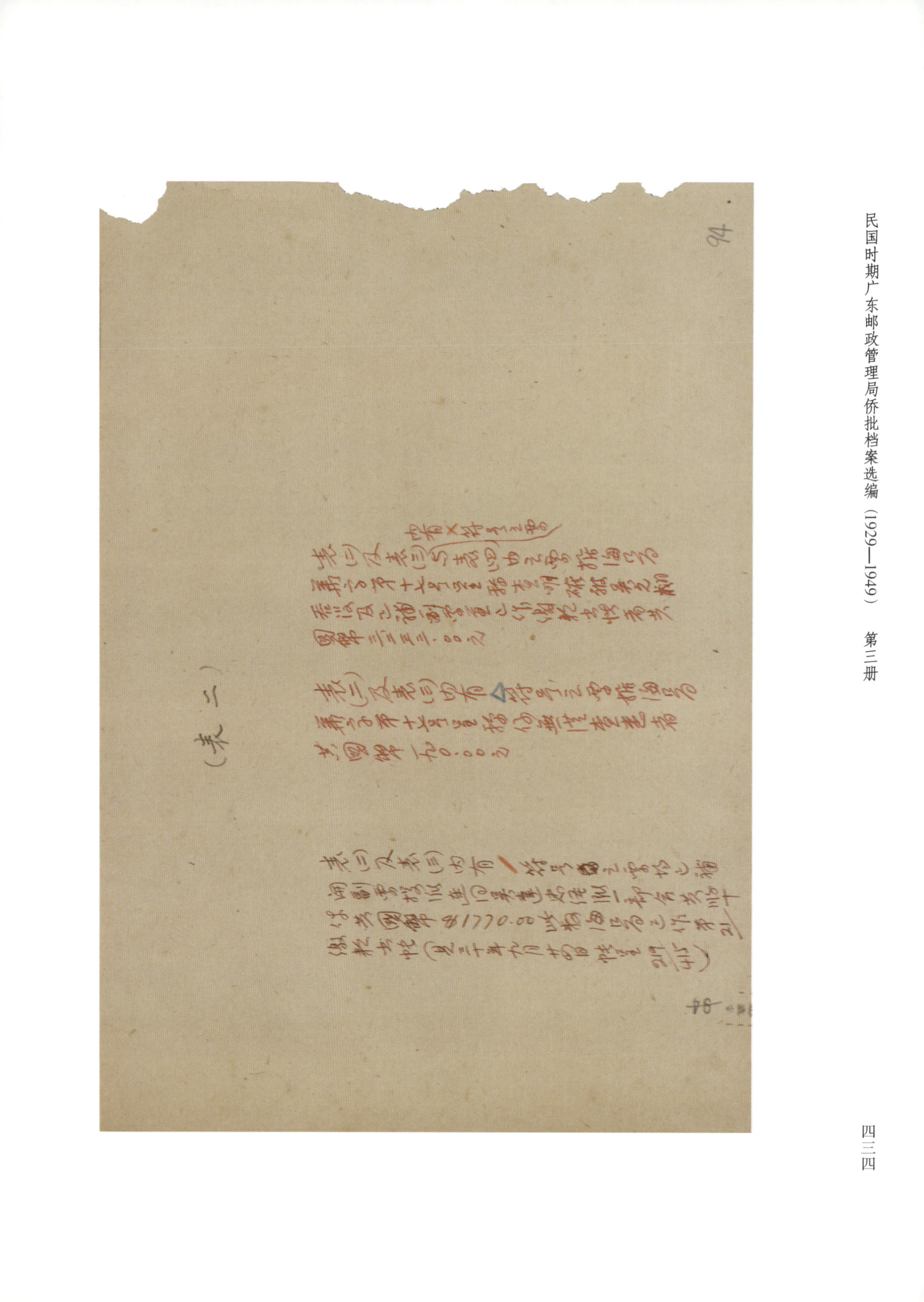

94

（表二）

表（一）及表（三）内（有×符号者）[illegible]之各批回已
[illegible]
[illegible]
国币[illegible].00元

表（二）及表（三）内有△符号之[illegible]批回已
[illegible]
[illegible]国币[illegible].00元

表（三）及表（三）内有／符号之[illegible]
[illegible]
[illegible]国币$1770.00[illegible]
[illegible]（[illegible]三十六年六月十四日[illegible]）

-94-

一頁　（表三）本表所列僑眷仍在清查中

Page 1

解匯銀行	匯款號數	匯款人姓名	收款人姓名	地址	款額	兑付專號	備考
Malacca	C 113	Malacca	薛升祿	雲龍市薛村	20.00	354	
Singapore SN	H 554	蘇氏	丁氏	隆發市苑車村	10.00	439	
Singapore SS	HA 733	吴文建	吴文祺	石橋市地咏村	10.00	△440	
Muar	H 251	潘家湖	潘德江	灵山市儒範村	20.00	442	
IPoh	HA 206	施進李	施日傳	灵山市儒範村	10.00	443	
Kuala Lumpur	HA 436	石大明	李續彬	嶺腳市西江村	10.00	543	
Kuala Lumpur	HA 435	石大明	母吴氏	嶺腳市美場里	40.00	544	
Singapore SS	HA 1003	陳宗友	周道階	雲龍市加内村	60.00	547	
Singapore HO	H 543	符俊于	符陳氏	龍發市白行村	20.00	548	
Kuala Lumpur	H 754	吴家甫	吴文紀	雲龍市青美鄉梅塘里	100.00	549	
Seremban	H 68	黎啓山	黎業寬	嶺腳新村	50.00	550	
Singapore HO	H 544	馮裕成	馮鳳高	龍發市敦厚湖村	20.00	562	
Kuala Lumpur	HA 486	趙經明	趙經春	道業市三福村	50.00	563	
Singapore SN	H 3177	吴乾平	吴坤順	龍發市下田村	20.00	△564	
Singapore HO	HA 39	王宜譽	~~凌雲氏~~	灵山市錦鑾村	34.00	408	必鍾氏安
Singapore HO	HA 40	王日瞰	~~鍾氏安~~	灵山市錦鑾村	20.00	409	必伉母劉氏
Muar	HA 42	黄善道	母王氏	三江市美敏村	30.00	×410	
Singapore HO	HA 41	郭進駿	妻黄氏	灵山市錦鑾村	15.00	411	
Malacca	HA 424	吴乾王	黎泰寬	龍發市高小村	10.00	×412	
Malacca	J 1447	陳起僧	妻周氏	龍發市道統村	20.00	413	
					$ 569.00		

95

二頁 （表二） Page 2

上頁計來 569.00

[illegible]匯銀行	匯款號數	匯款人姓名	收款人姓名	地址	款額	批序號	備考
Malacca	H1446	陳起鳳	母吳氏	龍發市道统村	20.00	414	
Malacca	H1856	蘇洪朝	蘇大播	龍發市龍社村	10.00	415	
Malacca	HA220	蘇與魁	母張氏	龍發市龍社村	30.00	416	
Malacca	H1598	蘇與清	妻蘇陳氏	龍發市攀丹村	30.00	417	
Malacca	H1763	蘇慶祥	蘇吳氏	龍發市龍社村	10.00	418	
Ipoh	H1191	翁方民	吳芳升	龍發市嶺後村讀安號	10.00	419	
Malacca	H1589	蘇開珍	妻林氏	龍發市龍社村	10.00	420	
Malacca	HA394	陳文鄉	陳文斌	龍發市征案村	10.00	421	
Malacca	HA537	廖之英	廖陳氏	雲龍市東林村	20.00	422	
Malacca	H1448	符仁象	母周氏	龍發市龍雲村	5.00	423	
Malacca	HA658	潘會伴	妻吳氏	雲龍市士閣村	50.00	×414	
Kuala Lumpur	HA1055	林紀行	棠尾武	龍發市三口園村	20.00	×425	
Malacca	H1102	鄭國足	妻秦氏	雲龍市文多村	100.00	×426	
Kuala Lumpur	H3572	馮凤昌	馮裕標	三江市烏石村	20.00	×427	
Kuala Lumpur	HA1008 (or 1007)	何家禧	何國建	三江市湖仔村	10.00	×428	
Singapore	HA2540	柯炎隆	妻吳氏	三江市杜蔚村	55.00	×429	
Malacca	HA495	王茀桑	母李氏	龍發市美龍村	50.00	×430	
Seremban	H562	吳家祥	吳文福	梅蓬市梅蓬村	15.00	431	
Ipoh	HA877	陳業秀	妻陳李氏	龍發市	70.00	△432	
Ipoh	HA975	施進李	施日傳	灵山市	15.00	433	

$ 1129.00

96

三頁　（表二）

Page 3

[illegible]	[illegible]	匯款人姓名	收款人姓名	地址	款額	兌付字號	備考
				上頁移來 1129.00			
Malacca	H1863	潘李清	妻王氏	雲龍市北戲村	50.00	× 434	
Malacca	HA 496	蘇大剑	蘇慶昌	雲龍市攀丹村	40.00	× 435	
Malacca	HA 635	丁才進	丁士俊	雲龍市湖圮村	35.00	× 436	
Singapore	HA 2707	馮蔚明	馮世棠	雲龍市東曾村	10.00	437	
Malacca	H1576	王受天	王明鏡	雲龍市士隆村	10.00	438	
Malacca	H2030	丁裕坤	丁裕標	雲龍市北坡村	20.00	439	
Malacca	H1410	丁成英	妻雲氏	雲龍市北坡村	40.00	440	
Malacca	H1999	李悭脂	母吳氏	雲龍市本立村	10.00	441	
Malacca	H1998	許振昌	許文光	道崇市南淋村	20.00	442	
Malacca	H1997	陳玉琮	許　氏	道崇市南淋村	20.00	443	
I Poh	HA 944	潘在福	周　氏	雲龍市四閣村	10.00	444	
I Poh	HA 1471	王明貢	王明章	雲龍市四閣村	10.00	445	
I Poh	HA 1156	王盛裕	妻鄭氏	雲龍市四閣村	10.00	446	
Malacca	HA 579	符用業	符鴻益	雲龍市鎮腳村	5.00	447	
I Poh	HA 945	吳坤成	吳乾元	美南鋪塘內村	10.00	448	
I Poh	HA 944	黎李優	妻吳氏	美南鋪三角村	15.00	449.	
Malacca	H2040	蔡　桂	妻源氏	隆蔭市坤泰村	20.00	△ 450.	
I Poh	H1340	符曾基	妻張氏	凌山市永樂村	10.00.	451	
Kuala Lumpur	H2497	潘家穗	潘以殷	灵山市僧範村	150.00	× 452	
Singapore	HA 2677	王官明	母刘氏	灵山市春内村	20.00.	453.	
					$ 1614.00		

97

四頁　(表二)　Page 4

来滙銀行	匯款號數	匯款人姓名	收款人姓名	地址	款額	兑付專號	備考
				上頁轉來	1614.00		
Malacca	H 1114	潘泉湖	潘德尚	灵山市傳範村	20.00	454	
Muar	HA 215	黎祖業	黎輝榮	灵山市大料村	40.00	455	
Malacca	H 1578	王受天	詹尊臻	雲龍市廖村	10.00	456	
Singapore	HA 2708	馮尉明	陳良桂	雲龍市昌德村	10.00	457	
Malacca	H 1560	孫南興	梁安徽	雲龍市文昌村	30.00	458	
Malacca	H 1409	丁光英	妻李氏	雲龍市道蘇村	10.00	459	
Penang	H 1885	符純經	符楊氏	灵山市仁光村	30.00	460	
Ipoh	HA 943	潘子秋	妻張氏	灵山市僧範村	15.00	461	
Malacca	H 1778	王良地	王贊儀	灵山市玉屋村	20.00	462	
Seremban	H 4159	陳家成	陳如霖	灵山市後嶺村	25.00	463	
Seremban	H 598	吳家統	吳文義	雲龍市梅蘆里村	20.00	464	
Malacca	H 1577	王受天	黎經新	雲龍市玉仙村	10.00	465	
Seremban	H 560	吳文祥	周純煥	雲龍市班内村	10.00	466	
Kuala Lumpur	H 2810	王祿丰	母黎氏	灵山市搏界村林志通収	50.00	467	
〃	H 437	石天成	陳鴻波	卷郷市美域村	5.00	559	
Kalantan	KB/H 133	陳甫〃	黄家讓	海口永興市富和昌文行張村	30.00	406	
Kuala Lumpur	KL/H 644	韋玩	韋吳氏	十字路富甫村	150.00	73	
Batavia	14987 / BA/H 495	黄宏喜	黄習文	演東鄉行林村	200.00	× 16	見海口侨批#1125/228号已被吴姜冒领，惟已由海口退款$50.00由海口局转列
〃	BA/Hy 105	陳光濟	陳玉崗		150.00	× 14	
$	14988 / BA/Hy 76	王傻裕	母王符氏	獻江村	35.00	× 10	

$2484.

98

五頁　（表二）

匯發銀行	匯款號數	匯款人姓名	收款人姓名	地址	款額	兌付號碼	備考
				上頁轉來$	2484.00		
Singapore SN	H 3162	王汝洄	王汝光	南門外向南村達老坊	15.00	15	✓
Penang	HX 87	廷灼	鄭廷槐	罗布碑世村	30.00	102	✓
Singapore SN	H 4588	邢毅活	母馮氏	蚊塘市墩松村	10.00	273	✓
Kuala Lumpur	HA 843	吳乾香	吳乾泰	嶺脚市儒林村	20.00	291	✓
Seremban	H 779	丁才福	丁才壽禧	雲龍市胡圯村	10.00	292	✓
Seremban	H 775	吳多王	吳清河周氏	嶺脚市鳳日村	100.00	294	✓
Palembang	H 158	周緒訓	周纘燀	抱罗市源昌號枝	50.00	99	✓
Singapore SN	H 9113	黃贊儀	黃文貴	道崇市南淋村	50.00	269	✓
Teluk Anson	TA/C 39	安順銀行	韓慶準	舖前地太村	15.00	391	
Batu Pahat	BP/H 144	梁先吉	母葉氏	″ ″ 市三榜，梁永運交	10.00	444	
Singapore	HO/H 887	黃昌炎	邢定卿	蚊塘市竹墩村	20.00	×278	欠海口收據#117
Kuala Lumpur	KL/H 271	符鴻文	馮氏	抱罗，后坡山村	50.00	×434	″
Singapore	SV/H 5427	韓鏡青	韓鑫丰	″ ″ 達城村	300.00	×199	
″	SV/H 719	雲昌富	符氏	″ ″ 湖心村椋坡村	100.00	×433	欠海口收據#117
Singapore	CA 581 SS 3201/39		妻高氏	″ ″ 丹花村	10.00	401	
″	C 1108 SN 1137		母潘氏	″ ″ 西排村	100.00	402	
				總共$	3374.00	96件	

66

99

一頁　（表三）本表所列僑票因地方情形或收款人他往尚未清查完畢　　1天

通匯銀行	匯款號數	匯款人姓名	收款人姓名	地址	款額	兌付號碼	備考
Singapore (SN)	SN/H4860	林紹錦	黃王氏	大林市塘坑沙湖村	60—	137	收款人不在家無從查詢（參看僑匯報告書第35號第2頁）
Teluk Anson	TA/C 25	和順華僑民行	吳氏	鋪前市云樓村	100—	259	據林如四匯款人謂彼在家[illegible]（參看僑匯報告書第[illegible]號第4頁）
Malacca	MA/C 146	馬六甲華僑民行	盧氏	鋪前市后田村	20—	360	原村據上無匯款人在[illegible]查不着（參看僑匯報告書第15號第4頁）
Teluk Anson	TA/C 16	和順華僑銀行	黃氏	鋪前市[illegible]港村	270—	361	[illegible]上無匯款人在[illegible]查不着（參看僑匯報告書第15號第5頁）
Singapore (SN)	SN/H1207	林鴻桐	林[illegible]	鋪前市雲樓村	20—	446	收款人不在家[illegible]民[illegible]信退回（參看僑匯報告書第15號第5頁）
Batu Pahat	BP/H 145	林[illegible]吉	王氏	〃 〃 三[illegible]村	10—	432	仝上
Bangkok	[illegible]	[illegible]民行	陳[illegible]	海口中山路[illegible]村	20—	246	收款人不在[illegible]無從查詢（參看僑匯報告書第4號第1頁）
Kuala Lumpur	KL/41516	黃[illegible]華	黃會春	大林市黃云村	10—	150	收款人不在家[illegible]信退回[illegible]（參看僑匯報告書第4號第2頁）
Singapore (SN)	SN/H4257	雷大[illegible]	盧氏	大林市[illegible]村	20—	127	[illegible]上[illegible]收款人住址（參看僑匯報告書第4號第1頁）
Singapore (SS)	SS/H1170	[illegible]永和	黃氏	海[illegible]市[illegible]高村	10—	539	收款人不在家無從查詢（參看僑匯報告書第16號第2頁）
〃	SS/HA1590	林[illegible]	馮[illegible]	大致坡市烏[illegible]村	10—	237	收款人不在家無從查詢（〃〃第8號第5頁）
〃 (NO)	NO/H1058	馮[illegible]	馮裕朝	蛟塘市[illegible]村	20—	235	仝上
〃	NO/307	馮[illegible]	〃 〃	〃 〃	15—	558	仝上
K. K. T.	[illegible]	謝[illegible]	謝陳氏	[illegible]市[illegible]村	80—	284	收款人不在家無從查詢（參看僑匯報告書第8號第5頁）
Ving Shun	[illegible]/4531	[illegible]	馮裕和	蛟塘市[illegible]村	10—	561	收款人不在家[illegible]信退回[illegible]（參看僑匯報告書第8號第7頁）
Bangkok	BK/CA47	[illegible]華僑民行	張光[illegible]	大[illegible]市[illegible]村	25—	346	收款人不在家無從查詢（參看僑匯報告書第17號第3頁）
Kuala Lumpur	KL/HA326	張[illegible]道	郭文英	海口[illegible]新市[illegible]村	100—	445	收款人不在家[illegible]信退回[illegible]（參看僑匯報告書第17號第3頁）
Singapore	SN/H4636	[illegible]	[illegible]氏	[illegible]市[illegible]村	15—	193	收款人不在家無從查詢（參看僑匯報告書第7號第4頁）
Malacca	MA/HA242	[illegible]	[illegible]黃氏	〃 〃 〃 湖塘村	20—	50	收款人不在家無從查詢（參看〃〃〃〃第7號第6頁）
〃	MA/HA70	林鴻基	林樹[illegible]	〃 〃 〃 [illegible]山村	20—	492	收款人不在家〃〃〃〃（〃〃第7號第7頁）

$855.00　　100

二頁　　（表三）　　　　　　　　　　　　　　　　　　　　２３

匯款銀行	匯款號數	匯款人姓名	收款人姓名	地址	款額	兌付專號	備考
Singapore	SN/H 4993	符樹保	符英函	抱羅市圩后村	10—	208	[illegible]（[illegible]第8页）
〃	SN/H 2156	馮尔[illegible]	符氏	〃〃〃[illegible]村	10—	586	仝上
Ipoh	SP/HA 777	陳德昭	陳德雲	〃〃〃東边江[illegible]村	15—	×101	仝上
Singapore	SS/CA 583	無	陳氏	〃〃〃小龍村	30—	398	不書明匯款人姓名查從何查（[illegible]第[illegible]页）
Batu Pahat	SP/H 114	林元	韓珊[illegible]	〃〃〃元馬村	100—	503	收款人[illegible]（〃〃〃〃〃第6页）
Malacca	SP/H 1241	周[illegible]	黎氏	〃〃〃大排村	10—	×192	收款人不在家〃〃〃〃（〃〃〃〃〃第[illegible]页）
Singapore	SN/H 2010	潘光亮	潘光甲	〃〃〃统[illegible]村	50—	491	仝上
Penang	PN/HX 125	陳[illegible]	谢[illegible]伊	〃〃〃[illegible]	200—	104	仝上
Singapore	SS/BA 3857 实係SS/CA 549	〃	潘正[illegible]	〃〃〃西村[illegible]	10—	×400	收款人不在家[illegible]（[illegible]第[illegible]页）
〃	SS/CA 550	〃	潘正[illegible]	〃〃〃丹花林	50—	×399	[illegible]（[illegible]第[illegible]页）
〃	SN/H 4719	[illegible]	[illegible]大	〃〃〃鴨[illegible]村	50—	△206	收款人[illegible]（[illegible]第[illegible]页）
〃	SS/CA 375	無	[illegible]	文昌[illegible]市泰國[illegible]綿簡村	10—	397	[illegible]（[illegible]第[illegible]页）
				總共県	1410.00	三十二件	

見1毎12件呈#11）
（另一件#SS/CA549　查不着在何表內）
$10.00

101

102

一頁 （表四） 海口郵局跑差吳元翩往派僑票表 （表内各僑票匯款經查明確被往派差吞沒已函飭副局扣款補發收款人）

1次

原匯銀行	匯款號數	匯款人姓名	收款人姓名	地址	款額	兑付專號	備考
Kuala Lumpur	KL/HA 844	張傳賢	張詩芹	海口东排溪东头新市後洋村	70.–	128	參看僑匯报告書第3號第2頁
〃	KL/HA 845	〃〃聖	〃〃芳	〃〃〃〃〃〃〃〃〃〃	50.–	146	〃〃〃〃〃〃〃〃〃〃
〃	KL/HA 846	〃〃道	〃鴻魁	〃〃〃〃〃〃〃〃〃〃	25.–	133	〃〃〃〃〃〃〃〃〃〃
〃	KL/HA 850	〃〃聖	周國定	〃〃〃〃〃〃〃〃〃〃	5.–	141	〃〃〃〃〃〃〃〃〃〃
Penang	PE/HA 104	俞名廣	吳氏	〃〃〃〃〃〃〃〃行雅村	20.–	129	〃〃〃〃〃〃〃〃3
Kuala Lumpur	KL/HA 848	張傳聖	陳琢栖	〃〃〃〃〃〃〃〃拾桂村	15.–	152	〃〃〃〃〃〃〃〃〃〃
Seremban	SE/H 203	蔡日佳	陳氏	蛟塘市陳宦后村陳成富转	20.–	553	8 〃 5
Singapore	SN/H 758	邢詒宏	雲氏	〃〃西亭村	20.–	431	〃〃〃〃〃〃〃〃6
Muar	MW/H 532	馮裕美	符得就	〃〃福厚〃	10.–	560	〃〃〃〃〃〃〃〃〃〃
MALACCA	MA/HA 35	邢毅文	陳氏	〃〃下路橋村	10.–	396	〃〃〃〃〃〃〃〃〃〃
〃	MA/H 351	〃	〃	〃〃〃〃〃〃〃	10.–	556	〃〃〃〃〃〃〃〃〃〃
〃	MA/HA 153	〃	〃	〃〃〃〃〃〃〃	20.–	557	〃〃〃〃〃〃〃〃〃〃
Muar	MW/HA 101	潘于進	王氏	〃〃書田村	10.–	546	〃〃〃〃〃〃〃〃7
〃	MW/HA 102	黄世清	梁〃	〃〃南溪〃	20.–	555	〃〃〃〃〃〃〃〃〃〃
Seremban	Se/H 321	陳行士	陳德連	〃〃西八里西排村	20.–	590	〃〃〃〃〃〃〃〃〃〃
Singapore	HO/H 206	周寄	馮氏	〃〃堆边山村	100.–	432	〃〃〃〃〃〃〃〃〃〃
〃	SN/H 3296	周德叢	黄氏	〃〃〃〃〃〃	100.–	554	〃〃〃〃〃〃〃〃〃〃
〃	SN/H 1188	昌和	王弗韻	〃〃歌詩村	100.–	565	〃〃〃〃〃〃〃〃8
Kelantan	KB/H 187	黄有端	黄聞宏	〃〃南云〃	50.–	571	〃〃〃〃〃〃〃〃〃〃
Penang	Pe/HX 72	林樹本	林鴻清	敎〃〃大宝村	20.–	551	〃〃〃〃〃〃〃〃〃〃
					$695.00		

104

102

二頁（表四）海口邮局跑差吴元翀经派侨票表

（表内各侨票汇款经查明确被经派员吞没 已开发副票将款补发收款人）

	匯款號數	匯款人姓名	收款人姓名	地址	款額 $	兑付專號	備考
Singapore	SS/HA673	陳觀安	蒙氏	澄平市礼坡村	（上頁數目$695.00）100-	441	參看僑滙报告書第4号第6頁
〃	SS/HA1708	符玉麟	蔡〃	抱罗〃東廊甲〃	100-	40	〃 7 〃 4 〃
〃	SN/H4577	謝晋奐	謝于炳	〃〃彭宅村	30-	116	〃
〃	SN/H4535	〃于多	〃源進	〃〃〃	30-	117	〃
〃	SN/H3857	梁振山	梁居標	〃〃壚東湖塘村	80-	115	〃 6 〃
〃	SN/H4544	林開鵬	林丙丁	〃市橋亭村	50-	84	〃 8 〃
〃	SN/H3467	李象吾	符氏	〃〃彭居山村	100-	114	〃 18 〃
〃	SS/HA1780	潘于俊	潘于明	〃〃丹花村	108-	37	〃 21 〃
〃	SS/HA1787	韓家春	韓芹準	〃〃石盤〃	50-	52	〃 22 〃
Kuala Lumpur	KL/H1647	陳加仕	陳玉琳	〃〃福朝〃	50-	38	〃
Singapore	SN/H4143	王福謨	王帝雲	〃〃竹排宅村	50-	42	〃
〃	SS/HA1589	林鴻道	林樹群	〃〃山橋村	100-	83	〃
Kuala Lumpur	KL/H1306	陳玉琉	陳嘉文	〃〃福朝坡村	50-	53	〃
~~Singapore~~	~~SN/H717~~	~~雲昌富~~	~~符氏~~ Cancelled	~~湖心坡坡村~~	~~100-~~	~~433~~	〃
Kuala Lumpur	KL/H322	韓伍轩	吴〃	溪梅〃花園村	30-	435	〃 23 〃
〃	KL/H323	韓卿丰	韓開準	〃〃〃	30-	436	〃
				统共$	1653.00	35 14	

海口侨批卅七年二月十三字第39号 [illegible]
邮政总局 [illegible] 62/124

105

103

海口邮局跑差吴达忠经派华侨汇票详情表（一九四一年一月十一日）

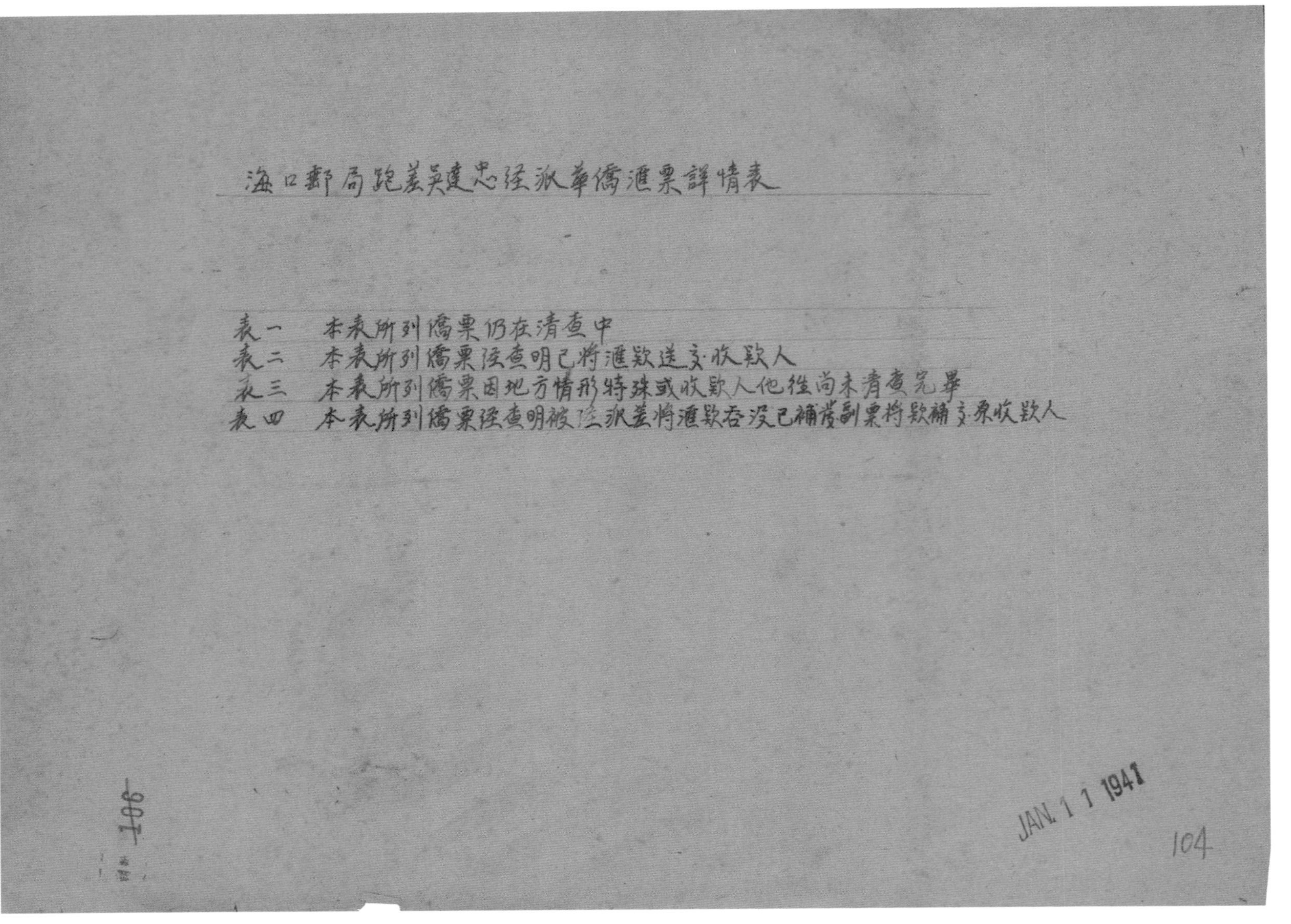

海口郵局跑差吳達忠經派華僑滙票詳情表

表一 本表所列僑票仍在清查中

表二 本表所列僑票經查明已將滙款送交收款人

表三 本表所列僑票因地方情形特殊或收款人他往尚未清查完畢

表四 本表所列僑票經查明被經派差將滙款吞沒已補發副票將款補交原收款人

JAN. 1 1 1941

104

~~106~~

1页　（表一）　本表所列侨票仍在清查中　1页

汇款银行	汇款号数	汇款人姓名	收款人姓名	地址	款额 $	兑付专号	备考
Malacca	MA/LHA355	陈锡安	陈锡感	龙山市宗山村	30–	159	
Seremban	SE/LA175	潘辅富	潘士贵	灵山市琼秀村	5–	694	
〃	SE/LA133	潘德荣	吴氏	〃〃〃儒范〃	10–	695	
Singapore	SC/LHA284	郭远彰	母郭陈氏	〃〃〃草堂〃	20–	696	
Malacca	MA/LH1510	张氏	张先源	〃〃〃大项〃	20–	699	
Singapore	SS/LHA3154	郭诒禄	郭书勤	〃草堂〃	20–	700	
K.K.T	28/677/40104	符家润	母符周氏	抱罗市邑名村	30–	538	
Seremban	SE/LH724	吴宏调	吴安禄	〃〃合益堂村钦池村	50–	539	
Singapore	SN/LH9209	潘正元	潘先泽	〃〃〃五朝水村	30–	540	
〃	SN/LH8661	潘于芹	潘清禅	〃	30–	541	
〃	SN/LA8662	潘于汾	母许氏	〃〃〃〃〃〃	50–	542	
〃	SN/LA9404	王茀平	妻洪氏	〃鸿禧山村	10–	543	
〃	SN/LH9419	梁定忠	母符氏	〃福桂山村	30–	544	
〃	SN/LH9418	定东	梁居环	〃〃〃东湖塘村	60–	545	已被吞没而候补副票者第二十七号呈
〃	SN/LH8944	金国才	金宗琛	〃〃〃石马村	10–	546	
〃	SN/LHA26	林献才	嫂黄氏	〃〃〃东定村	50–	547	
〃	SN/LH8945	王声堂	金宗琳	〃〃〃享福村	50–	548	
[illegible]	KL/L25687	詹大汉	母符氏	〃〃〃头苑村	10–	549	
Singapore	SN/LH1338	韩鹏元	母黄氏	〃〃〃排坡村	100–	550	
Batu Pahat ~~[illegible]~~	BP/A488	符祥佳	符较王	〃〃〃田村	25–	551	

$640.00

105

乙表 （表一）

乙表

原匯銀行	匯款號數	匯款人姓名	收款人姓名	地址	款額	兑付專號	備考
Sourabaya	SO/H329	茂喜	雲松桂	抱羅市后坡山村	100—	552	
Kuala Lumpur	KL/H3089	符鴻文	母馮氏	〃〃〃后坡山村	50—	553	
Singapore	SN/H9468	福喜	符載瑶	〃〃〃猷亮村	10—	554	
Batu Pahat	BP/H365	韓昊本	韓明元	〃〃〃旧村〃	20—	555	
〃 〃	BP/H394	曾紀榮	母黄氏	〃〃〃長山村	10—	556	
〃 〃	BP/H371	符致超	符致超	〃〃〃旧村〃	20—	557	
〃 〃	BP/H370	符祥欣	符致王	〃〃〃旧村〃	30—	558	
Singapore	SN/H8909	陳廷炳	周緒成	〃〃〃東边村	20—	559	
Seremban	SE/H759	周冠華	周緒騂	〃〃〃大土村	30—	560	
Singapore	SN/H7245	鍾永杏	鍾永杏	〃〃〃林伍村	10—	561	
Penang	PE/HX293	周明海	母韓氏	〃〃〃南莪山村	[illegible]	562	
Singapore	SN/H9086	林樹川	母陳氏	〃〃〃本家村	50—	564	
Singapore	HO/H1322	潘仁階	妻王氏	〃〃〃百石村(羅義鄉)	100—	565	
〃	SN/H9080	王昌劃	王大炳	〃〃〃福耀村	50—	566	
〃	SN/H8699	王福成	王蒂福	〃〃〃〃〃〃	20—	567	
〃	SN/H8698	王蒂芳	〃〃〃	〃〃〃〃〃〃	10—	573	
Seremban	SE/H0130	林樹穩	林惠俊	〃〃〃西宅村	10—	703	
Singapore	HO/H1034	唐大存	母唐氏	〃〃〃老林村	70—	704	
Penang	PE/HX292	許書明	許書穩	〃〃〃挑樓村	20—	705	
Singapore	SS/H23225	黄中賢	妻陳氏	昊山市玉屋村	15—	706	

$ 1335.00

108

106

3元（表一）

3元

來滙銀行	匯款號數	匯款人姓名	收款人姓名	地址	款額	兌付專號	備考
Singapore	SN/L45494	林鴻德	林樹祿	梳塘市潭頭村（永豐鄉）	10—	213	
〃	SN/L43560	邢馥安	邢定仕	〃〃〃名人山村	10—	214	
〃	SN/L43561	陳家才	陳業周	〃〃〃新苑村	10—	215	
Ipoh	IP/LHA600	洪德煖	邢定壹	〃〃〃西亭村	20—	216	
〃	IP/LHA[illegible]	邢韻楷	邢毅丰	〃〃〃竹墩村	50—	217	
Kelantan	KB/LHA98	邢明三	安刘氏	〃〃〃明人山村	30—	218	
Malacca	MA/LH1246	薛平登	陶仙敬	嶺脚市	6—	219	
〃	MA/L412[illegible]	〃〃	李文操	云款市白德村	6—	220	
〃	MA/LH1244	〃〃	薛昇祿	〃〃〃薛村	60—	221	
〃	MA/LH1264	李治道	李齊鳳	就發市美良村	10—	222	
Seremban	SS/LH492	吳朝雲	吳朝春	雲灶市梅藍村	25—	223	收件人身故 [illegible]
Singapore	SS/LHA1613	胡家重	胡家居	就塘市玉墻村	20—	224	
〃	SS/LHA1493	黎鍾璘	吳大朝	就發市石头村	50—	225	
〃	SN/LH4201	何國球	何家柳	〃〃〃仁到村	20—	226	
〃	HO/LH312	馮尔慶	馮裕高	〃〃〃數㐂湖村	5—	227	
〃	SN/LHA2519	吳正東	妻王氏	〃〃〃福塘村	10—	228	
	HO/L2311	馮尔芬	林何氏	〃 數㐂湖	10—	229	
〃	SS/LHB18	周居福	田黃氏	云款市高田村	120—	230	
Kuala Lumpur	KL/LHA631	宋揚鵬	吳周氏	〃〃〃英豪村	30—	231	
Singapore	SS/LHA1311	周啓裕	蘇世蓀	〃〃〃蒲雲村	10—	232	
					$1847.00		

107

千页（表一）

承匯銀行	匯款號數	匯款人姓名	收款人姓名	地址	款額	兌付專號	備考
Kuala Lumpur	KL/LH1631	吴道富	[illegible]	新会市西排山村	10	233	
"	KL/LH1672	" " "	吴道吉	鶴脚市潭冈旗村	10	234	
"	KL/LH1673	" " "	王昌麟	鶴脚市美頂村	10	235	
Singapore	MA/LH631	廖元壯	廖元安	雲敦市東田村	20	236	
Kuala Lumpur	KL/LH890	胡家禄	胡家[illegible]	新塘市[illegible]村	10	237	
Malacca	MA/LH1043	蘇[illegible]清	黄陳氏	新会市[illegible]村	10	238	
"	MA/LH1026	[illegible]	[illegible]	新会市[illegible]社村	30	239	
"	MA/LH1082	[illegible]	田[illegible]氏	" " [illegible] "	20	240	
"	MA/LH1162	[illegible]	[illegible]	" " [illegible]村	5	241	
Kuala Lumpur	KL/LH1201	吴[illegible]	吴[illegible]	" " 美[illegible] "	10	242	
Singapore	SN/LH5980	王[illegible]	王[illegible]	花县市鸿福山村	25	303	
"	SN/LH6142	[illegible]	黄陳氏	" " " 湖塘村	20	304	
"	SN/LH4040	[illegible]	[illegible]	" " " [illegible]村	20	305	
Singapore	SN/LH6234	蒋福安	王恩濃	" " " 福耀村	5	307	
"	SN/LH6065	[illegible]	田陳氏	" " " 甘[illegible]村	20	308	
"	SN/LH6333	[illegible]	蒋鸿祥	" " " 湖塘村	10	309	
Muar	MU/LH1213	袁宜[illegible]	袁宜貴	吴山市[illegible]村	50	310	
Singapore	SN/LH6178	黄文星	黄宏金	花县市[illegible]村	10	311	
"	SN/LH6342	潘光双	潘[illegible]	" " " 玉湖水	30	318	
"	SN/LH1901	韓[illegible]	韓[illegible]	" " 石盤村	40	330	

$ 2212.00

表内有／符号之票现已補開副票换底，连吴之戬一部，合共卅十件，共国币$1770.00，此報海字局已作第21/219/415号缴報出帐。候复。海 [illegible]年九月廿四日

108

5页（表一）

承匯銀行	匯款號數	匯款人姓名	收款人姓名	地址	款額	兑付專號	備考
				上页结来$	2212.00		
Singapore	SS/HA1411	陳成安	毋林氏	[illegible]東湖村	20	337	
〃	SN/H1350	林書振	林書球	〃〃苏塘村	10	339	
〃	SN/H1357	林猷[illegible]	林猷[illegible]	〃〃〃杨宅村	20	342	
〃	SS/HA1424	郭書頓	周氏	〃〃東[illegible]村	20	348	查此人 [illegible]
〃	SS/HA1891	潘[illegible]	潘[illegible]	〃〃西[illegible]村	20	323	
				總共$	2302.00	捌拾伍件	

109

110

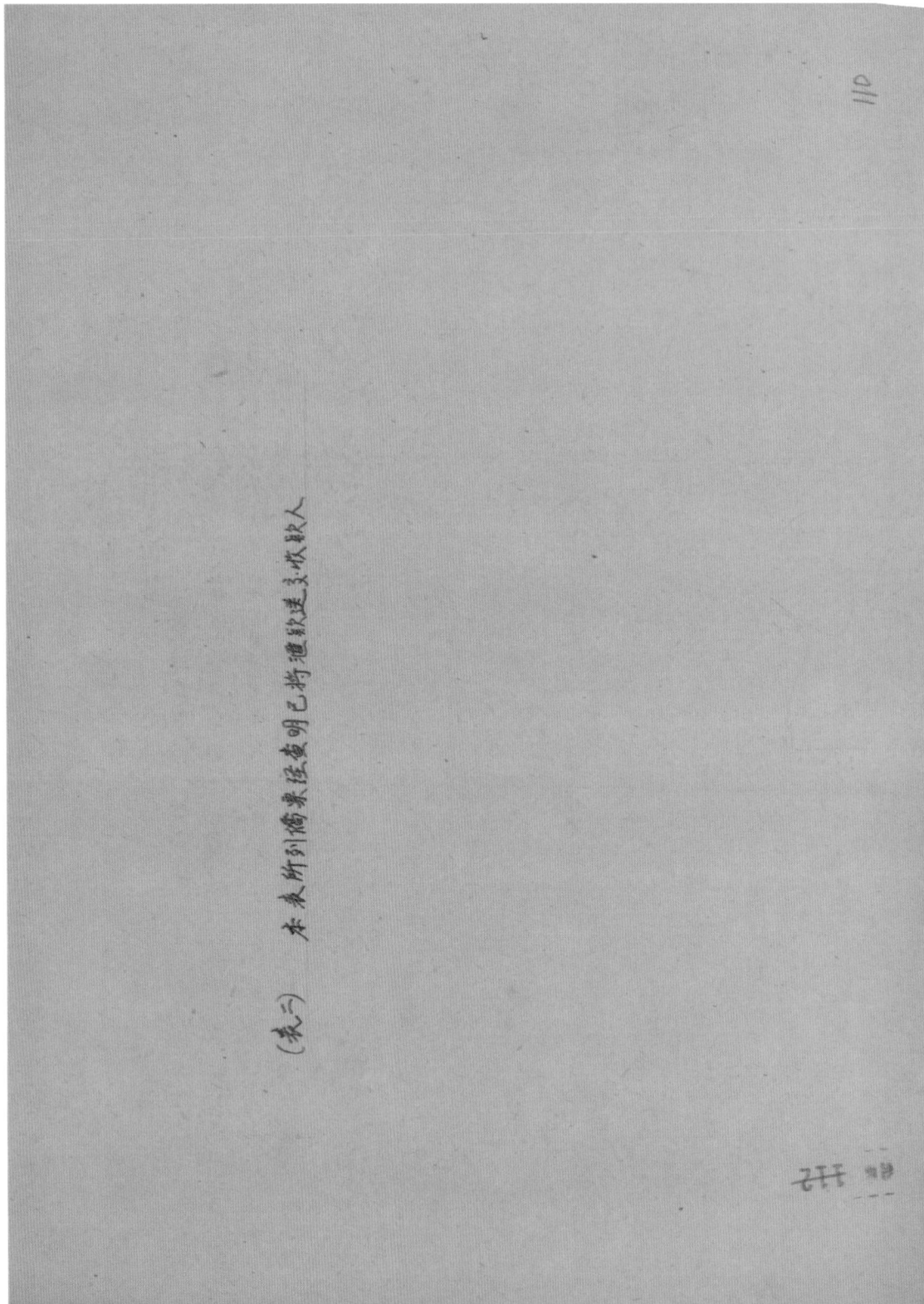

（表二） 本表所列侨票经查明已将汇款送交收款人

1页　（表二）　本表所列僑眷経查明已将滙款送交收款人

[illegible]	滙款號數	滙款人姓名	收款人姓名	地址	款額	兌付專號	備考
Kuala Lumpur A	209	林志琚	林天富	灵山市明堂村	10.00	697	
Singapore SNH	8618	吴澄就	妻周氏	演丰市華外博文村	50.00	563	
Penang HX	189	陳玉椿	陳嘉祥	羅豆市貝坡村	50.00	569	
Penang HX	188	林樹積	林詩顕	演丰市後排村	40.00	570	
Batavia HX	27	林詩簧	妻蔡氏	〃〃〃舊墟村	300.00	571	
Batavia HX	131	黃宏叢	黃習文	〃〃〃儒林村	200.00	572	
Singapore SSHA	2993	譚廷富	嫂蔡氏	〃〃〃礼讓村	10.00	701	
Kuala Lumpur HA	847	張傳道	郭文英妹轉郭氏	新市陳大村	25.00	306	
Singapore SNH	5644	徐光前	徐天德	演丰市昌城村	10.00	312	
Teluk Anson H	378	翁冠英	翁道惠	〃〃〃瑶城村	30.00	313	
Singapore SSHA	1499	林詩香	林德仕	〃〃〃昌城村	30.00	314	
Singapore SNH	3596	周大廣	周國柱	新市烏洋村	100.00	315	
Kuala Lumpur HA	1083	周德琊	周德服	大林福店村	20.00	316	
Teluk Anson H	384	符專楳	符世佳	演丰市瑶城	100.00	317	
Singapore SNH	4439	周成章	母陳氏	〃〃〃三山村	20.00	319	
Singapore SSHA	1262	李山松	母梁氏	〃〃〃譚德村	100.00	321	
Singapore SNH	6074	何題明	妻王氏	〃〃〃下庠村	40.00	322	
Singapore SNH	6073	何敦書	妻陳氏	〃〃〃〃〃	30.00	324	
Singapore SNH	6075	鄭昌盛	妻林氏	〃〃〃山尾村	50.00	325	
Singapore SNH	6076	何題聰	妻符氏	〃〃〃下庠村	80.00	327	
					$1295.00		

111

2页 （表二）

解匯銀行	匯款號數	匯款人姓名	收款人姓名	地址 [illegible]1295.00	數額	兑付專號	備考
Singapore	SSHA 1992	陳親安	母裳氏	演羊市礼讓村	20.00	328	
Singapore	SNH 5725	周成秀	周緒道	〃〃〃三山村	40.00	329	
Batavia	HY 119	王鴻球	王纘璋	〃〃〃夏山村	60.00	331	
Batavia	HY 118	王载荃	母饒氏	〃〃〃龍江村	100.00	332	
Batavia	HX 29	饒德珊	母陳氏	〃〃〃儒林村	55.00	333	
Batavia	HY 114	林志久	母鄭氏	〃〃〃明宦村	75.00	334	
Batavia	HX 28	龐興翔	龐家友	〃〃〃蓮塘村	55.00	335	
Batavia	HY 116	王纘祥	祖母楊吳氏	〃〃〃后山村	25.00	336	
Batavia	HY 115	王纘祥	母陳氏	演東鄉龍江村	25.00	340	
Singapore	SNH 5589	林紹炳	林紹焕	大林市山湖村	20.00	347	
				總共	$1770.00	三十件	

111

112

（表三）　本表所列儒粟因地方情形特殊或收款人他往尚未清查完畢

113

1页　（表三）　本表所列僑眷因地方情形特殊或收款人他往尚未清查完畢

原匯銀行	匯款號數	匯款人姓名	收款人姓名	地址	款額	兑付專號	備考
Kuala Lumpur	KL/HA739	陳家道	母曾氏	大林市福連村	20.—	349	收款人不在家無從查詢（參看僑匯17之第5頁）
Singapore	SS/H3002	洪天泰	妻林氏	海丰市登高村	10.—	702	收款人不在家無從查詢（〃〃〃16之第6頁）
〃	SN/H4584	杜運樑	杜郭氏	〃〃〃博啟村	10.—	320	仝上
〃	SN/H6072	柯位榮	妻李氏	〃〃〃大路園村	20.—	326	收款人不在家無從查詢（〃〃〃16之第7頁）
〃	SN/H3001	符道福	母林氏	〃〃〃登高村	10.—	698	仝上
Penang	PE/HY328	韓仲九	楊植月	瓊山市双塘仔村	40.—	568	收款人不在家無從查詢（〃〃〃15之第8頁）
				總共款	110.00	六件	

116

114

115

（表四）　本表所列侨票经查明被经派差将汇款吞没已补发副票将款补交原收款人

1页　　（表四）　　本表所列僑票經查明被該派差將滙款吞沒已補發副票將款補交原收款人

滙銀行	匯款號數	匯款人姓名	收款人姓名	地址	款額（叻幣）	總信號	備考
Singapore	SS/20 1410	陳岡妥	翁德晴	揭陽市寮從坡村	10/-	346	參看僑匯報告書六7號
〃	HO/12 2951	雲逢楊	雲吳氏	〃〃〃大位村	100/-	345	〃〃〃〃〃〃〃〃
〃	SN/H5724	雲大優	雲昌金	〃〃〃〃〃	30/-	344	〃〃〃〃〃〃〃〃
〃	SN/H6331	潘光合	陳氏	〃〃〃王朝水村	50/-	343	〃〃〃〃〃〃〃〃
〃	SB/HA1374	梁走蚊	梁安球	〃〃〃湖塚村	50/-	338	〃〃〃〃〃〃〃〃
〃	SN/H5332	潘餘三	潘光祿	〃〃〃王朝水村	40/-	341	〃〃〃〃〃〃〃〃
				總共叻幣	280.00	陸件	

海口佐卅年二月十一日第39面及報告、[illegible]

（海口幌呈文62/124號）

116

118

交通部邮政总局关于视察员陈连成一九四〇年份视察总报告书办理意见给邮政储金汇业局并抄发广东邮政管理局的训令（一九四一年三月七日）

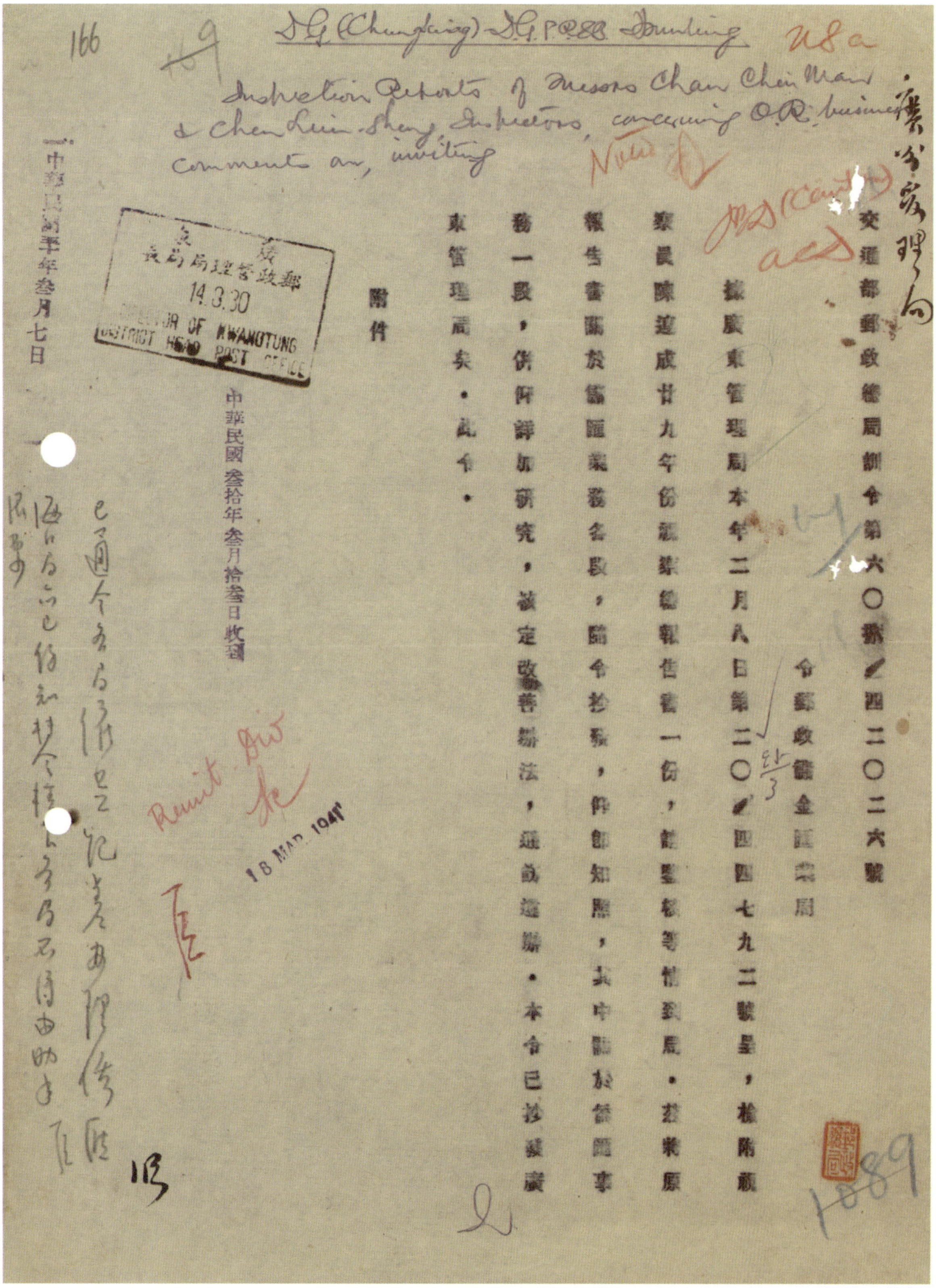

D.G. (Chungking) - D.G. P.O.&S.B. - Kunming

Inspection Reports of Messrs Chan Chin Man & Chen Lien-sheng, Inspectors, concerning O.R. business comments on, inviting

交通部郵政總局訓令第六〇八／四二〇二六號

令郵政儲金匯業局

據廣東管理局本年二月八日第二〇／四四七九二號呈，檢附視察員陳連成廿九年份視察總報告書一份，請鑒核等情到局。茲將原報告書關於儲匯業務各段，隨令抄發，仰即知照，其中關於儲匯事務一段，併仰詳加研究，議定改善辦法，迅爲遵辦。本令已抄發廣東管理局矣。此令。

附件

中華民國叁拾年叁月七日

郵政管理局 收文 14.3.30 DIRECTOR OF KWANGTUNG DISTRICT HEAD POST OFFICE

中華民國叁拾年叁月拾叁日收到

18 MAR 1941

附：侨汇巡员视察侨汇报告书

[D.—511x]　167　170

僑匯巡員視察僑匯報告書

第　　號第　　頁

爲呈報事竊（查視 係由　等　級　等郵務　等郵局該局現任局長　充任）於　　年　　月　　日由　　起程於　　年　　月　　日行抵　　郵局當於即日開始視察至　　月　　日查視完竣現擬於　　月　　日前往　　茲謹將查視該局所得情形報告如後敬請

鑒核謹呈

僑匯分發局局長

查詢事項	報告
(一)該局僑匯檔案有無依照次序分別存檔	(一)
(二)該局對於本地投遞之僑匯有無遲延情弊如有遲延其延擱之緣由何在	(二)
(三)該局對於寄交轄下之代辦所及信櫃之僑票及款項是否隨到隨發如有遲延之事其故何在	(三)
(四)該局對於代辦所或信櫃退回批時有無隨即繕發「查單」向該代辦所及信櫃追查	(四)
(五)該局收到之回批有無隨即轉退分發局如有積延情事應即據實報告並隨即糾正	(五)
(六)該局有無積存尚未投交之僑票如有積存係因何故	(六)
(七)該局對於投送匯款是否直接送交收款人有無強令收款人到郵局領取之情事	(七)
(八)該局定額存款若干每月經辦僑匯約若干該存款額能否應付兌支僑匯之需要	(八)
(九)該局經手投派人員(如信差及臨時僱差等)有無向收款人索取酬金情弊	(九)
(十)該局對於投送僑匯有無強令收款人具保情事	(十)
(十一)該局員工對於辦理僑匯之手續是否嫻熟對於其中最重要性「迅速」能否了解	(十一)
(十二)其他	(十二)

20,000/4.iv.20.

[D.—512x]

168

僑匯巡員視察僑匯報告書

第　　號第　　頁

查視代辦所/信櫃　該代辦所/信櫃經理人係由　　號　　充任

為呈報事　竊於　　年　　月　　日由　　月　　起程於　　年　　月

日行抵此間當於即日開始視察至　　日查視完竣現擬於　　月

日前往　　茲謹將查視僑匯所得情形報告如後敬請

鑒核謹呈

僑匯分發局局長

(一)該經理人對於投派僑匯有無延擱情事	(一)
(二)該經理人對於處理回批有無延擱情事	(二)
(三)該經理人對於局管轄發下之「查單」有無延擱不覆情事其回批因何故遲退以致該管局繕發「查單」追究應即查明糾正	(三)
(四)該代辦所/信櫃有無積存尚未投派之僑匯其積留不派之故何在	(四)
(五)該經理人對於投派匯款是否直接向收款人家中投遞有無強令收款人到取匯款情弊	(五)
(六)經手投派人有無向收款人強索酬金情弊	(六)
(七)該經理人投遞匯款時有無強令收款人具保情事	(七)
(八)該經理人對於辦理僑匯手續是否嫻熟	(八)
(九)該經理人是否忠實可靠其所經營之業務狀況如何	(九)
(十)該代辦所/信櫃每月經辦僑匯約若干件共約若干元	(十)
(十一)其他	(十一)

20,000/4. iv. 30.

僑滙巡員視察僑滙報告書

第　　號第　　頁

茲將抽查投遞僑滙之情形列表如左

項目／匯票號碼	匯款數目	收款人姓名	發票局名	兌付局名	經手投派人姓名	收到派單日期	兌付日期	退寄回批日期	兌款情況	收款人意見	巡員意見	分發局批註	
												曾否構罪發查	其他

視察概況

民國　　年　　月　　日

僑滙巡員

謹呈

广东邮政管理局曲江办事处关于兴宁邮局预收回批邮资暨各批局短寄回批情形给泰国华侨银信局公所的公函（一九四一年五月二十二日）

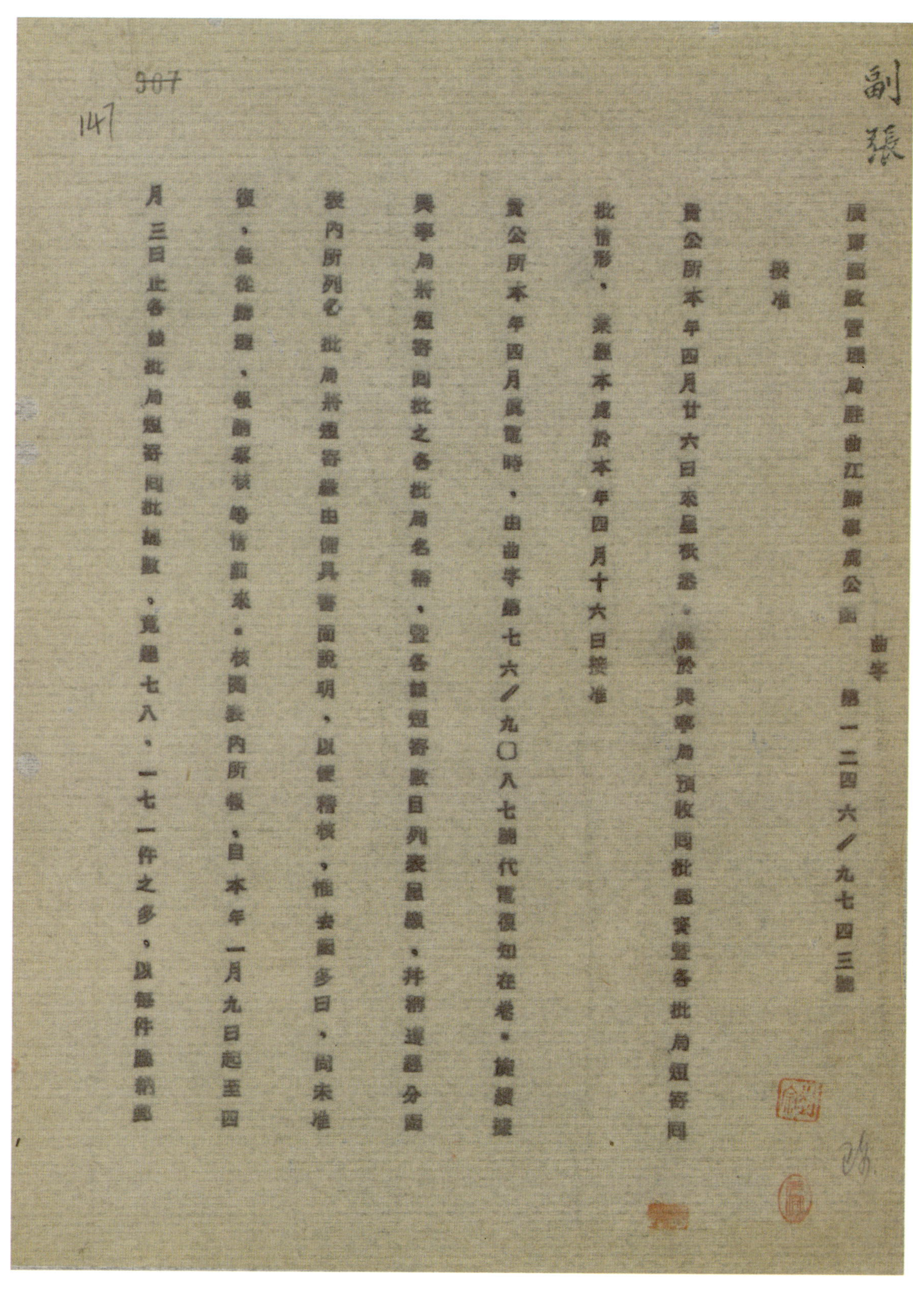

副張

廣東郵政管理局駐曲江辦事處公函　曲字第一二四六／九七四三號

接准

貴公所本年四月廿六日來函敬悉。關於興寧局預收回批郵資暨各批局短寄回批情形，業經本處於本年四月十六日接准

貴公所本年四月真電時，由曲字第七六／九〇八七號代電復知在卷。旋續據興寧局將短寄回批之各批局名稱，暨各該短寄數目列表呈繳，并將遵經分函表內所列乙批局將短寄緣由備具書面說明，以便稽核，惟去函多日，尚未准復，每從飾避，報請察核等情前來。核閱表內所報，自本年一月九日起至四月三日止各該批局短寄回批總數，竟達七八，一七一件之多，以每件應納郵

第三頁

資二角五分計算，則郵局方面，已損失一萬九千餘元之鉅，本處爲杜防取巧及維持郵政收入起見，不得不澈底稽核，以明究竟。除再由本處分別通函各該批局警告，及飭其立將短資緣由備具書面解釋以憑辦理外，合行抄同函稿一份暨興寧局繳來表格一份隨函送達，即希轉飭表內所列各批局迅即照辦具復，如已將同批在其他郵局付寄，仍飭其將寄件證據檢送本處，以便稽核。至來函所稱已拒絕應委來使函勸促將僑批直寄汕頭一節，具見貴公所公忠體國，維護國家抗戰金融命脈，至堪欽佩，所擬批包繼續集證說與，應表同情。但如

149 308 309

第三頁

貴 轄之國內各批局乘此移地匯發批信之機會，以爲郵局疏於稽核，將大 部份同批私運出口，因而影響郵政正當收入，則其行爲適與貴公所公忠體國之心背道而馳。應請剴切曉諭所屬之國內批局一本貴公所愛國之熱誠，愛而愛郵，尤所企盼。否則本處爲維護國家收入，亦必依章制裁，不稍游移，以盡職責。至於同批如在澄海（現設東隴）流沙圩及汕頭各郵局郵寄時，須由各批局將郵寄件數連同寄件證據送交興寧局登記備核。現在國內出海路線，多被阻塞，交通遲滯，係屬環境使然，無法避免。倘嫌普通郵遞遲延，仍希依照本處節代電轉飭所屬駐泰會員商號將批 包交由

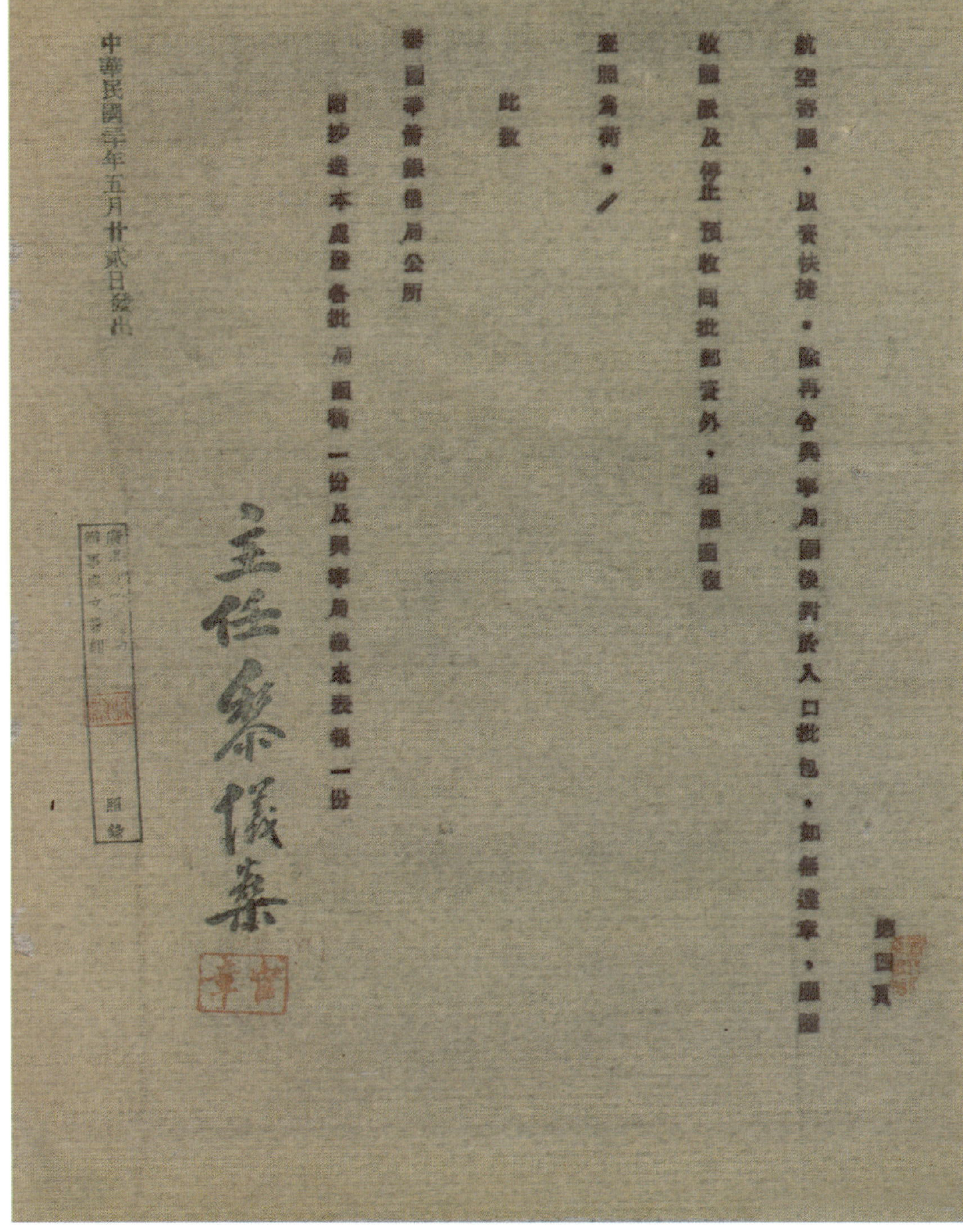

第四頁

航空寄遞，以資快捷。除再令興寧局嗣後對於入口批包，如無違章，應隨收隨派及停止預收回批郵資外，相應函復

查照爲荷。

此致

泰國華僑銀信局公所

附抄送本處致各批局函稿一份及興寧局繳來表報一份

主任 黎儀燊

中華民國三十年五月廿貳日發出

興寧二等郵局接收及寄發暹批統計表

（自民國三十年一月九日起至四月三日止）

批局名稱	接收批信		寄遞回批								出入口相差額
			在本局投寄		在汕頭局投寄		在赤沙圩局投寄		共計		
	總包	件數	總包	件數	總包	件數	總包	件數	總包	件數	
[illegible]	28	14,437	1	100	13	4,259			14	4,259	10,078
[illegible]	28	14,040	2	415	2	1647	2	4,073	6	6,135	7,905
[illegible]	27	8,872	4	977	11	4,371			15	5,348	3,524
[illegible]	67	25,125	40	1284	53	13,758	6	3,114	99	18,156	6969
[illegible]	46	14,138	11	2,249	15	7,992			26	10,241	3,897
[illegible]	46	15,027	8	1,578	31	8,299			39	9,877	5,150
[illegible]	10	3,051	9	557	9	824			18	1,381	1670
[illegible]	10	2,440	18	741	4	1,038			22	1,779	661
[illegible]	22	6,789	8	289	15	4,616			23	4,905	1,884
[illegible]	42	14,847			19	12,229			19	12,229	2,618
[illegible]	19	8,525									8,525
[illegible]	7	2,155			6	1,444			6	1,444	711
[illegible]	55	23,453	12	2,398	33	13,709			45	16,107	7,346
[illegible]	40	18,068			32	11,990			32	11,990	6078
[illegible]	39	16,578			21	15,649			21	15,649	929
[illegible]	24	11,465	1	808	10	7,081			11	7,889	3,576
[illegible]	40	12,476			15	8,410			15	8,410	4,066
[illegible]	9	2,783	27	1,736	5	808			32	2,544	239
[illegible]	10	2,899	4	350	5	204			9	664	2,345
合計	569	217,168	145	13,482	299	118,328	8	7,187	452	138,997	78,171

附：兴宁二等邮局接收及寄发暹批统计表（一九四一年一月九日至四月三日）

（一）

（二）汕頭地方各批信局收發批信及回批統計表（30年7月份）

批信局名稱	批信			回批		
	原寄局名	總包數目	批信數目	到達局名	總包數目	回批數目
榮大	香港			香港		
福利	”			”		
致盛	”			”		
福茂	”			”		
萬合	”			”		
廣源	暹羅	4	782	暹羅	14	499
廣泰祥	”			”		
廣順利	”	4	608	”	6	801
廣滙	”			”		
理元	”	8	4526	”	25	4275
馬源豐	”	12	4386	”	13	3885
馬德發	”	13	4599	”	18	5317
馬合豐	”	9	3356	”	19	7731
陳炳春	”			”		
萬豐發	”	16	5286	”	48	5118
同發利	”	8	3551	”	17	3069
黃潮興	”			”		
普通	”	8	1525	”	16	1004
萬興昌	”	8	4133	”	13	3440
和合祥	”	4	3048	”	7	2355
悦記	”			”		
得合興	”			”		
順成利	”			”		
振盛興	”			”		
泰成昌	”	12	1731	”	38	1766
義發	”	4	569	”	7	410
成順利	”	12	4143	”	13	1967
協成興	”	8	2921	”	18	2313
復安	”	4	643	”	6	350
成昌利	”	4	2573	”		
許福成	”	12	6669	”	25	5385
榮豐利	”	4	2753	”	11	1973
金生	”			”		
捷成	”			”		
合盛利	”			”		
鍾榮順	”			”		
廣泉	”			”		
陳富通	”			”		
合計		154	57,802		314	51,658
附註	1、本月份汕頭局收寄回批313包共51,655件 2、〃興寧〃〃〃〃〃1包共3〃					
光益	英屬殖民地			英屬殖民地		
有信	”			”		

335

（一）

（二）汕頭地方各批信局收發批信及回批統計表（30年8月份）

批信局名稱	批信			回批		
	原寄局名	總包數目	批信數目	到達局名	總包數目	回批數目
榮大	香港			香港		
福利	〃			〃		
致盛	〃			〃		
福茂	〃			〃		
萬合	〃			〃		
廣源	暹羅	3	474	暹羅	5	200
廣泰祥	〃			〃		
廣順利	〃	3	368	〃	1	3
廣滙	〃			〃		
理元	〃	6	2405	〃	10	3250
馬源豐	〃	9	2289	〃	8	2531
馬德發	〃	9	2502	〃	9	3404
馬合豐	〃	6	1947	〃	6	3210
陳炳春	〃			〃		
萬豐發	〃	12	3501	〃	24	2980
同發利	〃	5	1632	〃	11	2205
黃潮興	〃			〃		
普通	〃	6	852	〃	6	359
萬興昌	〃	6	2366	〃	5	1963
和合祥	〃	3	1454	〃	8	2403
悅記	〃			〃		
得合興	〃			〃		
順成利	〃			〃		
振盛興	〃			〃		
泰成昌	〃	8	1018	〃	22	851
義發	〃	3	370	〃	6	330
成順利	〃	9	2358	〃	13	2226
協成興	〃	6	1132	〃	12	1643
復安	〃	3	335	〃	6	510
成昌利	〃	3	1328	〃	7	1786
許福成	〃	9	3955	〃	3	3088
榮豐利	〃	3	1492	〃	8	1999
金生	〃			〃		
捷成	〃			〃		
合盛利	〃			〃		
鍾榮順	〃			〃		
廣泉	〃			〃		
陳富通	〃			〃		
		112	31,778		170	34,941
光益	英屬殖民地			英屬殖民地		
有信	〃			〃		

[D.—37×]

批信統計表

中華民國30年7月份

（一）興寧地方寄發國內各地批信或回批統計表

批信局名稱	總包數目	批信或回批數目	重量	郵資數目
香通	1	375	310grs	1.54元
萬里發	3	33	98grs	.87元
義發	3	67	80grs	.79元
復安	1	126	150grs	.77元
廣順利	1	176	110grs	.48元
廣源	12	436	750grs	3.44元
合計	21	1213	1498grs	7.89元

（二）＿＿地方各批信局收發批信及回批統計表

批信局名稱	批信 原寄局名	批信 總包數目	批信 批信數目	回批 到達局名	回批 總包數目	回批 回批數目

（三）興寧地方收發暹羅香港及各屬殖民地批信及回批統計表

香港 回批 總包數目	香港 回批 回批數目	香港 批信 總包數目	香港 批信 批信數目	暹羅 回批 總包數目	暹羅 回批 回批數目	暹羅 批信 總包數目	暹羅 批信 批信數目	英屬殖民地 回批 總包數目	英屬殖民地 回批 回批數目	英屬殖民地 批信 總包數目	英屬殖民地 批信 批信數目
				314	51658	154	57802				

法屬殖民地 回批 總包數目	法屬殖民地 回批 回批數目	法屬殖民地 批信 總包數目	法屬殖民地 批信 批信數目	荷屬殖民地 回批 總包數目	荷屬殖民地 回批 回批數目	荷屬殖民地 批信 總包數目	荷屬殖民地 批信 批信數目	美屬殖民地 回批 總包數目	美屬殖民地 回批 回批數目	美屬殖民地 批信 總包數目	美屬殖民地 批信 批信數目

（四）興寧地方寄發暹羅香港及各屬殖民地回批郵資統計表

月份	香港	暹羅	英屬殖民地	法屬殖民地	荷屬殖民地	美屬殖民地
本月份		$25829				
上月份		24229				
去年同月份		未開辦				

中華民國30年7月31日　　興寧郵局局長 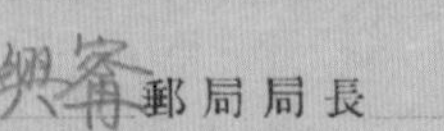 簽署

332　　334

100x100/15. vii. 27.

[D.—37×]

批信統計

中華民國30年8月份

(一) 興寧地方寄發國內各地批信或回批統計表

批信局名稱	總包數目	批信或回批數目	重量	郵資數目
萬豐發	1	29	90 gr	.53
復安	1	148	155 gr	.77
廣順利	1	135	90 〃	.40
廣源	4	91	181 〃	.88
合計	7	403	516 gr	2.58元

(二) 地方各批信局收發批信及回批統計表

批信局名稱	批信			回批		
	原寄局名	總包數目	批信數目	到達局名	總包數目	回批數目

(三) 興寧地方收發暹羅香港及各屬殖民地批信及回批統計表

香港				暹羅				英屬殖民地			
回批		批信		回批		批信		回批		批信	
總包數目	回批數目	總包數目	批信數目	總包數目	回批數目	總包數目	批信數目	總包數目	回批數目	總包數目	批信數目
				170	34941	112	31778				

法屬殖民地				荷屬殖民地				美屬殖民地			
回批		批信		回批		批信		回批		批信	
總包數目	回批數目	總包數目	批信數目	總包數目	回批數目	總包數目	批信數目	總包數目	回批數目	總包數目	批信數目

(四) 興寧地方寄發暹羅香港及各屬殖民地回批郵資統計表

月份	香港	暹羅	英屬殖民地	法屬殖民地	荷屬殖民地	美屬殖民地
本月份	√	174.20.50				
上月份		258.29.50				
去年同月份		未開辦				

中華民國30年8月31日 興寧郵局局長 [stamp] 簽署

333

100×100/15. vii. 27.

（二）興甯地方各批信局收寄批信及回批統計表（30年9月份）（一）

批信局名稱	批信			回批		
	原寄局名	總包數目	批信數目	到達局名	總包數目	回批數目
同發利	暹羅	6	3289	暹羅	7	2141
和合[illegible]	〃	4	2800	〃	11	2153
協成興	〃	8	2473	〃	11	1597
萬豐發	〃	16	5622	〃	25	3415
萬興昌	〃	4	2800	〃	3	2240
成順利	〃	11	3418	〃	9	2208
義發	〃	4	503	〃	6	316
復安	〃	4	590	〃	10	385
泰成昌	〃	11	1031	〃	20	785
馬德發	〃	9	3758	〃	9	2272
成昌利	〃	4	2370	〃	5	1241
廣順利	〃			〃	2	7
許福成	〃	12	3907	〃	6	3037
理元	〃	8	4282	〃	7	2607
馬合豐	〃	8	4037	〃	7	3633
榮豐利	〃	4	2609	〃	7	1708
永順利	〃			〃		
馬源豐	〃	12	4040	〃	6	2351
廣源	〃	4	768	〃	8	669
普通	〃	8	1054	〃	6	275
	合計	137	49,351	〃	165	33,040

330

328

[D.—37×]

批信統計表

中華民國三十年九月份

(一) 興寧地方寄發國內各地批信或回批統計表

批信局名稱	總包數目	批信或回批數目	重量	郵資數目
萬豐發	5	170	605 grs	3.47元
泰成昌	2	18	125 grs	.69元
德順盛	2	87	120 〃	29.23元※
廣源	6	243	265 〃	1.46元
普通	1	107	600 〃	2.66元
				※寄上海之批信
合計	16	625	1715 grs	37.51元

(二) ______地方各批信局收發批信及回批統計表

批信局名稱	批信			回批		
	原寄局名	總包數目	批信數目	到達局名	總包數目	回批數目

(三) 興寧地方收發暹羅香港及各屬殖民地批信及回批統計表

香港				暹羅				英屬殖民地			
回批		批信		回批		批信		回批		批信	
總包數目	回批數目	總包數目	批信數目	總包數目	回批數目	總包數目	批信數目	總包數目	回批數目	總包數目	批信數目
				165	33,040	137	49,351				

法屬殖民地				荷屬殖民地				美屬殖民地			
回批		批信		回批		批信		回批		批信	
總包數目	回批數目	總包數目	批信數目	總包數目	回批數目	總包數目	批信數目	總包數目	回批數目	總包數目	批信數目

(四) ______地方寄發暹羅香港及各屬殖民地回批郵資統計表

月份	香港	暹羅	英屬殖民地	法屬殖民地	荷屬殖民地	美屬殖民地
本月份		16520元				
上月份		17420.50				
去年同月份		未開办				

中華民國30年9月30日　興寧郵局局長______簽署

329　331

100×100/15. vii. 27.

（二）

批信局名稱	批信			回批		
	原寄局名	總包數目	批信數目	到達局名	總包數目	回批數目
光益裕	英屬殖民地			英屬殖民地		
裕益	"			"		
福成	"	35	1,182	"	11	1,601
長發	"			"		
潮利亨	"			"		
恒記	"			"		
普通	"			"		
永安	"			"		
洪萬豐	"	2	80	"	54	1,723
森春	"			"		
利東	"			"		
李華利	"			"		
信大	"			"		
裕大	"			"		
聯發	"			"		
周生利	"			"		
廣泰祥	"			"		
廣滙	"			"		
宏信	"			"		
光益						
有信						
合計		37	1,262		65	3,324
玉合	法屬殖民地			法屬殖民地		
祥益	"			"		
吳順興	"			"	2	480
佳興	"			"		
廣源	"			"		
萬豐發	"			"		
光益裕	"			"		
光益	"			"		
利昌	"			"		
合計					2	480
恒記	荷屬殖民地			荷屬殖民地		
光益裕	"			"		
光益	"			"		
有信	"			"		
勝發	"			"		
張聯發	"			"		
振豐盛	"			"		
福興	"			"		
廣滙	"			"		
華利	"			"		

(二)興寧地方各批信局收發批信及回批統計表（　年　月份）(一)

批信局名稱	批信			回批		
	經寄局名	總包數目	批信數目	到達局名	總包數目	回批數目
同發利	暹羅	3	1,048	暹羅	8	2,166
和合祥	〃	3	1295	〃	12	2365
協成興	〃	6	910	〃	10	2,072
萬豐發	〃	12	2,128	〃	32	3,971
萬興昌	〃	3	1,148	〃	3	2,732
成順利	〃	6	1,362	〃	15	2,874
義發	〃	3	193	〃	11	424
復安	〃	3	254	〃	11	383
泰成昌	〃	7	428	〃	23	996
馬德發	〃	5	1,394	〃	7	3,057
成昌利	〃	3	923	〃	7	2,073
廣順利	〃			〃		
許福成	〃	9	1,633	〃	9	3,443
理元	〃	6	1,565	〃	13	3,745
馬合豐	〃	6	1,722	〃	10	5,811
崇豐利	〃	3	912	〃	12	1,927
永順利	〃	~~9~~	~~1300~~	〃		
馬源豐	〃	9	1300	〃	8	3,076
廣源	〃	3	405	〃	7	597
普通	〃	4	384	〃	4	460
共計		94	19,004	〃	202	42572

(二)汕頭地方各批信局收發批信及回批統計表（30年11月份）(一)

批信局名稱	批書			回批		
	原寄局名	總包數目	批信數目	到達局名	總包數目	回批數目
同發利	暹羅	4	3,040	暹羅	29	6,293
和合祥	〃	4	3,325	〃	20	6,058
協成興	〃	7	2,471	〃	35	4,566
萬豐發	〃	16	6,248	〃	89	12,649
萬興昌	〃	4	2,619	〃	14	5,426
成順利	〃	12	3,034	〃	41	6,217
義發	〃	4	455	〃	17	904
復安	〃	4	609	〃	16	860
泰成昌	〃	12	1,011	〃	53	3,079
馬德發	〃	8	4,368	〃	18	7300
成昌利	〃	4	2,947	〃	15	4,360
廣順利	〃			〃	11	794
許福成	〃	12	4,562	〃	64	10,663
理元	〃	8	5,394	〃	43	9,231
馬合豐	〃	8	3,962	〃	30	12,694
崇豐利	〃	4	2,897	〃	20	4,504
永順利	〃			〃		
馬源豐	〃	11	4,131	〃	21	7,299
廣源	〃	4	1,021	〃	28	1,506
普通	〃	8	762	〃	22	1,073
合计		134	52,856	〃	586	105,476
致成	香港	7	428		15	636
福利	〃				5	209
鄭恒茂	〃				1	66
遠明	〃	3	48		2	100
		10	476		23	1,011

325

批信局名稱	批信			回批		
	原寄局名	總包數目	批信數目	到達局名	總包數目	回批數目
光益裕	英屬殖民地	5	657	英屬殖民地	12	151
裕益	"			"		
福成	"	69	2556	"	51	2566
長發	"			"		
潮利亨	"			"		
恒記	"			"		
普通	"			"		
永安	"			"		
洪萬豐	"	21	712	"	60	1,758
森春	"			"		
利東	"			"		
李華利	"			"		
信大	"			"		
裕大	"			"		
聯發	"			"		
周生利	"			"		
曆泰祥	"			"		
廣滙	"			"		
宏信	"			"		
有信		1	99		5	238
合計		96	4,024		125	4,713
玉合	法屬殖民地			法屬殖民地		
祥益	"			"		
吳順興	"			"		
佳興	"			"	3	808
廣源	"			"		
萬豐發	"			"	18	454
光益裕	"			"		
光益	"			"		
利昌	"			"		
合計					21	1,262
恒記	荷屬殖民地			荷屬殖民地		
光益裕	"			"		
光益	"			"		
有信	"			"		
勝發	"			"		
張聯發	"			"		
振豐盛	"			"		
福興	"			"		
廣滙	"			"		
華利	"			"		

[D.—37x]

批信統計表

中華民國30年11月份

(一) 興寧地方寄發國內各地批信或回批統計表

批信局名稱	總包數目	批信或回批數目	重量	郵資數目
廣源和	6	138	260g.m	2.50元
萬丰發	4	160	105g.m	4.61元
香通	3	94	699g.m	2.10元
合計	13	392	974g.m	9.21元

(二) ______地方各批信局收發批信及回批統計表

批信局名稱	批信			回批		
	原寄局名	總包數目	批信數目	到達局名	總包數目	回批數目

(三) 興寧地方收發暹羅香港及各屬殖民地批信及回批統計表

香港				暹羅				英屬殖民地			
回批		批信		回批		批信		回批		批信	
總包數目	回批數目	總包數目	批信數目	總包數目	回批數目	總包數目	批信數目	總包數目	回批數目	總包數目	批信數目
23	1,011	10	476	586	105,476	134	52,856	125	4,713	96	4024

法屬殖民地				荷屬殖民地				美屬殖民地			
回批		批信		回批		批信		回批		批信	
總包數目	回批數目	總包數目	批信數目	總包數目	回批數目	總包數目	批信數目	總包數目	回批數目	總包數目	批信數目
21	1,262										

(四) 興寧地方寄發暹羅香港及各屬殖民地回批郵資統計表

月份	香港	暹羅	英屬殖民地	法屬殖民地	荷屬殖民地	美屬殖民地
本月份	404.4元	62068.00元	3534.75元	1577.50元		
上月份	未開办	21286.00元	1662元	360元		
去年同月份	未開办	未開办	未開办	未開办		

※附註 暹批在汕頭七月份寄有三〇七包共五一八三七件共收郵資二五九一八·五〇元每件五角收費 八月份寄有二三包共一六三一九件共收郵資八一五九·五〇元

中華民國30年11月30日　　興寧郵局局長[illegible]簽署

325

327

100 x 100/15. vii. 27.

(六) [illegible]地方各批信局收發批信及回批統計表 （ 年 月份）(一)

批信局名稱	批信			回批		
	原寄局名	總包數目	批信數目	到達局名	總包數目	回批數目
同發利	暹羅	2	823	暹羅	4	949
和合興	〃	2	1,146	〃	4	854
協成興	〃	8	936	〃	3	74
萬豐發	〃	8	1,641	〃	13	1,637
萬興昌	〃	2	962	〃	1	835
成順利	〃	6	1,071	〃	5	289
義發	〃	2	162	〃	2	67
復安	〃	2	176	〃	2	32
泰成昌	〃	5	301	〃	6	193
馬德發	〃	2	1,139	〃	2	193
成昌利	〃	2	951	〃	2	98
廣順利	〃			〃		
許福成	〃	6	1,430	〃	5	127
理元	〃	4	1,536	〃	2	74
馬合豐	〃	4	1,906	〃	3	393
榮豐利	〃	2	858	〃	4	928
永順利	〃	4	1,067	〃	3	200
馬源豐	〃			〃		
廣源	〃	2	337	〃	3	128
普通	〃	4	272	〃	2	213
		67	16,714	〃	66	7284

320

P L P L

67 10,267 112,462 8117.45 67,584.65

（二）

批信局名稱	批信			回批		
	原寄局名	總包數目	批信數目	到達局名	總包數目	回批數目
光益裕	英屬殖民地	4	796	英屬殖民地	3	421
裕益	〃			〃		
福成	〃	30	1,572	〃	27	1043
長發	〃			〃		
潮利亨	〃			〃		
恒記	〃			〃		
普通	〃			〃		
永安	〃			〃		
洪萬豐	〃	20	817	〃	15	613
森春	〃			〃		
利東	〃			〃		
李華利	〃			〃		
信大	〃			〃		
裕大	〃			〃		
聯發	〃			〃		
周生利	〃			〃		
唐泰祥	〃			〃		
廣滙	〃			〃		
宏信	〃			〃		
有信		2	98		1	72
		56	3,283		46	2,149
玉合	法屬殖民地			法屬殖民地		
祥益	〃			〃		
吳順興	〃			〃		
佳興	〃			〃	7	463
廣源	〃			〃		
萬豐發	〃			〃		
光益裕	〃			〃	16	371
光益	〃			〃		
利昌	〃			〃		
	共計				23	834
恒記	荷屬殖民地			荷屬殖民地		
光益裕	〃			〃		
光益	〃			〃		
有信	〃			〃		
勝發	〃			〃		
張聯發	〃			〃		
振豐盛	〃			〃		
福興	〃			〃		
廣滙	〃			〃		
華利	〃			〃		

321

批信統計表

中華民國 31 年 12 月份

(一) 興寧 地方寄發國內各地批信或回批統計表

局名稱	總包數目	批信或回批數目	重量	郵資數目
[illegible]通	3	83	54grs	.90元
萬豐發	5	136	70grs	.64元
廣源和	4	103	64grs	.64元
共計	12	322	188grs	2.18元

(二) ______ 地方各批信局收發批信及回批統計表

批信局名稱	批信			回批		
	原寄局名	總包數目	批信數目	到達局名	總包數目	回批數目

附注：批信每封除郵費三角外加收國幣[illegible]費[illegible]
自港戰發生後該批信局無交寄[illegible]

(三) 興寧 地方收發暹羅香港及各屬殖民地批信及回批統計表

香港				暹羅				英屬殖民地			
回批		批信		回批		批信		回批		批信	
總包數目	回批數目	總包數目	批信數目	總包數目	回批數目	總包數目	批信數目	總包數目	回批數目	總包數目	批信數目
				66	7,284	67	16,714	46	2,149	56	3,283

法屬殖民地				荷屬殖民地				美屬殖民地			
回批		批信		回批		批信		回批		批信	
總包數目	回批數目	總包數目	批信數目	總包數目	回批數目	總包數目	批信數目	總包數目	回批數目	總包數目	批信數目
23	834	/	/	/	/	/	/	/	/	/	/

(四) 興寧 地方寄發暹羅香港及各屬殖民地回批郵資統計表

月份	香港	暹羅	英屬殖民地	法屬殖民地	荷屬殖民地	美屬殖民地
本月份		5463元	1611.75元	1042.70元		
上月份		62068.00元	3534.75元	1577.50元		
去年同月份						

興寧 郵局局長 [illegible] 簽署

中華民國 30 年 12 月 31 日

320

109x100.15. viii. 27.

322

[D.—37×]

批信統計表

中華民國卅年九月份

(一) 流沙墟地方寄發國內各地批信或回批統計表

批信局名稱	總包數目	批信或回批數目	重量	郵資數目

(二) 流沙墟地方各批信局收發批信及回批統計表

批信局名稱	批信			回批		
	原寄局名	總包數目	批信數目	到達局名	總包數目	回批數目
陳萬合	香港	16	2681	香港	8	2681
-//-		-	-	-//-	3	1528 ×
潮利亨		-	-	日里	4	135 ×
振豐盛		-	-	-//-	1	112 ×
信大		-	-	新加坡	2	617 ×
潮利亨		-	-	檳城	4	530 ×
						5603

(三) 流沙墟地方收發暹羅香港及各屬殖民地批信及回批統計表

香港				暹羅				英屬殖民地			
回批		批信		回批		批信		回批		批信	
總包數目	回批數目	總包數目	批信數目	總包數目	回批數目	總包數目	批信數目	總包數目	回批數目	總包數目	批信數目
11	4,209	16	2,681	-	-	-	-	6	1,147	-	-

法屬殖民地				荷屬殖民地				美屬殖民地			
回批		批信		回批		批信		回批		批信	
總包數目	回批數目	總包數目	批信數目	總包數目	回批數目	總包數目	批信數目	總包數目	回批數目	總包數目	批信數目
-	-	-	-	5	247	-	-	-	-	-	—

(四) 流沙墟地方寄發暹羅香港及各屬殖民地回批郵資統計表

月份	香港	暹羅	英屬殖民地	法屬殖民地	荷屬殖民地	美屬殖民地
本月份	336.72	-	286.75	-	123.50	-
上月份	-	-	-	-	-	-
去年同月份	-	-	-	-	-	-

附註：各該批局相關入口批信係於潮汕未封鎖前在汕頭郵局領取

流沙墟三等郵局局長 蕭仁 簽署

中華民國卅年十月三日

324

100×100/15. vii. 27.

[D.—37x]

批信統計表

中華民國 卅 年 十 月份

（一） 流沙墟 地方寄發國內各地批信或回批統計表

批信局名稱	總包數目	批信或回批數目	重量	郵資數目

（二） 流沙墟 地方各批信局收發批信及回批統計表

批信局名稱	批信			回批		
	原寄局名	總包數目	批信數目	到達局名	總包數目	回批數目
陳萬合	香港	18	2817	香港	17	3113
信大	-	-	-	新加坡	2	433
萬豐發	-	-	-	泰國	4	528
福興	-	-	-	日里	5	320
陳四合	-	-	-	檳城	1	91
振豐盛	日里	7次	196	日里	2次	476
潮利亨	〃	1〃	59	〃	7次	233
〃	-	-	-	檳城	5	626

（三） 流沙墟 地方收發暹羅香港及各屬殖民地批信及回批統計表

香港				暹羅				英屬殖民地			
回批		批信		回批		批信		回批		批信	
總包數目	回批數目	總包數目	批信數目	總包數目	回批數目	總包數目	批信數目	總包數目	回批數目	總包數目	批信數目
17	3113	18	2817	4	528	-	-	8	1150	-	-

法屬殖民地				荷屬殖民地				美屬殖民地			
回批		批信		回批		批信		回批		批信	
總包數目	回批數目	總包數目	批信數目	總包數目	回批數目	總包數目	批信數目	總包數目	回批數目	總包數目	批信數目
-	-	-	-	14	1029	8	255	-	-	-	-

（四） 流沙墟 地方寄發暹羅香港及各屬殖民地回批郵資統計表

月份	香港	暹羅	英屬殖民地	法屬殖民地	荷屬殖民地	美屬殖民地
本月份	249.04	132.00	287.50	-	519.50	-
上月份	336.72	-	286.75	-	123.50	-
去年同月份	-	-	-	-	-	-

流沙墟 郵局局長 蕭仁 簽署

中華民國 卅 年 十一 月 四 日

100x100/15. vii. 27.

广东邮区（后方）一九四一年份已挂号批信局详情表（一九四一年）

30年份

批信局名稱	開設地方	營業人姓名籍貫	分號數或聯號數	執照號數	附註
宏通	汕頭	張公垣 梅縣	五三	一	
陳益泰	嘉積	陳菁莪 定安	四	二	
聚合昌	嘉積	陳開敏 瓊東	八	三	
黄泰豐	中原	黄謨鄉 樂會	六	四	
廣源	海口	謝瑩壽 文昌	五	五	
匯通	海口	王伯南 樂會	八	六	
福昌	海口	鄭庭業 文昌	四	七	
泰源豐	海口	林瑞平 文昌	五	八	
永源豐	海口	呂少溪 文昌	四	九	
美興	海口	李鳳雲 文昌	一	一〇	
恒裕興	嘉積	顏俊臣 樂會	六	一一	
陳協威	潮安	陳傳治 饒平	三	一二	暫遷饒平鳳凰墟
張廣泉	梅縣	張牖民 梅縣	七	一三	
周生利	汕頭	周雲生 潮陽	九	一四	
嘉隆	汕頭	蔡煥臣 揭陽	十	一五	暫遷河婆
森春	汕頭	魏應元 陸豐	十二	一六	暫遷葵潭（參看汕頭局呈第八五三二號）
和記	海口	林廷勳 文昌	二	一七	
瓊盛	海口	高定荃 瓊山	三	一八	
源昌盛	海口	潘玉軒 文昌	四	一九	
大亞酒店	海口	陳南洲 樂會	九	二〇	
捷成	汕頭	劉廸予 大埔	十三	二一	暫遷高陂
泉利	大埔	劉紹倉 大埔	十五	二二	暫遷大埔公洲
裕益	汕頭	周炯昌 澄海	十二	二三	
福興	汕頭	劉士彥 普寧	十三	二四	
振豐盛	汕頭	陳章武 普寧	九	二五	
勝發	汕頭	鍾詩和 揭陽	九	二六	
福成	汕頭	黄日輝 潮陽	十三	二七	
義發	汕頭	余文仁 揭陽	六	二八	
吳順興	汕頭	吳興祥 澄海	十一	二九	
陳悅記	汕頭	陳拔奇 鳳凰	十三	三〇	
榮成利	汕頭	許作貴 饒平	九	三一	
許福成	汕頭	許質彬 饒平	十	三二	
合盛利	汕頭	劉廷服 揭陽	六	三三	

批信局名稱	開設地方	營業人姓名籍貫	分號或聯號數	執照號數	附註
洪萬豐	汕頭	洪賢良 棉湖	廿二	三四	
榮大	汕頭	蔡禮權 潮陽	四	三五	
恒記	汕頭	林成禧 潮陽	十八	三六	
成昌利	汕頭	蕭介珊 潮陽	二	三七	
李華利	汕頭	李潤初 潮陽	十三	三八	
復安	汕頭	黃逸民 潮陽	七	三九	
光益	汕頭	鍾少岩 潮安	廿一	四〇	
謙和隆	嘉積	楊受初 琼東	二	四一	
寶通	文昌	周永佩 琼山	二	四二	
美興	文昌	尤輔雯 文昌	二	四三	
聯合	文昌	馬以機 文昌	一	四四	
東源隆	長樂	吳春雨 琼東	六	四五	
源裕盛	嘉積	潘宜芳 琼東	一	四六	
新富南	嘉積	王英臣 琼東	二	四七	
有信	汕頭	黃壽三 澄海	十五	四八	
光益裕	汕頭	陳湘筠 澄海	十九	四九	
陳綿發	汕頭	陳在三 大埔	六	五〇	
源合興	汕頭	陳梓良 潮安	十六	五一	
四興	汕頭	陳四合 潮陽	八	五二	
熊增昌	梅縣	熊少繩 梅縣	三	五三	
威記	梅縣	侯新如 梅縣	七	五四	
梁禎記	梅縣	梁天受 梅縣	二	五五	
陳富源	梅縣	陳勤爭 梅縣	七	五六	
廣德興	梅縣	張雲卿 梅縣	七	五七	
東南	文昌	翁華文 文昌	一	五八	
華興	嘉積	王業桂 樂會	一	五九	
同益	嘉積	王光南 樂會	一	六〇	
順成隆	文昌	王大珍 文昌	一	六一	
李益泰	嘉積	李毓芳 琼東	二	六二	
琼寶通	文昌	林文淵 文昌	二	六三	
錦和	文昌	陳序安	二	六四	
貝源	文昌	周永佩 琼山	二	六五	
恒裕興	文昌	王亭侯 樂會	五	六六	

3

批信局名稱	開設地方	營業人姓名籍貫	分號或聯號數	執照號數	附註
南通	嘉積	王壽卿 樂會	七	六七	
馬合豐	汕頭	馬文龍 潮陽	五	六八	
馬德發	汕頭	馬星五 潮陽	十六	六九	
福利	汕頭	黃文秋 潮陽	三	七〇	
福茂	汕頭	黃南和 潮陽	五	七一	
信大	汕頭	陳謙銘 普寧	七	七二	
致盛	汕頭	鄭應林 潮陽	七	七三	
陳富通	汕頭	陳濟軒 梅縣	八	七四	
長發	汕頭	陳少懷 潮陽	十	七五	
祥益	汕頭	鍾樹芳 潮安	十七	七六	
王合	汕頭	林癸 潮陽	十五	七七	
賴福記	梅縣	賴湧元 梅縣	三	七八	
鍾天華	松口	鍾偉權 梅縣	八	七九	
謝均和	松口	謝公我 松口	八	八〇	
廣通	松口	王華岩 松口	二	八一	
豐昌	松口	梁秉初 松源	二	八二	
信和成	揭陽	林道義 揭陽	十三	八三	
彭宗順	五雲洞	彭繼述 五雲洞	一	八四	
蔡南成	河婆	蔡展猷 龍潭	十五	八五	
裕隆昌	畬坑	張文泰 梅縣	六	八六	
饒興記	大埔	饒谷士 大埔	一	八七	
裕大	汕頭	陳喜鎮 潮安	八	八八	
佳興	汕頭	吳翩秋 澄海	十	八九	
榮豐利	汕頭	黃勤敏 豐順	十五	九〇	
黃潮興	汕頭	黃善璧 饒平	九	九一	
欽奉	汕頭	魏啟和 揭陽	十四	九二	
和興盛	汕頭	李德仰 潮陽	二	九三	
馬源豐	汕頭	馬君聲 潮陽	十一	九四	
陳萬合	汕頭	陳開宗 潮陽	九	九五	
老億豐	汕頭	黃偉初 潮陽	七	九六	
利昌	汕頭	王炳南 潮陽	七	九七	
協成興	汕頭	許漢平 饒平	八	九八	
鄭順成利	汕頭	鄭舜之 澄海	八	九九	

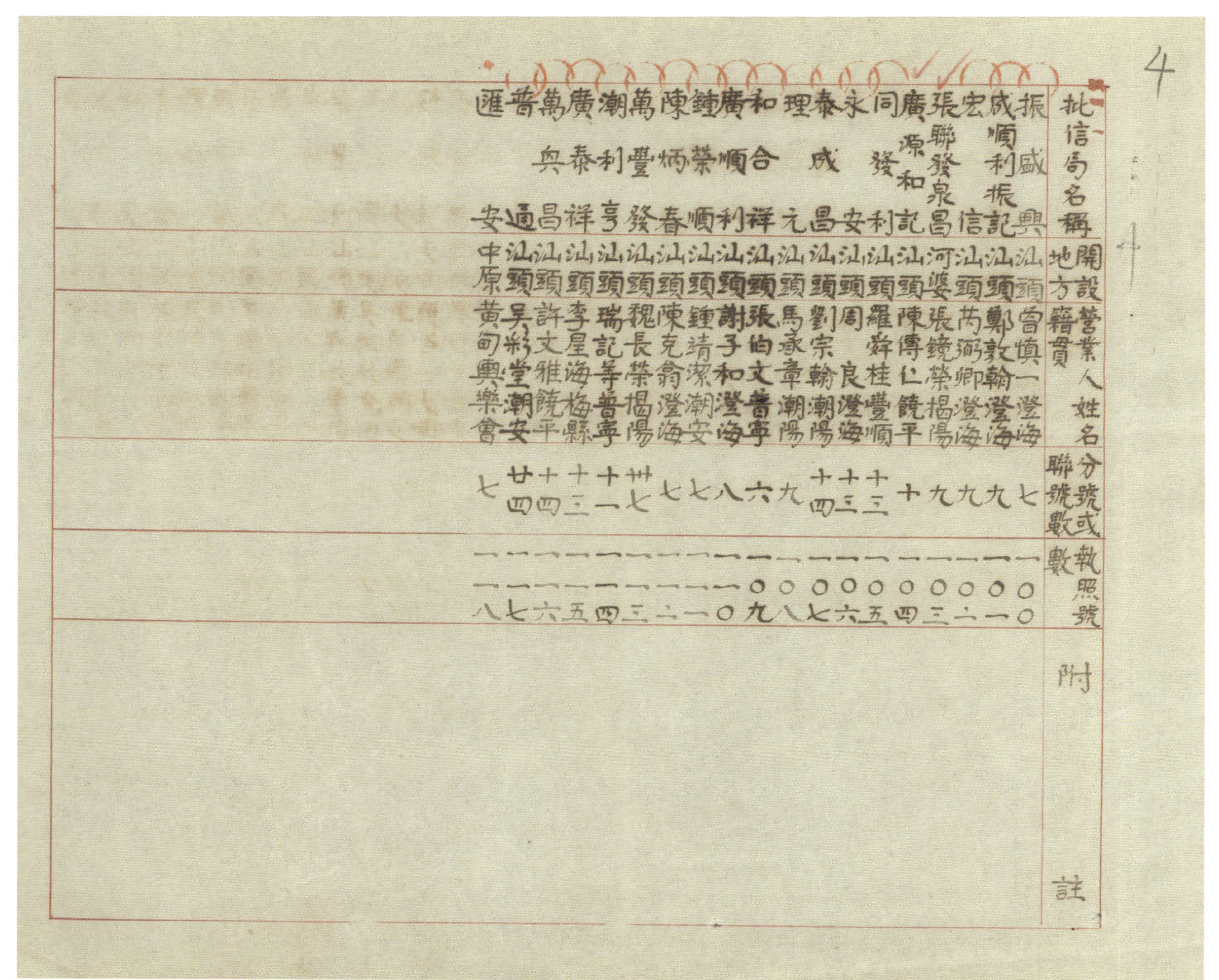

批信局名稱	開設地方	營業人姓名籍貫	分號或聯號數	執照號數	附註
振盛興	汕頭	曾慎一 澄海	七	一〇〇	
成順利振記	汕頭	鄭敦翰 澄海	九	一〇一	
宏信	汕頭	芮衡卿 澄海	九	一〇二	
張聯發泉昌	河婆	張鏡榮 揭陽	九	一〇三	
廣源和記	汕頭	陳傳仁 饒平	十	一〇四	
同發利	汕頭	羅舜桂 豐順	十二	一〇五	
永安	汕頭	周良 澄海	十三	一〇六	
泰昌	汕頭	劉宗翰 潮陽	十四	一〇七	
理成元	汕頭	馬承章 潮陽	九	一〇八	
和合祥	汕頭	張伯文 普寧	六	一〇九	
廣順利	汕頭	謝子和 澄海	八	一一〇	
鍾榮順	汕頭	鍾靖潔 潮安	七	一一一	
陳炳春	汕頭	陳克翁 澄海	七	一一二	
萬豐發	汕頭	魏長榮 揭陽	卅七	一一三	
潮利亨	汕頭	瑞記善 普寧	十一	一一四	
廣泰祥	汕頭	李星海 梅縣	十三	一一五	
萬興昌	汕頭	許文雅 饒平	十四	一一六	
普通	汕頭	吳彩堂 潮安	廿四	一一七	
匯安	中原	黃甸興 樂會	七	一一八	

广东邮区退职员工报告单（一九四一年十二月二十六日）

103

82

第壹號（廣東郵區第四二三號呈文附件）

退職員工報告單

（一）員工姓名及等級	僑滙跑差嚴廣昌
（二）退職時之薪水	二十三元
（三）特別津貼數目	無
（四）入局日期	二十九年七月壹日
（五）退職緣由	亡故
（六）退職日期及年齡	三十年十二月十七日 年三十五歲
（七）服務年期	壹年
（八）上次長期假終止日期	無
（九）末次增薪日期	三十年八月壹日
（十）離職時服務局所之等級及名稱	西南二等乙級郵局
（十一）末次調遣日期	無
備考	

廣東郵政管理局局長睦朗

本地業務股股長龍啟新代行

呈報

三十年十二月廿六日

邮政储金汇业局关于发还侨汇人员学校毕业证件仰查收转退给广东邮政管理局的指令（一九四二年四月九日）

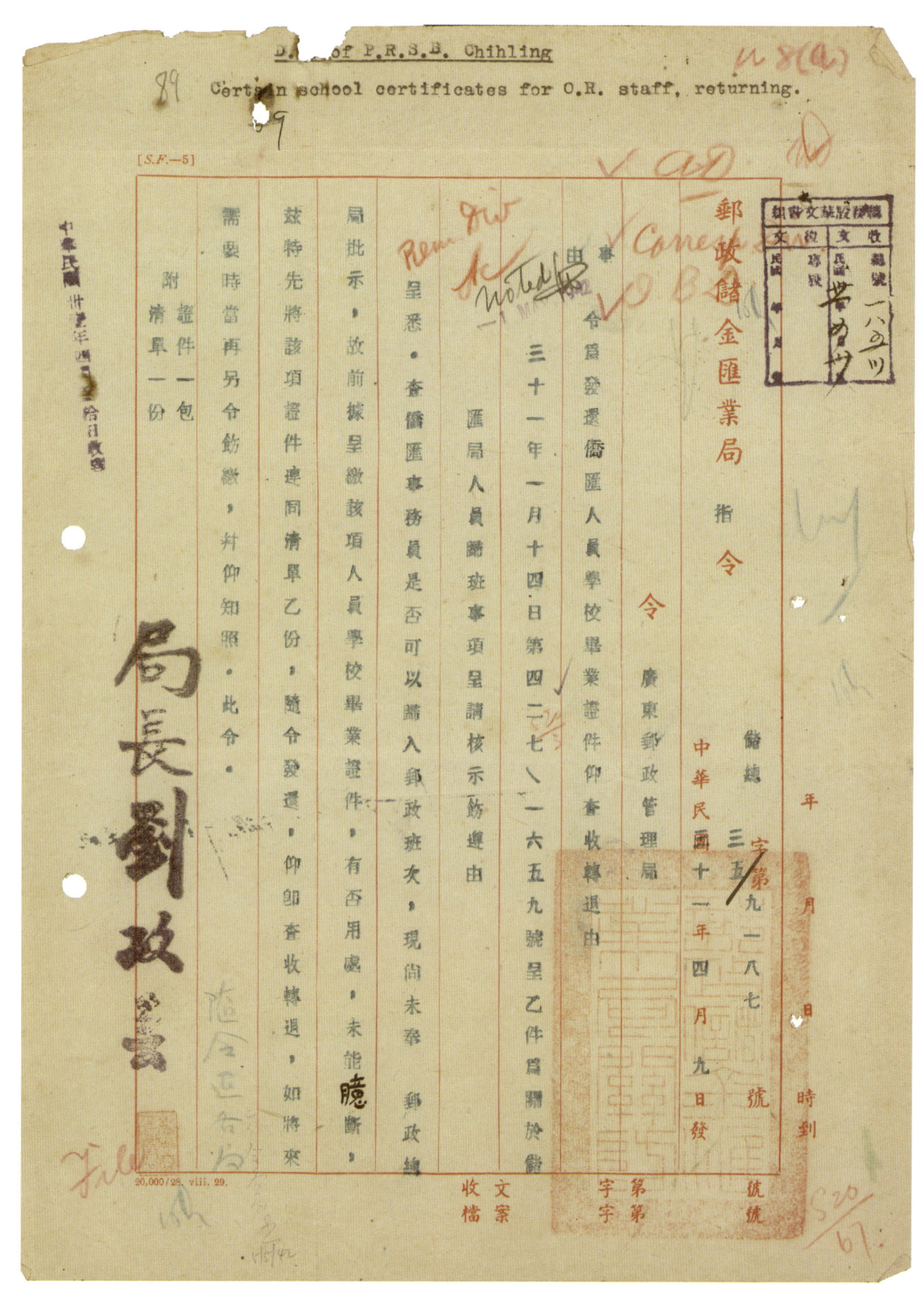

D.[illegible] of P.R.S.B. Chihling

Certain school certificates for O.R. staff, returning.

[S.F.—5]

郵政儲金匯業局 指令

儲總 字第 三五九一八七 號

中華民國三十一年四月九日發

令 廣東郵政管理局

事由：令爲發還僑匯人員學校畢業證件仰查收轉退由

三十一年一月十四日第四二七、一六五九號呈乙件爲關於儲匯局人員歸班事項呈請核示飭遵由

呈悉。查僑匯事務員是否可以編入郵政班次，現尚未奉 郵政總局批示，故前據呈繳該項人員學校畢業證件，有否用處，未能臆斷，茲特先將該項證件連同清單乙份，隨令發還，仰即查收轉退，如將來需要時當再另令飭繳，并仰知照。此令。

附 證件一包 清單一份

局長 劉攻芸

20,000/28. viii. 29.

90

清單

姓名	証件	埗	註
黎裕光	香港南京中學文憑一件		中華民國卅一年四月叁拾日收訖 黎裕光
霍暖暖	廣東省立廣州女子師範學校文憑一件	服務局所	中華民國卅一年五月壹日 收訖 霍暖暖
許建勳	瓊山縣立職業學校紡織科文憑一件	海口（瓊山）	
詹秀松	瓊山縣私立瓊海中學初中文憑一件	仝上	
鄭書章	瓊山縣立中學初中文憑一件	仝上	
王安槐	廣東省立第六師範初中文憑一件	仝上	
沙占龍	宏英中學初中文憑一件	前山	
霍惠良	香港高商藝英文學校文憑一件	江門埠	

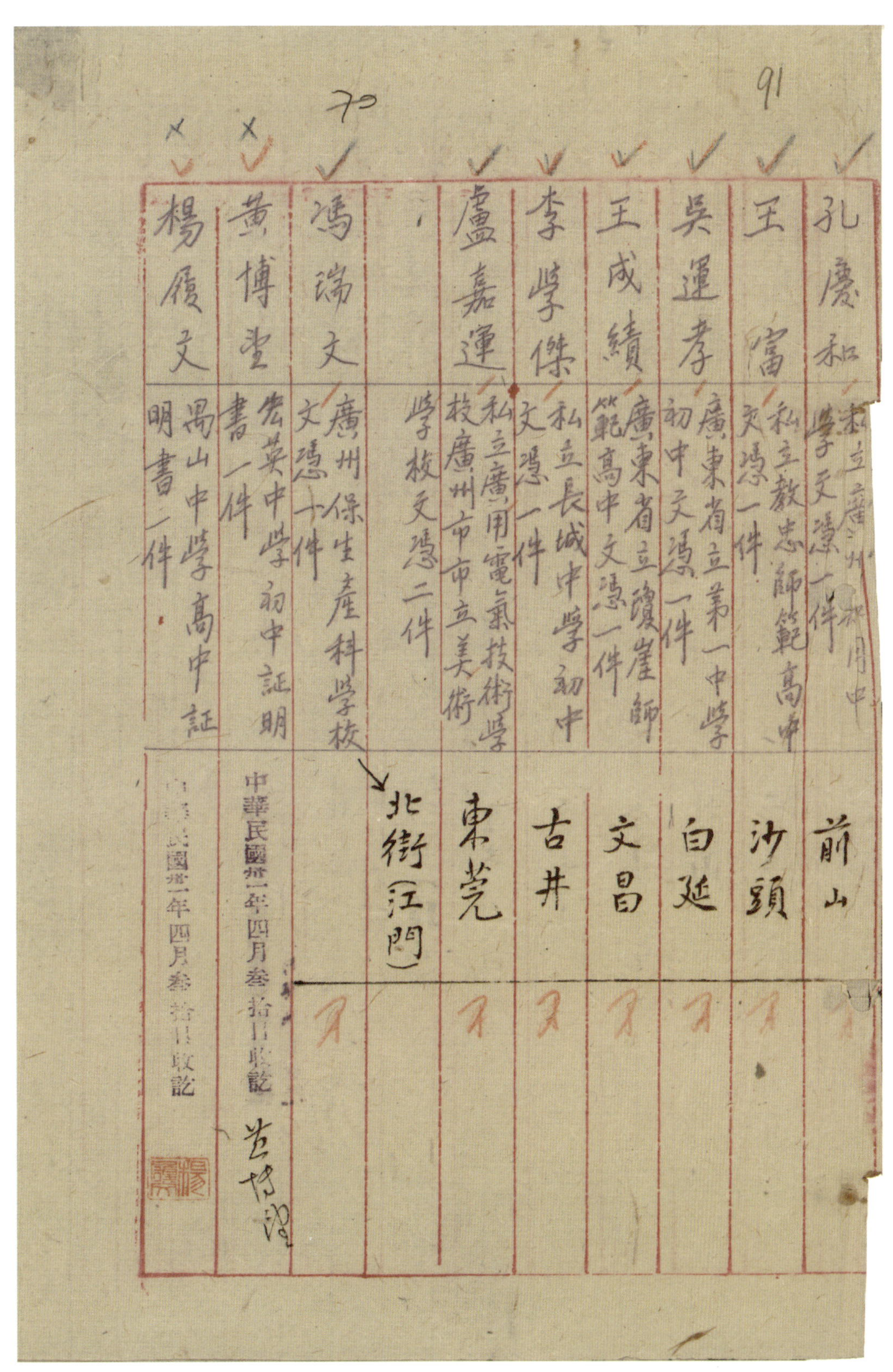

70　91

姓名	文憑	籍貫	收訖
孔慶和	私立廣州知用中學文憑一件	前山	
王富	私立教忠師範高中文憑一件	沙頭	
吳運孝	廣東省立第一中學初中文憑一件	白延	
王成績	廣東省立瓊崖師範高中文憑一件	文昌	
李學傑	私立長城中學初中文憑一件	古井	
盧嘉運	私立廣州電氣技術學校廣州市市立美術學校文憑二件	東莞	
馮瑞文	廣州保生產科學校文憑一件	北街（江門）	
黃博聖	宏英中學初中證明書一件		中華民國卅一年四月叁拾日收訖 黃博聖
楊履文	揭山中學高中證明書一件		中華民國卅一年四月叁拾日收訖

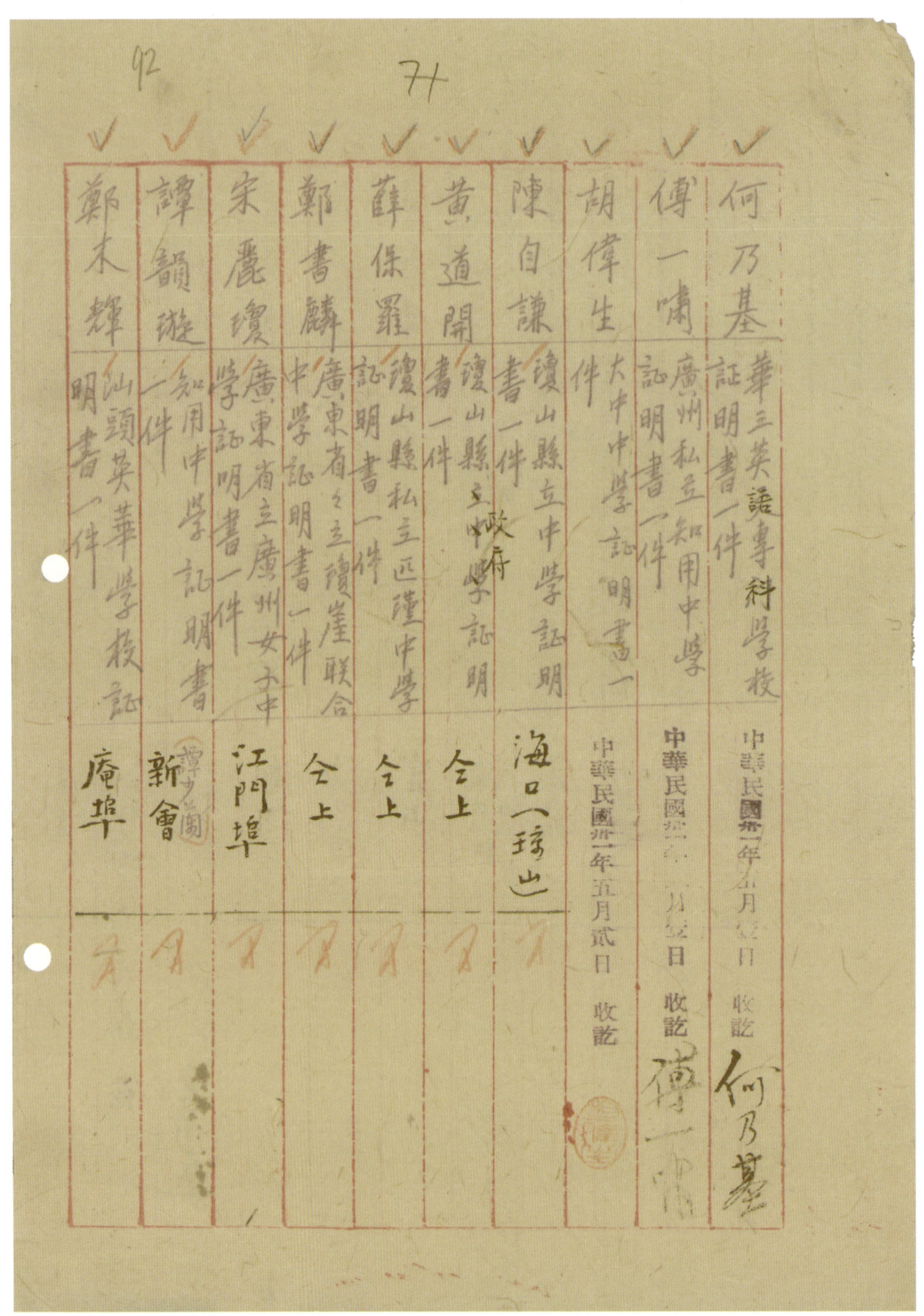

92

74

何乃基	華三英語專科學校證明書一件	中華民國卅一年五月貳日 收訖 何乃基
傅一嘯	廣州私立知用中學證明書一件	中華民國卅一年五月貳日 收訖 傅一嘯
胡偉生	大中中學證明書一件	中華民國卅一年五月貳日 收訖
陳自謙	瓊山縣立中學證明書一件	海口（瓊山）
黃道開	瓊山縣立中學證明書一件	仝上
薛保羅	瓊山縣私立匹瓊中學證明書一件	仝上
鄭書麟	廣東省立瓊崖联合中學證明書一件	仝上
宋麗瓊	廣東省立廣州女子中學證明書一件	江門埠
譚韻璇	知用中學證明書一件	新會
鄭木輝	汕頭英華學校證明書一件	庵埠

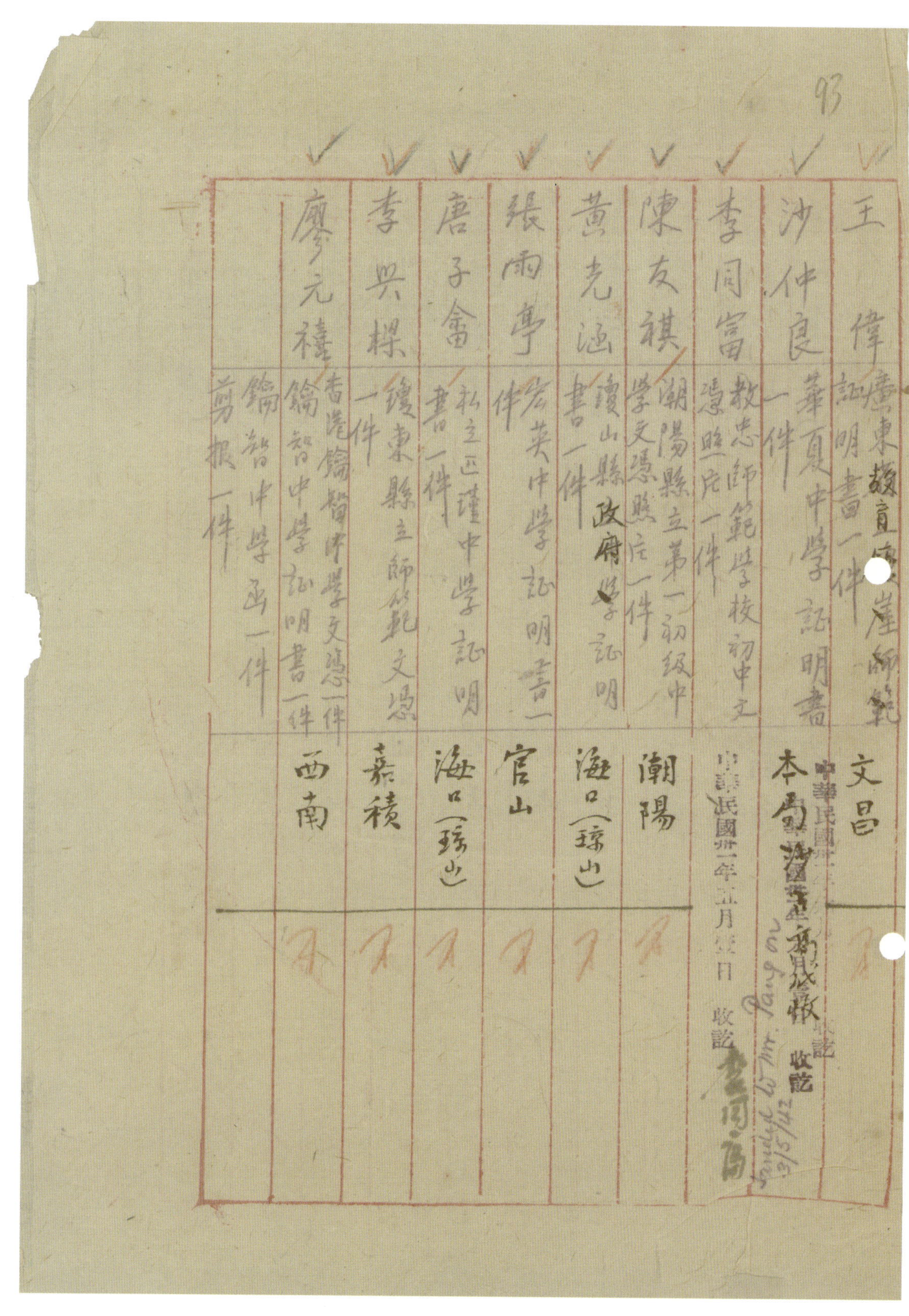

93

姓名	證件	籍貫
王偉	廣東教育廳瓊崖師範證明書一件	文昌
沙仲良	華夏中學證明書一件	
李同富	教忠師範學校初中文憑照片一件	
陳友祺	潮陽縣立第一初級中學文憑照片一件	潮陽
黃克涵	瓊山縣政府學證明書一件	海口（瓊山）
張雨亭	宏英中學證明書一件	官山
唐子禽	私立匹瑾中學證明書一件	海口（瓊山）
李興樑	瓊東縣立師範文憑一件	嘉積
廖元禧	香港鑰智中學文憑一件 鑰智中學證明書一件 鑰智中學函一件 剪報一件	西南

中華民國卅一年五月廿日 收訖

姓名	籍貫	年齡	學歷	職別	畢業證書或證明文件	本局證明書號數	發給日期	簽收
黎裕光	東莞	式拾叁	香港南京中學高中畢業	特別書記員	已繳畢業證書	壹	三十一年四月二十九日	
霍暖暖	番禺	式拾伍	廣東省立廣州女子師範學校師範科畢業	仝上	仝上	式	仝上	
黄博望	番禺	式拾玖	宏英中學初中畢業	特別書記員 事員	祇繳証明文件	叁	仝上	
楊俊文	南海	式拾伍	禺山中學高中畢業	特別書記員	仝上	肆	仝上	
何乃基	南海	式拾叁	華三英文專門學校畢業	仝上	仝上	伍	仝上	
傅一嘯	新會	肆拾肆	知用中學高中畢業	仝上	仝上	陸	仝上	
胡偉生	番禺	式拾柒	大中中學高中畢業	仝上	仝上	柒	仝上	
沙仲良	南海	式拾式	華夏中學初中畢業	仝上	仝上	捌	仝上	
李同富	新會	式拾式	教忠師範學校初中畢業	事員	仝上	玖	仝上	

鄭季生
鄺遠傳 } 不發證明書

廣東郵政管理局證明書第 壹 號

查黎裕光係廣東省東莞縣人現年式拾叁歲原在香港南京中學校高中畢業曾充本局儲匯特務書記員前因關於辦理郵政儲金匯業局人員歸班事項將其領有之學校畢業證明書繳驗經由本局轉呈審查未予發還茲以該員奉令自三十八[illegible]月一日解僱應予先行發給證明書以資證明

此證

右給黎裕光存執

本證明書係屬臨時性質一俟原證件發還應予繳局換領以憑注銷合特註明

95

74

Cancellation

中華民國三十八年四月二十九日

暫行兼代局長龍欽新

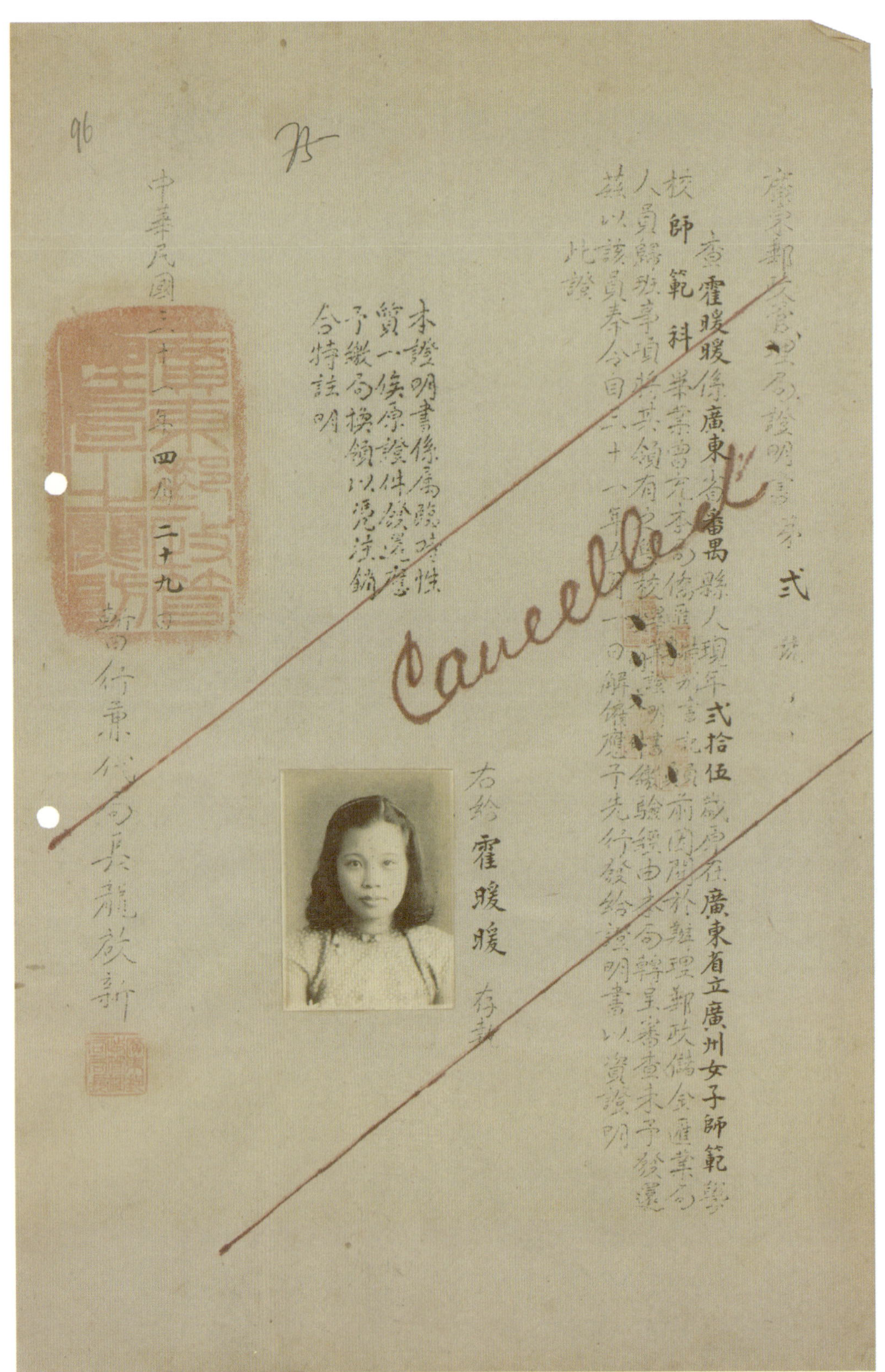

廣東郵政管理局證明書第　式　號

查霍暖暖係廣東省番禺縣人現年式拾伍歲原在廣東省立廣州女子師範學校師範科畢業曾充本局僑匯[illegible]前因辦理郵政儲金匯業局人員歸班事項將其領有本局核發證明書繳驗經由本局轉呈審查未予發還茲以該員奉令自三十一年四月一日解職應予先行發給證明書以資證明

此證

本證明書係屬臨時性質一俟原證件發還應予繳局換領以憑註銷合特註明

右給霍暖暖存執

中華民國三十一年四月二十九日

暫行兼代局長龍啟新

Cancelled

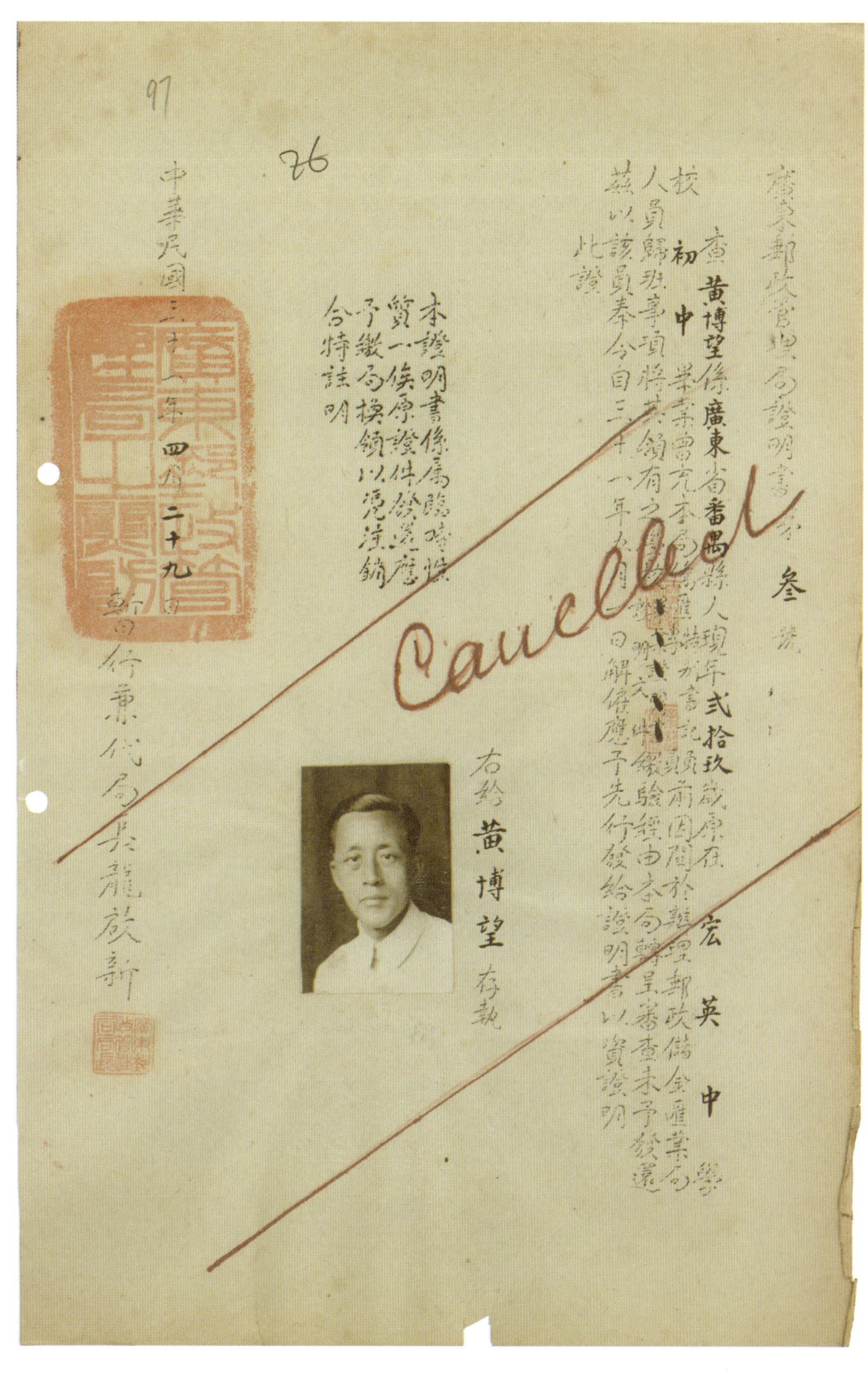

97

26

廣東郵政管理局證明書第叁號

查黃博望係廣東省番禺縣人現年式拾玖歲原在宏英中學校初中畢業曾充本局郵匯特別書記員前因關於辦理郵政儲金匯業局人員歸班事項將其領有之證明文件繳驗經由本局轉呈審查未予發還茲以該員奉令自三十一年六月一日解僱應予先行發給證明書以資證明

此證

本證明書係屬臨時性質一俟原證件發還應予繳局換領以憑注銷合特註明

右給黃博望存執

中華民國三十一年四月二十九日

暫行兼代局長龍啟新

Cancelled

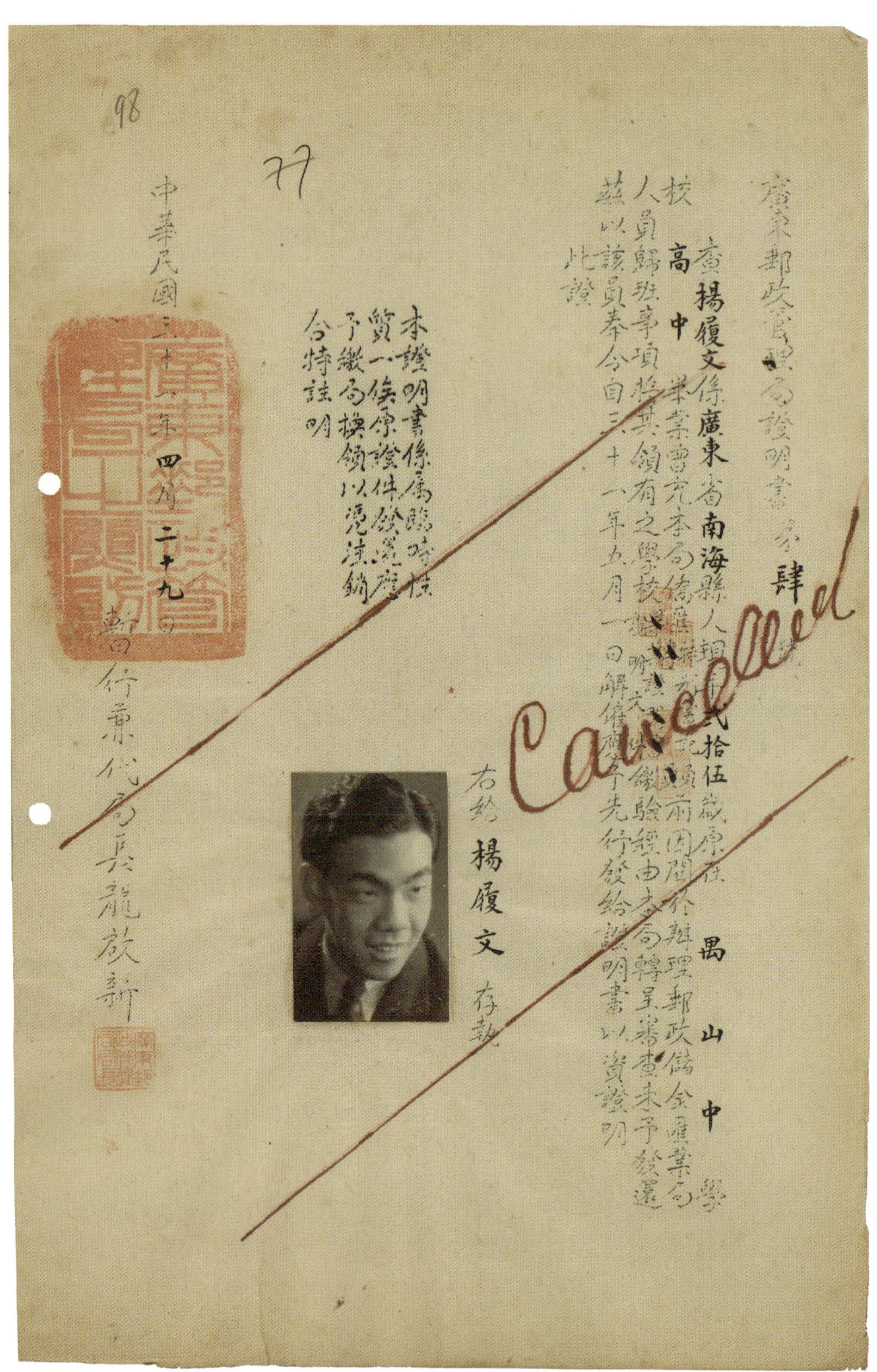

98

77

廣東郵政管理局證明書 第肆號

查楊履文係廣東省南海縣人，現年貳拾伍歲，原在禺山中學校高中畢業，曾充本局儲[illegible]前因關於辦理郵政儲金匯業局人員歸班事項，將其領有之學校證明文件繳驗，經由本局轉呈審查，未予發還。茲以該員奉令自三十一年五月一日解僱，應予先行發給證明書，以資證明。

此證

本證明書係屬臨時性質，一俟原證件發還，應予繳局換領，以憑注銷，合特註明。

右給楊履文存執

中華民國三十一年四月二十九日

暫行兼代局長吳龍欽新

Cancelled

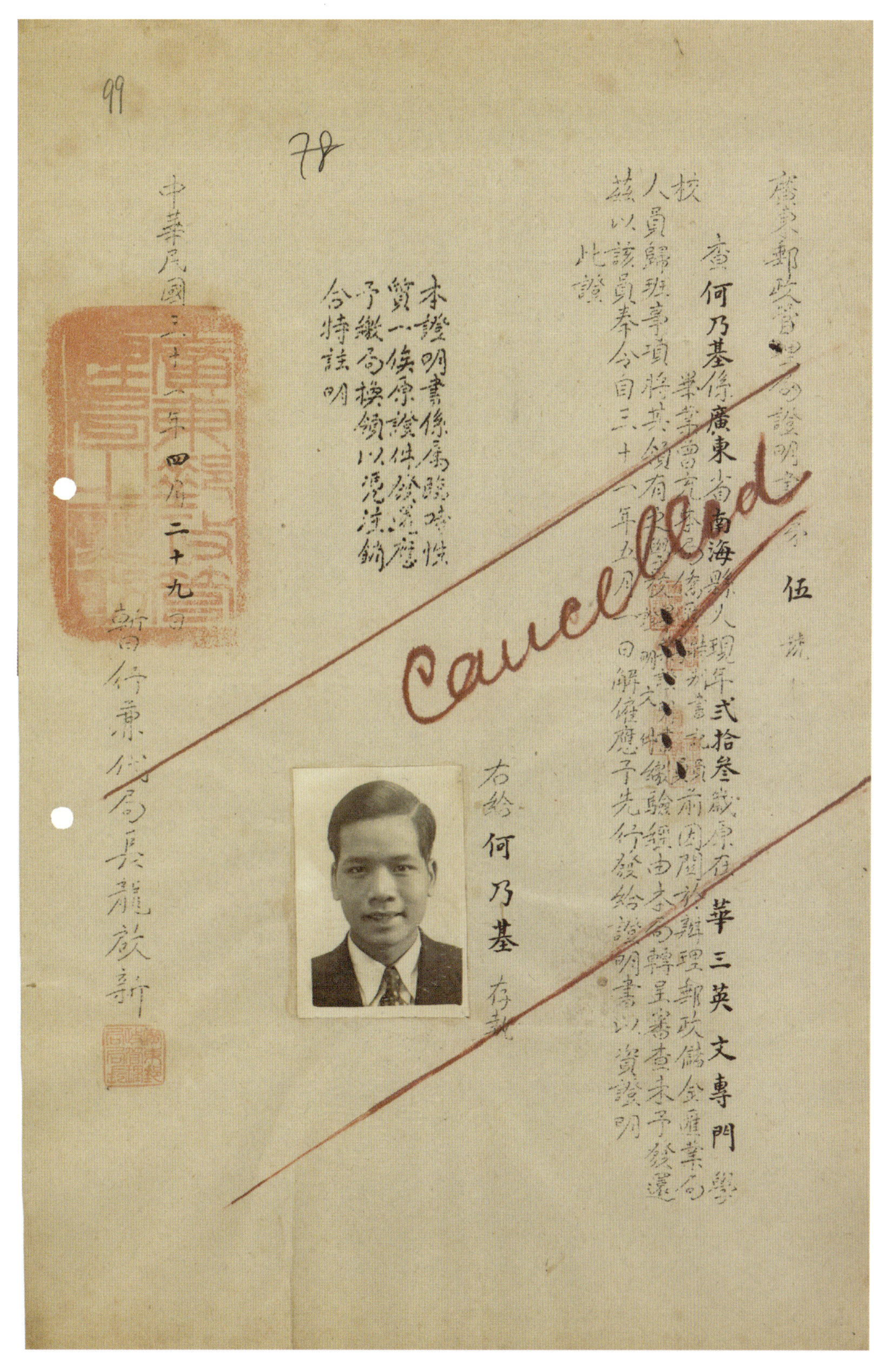

99

78

廣東郵政管理局證明書字第　伍　號

查何乃基係廣東省南海縣人現年式拾叁歲原在華三英文專門學校畢業曾充本局僱員[illegible]前因關於辦理郵政儲金匯業局人員歸班事項將其領有[illegible]證明文件繳驗經由本局轉呈審查未予發還茲以該員奉令自三十一年五月一日解僱應予先行發給證明書以資證明

此證

本證明書係屬臨時性質一俟原證件發還應予繳局換領以憑註銷合特註明

右給何乃基存執

中華民國三十八年四月二十九日

暫行兼代局長龍啟新

Cancelled

100

79

廣東郵政管理局證明書字陸號

查傅一嘯係廣東省新會縣人現年肆拾肆歲原在知用中學校高中畢業曾充本局[illegible]前因關於辦理郵政儲金匯業局人員歸班事項將其領有之[illegible]明文件[illegible]繳驗經由本局轉呈審查未予發還茲以該員奉令自三十一年五月[illegible]日解僱應予先行發給證明書以資證明

此證

本證明書係屬臨時性質一俟原證件發還應予繳局換領以憑注銷合特註明

右給傅一嘯存執

中華民國三十一年四月二十九日

暫行兼代局長龍啟新

Cancelled

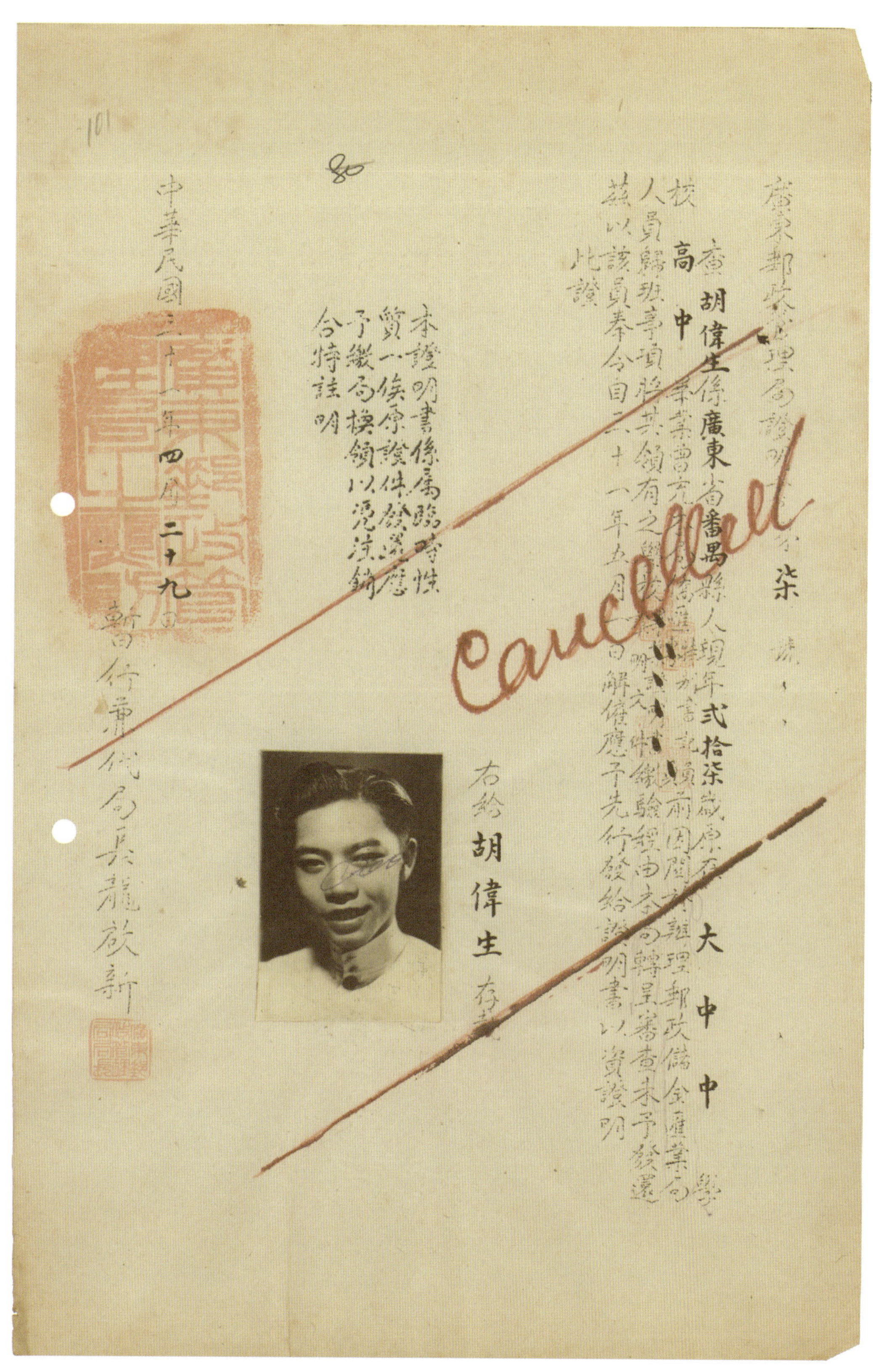

廣東郵政管理局證明書字第柒號

查胡偉生係廣東省番禺縣人現年貳拾柒歲原在大中中學校高中畢業曾充本局高雄特別書記員前因閩[illegible]辦理郵政儲金匯業局人員歸班事項將其領有之學校畢業證明文件繳驗經由本局轉呈審查未予發還茲以該員奉令自三十一年五月一日解僱應予先行發給證明書以資證明

此證

本證明書係屬臨時性質一俟原證件發還應予繳局換領以憑注銷合特註明

右給胡偉生存執

中華民國三十一年四月二十九日

暫行兼代局長龍啟新

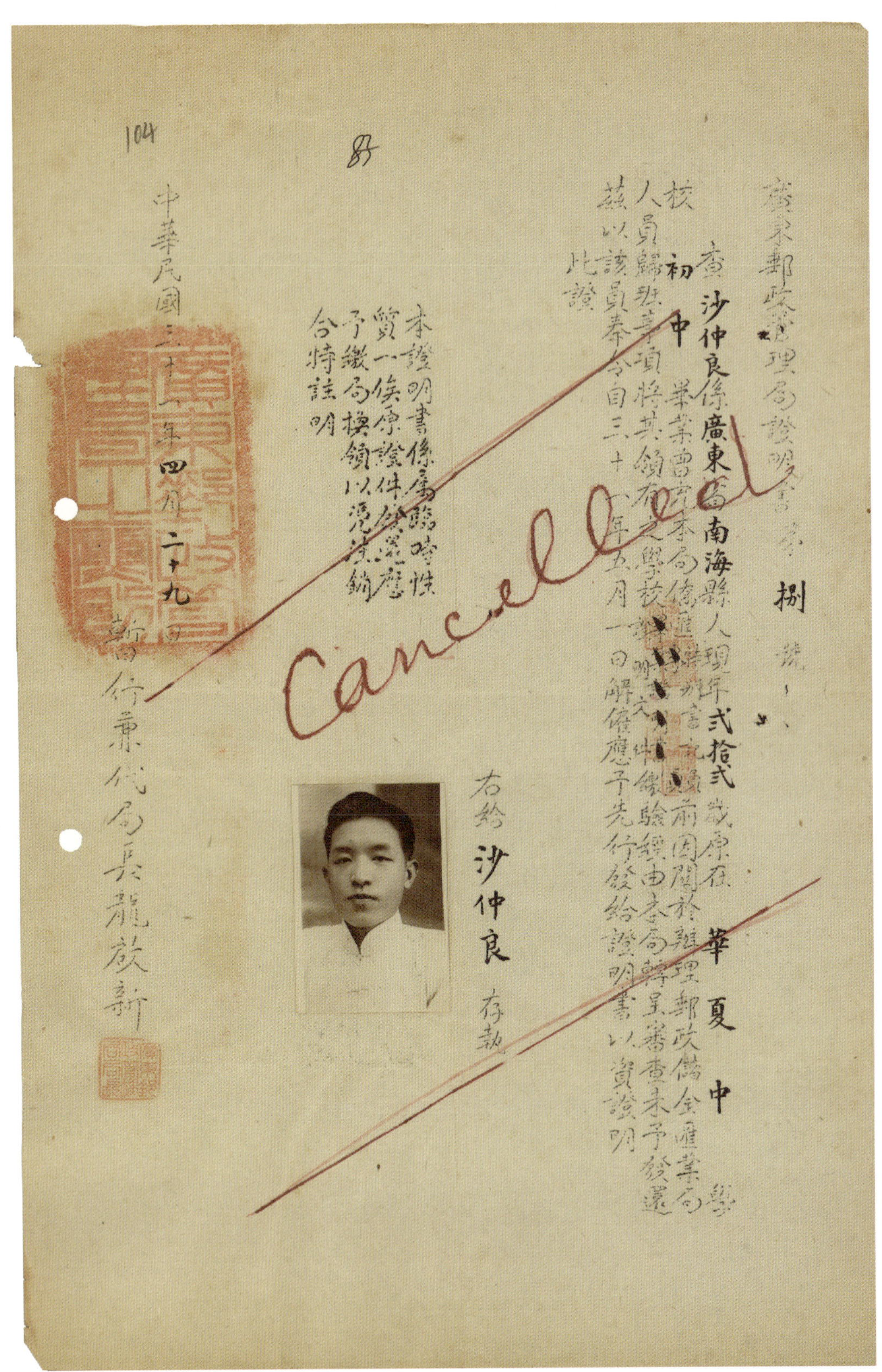

廣東郵政管理局證明書 字 捌 號

查 沙仲良係廣東省南海縣人現年式拾式歲原在 華夏中學校 初中 畢業曾充本局僑匯□□□□前因關於辦理郵政儲金匯業局人員歸班事項將其領有之學校畢業證明文件繳驗經由本局轉呈審查未予發還茲以該員奉令自三十八年五月一日解僱應予先行發給證明書以資證明

此證

本證明書係屬臨時性質一俟原證件發還應予繳局換領以憑注銷合特註明

右給 沙仲良 存執

中華民國三十八年四月二十九日

暫行兼代局長龍啟新

Cancelled

102

84

廣東郵政管理局證明書 字第 玖 號

查李同富係廣東省新會縣人現年式拾式歲原在教忠師範學校初中畢業曾充本局僑匯[illegible]前因關於辦理郵政儲金匯業局人員歸班事項將其領有女學校畢業證明文件繳驗經由本局轉呈審查未予發還茲以該員奉令自三十一年九月一日解僱應予先行發給證明書以資證明

此證

本證明書係屬臨時性質一俟原證件發還應予繳局換領以憑注銷合特註明

右給 李同富 存執

中華民國三十一年四月二十九日

暫行兼代局長龍啟新

Cancelled

汕头邮区辖下批信局一览表（一九四二年七月十五日）

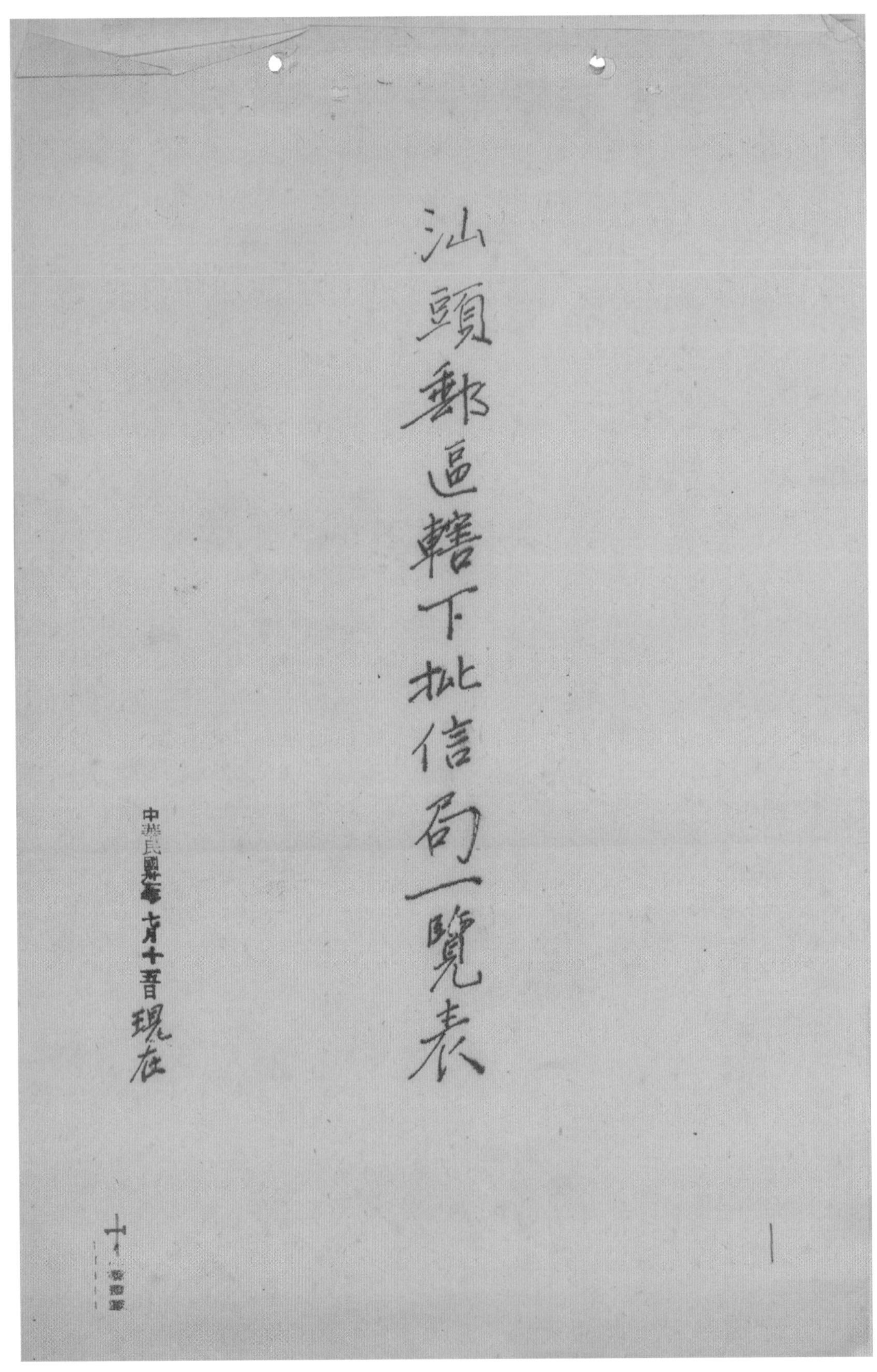
汕頭郵區轄下批信局一覽表

中華民國卅一年七月十五日現在

批信局名稱	開設地方	營業者姓名	分號或聯號數	分號或聯號地點
宏通	汕頭（暫遷梅縣）	張公垣	五十六	梅縣(三) 興寧(三) 松口 汕頭 詔安 畬坑 蕉嶺 新加坡、檳榔嶼(三) 吉隆坡(三) 大坡 怡保(三) 芙蓉 小坡 巴度 帕哈特(三) 塞加瓦特(三) 居鑾、吉令丹 安順(三) 太平(三) 巴雙 過港、麻剌甲(三) 美里坡、宋卡蘭 巴里文礁 金寶 江沙 慕蘭、峇眼(三) 坤甸(三) 三發坡 檳蘭(三) 山口洋(三) 江沙坡、帕塔尼、徹里濱、三寶壠 亞齊美倫、彭亨文德甲 古晉
陳協盛	潮安（暫遷饒平）	陳傳治	三	饒平 鳳凰 堤岸 盤谷
張廣泉	汕頭（暫遷梅縣）	張牖民	八	畬坑 梅縣 興寧 芙蓉 麻剌甲 盤谷 香港 万隆
嘉隆	汕頭（暫遷河婆）	蔡煥臣	一〇	河婆 揭陽 香港 新加坡 山口洋 勿里洞 柔佛 古楼 蘆拉孔克 佩剌克
森春	汕頭（暫遷惠來）	魏應元	一二	梅林 葵潭 河婆 潮安 揭陽 大坪 士乃(三) 居鑾 古楼 蘆拉孔克 山口洋
捷成	汕頭（暫遷高陂）	劉迪予	一三	大埔(三) 大麻(三) 三河 茶洲 高陂 梅縣(三) 松口 岸市 盤谷 香港

（第一頁）

2

泉利	汕頭（暫遷大埔）	劉紹倉	一四	本市 松口 大埔(三) 三河 大麻 恭洲 高陂 梅縣 新加坡(三) 香港(三)
復安	汕頭	黃逸民	七	潮安 潮陽 揭陽 棉湖、香港 新加坡 盤谷
熊增昌	梅縣	熊少繩	三	汕頭 檳榔嶼 香港
盛記	〃	侯新如	八	興寧 廣州 上海 汕頭 孟加錫 怡保 香港 丹絨板蘭
梁楨記	〃	梁天受	二	汕頭 盤谷
陳富源	〃	陳勤争	七	汕頭 興寧 巴塔維亞 香港 盤谷 加爾各答、仰光
廣德興	〃	張雲卿	七	怡保(三) 仰光(三) 香港(三) 盤谷
賴福記	〃	賴湧元	三	松口 香港 盤谷
鍾天華	松口	鍾偉權	八	汕頭 盤谷(四) 芙蓉 巴塔維亞 香港
謝均和	〃	謝公我	八	巴塔維亞 三寶瓏 香港(三) 檳榔嶼 怡保 金寶 盤谷
廣通	〃	王華岩	四	汕頭 怡保(三) 吉隆坡
豐昌	〃	梁秉初	二	萬隆 巴塔維亞

（第二頁）

3

4

信和成	揭陽	林道義	一三	揭陽 汕頭 澄海 饒平 腦俚 坤甸(八)
彭宗順	五雲洞	彭继述	一	勿里洞嗎吃
蔡南成	河婆	蔡展猷	一五	汕頭 佩剌克(三) 薩拉瓦克(三) 古楼(三) 新加坡 柔佛 居鑾 山口洋(三) 士乃 勿里洞嗎吃
裕隆昌	畬坑	張文泰	六	汕頭 盤谷 麻剌甲(三) 芙蓉 新加坡
饒興記	大埔	饒谷士	一	吉隆坡
張聯發 泉昌	汕頭（暫遷河婆）	張鏡榮	九	棉湖 河婆 山口洋(三) 古樓 新加坡 柔佛 居鑾 佩剌克
廣源和記	汕頭	陳傳仁	十	潮安 潮陽 黃岡 澄海 揭陽 店仔頭 鳳凰 饒平 堤岸 盤谷

（第三頁）

批信局名稱	開設地方	營業者姓名	分號或聯號數	分號或聯號地點
周生利	汕頭	周雲生	一〇	萬隆 潮陽 揭陽(三) 澄海 黃岡 惠来 隘隍 佩刹克 拱柳嶼
裕益	〃	周炯昌	一二	潮陽 揭陽 黃岡 北灣 達陽 潮安 炮台 棉湖 詔安 達濠 店仔頭 新加坡
福昌	〃	劉士彥	一三	流沙圩 東海 潮陽 揭陽 隆江圩 金甌 拱柳嶼 新加坡 日里棉蘭 暹羅大城 金邊 日里仙達(三)
振豐盛	〃	陳章武	九	碣石 普寧 潮陽 陸丰 日里棉蘭(四) 拱柳嶼
勝發	〃	鍾詩和	九	揭陽 東海圩 潮陽 流沙圩 潮安 日里民禮 日里奇砂蘭 坤甸 日里棉蘭
福成	〃	黃日輝	一三	金甌(三) 潮陽 隆江 揭陽 棉湖 拱柳峇(三) 怡保 古樓 佩拉克(三)
義發	〃	余文仁	六	揭陽(三) 棉湖 潮陽 陸都 盤谷
吳順興	〃	吳興祥	一一	潮陽(三) 隘隍 澄海 揭陽 饒平 達濠 堤岸 日里寺宜 盤谷 新加坡

（第一頁）

5

陳悅記	汕頭	陳拔奇	一三	潮安㈢ 鳳凰 棉湖 潮陽 店仔頭 澄海 饒平 揭陽 隮隍 盤谷 堤岸 新加坡
榮成利	〃	許作貴	九	饒平 潮安 棉湖 澄海 潮陽 新加坡 堤岸 盤谷 香港
許福成	〃	許質彬	一〇	黃岡 揭陽 潮陽 潮安 隆都 東隴 隮隍 盤谷㈢
合盛利	〃	劉廷服	五	揭陽 棉湖 湯坑 潮安 盤谷
洪万豐	〃	洪賢良	二二	棉湖 揭陽 潮安㈢ 黃岡 店仔頭㈢ 河婆 葵潭 詔安 隮隍 闵埠 新加坡㈢ 梹榔嶼㈢ 堤岸 盤谷 日里棉蘭
菜大	〃	蔡禮權	四	堤岸 新加坡 香港 散達坎
恒記	〃	林戴禧	一八	潮陽㈢ 揭陽 詔安 六丰 隮隍 梹榔嶼㈥ 日里真名丁宜 日里民禮 日里棉蘭 日里沙坡 新加坡
成昌利	〃	蕭分珊	二	成田 盤谷
李華利 豐	〃	李潤初	一三	成田 達濠 惠来 揭陽㈢ 棉湖 河婆 湯坑 日里 蕯拉瓦克 邦戛 新加坡 怡保

（第二頁）

6

7

光益	汕頭	鍾步岩	二一	潮安 潮陽 達濠 砲台 棉湖 浮山 蓮陽 意溪 留隍 東里 黄岡 隆都 揭陽 新加坡(五) 堤岸(三) 坤甸
有信	〃	黄壽三	一五	潮陽(三) 揭陽(三) 澄海 潮安 棉湖 河婆 梅林 詔安 黄岡 浮山 新加坡 坤甸 邦戛
光益裕	〃	陳湘鈞	一九	北灣 詔安 揭陽 潮安 潮陽 炮台 黄岡 達濠 棉湖 店仔頭 蓮陽 新加坡(三) 安南新洲 散達坎 峇眼 坤甸(三)
陳綿發	〃	陳在三	六	高陂 莒村 大埔 大麻 梅縣 吉隆坡
源合興	〃	陳梓良	一六	潮陽(三) 澄海 揭陽 饒平(二) 留隍 達濠 普寧 潮安 陳店 堤岸 香港 盤谷 新加坡 日里棉蘭
四興	〃	陳四合	八	潮陽 陸豐 惠來 梹榔嶼(三) 新加坡(三) 仙達
馬合豐	〃	馬文龍	五	成田 黄岡 潮陽 揭陽 盤谷
馬德發	〃		一六	成田(三) 潮陽 黄岡 梅繞 棉湖 潮安(三) 蓮陽 留隍 揭陽 店仔頭 盤谷(四)
福利	〃		三	香港 新加坡 盤谷
福茂	〃	黄南和	五	香港 安南擺草 新加坡 巴塔維亞 盤谷

（第三頁）

十

8

信大	汕頭	陳謙銘	七	埠塘 揭陽 棉湖 潮陽 金甌 新加坡 堤岸
致盛	〃	鄭應林	七	香港 盤谷 堤岸 新加坡(四)
陳富通	〃	陳濟軒	八	梅県 盤谷 興寧 香港 巴塔維亞 加爾各答 仰光(三)
長發	〃	陳少懷	一〇	金甌(三) 潮陽 浲江 揭陽 棉湖 枋柳崎(三) 怡保(三)
祥益	〃	鍾樹芳	一七	潮安 潮陽 達濠 砲台 棉湖 浮山 蓮陽 意溪 溜隍 東里 黃岡 隆都 揭陽 新加坡 堤岸(三)
玉合	〃	林癸	一五	潮陽(三) 揭陽 潮安(三) 蓮陽 饒平(三) 黃岡 溜隍 堤岸(三) 安南擺草 香港 安南金塔
裕大	〃	陳喜鎮	八	潮安 潮陽 揭陽 惠來 棉蘭 散達坎 香港 新加坡
佳興	〃	吳翩秋	一〇	潮陽(三) 溜隍 揭陽 澄海 饒平 達濠 金塔 擺草 薄寮
榮丰利	〃	黃勤敏	一五	揭陽 昆明 興寧 梅縣 棉湖 湯坑 潮陽 溜隍 河婆 盤谷 香港 柔佛古樓 新加坡 [illegible]
黃潮興	〃	黃喜鏗	八	店仔頭 潮陽 揭陽 潮安 詔安 松下 樟林 內浮山 盤谷

(第四頁)

中

批局名称	地址	经理人	数目	通汇地点
啟峯	汕頭	魏啓和	一四	揭陽 棉湖 潮陽 黃岡㊂ 達陽 澄海 潮安 金塔 盤谷 新加坡 坤甸㊂ 堤岸
和興盛	〃	李德仰	二	日里棉蘭 梹榔嶼。
馬源耒	〃	馬君声	一一	棉湖 揭陽 黃岡 潮陽 成田㊂ 盤谷㊂
陳万合	〃	陳開宗	九	大長隴 揭陽 達濠 潮陽 香港㊂ 金塔 盤谷 日里棉蘭
老德來	〃	黃偉初	七	潮陽 潮安 澄海 香港 新加坡 金塔 盤谷
利昌	〃	王炳南	七	潮安㊂ 潮陽 揭陽 達陽 詔安 堤岸
協成興	〃	許漢平	八	黃岡 揭陽 潮陽 詔安 東隴 隆都 潮安 盤谷
鄭順成利	〃	鄭舜之	八	揭陽 潮安 東隴 潮陽 樟林 菴濠 店仔頭 盤谷
振盛興	〃	曾慎一	七	澄海 揭陽 潮陽 黃岡 [illegible]隍 盤谷 香港
成順利記振	〃	鄭敦翰	九	樟林 店仔頭 潮安 揭陽 潮陽 詔安 松下 内浮山 盤谷
宏信	〃	苗[illegible]鄉	九	潮陽 澄海 揭陽㊂ 潮安 饒平 陸豐 棉湖 散達坎

9

（第五頁） 中

同發利	汕頭	羅舜桂	一三	揭陽㊂ 興寧 梅県 湯坑 潮陽 棉湖 潮安 黃岡 隆都 溜隍 盤谷 香港
永安	〃	周良	一三	潮陽㊂ 揭陽㊂ 詔安 饒平 店仔頭 蓮陽 潮安㊂ 東隴 新加坡
泰成昌	〃	劉宗翰	一四	潮陽㊂ 潮安 揭陽 棉湖 溜隍㊂ 惠來 澄海 黃岡 饒平 盤谷㊂
理元	〃	馬承章	九	成田 潮安 潮陽 揭陽 隆江 盤谷㊂ 新加坡
和合祥	〃	張伯文	六	普寧 澄海 揭陽 潮陽 饒平 盤谷
廣順利	〃	謝子和	八	澄海㊂ 潮陽 揭陽 饒平 詔安 盤谷 安順
鍾榮順	〃	鍾靖潔	七	潮安 揭陽 潮陽 澄海 饒平 隆都 盤谷
陳炳春	〃	陳克翁	七	潮安 揭陽 溜隍 潮陽 黃岡 饒平 盤谷
萬丰發	〃	魏長榮	三七	揭陽 棉湖 潮陽 黃岡㊂ 湯坑 澄海 溜隍 潮安㊂ 隆都 流沙 意溪 店市 盤谷㊃ 堤岸 坤甸（十八）

（第六頁）

10

10

潮利亨	汕头	瑞記等	一一	揭陽 潮陽(三) 普寧(三) 陸豐 惠來 梹榔嶼 堤岸 日里 棉蘭 香港
廣泰祥	〃	李星海	一三	潮安 高陂(三) 大麻(三) 三河 大埔 百侯 湖寮 盤谷(三) 新加坡(三)
萬興昌	〃	許文雅	一四	隆都 銭東 黄岡 棉湖 潮陽 洪洲 梅縣 留隍 下湖 澄海(三) 意溪(三) 盤谷
普通	〃	吴彩堂	二四	潮安 潮陽 揭陽 砲台 蓮陽 留隍 黄岡 蓬洲 棉湖 隆都 上湖 浮洋 菴埠 意溪 盤谷(三) 梹榔嶼 香港(三) 新加坡(四)

共一一七间

（第七页）廿

汕头段一九四二年份已挂号批信局详情表（一九四二年）

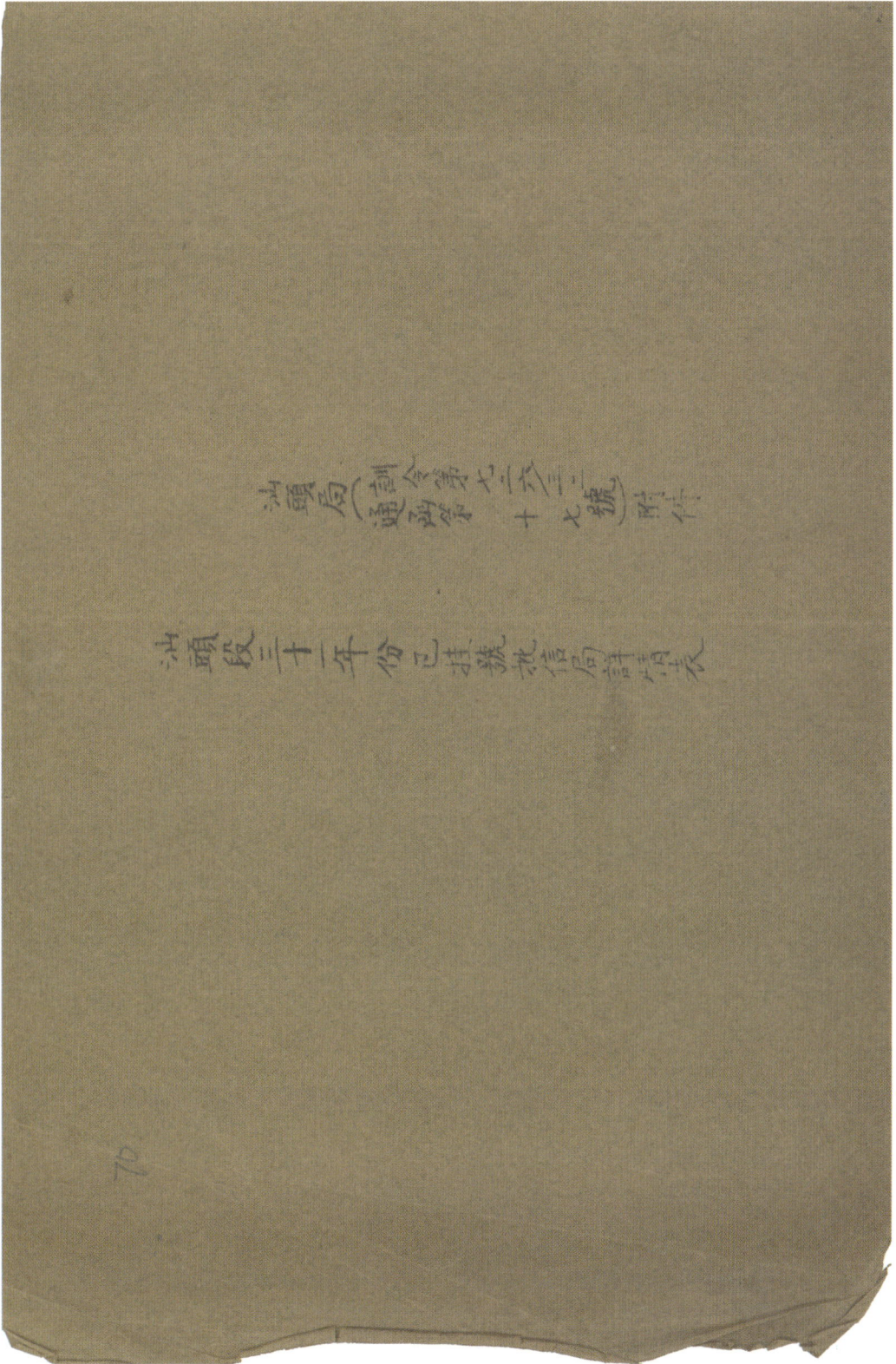
汕頭段三十一年份已挂號批信局詳情表

~~69~~

71

批信局名稱	開設地方	營業人姓名	分號名稱	開設地方	代理人姓名	執照號數
周生利	汕頭	周雲生	劉喜合	潮陽	劉竹船	壹貳〇
			魏啟峯	揭陽	魏啟圖	
			洪萬興	揭陽	洪賢炎	
			有信	澄海	芮弼卿	
			黃茂利	黃岡	黃子厚	
			陳裕源	惠來	陳銘經	
			詹恒亨	留隍	詹集袞	
			周榮興	仰剌克	周日波	
			義利	檳榔嶼	許運年	
裕益	汕頭	周炯昌	劉喜合	潮陽	劉竹船	壹貳壹
			光德成	揭陽	李運祥	
			黃茂利	黃岡	黃子厚	
			溶發源	北灣	陳再存	
			協成興	蓮陽	許錫河	
			有記	潮安	吳聘三	
			黃德良	炮台	黃經通	
			洪萬興	棉湖	洪賢炎	
			源順成	詔安	周崇仁	
			李源合	達濠	李渭臣	
			潘合利	店仔頭	潘立裕	
			吳有記	葫蘆市	林碩之	
			光益裕	東隴	周以文	
			光益裕	興寧	李筱梅	
			永德盛	新加坡	許惟杰	
福興	汕頭	劉士彦	陳聯豐	流沙圩峽	陳成剛	壹貳貳
			陳科成	東海新圩	陳進	
			劉喜合	潮陽	劉竹舟	
			魏啟峯	揭陽	魏啟圖	
			陳益隆	隆江	陳雲石	
			陳四合	金甌	陳雲騰	
			萬發	檳榔嶼	黃亞房	
			振慶大	新加坡	黃啟平	

共一

批信局名稱	開設地方	營業人姓名	分號名稱	分號開設地方	代理人姓名	執照號數
			永新	棉蘭	劉士城	
福興（續）			劉平合	盤谷	劉士平	
			源記	安南金邊	許其極	
			漁業	仙達	黃文吉	
			新發興	仙達	黃克欽	
振豐盛	汕頭	陳章武	陳聯豐	普寧	陳成剛	壹弍叁
			陳四合	潮陽	陳雲騰	
			陳科成	陸豐	陳雲進	
			鴻興號	碣石	秦士蒙	
			永興盛	流沙	張炎輝	
			興勝號	棉蘭	黃庚昌	
			陳怡盛	棉蘭	陳紅	
			陳源利	棉蘭	陳諸說	
			有豐	浜榔嶼	黃彬裕	
			德盛	棉蘭	姚明盛	
			永興盛	盤谷	許子衡	
			和和號	盤谷	許培豐	
勝發	汕頭	鍾詩和	魏成峯	揭陽	魏啟圃	壹弍四
			陳科成	東海汗	陳進	
			劉喜合	潮陽	劉德舟	
			陳聯豐	流沙圩	陳成剛	
			有信莊	潮安	許振豐	
			倪兩發	棉蘭	倪克昭	
			兩發棧	日里	倪徐盛	
			黃創成	奇砂蘭	黃玉柳	
			李同春	坤甸	李春樹	
福成	汕頭	黃日輝	陳四合	金甌	陳雲騰	壹弍五
			陳從發	金甌	陳允貞	
			劉喜合	潮陽	劉竹船	
			陳益隆	隆江	陳雲石	
			光德成	揭陽	李運祥	
			洪萬豐	棉湖	洪賢明	

其二

73

No. 70

批信局名稱	開設地方	經營人姓名	分號名稱	開設地方	代理人姓名	執照號數
福成（續）						
			榮泰昌德茂	檳榔嶼	陳玉如	
			榮泰昌恒記	怡保	陳玉文	
			泗利興	古樓	倪光	
			光盛	吉礁	劉漢盛	
			盛業	吉礁	張業仁	
			成興	太平	馬成源	
			和成	太平	陳榮桂	
義發	汕頭	佘文仁				壹弍六
			啟峯	揭陽	魏啟圃	
			揭政記	棉湖	揭璧榮	
			劉喜合	潮陽	劉竹船	
			福成	隆都	許再勵	
			義發	揭陽	黃連陞	
			義瑞興	盤谷	余文仁	
吳順興	汕頭	吳興祥				壹弍七
			陳四合	潮陽	陳雲騰	
			劉喜合	潮陽	劉竹船	
			詹恒益	隆陞	詹正初	
			有信莊	澄海	芮錫鄉	
			魏啟峯	揭陽	魏啟圃	
			張合利	饒平	張景光	
			李源合	達濠	李偉臣	
			佳興	安南堤岸	林光源	
			永裕盛	日里丁宜	徐金	
			義利	盤谷	吳英欣	
			駿裕	新加坡	張屏之	
陳悅記	汕頭	陳拔奇				壹弍八
			陳合盛悅記	潮安	王璧如	
			陳悅記	鳳凰	文亞寬	
			洪萬興	棉湖	洪賢炎	
			劉喜合	潮陽	劉竹船	
			萬興昌	店仔頭	許文雅	
			普通	澄海	徐昌期	
			信昌	饒平	王昭平	
			光德成	揭陽	李運祥	

其三

74

72

批信局名稱	開設地方	營業人姓名
陳悅記（續）		
榮成利	汕頭	許衍衡
許福成	汕頭	許質彬
合盛利	汕頭	劉廷服

分號名稱	開設地方	代理人姓名	執照號數
恒益	陷隍	詹集秉	
素齋	潮安	林步堂	
陳悅記	盤谷	陳景雲	
陳美盛	堤岸	陳國盛	
許裕發	新加坡	許謙元	
信昌	饒平	王昭平	壹貳九
悅記	潮安	陳族	
萬興	棉湖	洪炎	
德合	澄海	張作謀	
春記	潮陽	劉竹	
榮成利	新加坡	許達生	
榮成發	堤岸	張肅	
榮成興	盤谷	林智遠	
萬祥	香港	洪賢良	
華益	新加坡	劉炳岳	
榮盛	新加坡	陳深溪	
榮順	畿達坎	劉枝生	
余亨記	黃崗	余禧堂	壹叁〇
魏啟峯	揭陽	魏啟圃	
劉喜合	潮陽	劉竹船	
有記	潮安	張幼初	
許福成	隆都	許冉勵	
協成興	東隴	黃潮存	
許明發	盤谷	許玉聲	
泰興裕	盤谷	陳二如	
振泰豐	盤谷	陳培南	
啟峯	揭陽	魏啟圃	壹叁壹
政記	棉湖	揚璧榮	
合豐盛	湯坑	劉鴻美	
聚豐	潮安	朱湘蘭	
喜合	潮陽	劉竹船	
榮盛利	盤谷	劉廷服	

其四

75　73

批信局名稱	開設地方	營業人姓名
洪萬豐	汕頭	洪賢良
榮大	汕頭	蔡禮權
恒記	汕頭	林成禧

分號名稱	開設地方	代理人姓名	執照號數
光德成	揭陽	李遇祥	壹叁貳
洪萬興	棉湖	洪賢明	
劉喜合	潮陽	劉竹船	
鴻茂盛	黃岡	盧湘如	
萬興昌	店仔頭	許文謙	
洪協和	河婆	洪明雲	
黃創豐	蔡潭	黃秉鈞	
源順盛	詔安	周崇仁	
震東桂記	留隍	魏傳材	
潘合利	店仔頭	潘和樑	
黃德良	[illegible]埠	黃維通	
洪萬成	新嘉坡	洪賢炎	
洪萬豐	檳榔嶼	洪世生	
永合峯	吉礁	林揚訓	
萬成[illegible]	堤岸	洪[illegible]予	
洪萬發	[illegible]	洪賢生	
萬豐隆	新嘉坡	林月舟	
和合興	棉蘭	丘金餘	
滙[illegible]	新加坡	劉依儂	
福[illegible]利	香港	謝少岩	壹叁叁
寶裕隆	[illegible]	沈光闊	
滙通	新嘉坡	曾子鳳	
永合安	堤岸	陳海珊	
成順利興記	盤谷	鄭來舜	
四合	潮陽	陳雲騰	壹叁肆
光德成	揭陽	李遇祥	
恒泰	潮陽	林德高	
鴻茂盛	詔安	許鳳聲	
科成	陸豐	陳進	
桂興	留隍	魏傳材	
承福興	檳榔嶼	林德音	
天成	日里	張魯三	

共五

76

林

批信局名稱	開設地方	營業人姓名
恒記（續）		
成昌利	汕頭	蕭介珊
李華利	汕頭	李潤初
光益	汕頭	鍾少岩

分號名稱	開設地方	代理人姓名	執照號數
芳和	日里	黃宗彝	
元盛	棉蘭	林捐材	
中興	日里	鄭廷彬	
美隆	棉蘭	沈昇輝	
新隆興	梹榔嶼	馬錫鈴	
新振發	梹榔嶼	陳江	
同裕	梹榔嶼	陳金亮	
永和	梹榔嶼	黃合	
復泰記	梹榔嶼	張記	
永萬源	新嘉坡	黃賓芝	
成昌利	成日	馬燦京	壹叁五
成昌利	盤谷	蕭卓珊	
馬玉堂	成田	馬玉堂	壹叁六
豐源	達濠	鄭猷廷	
陳益隆	東來	陳雲石	
魏啟峯	揭陽	魏啟圓	
黃德良	揭陽	黃興貞	
政記	棉湖	楊璧榮	
榮合興	河婆	李榮合	
廣豐	湯坑	洪蔚堂	
永南興	日里	陳正興	
陳和昌	薩拉民克	陳森榮	
昌和	邦曼	李應元	
李福利	新嘉坡	李開初	
周榮興	怡保	周德榮	
如陶	潮安	蔡若水	壹叁七
喜合	潮陽	劉竹船	
源合	達濠	李渭臣	
黃德良	砲台	黃經通	
增順榮昌	蓮陽	陳有顯	
同泰	東里	黃傳經	

其六

批信局名稱	開設地方	營業人姓名
光益（續）		
有信	汕頭	黃壽三
光益裕	汕頭	陳湘鈞

分號名稱	開設地方	代理人姓名	執照號數
端孚	黃岡	余桂生	
廣順	隆都	金振忠	
光德成	揭陽	李運祥	
孔明	新嘉坡	廖永錫	
義順	堤岸	涂渚舟	
滙元	堤岸	吳鏡堂	
公發祥	新嘉坡	曾傳義	
大信	新嘉坡	蔡朱鈿	
永桂合	坤甸	鄭芳和	
再和成	新嘉坡	李應疇	
榮盛	新嘉坡	陳深溪	
喜合	潮陽	劉竹船	壹叁八
啟峯	揭陽	魏啟和	
信成	澄海	余斯耀	
德良	揭陽	黃經通	
源合	潮陽	李偉茂	
有記	潮安	黃鈞生	
楊政記	棉湖	楊壁榮	
榮合昌	河婆	李代衣	
福和玉記	梅林	賴山梧	
許廣源	詔安	許東鳥	
許陶合	黃岡	許四賓	
滙通盛	浮山	張少高	
有信	新嘉坡	李東震	
仁友公司	坤甸	陳鴻惠	
溶發源	北灣	陳玉存	壹叁□
源順盛	詔安	周崇仁	
光德成	揭陽	李運祥	
有記	潮安	吳聘三	
劉喜合	潮陽	劉竹船	
黃德良	炮台	黃經通	
黃茂利	黃崗	黃子厚	

其七

78

批信局名稱	開設地方	營業人姓名	分號名稱	開設地方	代理人姓名	執照號數
光益裕（續）			李源合	達濠	李渭臣	
			洪萬興	棉湖	洪賢炎	
			潘合利	店仔頭	潘立裕	
			協成興	蓮陽	許錫河	
			吳有記	葫蘆市	林碩之	
			光益裕	東隴	周以文	
			光益裕	興寧	李筱梅	
			再和成	新嘉坡	李應疇	
			萬益成	新嘉坡	陳渠	
			泰興	安南	杜之漢	
			光昌	峇眼	凍國勳	
			和平	坤甸	林木水	
			同信	香港	周均昌	
			吳長記	坤甸	吳元利	
			劉喜合	潮陽	劉有裕	
源合興	汕頭	陳梓良	陳四合	潮陽	陳雲騰	壹四〇
			有信	澄海	黃簡卿	
			魏啟峯	揭陽	魏啟圃	
			合利	饒平	張景光	
			詹恒亨	陷隍	詹正初	
			源合	達濠	李偉臣	
			許陶合	饒平	許泗濱	
			裕興	普寧	陳嬿山	
			集祥昌記	潮安	林悟如	
			乾元	陳店	蔡集標	
			益安	堤岸	鍾言	
			榮成	香港	何澍棠	
			大元	盤谷	蔡大宏	
			英發	新嘉坡	黃英臣	
			恒興	棉蘭	蔡仁國	
四興	汕頭	陳四合	四合	潮陽	陳雲騰	壹四壹
			錄發	陸豐	葉芳輝	

其八

79 77

批信局名稱	開設地方	營業人姓名	分號名稱	開設地方	代理人姓名	執照號數
四興（續）						
			裕源	惠來	陳偉如	
			裕興	檳榔嶼	陳榮光	
			和裕	柔佛	陳趙順	
			錦昌	仙達	陳四錕	
			美豐	新嘉坡	鍾柳士	
			有興	檳榔嶼	秦呂德	
馬合豐	汕頭	馬文龍	協成豐	成田	馬燦銳	壹四弍
			黃茂元	黃岡	黃子厚	
			劉喜合	潮陽	劉竹船	
			魏敬峯	揭陽	魏啟圃	
			協成豐	盤谷	馬君勇	
			德順盛	成田	馬燦威	
馬德發	汕頭	馬星五	協成豐	成田	馬燦銳	壹四叁
			劉喜合	潮陽	劉竹船	
			黃茂利	黃岡	黃子厚	
			泰□盛	盤谷	馬育民	
			啟峯	梅□	魏啟圃	
			政記	棉湖	楊璧榮	
			普通	潮安	吳彩堂	
			增順榮昌	蓮陽	陳猪	
			鄭瑞記	隆隍	鄭燊南	
			光德成	揭陽	李運祥	
			潘合利	店仔頭	潘和棣	
			如陶	潮安	蔡若水	
			德順盛	盤谷	馬鑑波	
			協成豐	盤谷	馬燦銳	
			郭乾昌	盤谷	郭應開	
福利	汕頭	黃文秋	福利	香港	謝蘭春	壹四四
			福成	新嘉坡	薛木本	
			茂利	盤谷	熊孝則	
福茂	汕頭	黃南和	福記	香港	李裕禮	壹四五
			集興	安南擺草	林廷集	

其九

信局名稱	開設地方	營業人姓名	分號名稱	開設地方	代理人姓名	執照號數
福茂（續）						
信大	汕頭	陳謙銘	德泰	新嘉坡	林華民	壹四六
			德泰	巴塔維亞	林順來	
			中興	盤谷	洪鑑澄	
			合成	坪塘	陳謙銘	
			光德成	揭陽	李運祥	
			洪萬興	棉湖	洪賢明	
			劉喜合	潮陽	劉竹船	
			陳四合	金甌	陳成安	
			陳普通	新嘉坡	陳容清	
			陳信裕	堤岸	陳崇韜	
致盛	汕頭	鄭應林	致成	香港	陳子謙	壹四七
			聯興	盤谷	沈敬添	
			刁明榮	堤岸	陳漢林	
			祥泰隆	新嘉坡	張禎美	
			永萬源	新嘉坡	秀子英	
			裕豐利	新嘉坡	蔡東鈿	
陳富遠	汕頭	陳濟軒	茂興利	新嘉坡	陳子群	壹四八
			陳富源	香港	陳國鈞	
			陳富源	梅縣	陳勤爭	
			陳富源	興寧	陳怡建	
			陳富遠	巴塔維亞	陳晃鈞	
			陳華興	盤谷	陳伋華	
			亞木	加爾各答	陳亞木	
			應興	仰光	張啟田	
			慎昌	仰光	陳慎修	
長發	汕頭	陳少懷	陳裕發	金甌	陳允禎	壹四九
			陳四合	金甌	陳雲端	
			劉喜合	潮陽	劉竹船	
			陳益隆	隆江	陳雲石	
			光德成	揭陽	李運祥	
			洪萬豐	棉湖	洪賢明	

其十

81

—79

批信局名稱　開設地方　營業人姓名　分號名稱　開設地方　代理人姓名　執照號數

長發（續）

祥益　汕頭　鍾樹芬

坦寶　錦　[illegible]　[illegible]　香　源　[illegible]　[illegible]　同　端　廣　光德　孔明　恒　南　滙　喜　啟　有　信　萬　合　聚茂　鴻　端　桂寬　玉　陳　德　廣德　玉

和　隆　彰　[illegible]　商　合　[illegible]　[illegible]　[illegible]　泰　乎　順　成　齋　豐　豐　元　合　峯　信　成　隆　利　豐　成　乎　興　合　記　隆　發　合

揭陽　怡保　怡保　[illegible]　[illegible]　[illegible]　[illegible]　[illegible]　[illegible]　[illegible]　[illegible]　里　[illegible]　黃岡　隆都　揭陽　新嘉坡　堤岸　堤岸　潮陽　揭陽　潮安　蓮陽　潮安　饒平　潮岡　黃岡　饒平　隱湟　堤岸　堤岸　安南　安南　香港

陳子鐸　陳星遠　陳鍾源　陳[illegible]如　[illegible]水　[illegible]　李渭臣　黃經造　陳有顯　黃傳經　余桂生　金振忠　李運祥　[illegible]　吳居厚　陳可南　吳鏡堂　劉竹船　魏啟圖　丙斯鄉　余開耀　陳[illegible]宗　潘[illegible]渠　[illegible]　[illegible]　[illegible]　[illegible]　[illegible]　陳[illegible]　[illegible]鏡蓉　[illegible]德裕　王克成

壹五〇

玉合　汕頭　林癸

壹五壹

執十一

82

批信局名稱	開設地方	營業人姓名	分號名稱	開設地方	代理人姓名	執照號數
裕大	汕頭	陳喜鎮	孚信	潮安	芮易加	壹五弍
			喜合	潮陽	劉竹船	
			光德成	揭陽	周良	
			益昌	惠來	陳銘經	
			元盛	棉蘭	孫梓桐	
			集隆	散達坎	丘步雲	
			永集隆	香港	丘金鐘	
			順隆	新嘉坡	周致松	
佳興	汕頭	吳翩秋	劉喜合	潮陽	劉竹船	壹五叁
			陳四合	潮陽	陳雲騰	
			詹恒亨	留隍	詹正初	
			有信莊	澄海	芮衍卿	
			魏啟峰	揭陽	魏啟圃	
			張合利	饒平	張景光	
			李源合	達濠	李偉臣	
			德隆	安南金塔	郭鏡蓉	
			源來	安南攬草	陳連偉	
			中興	安南薄寮	林石如	
榮豐利	汕頭	黃勤敏	榮豐利	揭陽	黃徽猷	壹五四
			榮豐利	梅縣	徐春苑	
			榮豐利	興寧	卓海鴻	
			榮豐利	昆明	徐瑞芳	
			洪萬興	棉湖	洪賢明	
			黃協記	湯坑	黃元衡	
			劉喜合	潮陽	劉竹船	
			魏桂興	留隍	魏傳材	
			信昌莊	浮山	王進受	
			廣滙昌	河婆	劉天津	
			榮豐利	盤谷	徐名奮	
			榮豐利	香港	徐名宏	
			蔡誠美	柔佛	蔡誠輝	
			廣復興	新嘉坡	蔡俊美	
			滙通號	廖內新及市	張竹廷	

其十二

83

—01—

批信局名稱	開設地方	營業人姓名	分號名稱	開設地方	代理人姓名	執照號數
黃潮興	汕頭	黃善壁	鄭和記	樟林	鄭豪衍	壹五五
			廣順	店仔頭	余振忠	
			有記	潮安	黃筠生	
			魏啟峯	揭陽	魏啟園	
			劉喜合	潮陽	劉竹船	
			許廣源	詔安	許鳳聲	
			發利	松下	陳雲初	
			王廣合謹記	內浮山	王帆	
			黃潮興	盤谷	黃順泰	
啟峯棧	汕頭	魏啟和	啟峯	揭陽	魏啟園	壹五六
			政記	棉湖	楊璧榮	
			喜合	潮陽	劉竹船	
			茂利	黃岡	黃子厚	
			信成	連陽	余斯耀	
			有信	澄海	芮弼卿	
			怡泰	潮安	張柏珊	
			陶合	黃岡	許一然	
			永豐發	安南金塔	林君正	
			陳德華	盤谷	陳成煌	
			新峰棧	新嘉坡	魏茂中	
			李同春	坤甸	李春樹	
			源合興	坤甸	許雙順	
			聲合美記	堤岸	黃國珊	
和興盛	汕頭	李德仰	永南潮	棉蘭	李耇南	壹五七
			和豐	檳榔嶼	李應南	
馬源豐	汕頭	馬君聲	政記	棉湖	楊璧東	壹五八
			啟峯	揭陽	魏啟峯	
			普通	潮安	吳彩堂	
			茂利	黃岡	黃子厚	
			喜合	潮陽	劉竹船	
			協成豐	成田	馬爍銳	
			永順利	成田	馬松軒	

其十三

84

批信局名稱	開設地方	營業人姓名	分號名稱	開設地方	代理人姓名	執照號數
萬源豐（續）			成昌利	成田	馬燦京	
			協成豐	盤谷	馬燦銳	
			永順利	盤谷	馬松軒	
			成昌利	盤谷	黃潮卓珊	
			陳萬合	大長嶺	陳元祿	壹五九
陳萬合	汕頭	陳開宗	魏啟峯	揭陽	魏啟圖	
			蔡嘉泰	達濠	蔡通記	
			劉喜合	潮陽	劉竹船	
			陳明發	香港	陳家華	
			回春昌	香港	方庭初	
			陳春盛	安南金塔	陳炳光	
			陳成香	盤谷	陳家鐘	
			陳源興	棉蘭	陳開珠	
			順裕發	潮陽	鄭和璋	壹六〇
老億豐	汕頭	劉宗道	福裕興	潮安	林楚明	
			順裕祥	澄海	李合賜	
			致成	香港	陳子謙	
			老億豐	香港	謝少岩	
			順合隆	新加坡	李宗饒	
			順合祥	安南	黃明興	
			合昌	盤谷	劉宗武	
			南昌合記	盤谷	劉宗武	
			有信	潮安	茂澜卿	壹六壹
利昌莊	汕頭	王炳南	喜合	潮陽	劉竹船	
			啟峯	揭陽	魏啟圖	
			信成	蓮陽	余斯耀	
			桂昌記	潮安	陳子丹	
			聚豐	潮安	朱湘蘭	
			利昌	堤岸	王永	
			魏啟峯	揭陽	魏啟圖	壹六弍
協成興	汕頭	許漢平	劉喜合	潮陽	劉竹船	

其十四

85

-83-

批信局名稱	開設地方	營業人姓名	分號名稱	分號開設地方	代理人姓名	執照號數
協成興（續）						
			陶合	黃岡	許獻其	
			黃源	詔安	許鳳聲	
			協成興	東隴	許湯河	
			許福成	隆都	許再利	
			有記	潮安	張幼初	
			協成興	盤谷	許經緯	
鄭成順利	汕頭	鄭舜之	啟峯	揭陽	魏啟圖	壹六叁
			有記	潮安	黃筠生	
			協成興	東隴	許錫河	
			喜合	潮陽	劉竹船	
			和記	樟林	鄭敦行	
			振盛興	[illegible]濠	曾國聲	
			潘合利	店仔頭	潘和標	
			鄭成順利舜記	盤谷	鄭舜之	
振盛興	汕頭	曾慎一	森盛興	澄海	曾慎一	壹六四
			魏啟峯	揭陽	魏啟圖	
			泰成昌	潮陽	劉宗翰	
			黃茂利	黃岡	黃子厚	
			桂興	留隍	魏傳材	
			振盛興	盤谷	曾壯吾	
			遠明	香港	曾益三	
成順利振記	汕頭	鄭敦翰	鄭和記	樟林	鄭敦行	壹六五
			廣順	店仔頭	余振忠	
			有記	潮安	黃筠生	
			魏啟峯	揭陽	魏啟圖	
			劉喜合	潮陽	劉竹船	
			許廣源	詔安	許鳳聲	
			發利	松下	陳雲初	
			王廣合謹記	內浮山	王航	
			成順利振記	盤谷	陳府務	
宏信批局	汕頭芮溪鄉		喜合	潮陽	劉竹船	壹六六
			啟峯	揭陽	魏啟和	

其十五

批信局名稱	開設地方	營業人姓名	分號名稱	開設地方	代理人姓名	執照號數
宏信（續）批局			信成	澄海	余斯耀	
			德良	揭陽	黃經通	
			有記	潮安	黃筍生	
			孚成	饒平	黃靜岩	
			森春	陸豐	魏應元	
			楊政記	棉湖	楊璧榮	
			潮興	普達坑	潘益三	
同發利	汕頭	羅舜桂	同發利	揭陽	羅舜福	壹六七
			同發利	興寧	徐百河	
			同發利	梅縣	徐海林	
			義合泉	湯坑	羅必有	
			喜合	潮陽	劉竹舟	
			啟峯	揭陽	魏蔚園	
			普通	潮安	吳彩堂	
			黃茂利	黃岡	黃子厚	
			魏桂興	隆隍	魏傳材	
			同發利	盤谷	羅价藩	
			同發利	香港	張少謙	
永安	汕頭	周良	喜合	潮陽	劉竹船	壹六八
			洪萬興	湯陽	洪賢炎	
			許廣源	詔安	許鳳聲	
			德良	潮陽	黃興貞	
			滙通盛	饒平	張少高	
			潘合利	店仔頭	潘法民	
			增順榮昌	蓮陽	陳友顯	
			邱發利	潮安	丘步雲	
			同泰	東隴	黃傳鐘	
			光德成	揭陽	李運祥	
			如陶	潮安	蔡若水	
			有記	潮安	吳傳三	
			吳有記	葫蘆市	林碩之	
			永安	興寧	李筱梅	

其十六

87　85

永安（續）

批信局名稱	開設地方	營業人姓名	分號名稱	開設地方	代理人姓名	執照號數
			光益裕	東隴	周以文	
			永安祥	新加坡	周壽昌	
泰成昌	汕頭	劉宗翰	劉喜合	潮陽	劉衍船	壹六九
			普通莊	潮安	吳彩堂	
			魏啟峯	揭陽	魏啟圖	
			洪萬興	棉湖	洪[illegible]明	
			黃榮昌	潮陽	黃來耀	
			詹恒亨	[illegible]隍	詹集秉	
			陳裕源	惠來	陳雲石	
			有信莊	澄海	芮彌卿	
			黃茂利	黃岡	黃子厚	
			魏桂興	[illegible]隍	魏傳材	
			潘合利	饒平	潘和楙	
			泰記	盤谷	劉燕臣	
			南昌合記	盤谷	劉宗武	
			南亨泰	盤谷	林渭濱	
理元	汕頭	馬永章	永振發	成田	馬承章	壹七〇
			普通	潮安	吳彩堂	
			喜合	潮陽	劉昭	
			啟峯	揭陽	魏啟圖	
			裕發	隆江	周子華	
			永發	盤谷	馬仲潮	
			馬泰盛	盤谷	馬育民	
			廣豐隆	新加坡	蕭錦禧	
和合祥	汕頭	張伯文	和合祥	普寧	張志翔	壹七壹
			榮昌	澄海	陳[illegible]	
			啟峯	揭陽	魏啟圖	
			喜合	潮陽	劉竹船	
			陶合	饒平	許一然	
			和合祥	盤谷	張偉秋	
廣順利	汕頭	謝子和	廣順利	澄海	謝寶鑑	壹七貳
			增順榮昌	澄海	[illegible]	

批信局名稱	開設地方	營業人姓名	執照號數
廣順利（續）			
鍾榮順	汕頭	劉澤明	壹七三
陳炳春	汕頭	陳克翕	壹七四
萬豐發	汕頭	魏長榮	壹七五

分號名稱	開設地方	代理人姓名
喜合	潮陽	劉竹船
啟峯	揭陽	魏啟圖
茂利	饒平	黃子厚
源順盛	詔安	周從仁
廣順利	盤谷	謝毅庵
春豐	崙安順	謝如秀
啟峯	揭陽	魏啟圖
喜合	潮陽	劉竹船
有信	澄海	芮彌卿
鴻茂盛	饒平	盧湘如
許福成	隆都	許再勵
有記	潮安	黃筠生
順合泰	盤谷	賴芳圃
有記	潮安	張幼初
啟峯	揭陽	魏啟圖
喜合	潮陽	劉竹船
黃茂元	黃岡	黃子厚
潘合利	饒平	潘和棣
捷慶	庵埠	陳煒珊
泰申棧	東隴	朱炳松
陳炳春銀行	盤谷	陳克佳
炳合豐批局	盤谷	陳耀廷
陳嘉彰莊	香港	陳少光
啟峯	揭陽	魏啟圖
政記	棉湖	楊璧榮
喜合	潮陽	劉竹船
茂利	黃岡	黃子厚
合豐盛	湯坑	劉鴻美
有信	澄海	芮彌卿
桂興	留隍	魏傳材
普通	潮安	魏子庚
陶合	黃岡	許一然

共十八

批信局名稱	開設地方	營業人姓名
萬豐發（續）		

潮刹亨汕頭瑞記等

分號名稱	開設地方	代理人姓名	執照號數
福成	隆都	許再勵	
永興盛	流沙	林良乾	
邱發利	意溪	邱卧雲	
潘合利	庵市	潘和渠	
如陶莊	潮安	蔡若水	
榮盛利	盤谷	劉廷服	
振華豐	盤谷	邱卓然	
馨合美記	堤岸	黃國珊	
同春	坤甸	李春樹	
永成豐	盤谷	黃伯俠	
永興盛	盤谷	許聲育	
興合公司	坤甸	林時亨	
吳長記	坤甸	吳元利	
同春菲記	坤甸	李春茂	
仁友公司	坤甸	朱若洲	
忠合原芝	坤甸	林源舉	
人壽堂	坤甸	鄭清源	
鄭永和	坤甸	鄭武波	
德安堂	坤甸	鄭武俊	
和興公司	坤甸	吳清松	
建豐公司	坤甸	鍾可繼	
永桂合	坤甸	鄭才和	
黃坤合	坤甸	黃積金	
益成禮記	坤甸	林芝娘	
永成發	坤甸	林克明	
鄭和發	坤甸	鄭維在	
林陞合	坤甸	林御廷	
榮和公司	坤甸	林道香	
魏啟峯	揭陽	魏啟圖	壹七六
陳四合	潮陽	陳雲騰	
劉喜合	潮陽	劉竹船	
陳裕興	普寧	陳偉豪	

其十九

90

批信局名稱	開設地方	營業人姓名	分號名稱	開設地方	代理人姓名	執照號數
潮利亨（續）			陳聯豐	普寧	陳成剛	
			陳科成	陸豐	陳進	
			陳裕源	惠來	陳雲石	
			潮利亨	檳榔嶼	陳見民	
			益安號	堤岸	逵鏡川	
			永南興	棉蘭	李子南	
			潮興隆	香港	陳宏昌	
廣泰祥	汕頭	李星海	廣泰祥	潮安	李日記	壹七七
			余同裕	高陂	余德記	
			黃萬美	高陂	黃輝如	
			羅昆記	大麻	羅爽桂	
			黃同益	大麻	黃達紫	
			仁安堂	三河	余敬初	
			饒源茂	大埔	饒采生	
			楊萬成	百侯	楊榮軒	
			吳合興	湖寮	吳紹炯	
			廣潮盛	盤谷	張漢生	
			亞東	盤谷	張靜之	
			南昌	新加坡	陳緝之	
			葆和堂	新加坡	藍迺章	
萬興昌	汕頭	許文雅	萬興昌	隆都	許文謙	壹七八
			振興	錢東	黃立初	
			許陶合	黃岡	許獻其	
			洪萬興	棉湖	洪賢炎	
			喜合	潮陽	劉竹船	
			林大成	汫洲	林大成	
			廣泰祥	梅縣	李星海	
			桂興	留隍	魏桂興	
			沛成	下潮	吳沛成	
			唐勤	澄海	唐冏勤	
			邱發利	意溪	邱丙雲	
			萬興昌	盤谷	許文珍	

其二十

91

89

批信局開設營業人名稱	地方	姓名
普通	汕頭	吳彩堂

分號名稱	開設地方	代理人姓名	執照號數
如陶	潮安	蔡若水	壹六九
劉喜合	潮陽	劉竹船	
魏啟峯	福陽	魏啟園	
黃德良	炮台	黃貞興	
潮順榮昌	達陽	陳友烈	
桂興	陷隍	魏傳材	
端孚	黃岡	余桂生	
揚政記	棉湖	楊壁榮	
廣順	隆都	金泰忠	
市成	上湖	吳雨卿	
協成	浮洋	李[illegible]謙	
振慶	庵埠	陳渭珊	
如陶分局	溪口	陳壽眉	
聯益	興寧	盛雲友	
吳泰安	盤谷	余悟真	
常豐泰	盤谷	陳德安	
乃裕	檳榔嶼	周植南	
利豐亨	香港	吳鏡堂	
致成	香港	陳子謙	
協成豐	盤谷	馬君勇	
永振發	盤谷	馬仲瀾	
同發利	盤谷	羅佾蕃	
永順利	盤谷	馬燦峰	
信泰	吉隆坡	陳[illegible]溪	
裕隆昌	梅縣	張啟文	壹八〇
張源隆	興寧	張運川	
同豐	松口	張伯和	
古盛孚	蕉嶺	古少梅	
廣泰祥	汕頭	李星海	
許廣源	詔安	許鳳聲	
宏通莊	梅縣	梁俊通	
裕隆昌	畬坑	張士珍	

批信局開設營業人名稱	地方	姓名
宏通	汕頭（曾遷梅縣）	張公恒

共二十一

汕信局開設營業人名稱地方姓名

宏通（續）

分號名稱	開設地方	代理人姓名	執照號數
宏通莊	興寧	梁志鵬	
中國銀行	新加坡	黄伯權	
中國銀行	檳榔嶼	黄伯權	
中國銀行	吉隆坡	張智	
中國銀行	怡保	甄潤珊	
中國銀行	芙蓉	熊志蒼	
中國銀行	小坡	莊文剛	
中國銀行	大坡	陸振興	
中國銀行	巴冬怕哈特	熊大純	
泉豐	吉隆坡	陳世飛	
福春	墨加民特	李尚三	
陳鴻昌	吉晉	陳鴻泰	
泉豐	塞加巴特	鄭其陞	
義成	居鑾	張榮茂	
華昌	吉冷丹	黄逸民	
慶和興	安順	黄和慶	
駿興祥	吉隆坡	葉立基	
瑞泉	太平	張教	
天星	怡保	鄭奕春	
泉吉	巴雙	鄭天祥	
同益興	新剌甲	黄學五	
成吉利	檳榔嶼	李清吉	
南洋貿易行	美里坡	陳木興	
春成	宋嘉蘭	顏詔丹	
豐順棧合記	怡保	李伯濤	
豐順棧合記	安順	李仲禮	
杏濟堂	太平	戴尊三	
財利	巴里文礁	王聲慧	
瑞記	金寶	李叔宏	
源公司	江沙惹蘭	蔡哲生	
協成泰	峇眼	鄭金灶	
王松昌	坤甸	王傳政	

共三十二

93　91

批信局名稱	開設地方	經營人姓名	分號名稱	開設地方	代理人姓名	執照號數
宏通（續）			李協和	三發坡	李讓	
			源發	綿蘭	張念道	
			李勝安	綿蘭	李傳兵	
			華昌	山口洋	陳敬壇	
			豐隆	峇眼	李季信	
			新福順	江沙坡	蔡世擦	
			友和樹膠	麻剌甲	劉友知	
			新茂裕	塞加民特	張致章	
			協豐	巴度帽咯特	陳和庚	
			凌祥隆	坤甸	凌耿章	
			蔡三盛	山口洋	蔡芳三	
			曾益成	吻嗒派	曾廣傑	
			利民	徵里賓	黃叔度	
			源盛	三寶隴	黃五福	
			裕和	亞齊	謝慶祥	
			益盛	彭亨	李兆垣	
陳協盛	潮安（暫遷饒平）	陳傳治	泰順	饒平	林述爾	壹八壹
			寬記	堤岸	陳傳禧	
			美珍	盤谷	王壯興	
張廣泉	汕頭（暫遷梅縣）	張肅民	裕隆昌	會坑	張仕珍	壹八貳
			裕隆昌	梅縣	張啟文	
			張源隆	興寧	張滙川	
			羅進記	盤谷	羅蒼南	
			德昌隆	芙蓉	吳炳安	
			公益	蔴剌甲	葉應彩	
			裕隆昌	香港	張文泰	
			土庫張	萬隆	張志貞	
泰隆	汕頭（暫遷河婆）	蔡煥臣	榮合昌	河婆	李化初	壹八叁
			李榮昌	揭陽	李國仁	
			合興	香港	蔡龍	
			廣復興	新加坡	蔡俊美	
			昭昌	山口洋	蔡昭	

共二十三

94 92

批信局名稱	開設地方	營業人姓名	分號名稱	分號開設地方	代理人姓名	執照號數
[illegible]合莊	汕頭（暫遷葵潭）	魏應元	錦記	勿里洞	蔡錦合	壹八四
			茂成利	柔佛	蔡月初	
			誠美	吉礁	蔡錦標	
			廣安隆	[illegible]	蔡渭亭	
			蔡東昇	佛剌克	蔡聘	
			福和合記	梅林	賴山梧	
			黃兩順	葵潭	黃維暢	
			榮合昌	河婆	李合榮	
			有信	潮安	芮潤卿	
			啟峯	揭陽	魏啟寬	
			東成	大坪	鍾舜琴	
			新利	柔佛	黃子松	
			榮昌	柔佛	賴義昌	
			萬益祥	柔佛	黃萬事	
			茂利	柔佛	黃日東	
			雄安棧	[illegible]	洪賀	
			昭昌	山口洋	蔡灼然	
[illegible]成	汕頭（暫遷高陂）	劉迪予	益成昌	太埔	劉達根	壹八五
			集成	大埔	劉理臣	
			吳達興	大麻	吳井言	
			隆昌仁	大麻	劉耀庭	
			增發	三河	余昌文	
			公和發記	茶洲	劉玉階	
			耀記	高陂	劉熀臣	
			廣豐莊	梅縣	劉輝初	
			南生莊	梅縣	何柏生	
			廣恒豐	松口	黃志宏	
			廣利	峯市	何文初	
			平平	盤谷	張遜之	
			南生莊	香港	何煒南	
泉利	汕頭（暫遷大埔公洲）	劉紹倉	泉利	虎市	梁星九	壹八六
			興利	松口	范宜洪	

其二十四

95

批信局開設營業人名稱地方姓名	分號名稱	開設地方	代理人姓名	執照號數
泉利（續）	泉利莊	大埔	劉紹倉	
	集成	大埔	劉理臣	
	益成昌	大埔	劉達報	
	增發	三河	余昌文	
	吳達興	大麻	吳廿言	
	公和發記	恭洲	劉玉階	
	耀記	高陂	劉爕臣	
	南生莊	梅縣	何柏生	
	萬泰和興記	新嘉坡	劉健記	
	南興	新嘉坡	何春史	
	老成莊	香港	何育鄉	
	南生莊	香港	何偉南	
復安 汕頭 黃逸民	益和	潮安	劉霓生	壹八七
	益成	潮陽	鄭仰雲	
	光成	揭陽	李運祥	
	洪德興	棉湖	洪爵光	
	復鑑安	香港	謝梅萱	
	復茂	新嘉坡	王佑明	
	中歐	盤谷	洪鑑澄	
陳綿發 汕頭 陳在三	余同裕	高陂	余德軒	壹八八
	陳萬成	莒村	陳文台	
	德盛	大埔	郭德饒	
	興記	大麻	郭蓉	
	廣豐	梅縣	蔡松友	
	陳逢發	吉隆坡	陳在三	
榮增昌 梅縣 熊少繩	環通旅館	汕頭	劉潤楠	壹八九
	遠東公司	檳榔嶼	熊炳昌	
	南通公司	香港	潘君勉	
盛記 梅縣 侯新如	盛世	興寧	侯伯源	壹九〇
	宋順昌	廣州	宋芷秀	
	林耀記	上海	林耀鄉	
	盛記	汕頭	劉克超	

其二十五

批信局名稱	開設地方	營業人姓名	分號名稱	開設地方	代理人姓名	執照號數
盛記（續）			中原	孟加錫	廖世泰	
			合記	怡保	陳翹階	
			盛記	香港	侯祈如	
			葉怡隆	勿里洞	黃錫秋	
梁福記	梅縣	梁天受	張廣泉	汕威	張擴民	壹九壹
			羅進記	盤谷	羅進滿	
陳富源	梅縣	陳勤爭	陳富通	汕頭	陳齊軒	壹九弍
			陳富源	興寧	陳怡庭	
			陳富通	巴塔維亞	陳覺鈞	
			陳富源	香港	陳國鈞	
			陳華興	盤谷	陳俊華	
			亞木莊	加爾各答	陳亞本	
			應興公司	仰光	張啟田	
			王泗記	怡保	王炯南	
廣德興	梅縣	張雲卿	協發號	怡保	梁政元	壹九叁
			海濱酒店	仰光	梁文邦	
			義順源	香港	李璣臣	
			滙源	香港	謝玉堂	
			應春堂	仰光	張質君	
			陳華興	盤谷	陳俊華	
賴福記	梅縣	賴鴻元	賴隆泰	松口	賴蔭初	壹九四
			賴福記	香港	賴徽煥	
			賴福記	盤谷	賴沅華	
鍾天華	松口	鍾偉權	協興隆	汕頭	李其漢	壹九五
			陳華興	盤谷	陳俊華	
			振遠公司	盤谷	林鴻興	
			啟豐泰	盤谷	熊道南	
			大華公司	盤谷	熊均鎏	
			協興源	芙蓉	李其新	
			陸潤記	巴塔維亞	劉啟民	
			同益莊	香港	林瑚球	
謝均和	松口	謝公我	英華	巴塔維亞	蕭熙明	壹九六

共二十六

批信局名稱	開設地方	營業人姓名	分號名稱	開設地方	代理人姓名	執照號數
謝均和（續）			華豐泰	三寶壠	曾孔波	
			豐源	香港	曾德堅	
			仁愛堂	檳榔嶼	古炳寰	
			仁愛棧	怡保	古國璇	
			廣仁堂	金寶	仝右	
			滙源莊	香港	謝玉棠	
			陳華興	盤谷	陳伋華	
廣通	松口	王華岩	廣通	汕頭	王華岩	壹九七
			李三茂	怡保	李棠三	
			李載基	吉隆坡	李載基	
			王泗記	怡保	王烟南	
豐昌號	松口	梁秉初	培源公司	巴達維亞	廖楚瞻	壹九八
			德彰號	巴達維亞	梁茂章	
信和成	揭陽	林道義	合和成	揭陽	林道義	壹九九
			合和成	汕頭	林健輝	
			普通	澄海	徐昌期	
			信昌	饒平	王貽平	
			詹恒益	留隍	詹集秉	
			信成	坤甸	林芳權	
			和平	坤甸	林木水	
			吳長記	坤甸	吳元利	
			源合興	坤甸	許雄仁	
			林木榮	坤甸	林木榮	
			興合	坤甸	林金泉	
			益成禮記	坤甸	林芝娘	
			合和成	坤甸	林道毅	
彭宗順	五雲洞	彭繼遠	彭宗順	勿里洞	彭嘉德	貳〇〇
蔡南興	河婆	蔡展猷	蔡利豐	汕頭	蔡煥臣	貳〇壹
			蔡南益	佩剌克	蔡描	
			廣安隆	薩拉瓦克	蔡調亭	
			新成利	古樓	黄善合	
			蔡東昇	佩剌克	蔡高練	

其二十七

批信局名稱	開設地方	營業人姓名
蔡角成（續）		
裕隆昌	畬坑	張文彔
饒興記	大埔	饒谷士
張聯發昌泉（暫遷河婆）	汕頭	張鏡榮
廣源和記	汕頭	陳傳仁

分號名稱	開設地方	代理人姓名	執照號數
蔡益華	新嘉坡	蔡啟明	
協昌號	吉樓	蔡晉雍	
茂利號	柔佛	黃復燊	
茂昌號	居鑾	黃秀海	
蔡益昌	古晉	蔡超之	
新國民	山口洋	蔡秉煥	
昭昌號	山口洋	蔡昭	
萬益祥	士乃埠	黃益祥	
暢茂號	勿里洞	黃遂暢	
劉義泰	佩剌克	劉象	
張廣泉	汕頭	張牖民	式〇式
羅進記	盤谷	羅進滿	
公益號	麻剌甲	葉應彩	
嘉興昌	麻剌甲	劉文珊	
萬和堂	芙蓉	宋谷仁	
天生堂	新嘉坡	張碧如	
萬生棧	吉隆坡	饒瑞堂	式〇叁
洪萬興	棉湖	洪賢明	式〇四
張泉利	河婆	張振群	
張德豐	山口洋	張竹如	
張聯通	古樓	張聯成	
黃德茂	新嘉坡	黃炳南	
黃德茂	柔佛古	黃秀貞	
南記	山口洋	馮麟之	
廣生	居鑾	葉華森	
劉義泰	佩剌克	劉士賢	
裕濟盛	潮安	林冠濤	式〇五
喜合	潮陽	劉復船	
祥盛	黃岡	巫子勲	
有信	澄海	芮兩卿	
啟峯	揭陽	魏啟圃	
萬興昌	店仔頭	許文謙	

其二十八

批信局名稱	開設地方	營業人姓名
廣源和記（續）		

分號名稱	開設地方	代理人姓名	執照號數
廣和盛	鳳壁	陳書德	
義昌	饒平	錢凱臣	
護記	堤岸	陳文	
美盛	盤谷	蔡志真	

其二十九（完）

批信局名稱	開設地方	營業負責人姓名籍貫	分號或聯號數	執照號數	附註
周生利	汕頭	周雲生 潮陽	九	一二〇	
裕益	汕頭	周炯昌 澄海	十五	一二一	
福興	汕頭	劉士彥 普寧	十三	一二二	
振豐盛	汕頭	陳章武 普寧	十三	一二三	
勝發	汕頭	鍾詩和 揭陽	九	一二四	
福成	汕頭	黃曰輝 潮陽	十三	一二五	
義發	汕頭	余文仁 揭陽	六	一二六	
吳順興	汕頭	吳興祥 澄海	十一	一二七	
陳悅記	汕頭	陳拔奇 鳳凰	十三	一二八	
榮成利	汕頭	許衍衡 澄海	十二	一二九	
許福成	汕頭	許賓彬 饒平	九	一三〇	
合盛利	汕頭	劉廷服 揭陽	六	一三一	
洪萬豐	汕頭	洪賢良 棉湖	十九	一三二	
榮大	汕頭	蔡禮權 潮陽	五	一三三	
恆記	汕頭	林成禧 潮陽	十八	一三四	
成昌利	汕頭	蕭介珊 潮陽	二	一三五	
李華利	汕頭	李潤初 潮陽	十三	一三六	
光益	汕頭	鍾少岩 潮安	十七	一三七	
有信	汕頭	黃壽三 澄海	十四	一三八	
源合興	汕頭	陳梓良 潮安	十六	一四〇	
光益裕	汕頭	陳湘琇 澄海	廿一	一三九	
四興	汕頭	陳四合 潮陽	八	一四一	
馬合豐	汕頭	馬文龍 潮陽	五	一四二	
馬德發	汕頭	馬星五 潮陽	十六	一四三	
福利	汕頭	黃文秋 潮陽	三	一四四	
福茂	汕頭	黃南和 潮陽	五	一四五	
信大	汕頭	陳謙銘 普寧	七	一四六	
致盛	汕頭	鄭應林 潮陽	七	一四七	
陳富通	汕頭	陳濟軒 梅縣	八	一四八	
長發	汕頭	陳少懷 潮陽	十	一四九	
祥益	汕頭	鍾樹芳 潮安	十三	一五〇	
玉合	汕頭	林癸 潮陽	十五	一五一	
裕大	汕頭	陳喜鎮 潮安	十八	一五二	

6

批信局名稱	開設地方	營業人姓名籍貫	分號或聯號數	執照號數	附註
佳興	汕頭	吳翮秋 澄海	十	一五三	
榮豐利	汕頭	黃勤敏 豐順	十五	一五四	
黃潮興	汕頭	黃善璧 饒平	九	一五五	
啟峯	汕頭	魏啟和 揭陽	十四	一五六	
和興盛	汕頭	李德仰 潮陽	二	一五七	
馬源豐	汕頭	馬君聲 潮陽	十一	一五八	
陳萬合	汕頭	陳開宗 潮陽	九	一五九	
老億豐	汕頭	劉宗道 潮陽	九	一六〇	
利昌	汕頭	王炳南 潮陽	七	一六一	
協成興	汕頭	許漢平 饒平	八	一六二	
鄭順成利	汕頭	鄭舜之 澄海	八	一六三	
振盛興	汕頭	曾慎一 澄海	七	一六四	
成順利振記	汕頭	鄭敦翰 澄海	九	一六五	
宏信	汕頭	芮璐卿 澄海	九	一六六	
同發利	汕頭	羅舜桂 豐順	十一	一六七	
永安	汕頭	周良 澄海	十六	一六八	
泰成昌	汕頭	劉宗翰 潮陽	十四	一六九	
理元	汕頭	馬承章 潮陽	八	一七〇	
和合祥	汕頭	張伯文 普寧	六	一七一	
廣順利	汕頭	謝子和 澄海	八	一七二	
鍾榮順	汕頭	劉澤明 潮安	七	一七三	
陳炳春	汕頭	陳克俞 澄海	六	一七四	
萬豐發	汕頭	魏長榮 揭陽	廿七	一七五	
潮利亨	汕頭	瑞記善 普寧	十一	一七六	
廣泰祥	汕頭	李星海 梅縣	十三	一七七	
萬興昌	汕頭	許文雅 饒平	十二	一七八	
普通	汕頭	吳彩堂 潮安	廿四	一七九	
宏通	暫遷梅縣	張公垣 梅縣	五六	一八〇	
陳協盛	暫遷鳳凰	陳傳治 饒平	三	一八一	
張廣泉	暫遷梅縣	張牖民 梅縣	八	一八二	
嘉隆	暫遷河婆	蔡煥臣 揭陽	十	一八三	
森春	暫遷葵潭	魏應元 陸豐	十二	一八四	
捷成	暫遷高陂	劉迪予 大埔	十三	一八五	

7

批信局名稱	開設地方	經營人姓名 籍貫	分號或聯號數	執照號數	附註
泉利	[illegible]	劉紹倉 大埔	十四	一八六	暫遷高陂 汕字第八七九〇號
復安	汕頭	黃逸民 潮陽	七	一八七	
陳綿發	汕頭	陳在三 大埔	六	一八八	
熊嘗昌	梅縣	熊少繩 梅縣	三	一八九	
盛記	梅縣	侯新如 梅縣	八	一九〇	
梁禎記	梅縣	梁天受 梅縣	二	一九一	
陳富源	梅縣	陳勤爭 梅縣	七	一九二	
廣德興	梅縣	張雲卿 梅縣	七	一九三	
賴福記	梅縣	賴通元 梅縣	三	一九四	
鍾天華	松口	鍾偉權 梅縣	九	一九五	
謝均和	松口	謝公我 梅縣	八	一九六	
廣通	松口	王華岩 松源	四	一九七	
豐合昌	松口	梁東初 松口	二	一九八	
信宗成	揭陽	林道義 揭陽	十三	一九九	
彭南順	五雲洞	彭維述 五雲洞	一	二〇〇	
蔡隆成	河婆	蔡展猷 龍潭	十五	二〇一	
裕興昌	畬坑	張文泰 梅縣	六	二〇二	
饒聯發泉記	大埔	饒谷士 大埔	一	二〇三	
張源和昌	曾逕河婆	張鏡榮 揭陽	九	二〇四	
廣益記	汕頭	陳傳仁 饒平	十	二〇五	暫遷饒平鳳凰鄉
陳泰泰	嘉積	陳菁莪 定安	四	二〇六	
黃裕豐	中原	黃謨卿 樂會	六	二〇七	
恒和興	嘉積	顏俊臣 樂會	六	二〇八	
謙源隆	嘉積	楊受初 瓊東	二	二〇九	
東裕隆	長坡	吳春雨 瓊東	六	二一〇	
源富盛	嘉積	潘宜芳 瓊東	一	二一一	
新南	嘉積	王英臣 瓊東	二	二一二	
華興	嘉積	王業桂 樂會	一	二一三	
同益	嘉積	王光南 樂會	一	二一四	
李益泰	嘉積	李毓芳 瓊東	二	二一五	
南通	嘉積	王壽卿 樂會	七	二一六	
匯安	中原	黃甸興 樂會	七	二一七	
東南	文昌	翁萃文 文昌	一	二一八	

中 8

批信局名稱	開設地方	營業人姓名籍貫	分號或聯號數	執照號數
瓊寶通	文昌	林文淵 文昌	二	二一九
錦裕和	文昌	陳序安 文昌	二	二二〇
恒興	文昌	王亭侯 樂會	五	二二一
廣源	海口	謝瑩齋 文昌	五	二二二
匯通	海口	王伯南 樂會	八	二二三
福昌	海口	鄭庭業 文昌	四	二二四
泰源豐	海口	林瑞平 文昌	五	二二五
永源豐	海口	呂少溪 文昌	四	二二六
源昌盛	海口	潘玉軒	四	二二七

附註